Politische Vierteljahresschrift   Sonderheft 34/2003

Deutsche Vereinigung für Politische Wissenschaft

Politik und Markt

*Herausgegeben von
Roland Czada
und Reinhard Zintl*

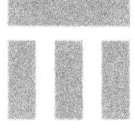

VS VERLAG FÜR SOZIALWISSENSCHAFTEN

VS Verlag für Sozialwissenschaften
Entstanden mit Beginn des Jahres 2004 aus den beiden Häusern
Leske+Budrich und Westdeutscher Verlag.
Die breite Basis für sozialwissenschaftliches Publizieren

Bibliografische Information Der Deutschen Bibliothek
Die Deutsche Bibliothek verzeichnet diese Publikation in der Deutschen Nationalbibliografie;
detaillierte bibliografische Daten sind im Internet über <http://dnb.ddb.de> abrufbar.

1. Auflage April 2003

Alle Rechte vorbehalten
© VS Verlag für Sozialwissenschaften/GWV Fachverlage GmbH, Wiesbaden 2004

Lektorat: Frank Schindler

Der VS Verlag für Sozialwissenschaften ist ein Unternehmen von Springer Science+Business Media..
www.vs-verlag.de

Das Werk einschließlich aller seiner Teile ist urheberrechtlich geschützt. Jede Verwertung außerhalb der engen Grenzen des Urheberrechtsgesetzes ist ohne Zustimmung des Verlags unzulässig und strafbar. Das gilt insbesondere für Vervielfältigungen, Übersetzungen, Mikroverfilmungen und die Einspeicherung und Verarbeitung in elektronischen Systemen.

Die Wiedergabe von Gebrauchsnamen, Handelsnamen, Warenbezeichnungen usw. in diesem Werk berechtigt auch ohne besondere Kennzeichnung nicht zu der Annahme, dass solche Namen im Sinne der Warenzeichen- und Markenschutz-Gesetzgebung als frei zu betrachten wären und daher von jedermann benutzt werden dürften.

Gedruckt auf säurefreiem und chlorfrei gebleichtem Papier

ISBN-13: 978-3-531-14140-4   e-ISBN-13: 978-3-322-80517-1
DOI: 10.1007/978-3-322-80517-1

Inhaltsverzeichnis

Vorwort der Herausgeber 7

I. Einleitung

Roland Czada
Grenzprobleme zwischen Politik und Markt 11

II. Theorie

Reinhard Zintl
Markt und Politik: Implizite und explizite Kollektiventscheidung 31

Viktor J. Vanberg
Konsumentensouveränität und Bürgersouveränität: Steuerungsideale für Markt und Politik 48

Michael Baurmann
Rationierung ohne Politisierung. Plädoyer für einen Rechte-basierten Ansatz bei der Rationierung medizinischer Güter 66

III. Politikfelder
A. Marktschaffung und Marktregulierung

Susanne K. Schmidt
Das Projekt der Europäischen Marktschaffung. Die gegenseitige Anerkennung und der Binnenmarkt für Dienstleistungen 83

Susanne Lütz
Politik und Finanzmarkt im Wandel. Einbettung, Entbettung und was kommt danach? 107

Andreas Busch
Institutionen, Diskurse und *policy change*. Bankenregulierung in Großbritannien und der Bundesrepublik 127

Frank Janning
Der Staat der Konsumenten. Plädoyer für eine politische Theorie des Verbraucherschutzes 151

Johanna Brinkmann / Ingo Pies
Der Global Compact als Beitrag zu Global Governance: Bestandsaufnahme
und Entwicklungsperspektiven 186

B. Vermarktlichung und Ökonomisierung

Jörg Bogumil
Ökonomisierung der Verwaltung. Konzepte, Praxis, Auswirkungen und
Probleme einer effizienzorientierten Verwaltungsmodernisierung 209

Katharina Holzinger / Christoph Knill
Marktorientierte Umweltpolitik – ökonomischer Anspruch und politische
Wirklichkeit 232

Friedbert W. Rüb
Vom Wohlfahrtsstaat zum „manageriellen Staat"? Zum Wandel
des Verhältnisses von Markt und Staat in der deutschen Sozialpolitik 256

Martin Höpner
Der Organisierte Kapitalismus in Deutschland und sein Niedergang.
Unternehmenskontrolle und Arbeitsbeziehungen im Wandel 300

IV. Markt und Politik im OECD-Ländervergleich

Uwe Wagschal
Sieg des Marktparadigmas in der Steuerpolitik? Konzepte und Determinanten
der Steuererhebung im internationalen Vergleich 325

Nico A. Siegel / Sven Jochem
Staat und Markt im internationalen Vergleich – Empirische Mosaiksteine
einer facettenreichen Arbeitsverschränkung 351

Zusammenfassungen 389

Abstracts 395

Verzeichnis der Autorinnen und Autoren 401

Vorwort der Herausgeber

Das Verhältnis der Politik zur Wirtschaft hat im Wesentlichen zwei Ausprägungen. Einmal kann die Politik versuchen, das Problem der Knappheit selbst zu lösen, und zwar in der Form machtbasierter Aneignung und Zuteilung. Dies ist das bis zur Durchsetzung des Marktes historisch vorherrschende Verhältnis. Die Alternative des Marktes besteht darin, Menschen über den Preisbildungsmechanismus aus der Knappheitssituation herauszuzwingen, sie also nicht dem Zwang der Politik, sondern des Geldbeutels zu unterwerfen. Dies ist die historisch jüngere und, wie die Beiträge dieses Bandes zeigen, noch keineswegs perfektionierte Lösung. Ihr Nachteil mag darin gesehen werden, dass auch der Markt weiterhin die Politik braucht. Es sind politische Vereinbarungen, aus denen die Regeln des Marktes hervorgehen, und es ist politischer Zwang, der sie gegen allfälligen Opportunismus durchsetzt. Diese zweite Variante des Verhältnisses von Politik und Wirtschaft ist Gegenstand der folgenden Abhandlungen.

Zwar gab und gibt es Vorstellungen, der Markt könne seine Regeln selbst hervorbringen und darüber hinaus auch ihre Einhaltung gewährleisten. Sie erscheinen aber so utopisch wie die Idee, die Notwendigkeit politischen Zwanges würde eines Tages zusammen mit der Knappheit ganz verschwinden. Tatsache ist, dass die Knappheit und die damit verbundenen Verteilungsprobleme nicht zurückgehen, sondern im Gegenteil in dem Maß zunehmen, in dem neue Bedürfnisse entstehen und die einst reichlich vorhandenen natürlichen Ressourcen schwinden. Aber selbst wenn wir mit neuen Technologien der Knappheitssituation entrinnen könnten, blieben Produktion und Verteilung mit Transaktionskosten belastet, deren Bewältigung komplexe Organisationen und strafbewehrte Vertragsbeziehungen erfordert. Auch da bedarf es politischer Akteure, die nicht selbst als Marktteilnehmer auftreten, sondern als dritte Partei einen Rechtsrahmen bereitstellen und die Einhaltung von Verträgen erzwingen können. Die eminente Bedeutung institutioneller Einbettung und des *Third Party Enforcements* für das reibungslose Funktionieren einer Marktwirtschaft wurde von der neueren Institutionenökonomik nachdrücklich aufgezeigt.

Natürlich ließe sich Knappheit auch durch Nächstenliebe, Askese und Barmherzigkeit bewältigen. Wir schließen diese im europäischen Mittelalter bis zur Erfindung des Marktes als Ergänzung zum machtbasierten politischen Verteilungsprinzip durchaus praktizierte Methode ebenso wenig in unsere Überlegungen ein wie die offene Gewalt des Krieges, die nach wie vor ein Mittel zur Lösung von Verteilungskonflikten darstellt. Das Zusammenspiel von Politik und Markt ist gegenüber diesen die sowohl realistischere als auch normativ vorzuziehende Methode im Umgang mit Knappheitsproblemen. Zugleich ist sie aber auch eine komplizierte, theoretisch sperrige und empirisch äußerst facettenreiche Methode. Die Beiträge des Bandes machen dies in besonderer Weise deutlich. Nach einer Einleitung beschäftigen sich die ersten drei Kapitel mit theoretischen Problemen der institutionellen Einbettung von Märkten. Im Hauptteil werden dann Probleme der Marktschaffung und -regulierung sowie des Eindringens der Marktlogik in vormals marktferne Bereiche am Beispiel einzelner Politikfelder behandelt. Zwei abschließende Beiträge fragen nach den im internationalen Vergleich feststellbaren programmatischen und politisch-praktischen Grenzverschiebungen zwischen Politik und Markt.

Die aufgezeigte Thematik kann in einem Sammelband nicht erschöpfend behandelt werden. Vorhandene Lücken sind zum Teil aus der Knappheit des Umfanges erklärbar. Zwei geplante Beiträge mussten aus Krankheitsgründen ausfallen. Neben unserem Anliegen, ein aktuelles und dennoch in der deutschen Politikwissenschaft eher randständiges Thema aufzugreifen, sollte der Band auch ein Forum für Nachwuchswissenschaftler darstellen, die thematisch an der Schnittstelle von Politik und Ökonomie arbeiten. Umso erfreulicher ist es, dass vier unserer Autoren, noch während der Band entstand, ihren Erstruf auf eine Professur erhalten haben.

Roland Czada　　　　　　　　　　　　　　　　　　　　　　　　　*Reinhard Zintl*
Osnabrück　　　　　　　　　　　　　　　　　　　　　　　　　　　Bamberg

I.

Einleitung

Grenzprobleme zwischen Politik und Markt

Roland Czada

Die Frage, was öffentlich und was privat zu entscheiden wäre, wofür also die Politik und wofür der Markt geradestehen sollten, ist ein ständiges politisches Konfliktthema. Daher scheint die Annahme fast selbstverständlich, dass die institutionellen Schnittstellen zwischen Politik und Markt ein Gegenstand politischer Entscheidung sind. Die Frage ist auch ein bevorzugtes Thema normativer theoretischer Erörterung, zumeist aber auch da mit dem Ergebnis, dass die Politik Umfang und Grenzen des Marktes bestimmen solle. Dabei sieht die Wirklichkeit ganz anders aus. Die in entwickelten Industriegesellschaften vorfindbaren Varianten des Kapitalismus sind weniger das Resultat expliziter Kollektiventscheidungen als vielmehr ein Ausdruck historischer Kontingenz und Pfadabhängigkeit, mithin evolutionärer Institutionenbildung. Aus diesem Grund basiert das Wechselverhältnis von Politik und Markt auf einem äußerst komplexen, sich durchaus fortentwickelnden Geflecht komplementärer Steuerungsinstitutionen, das sich, wie die empirischen Beiträge dieses Bandes zeigen, gegenüber politischen Reformbemühungen als besonders resistent erweist.

Die institutionelle Einbettung von Märkten variiert nicht nur zwischen Ländern und Wirtschaftssektoren. Sie verändert sich auch im Zeitverlauf, und die vergangenen Jahrzehnte sind in diesem Zusammenhang besonders hervorzuheben. Folgt man der idealtypischen Unterscheidung von Staat, Unternehmen, Markt, Verband und Netzwerk (Clan) als grundlegenden ökonomischen Steuerungsinstitutionen (Hollingsworth/ Lindberg 1985), so lassen sich seit Beginn der 1980er Jahre charakteristische Veränderungen im Zusammenspiel dieser Governance-Mechanismen beobachten. Die Wettbewerbslogik des Marktes ist nicht nur in neue Regionen und Wirtschaftssektoren vorgedrungen, die vormals von staatlichen und privaten Monopolen beherrscht waren. Sie drang auch in das Innere staatlicher und unternehmerischer Hierarchien ein und führte dort zur Herausbildung *interner* (Quasi-)Märkte und zur Anwendung neuer Instrumente der Anreizsteuerung. Daraus resultiert eine veränderte institutionelle Einbettung wirtschaftlichen Handelns, die, statt einem politischen Design zu folgen, sich als Ganzes ungeplant entwickelt. Gleichwohl gehen einzelne Veränderungen durchaus auf politische Intervention zurück. Es sind neue Gesetze und untergesetzliche Regelwerke, welche die Neuordnung der Finanzmärkte (Lütz und Busch in diesem Band), den Umbau des Sozialstaates (Rüb), Änderungen im Verbraucherschutz (Janning) oder die Einführung neuer ökonomische Steuerungsinstrumente (Bogumil, Höpner, Holzinger/Knill) begleiten. Das Marktparadigma ist die einzige Klammer, die diese höchst unterschiedlichen Parallelprozesse verbindet. Daher liegt es nahe, die konfigurative Dynamik dieser diversen Abläufe unter dem Begriff der „Vermarktlichung" zu fassen und in einem ersten Erklärungsversuch an den allgemeinen historischen Kontext der Expansion kapitalistischer Produktions- und Verkehrsformen anzuknüpfen.

1. Grenzenlose Markterweiterung?

Immer mehr Bedürfnisse werden über den Markt befriedigt. Diese „innere kapitalistische Landnahme" (Lutz 1984: 194) ist kein neues Phänomen. Seit Beginn der Industrialisierung prägt sie die Entwicklung von Wirtschaft, Gesellschaft, Kultur und Lebensweisen. Dass der Markt nach grenzenloser Expansion drängt, wissen wir spätestens seit dem „kommunistischen Manifest" von 1848 (Marx/Engels [1848] 1998) – dort freilich mit der Forderung verbunden, diese Dynamik durch machtvolle politische Intervention abzustellen. Tatsächlich hat sich die Marktlogik beständig ausgeweitet, und die Vorstellung, den mit ihr erreichten Grad gesellschaftlicher Arbeitsteilung zurückzufahren, erscheint heute mehr als ein romantischer Reflex denn als realistische Alternative zur Marktgesellschaft. Die Befriedigung materieller Bedürfnisse über den Markt geht indessen auf Kosten sozialer Einbettung, und sie ermöglicht zugleich ein Höchstmaß individueller Freiräume und Lebensweisen. Allein dadurch entsteht schon ein politischer Handlungsbedarf. Zahlreiche Funktionen der Daseinsvorsorge, die nicht länger in Familienverbänden und örtlichen Gemeinschaften erbracht werden, werden heute vom Staat oder parastaatlichen Einrichtungen wahrgenommen. Die Expansion des Marktes hat also den Bereich politischer Kollektiventscheidungen nicht notwendigerweise eingeschränkt. Im Gegenteil: Die Staatstätigkeit nahm mit der Expansion des Marktes eher zu als ab.

Der bis vor wenigen Jahrzehnten gültige Zusammenhang eines gleichgerichteten Wachstums von Staat und Markt scheint sich seit geraumer Zeit aufzulösen. Die Koexistenz von öffentlicher und privater Wirtschaft („Mixed Economy") gilt schon seit Jahrzehnten nicht mehr als Garant steigenden Wohlstands. Die politische Marktregulierung, ob durch den Staat oder intermediäre Instanzen, sieht sich seit den 1980er Jahren dem Verdacht wachstumsschädlicher Überregulierung ausgesetzt, und der umverteilende Wohlfahrtsstaat gilt heute weithin nur noch als Beschäftigungsbremse. Während staatstheoretische Debatten der 1970er Jahre die Politik als letzten Rettungsanker einer krisenanfälligen Marktökonomie beschrieben und so die seinerzeitige Komplementarität von Markt und Politik zu erklären suchten (etwa Offe 1972), verläuft der herrschende Diskurs nun in die genau andere Richtung: Mehr Markt und weniger Politik gelten als Patentrezept für Wirtschaftswachstum, Beschäftigung und Wohlstand.

Wie es zu dieser Wende kommen konnte, hat historische Ursachen, auf die weiter unten näher eingegangen wird. Meist wird der seit dem Ende des „eingebetteten Liberalismus" (Ruggie 1982) in den 1970er Jahren intensivierte ökonomische Standortwettbewerb genannt, unter dem bestimmte Maßnahmen der politischen Marktregulierung und der Korrektur von Marktergebnissen ein Hindernis für Investitionen darstellen. Es ist freilich nicht ausgeschlossen, dass die Periode des „eingebetteten Liberalismus" lediglich einen Langfristtrend „kapitalistischer Landnahme" unterbrochen hat und insofern tatsächlich nur ein „kurzer Traum immerwährender Prosperität" (Lutz 1984) war. Dann befänden sich Politik und Markt schon immer in einem eher antagonistischen Wechselverhältnis, eine Perspektive, die schon Adam Smith ([1776] 1976: XI) eröffnet, wenn er als Bedingung für den „höchsten Grad des Reichtums" nicht mehr anführt als „Frieden, eine geringe Steuerlast und ein passables Rechtswesen", darüber hinausgehende politische Eingriffe aber zurückweist. „Alles weitere", so heißt es bei Smith, „entsteht durch den natürlichen Gang der Dinge." Die Geschichte scheint ihm insoweit Recht zu geben, als sich die Marktlogik, wo sie einmal gesät war, in der Langfristperspektive beständig und gegen allfällige Widerstände ausbreitete, und tatsächlich, wie es Marx und Engels im „Kommunistischen Manifest" voraussehen, alle sozialen und politischen Verhältnisse revolutioniert hat.

Anders als Burkard Lutz (1989) vermutete, ist die innere und äußere Expansion des Marktes bislang nicht auf eine natürliche Grenze gestoßen. Sie wäre erst dann erreicht, wenn die Tausch- und Wettbewerbslogik alle Weltregionen und Lebensbereiche vollständig erobert hätte. Für einige Regionen und Sektoren ist ein Zustand der Marktsättigung sicher zutreffend. So ist der Einzug von Industriewaren in Bereiche, die seit jeher durch familiäre Eigenversorgung geprägt waren, in den entwickelten Gesellschaften weitgehend abgeschlossen. Jedoch zählen neue Dienstleistungen in Bereichen wie Sport, Freizeit, Gesundheit, Medien und Tourismus bis heute zu den am schnellsten wachsenden Märkten. In der Altenpflege erleben wir die Transformation von vormals im Familienverband erbrachten Leistungen zu einer Pflegeindustrie, die von der Massenproduktion spezieller Hygieneartikel bis zu einem rasch wachsenden professionellen Dienstleistungsangebot führte. Schließlich steht die Medizin vor gesundheitsökonomischen Herausforderungen, bei denen Forderungen ärztlicher Ethik nach der besten Behandlung für alle mit exponentiell steigenden Kosten einer immer leistungsfähigeren lebenserhaltenden Apparatemedizin konfrontiert werden. Dabei verdient der Markt für Organtransplantate, medizinische Patente oder genetische Erbinformationen besondere Beachtung. Knappheit verursacht hier Verteilungsprobleme, deren Lösung offenkundig andere Regelungsmechanismen verlangt als einen Gleichgewichtspreis, den lebensbedrohlich erkrankte „Konsumenten" zu bezahlen hätten (hierzu Michael Baurmann in diesem Band). Die sozialethischen Grenzen des Marktes werden hier in beispielhafter Weise deutlich. Die Transformation von Einrichtungen der öffentlichen Daseinsvorsorge durch Privatisierung, *Outsourcing* und *New Public Management* ist ein weiterer, höchst aktueller Aspekt umfassender Prozesse der Vermarktlichung, die in der Konsequenz tief in den Mikrokosmos der Gesellschaft hineinreichen (Bogumil in diesem Band). Schließlich versuchen Regierungen allfällige Steuerungsprobleme der Sozial- und Umweltpolitik zunehmend durch neue Formen der Anreizsteuerung zu lösen. Staatlich initiierte Wohlfahrts- und Emissionsmärkte (Rüb und Holzinger/Knill in diesem Band) sind dafür ein Beispiel.

Der in allen entwickelten Industrieländern beobachtbare Trend zu Privatisierung, Liberalisierung, Deregulierung und Erweiterung von Märkten sollte indes nicht darüber hinwegtäuschen, dass die eigentümlichen Profile institutioneller Steuerung in den einzelnen Ländern fortwirken. Und dies gilt ebenso für aktuelle politische Problemlösungen und Reformpolitiken. Siegel/Jochem (in diesem Band) konstatieren eine begrenzte Konvergenz bei robuster Divergenz nationalstaatlicher Politikprofile, die selbst von groß angelegten Projekten der Marktintegration und Denationalisierung nicht beseitigt wird. Erstaunlicherweise sind die Unterschiede etwa der Staatsquoten im globalen Ausmaß kleiner geworden, während sie sich in der Europäischen Union kaum verändert haben (Siegel/Jochem). Dies lässt vermuten, dass die von einer globalen Marktdynamik auf offene Volkswirtschaften ausgehenden Anpassungszwänge größer waren als jahrzehntelange Harmonisierungsbemühungen der Europapolitik.

Wenn wir nach den Betriebsweisen und Legitimationsgrundlagen unterschiedlicher Steuerungsmodi von Industriegesellschaften fragen, lohnt sich der internationale Vergleich tatsächlich vorfindbarer institutioneller Konfigurationen und Politikmuster (Siegel/Jochem, Lütz und Busch in diesem Band). Bereits ein flüchtiger Blick auf so unterschiedliche Kapitalismusvarianten wie die der USA, Japans, Schwedens, der Schweiz, Frankreichs oder Deutschlands zeigt, dass Marktsteuerung, politisch-administrative Regelsteuerung und verbandliche Selbststeuerung innerhalb eines bestimmten Aufgabenkorridors funktional äquivalent sein können. Zugleich gibt es offenbar Funktionen, die das eine oder andere Modell besser erfüllen kann. So lässt sich feststellen, dass die angelsächsischen liberalen Marktökonomien aus prinzipiellen Gründen nicht in der Lage sind, eine ähnlich hohe Einkommensgleichheit zu erzeugen wie das japanische oder schwedische Wirtschafts- und Sozialmodell. Im japanischen Fall kommt hinzu, dass dies im Rahmen eines Minimalstaates mit niedriger Steuerquote und allenfalls rudimentären Wohlfahrtsfunktionen erreicht wird. Diese institutionell auf soziale Gleichheit und Stabilität programmierten Kapitalismusvarianten entbehren andererseits der Flexibilität der Produktionsfaktoren, welche die angelsächsischen Ökonomien auszeichnet.

Die eigentümliche Struktur und Betriebsweise einer politischen Ökonomie lässt sich nur begrenzt an quantitativen Indikatoren festmachen. Es erstaunt daher nicht, dass vergleichende Aggregatdatenanalysen (Alber 1998; Schmidt 2000) oft mehr Stabilität als Veränderung erkennen lassen. Der Wandel von Institutionen und Instrumenten industrieller Governance wirkt sich nicht unmittelbar auf die Entwicklung der Staatsquote, die öffentlichen Ausgaben oder die Sozialleistungsquote eines Landes aus und kann daher auf diesem Wege auch nicht festgestellt werden. Gleichwohl gibt es andere Indikatoren zur Regelungsdichte von Märkten, die sogar als Zeitreihen vorliegen und Veränderungen im Verhältnis von Politik und Markt eindeutig erkennen lassen (Siegel/Jochem in diesem Band).

2. Normativer Institutionalismus und empirische Politikforschung

Betrachtet man, wie verschiedene Wissenschaften das Verhältnis von Politik und Markt behandeln, wird deutlich, dass paradigmatische Scheidelinien nur scheinbar an disziplinären Grenzen entlang verlaufen. Wie weit gängige Sichtweisen und Erklärungsansätze auseinander gehen, scheint in erster Linie davon bestimmt zu sein, welchen Stellenwert Theorie und Empirie in der jeweiligen Herangehensweise einnehmen. Die Frage nach der Grenzziehung zwischen Politik und Markt wird in diesem Band zunächst normativ-demokratietheoretisch fundiert und in den daran anschließenden Kapiteln, nach Politikfeldern und Aufgaben geordnet, empirisch abgehandelt. Während die theoretischen Beiträge die Bedeutung und Notwendigkeit einer konstitutionellen Zähmung der Vertragsarena souveräner Marktteilnehmer durch allgemein konsentierte Regeln hervorheben (Zintl und Vanberg), behandeln die empirischen Teile die Frage, warum, wie und in welchen Politikfeldern das Marktparadigma Fuß fasst und welche institutionellen Umbauten und legitimatorischen Konsequenzen damit verbunden sind. Dabei beschreiben die meisten empirischen Kapitel einen einschneidenden qualitativen

Wandel im Verhältnis von Politik und Ökonomie, der noch nicht einmal Ansätze des aus normativer Sicht geforderten konstitutionellen Diskurses erkennen lässt. Offenbar besteht die politische Antwort auf den naturwüchsigen Prozess „kapitalistischer Landnahme" in Deutschland ebenso wie auf der Ebene der Europäischen Union oft nur aus einem verzweifelt anmutenden Experimentieren, bei dem die klassische rechtsförmige Regelsteuerung so mit Marktelementen durchsetzt wird, dass die Berechenbarkeit des Handelns insgesamt abnimmt (vgl. Bogumil, Rüb, Schmidt und Holzinger/Knill). Der beabsichtigte Effekt einer Steigerung der Effektivität und Legitimation des Regierens verkehrt sich – so scheint es bislang zumindest – ins Gegenteil. Diese Beobachtung findet sich insbesondere in den Beiträgen zum arbeitenden Leistungsstaat und dort, wo in der regulativen Politik neue marktförmige Instrumente der Anreizsteuerung erprobt werden. Dies sind nun gerade jene Politikfelder, die hoch politisiert und deshalb unter Legitimationsgesichtspunkten besonders bedeutsam sind: Sozialpolitik (Rüb), Kommunale Daseinsvorsorge (Bogumil), Umweltpolitik (Holzinger/Knill).

In den Bereichen regulativer Politik, wo die korporatistische Selbstregulierung von Teilmärkten durch staatliche Regelwerke und Aufsichtsbehörden verdrängt wurde, können die Marktteilnehmer von einem höheren Schutzniveau und einer insgesamt höheren Berechenbarkeit der Politik ausgehen: So wurde der staatliche regulative Zugriff auf die Finanzmärkte in den 1990er Jahren erheblich ausgeweitet, und dies ist vor allem auf internationale Einflüsse zurückzuführen (Lütz, Busch und Höpner in diesem Band). Auch dort, wo die europäische Integration neue Regulierungstatbestände in den Mitgliedländern verursacht, kann zumeist von einer gestärkten Rolle des regulativen Ordnungsstaates gesprochen werden. Aufgrund der europäischen Politikverflechtung und ungleicher Regelanwendung in den Mitgliedstaaten entsteht aber zugleich ein beträchtliches Maß von Rechtsunsicherheit und opportunistischem Handeln sowohl der beteiligten Regierungen als auch der Marktakteure (Schmidt und Höpner in diesem Band). Die von der Europäischen Union ausgehende neue regulative Staatlichkeit (Majone 1996) erreicht insofern noch nicht das Maß der Berechenbarkeit und Regelkonsistenz, das den klassischen Nationalstaat auszeichnet. Auch dort, wo die europäische Marktregulierung ihren integrationspolitischen Zweck erfüllt, erscheint sie in technischer Hinsicht, bei der Schaffung eines geeigneten Rahmens für reibungslose Markttransaktionen, weniger leistungsfähig.

Die im Spannungsfeld der Entscheidungslogiken von Markt und Politik zu beobachtende Transformation von Staatlichkeit und sektoraler Governance führt offenbar in etlichen Politikfeldern zu ambivalenten Zwischenzuständen, die mit Handlungsunsicherheit und wachsenden gesellschaftlichen Konflikten einhergehen. Dieser Sachverhalt kommt in den Beiträgen von Bogumil, Rüb, Höpner, Schmidt und Holzinger/Knill besonders zum Ausdruck. Ein wünschbarer und aus guten Gründen notwendiger Regelkonsens (vgl. Zintl und Vanberg) hat sich in dieser Situation noch nicht herausgebildet. Zwar werden die Konturen eines neuen Verhältnisses von Politik und Markt sichtbar, sie sind aber noch so unscharf, dass ein gehöriges Maß theoretischer Rekonstruktion nötig ist, um daraus ein neues Epochenmodell wie etwa die „Neuerfindung des Politischen" in der „Zweiten Moderne" (Beck 1993) herzustellen.

Ingesamt lassen die meisten empirisch fundierten Kapitel ein in jüngster Zeit verstärktes Eindringen von ökonomischen Kalkülen in die Politik erkennen. Dadurch ändert sich das Verhältnis von Politik und Ökonomie in mehrfacher Hinsicht: Es gibt neue Institutionen, neue Instrumente, ein neues Denken und neue Bedürfnisse der Marktregulierung und der politischen Steuerung. Sie finden ihren Ursprung nicht nur – und vielleicht nicht einmal in erster Linie – in einer veränderten Problemumwelt. Dies anzunehmen wäre ein funktionalistischer Fehlschluss. Der Aufstieg des Marktparadigmas speist sich vielmehr aus einer Reihe ganz unterschiedlicher Quellen. Zu nennen wären wirtschafts- und gesellschaftstheoretische Diskurse in den 1970er und 80er Jahren, von denen ein neoliberaler Strategiewechsel in den angelsächsischen Ländern ausging (Singer 1993). Die internationale Diffusion dieser Konzepte war von starken politischen Einwirkungen der USA auf ihre Handelspartner, vom Einfluss internationaler Regime wie Weltbank, IWF, Baseler Ausschuss für Bankenaufsicht und von der Politik der europäischen Marktschaffung begleitet (Lütz, Busch, Höpner und Schmidt). Dabei mag das Ende des Ost-Westkonfliktes eine beschleunigende Rolle gespielt haben. Die globale Ausbreitung neoliberaler Politik kann demnach zu einem guten Teil als Folge politischer Kräftekonstellationen erklärt werden. Die machtpolitische Aneignung des neoliberalen Diskurses macht auch verständlich, warum ein konstitutioneller Diskurs, wie er in der wissenschaftlichen Debatte um die Neuordnung der Rolle des Staates in der Wirtschaft durchaus angelegt war, in der Realpolitik kaum praktische Bedeutung erlangen konnte.

Ein Weiteres spricht gegen die Annahme, es seien ausschließlich funktionale Zwänge, die der Politik bestimmte Reaktionen auf die Dynamik von Märkten vorschreiben: Die nach Marktregulierung verlangenden Problemkonstellationen – unzureichender Wettbewerb, Informationsassymetrien, negative Externalitäten – geben wenig Anhaltspunkte, wie ihnen idealerweise zu begegnen wäre. Staatliche Leistungserstellung, Rationierung, administrierte Preise, regulative Politik, sozialpolitische Marktkorrekturen, verbandliche Selbstregulierung, mehr Wettbewerb durch Marktschaffung und Markterweiterung kämen als prinzipielle Problemlösungen in Frage. Sie sind mit spezifischen Vor- und Nachteilen behaftet, die sich je nach Aufgabe in unterschiedlichen Politikfeldern anders darstellen. So plädiert Baurmann (in diesem Band) aus gerechtigkeitstheoretischer und ethischer Sicht gegen einen freien Organhandel und für eine rechtebasierte Rationierung knapper Spenderorgane in der Transplantationsmedizin. Ein solcher Ansatz würde etwa in der Verkehrspolitik auf den ersten Blick absurd erscheinen. Dabei erinnern autofreie Sonntage in den 1970er Jahren oder die nach Autokennzeichen und Wochentag alternierenden Sperrungen von Innenstädten daran, dass Rationierung ein wirksames politisches Instrument sein kann, um Knappheit zu bewältigen; insbesondere dann, wenn die Allokation über den Preis ein Gerechtigkeits- und Legitimationsproblem aufwirft. Auch Preiskontrollen sind ein durchaus gängiges Instrument etwa der Regulierung von Energiemärkten (Elektrizitätstarife sind auch in den USA genehmigungspflichtig) oder bei der Schaffung von Wettbewerbsbedingungen auf monopolisierten Märkten (Tarifregulierung von Kommunikationsdienstleistungen in Deutschland). Es gibt eine Fülle solcher regulativer Eingriffe, die rein pragmatischer Natur sind und die im Rahmen gesetzlicher Vorgaben üblicherweise der Tagespolitik oder der Expertise unabhängiger Behörden überlassen bleiben. Die von Zintl und Vanberg (in diesem Band) erhobene Forderung nach demokratischer Institutionenwahl, die den Grenzverlauf zwischen der Vertragsarena impliziter Marktentscheidungen und der

Politikarena expliziter Kollektiventscheidungen festlegt, könnte sich demgegenüber nur auf grundsätzliche ordnungspolitische Weichenstellungen beziehen: Die Einbettung des Marktes in Regelsysteme wie beispielsweise Ausmaß und Gestalt der Tarifautonomie, die Unabhängigkeit einer Zentralbank, Unternehmensverfassung und Mitbestimmung, die private oder öffentliche Konstitution von Sektoren wie Medien, Bildung und Ausbildung, Gesundheit und soziale Sicherung wären Fragen, die auf diese Weise zu entscheiden wären. Die gegenwärtig vorherrschende Legitimation solcher Ordnungsstrukturen basiert im Wesentlichen auf der Erfüllung diffuser Leistungserwartungen. Die Alternative einer konstitutionellen Selbstbindung durch Institutionenwahl setzt den bewussten Wechsel von der gegenwärtigen Output-Legitimation zur Input-Legitmation von Governance-Institutionen voraus (zum Verhältnis von Input- und Output-Legitimation: Scharpf 1970). Denn dadurch würde die Wahl einer spezifischen ordnungspolitischen Struktur der sozialen Einbettung von Märkten zur expliziten Kollektiventscheidung. Das normativ gut begründbare Postulat, Grundfragen gesellschaftlicher und industrieller Governance-Institutionen demokratischer Entscheidung anheim zu stellen, stößt indessen auf drei empirische Sachverhalte, die einer reibungslosen Umsetzung im Wege stehen:

- Über unterschiedliche Kapitalismusvarianten und die sie konstituierenden Arrangements institutioneller Steuerung ist historisch noch nie demokratisch entschieden worden. Sie sind aus einer Fülle kontingenter, impliziter und expliziter Entscheidungen sozial-evolutorisch erwachsen und entwickeln sich pfadabhängig (Lehmbruch 2001; Schmidt 2000; Czada/Schimank 2000; Höpner, Lütz in diesem Band). Ihre Legitimationsbasis besteht im Wesentlichen aus der Erfüllung spezifischer Performanzerwartungen, also „Output-Legitimation". Die Einführung einer expliziten Institutionenwahl setzt demgegenüber nicht nur die Umstellung auf „Input-Legitimation" voraus, sondern auch einen starken Staat, der in der Lage ist, sich der naturwüchsigen institutionellen Dynamik in den Weg zu stellen.
- Die zur demokratischen Zuweisung einzelner Entscheidungsmaterien an die Vertrags- oder Politikarena nötigen „Institutionen der Institutionenwahl" (Zintl) müssten mit der Einführung allgemeiner Sachstimmrechte über Governance-Strukturen verbunden oder verhandlungsdemokratisch verfasst sein (vgl. zur Anwendbarkeit unterschiedlicher Entscheidungsregeln auf die Institutionenwahl Vanberg in diesem Band). Die Komplexität solcher Entscheidungen dürfte den normalen Stimmbürger überfordern, während Verhandlungslösungen am Kompromisscharakter des Ist-Zustands vermutlich wenig ändern würden.
- Schließlich stellt sich die Frage, ob die aufgrund offener und globaler Märkte in einem Standortwettbewerb um Investitionen stehenden Staaten und politischen Gemeinschaften überhaupt noch eine Chance haben, ihre eigenen Institutionen industrieller Governance autonom gestalten zu können. Die Möglichkeiten demokratischer Politik sind in der internationalisierten Ökonomie insgesamt erheblich eingeschränkt (Scharpf 1998a, 1998b), und dies dürfte für die Wahl ordnungs- und verteilungspolitischer Alternativen der Marktkorrektur besonders zutreffen. Tatsächlich zeigt sich Staat dann als stark, wenn er es schafft, die Zwänge des Weltmarktes gegen allfällige Widerstände durchzusetzen.

Das Postulat, souveräne Bürger mögen die institutionellen Regeln, denen sie sich unterwerfen, selbst bestimmen, kontrastiert eigentümlich mit den Zwängen eines institutionellen Wettbewerbs zwischen Wirtschaftsstandorten. Die konstitutionelle Ökonomik befürwortet den Wettbewerb von Regelsystemen als eine Schranke gegen politische Willkür ebenso wie die demokratische Institutionenwahl als autonomen politischen Willensakt (vgl. Vanberg in diesem Band). Beides lässt sich nur vereinbaren, wenn man den Wettbewerb als eine willkommene Form des Zwanges und Wahlfreiheit als Einsicht in die Notwendigkeit betrachtet (vgl. Samuelson 1968: 35). Neben den bereits genannten Gründen, die eine explizite Institutionenwahl erschweren, führt auch dieser Sachverhalt zu einer Institutionendynamik, die aus dem Wettbewerb zwischen Regelsystemen und politischen Bemühungen, sich diesem Wettbewerb zu entziehen, hervorgeht. Eine Möglichkeit dazu bieten Abkommen, die den Steuerwettbewerb, regulativen Wettbewerb oder Wettbewerb von Wohlfahrtssystemen zwischen Wirtschaftsstandorten verbindlichen Regeln unterordnen. Die Politik muss diesen Weg gehen, um Handlungsspielräume zurückzugewinnen, die ihr im Wettbewerb um markt- und investitionsfreundliche Investitionen verloren gehen. Dies gilt über kurz oder lang auch für die Standorte, die sich zunächst einen Wettbewerbsvorteil versprechen können.

Nicht von ungefähr und trotz aller Hindernisse ist die Schaffung von Marktregeln eine gängige Praxis, die zwischenzeitlich mehr von der internationalen als der nationalstaatlichen Ebene ausgeht. So basiert die Regulierung der Finanzmärkte zur Vorbeugung gegen Systemkrisen inzwischen weitgehend auf internationalen Übereinkommen. Ähnliches gilt für die Handels- und Wettbewerbspolitik sowie für eine Vielzahl von Marktordnungen im europäischen Regulierungsstaat. Diese transnationalen Regelwerke überlagern das in langen Zeiträumen aufgebaute Geflecht nationaler Marktregulierung. Zugleich ist aber demokratische Legitimation fragwürdig. Da wirksame Marktregeln angesichts einer globalisierten Ökonomie zunehmend für supranationale Integrationsräume gelten müssen, stellt sich die Frage, wie eine breite Zustimmung und Beteiligung jenseits des Nationalstaates zu erreichen wären. Der Beitrag von Brinkmann und Pies (in diesem Band) zeigt, wie sich neue Beteiligungsformen auf internationaler Ebene herausbilden, die von Selbstorganisation und Deliberation getragen sind. Vieles deutet darauf hin, dass der öffentliche Diskurs über die Einbettung von Märkten im Umfeld internationaler Regime und Vereinbarungen aktiver und offener als auf der nationalen Ebene geführt wird. In den meisten Nationalstaaten herrschen nach wie vor fest gefügte Verteilungskoalitionen, die einer offenen Debatte über alternative Governance-Institutionen eher im Wege stehen. Brinkmann und Pies öffnen den Blick für Möglichkeiten der expliziten Institutionenwahl, die sich dann bieten, wenn die Ordnungspolitik von der nationalen auf eine transnationale Ebene verlagert wird.

Der Verweis auf äußere Zwänge, die der akademische Globalisierungsdiskurs oft leichthin der anonymen Macht des globalen Marktes zuschreibt, sollte nicht darüber hinwegtäuschen, dass diese Zwänge im zwischenstaatlichen und binnenstaatlichen Bereich politisch vermittelt sind, und zwar in verschiedenen Ländern durchaus unterschiedlich. Das gilt gleichermaßen für die Steuerpolitik (Wagschal), die Finanzmarktregulierung (Busch und Lütz), die Sozialpolitik (Rüb) und die Entwicklung von Governance-Institutionen der Industrie und des Arbeitsmarktes (Höpner). Die Krise traditioneller nationaler Institutionen der Selbstregulierung etwa in der Sozialpolitik, im Tarifvertragswesen, in der Finanzmarktregulierung zeigt deutlich, dass bislang bewährte Regelsysteme in einer veränderten Problemumwelt nicht einfach ihre frühere Leistungsfähigkeit einbüssen und deshalb unmittelbar nach politischer Reform verlangen. Veränderte Problemlagen werden vielmehr von den an Veränderung interessierten Akteuren als Gelegenheit wahrgenommen, ihre politische Vorstellung einer veränderten Nutzung oder Neuordnung von Institutionen durchzusetzen, während die am *Status quo* interessierten Kräfte jede Neuordnung verhindern wollen. Solche dynamischen Konfliktlagen zeigen sich derzeit über die genannten Beispiele hinaus, in Reformdebatten über das duale System der Berufsausbildung, das Kammerwesen (Meistersystem) und die etablierten Systeme sektoraler Eigenüberwachung und Qualitätskontrolle (Risikoregulierung, Verbraucherschutz).

Die konsentierte Bindung an Regeln, die Erwartungen langfristig stabilisieren und damit Berechenbarkeit und Reibungslosigkeit garantieren soll, kann nicht ohne weiteres zeitlich unbegrenzt eingegangen werden. Dagegen stehen Veränderungen der Problemumwelt, die, ob sie nun neue Regelwerke erfordern oder nicht, die politischen Kräfteverhältnisse aufmischen und Reformdebatten in Gang setzen. Eine weitere Quelle von Veränderung sind akademische Diskurse, die wie der Neo-Institutionalismus oder die amerikanische Anti-Trust-Revolution der 1980er Jahre neue ordnungspolitische Sichtweisen eröffnen (Stiegler 1983; Hawks 1988). Dadurch gelangen neue Argumente in die politische Praxis, die sich durch *Lesson-drawing*, internationale Regime oder Verhandlungen mitunter weltweit ausbreiten. Die hier versammelten empirischen Beiträge eröffnen in dieser Hinsicht eine analytische Perspektive, in der historische Entwicklungspfade und politische Kräfteverhältnisse ebenso wie kognitive und diskursive Elemente für die Erklärung von beobachtbaren Governance-Transformationen eine entscheidende Rolle spielen.

3. Historische Ursachen der Markterweiterung

Der mit weiterer Arbeitsteilung und ökonomischem Wachstum einhergehende Prozess der Markterweiterung hat viele Ursachen. Neben neuen Bedürfnissen, die durch technologische Innovationen befriedigt oder oft erst geweckt werden, bewirkt die globale und regionale Integration von Wirtschaftsräumen die Transformation bestehender ebenso wie die Entstehung neuer Märkte. Allein dadurch verändert sich auch das Verhältnis von Markt und Politik. Hinzu kommen politisch-ideologische Faktoren: Mit der Krise des Keynesianismus und der zum Beginn der 1980er Jahre aufkommenden neoliberalen Wende in der Wirtschaftspolitik wurde ein anhaltender Prozess der Deregulierung und des Rückzugs des Staates aus einer Reihe von Wirtschaftsbereichen eingeleitet. Das von den USA und Großbritannien ausgehende neoliberale Marktparadigma hat zwischenzeitlich die Welt erobert und auf die Politik nahezu aller Länder, das gesamte Parteienspektrum, internationale Organisationen und selbst Regierungen der ärmsten Entwicklungsländer abgefärbt. Zugleich wurde aber auch deutlich, dass die Ausdehnung und Veränderung von Märkten und insbesondere die Privatisierung von Infrastrukturmonopolen neue Aufgaben der politischen Marktregulierung bereithielt

(Grande/Eberlein 2000). Das Verhältnis von Politik und Markt ist vor diesem Hintergrund komplizierter geworden.

Märkte erzeugen durch ihre Tendenzen zur Monopolbildung selbstdestruktive Kräfte. Negative Externalitäten produzieren Gefahren für Umwelt und Gesundheit. Informationsasymmetrien bergen Risiken der Übervorteilung. Dagegen können nur die Aufstellung allgemeiner Regeln, die Überwachung ihrer Einhaltung und die Sanktionierung von Verstößen Schutz bieten. Nur so wird der Markt zu einem *level playing field*, auf dem allein Leistung über Gewinn oder Verlust entscheidet. Die Zähmung des Marktes durch regulative Politik reicht aber häufig nicht aus. Auch auf dem ebenen Spielfeld wird es Verlierer geben, die nicht einfach vom Platz gestellt werden können. Die gesellschaftlichen und politischen Risiken von Ausgrenzung und sozialer Not sind aus leidvoller historischer Erfahrung bekannt. Neben die im Grundsatz kaum umstrittene Zähmung des Marktes durch regulative Politik wird also die sozialpolitische Korrektur von Marktergebnissen durch Verteilungspolitik treten müssen. Letzteres enthält weit mehr politisches und ideologisches Konfliktpotenzial, weil damit Eingriffe in Eigentumsrechte verbunden sind, die sich nicht ohne weiteres mit Gemeinwohlargumenten begründen lassen. Im Gegenteil, es gibt gute Argumente, die sozialpolitischer Umverteilung eine wachstumshemmende Tendenz nachsagen und sie darüber hinaus als Beschäftigungshindernis und pathologische Anreizstruktur brandmarken. Besonders dort, wo auf der Grundlage eines *Welfare for Work*-Ansatzes arbeitsfähige Bevölkerungsteile dauerhaft in soziale Sicherungssysteme abgeschoben werden, sind im Vergleich zu Ländern mit einer *Work for Welfare*-Orientierung diese wachstumshemmenden Effekte tatsächlich erkennbar (vgl. Czada 2004). Aber selbst dies ist kein notwendiger, jenseits historischer Rahmenbedingungen allgemein gültiger Zusammenhang, wie ein kurzer Rückblick auf die Nachkriegsentwicklung erkennen lässt.

Das Verhältnis von Politik und Markt war in den ersten Nachkriegsjahrzehnten von „gemischter Wirtschaft", „eingebettetem Liberalismus" und dem Aufstieg des Wohlfahrtsstaates gekennzeichnet. *Mixed Economy* meint die Koexistenz privater und öffentlicher Wirtschaftsunternehmen. Als *Embedded Liberalism* bezeichnet Ruggie (1982) das auf das Abkommen von Bretton-Woods gestütze Regime kontrollierter Wechselkurse und des mit dem Welthandelsabkommen (GATT) eingeleiteten kontrollierten Abbaus von Handelsschranken. Die Weltwirtschaft war damit in ein international gültiges Regelsystem „eingebettet", das Wechselkurse, Zölle und Handelsquoten auf der Basis zwischenstaatlicher Kooperation bestimmte. Daraus erwuchs die Möglichkeit der Entwicklung national spezifischer Modelle des *Welfare Capitalism*. Jeder Staat konnte auf seinem Gebiet nach eigenen Vorstellungen und den jeweiligen gesellschaftlichen Kräfteverhältnissen Grenzen und Übergänge zwischen Politik und Markt selbst bestimmen. Diese zumindest im Rückblick vergleichsweise überschaubare und berechenbare Konstellation begann sich nach dem Zusammenbruch des Bretton-Woods-Systems fester Wechselkurse in den 1970er Jahren aufzulösen.

Die negativen Wirkungen wohlfahrtsstaatlicher Umverteilung auf Investition und Beschäftigung entfalten sich erst mit der vollständigen internationalen Mobilität der Produktionsfaktoren Kapital und Arbeit, die sich nun hohen Steuern und Sozialabgaben entziehen können. Der Kapitalseite werden ähnliche Abschreckungseffekte wegen spezifischer Arbeitnehmerrechte wie Mitbestimmung oder wirtschafts- und handelsrechtlicher Vorschriften nachgesagt. Die mit der Öffnung von Märkten verbundene inter-jurisdiktionelle Mobilität der Produktionsfaktoren führt – ceteris paribus – zu einem Wettbewerb der politischen Systeme um Steuerzahler. Kommt es nicht zur Eindämmung oder Regulierung der internationalen Mobilität und damit des Wettbewerbs um Investitionen und Humankapital, werden Wirtschaft und Gesellschaft nicht einmal mehr von einer auch nur relativ autonomen Politik, sondern gänzlich von Wettbewerbszwängen gesteuert. Konsequent zu Ende gedacht, müsste sich die Politik im Wettbewerbsstaat (Hirsch 1995; Cerny 1997) auf die Bereitstellung eines minimalen Rechtsrahmens für die Marktteilnehmer einstellen.

Tatsächlich ist aber dieses Szenario eines „race to the bottom", in dem Marktimperative die Handlungsspielräume öffentlicher Politik auf ein Minimum zurückführen, zumindest in der regulativen Politik bislang ausgeblieben. Einige der folgenden Kapitel lassen erkennen, dass mehr Markt in einigen Politikfeldern auch heute noch mit mehr Staat einhergeht.

4. Mehr Markt bedeutet nicht weniger Staat

In vielen der in diesem Band behandelten Politikfelder korrespondiert der Aufstieg des Marktparadigmas nicht unbedingt mit einem Rückzug der Politik. Dies gilt vor allem für die Politik der Marktschaffung und -regulierung. Geht es dagegen um nachträgliche Marktkorrekturen, wie auf dem Feld redistributiver Steuer- und Sozialpolitik, ist in einigen Ländern ein Rückbau des Wohlfahrtsstaates zu beobachten.

Oft bedeutet die Politik der Marktschaffung einen deutlich stärkeren staatlichen Zugriff. Dies lässt sich an der Entwicklung der Börsenregulierung (Lütz 2002 und in diesem Band), auf dem Arbeitsmarkt und bei der Einführung neuer Wohlfahrtsmärkte (Nullmeier 2002; Rüb in diesem Band) oder bei der Einführung der Dienstleistungsfreiheit in der EU (Schmidt in diesem Band) zeigen. Das wachsende Engagement des Staates geht hier zumeist auf Kosten von Selbstverwaltungskörperschaften und verbandlicher Selbstregulierung. Sie werden durch politische Eingriffe sowie die Europäisierung und Internationalisierung von Marktregeln ebenso geschwächt wie durch eine fortschreitende sozio-kulturelle Erosion freiwilliger Selbstorganisation und verbandlicher Verpflichtungsfähigkeit.

Mehr Markt bedeutet also auch unter den Bedingungen der Globalisierung nicht notwendig weniger Staat. Ebenso wenig beschränkt sich die Expansion der Marktlogik auf die rein quantitative Zunahme marktvermittelter Transaktionen und Produkte. Diese im Kern naturwüchsige, aus der Konkurrenz der Marktteilnehmer resultierende quantitative Landnahme geht einher mit neuen Denkweisen und dem Einzug des Marktparadigmas in Bereiche, die vordem als marktfern galten. Beide Entwicklungen sind, wie Albert O. Hirschman (1987) gezeigt hat, ineinander verwoben und lassen sich bis in die Anfänge der Marktgesellschaft zurückverfolgen. Aus der Wechselbeziehung von institutioneller und kognitiver Landnahme ergibt sich für die Politik eine besondere Herausforderung. Wären es nur die sektorale Ausdifferenzierung, territoriale Ausweitung und quantitative Zunahme von Markttransaktionen, erhielten wir ein Wachstumsmodell, wie es den meisten Ökonomen vorschwebt und wie es die ersten

Nachkriegsjahrzehnte kennzeichnet. Darauf könnte die Politik mit einer Ausweitung von Marktregulierung antworten. Allein dies ist keine einfache Aufgabe, weil es sich zunehmend um grenzüberschreitende anstelle nationaler Regulierung handeln müsste. Andererseits bietet die Internationalisierung der Regelbildung, wie bereits dargelegt, eine Chance, Märkte in einer Weise institutionell einzubetten, die dem Einfluss von Sonderinteressengruppen und allfälligen Systemrisiken besser standhält als nationale Institutionen in einem globalen Marktumfeld. Zudem sind die Probleme und sachlichen Lösungsalternativen bekannt und überschaubar: Die Frage der politisch-institutionellen Vorbedingung für eine moderne Markgesellschaft wurde schließlich von der klassischen Politischen Ökonomie bis zur zeitgenössischen Institutionenökonomik über Jahrhunderte hinweg behandelt. Auch die Politikwissenschaft hat in der „Policy-Forschung", bei der Beschäftigung mit regulativer Politik und durch Arbeiten zur vergleichenden und internationalen Politischen Ökonomie ihren Teil beigetragen.

Eine neue und vermutlich größere Herausforderung entsteht durch den Einzug des Marktparadigmas in Bereiche, die, wie Bürokratie und Politik, lange Zeit als marktfern galten. Hier stellt sich die Frage nach der Veränderung von Staatlichkeit. Es geht um eine bis in die staatliche Binnenorganisation hineinreichende Substitution von Politik als einer Form kollektiven, öffentlichen Handelns durch den Marktmechanismus. Wer trägt für solche Entscheidungen die Verantwortung? Was bedeutet dies für demokratisches Regieren?

Durch die Aggregateffekte individueller Tauschakte erzeugt auch der Markt kollektive Zustände, die durchaus politische Gegenreaktionen hervorrufen können. Man denke nur an den bevorstehenden Handel mit Verschmutzungsrechten (Emissionshandel). Der Emissionshandel soll ab 2005 EU-weit eingeführt werden. Den Produzenten werden dann Rechte zur Luftverschmutzung zugeteilt, mit denen sie handeln können. Stößt ein Unternehmen mehr Kohlendioxid (CO_2) aus als es seiner Anfangszuteilung entspricht, kann es von sparsameren Firmen CO_2-Rechte erwerben. Einem Unternehmen zu erlauben, seine alten Anlagen weiter zu betreiben, wenn es die Verschmutzungsrechte eines an anderer Stelle beheimateten modernisierten Betriebes aufkauft, erscheint ökonomisch effizienter als die klassische Steuerung durch Verbote und Grenzwerte (vgl. den Beitrag von Holzinger/Knill). Dadurch können vorhandene Produktionsanlagen produktiv weitergenutzt werden, ohne dass die Summe der Schadstoffemissionen erhöht würde. Wie reagieren aber Bürger, die dadurch stärker belastet werden, weil sie im Einzugsbereich eines Verschmutzungsrechte kaufenden Unternehmens leben? Der Markt für Emissionsrechte erzeugt wie jeder Markt Ungleichheiten. Es ist sogar die erklärte Absicht des Emissionshandels, nicht alle Unternehmen den gleichen Emissionsgrenzwerten zu unterwerfen, sondern Unterschiede zuzulassen. Ein Problem entsteht dadurch, dass an ihm ausschließlich Industrieunternehmen, also Produzenten teilnehmen, nicht aber die Masse der Betroffenen, also diejenigen, die vor Emissionen geschützt werden sollen. Das Marktverhalten der Produzenten erzeugt eine interregionale Umverteilung von Schadstoffemissionen, die von den Betroffenen unmittelbar und kollektiv als soziale Gruppe wahrgenommen werden kann. Eine solche Entscheidung ist politisch relevanter als eine individuelle Konsumentenentscheidung, wie die kurze Fahrt zum Bäcker oder der Kauf einer Plastikflasche, deren umweltpolitische Aggregateffekte weniger direkt deutlich werden (vgl. zum Unterschied und antagonistischen Verständnis von Produzentensouveränität und Konsumentensouveränität die Beiträge von Vanberg und Janning). Anwohner, deren Arbeitsplätze durch den Emissionshandel gesichert werden, mögen die Ungleichbehandlung billigend in Kauf nehmen, andere könnten die Abkehr von allgemeinen, flächendeckenden Standards der Luftreinhaltung als Ungleichbehandlung erfahren, die in diesem Fall vom Staat nicht nur geduldet, sondern geradezu initiiert wird. Ähnliche Legitimationsprobleme drohen im Bereich der öffentlichen Verwaltung mit der Einführung von Wettbewerbselementen und der Auslagerung von Aufgaben der Daseinsvorsorge (vgl. hierzu den Beitrag von Jörg Bogumil) sowie im Kontext eines neuen, am Marktparadigma ausgerichteten Steuerungsmodells. In normativ-theoretischer Perspektive findet sich darauf eine Reihe von Antworten, die von der Erwartung neuer autonomer Entfaltungsspielräume für die von staatlicher Einmischung befreiten Individuen bis zur kritischen Prognose eines auf „contracting-out" basierenden Minimalstaates und einer moralisch entleerten, sozialdarwinistischen Gesellschaft reichen.

Die Überführung von Entscheidungsmaterien aus der Arena verbindlicher politischer Entscheidungen in die Vertragsarena ist, wie die meisten Beiträge dieses Bandes zeigen, ein höchst aktueller Vorgang. Er beschränkt sich nicht mehr auf die marktregulative Politik, sondern erfasst zwischenzeitlich auch die Sozialpolitik (Friedbert Rüb) und die Binnenorganisation des Staates (Jörg Bogumil). Reinhard Zintl begründet in seinem Beitrag, warum die Maßstäbe, die auf den jeweiligen Entscheidungsmodus anzuwenden sind, für beide Arenen grundsätzlich gleich sein sollten: „Es kann nicht an der einen Stelle vom Wohl der Individuen und an der anderen Stelle von einem überindividuell definierten Gemeinwohl aus argumentiert werden." Dieser Anspruch lässt sich auf Seiten der Politik nur durch eine Orientierung am konstitutionellen Interesse der Bürger einlösen. Maßstab kann demnach nur die freiwilligen Zustimmung zu den Regeln sein, die auf sub-konstitutioneller Ebene zu respektieren die Beteiligten sich verpflichten (Vanberg). Für unser Beispiel der Einführung des Emissionshandels kann das aber nur heißen, dass diese in der EU-Kommission geborene und in Expertenrunden und korporatistischen Verbändekonsultationen beschlossene umweltpolitische Neuordnung zwingend zur öffentlichen Debatte und Abstimmung stehen sollte. Ähnlich verhält es sich mit jeder anderen Regeländerung, die auf der sub-konstituionellen Ebene Ungleichheiten hervorruft.

Nun wird die Substitution von verbindlichen Normen durch Vertragsbeziehungen zwischen Produzenten privater und eben auch öffentlicher Güter (Umweltschutz, Daseinsvorsorge, soziale Sicherheit) politisch nicht mit einem dadurch erzielbaren Mehr an Gleichbehandlung begründet, sondern mit einem Gewinn an Steuerungseffizienz. Auch dies, ein effizienter Staat, wäre ja ein öffentliches Gut. Ob mit der Verschiebung öffentlicher Aufgaben in die Vertragsarena die Handlungsfähigkeit und Problemlösungskompetenz der Politik zunimmt, ist indessen nicht ohne weiteres absehbar. Es ist mehr als fraglich, ob institutionelle Grenzverschiebungen zwischen Staat und Markt oder der Einbau von Wettbewerbselementen in die öffentliche Verwaltung oder die Verdrängung der klassischen staatlichen Regelsteuerung mittels Recht durch regulative Märkte die an sie geknüpften Erwartungen einlösen können. Holzinger/Knill berichten über massive Informations-, Steuerungs- und Implementationsprobleme bei der Einführung ökonomischer Instrumente der Umweltpolitik. Friedbert Rüb vermutet, dass die Hinwendung zu Wohlfahrtsmärkten die Sozialpolitik weniger durchschau- und steuerbar gemacht hat und letztlich erratische Dauerreparaturen am System provoziert. Jörg Bogumil weist darauf hin, dass die Vermarktlichung der öffentlichen Dienstleistungproduktion auf kommunaler Ebene die traditionelle bürokratische Regelsteuerung schwächt, ohne dass die ökonomische Anreizsteuerung bereits funktionieren würde. Nach der Vermischung und Überlappung beider Arenen beziehungsweise Steuerungsformen „wissen die Akteure nicht mehr, woran sie sich in ihrem Handeln orientieren sollen bzw. jeder orientiert sich an dem, was für ihn gerade vorteilhaft erscheint" (Bogumil, in diesem Band). Mehr Markt bedeutet dann zwar nicht weniger, dafür aber eine schlechtere Politik.

5. Grenzen der Entbettung

Welche Regeln eine Marktwirtschaft braucht, damit sie zu Reichtum und Wohlstand führt, ist nach wie vor stark umstritten. Für liberale Ökonomen wie Adam Smith oder Friedrich Hayek sind es nicht mehr als eine rechtsstaatliche Friedensordnung und eine geringe Steuerlast (Smith [1776] 1976: XI). Alles andere besorgt die unsichtbare Hand des Marktes. Wettbewerbspreise, die Angebot und Nachfrage steuern, werden hier zum unpersönlichen und unpolitischen Regulativ der Gesellschaft. Für Karl Polanyi (1944) ist dieser selbst-regulierte Markt ein Ding der Unmöglichkeit. Der Grund liegt darin, dass sich eine Marktwirtschaft umso mehr aus ihrer notwendigen sozialen Verankerung löst, je stärker sie sich dem von Polanyi als „Utopie" bezeichneten Zustand des freien Wettbewerbs zwischen atomisierten Marktteilnehmern annähert. Utopie deshalb, weil die gesellschaftliche Entbettung des Marktes sozialmoralische Bindungen auflöst und die Natur zerstört, politischen Widerstand hervorruft und damit den Bestand der Marktwirtschaft selbst gefährdet. Bleibt der Markt aber sozial eingebettet, so braucht er zu seinem Funktionieren weit mehr als nur den Rechtsstaat und niedrige Steuern. Dann stellt sich die Frage einer geeigneten Sozialordnung und der politischen Demokratie.

Während die marktliberale Position die Notwendigkeit eines Minimums allgemeiner Marktregeln anerkennt, bleibt die Frage korrigierender Eingriffe in das Marktgeschehen umstritten. Ihre Beantwortung hängt davon ab, wie viel soziale Einbettung des Marktes für zuträglich oder nötig gehalten wird. Die Einbettung kann über freiwillige Assoziationen, Kammern oder den Staat erfolgen. In jedem Fall ist sie mit verbindlichen Kollektiventscheidungen, also Politik und Herrschaft verbunden.

Widerstreitende Vorstellungen zum Verhältnis von Politik und Markt ruhen auf verschiedenen methodologischen Herangehensweisen und Prämissen. Adam Smith begründet die segensreiche Wirkung der „unsichtbaren Hand" des Marktes unter anderem damit, dass Menschen in Befolgung einer natürlichen Anlage ihren Reichtum mehren wollen, und dass daraus Spezialisierung, Arbeitsteilung, Markttausch und Wohlstand als naturgegebene historische Tendenz erwüchsen. Hieran entzündet sich Polanyis Kritik, die mit Verweis auf anthropologische und wirtschaftshistorische Forschungen diese Prämisse zu widerlegen sucht. Tatsächlich bestanden zu allen Zeiten vielfältige Formen des Tausches, die nicht über den Preismechanismus geregelt waren.

Tatsächlich konnten sich Märkte zu keiner Zeit ohne die sichtbare Hand politischer Intervention herausbilden und erhalten. Tatsächlich handeln Individuen als soziale Wesen und nicht als isolierte Marktteilnehmer. Tatsächlich gibt es Grenzen selbstinteressierten Handelns, die in den verschiedensten Ausprägungen, ob natürlich gegeben[1], kulturell gewachsen oder von außen gesetzt, Gesellschaften seit jeher kennzeichnen.

Adam Smith hat das Motiv, Reichtum anzuhäufen, unzulässig verallgemeinert und dabei verkannt, dass der Erwerbstrieb keineswegs einer natürlichen Anlage entspringt, sondern ein Kulturprodukt historischer Umstände und Denkweisen darstellt, die er selbst mit verursachte. Vor allem Max Weber (1924), auf den sich Polanyi verschiedentlich beruft, und Albert O. Hirschman (1987), der die Konstitution von Märkten als ein ideologisch vorbereitetes und politisch durchgesetztes Projekt beschreibt, lassen den präskriptiven Charakter der Lehre Adam Smiths deutlich werden. Gleichwohl hat der Moraltheoretiker und Pragmatiker Smith die moralischen Grenzen selbstinteressierten Handelns durchaus erkannt und entsprechend die moralische Einbettung von Märkten gefordert. Würde er dies heute in einer mündlichen Doktorprüfung gegenüber neoklassischen Ökonomen zur Sprache bringen, wäre er damit aber schon durchgefallen. Paul Samuelson (1968: 28), der diese Vermutung anstellt, nimmt weiter an, dass der Moralist Adam Smith sich auf die Frage einließe, ob die Besteuerung von Luxusyachten zugunsten der Verbilligung von Insulin den Allgemeinen Nutzen steigere, darauf aber keine theoretische Antwort hätte. Das Beispiel zeigt die Grenzen der neoklassischen Wirtschaftstheorie im Umgang mit Moralfragen und pragmatischem Erfahrungswissen.

Samuelson betont, dass die Steuerpflicht keinen größeren subjektiven Zwang beinhaltet als eine „Rationierung durch die Brieftasche". Der Preismechanismus ist nämlich nicht mehr als eine Methode, „uns aus der Situation natürlicher Knappheit heraus zu zwingen" (Samuelson 1968: 35–36). Ein Unterschied zwischen dem Zwang des Marktes und dem des Steuerstaates besteht allerdings darin, dass jedes Individuum durch Arbeit und Leistung den Zwang des Marktes für sich selbst verringern kann, während gegenüber der politischen Zwangsgewalt allein Gegenmacht oder Abwanderung als Ausweichmöglichkeiten offen stehen. Angesichts hoher Arbeitslosigkeit, politischer Ohnmacht und sozialer Mobilitätsbarrieren sind dies für die Meisten aber nur theoreti-

---

1 Menschliche Gefühle wie Schuld, Mitleid, Stolz oder Scham sind zu allen Zeiten und in allen Kulturkreisen nachzuweisen und damit weit universeller als der von Adam Smith zur Stützung seiner Marktlehre konstruierte „Naturtrieb", Reichtümer anzuhäufen. Dies zeigen Forschungsergebnisse der kognitiven Psychologie und kulturvergleichenden Entwicklungspsychologie ebenso wie der Paleopathologie und Ethnologie. Schon die Neanderthaler ernährten ihre Behinderten und entwickelten zeremonielle Begräbnisriten, die eindeutig auf die Existenz von *compassion* hindeuten. Solche Gefühle können analytisch so behandelt werden, als ob sie einem Selbstinteresse entspringen würden, wie es *Rational-Choice*-Modelle annehmen. Indem sie aber jedes Handlungsmotiv als gleich rational behandeln, beinhalten gerade Rational-Choice-Erklärungen eine Kritik an der Behauptung, die Maximierung von Reichtum sei *per se* ein herausragendes Interesse oder sogar ein menschlicher Naturtrieb. Reichtum ist vornehmlich instrumentell zu sehen und erhält seinen Sonderstatus erst durch die Existenz des Marktes und die Möglichkeit, das zu kaufen, was man eigentlich haben möchte. Eine Verhaltenskonditionierung oder psychopathologische Verselbständigung des Reichtumszieles ist dabei nicht auszuschließen, die aber, wenn sie gehäuft auftritt, den Konsum schwächt und so das Marktgleichgewicht eher stört als den von Adam Smith betonten Wohlfahrtseffekt auszulösen.

sche Alternativen. Für sie bleibt der Marktplatz ein Ort realen Zwanges, und dort, wo seine Verteilungsergebnisse unfair erscheinen, sind diese „Nachteile pragmatisch gegenüber seinen Vorteilen abzuwägen und Modifikationen seiner Struktur einzuleiten" (Samuelson 1968: 36).

Vor dem Hintergrund der anthropologischen Irrtümer von Adam Smith wird einerseits verständlich, warum die ökonomische Neoklassik den historischen Ballast abwirft, den ihr die frühen Marktapologeten hinterlassen haben. Dass sie dabei auch die moralischen Ansprüche an eine Marktgesellschaft und den durchaus vorhandenen sozialen Pragmatismus von Smith mit über Bord geworfen haben, war indes nicht zwingend. Dies kann im besten Fall mit der verführerischen Parsimonie ihrer Gleichgewichtsmodelle, im schlechtesten mit einem außerwissenschaftlichen Interesse erklärt werden. Die neoklassische Theorie besteht aus einem ganz und gar ahistorischen, formal geschlossenen und mathematisch formulierten System, das den Idealen der Mechanik (Physik) entspricht. Sie konzentriert sich auf ein abstraktes nutzenmaximierendes Individuum und den aus seinem Tauschverhalten resultierenden ökonomischen Gleichgewichtsprozess. Gegen diese Auffassung ist bis ins 20. Jahrhundert hinein die „Historische Schule der Nationalökonomie" (Wilhelm Roscher, Gustav Schmoller, Werner Sombart) angetreten. Sie kann als ein wenig erfolgreicher, weil theoriefeindlicher wissenschaftlicher Sonderweg bezeichnet werden, der von der Neoklassik verdrängt wurde, allerdings nicht ohne Spuren zu hinterlassen.

Aus wissenschaftshistorischer Sicht war die Deutsche Historische Schule ein Vorläufer und Pendant zu dem in den USA in der ersten Hälfte des 19. Jahrhunderts einflussreichen „Alten Institutionalismus" (J.R. Commons, Thorstein Veblen). Auch er gilt als eine kritische Gegenbewegung zur Neoklassik, konzentrierte sich aber bereits auf das *theoretische* Problem der institutionellen Einbettung von Märkten. Eine ähnliche, noch mehr praxisorientierte Stoßrichtung erkennen wir in einem Zweig der Historischen Schule, der gelegentlich „Jüngste historische Schule" (Schefold 1999) oder „Sozialrechtliche Schule" (Diel 1941) genannt wird. Müller-Armack (1974), einer der theoretischen Begründer der „Sozialen Marktwirtschaft", bezieht sich ausdrücklich auf diese Denkrichtung, zum Beispiel wenn er die Soziale Marktwirtschaft eine Wirtschaftsform nennt, die im Kern auf einen Ausgleich oder Kompromiss zwischen Effizienz- und Verteilungszielen hinausläuft. Die Leistung der Politik gegenüber dem Markt bestünde demnach in genau diesem Balanceakt zwischen Allokationseffizienz und Verteilungsgerechtigkeit.

Das politische Management dieses Balanceaktes kann als Versuch gelten, der sozialen Entbettung der Marktökonomie entgegenzuwirken. Polanyi meint mit sozialer Einbettung nämlich viel mehr als den heute gängigen Hinweis, dass komplexe Markttransaktionen von belastbaren Vertrauensbeziehungen, wechselseitigem Verstehen und einem sanktionierbaren Vertragsrecht abhängen, weil sie anderenfalls am Opportunismus der Marktteilnehmer scheitern könnten. Er verwendet die Begriffe Einbettung und Entbettung, um den radikalen Bruch des marktwirtschaftlichen Denkens mit allen vorangegangenen Wirtschaftslehren zu kennzeichnen (Block 2001). Mit der utilitaristischen Lehre wird erstmals die Gesellschaft einer abstrakten Tauschlogik untergeordnet, die ihr ständige Umwälzungen mit nicht unbeträchtlichen sozialen Kosten aufzwingt, ohne dass dies – innerhalb des utilitaristischen Marktmodells – einer expliziten kollektiven Übereinkunft bedürfte. Es ist vielleicht die bedeutsamste Funktion demokratischer Politik und einer demokratischen Verfassung, diese Übereinkunft immer wieder herzustellen – und sei es nur in der Form diffuser Richtungsentscheidungen, wie sie in politischen Wahlen getroffen werden. Dies ist zwar nicht die explizite Institutionenwahl, wie sie der konstitutionellen Ökonomik vorschwebt, vermutlich aber das Beste, was sich angesichts allfälliger Schwierigkeiten bei der politischen Gestaltung von Institutionen derzeit realisieren lässt.

Literatur

Alber, Jens 1998: Der deutsche Sozialstaat im Licht international vergleichender Daten, in: Leviathan 26, 199–227.
Beck, Ulrich, 1993: Die Erfindung des Politischen. Zur Theorie reflexiver Modernisierung. Frankfurt a.M.: Suhrkamp.
Block, Fred L., 2001: Introduction, in: *Polanyi, Karl*, The Great Transformation. Beacon Press, XVIII–XXXVIII.
Coase, Ronald, 1984: ‚The New Institutional Economics', in: Journal of Law and Economics 27, 229–31.
Cerny, Philip G., 1997: Paradoxes of the Competition State: The Dynamics of Political Globalization, in: Government and Opposition 32, 251–274
Czada, Roland, 2004: Die neue deutsche Wohlfahrtswelt, in: *Lütz, Susanne/Czada, Roland* (Hrsg.), Der Wohlfahrtsstaat: Transformation und Perspektiven. Wiesbaden: VS, i.E.
Czada, Roland/Schimank, Uwe, 2000: Institutionendynamiken und politische Institutionengestaltung. Die zwei Gesichter sozialer Ordnungsbildung, in: *Werle, Raymund/Schimank, Uwe* (Hrsg.), Gesellschaftliche Komplexität und kollektive Handlungsfähigkeit. Frankfurt a.M.: Campus, 23–43.
Diehl, Karl, 1941: Die sozialrechtliche Richtung in der Nationalökonomie. Jena: G. Fischer.
Furubotn, Eirik G./Rudolf Richter, 1997: Institutions and Economic Theory: The Contribution of the New Institutional Economics. Ann Arbor: The University of Michigan Press.
Grande, Edgar/Eberlein, Burkhard, 2000: Der Aufstieg des Regulierungsstaates im Infrastrukturbereich. Zur Transformation der politischen Ökonomie der Bundesrepublik Deutschland, in: *Czada, Roland/Wollmann, Hellmut* (Hrsg.), Von der Bonner zur Berliner Republik (Leviathan Sonderheft 19). Wiesbaden: Westdeutscher Verlag, 631–650.
Hawk, Barry, 1988: „The American Anti-trust Revolution: Lessons for the EC?, in: European Competition Law Review 9, 53–87.
Hirsch, Joachim, 1995: Der nationale Wettbewerbsstaat. Staat, Demokratie und Politik im globalen Kapitalismus. Berlin/Amsterdam: Edition ID-Archiv.
Hirschman, Albert O., 1987: Leidenschaften und Interessen. Politische Begründungen des Kapitalismus vor seinem Sieg. Frankfurt a.M.: Suhrkamp.
Hollingsworth, J. Rogers/Lindberg, Leon, 1985: The Governance of the American Economy: The Role of Markets, Clans, Hierarchies, and Associative Behaviour, in: *Streeck, Wolfgang/Schmitter, Philippe* (Hrsg.), Private Interest Government: Beyond Market and State. London u.a.: Sage, 221–254.
Lutz, Burkart, 1984: Der kurze Traum immerwährender Prosperität. Eine Neuinterpretation der industriell-kapitalistischen Entwicklung im Europa des 20. Jahrhunderts. Frankfurt a.M./New York: Campus.
Lütz, Susanne, 2002: Der Staat und die Globalisierung von Finanzmärkten. Regulative Politik in Deutschland, Großbritannien und den USA. Frankfurt a.M.: Campus.

Lehmbruch, Gerhard, 2001: The Institutional Embedding of Market Economies: The German „Model" and Its Impact on Japan, in: *Streeck, Wolfgang/Yamamura, Kozo* (Hrsg.), The Origins of Nonliberal Capitalism. Germany and Japan in Comparison. Ithaca, NY: Cornell University Press, 39–93.
Majone, Giandomenico (Hrsg.), 1996: Regulating Europe. London: Sage.
Marx, Karl/ Engels, Friedrich, [1848] 1998: Manifest der Kommunistischen Partei. Stuttgart: Reclam.
Müller-Armack, Alfred, 1974: Genealogie der Sozialen Marktwirtschaft. Frühschriften und weiterführende Konzepte. Bern/Stuttgart: Haupt.
North, Douglass C., 1993: New Institutional Economics and Development. MS Washington University, St. Louis.
Nullmeier, Frank, 2002: Auf dem Weg zu Wohlfahrtsmärkten?, in: *Süß, Werner* (Hrsg.), Deutschland in den neunziger Jahren. Politik und Gesellschaft zwischen Wiedervereinigung und Globalisierung. Opladen: Leske + Budrich, 269–281.
Offe, Claus, 1972: Strukturprobleme des kapitalistischen Staates. Frankfurt a.M.: Suhrkamp.
Polanyi, Karl, [1944] 2001: The Great Transformation. The Political and Economic Origins of our Time. Boston: Beacon Press.
Ruggie, John G., 1982: International Regimes, Transactions, and Change: Embedded Liberalism in the Postwar Economic Order, in: International Organization 36, 379–415.
Samuleson, Paul A., 1968: The Economic Role of Private Activity, in: *Stiegler, George J./Samuelson, Paul A.*, A Dialogue on the Proper Economic Role of the State. Selected Papers No. 7. Chicago: University of Chicago Graduate School of Business, 21–39.
Scharpf, Fritz W., 1970: Demokratietheorie zwischen Utopie und Anpassung. Konstanzer Universitätsreden 25. Konstanz: Universitätsverlag.
Scharpf, Fritz W., 1998a: Globalisierung als Beschränkung der Handlungsmöglichkeiten nationalstaatlicher Politik, in: *Schenk, Karl-Ernst/Schmidtchen, Dieter/Streit, Manfred E./Vanberg, Viktor* (Hrsg.), Jahrbuch für Neue Politische Ökonomie 17, 41–66.
Scharpf, Fritz W., 1998b: Demokratische Politik in der internationalisierten Ökonomie, in: *Greven, Michael* (Hrsg.), Demokratie – eine Kultur des Westens? 20. Wissenschaftlicher Kongreß der Deutschen Vereinigung für Politische Wissenschaft. Opladen: Leske + Budrich, 81–103.
Schefold, Bertram, 1999: Some Remarks on the Afterglow of the German Historical School, 1945–1960, in: Storia del Pensiero Economico 37, 123–134.
Schmidt, Manfred G., 2000: Immer noch auf dem „mittleren Weg"? Deutschlands Politische Ökonomie am Ende des 20. Jahrhunderts, in: *Czada, Roland/Wollmann, Hellmut* (Hrsg.), Von der Bonner zur Berliner Republik. Wiesbaden: Westdeutscher Verlag, 491–513.
Schmidt, Vivien A., 2000: Still Three Models of Capitalism? The Dynamics of Economic Adjustment in Britain, Germany, and France, in: *Czada, Roland/Lütz, Susanne* (Hrsg.), Die politische Konstitution von Märkten. Opladen: Westdeutscher Verlag, 38–72.
Singer, Otto, 1993: Die Wirtschaftspolitik und ihre Experten, in: *Czada, Roland/Schmidt, Manfred G.* (Hrsg.), Verhandlungsdemokratie, Interessenvermittlung, Regierbarkeit. Opladen: Westdeutscher Verlag, 101–122.
Smith, Adam [1776] 1976: An Inquiry into the Nature and Causes of the Wealth of Nations. Chicago: University of Chicago Press.
Stiegler, George J., 1983: The Process and Progress of Economics. Nobel Memorial Lecture, 8 December, 1982, in: Journal of Political Economy 91, 529–45.
Weber, Max, 1924: Gesammelte Aufsätze zur Sozial- und Wirtschaftsgeschichte. Tübingen: J.C.B. Mohr.

II.

Theorie

Markt und Politik: Implizite und explizite Kollektiventscheidung

Reinhard Zintl

1. Marktentscheidung und politische Entscheidung

In marktwirtschaftlich verfassten Gesellschaften gibt es zwei unterschiedliche Arenen kollektiver Entscheidung: zum einen die Arena freiwilliger Kooperation, die Vertragsarena, zum anderen die Arena verbindlicher Kollektiventscheidung, die politische Arena. In der Vertragsarena sind die Individuen nur an solche Verpflichtungen gebunden, auf die sie sich selbst eingelassen haben, während politische Entscheidungen sie binden, weil und solange sie Mitglieder des Gemeinwesens sind, unabhängig davon, ob sie ihnen zugestimmt haben oder nicht (und allgemeiner: unabhängig davon, ob sie an ihnen mitgewirkt haben bzw. überhaupt mitwirken durften). Zugleich bekommen die Individuen in der Vertragsarena maßgeschneiderte Problemlösungen, während sie in der politischen Arena überwiegend gezwungen sind, mit einheitlichen Lösungen zu leben, die jeweils für die allermeisten nicht ganz ihren spezifischen Bedürfnissen entsprechen.

Wegen dieser Züge, der Freiwilligkeit der Aktion und der Passgenauigkeit des Resultats, gelten Marktentscheidungen insbesondere in liberaler Sicht als normativ zunächst einmal unproblematisch. Politische Entscheidungen gelten hingegen als problematisch nicht erst dann, wenn sie den Subjekten ohne ihre Mitwirkung auferlegt werden, sondern auch dann, wenn sie demokratisch zustandekommen, denn es fehlt ihnen ja sowohl an der Freiwilligkeit als auch an der Passgenauigkeit. ‚Mitbestimmung' ist, so gesehen, sicher besser als Fremdbestimmung, aber jedenfalls nicht so gut wie ‚Selbstbestimmung' (so Weede 1992).

Betrachtet man diese Gegenüberstellung allerdings näher, so erweist sie sich als schief. Sie beschreibt Marktentscheidungen ja nur hinsichtlich der jeweils Beteiligten an Transaktionen und nicht auch hinsichtlich der von ihnen womöglich ansonsten Betroffenen; politische Entscheidungen dagegen beschreibt sie hinsichtlich aller Betroffenen, eben der Gesamtheit der Mitglieder des politischen Gemeinwesens, die zugestimmt haben können oder auch nicht. Oder anders gesagt: In dieser Beschreibung kommt die Marktentscheidung eigentlich noch nicht als gesellschaftliche Entscheidung vor, sondern erst einmal nur als Partial- oder Mikroentscheidung über irgendwelche Kooperationsvorhaben. Als Kollektiventscheidung bekommen wir sie erst in den Blick, wenn wir nicht nur die Handlungen der jeweils an einer typischen Transaktion direkt Beteiligten und die bei ihnen anfallenden Handlungsfolgen betrachten, sondern die Eigenschaften des Aggregats von solchen Partialtransaktionen und die Eigenschaften ihrer Handlungsfolgen insgesamt.

Typische Charakterisierungen des Marktes als eines Verfahrens kollektiver Entscheidungen sind etwa: Der Wettbewerb gilt als ein besonders leistungsfähiges Verfahren der Allokation von Ressourcen und überhaupt der Koordination; er gilt als ein anderen Verfahren überlegenes Verfahren gesellschaftlicher Informationsgewinnung und Informationsnutzung (Hayek 1969a und allgemeiner 1971); schließlich wird er als ein dynamischer Mechanismus „schöpferischer Zerstörung" (durch die Entwertung von Produktionsmitteln, die zwar noch funktionsfähig, aber technisch durch Neuerung überholt sind) und deshalb permanenter Wohlstandssteigerung beschrieben (Schumpeter 1993). Was die Grenzen und Probleme des Marktes angeht, wird normalerweise angeführt, dass er für die Bewältigung von externen Effekten und die Produktion von Kollektivgütern nur in Grenzfällen geeignet ist[1]; dass er für die Befriedigung positionaler Wünsche im wesentlichen ungeeignet ist[2]; dass er schließlich gegenüber Verteilungsfragen und Solidaritätsproblemen indifferent ist. Speziell im Vergleich zur Politik wird der Markt sehr gerne als ein Instrument der Machtneutralisierung beschrieben, jedenfalls dann, wenn der Wettbewerb scharf ist: Niemand kann sich auf seinen Lorbeeren ausruhen, die Einkommenserwartungen eines jeden Teilnehmers sind unsicher, jeder Teilnehmer kann Einkommen danach erwarten, wie gut er sich den Wünschen anderer anpasst (Hayek 1971). Machtpositionen können nicht lange gehalten werden, gezielte Böswilligkeit und Diskriminierung schädigt den Übeltäter, da sie ihn ja dazu verführt, in Entscheidungssituation nicht sachlich-rational zu verfahren, womit er Wettbewerbsnachteile in Kauf nimmt (Friedman 2002: Kap. 7).

Als Kollektiventscheidungen sind Marktentscheidungen, im Unterschied zu politischen Entscheidungen, *implizite* Entscheidungen. Sie sind implizit, weil die gesamtgesellschaftlichen Resultate des Prozesses, die hier ausschlaggebend sind, in den tatsächlichen Entscheidungen der Akteure selbst als solche keine Rolle spielen: Eine Inflationsrate, die Zusammensetzung des Sozialprodukts, die Arbeitslosenquote, die Wachstumsrate, der Grad der Umweltverschmutzung, Segregation oder auch Integration usw. sind Entscheidungsprodukte, aber nicht Entscheidungsgegenstände. Sie kommen zustande durch die Markttransaktionen der Akteure, aber keiner der Akteure hat sie so gewollt und keiner der Akteure hat sie zu verantworten.

Wie soll man mit den Unterschieden der beiden so stilisierten Verfahren ordnungstheoretisch umgehen?

---

1 Es geht im Wesentlichen um Informationsprobleme und die aus ihnen resultierenden Transaktionskosten: Je undurchsichtiger die Situation, je anonymer die Verhältnisse, umso schlechter sind die Chancen freiwilliger Kooperation. Coases klassisches Resultat, dass sich bei entsprechenden Informationsbedingungen alles marktlich bewältigen lässt, ist nicht als Nachweis der prinzipiellen Allzuständigkeit von Märkten intendiert und aufzufassen, sondern gerade umgekehrt als Nachweis ihrer starken und eben nicht immer erfüllten Voraussetzungen (vgl. Coase 1960).
2 Vgl. Hirsch (1980): Es können sich mit wachsender Wirtschaft und wachsender Produktivität immer mehr Leute die „normal" produzierten Güter in immer besserer Qualität verschaffen (Kühlschränke usw.), nicht aber Güter, die nicht vermehrbar sind (etwa: Grundstücke in guter Lage; Kunstwerke) oder deren Qualität gerade darin besteht, dass sie nicht jeder hat (etwa: Bildung als Investition in bessere Aussichten auf gesellschaftlichen Aufstieg). Das ist sicherlich kein „Marktversagen" – aber es ist ein Aspekt, der insofern wichtig ist, als er den Blick dafür schärft, was man von Märkten erwarten kann und was nicht: Mit wachsendem materiellem Wohlstand werden bestimmte wahrgenommene Versorgungsprobleme eher verschärft als entschärft.

2. Markt und Politik als komplementäre oder als alternative Entscheidungsmechanismen?

Die Frage nach der vernünftigen oder normativ plausiblen Beziehung von impliziter und expliziter Kollektiventscheidung kann einerseits als eine Frage nach der Gestaltung der wechselseitigen Ergänzung der beiden Entscheidungsformen gestellt werden. In diesem Falle geht es nicht darum herauszufinden, welches der beiden Verfahren irgendwie insgesamt ‚besser' als das andere ist, sondern man bemüht sich darum, bezogen auf Entscheidungsmaterien mit spezifischen Eigenschaften, herauszufinden, welches der beiden Verfahren für welche Probleme wie gut geeignet ist und wofür ein Verfahren womöglich jeweils gar nicht geeignet ist (‚Marktversagen', ‚Politikversagen'), und plädiert dann dafür, Entscheidungsmaterien auf die eine oder die andere Art zu behandeln.

Das Ergebnis solcher Überlegungen ist eine bestimmte wechselseitige Zuordnung der beiden Arenen ‚Markt' und ‚Staat', die man grob so skizzieren kann: Märkte gelten als gut geeignet für die gesellschaftliche Bestimmung der primären Einkommensentstehung und für die Entscheidung über Produktion und Allokation von Privatgütern. Die Politik bzw. die öffentliche Zwangsgewalt gilt als der angemessene Ort für die Setzung zumindest der grundlegenden Spielregeln, darunter des Eigentums- und Vertragsrechts, also speziell auch der Regeln, die komplexe Märkte überhaupt erst möglich machen[3], für die Durchsetzung von Regeln und die Bereitstellung von Kollektivgütern. Unumstritten ist auch die Zuständigkeit der Politik für die Verfolgung von Verteilungszielen, falls sie verfolgt werden – was nicht heißt, dass solche Ziele als solche unumstritten sind[4].

Derartige Überlegungen zu Politik und Markt zielen nicht per se darauf ab, das eine oder andere Verfahren als das grundsätzlich bessere oder schlechtere zu erweisen, sondern sie betrachten die Arenen und die ihnen zugeordneten Verfahren als zueinander komplementär und zielen darauf ab, sie in möglichst nützlicher und ethisch annehmbarer Weise zu kombinieren.

Dennoch ist diese Betrachtungsweise nicht notwendig neutral gegenüber den Entscheidungsformen „Markt" und „Politik". Es ist ja auch hier durchaus möglich, dass jemand unterm Strich eher dem Markt als der Politik traut und daher für eine zentrale Rolle der Marktarena und nur eine subsidiäre Rolle der Politik plädiert, oder dass je-

---

3 Olson (2002) präpariert den wichtigen Punkt sehr klar heraus: Primitive Märkte sind ein naturwüchsiges Phänomen, das auch in Abwesenheit jeglicher politischer Ordnung und sogar gegen sie floriert, auf der Basis unmittelbarer Reziprozität. Wachstumsträchtige Märkte dagegen sind alles andere als natürlich; die Transaktionen auf ihnen sind so distanziert und risikobehaftet, dass sie ohne eine entsprechende politische Unterfütterung unmöglich sind. Der anarcho-libertäre Traum, dass Märkte primär und robust sind und die Politik parasitär und entbehrlich ist, hält der Wirklichkeit nicht stand.

4 Liberale wenden sich typischerweise gegen Transfers, die als „Korrektur" vermeintlicher Ungerechtigkeiten der markterzeugten Verteilung gemeint sind, nicht gegen Transfers, die Fangnetze etablieren (so etwa Hayek 1971: Kap. 19) oder ein garantiertes Mindesteinkommen sichern (Friedman 2002: Kap. 12) oder auch darauf zielen, das Ausmaß gesellschaftlicher Ungleichheit in den Grenzen zu halten, die mit der gegenseitigen Respektierung als rechtlich und politisch Gleicher noch vereinbar sind (Buchanan 1984). Vgl. über die liberalen Deutungen von ‚Solidarität' und ‚sozialer Gerechtigkeit' allgemeiner Kersting (2002).

mand umgekehrt eher der Politik traut als dem Wettbewerb und daher die Gewichte umgekehrt verteilen will. Solche Meinungsverschiedenheiten schlagen sich in Konflikten über die Grenzziehung der Arenen, in Konflikten über die Definition von Kollektivgütern und schließlich in Konflikten über den Umfang und die Qualität der verteilenden und sichernden Zuständigkeiten der Politik nieder.

Immerhin aber liegt diesen Meinungsverschiedenheiten zunächst die gemeinsame Vorstellung zugrunde, dass in der politischen Arena anders entschieden wird als in der Vertragsarena. Man kann nun aber die Frage stellen, warum eine solche Auseinandersetzung sich auf Grenzziehungs- und Gewichtungsfragen beschränken soll. Schließlich lässt sich ja die ordnungspolitische Frage auch ganz anders stellen:

Warum soll man sich, wenn man der Überzeugung ist, freiwillige Kooperation sei die bestmögliche Weise menschlichen Zusammenlebens, darauf beschränken, den politischen Bereich lediglich so eng wie möglich einzugrenzen? Ist es nicht besser und sicherer, ihn auch intern zu zähmen, also auch seine innere Verfassung möglichst marktanalog zu gestalten, Herrschaftlichkeit in Kooperation und Verhandlungen aufzulösen, und sich um eine möglichst individuell maßgeschneiderte Politik zu bemühen (das, was Milton Friedman „proportionale Repräsentation" nennt; 2002: 38, 118)? Warum soll man nicht andererseits, wenn man der Überzeugung ist, gemeinsame Angelegenheiten sollten gemeinsam angegangen werden, versuchen, die Gesellschaft umfassend (demokratisch) zu politisieren, den Markt auch in seinem inneren Gefüge so gut wie möglich zu zähmen, also in die „Anarchie des Marktes" möglichst viel Mitbestimmung einzupflanzen oder den Akteuren abzuverlangen, in ihren Entscheidungen nicht nur ihren eigenen Vorteil zu suchen, sondern sich auch am Gemeinwohl zu orientieren? Warum soll man sich also nicht – möglicherweise ergänzend zu den zuvor skizzierten Überlegungen zur Aufgabenaufteilung und Aufgabengestaltung – darum bemühen, die innere Struktur der Arenen – *beider* Arenen! – dem jeweiligen Ideal entsprechend zu verfassen?

Es geht, wenn man so verfährt, darum, möglichst viele Eigenschaften bzw. den ‚Geist' des einen oder des anderen Typus von Entscheidung überall zu etablieren, sicherlich immer in geeigneter Anpassung an die besonderen Entscheidungsprobleme der jeweiligen Arena. Wird das Ordnungsproblem so aufgezäumt, ist die Frage nicht mehr die nach der Gestaltung einer Komplementärbeziehung von Entscheidungsarenen, sondern es geht um einen Tradeoff zwischen bestimmten Verfahrenseigenschaften: Sollen auch in der Politik wesentliche Entscheidungsinhalte eher implizite Resultate als explizite Entscheidungsgegenstände sein? Oder sollen umgekehrt auch in der Vertragsarena möglichst alle Entscheidungsaspekte ausdrücklich behandelt werden und nicht nur als mittelbare Aggregatfolgen autonomen Individuenhandelns unerörtert in Kauf genommen werden?

Das ist dann keineswegs die hochdramatische Frage, ob man in dieser oder jener Ordnung leben will („Freiheit statt Sozialismus" o.ä.), sondern viel eher eine Frage, die bei jeder kleinen institutionellen Reform, etwa der Hochschulen, auf den Tisch kommt – soll man eher Maßstäbe der einen oder Maßstäbe der anderen Herkunft anlegen?

Um die Konturen dieser zweiten Frage soll es im Folgenden gehen: Was sind die Eigenschaften der beiden Entscheidungsverfahren, um die es bei solchen Übertragungen und Anpassungen geht, worauf lässt man sich mit ihnen ein? Zu diskutieren sind hier zwei Komplexe. Der eine Komplex betrifft die Lage der Individuen – worin besteht ihre Autonomie, ihre Freiwilligkeit, was ist ihnen gewährleistet? Der andere Komplex betrifft den Weg einer Gesellschaft – soll er bewusst gewählt oder der Evolution überlassen werden?

3. Die individuelle Situation: Autonomie und Protektion

Wir sahen oben, dass die Beschreibung des Marktes als eines Systems impliziter Kollektiventscheidung ganz wesentlich darauf beruht, dass diejenigen Teilnehmer des Spiels, die an einer bestimmten Entscheidung nicht beteiligt sind, von ihr dennoch nachhaltig berührt werden können. Das augenfälligste Beispiel ist die Innovationsentscheidung eines Wettbewerbsteilnehmers, die seine Produktivität erhöht. Diese Mikroentscheidung erzeugt eine Situationsveränderung für alle, an die die übrigen Teilnehmer des Spiels sich anpassen können oder auch nicht. Es kann sein, dass auch nach Anpassung ihre Wettbewerbsposition schlechter ist als zuvor; sie wird aber wahrscheinlich immer noch besser sein als sie es wäre, wenn sie überhaupt nicht reagiert hätten.

Da die Individuen die Wahl haben, auf Datenänderungen zu reagieren oder das nicht zu tun, ist ihre Freiwilligkeit gesichert. Zugleich aber enthält ihre Handlungssituation offensichtlich ein Element der Bedrohung und damit einen scharfen Anreiz, sich in einer bestimmten Weise zu verhalten. Das wollen wir etwas näher betrachten, um eine genauere Vorstellung davon zu gewinnen, welche Sorte von Freiwilligkeit hier im Spiel ist.

Grundsätzlich können wir drei Konstellationen ‚freiwilliger' Aktion und speziell freiwilliger Kooperation unterscheiden:

Der eine Grenzfall ist eine Konstellation, in der alle Aspekte seines jeweiligen Status quo unter der Kontrolle des betrachteten Akteurs sind; vorstellen kann man sich hier autarke Individuen, deren Eigentumstitel unumstritten sind. Unter solchen Umständen bedeutet Freiwilligkeit der Kooperation die Wahl zwischen Verbleib im Status quo (Alleingang) und etwaigen Verbesserungen durch Eingehen von Kooperationsbeziehungen; jedes Verlassen des Status quo ist zu deuten als dem Status quo unzweideutig pareto-überlegen.

Den anderen Grenzfall stellt diejenige Konstellation dar, in der überhaupt kein Aspekt des gegenwärtigen Status quo unter Kontrolle des betrachteten Akteurs ist, weder Rechtstitel noch faktische Verwertungsmöglichkeiten. Hier kann es immer noch Wahlmöglichkeiten geben: „Geld oder Leben" ist das typische Angebot zur Kooperation, „das man nicht ablehnen kann". Verträge können für einige der Beteiligten beliebige Verschlechterungen gegenüber ihrer tatsächlichen Ausgangslage mit sich bringen. Die Resultate der Kooperation sind lediglich anderen Veränderungen des Status quo pareto-überlegen, nicht aber diesem selbst.

Dazwischen liegt eine Konstellation, in der bestimmte Aspekte des Status quo unter der Kontrolle des Akteurs sind, während andere Eigenschaften seiner Situation abhängig von der umgebenden Lage sind. Vorstellen kann man sich hier rechtlich gesichertes Eigentum der Individuen, dessen Verwertung nur in Kooperation stattfindet –

also eine Konstellation weitgehender Arbeitsteilung. Hier ist die Kontrolle, die ein Akteur über seine Ressourcen (einschließlich seiner Arbeitskraft) hat, nicht zugleich Kontrolle über den Ertrag aus ihnen. Die Freiwilligkeit der Wahl besteht dann in der Möglichkeit der Entscheidung für die bestmögliche unter den verfügbaren Verwertungsoptionen des Eigentums, wobei offen ist, ob diese hinsichtlich der Einkommenslage besser, gleich gut oder schlechter als der bisherige Status quo ist. Schlechter wird die gewählte Option vor allem dann sein, wenn aus irgendwelchen Gründen die bisherigen Verwertungsbedingungen des jeweiligen Eigentums nicht mehr existieren (etwa durch technischen Fortschritt anderswo).

Normativ gesehen gelten üblicherweise die zweite der genannten Konstellationen und das mit ihr verknüpfte Konzept von Freiwilligkeit als indiskutabel. Diese Freiwilligkeit ist gewissermaßen bodenlos, und die Lage ist genau die Hobbessche Konstellation, der man durch Spielregeln, durch eine Rechtsordnung, entkommen will. Man kann sich hier auch kurz den Unterschied zwischen einer rechtlich-liberalen und einer anarcho-liberalen Position klarmachen: Die rechtlich-liberale Position benötigt den – ‚protektiven' – Staat[5] als Zwangsinstanz, damit das für alle gleiche Recht Einbettung aller weiteren Freiwilligkeit ist und nicht selbst etwas, über das ‚freiwillig' verfügt wird. Die anarcho-liberale Position scheint im Kern genau auf diese Schranke verzichten zu wollen[6].

Als diskutabel gelten demgegenüber normalerweise die beiden anderen Konstellationen. Offensichtlich ist die Marktkooperation, mit der wir zu tun haben, vom letztgenannten Typus.

Der institutionelle Grund für die hier bestehende Verbindung von Sicherheit und Unsicherheit ist, dass nach den geltenden Spielregeln niemand daran gehindert werden kann, auf eigene Faust oder zusammen mit Gleichgesinnten seine Handlungsfreiheit dazu zu nutzen, Veränderungen in Gang zu setzen, produktivitätssteigernde und damit kostensenkende Erfindungen zu machen usw. All das ändert die Handlungssituation für andere Akteure, und diese haben keinerlei Rechte am Status quo jenseits ihrer Eigentumsrechte. Sie müssen direkte Schädigungen ihres Eigentums nicht hinnehmen, aber sie müssen Entwertungen ihres Eigentums hinnehmen, die aus Veränderungen der Wettbewerbssituation resultieren. Es gibt Eigentumsschutz, aber kein Veto gegen Wandel, keine Protektion von Positionen. Die Auslieferung der ‚Mehrheit' (der Betroffenen) an die ‚Minderheit' (der Pioniere), oder auch der Subjekte in ihrer Eigenschaft als Produzenten an die Subjekte in ihrer Eigenschaft als Konsumenten, ist zwar qualitativ eingeschränkt, erstreckt sich nicht auf ihre Rechte, sondern nur auf bestimmte kontin-

---

5 Für die Begriffe des protektiven und des produzierenden Staates vgl. vor allem Buchanan (1984).
6 Vgl. für die anarcholiberale Position vor allem de Jasay (1997), auch Radnitzky (2002); für Kritik u.a. Zintl (2002). Die anarcholiberale Staatsskepsis ist nicht in jeder Hinsicht bizarr. Man kann sich das am besten mit Hilfe des Unterschiedes zwischen dem Abschluss und dem Vollzug von Verträgen klarmachen. Es ist nicht zu bestreiten, dass die Durchsetzung eines Vertrages dank vielfältiger Mechanismen endogener Durchsetzung sehr oft auch ohne staatliche Zwangsgewalt möglich ist (Cooter 1996; Zintl 1999; allgemeiner Baurmann 1996). Geht es aber um den Abschluss von Verträgen, so ist nur schwer zu sehen, welche Instanz außer einer das Recht mit Zwangsmitteln durchsetzenden Staatsgewalt *alle* Subjekte vor Unterwerfung und Erpressung durch andere Privatsubjekte schützen sollte.

gente Konsequenzen aus diesen Rechten, unterliegt aber hinsichtlich dieses Aspektes keinen quantitativen Beschränkungen. Man kann gewissermaßen alles verlieren, ohne enteignet worden zu sein.

Diese Auslieferung an die Umgebung erstreckt sich in einer Rechtsordung, in der alle rechtlich gleich gestellt sind, auf alles, worüber die Subjekte frei verfügen können. Sie ist nicht ohne Probleme. Ein Teil dieser Probleme rührt aus den Anreizen zur übermäßigen Nutzung von Ressourcen, die weder separaten Eigentumsrechten noch gemeinsamer Vefügung unterliegen (das ist die notorische „Tragedy of the Commons"; Hardin 1968[7]). Solche Probleme sollen uns nicht weiter beschäftigen, da sie ja – unter anderem – durch die Schaffung von Eigentumsrechten angegangen werden können. Es sind also eigentlich nicht Probleme des Wettbewerbs, sondern eher Probleme seiner unvollständigen Institutionalisierung.

Interessanter für uns sind diejenigen Probleme, die gerade umgekehrt aus wohldefinierten Verfügungsrechten resultieren können. Wenn z.B. jeder Leistungssportler vollständige Verfügung darüber hat, was er mit seinem Körper anfängt und was er ihm zuführt, wird Doping die typische Verhaltensweise mindestens der erfolgreichen Sportler sein. Denn genau über diese Dinge können alle anderen ja auch frei verfügen und sie zum Bestandteil der Unterstützung ihrer Wettbewerbsfähigkeit machen. Als harmloseres, aber ebenfalls einschlägiges Beispiel kann die Entscheidung über Ladenöffnungszeiten angesehen werden: Wenn diese Entscheidung als Angelegenheit individueller Handlungsfreiheit institutionalisiert ist, kann jeder seinen Laden öffnen, wann er will – aber er wird zu berücksichtigen haben, wann andere das tun. Umgekehrt und allgemein kann man sagen, dass alles, was wir nicht in Verträge einbringen können, gewissermaßen davor geschützt ist, dass wir selbst es zur Wettbewerbsressource machen.

Die Kehrseite der Handlungsfreiheit aller Akteure als Beteiligte an und Initiatoren von Veränderungen ist also ihre Unterwerfung als Nichtbeteiligte und Passive. Unter Bedingungen der Interdependenz bedeutet Verfügungsfreiheit über eine Eigenschaft oder Ressource zugleich ihre Auslieferung an den Wettbewerb.

Betrachten wir nun, wie demgegenüber explizite Kollektiventscheidungen in dieser Hinsicht zu beurteilen sind.

Explizite Kollektiventscheidungen sind solche, in denen ausdrücklich darüber beschlossen wird, was gemeinsam unternommen werden soll oder welche Regeln und Pflichten für alle gelten sollen. Wenn eine Angelegenheit als Gegenstand explizit kollektiver Verfügung definiert ist, hat keiner das Recht, Sonderwege zu gehen. Die individuelle Handlungsfreiheit der Subjekte ist insoweit eingeschränkt.

Was in solchen Entscheidungen möglich ist, was den Individuen in ihnen widerfahren kann, hängt von den institutionellen Details ab. Wenn die Staatsgewalt den Subjekten als fremde Macht mit unbeschränkter Ermächtigung gegenübersteht – etwa in einer totalitären Diktatur, in der den Herrschenden alles erlaubt ist –, haben wir den Grenzfall, in dem wir alles für möglich halten müssen. Das soll uns nicht weiter interessieren, da eine solche Institutionalisierung expliziter Entscheidung ganz offensichtlich nicht das ist, was ordnungspolitisch ernsthaft in Betracht gezogen werden

---

7 Wobei der Begriff eigentlich das Thema verfehlt: Hardin spricht von einer Ressource, die gewissermaßen *up for grabs* ist, während für Allmenden ja sehr häufig gilt, dass sie sehr ausgefeilten Formen gemeinsamer Bewirtschaftung unterliegen. Vgl. hier vor allem Ostrom (1999).

kann. Betrachten wollen wir vielmehr diejenigen Typen expliziter Entscheidung, denjenigen politischen Prozess, in dem alle an den Entscheidungen beteiligt sind, denen sie anschließend folgen müssen. Wir beginnen mit dem instruktiven Grenzfall, in dem Entscheidungen nur einstimmig zustandekommen können.

Wenn hier eine Angelegenheit als öffentliche Angelegenheit definiert ist, gilt nicht nur, dass niemand auf eigene Faust Dinge in Gang setzen kann. Es gilt auch umgekehrt, dass jeder Einzelne alle anderen daran hindern kann, etwas in Gang zu setzen, das ihm nicht zusagt. Auch hier also kann die Mehrheit von der Minderheit etwas auferlegt bekommen, was sie gerne anders hätte – nun allerdings nicht die Veränderung eines liebgewonnenen Status quo, sondern eben die Bindung an diesen Status quo. Wir befinden uns in einer Situation, in der jeder vollständige Kontrolle über seine Lage hat und Veränderungen nur hinnehmen muss, wenn sie tatsächlich Verbesserungen sind. Das erinnert an den zuerst genannten Grenzfall dessen, was Freiwilligkeit bedeuten kann, den Fall autarker Individuen. Mit einem gravierenden Unterschied allerdings: Konnte dort jeder seine faktische Lage unabhängig von der Lage anderer fixieren, so tut er das nun durch Mitfixierung der Lage aller anderen. Jeder übt Herrschaft über alle aus, soweit es seinen Wunsch nach Stabilität angeht, und jeder ist der Herrschaft aller unterworfen, soweit es seine Wünsche nach Wandel angeht.

Freiwilligkeit und Zustimmung spielen unter der Einstimmigkeitsregel ebenso wie für Marktentscheidungen eine zentrale Rolle, aber doch in fundamental anderer Weise: Dort hatte jeder die individuelle Macht, an seinem Situationsausschnitt etwas zu ändern, und keine Macht, die allgemeinen Verhältnisse festzuhalten, hier hat niemand die individuelle Macht, an seinem Situationsausschnitt etwas zu verändern, und komplette Macht, die allgemeinen Verhältnisse festzuhalten. Explizite Kollektiventscheidungen dieses Typs bedeuten also maximale Protektion gegenüber unerwünschtem Wandel, erkauft mit scharfen Beschränkungen der individuellen Initiative.

Bleiben wir bei der Demokratie, verlassen wir jedoch die Einstimmigkeitsregel, sieht die Angelegenheit auf den ersten Blick radikal anders aus – Mehrheiten scheinen ja den Minderheiten grundsätzlich alles diktieren zu können. Wir scheinen wieder in dem normativ unannehmbaren Grenzfall gelandet zu sein, dem Fall kompletter Auslieferung des Einzelnen an eine nicht kontrollierte Umgebung. Das ist auch die klassische Sorge der Liberalen gegenüber der Demokratie: Tyrannis der Mehrheit. Wie berechtigt ist die Sorge? Allgemein können wir zunächst festhalten, dass schrankenlose Mehrheitswillkür institutionell nicht der Fall zu sein scheint, mit dem wir es normalerweise zu tun haben. Vielmehr haben Demokratien überall zugleich den Rechtsstaat etabliert, der unter anderem auch den Mehrheiten Zügel anlegt. Das ist kein Zufall: Würden die individuelle Autonomie der politischen Meinungsbildung, die politischen Partizipationsrechte, die Vereinigungsfreiheit, die Möglichkeit organisierter Opposition tatsächlich der Mehrheitsentscheidung unterliegen, dann wäre die Demokratie institutionell haltlos, sie würde sich unweigerlich selbst abschaffen. Auf Dauer gestellte Demokratien sind daher niemals Gebilde, in denen die Mehrheit alles darf, sie sind niemals totalitäre Demokratien[8].

---

8 *Insoweit* ist es abwegig, die ‚liberale' Demokratie als einen speziellen Typus unter anderen Typen von Demokratie zu führen. Typisch für die Verwirrung, zu der das führt, ist Zakaria (2003), der zuerst festhält, „constitutional liberalism ... has nothing intrinsically to do with

Um sich klarzumachen, wie die Mehrheitsregel sich in rechtsstaatlich verfassten Demokratien auswirkt, ist es nützlich, zuerst eine Fallunterscheidung einzuführen, nämlich die Unterscheidung zwischen Entscheidungen über allgemeine Verhaltensregeln und Entscheidungen mit spezifischen Verteilungswirkungen. Zunächst zu Ersteren.

Kommen wir auf das Beispiel der Ladenöffnungszeiten zurück: Wenn über diese Zeiten politisch entschieden wird, kann die Mehrheit schärfere oder weniger scharfe Regeln beschließen. Je enger die Regeln sind, desto mehr wird der Wettbewerb an dieser Stelle neutralisiert („harmonisiert"); je lockerer die Regeln („Deregulierung"), umso marktähnlicher wird die Situation sich darstellen. Hier gilt also, dass die Politik, wenn sie einen Unterschied macht, ihn nicht in Richtung Unberechenbarkeit, sondern in Richtung Wettbewerbsbeschränkung und damit die Protektion der Teilnehmer gegen die Initiativen anderer macht.

Komplizierter sind die Entscheidungen der zweiten Sorte, Verteilungsentscheidungen aller Art (Steuerlast, Verteilung von Subventionen, Transfers usw.). Hier gibt es unweigerlich – zumindest auch – einen Kampf um Sondervorteile und dementsprechend den Anreiz, Verteilungskoalitionen zu bilden. Nach Auffassung vieler liberaler Theoretiker liegt hier das Kernproblem. Was nach ihrer Ansicht hier allenfalls hilft, ist allein das konstitutionelle Verbot, solche Entscheidungen überhaupt zu treffen. Solange Mehrheiten nämlich das Recht haben, Verteilungsentscheidungen zu treffen, so die Überzeugung, werden sie diese Entscheidungen zu ihren eigenen Gunsten treffen. Der Gedanke ist nahe liegend, aber ein wenig voreilig. Bei näherer Betrachtung sieht man nämlich, dass der Anreiz, sich auf Kosten von Minderheiten zu bereichern, nicht der Mehrheitsregel selbst innewohnt, sondern damit zusammenhängt, wie diese gesellschaftlich eingebettet ist:

Rein institutionell gilt ja für die Mehrheitsregel, dass ‚die Mehrheit' keine vorab bestimmte privilegierte Gruppe ist. Alle Bürger haben das gleiche Stimmrecht und die gleiche Freiheit, einer Koalition beizutreten oder sie zu verlassen, daher haben auch alle zunächst einmal die gleiche Chance zu bekommen, was sie wollen. Zugleich unterliegen Mehrheitskoalitionen Beschränkungen dessen, was sie durchsetzen können: Je weiter sie in der beabsichtigten Benachteiligung der Minderheit gehen, umso größer werden der Anreiz und die Möglichkeit für die Minderheitskoalition, einzelnen – am besten den marginalen – Mitgliedern der Mehrheit Angebote zu machen, die diesen einen Koalitionswechsel attraktiv erscheinen lassen können[9]. Alles hängt nun davon ab, ob es aus irgendwelchen Gründen, die nicht unmittelbar innerhalb der politischen Arena liegen, geborene Mehrheiten und geborene Minderheiten gibt – vor allem aus

---

democracy" (S. 17) und eine Seite später ‚liberal democracies' als das Gegenstück zu ‚sham democracies' behandelt. Diese Letzteren sind aber nach Zakaria selbst lediglich dünn verschleierte Autokratien, also eben keine Demokratien. Es mag einen „westlichen" Typus von Demokratie geben, der sich durch eine säkularisierte politische Kultur, Pluralismus, Toleranz usw. auszeichnet, der tatsächlich nicht überall zu finden ist und dem anderswo Demokratien gegenüberstehen, die weder pluralistisch noch säkularisiert noch tolerant, also in diesem Sinne nicht liberal, sind. Das hat aber nichts mit den oben genannten konstitutionellen Mindestbedingungen zu tun: Wenn illiberale Demokratien Demokratien sind, dann kommen sie ohne die oben genannten konstitutionellen Bindungen der Politik nicht aus – anderenfalls sind sie eben keine Demokratien.

9 Der klassische Text hierzu ist Riker (1962).

konfessionellen oder ethnischen Gründen. In diesen Fällen haben wir unzweifelhaft ein Ausbeutungsproblem. Es dürfte aber angemessen sein, dieses Problem eben nicht als ein der Demokratie inhärentes Problem anzusehen, sondern als ein Problem ihrer gesellschaftlichen Requisiten: Ebenso wie die Marktwirtschaft auf einer Reihe kultureller und sozialer Voraussetzungen aufruht, tut das die Demokratie – was weder im einen noch im anderen Fall von Haus aus Skepsis gegenüber dem betreffenden Institutionensystem selbst begründen muss[10].

Wenn Mehrheiten nicht geborene Mehrheiten und Minderheiten nicht geborene Minderheiten sind, enthält die Situation insgesamt mehr Anreize, Besitzstände zu respektieren, als Anreize, die Dinge nach Lust und Laune umzuwälzen. Die Situation enthält zugleich Anreize, nicht lediglich Machtspiele zu spielen, sondern Koalitionen dadurch zusammenzuhalten, dass man ihnen Argumente zugunsten der verfolgten Politik zugrunde legt – Argumente über ihre Zweckmäßigkeit, ihre sachliche Kohärenz, ihre Gerechtigkeit. Sicherlich versuchen alle Beteiligten, ihre jeweiligen Schäfchen ins Trockene zu bringen – aber sie müssen dafür Argumente präsentieren können, die nicht zu partikularistisch sind. Die Folge kann man *rent seeking* nennen, aber dieses rent seeking besteht eher in einer konservativen Politik der Verfestigung von Verteilungsverhältnissen, durchgesetzt gegen die Dynamik des Marktes, als in einer aktiven Umwälzung der Einkommensverhältnisse mit politischen Mitteln[11].

Mit anderen Worten: Die Mehrheitsregel wirkt sich – gegeben die oben genannten einbettenden Bedingungen – typischerweise nicht qualitativ anders aus als die Einstimmigkeitsregel: Pluralistische Demokratien benutzen ihre politische Handlungsfähigkeit auch unter der Mehrheitsregel der Tendenz nach wie unter Bedingungen der Einstimmigkeit: konsensorientiert, vor allem protektionistisch, konservativ. Die Mehrheitsregel reduziert lediglich die Entscheidungskosten[12].

In Gegenüberstellung zur Marktentscheidung, über die wir vereinfacht festgehalten haben, dass man nicht enteignet werden, aber alles verlieren kann, gilt für politische Entscheidungen unter demokratisch-rechtsstaatlichen Bedingungen, dass sie vielleicht gängeln, dass sie aber auch zugleich schützen – nicht nur gegen politische Willkür, sondern auch gegen die Unberechenbarkeiten des Marktes.

Soweit wir die die klassische ordnungspolitische Frage nach der Zuweisung von Entscheidungsmaterien zu Markt oder Politik im Sinne haben, kann man also sagen, dass Zuweisung zum Markt, die „Privatisierung" von Themen, die Freisetzung von Inititative und zugleich die Reduzierung von Sicherheiten bedeutet, während die Überführung von Gegenständen in öffentliche Regie Protektion und zugleich „Entflexibilisierung" bedeutet.

Soweit es hingegen um die hier im Vordergrund stehende Frage nach der inneren Verfassung der Arenen geht, kann man Folgendes sagen: Den Markt als das Ideal auch

---

10 Da es in unserem Zusammenhang um die Betrachtung der *Logik* der beiden Institutionen Markt und Politik geht, soll auf dieses Thema hier nicht weiter eingegangen werden, jedoch ist zumindest auf den folgenden Gesichtspunkt hinzuweisen: Offensichtlich gibt es ja nicht nur Anreize, bestehende gesellschaftliche Trennlinien politisch zu instrumentalisieren, sondern auch Anreize, sie zu verstärken und womöglich *überhaupt erst zu schaffen*. Soweit Letzteres der Fall ist, bekommt die liberale Skepsis gewissermaßen auf Umwegen Recht.
11 Vgl. hier vor allem Olson (1985).
12 Für eine eingehende Untersuchung vgl. nur Buchanan/Tullock (1962).

politischer Entscheidungen zu nehmen, bedeutet, die protektionistische Komponente der Politik zu reduzieren; die Politik als das Ideal auch marktlicher Entscheidungen zu nehmen, bedeutet, die Rolle individueller Initiative zu reduzieren.

4. Der Weg einer Gesellschaft: Evolution und Konstruktion

Die Entwicklungsdynamik einer Marktgesellschaft kann so skizziert werden: Die Individuen stellen sich individuell maßgeschneiderte Warenkörbe zusammen, und zugleich legen sie damit indirekt den Zustand der Welt fest. Das ist zum einen die allgemeine wirtschaftliche Lage, also die Zusammensetzung des Sozialprodukts mit den entsprechenden Preisentwicklungen und Verfügbarkeiten, und die Entwicklung dieser Lage. Es ist zugleich aber auch in erheblichem Umfang der Stand und der Entwicklungspfad gesellschaftlicher Spielregeln, Organisationsformen und des Charakter des Zusammenlebens insgesamt. All das ist „Ergebnis menschlichen Handelns, nicht menschlichen Entwurfs" (Hayek 1969c).

Was sich durchsetzt, ist einerseits eine Zusammensetzung und Entwicklung des Sozialprodukts, die den Wünschen der Subjekte als Konsumenten (gewichtet mit ihrer Zahlungsfähigkeit) angepasst ist; es sind zweitens Produktionsformen, Verfahren und Verhaltensweisen, die die Wettbewerbsfähigkeit der Subjekte als Produzenten jeweils bestmöglich unterstützen. Es geht hier allen Akteuren immer nur darum, sich an einen irgendwie gegebenen gesellschaftlichen Zustand, der außerhalb des eigenen Verantwortungsbereichs liegt, in einer Mikroentscheidung bestmöglich anzupassen; es geht ihnen hier grundsätzlich nicht darum, gesellschaftliche Zustände entweder aktiv zu beeinflussen oder aber mindestens zu berücksichtigen, welche Folgewirkungen für das Ganze eine konkrete Entscheidung haben kann. Da es sich um ihre spezifischen Handlungsprobleme handelt, über die die Subjekte im Zweifelsfall am besten informiert sind (zumindest das, was sie wollen, wissen sie besser als sonst jemand), besteht eine vergleichsweise gute Chance, dass Problemlösungen ausprobiert werden, die der lokalen Problemlage angemessen sind. Die gesellschaftlich wirksame Entscheidung über Durchsetzung oder Verwerfung einer bestimmten Problemlösung findet dann dadurch statt, dass jemand damit erfolgreich ist oder scheitert und die Lösung entsprechend von anderen kopiert wird oder nicht.

Der aggregierte Effekt dieser bewussten Entscheidungen ist ein evolutionärer Lernprozess – „Fortschritt". Die Steuerung bzw. Selbststeuerung einer Gesellschaft auf diese Weise weist nicht nur unter Gesichtspunkten der Informationsverarbeitung, sondern auch unter Gesichtspunkten der Konfliktvermeidung Stärken auf: Da die Ergebnisse – speziell hinsichtlich der Verteilung – nicht explizit zur Diskussion stehen und auch gar keine Instanz vorhanden ist, die sie zu verantworten hat, haben sie den Charakter von Naturereignissen und können leichter hingenommen werden als wenn es einen ausdrücklichen Beschluss darüber gegeben hätte, wer was bekommen soll[13].

---

[13] Die Bereitschaft und Fähigkeit der Gesellschaftsmitglieder, Resultate eines Regelwerks wie Naturereignisse hinzunehmen, setzt allerdings voraus, dass das einbettende Regelwerk entweder als überhaupt nicht von Menschen gemacht und also auch nicht als durch sie veränderbar wahrgenommen wird, oder aber, dass es von den Adressaten als gemacht und veränderbar und

Zugleich vollzieht sich der Entwicklungsprozess, wie es eine bekannte Polemik ausdrückt, „naturwüchsig", „hinter dem Rücken der Subjekte". Es ist offen, ob die Subjekte, wenn sie über seine allgemeineren Resultate bewusst entscheiden könnten, diese auch so wollen würden. Ob sie es beispielsweise vorziehen, an der Ecke zu Fuß einkaufen zu können, oder lieber mit dem Auto zu einem Einkaufsmarkt fahren wollen, könnte umstritten sein, falls darüber ausdrücklich zu entscheiden wäre – was aber eben nicht der Fall ist. Es ist ebenfalls offen, ob der so bestimmte Entwicklungspfad objektiv in eine Sackgasse mündet (Hayek stellt relativ kühl fest, dass diejenigen Gruppen, in denen sich die falschen Verhaltensweisen durchgesetzt haben, auf die Dauer nicht überleben werden; Hayek 1971: 46). Es gibt dementsprechend selbst unter libertären, also grundsätzlich politikskeptischen, Theoretikern keineswegs eine einhellig bezogene evolutionistische Position (vgl. Buchanan 1984: 237).

Das polare Gegenstück hierzu ist die vollständige politische (Selbst-)Kontrolle einer Gesellschaft, die ausdrückliche und bewusste Wahl von Zustand und Pfad einer Gesellschaft – nicht das kumulativ sich entwickelnde Aggregat von Mikroentscheidungen, sondern eine Folge synoptischer Entscheidungen. Dem Prinzip nach sind explizite Kollektiventscheidungen ihrer Anlage nach also dort stark, wo implizite Entscheidungen schwach sind.

Zugleich weisen sie komplementäre Schwächen auf: Das Problem synoptischer Entscheidungen besteht zunächst einmal darin, dass die Informationsanforderungen am Ort der Entscheidung höher sind als bei impliziten Entscheidungen. Jedes zentral verfügbare Wissen ist kleiner als das insgesamt und verteilt vorhandene Wissen. Die Gefahr, Fehler zu machen, ist größer als im Falle impliziter Entscheidungen. Zweitens ist die politische Zuständigkeit für eine bestimmte Materie nicht dasselbe wie die tatsächliche Kontrolle über die jeweilige Situation. Das Problem ist nicht so sehr die fehlende Durchsetzbarkeit von Beschlüssen (obwohl auch das vorkommt), sondern die nachfolgende Anpassung der Adressaten des Beschlusses an die durch ihn veränderte Lage, die die Intention des Beschlusses konterkarieren kann. Nicht nur Autokratien, die ihre Bürger nicht kennen, haben dieses Problem, sondern auch Demokratien. Die Mehrheit mag etwa der Ansicht sein, dass der Mieterschutz ausgebaut werden muss; die gleichen Personen mögen, in aller Unschuld, anschließend ihre Ersparnisse vielleicht nicht mehr in Mietwohnungen investieren.

Wiederum, wie oben in puncto Protektion versus Initiative, haben wir es bei dem Thema Evolution versus Konstruktion also mit einer komplementären Mixtur von Wünschenswertem und Problematischem zu tun. Auch hier gibt es zunächst die Möglichkeit, hieraus eine ordnungspolitisch klassische Zuweisungsungsfrage abzuleiten: Themen, bei denen wir etwa an hoher Lerngeschwindigkeit interessiert sind, sollten wir dem Markt zuweisen; wenn wir hingegen klare Präferenzen über erwünschte Entwicklungsrichtungen haben oder wenn wir Irreversibilitäten befürchten, sollten wir die Politik zumindest hinzuziehen[14]. Auch hier besteht wie oben die Möglichkeit, grund-

---

zugleich als legitim angesehen wird. Dass Regeln als „Natur" erlebt werden, ist unter modernen Bedingungen unplausibel. Auf die zweite Möglichkeit werden wir zurückkommen müssen.

14 Popper versteht ‚Piecemeal Social Engineering' ausdrücklich nicht als Durchwursteln ohne Zielsetzungen, sondern sehr wohl als zielorientiertes Gestalten – kombiniert mit permanenter Lernbereitschaft allerdings (1971: 51ff.). Nicht der Hayeksche Abschied von der Idee bewuss-

sätzlichere Urteile über die Meriten von Markt und Politik ins Spiel zu bringen – je weniger man den Markt ordnungspolitisch zu kanalisieren[15] sucht und je mehr Materien man dem Markt anvertrauen will, umso mehr traut man zugleich der Evolution; je mehr Materien man der Politik anvertrauen will bzw. je größere Spielräume für korrigierende Intervention in den Markt man ihr einzuräumen wünscht, umso mehr Hoffnungen setzt man auf bewusste Konstruktion.

Soweit es um unsere Frage nach der erwünschten inneren Verfassung der Arenen und nicht um Zuweisungsfragen geht, kann man Folgendes sagen: Den Markt als das Ideal auch für die Politik zu nehmen, bedeutet hier wohl nicht, sie auf Kurz- oder Mittelfristigkeit und Beschränkung des Blickwinkels zu verpflichten, sondern eher, ihre privilegierte Stellung als Letztinstanz in Problemlösungsprozess und Regelsetzungsprozess zu beseitigen und sie stattdessen nur noch als den Endpunkt eines Kontinuums fungieren zu lassen, das ansonsten aus unterschiedlichsten Formen privater, also aufs Ganze bezogen impliziter, Regelsetzung besteht[16]. Umgekehrt die synoptische Qualität der Politik als das Ideal auch marktlicher Entscheidungen zu nehmen, bedeutet die Suche nach Wegen, den Marktteilnehmern mehr Entscheidungskriterien als nur ihr situatives Interesse verbindlich aufzuerlegen – etwa durch die Verpflichtung der Wettbewerbsteilnehmer zu gesamtgesellschaftlicher Verantwortlichkeit[17].

5. Abwägungen

Gibt es unter dem Strich gute Gründe, einen der beiden Entscheidungsstile zum Ideal und den anderen zum allenfalls notwendigen Übel zu zu erklären, also entweder den Markt zu politisieren oder die Politik marktähnlicher zu machen? Oder gibt es gute Gründe, die Vertragsarena und die politische Arena nicht nur hinsichtlich der behandelten Gegenstände, sondern auch vom Geist der Verfahren her als zueinander komplementär anzusehen?

---

ter Steuerung und Gestaltung, sondern nur der Abschied von der Vorstellung, Wissen monopolisieren und zentralisieren zu können, und von der Idee, einseitig, gewissermaßen durch Befehl, steuern und gestalten zu können, ist charakteristisch für die Poppersche Position. Zu der theoretisch höchst interessanten Differenz zwischen Popper und Hayek (die ansonsten einander gesellschaftsphilosophisch ja nahe standen) in dieser Hinsicht vgl. Hacohen (2000), auch Euchner (2004).

15 Es geht im Kern die Bestimmung von „Inhalt und Schranken" der mit Eigentumstiteln verbundenen Verfügungsrechte, also etwa
  – die Festlegung, von Maßstäben, nach denen in der Vertragsarena ein Unterschied zwischen (legitimer) Kooperation und (illegitimer) Verschwörung zu machen ist,
  – die Gestaltung des Arbeitsrechts und des Rechts der Unternehmenverfassungen,
  – die Setzung der Regeln, die die Ausnutzung von Informationsasymmetrien beschränken,
  – die Setzung von Produktstandards und Produktionsstandards, allgemeiner jede „Harmonisierung" des Wettbewerbs.

16 Für eine solche Position vgl. etwa Homann/Kirchner (1994). Man wird sehen, ob das Akkreditierungswesen im Hochschulbereich eine solche Sorte von Rollenveränderung der Politik bewirkt.

17 Also im Rahmen unserer Verfassung etwa durch entsprechende gesetzgeberische Interpretation von Artikel 14, Absatz 2 („Eigentum verpflichtet: Sein Gebrauch soll zugleich dem Wohle der Allgemeinheit dienen").

Was die Maßstäbe, die wir hierbei verwenden, angeht, gilt zunächst einmal so viel: Sie sollten für beide Arenen grundsätzlich gleich sein – es kann nicht an der einen Stelle vom Wohl der Individuen und an der anderen Stelle von einem überindividuell definierten Gemeinwohl aus argumentiert werden. Maßstab hier wie dort sollte plausiblerweise das Interesse der Subjekte sein, und zwar ihr konstitutionelles Interesse (vgl. hierzu nur Vanberg in diesem Band). Können wir irgendwelche Antworten auf unsere Frage aus einem Argument über konstitutionelle Interessen herleiten?

Solche Argumente hätten darin zu bestehen, dass es einen plausiblen Konsens der institutionellen Urteile vernünftiger Akteure in der einen oder anderen Hinsicht gibt. Ein Libertärer müsste zeigen können, dass es einen solchen Konsens für die flächendeckende Anwendung der Marktlogik gibt, ein Sozialist müsste zeigen können, dass es einen solchen Konsens für die flächendeckende Anwendung der Logik politischer Entscheidung gibt.

Um hierüber eine bessere Vorstellung gewinnen zu können, wollen wir zunächst eine Unterscheidung zwischen dem abstrakten und dem konkreten konstitutionellen Interesse einer Person machen. Als abstraktes konstitutionelles Interesse einer Person soll ein Interesse an Spielregeln angesehen werden, das unter dem Schleier des Nichtwissens[18] gebildet wird (sein Träger kennt seine spezifische Lage und seine persönlichen Eigenschaften nicht); als konkretes konstitutionelles Interesse einer Person soll demgegenüber ein Interesse an Spielregeln bezeichnet werden, das die Person in Kenntnis ihrer Lage und ihrer persönlichen Eigenschaften bildet. Für eine Personengruppe ingesamt bestehen dann drei philosophisch interessante Möglichkeiten:
- Es gibt Spielregeln, für die ein plausibler Konsens unter rationalen Subjekten existiert, die ihre spezifischen Interessen kennen;
- es gibt weitere Spielregeln, für die lediglich eine Konvergenz der abstrakten konstitutionellen Interessen der Subjekte existiert, während ihre konkreten konstitutionellen Interessen plausiblerweise divergieren;
- es gibt schließlich eine letzte Gruppe von Spielregeln, für die weder die konkreten noch die abstrakten konstitutionellen Interessen der Subjekte plausiblerweise konvergieren.

‚Plausibel' soll eine Konvergenz bzw. Divergenz dann genannt werden, wenn die Individuen sich nicht über ihre Interessenlage irren; mit anderen Worten: wenn sie in ihrer Lagebeurteilung auf dem Stand unserer Erkenntnis über situative Problemlagen und Lösungsmöglichkeiten sind.

Das erste, Konvergenz der konkreten konstitutionellen Interessen gut informierter Subjekte, ist in unserem Zusammenhang sicherlich plausibel nur für den grundsätzlichen Umgang mit den klassischen *Zuweisungsproblemen:* Für die Vernünftigkeit einer Kombination von Vertragsarena und politischer Arena, wie sie oben (Abschnitt 2) skizziert wurde, spricht viel. Zu stark sind die Argumente gegen monistische Ordnungsentwürfe. Eine Arena freier Verträge ganz ohne Ergänzungen durch verbindliche Entscheidung ist ebenso wenig im aufgeklärten Interesse der Subjekte wie eine Allzuständigkeit der Politik, die keinerlei Spielraum für autonome Kooperation der Individuen lässt.

---

18 Im Sinne von Rawls (1975).

Viel weniger eindeutig ist das Bild, wenn es nicht um Zuweisungsprobleme geht, sondern die Gestaltung der *inneren Logik* der beiden Arenen:

Konvergenz der abstrakten, aber nicht unbedingt der konkreten konstitutionellen Interessen, könnte immerhin noch für den Komplex des Abschnitts 3, also das Thema ‚*Autonomie versus Protektion*' gelten, und zwar zugunsten einer Reduzierung der protektionistischen Züge des politischen Prozesses. Es gibt ernst zu nehmende Argumente, dass eine Ordnung, die – auch politisch – keinen Schutz von konkreten Produzenteninteressen vorsieht, sondern lediglich bestimmte allgemeine Einkommensgarantien enthält, im konstitutionellen Interesse von Subjekten sein kann, die ihre Interessen als Produzenten nicht kennen – eben weil in einer solchen Ordnung die Einkommenserwartungen der Subjekte insgesamt am besten befriedigt werden. Jedes bestimmte lebende Subjekt mag dem zwar grundsätzlich zustimmen können, jedoch werden die konkreten konstitutionellen Interessen aller Individuen sicher nicht homogen sein: Wer seine Einkommensquelle kennt, wird bemüht sein, sie zu schützen. Er wird hierzu umso stärker geneigt sein, je skeptischer er seine Aussichten einschätzt, bei scharfem Wettbewerb zu überleben. Vereinfacht gesagt: Das konstitutionelle Interesse dessen, der sich als schwach einschätzt, wird auf Zähmung des Wettbewerbs und protektionistische Politik gerichtet sein; wer sich stark fühlt, wird auf Entfesselung des Wettbewerbs und zurückhaltende Politik setzen.

In dieser Situation sind also Meinungsverschiedenheiten zu erwarten – immerhin aber ist nicht auszuschließen, dass eine öffentliche Diskussion, die die konkret-partikularen von den abstrakt-universalistischen konstitutionellen Interessen der Subjekte trennt, zu Selbstaufklärung einer Gesellschaft und Konsens unter ihren Mitgliedern führt.

Anders steht es dort, wo es um das Thema ‚*Evolution versus Konstruktion*' geht. Es gibt schlicht und einfach kein stichhaltiges Argument dafür, dass langfristig oder bei unparteiischer Betrachtung die eine oder die andere Entscheidungsweise die bessere oder die allein richtige ist. Es gibt vielmehr sehr starke Argumente gegen derart monistische Vorstellungen. Die Idee kompletter synoptischer Selbststeuerung einer Gesellschaft ist hinreichend diskreditiert, so dass hierzu nichts weiter zu sagen ist. Wie steht es mit der entgegengesetzten Idee, also der Idee des vollständigen Verzichts auf den Versuch bewusster Steuerung?

Argumente, die in diese Richtung zielen, enthalten immer eine Vorstellung, dass problematische Evolution zugleich endogene Gegenkräfte hervorbringt, die im Zweifelsfall die Probleme besser bewältigen als ein synoptisch ansetzender Korrekturversuch. Ein Beispiel bietet Friedmans Stellungnahme zu den Problemen asymmetrisch verteilter Information (2002: 182ff.): Er plädiert ausdrücklich dagegen, irgendwelche Institutionen öffentlicher Bearbeitung von Informationsasymmetrien zwischen Produzenten und Konsumenten zu schaffen, sondern argumentiert dafür, dies ganz dem freien Spiel der Kräfte zu überlassen. Das erscheint zunächst befremdlich: Die Konsumenten sind ja normalerweise schlechter über die jeweils wichtigen Produkteigenschaften informiert als die Produzenten, so dass es recht nahe liegend scheint, sie durch Standards, Lizenzen usw. vor Ausbeutung und Qualitätsverfall zu schützen. Nach Friedmans Ansicht ist das aber schlecht überlegt: Produzenten stehen wegen der Konkurrenz untereinander unter scharfem Optimierungsdruck und werden sich daher – jedenfalls unter Wettbewerbsbedingungen – darum bemühen müssen, den Konsumenten glaubwürdige Signale über die Qualität ihres Angebots zu geben. Wenn es beispielsweise keine staatlichen Zertifikate für Ärzte gibt, bleibt es nicht dabei, dass die Patienten im Selbstversuch testen müssen, ob jemand ein Kurpfuscher ist. Vielmehr werden die Anbieter in Reputation investieren und Institutionen erfinden, die die notwendigen Signale bereitstellen. Die Lage ist also nach diesem Argument nicht so wie sie auf den ersten Blick erscheinen mag: Gerade diejenigen Regeln, die mit der Intention geschaffen werden, den Wettbewerb in die richtige Richtung zu lenken, beschränken ihn an der falschen Stelle, nämlich auf Seiten der Produzenten, sei es, dass sie es für die Produzenten insgesamt überflüssig machen, sich über Innovationen die Köpfe zu zerbrechen, sei es, dass sie den vorhandenen Produzenten Kontrolle über den Marktzutritt neuer Konkurrenten verschaffen usw.

Was das Argument sicherlich lehrt, ist, dass nicht alles, was wie eine „Rationalitätenfalle" aussieht, auch wirklich eine sein muss. Was es allerdings nicht lehrt, ist, dass es solche Fallen nicht geben kann. Vielmehr gilt, dass es von den jeweiligen Eigenschaften einer Konstellation abhängt, ob die problemdämpfende Handlungslogik vorliegt oder nicht. Wenn sie vorliegt, besteht kein Bedarf an Eingriff. Und wenn nicht?

Die Antwort lautet nicht, dass dann eben bewusste Steuerung bzw. gezielter ordnungspolitischer Eingriff am Platze ist – wir können ja keineswegs sicher sein, dass ein solcher Eingriff wirklich hilft. Die angemessene Antwort muss vorsichtiger ausfallen: Es sollte im konkreten Fall ermittelt werden, welche Institutionalisierung das kleinste Übel zu sein verspricht, und entsprechend sollte dann verfahren werden. Das bedeutet aber, dass wir unser Problem als Zwei-Ebenen-Problem formulieren sollten: Die operativen Institutionen können Institutionen synoptischer Entscheidung sein oder Institutionen, die eine spontane Ordnung mit nicht vorhergesehenen Eigenschaften hervorbringen – aber die Institutionen der nächsten Ebene, Institutionen der Institutionenwahl, mit deren Hilfe den operativen Institutionen ihre Rolle und Form zugewiesen wird, sollten Institutionen bewusster Entscheidung sein[19].

In diesem Sinne bleibt „Politik" dem „Markt" grundlegend vorgeordnet.

Literatur

Baurmann, Michael, 1996: Der Markt der Tugend. Recht und Moral in der liberalen Gesellschaft. Eine soziologische Untersuchung. Tübingen: Mohr Siebeck.
Buchanan, James M., 1984: Die Grenzen der Freiheit. Tübingen: Mohr Siebeck.
Buchanan, James M./Tullock, Gordon, 1962: The Calculus of Consent. Ann Arbor: University of Michigan Press.
Coase, Ronald, 1960: The Problem of Social Cost, in: Journal of Law and Economics 3, 1–44.
Cooter, Robert, 1996: Decentralized Law for a Complex Economy: The Structural Approach to Adjudicating the New Law Merchant, in: University of Pennsylvania Law Review 144, 1–50.

---

19 Das schließt nicht aus, dass ein Gemeinwesen im „Institutionenwettbewerb" unter erheblichem Druck stehen kann, ganz bestimmte Institutionenentscheidungen zu treffen. Insofern liegt es nahe, auch diesem Wettbewerb eine Ordnung zu geben – die ebenfalls nicht einfach evolviert, sondern ebenfalls „bewusst", durch entsprechende Verträge zwischen Staaten, geschaffen werden muss.

De Jasay, Anthony, 1997: Against Politics. On Government, Anarchy and Order. London: Routledge.
Euchner, Walter, 2004: Der Geist des „Roten Wien" ins 21. Jahrhundert gerettet: Karl Popper Reconsidered by Malachi Haim Hacohen, in: Politische Vierteljahresschrift 45, 116–124.
Friedman, Milton, 2002: Kapitalismus und Freiheit. Frankfurt a.M.: Eichborn.
Gauthier, David, 1986: Morals by Agreement. Oxford: Clarendon Press.
Hacohen, Malachi H., 2000: Karl Popper – the Formative Years, 1902 – 1945. Politics and Philosophy in Interwar Vienna. Cambridge: Cambridge University Press.
Hardin, Garrett, 1968: The Tragedy of the Commons, in: Science 162, 1243–1248.
Hayek, Friedrich A. von, 1969a: Der Wettbewerb als Entdeckungsverfahren, in: *ders.,* Freiburger Studien. Tübingen: Mohr Siebeck, 249–265.
Hayek, Friedrich A. von, 1969b: Arten des Rationalismus, in: *ders.,* Freiburger Studien. Tübingen: Mohr Siebeck, 75–89.
Hayek, Friedrich A. von, 1969c: Die Ergebnisse menschlichen Handelns, aber nicht menschlichen Entwurfs, in: *ders.,* Freiburger Studien. Tübingen: Mohr Siebeck, 97–107.
Hayek, Friedrich A. von, 1971: Die Verfassung der Freiheit. Tübingen: Mohr Siebeck.
Hirsch, Fred, 1980: Die sozialen Grenzen des Wachstums. Reinbek: Rowohlt.
Homann, Karl/Kirchner, Christian, 1994: Ordnungsethik, in: Jahrbuch für Neue Politische Ökonomie 14, 189–211.
Kersting, Wolfgang, 2002: Kritik der Gleichheit. Über die Grenzen der Gerechtigkeit und der Moral. Weilerswist: Velbrück.
Kirsch, Guy, 1984: Entfremdung – der Preis der Freiheit? Liberale Variationen über ein Thema von Marx. Tübingen: Mohr Siebeck.
Olson, Mancur, 1985: Aufstieg und Niedergang von Nationen. Tübingen: Mohr Siebeck.
Olson, Mancur, 2002: Macht und Wohlstand. Tübingen: Mohr Siebeck.
Ostrom, Elinor, 1999: Die Verfassung der Allmende. Jenseits von Staat und Markt. Tübingen: Mohr Siebeck.
Popper, Karl R., 1965: Das Elend des Historizismus. Tübingen: Mohr Siebeck.
Radnitzky, Gerard, 2002: Das moralische Problem der Politik, in: Ethik und Sozialwissenschaften 13.
Rawls, John, 1975: Eine Theorie der Gerechtigkeit. Frankfurt a.M.: Suhrkamp.
Riker, William H., 1962: The Theory of Political Coalitions. New Haven/London: Yale University Press.
Schumpeter, Joseph A., 1993 [1942]: Kapitalismus, Sozialismus und Demokratie. Tübingen: Francke.
Vanberg, Viktor/Buchanan, James M., 1989: Interests and Theories in Constitutional Choice, in: Journal of Theoretical Politics 1, 49–62.
Vanberg, Viktor/Buchanan, James M., 1991: Constitutional Choice, Rational Ignorance and the Limits of Reason, in: Jahrbuch für Neue Politische Ökonomie 10, 61–78.
Vanberg, Viktor/Buchanan, James M., 1988: Rational Choice and Moral Order, in: Analyse & Kritik 10, 138–160.
Vanberg, Viktor/Kerber, Wolfgang, 1994: Institutional Competition Among Jurisdictions: An Evolutionary Approach, in: Constitutional Political Economy 5, 193–219.
Weede, Erich, 1992: Mensch und Gesellschaft. Tübingen: Mohr Siebeck.
Zakaria, Fareed, 2003: The Future of Freedom. Illiberal Democracy at Home and Abroad. New York/London: Norton.
Zintl, Reinhard, 1999: Institutionen und gesellschaftliche Integration, in: *Friedrichs, Jürgen/Jagodzinski, Wolfgang* (Hrsg.), Soziale Integration (= Kölner Zeitschrift für Soziologie und Sozialpsychologie, Sonderheft 39). Wiesbaden: Westdeutscher Verlag, 179–198.
Zintl, Reinhard, 2002: Was ist liberal am Anarcholiberalismus? Kommentar zu Gerard Radnitzky, Das moralische Problem der Politik, in: Ethik und Sozialwissenschaften 13, 421–422.

Konsumentensouveränität und Bürgersouveränität: Steuerungsideale für Markt und Politik

Viktor J. Vanberg

Woran ist zu messen, ob soziale Prozesse – sei es im Markt, sei es in der Politik – „wünschenswerte" Funktionseigenschaften haben, und woran ist zu messen, welche Aufgabenverteilung zwischen Markt und Politik als „angemessen" gelten kann? Solche Fragen lassen sich offenkundig nicht beantworten, ohne auf ein normatives Kriterium Bezug zu nehmen. Im vorliegenden Beitrag sollen diese Fragen aus der Sicht eines *normativen Individualismus* angegangen werden, womit hier eine Vorstellung gemeint ist, die von der Grundannahme ausgeht, dass die Wertungen *der jeweils betroffenen Individuen* als der letztendliche Maßstab dafür betrachtet werden sollten, ob soziale Sachverhalte – i.S. von sozialen Transaktionen, Entscheidungsverfahren, institutionellen Regelungen, Ergebnismustern etc. – als „wünschenswert" zu beurteilen sind. Da er die Bewertungen der betroffenen Menschen selbst zum Maßstab nimmt, kann man auch sagen, dass ein so verstandener normativer Individualismus von einem *internen* Beurteilungskriterium ausgeht, im Kontrast zu Kriterien, die von den Wertungen der betroffenen Personen selbst völlig losgelöst sind, und die man in diesem Sinne als *externe*, als „von außen" an die in Frage stehenden sozialen Sachverhalte herangetragene Kriterien bezeichnen könnte.

Die Frage, mit welchen Argumenten sich begründen ließe, dass ein normativer Individualismus im hier verstandenen Sinne den Vorzug verdient gegenüber potenziellen alternativen Ansätzen, die auf andersartige Bewertungskriterien abstellen, soll hier nicht erörtert werden. Im vorliegenden Beitrag soll es allein darum gehen, genauer darzulegen, was eine solche Sicht der Dinge beinhaltet und welche Folgerungen aus ihr gezogen werden müssen. Der sozialtheoretische Ansatz, in dem mir diese Folgerungen am konsequentesten ausgearbeitet zu sein scheinen, ist die konstitutionelle Ökonomik Buchananscher Prägung.[1]

---

[1] J.M. Buchanan (1999: 288) definiert den von ihm vertretenen normativen Individualismus als „the normative premise that individuals are the ultimate *sovereigns* in matters of social organization, that individuals are the beings who are entitled to choose the organizational-institutional structures under which they will live. In accordance with this premise, the legitimacy of social-organizational structures is to be judged against the voluntary agreement of those who are to live or are living under the arrangements that are judged. The central premise of *individuals as sovereigns* does allow for delegation of decision-making authority to agents, so long as it remains understood that individuals remain as *principals*. The premise denies legitimacy to all social-organizational arrangements that negate the role of individuals as either sovereigns or principals. On the other hand, the normative premise of individuals as sovereigns does not provide exclusive normative legitimacy to organizational structures that – as, in particular, market institutions – allow internally for the most extensive range of separate individual choice. Legitimacy must also be extended to ‚choice-restricting' institutions so long as the participating individuals voluntarily choose to live under such regimes."

1. Konstitutionelle Ökonomik und das „gains-from-trade"-Paradigma

Ausgangspunkt des Forschungsprogramms der „constitutional political economy", das James M. Buchanan in bemerkenswert kohärenter Weise seit Beginn der 1950er Jahre entwickelt hat, ist eine Kritik an einer utilitaristischen Wohlfahrtsökonomik, die marktliche Prozesse und politische Interventionen am Ideal der Maximierung einer gesellschaftlichen Wohlfahrtsfunktion misst. Bereits in seinen frühen Aufsätzen „The Pure Theory of Government Finance: A Suggested Approach" (1960: 8–23; zuerst erschienen 1949) und „Social Choice, Democracy, and Free Markets" (1960: 75–89; zuerst erschienen 1954) weist er auf die grundlegende Inkonsistenz hin, die zwischen einer solchen Sichtweise und der *individualistischen* Perspektive besteht, die den paradigmatischen Kern der Ökonomik als einer Theorie marktlicher Prozesse ausmacht.

Während die ökonomische Theorie marktlicher Prozesse davon ausgeht, dass Marktphänomene strikt individualistisch als das Ergebnis eigenmotivierten Handelns der individuellen Marktteilnehmer zu erklären und auch „individualistisch" im Sinne der subjektiven Wünsche und Präferenzen dieser individuellen Marktteilnehmer zu bewerten sind, wird – so die Buchanansche Kritik – mit dem Konzept einer gesellschaftlichen Wohlfahrtsfunktion stillschweigend so umgegangen, als könne man die Gesellschaft oder den Staat als Quasi-Subjekte betrachten, die einen überindividuellen gesellschaftlichen Nutzen zu maximieren suchen, ganz so, wie eine Einzelperson ihren Nutzen maximiert, und als verfüge man damit über einen Maßstab, der es einem erlaubt, alternative Politikoptionen in eine Rangordnung gesellschaftlichen Nutzens zu bringen, in ganz ähnlicher Weise wie auch ein Individuum mögliche Handlungsalternativen nach deren erwarteten Nutzen vergleichend bewertet.

Den systematischen Grund für diesen methodologischen Bruch zwischen der Marktökonomie und der herkömmlichen, wohlfahrtstheoretischen politischen Ökonomie sieht Buchanan darin, dass die für die ökonomische Markttheorie zentrale Annahme individueller Nutzenmaximierung schlicht auf die Kollektivebene übertragen wird, und zwar sowohl als *Verhaltensannahme* wie auch als *normatives Kriterium*. Mit dieser Übertragung des Maximierungsgedankens von der Ebene individuellen Handelns auf die Ebene kollektiven, staatlichen Handelns wird aber, so die Kritik Buchanans, der für das klassische ökonomische Paradigma konstitutive methodologische und normative Individualismus aufgegeben (Buchanan 1977: 235; 1979: 203f.).[2]

Der implizite Kollektivismus der herkömmlichen Wohlfahrtsökonomie ist nicht ohne weiteres offensichtlich, da die gesellschaftliche Wohlfahrtsfunktion, mit der sie operiert, von den Nutzen der individuellen Gesellschaftsmitglieder ausgeht und in diesem Sinne „individualistisch" ist (Buchanan 1960: 80). Der entscheidende Punkt ist je-

---

2 Eine ähnliche Kritik bringt John Rawls (1975: 45) gegen den ideengeschichtlichen Vorläufer der Wohlfahrtsökonomie, den klassischen Utilitarismus, vor: „Denn ganz wie es für einen Menschen vernünftig ist, die Erfüllung seines Systems der Bedürfnisse zu maximieren, so ist es für die Gesellschaft richtig, die Summe des Nutzens über alle ihre Mitglieder zu maximieren. ... Diese Sicht der gesellschaftlichen Zusammenarbeit ist die Folge der Ausdehnung des Entscheidungsprinzips für den Einzelmenschen auf die Gesellschaft, die so zu Werke geht, dass in der Vorstellung des unparteiischen mitfühlenden Beobachters alle Menschen zu einem zusammengefasst werden. Der Utilitarismus nimmt die Verschiedenheit der einzelnen Menschen nicht ernst."

doch, dass in dieser Konstruktion – man könnte sie als *Nutzen-Individualismus* (utility-individualism) bezeichnen – die einzelnen Menschen nur als so etwas wie „Stationen zur Nutzenmessung" fungieren, die dem Wohlfahrtsökonomen Informationen für seine Bestimmung sozialer Optima liefern, statt als die „Souveräne" betrachtet zu werden, die durch ihr eigenes Urteil entscheiden, welche unter jeweils in Frage kommenden Alternativen sie selbst für vorzugswürdig halten.

Eben diese Sicht von Individuen als Souveränen – man könnte sie als *Wahl-Individualismus* (choice-individualism) bezeichnen – ist jedoch, so Buchanans Argument, der Kern der ökonomischen Vorstellung von der Effizienz marktlicher Prozesse. Diese Vorstellung stellt nicht auf die Maximierung gesellschaftlicher Nutzenaggregate sondern letztlich allein darauf ab, dass der Markt ein institutionell gesicherter Rechtsbereich ist (bzw. sein soll), in dem Menschen Möglichkeiten gemeinsamer Besserstellung durch freiwilligen Tausch nutzen können, wobei sie durch ihre eigenen freiwilligen Entscheidungen darüber befinden, was sie für sich selbst als „Besserstellung" betrachten. Es sind die freiwillig vorgenommenen Tauschakte, und nicht unabhängig davon zu bestimmende Kriterien, die uns erlauben, davon zu sprechen, dass die Ergebnisse marktlicher Prozesse „effizient" sind. Oder anders gesagt, die „Effizienz" marktlicher Transaktionen kann letztlich nur aufgrund der freiwilligen Zustimmung der jeweiligen Tauschparteien unterstellt werden und nicht aufgrund unabhängig von solcher Zustimmung bestimmbarer Veränderungen in Nutzengrößen (Buchanan 1977: 145f.).

Ein mit dem Individualismus der ökonomischen Theorie konsistentes Effizienzkriterium für die Bewertung marktlicher Prozesse kann nach Buchanan nur als *Verfahrens-* oder *Prozess*kriterium verstanden werden, nicht als *Ergebnis*kriterium. Die Effizienz marktlicher Prozesse kann nicht *direkt* an den Ergebnissen abgelesen werden, die sie hervorbringen, sie lässt sich nur *indirekt*, aus den Eigenschaften der Prozesse selbst erschließen, nämlich daraus inwieweit sie Grund zu der Vermutung geben, dass die Ergebnisse aus freiwilligen Transaktionen zwischen den Marktteilnehmern hervorgegangen sind.

Der Kerngedanke der Buchananschen Konstitutionenökonomik liegt in einer Generalisierung der prozeduralen Logik des marktlichen Effizienzkriteriums, in seiner konsequenten Übertragung auf den Bereich kollektiven Handelns allgemein und der Politik insbesondere. Markt und Politik werden als unterschiedliche Arenen betrachtet, in denen Menschen gemeinsame Kooperationsvorteile realisieren können, sei es durch Tausch oder durch organisiertes kollektives Handeln. Kollektives politisches Handeln ist aus dieser Sicht ein Instrument, das dort zum Einsatz kommen kann, wo es um gemeinsame Vorteile für die Mitglieder eines Gemeinwesens geht, die auf dem Wege marktlichen Tauschs oder privatrechtlichen Verbandshandelns nicht oder nur weniger zweckmäßig realisiert werden könnten. Und ebenso wie Effizienz im Markt nicht direkt an Ergebniskriterien zu messen ist sondern nur an der Eignung des Prozesses, den Beteiligten die Realisierung wechselseitiger Tauschvorteile zu ermöglichen, so ist auch Effizienz in der Politik nicht an Ergebnissen per se ablesbar, sondern ist daran zu messen, inwieweit der politische Prozess geeignet ist, die Realisierung gemeinsamer Vorteile durch kollektives politisches Handeln zu fördern. Und wie beim marktlichen Tausch die freiwillige Zustimmung der Tauschparteien der entscheidende Indikator für wechselseitigen Vorteil ist, so ist auch bei politischer Kooperation die freiwillige Zustimmung der Beteiligten der letztendlich maßgebliche Indikator für gemeinsame Vorteilhaftigkeit. Das ist gemeint, wenn Buchanan in seiner Kritik des „Maximierungsparadigmas" der herkömmlichen Wohlfahrtsökonomie davon spricht, daß nicht die Generalisierung des Maximierungsgedankens die angemessene theoretische Verknüpfung zwischen der ökonomischen Analyse marktlichen Verhaltens und der Analyse kollektiven, politischen Handelns darstelle, sondern vielmehr die Generalisierung des Gedankens der „gains from trade", der gemeinsamen Vorteilsrealisierung durch freiwilligen Tausch, durch freiwillige Kooperation.

2. Die konstitutionelle Perspektive

Konstitutionelle Ökonomik ist „Ökonomik" im Sinne ihrer Orientierung am methodologischen und normativen Individualismus der klassischen ökonomischen Theorietradition. Das Attribut „konstitutionell" soll ausdrücken, dass ihr Augenmerk der Analyse von Regeln und ihren Auswirkungen auf die darunter stattfindenden Handlungsabläufe gilt. Konstitutionelle Ökonomik kann in diesem Sinne als eine „science of rules" (Buchanan 1977: 83) bezeichnet werden, und als Teilprojekt des umfassenderen Forschungsvorhabens einer am Paradigma der „gains from trade" orientierten Ökonomik (Buchanan 1979: 27ff.) ist sie auf die Frage ausgerichtet, wie gesellschaftliche Prozesse – im Markt und in der Politik – durch Regeln so geordnet werden können, dass möglichst gute Aussichten für eine Realisierung gemeinsamer Vorteile bestehen. So wie die Ökonomik allgemein als angewandte Wissenschaft ihren analytischen Fokus in der Frage findet, wie Menschen durch freiwillige Kooperation gemeinsame Vorteile („gains from trade") realisieren können,[3] so ist die konstitutionelle Ökonomik als angewandte Wissenschaft auf die Frage ausgerichtet, wie Menschen sich durch wechselseitige Bindung an geeignete Regeln gemeinsam besser stellen können. Eine solche konstitutionelle Ökonomik, so kann man auch sagen, sucht sozialtechnologisches Wissen darüber bereitzustellen, welche institutionellen Rahmenbedingungen der Realisierung gemeinsamer Vorteile förderlich sind. Und so wie im Konzept der „gains from trade" die freiwillige *Zustimmung* der jeweiligen Tauschparteien das entscheidende normative Prozesskriterium abgibt, so betont die Konstitutionenökonomik die freiwillige Zustimmung der von einer Regelordnung betroffenen Personen zu eben dieser Regelordnung als das entscheidende Kriterium für deren Wünschbarkeit oder Effizienz. In dieser Betonung des prozeduralen Zustimmungskriteriums liegt der offensichtliche Grund für die Verwandtschaft der Buchananschen Konzeption mit klassischen und modernen Ansätzen einer Gesellschaftsvertrags-Theorie, die ebenfalls die freiwillige Zustimmung der betroffenen Personen zum Kriterium der Wünschbarkeit von Regelordnungen erklären, wie etwa die „Theorie der Gerechtigkeit" von John Rawls (1975).

---

[3] Buchanan (1977: 136): „Economists ... are specialists in exchange ... When they observe a social interaction, they interpret the results in exchange terms, as possibly emerging from voluntary action. To the extent that results can be fitted into the exchange pattern, economists can infer that *all* parties secure gains, as these gains are measured in terms of the participants' preferences and not those of the observer. ... This explanatory-evaluative task for the economist may be extended from the simplest to the most complex institutional structures."

In Analogie zu den „gains from trade", auf die die ökonomische Theorie marktlicher Prozesse abstellt, kann man von der konstitutionellen Ökonomik sagen, dass ihr Augenmerk den „gains from joint commitment", den durch gemeinsame Bindung an Regeln zu realisierenden wechselseitigen Vorteilen gilt. Bei solchen gemeinsamen Regel-Bindungen geht es darum, dass die Beteiligten ihren Umgang miteinander gewissen Restriktionen unterwerfen. Die aus solchen gemeinsamen Bindungen erhofften Vorteile resultieren daraus, dass der zu erwartende Handlungsablauf unter den vereinbarten Restriktionen für alle Beteiligten wünschenswertere Eigenschaften aufweist, als es ansonsten der Fall wäre. Vereinbarungen oder Verträge, durch die solche wechselseitige Selbstbindungen erfolgen, werden in der konstitutionellen Ökonomik allgemein als konstitutionelle Verträge oder Verfassungsverträge betrachtet. Der Begriff der Verfassung oder Konstitution wird damit weit allgemeiner gefasst als es seiner üblichen Verwendung im Sinne der Regelordnung staatlicher Gemeinwesen entspricht.

Eine grundlegende, und offenkundige, Eigenschaft konstitutioneller Verträge liegt darin, dass sie gegenüber sub-konstitutionellen Transaktionen und Vereinbarungen systematische und legitimatorische Priorität genießen. Sie legen die Spielregeln fest, an die sich die Vertragsparteien bei der Ausführung von Handlungen und sozialen Transaktionen innerhalb des konstitutionell geregelten Handlungsbereichs binden, und sie geben damit das Kriterium an, nach dem zu entscheiden ist, welche Handlungen und welche Verträge in diesem Bereich zulässig bzw. nicht zulässig sind. Das heißt, die sub-konstitutionelle Entscheidungsfreiheit der beteiligten Parteien ist notwendigerweise konstitutionell begrenzte Entscheidungsfreiheit.

Entsprechend muss man die Interessenabwägungen, die die einzelnen bei ihren Entscheidungen *im Rahmen von Verfassungen* leiten, strikt unterscheiden von den Interessenabwägungen, die sie dazu veranlassen, konstitutionelle Bindungen einzugehen. Oder anders gesagt, man muss unterscheiden zwischen den *konstitutionellen* Interessen, die sich auf die Frage beziehen, welche unter möglichen alternativen Regelordnungen man vorzieht, und den *sub-konstitutionellen* oder *Handlungs*-Interessen, die sich auf die Frage beziehen, welche Strategiewahl man in einer konkreten Entscheidungssituation im Rahmen gegebener Regeln vorzieht. Der Umstand, dass die von den vereinbarten Spielregeln auferlegten Beschränkungen durchaus in konkreten Situationen mit den eigenen situationsspezifischen Handlungsinteressen in Konflikt geraten können, weil sie verlockende Handlungsalternativen verbieten, ändert nichts an der Vorteilhaftigkeit der Verfassung, solange diese im konstitutionellen Interesse der Beteiligten liegt. Darin zeigt sich lediglich, dass die Vertragsparteien durch Verfassungsvereinbarungen ihre gemeinsamen konstitutionellen Interessen nur dann wirksam durchsetzen können, wenn sie auch Bedingungen schaffen, die dafür sorgen, dass auf der sub-konstitutionellen Ebene die Respektierung der Spielregeln in ausreichendem Maße im Handlungsinteresse aller Beteiligten liegt.[4] Von Regelbindungen, die für alle Beteiligten Vorteile verspre-

---

4 In der Sprache der Spiel-Metapher kann man sagen, dass es bei konstitutionellen Vereinbarungen um die Wahl des Spiels geht, das man spielen möchte, im Unterschied zu der Wahl von Spielzügen im Rahmen gegebener Regeln. Das Ziel, ein wünschenswertes Spiel zu spielen, ist entsprechend zu unterscheiden von dem Ziel, ein gegebenes Spiel möglichst erfolgreich zu spielen. In der ersten Frage sind die konstitutionellen Interessen der Beteiligten der relevante Maßstab, bei der zweiten geht es um ihre Handlungsinteressen, also ihre Interessen bezüglich der unter gegebenen Rahmenbedingungen (Regeln) zu wählenden Spielzüge.

chen, kann man sagen, dass sie im *konsensfähigen konstitutionellen Interesse* liegen, im Unterschied zu Regeln, die im konstitutionellen Interesse einer Teilgruppe liegen mögen, den Interessen anderer aber zuwiderlaufen. Und der letztendlich entscheidende Indikator dafür, ob eine Regelordnung im konstitutionellen Interesse aller Beteiligten liegt, ist die freiwillige Bereitschaft aller, sich dieser Ordnung zu unterwerfen.

Nun ist, was die Rolle des Zustimmungskriteriums anbelangt, bei der Generalisierung des „gains from trade"-Paradigmas freilich zu beachten, dass es einen bedeutsamen Unterschied zwischen Tauschtransaktionen im üblichen Sinne und Regelvereinbarungen, oder zwischen Tauschverträgen und konstitutionellen Verträgen gibt. Beim Tausch geht es um eine Transaktion, einen Akt wechselseitiger Übertragung von Rechten oder der wechselseitigen Erbringung von Leistungen. Auch wenn diese Transaktion nicht simultan abgewickelt wird, sondern Vor- und Gegenleistung in zeitlicher Distanz erbracht werden, so hat man es doch mit einer in sich abgeschlossenen Transaktion zu tun, deren Bedingungen zu einem Zeitpunkt vereinbart werden und dann gemäß der Vereinbarung zu erfüllen sind (wobei diese Vereinbarung bei nicht-simultanem Tausch Kontingenzen für nicht voraussehbare Änderungen relevanter Umstände vorsehen mag). Im Kontrast dazu geht es bei Regelvereinbarungen oder konstitutionellen Verträgen darum, die allgemeinen Bedingungen für eine auf Dauer gestellte zukünftige Kooperation festzulegen, also die Bedingungen, unter denen die beteiligten Parteien in Zukunft zusammenarbeiten oder zusammenleben wollen. Hier geht es nicht um den wechselseitigen Transfer von Rechten sondern darum, dass sich alle Beteiligten gemeinsam bestimmten Regeln unterwerfen. Man mag eine solche wechselseitige Regelbindung als einen „Tausch" von Selbstverpflichtungen oder Selbstbindungen bezeichnen, im Sinne der Formel: „Wenn die Gegenseite (die anderen Beteiligten) bereit ist (sind), sich der in Frage stehenden Regel zu unterwerfen, dann bin auch ich zu einer solchen Verpflichtung bereit." Aber ein solche Bezeichnung sollte nicht darüber hinwegtäuschen, dass eine gemeinsame Bindung an Regeln etwas anderes ist als das, was man üblicherweise unter einem Tausch versteht.

Von Bedeutung ist dieser Unterschied nicht zuletzt im Hinblick auf die Rolle, die dem Konsenskriterium als Legitimationskriterium zukommt. Für Tauschtransaktionen ist es angemessen, allein die freiwillige Zustimmung der Tauschparteien zum Zeitpunkt der Vereinbarung der Transaktion als relevant zu erachten. Für Regelvereinbarungen ist es demgegenüber nicht angemessen, allein die freiwillige Zustimmung zum Zeitpunkt der ursprünglichen Vereinbarung als Kriterium für die Legitimation des in Frage stehenden konstitutionellen Arrangements anzusehen. Da es bei solchen Arrangements um die Bedingungen *fortdauernder* Kooperation geht, wird man das angemessene Kriterium für die Legitimität des Arrangements wohl auch in der fortdauernden freiwilligen Zustimmung der beteiligten Akteure sehen müssen.

3. Markt und Konsumentensouveränität

Die traditionelle wohlfahrtsökonomische Sicht beurteilt die Leistungsfähigkeit realer Marktprozesse und ihre etwaige Korrekturbedürftigkeit durch politische Interventionen nach einem *Ergebnis*kriterium. Ihr Maßstab ist die unter den modell-idealen Bedingungen „vollkommenen Wettbewerbs" im Gleichgewicht zu erwartende Optimalität der Ressourcenallokation. Dort, wo sie bei realweltlichen Märkten die Modellbedingungen nicht erfüllt sieht und daher „Marktmängel" diagnostiziert, verweist die Wohlfahrtsökonomik auf den Staat als die Korrekturinstanz, die durch geeignete Kompensationsmaßnahmen das ansonsten verfehlte, hypothetische „Optimum" realisieren soll. Die Frage, durch welches *realweltliche* politische Verfahren die Identifikation und getreue Implementation der „optimalen Korrekturmaßnahmen" erfolgen soll, und ob man von den überhaupt nur in Betracht kommenden realweltlichen politischen Entscheidungsverfahren denn in der Tat erwarten kann, dass sie den – gemessen am Modellideal – „unvollkommenen" realweltlichen marktlichen Prozessen in der Fähigkeit zur Lösung der in Frage stehenden Probleme überlegen sind, wird in der Regel nicht gestellt.

Im Kontrast zu einer solchen Sichtweise legt die konstitutionelle Ökonomik in ihrer Beurteilung marktlicher Prozesse ein strikt *verfahrens*orientiertes Kriterium zugrunde. Sie misst die Leistungsfähigkeit von realen Märkten nicht daran, ob und inwieweit sie ein unabhängig vom realen Prozess zu bestimmendes hypothetisches Optimum realisieren, sondern daran, inwieweit die realweltlichen Bedingungen, unter denen marktliche Transaktionen ausgeführt werden, dazu geeignet sind, die Realisierung wechselseitiger Kooperationsvorteile zu fördern. Der Markt wird als eine institutionell abgesicherte Arena freiwilligen Tauschs und freiwilliger Kooperation gesehen, deren Spielregeln die Freiwilligkeit der in ihrem Rahmen stattfindenden Transaktionen sicherstellen und dafür sorgen sollen, dass Gewalt und Betrug soweit wie möglich als Strategien der eigenen Bereicherung ausgeschlossen sind und man sich Leistungen anderer nur auf dem Wege ihrer freiwilligen Zustimmung sichern kann (Vanberg 2001). „Mängel" real existierender Märkte zu korrigieren, bedeutet aus dieser Sicht, die institutionellen Rahmenbedingungen oder „Spielregeln" so zu verändern bzw. ihre Durchsetzung so zu gestalten, dass die Freiwilligkeit marktlicher Transaktionen wirksamer gesichert wird und günstigere Bedingungen für die Realisierung von „gains from trade" geschaffen werden. Nicht die Annäherung der Markt*ergebnisse* an ein hypothetisches Optimum durch korrigierende Staatseingriffe sondern Verbesserung der institutionellen Rahmenbedingungen des Marktes als einer Arena freiwilliger Kooperation ist aus dieser Sicht die primäre Aufgabe der Wirtschaftspolitik.

Seit Adam Smith das Leitbild einer wettbewerblichen, von merkantilistisch-protektionistischen Privilegien befreiten Wirtschaftsordnung gezeichnet hat, wird in der Ökonomik das Steuerungsideal für den Markt üblicherweise mit dem – wohl von William H. Hutt geprägten[5] – Begriff der *Konsumentensouveränität* umschrieben. Mit diesem häufig missgedeuteten Konzept soll die Vorstellung eines wettbewerblichen, durch Konsumentenwünsche gesteuerten wirtschaftlichen Prozesses ausgedrückt werden. Es geht dabei um die Vorstellung eines wirtschaftlichen Steuerungssystems, in dem der Wettbewerb unter Produzenten und Anbietern dafür sorgt, dass Konsumentenentscheidungen als die letztendlichen „Regler" des wirtschaftlichen Prozesses fungieren. Mit

---

5 *Hutt* (1943: 215): „When I think of economic freedom, I think of a productive system commanded by ‚consumers' sovereignty'. This is a notion which ... indicates that ultimate power to determine the use of resources which are ‚scarce' ... shall be vested in the people. It implies that the goodness or success of productive effort can be judged only in the light of consumers' preferences."

Konsumentensouveränität ist also nicht eine Eigenschaft gemeint, die einfach allen real existierenden „Märkten" zugeschrieben werden kann, unabhängig von ihren konkreten institutionellen und sonstigen Charakteristika. Damit ist vielmehr ein Steuerungs*ideal* gemeint, an dem existierende Wettbewerbsordnungen gemessen werden können, ein Ideal, das auf die Verfahrenseigenschaften marktlicher Prozesse abstellt. Es stellt nicht auf Marktergebnisse per se ab, sondern bezieht sich auf die Art und Weise, in der Marktergebnisse hervorgebracht werden.

Aus konstitutionenökonomischer Sicht kann man das Steuerungsideal der Konsumentensouveränität im Sinne der Empfehlung interpretieren, die Spielregeln oder institutionellen Rahmenbedingungen für den Bereich wirtschaftlicher Aktivitäten so zu gestalten, dass die Konsumentenwünsche – und nicht etwa die Kartellmacht oder der politische Einfluss von Produzentengruppen – die entscheidende Regelgröße im Wirtschaftsprozess sind. Empfohlen wird, anders gesagt, den Regelrahmen so zu gestalten, dass eine größtmögliche Reagibilität der Produzenten gegenüber den Konsumentenwünschen erreicht wird, dass Produzenten-Entscheidungen möglichst wirksam in den Dienst von Konsumentenpräferenzen gestellt werden. Mit einem solchen Steuerungsideal ist offenkundig der Anspruch verbunden, dass eine so gestaltete Wirtschaftsordnung „wünschenswerte" Funktionseigenschaften besitzt, ein Anspruch, der aus konstitutionenökonomischer Perspektive am Kriterium der *konsensfähigen konstitutionellen Interessen* zu messen wäre.

Dass eine wettbewerbliche Ordnung, die die Produktion möglichst wirksam in den Dienst von Konsumentenwünschen stellt, im gemeinsamen Interesse aller Beteiligten liegen sollte, schien Adam Smith (1981: 660) völlig selbstverständlich, denn, so argumentierte er, dass wir überhaupt nur produzieren, um zu konsumieren, sei zu offensichtlich, um noch einer weiteren Begründung zu bedürfen. Nun mag ein Skeptiker dennoch eine weitere Begründung für erforderlich halten, angesichts des Umstandes, dass Menschen ja in der Regel sowohl als Konsumenten wie auch als Produzenten – wenn schon nicht als selbständige Unternehmer, so doch etwa als Investoren oder Beschäftigte – in den wirtschaftlichen Nexus eingebunden sind und daher nicht nur Konsumenteninteressen sondern auch Produzenteninteressen in sich vereinen. Dass wir in der Gestaltung der Wirtschaftsordnung unseren Konsumenteninteressen Priorität gegenüber unseren Produzenteninteressen einräumen sollten, wird man einem solchen Skeptiker mit weitergehenden Argumenten begründen müssen als dem bloßen Hinweis darauf, dass wir produzieren, um zu konsumieren.

Hinter der Empfehlung einer auf Konsumentensouveränität abstellenden Regelordnung für den Markt steht – und stand bereits bei Adam Smith – das Argument, dass eine solche Ordnung für alle Beteiligten wünschenswerter ist als eine Wirtschaftsverfassung, die ihren Interessen als Produzenten Priorität einräumt, zumindest soweit es Produzenteninteressen betrifft, die darauf abzielen, gegen unliebsamen Wettbewerbsdruck geschützt oder von seinen Folgen verschont zu werden. Der entscheidende Punkt dabei ist, dass die Interessen, die Menschen als Konsumenten haben, konsensfähig sind, während dies für die Interessen an Wettbewerbsvermeidung, die sie als Produzenten hegen mögen, nicht gilt. In ihrer Eigenschaft *als Konsumenten* haben die Mitglieder eines Gemeinwesens im Wesentlichen ein gemeinsames Interesse daran, die Vorteile eines wirksamen Wettbewerbs unter den Anbietern nutzen zu können. Und dies ist umso eher gewährleistet, je mehr die Regelordnung des Marktes dem Steuerungsideal der Konsumentensouveränität entspricht. Demgegenüber sind die auf Wettbewerbsvermeidung gerichteten Interessen, die sie als Produzenten hegen, typischerweise nicht-verallgemeinerbare Sonderinteressen, die wirksam nur durch als Privilegien vergebene Schutzregelungen befriedigt werden können. Solche protektionistischen Interessen zielen stets auf eine Sonderbehandlung für ganz bestimmte Personen oder Gruppen. Es geht bei ihnen nicht darum, für alle Wirtschaftsakteure gleiche Schutzregelungen zu fordern. In der Tat wären entsprechende Schutzregelungen typischerweise für *niemanden* mehr wünschenswert, wenn sie *für alle* gelten würden. Protektions-Privilegien werden von bestimmten und für bestimmte Produzenten-Gruppen angestrebt. Es geht bei ihnen um Privilegieninteressen, deren Befriedigung immer zu Lasten anderer geht, nicht um konsensfähige konstitutionelle Interessen aller Beteiligten.

Wenn eine am Ideal der Konsumentensouveränität orientierte Wettbewerbsordnung als eine für alle Beteiligten insgesamt wünschenswerte Ordnung empfohlen wird, so ist zu beachten, dass die Frage, ob eine solche Wettbewerbsordnung konsensfähig ist, von der Frage unterschieden werden muss, ob die Einzelnen Anreize haben, die Spielregeln einer solchen Ordnung zu übertreten oder für sich Sonderregelungen zu erwirken. Was bereits für einfache „Spiele" im engeren Sinne des Wortes, also etwa für ein Fußballspiel, gilt, gilt auch hier. Auch wenn alle Spieler einer Fußballliga auf der konstitutionellen Ebene die gegebenen Spielregeln als gut und fair akzeptieren, so bedeutet dies doch nicht, dass sie im Spielverlauf keine Anreize hätten, die Regeln zu verletzen oder zu versuchen, den Schiedsrichter zu ihren Gunsten zu beeinflussen. Die Konsensfähigkeit der Wettbewerbsordnung liegt in den wechselseitigen Vorteilen, die möglich werden, wenn sich alle an die Spielregeln dieser Ordnung halten. Aber das, was auf der konstitutionellen Ebene den Vorzug einer wettbewerblichen Ordnung darstellt, kann auf der sub-konstitutionellen Ebene durchaus als lästiger Zwang empfunden werden, so dass für jeden einzelnen der Anreiz besteht, sich wettbewerblichen Zwängen dadurch zu entziehen, dass er die Spielregeln übertritt oder protektionistische Privilegierung sucht. Sich selbst dem Wettbewerb auszusetzen ist zwar ein Preis, der es wert ist, gezahlt zu werden, wenn dies die unumgängliche Vorbedingung dafür ist, dass die anderen dies auch tun. Es ist aber ein Preis, den man gerne vermeidet, wenn man auch ohne ihn die Vorteile einer ansonsten wettbewerblichen Umwelt genießen kann. Angesichts einer solchen Anreizkonstellation bedarf es einer wirksamen Durchsetzung der für alle gleichen Spielregeln, wenn die Vorteile, die eine gemeinsame Bindung an diese Regeln ermöglicht, nicht vertan werden sollen.

Bei der These der Konsensfähigkeit einer am Prinzip der Konsumentensouveränität orientierten marktlichen Wettbewerbsordnung wird also – dies gilt es stets im Auge zu behalten – auf die *konstitutionellen* Interessen der Akteure abgestellt, d.h. auf die Interessen, die ihre Wahl bestimmen würden, wenn sie sich zwischen alternativen Ordnungen zu entscheiden hätten. Es wird behauptet, dass die allgemeinen Funktionseigenschaften des Spiels „marktlicher Wettbewerb" für alle Beteiligten insgesamt vorteilhafter sind als die allgemeinen Funktionseigenschaften realisierbarer alternativer Regelordnungen. Damit wird keineswegs geleugnet, dass es im Spielverlauf zu Interessenkonflikten kommt, und es wird nicht übersehen, dass auf der sub-konstitutionellen Ebene unter den Beteiligten keineswegs immer Konsens darüber besteht, welche Maßnahmen wünschenswert sind. Im Gegenteil, innovative Wettbewerbshandlungen etwa dürften in der Regel von den Mitwettbewerbern als lästige Störung empfunden werden. Die These der konstitutionellen Konsensfähigkeit der marktlichen Wettbewerbsordnung besagt jedoch, dass die vorteilhaften allgemeinen Funktionseigenschaften einer solchen Ordnung die Beteiligten ausreichend für die Nachteile zu kompensieren vermögen, die ihnen aus den Wettbewerbshandlungen anderer erwachsen mögen.

Die Unterscheidung zwischen der Frage der Konsensfähigkeit der marktlichen Wettbewerbsordnung und der Frage der Konsensfähigkeit der im Rahmen dieser Ordnung stattfindenden Wettbewerbshandlungen gibt Gelegenheit zu einer Präzisierung der Rolle des Konsenskriteriums in der Beurteilung marktlicher Prozesse. Für die im Rahmen des Marktes als einer Arena freiwilliger Kooperation stattfindenden Transaktionen ist lediglich die freiwillige Zustimmung der jeweiligen *Transaktionsparteien* gefordert. Soweit die in Frage stehenden Transaktionen sich im Rahmen der allgemein geltenden Spielregeln bewegen und nicht gegen Rechte Dritter verstoßen, ist die Zustimmung anderer, durch solche Transaktionen möglicherweise betroffenen Parteien nicht erforderlich, auch wenn diese sich in ihren Interessen beeinträchtigt sehen. Ein Geschäftsinhaber mag etwa seine Interessen zwar spürbar verletzt sehen, wenn der Eigentümer eines Nachbarhauses seine Räume an einen direkten Konkurrenten vermietet, aber die Rechtsgültigkeit des Mietvertrages ist nur von der freiwilligen Einigung der beiden Vertragsparteien und nicht von seiner Zustimmung abhängig. Zwischen der freiwilligen Zustimmung zu Transaktionen *im Rahmen des Marktes* und der freiwilligen Zustimmung *zum Markt als konstitutioneller Ordnung* muss also deutlich unterschieden werden. Die Freiwilligkeit der im Rahmen der marktlichen Ordnung stattfindenden Transaktionen legitimiert diese Transaktionen, nicht die marktliche Ordnung selbst. Der Markt als Regelordnung kann nur durch die freiwillige Zustimmung der Beteiligten zu dieser Ordnung legitimiert werden. Ist die Wahl für eine solche Ordnung getroffen, dann erfordert allerdings die Ethik fairen Spiels, dass die Regeln dieser Ordnung respektiert und in ihrem Rahmen stattfindende regelkonforme Transaktionen als legitim akzeptiert werden, auch wenn sie den eigenen Interessen zuwiderlaufen sollten.

4. Politik und Bürgersouveränität

Während im Markt gemeinsame Vorteilsrealisierung durch freiwilligen Tausch von Gütern und Leistungen, bzw. durch die freiwillige Vereinbarung privater kooperativer Arrangements (Unternehmungen, Verbände etc.) erfolgt, geht es im Bereich der Politik um gemeinsame Vorteilsrealisierung durch Maßnahmen und Regelvereinbarungen, die für alle Mitglieder des Gemeinwesens verbindlich sind. Aus Sicht der konstitutionellen Ökonomik stellt sich für diesen Bereich die Frage, wie durch die Gestaltung der Spielregeln für den politischen Prozess, also der politischen Verfassung, die Aussichten für die Realisierung gemeinsamer Vorteile bestmöglichst gefördert werden können und das Risiko möglichst gering gehalten werden kann, dass es zur Schädigung bestimmter Gruppen oder gar zur kollektiven Selbstschädigung aller Beteiligten kommt.

Aus Sicht der konstitutionellen Ökonomik kann man ein demokratisches Gemeinwesen – in der Formulierung von John Rawls (1975: 105) – „als ein Unternehmen der

Zusammenarbeit zum gegenseitigen Vorteil" betrachten. In etwas anderer Formulierung kann man auch von einer *Bürgergenossenschaft* sprechen, im Sinne eines mitgliederbestimmten Verbandes, dessen Aufgabe darin liegt, den gemeinsamen Interessen seiner Mitglieder, der Bürger, zu dienen. Ebenso wie privatrechtliche genossenschaftliche Verbände die selbstverständliche Aufgabe haben, den *gemeinsamen* Interessen ihrer Mitglieder zu dienen, und nicht die Interessen eines Teils der Mitgliedschaft zu Lasten anderer zu fördern, so haben auch demokratische Gemeinwesen als Bürgergenossenschaften die Aufgabe, im Sinne der *gemeinsamen* Interessen ihrer Bürger zu wirken. In Analogie zum Konzept der Konsumentensouveränität bietet sich das Konzept der *Bürgersouveränität* an, um das Verfahrenskriterium zu beschreiben, an dem die Leistungsfähigkeit der Institutionen und Spielregeln des politischen Prozesses zu messen ist.[6] In einem demokratischen Gemeinwesen Bürgersouveränität zu sichern, bedeutet, ihm eine institutionelle Ordnung – also Spielregeln und Entscheidungsverfahren – zu geben, die einerseits die bestmöglichen Aussichten dafür bieten, dass die gemeinsamen Interessen der Bürger gefördert werden, und andererseits einen möglichst wirksamen Schutz dagegen schaffen, dass Regelungen getroffen oder Maßnahmen ergriffen werden, durch die Interessen von Bürgern verletzt werden. Dies bedeutet wiederum, dass – will man den politischen Prozess gegenüber einem notwendigerweise stets unvollkommenen Status quo verbessern – man Möglichkeiten für institutionelle Reformen identifizieren muss, die Bürgersouveränität zu stärken versprechen, Reformen, die die Politik stärker an die freiwillige Zustimmung der Bürger binden und den Steuerungseinfluss der gemeinsamen Bürgerinteressen auf den politischen Prozess verbessern.

Gemeinsame Interessen, im Sinne von Interessen, die Menschen in organisierter Kooperation, also durch kollektives Handeln wirksamer verfolgen können als durch eigenständiges individuelles Handeln und direkten Leistungstausch mit anderen, gibt es in vielfältigen Formen und auf verschiedenen Ebenen sozialer Beziehungssysteme. Der überwiegend größte Teil solcher gemeinsamer Interessen kann wirksam durch private Verbandsbildung – etwa in geselligen Vereinigungen, geschäftlichen Organisationen, religiösen Verbänden und vielen anderen mehr – verfolgt werden. Politik hat dort ihren Platz, wo es um Interessen geht, die Menschen am wirksamsten durch politische Gemeinwesen als *Territorialverbände* realisieren können, denen die Kompetenz zukommt, in ihrem Bereich die für alle dort Lebenden und Tätigen verbindliche Regelungen zu treffen. Dabei sollte die „Geographie" der gemeinsamen Interessen dafür ausschlaggebend sein, auf welcher Ebene im vielstufigen System politischer Organisation – etwa von örtlichen Gemeinden über Bundesländer und Staaten bis hin zu supra-nationalen politischen Verbänden – den betreffenden Interessen am zweckmäßigsten Rechnung zu tragen ist. Diese Vielfalt in den möglichen Organisationsformen gemeinsamer Interessen ist zu bedenken, wenn die konstitutionenökonomische Perspektive das Kriterium der Förderung *gemeinsamer* Bürgerinteressen als Leistungsmaßstab für demokratische Gemeinwesen betont. Wann immer die Verpflichtung demokratischer Politik auf die Förderung gemeinsamer Interessen mit Skepsis als idealistische,

---

6 Ganz im Sinne der hier behaupteten systematischen Kompatibilität der Ideale der Konsumentensouveränität und der Bürgersouveränität lässt sich auch die Kompatibilität – *und Komplementarität* – der Ideale des Liberalismus und der Demokratie aufzeigen. Dazu eingehender Vanberg (2003a).

weltfremde Norm betrachtet wird, besteht Anlass zu der Frage, ob solche Skepsis nicht daraus erwächst, dass von einer politischen Kompetenzstruktur ausgegangen wird, die der tatsächlichen „Geographie" gemeinsamer Interessen nicht angepasst ist, in der etwa dem politischen Bereich die Betreuung von Interessen übertragen ist, die angemessener privater Organisation überlassen bleiben sollte, oder in der etwa der nationalen politischen Ebene Kompetenzen übertragen worden sind, die angemessener auf Länder- oder Gemeindeebene anzusiedeln wären.

Die Definition demokratischer Gemeinwesen als Bürgergenossenschaften, die den gemeinsamen Interessen ihrer Mitglieder-Bürger dienen sollen, sagt zunächst noch nichts über die konkrete institutionelle Ausgestaltung der Art und Weise aus, in der der genossenschaftliche Verband seine Angelegenheiten regelt. Die Frage, welche institutionellen Regelungen am besten geeignet sind, zum wechselseitigen Vorteil der Mitglieder der Bürgergenossenschaft zu wirken, ist aus Sicht dieser Definition als eine empirisch und theoretisch zu klärende Faktenfrage anzusehen. Definitorisch vorgegeben ist allein, dass die Bürger diejenigen sind, die die Letztkontrolle über die Verbandsangelegenheiten ausüben. Durch welche konkreten Entscheidungs- und Kontrollverfahren aber am besten sichergestellt werden kann, dass die Verbandsangelegenheiten auch tatsächlich in ihrem gemeinsamen Interesse wahrgenommen werden, wird nicht als Definitionsfrage sondern als eine aufgrund des Vergleichs der Funktionseigenschaften potenzieller alternativer Regelungen zu entscheidende Faktenfrage betrachtet. In dieser Hinsicht besteht ein wichtiger Unterschied zu gängigen Demokratie-Definitionen, die bereits auf bestimmte institutionelle oder organisatorische Charakteristika demokratischer Gemeinwesen abstellen, wie etwa auf die Rolle des Mehrheitsprinzips als Entscheidungsregel, die Bedeutung periodischer Wahlen, der Parteienkonkurrenz oder ähnliches. Solche Definitionen tendieren dazu, bereits im Vorhinein per definitionem festzulegen, was im Sinne der hier vorgeschlagenen Definition theoretischer und empirischer Klärung überlassen bleiben sollte.

Als Mitglied eines Verbandes, und so auch als Mitglied einer Bürgergenossenschaft, hat jeder einzelne ein zweifaches Interesse. Er wünscht einerseits, dass die Handlungsmacht des Verbandes zur Durchführung von Vorhaben genutzt wird, die in seinem Interesse liegen. Und er wünscht andererseits, dass diese Handlungsmacht nicht zu seinem Nachteil eingesetzt wird. Diesem doppelten Interesse wäre offenkundig in optimaler Weise gedient, wenn man als Verbandsmitglied das Privileg hätte, den Letztentscheid darüber zu fällen, für welche Vorhaben die Handlungsmacht des Verbandes eingesetzt wird und für welche nicht. Genossenschaftliche Verbände, und so auch demokratische Gemeinwesen, sind dadurch gekennzeichnet, dass alle Mitglieder gleichberechtigt sind, dass also niemandem ein derartiges Privileg zukommt.

Inwieweit demokratische Gemeinwesen tatsächlich der Anforderung genügen, ihren Mitgliedern oder Bürgern zum gemeinsamen Vorteil zu gereichen, wird vor allem von ihrer Organisations- oder Verfassungsordnung abhängen, die zwei Probleme zu lösen hat. Sie soll einerseits die organisierte Bürgerschaft bzw. ihr Exekutivorgan, die Regierung, befähigen, im gemeinsamen Interesse tätig zu werden, und sie soll andererseits die Macht der organisierten Bürgerschaft, bzw. der Regierung, so beschränken, dass die dem Verband übertragene Entscheidungsmacht nicht gegen die Interessen einiger oder aller Bürger eingesetzt wird. Kurz gesagt, die Funktion demokratischer politischer Verfassungen – wie die von genossenschaftlichen Verbandsverfassungen allgemein – kann darin gesehen werden, die Mitglieder bzw. Bürger einerseits als Verband kollektiv handlungsfähig zu machen, um gemeinsame Vorteile realisieren zu können, und ihnen andererseits Schutzvorkehrungen gegen Ausbeutung zu bieten.

Aus der Sicht des einzelnen Mitglieds oder Bürgers einer Jurisdiktion kann man demnach die Frage der wünschenswerten Ordnung des politischen Entscheidungsverfahrens als ein Problem der Abwägung zwischen zwei Risiken sehen: Einerseits dem Risiko, dass aus seiner Sicht erwünschte politische Entscheidungen nicht getroffen oder ungebührlich hinausgezögert werden, und andererseits dem Risiko, dass von ihm nicht gewünschte Entscheidungen zustande kommen. Wenn der einzelne aus seiner Interessensicht die relative Vorzugswürdigkeit alternativer Verfassungen zu beurteilen hat, wird er dies im Lichte der genannten Risiken tun müssen. Die Implikationen eines entsprechenden „Verfassungskalküls", in dem sie die „logischen Grundlagen konstitutioneller Demokratie" sehen, haben James Buchanan und Gordon Tullock in *The Calculus of Consent* (1962) dargelegt.

In einem demokratischen System, in dem niemand eine privilegierte Stimme hat (abgesehen von den besonderen Entscheidungsrechten, die durch ausdrückliche Delegation von den Bürgern oder Prinzipalen auf Agenten übertragen werden), wäre dem Interesse an einer Reduktion des Risikos unerwünschter Entscheidungen offenkundig am besten mit einer Einstimmigkeitsregel gedient, die jedem Mitglied in allen Fragen ein Vetorecht einräumt. Der Nachteil dieser Regel liegt allerdings darin, dass sie zwar gegen das zweite Risiko vorbeugt, dafür aber die Chance dramatisch senkt, dass überhaupt irgendwelche Entscheidungen zustande kommen, einschließlich solcher, die tatsächlich für alle Mitglieder vorteilhaft wären.[7] Das Risiko erster Art würde offenkundig von einer Regel minimiert, die dem einzelnen Mitglied das Recht einräumt, für den Verband verbindliche Entscheidungen zu treffen. Unter der demokratischen Bedingung gleicher Entscheidungsrechte für alle Bürger würde dieses Recht allerdings allen Bürgern gleichermaßen zukommen, und damit würde auch das Risiko maximiert, dass dem Mitglied nicht genehme Entscheidungen zustande kommen. – Die in Verbänden (privaten und politischen) praktizierten Regelungen für Mehrheitsentscheidungen und für die Delegation von Entscheidungsmacht an „Agenten" kann man als Ausfluss des Bestrebens interpretieren, zwischen den beiden genannten Extremlösungen einen gangbaren Mittelweg zu finden.

5. Einstimmigkeit als Legitimationsprinzip

Ebenso wie beim Kriterium der Konsumentensouveränität liegt auch beim Verfahrenskriterium der Bürgersouveränität der letztendliche Test für wechselseitigen Vorteil in der freiwilligen Zustimmung der beteiligten Akteure. Dabei ist allerdings, was die Rolle der freiwilligen Zustimmung als Indikator für wechselseitige Vorteilhaftigkeit anbelangt, ein wichtiger Unterschied zwischen organisiertem, politischem Handeln und

---

[7] Entscheidungsaufwand, strategisches Verhalten und andere Gründe können verhindern, dass selbst für Entscheidungen, die im gemeinsamen Interesse aller liegen, Einstimmigkeit erzielt werden kann.

marktlichem Tausch zu beachten. Bei marktlichem Tausch ist die freiwillige Zustimmung zu den jeweiligen Einzeltransaktionen der maßgebliche Indikator für „Effizienz" oder wechselseitigen Vorteil.[8] Bei kollektivem Handeln, bei dem es um die Realisierung wechselseitiger Vorteile durch gemeinsame Bindung geht, liegt der Zweck des Arrangements aber ja gerade darin, dass die Beteiligten gewisse Entscheidungsfreiheiten auf nachgelagerter, sub-konstitutioneller Ebene aufgeben. Man bindet sich freiwillig an gewisse Regeln (eine Verfassung, „Konstitution"), durch die die eigene Entscheidungsfreiheit auf der sub-konstitutionellen Ebene in bestimmter Weise eingeschränkt wird. Der relevante Test für die Legitimität und wechselseitige Vorteilhaftigkeit des Arrangements kann damit aber offenkundig nicht mehr die freiwillige Zustimmung zu den auf sub-konstitutioneller Ebene ausgeführten einzelnen Transaktionen sein. Dieser Test liegt vielmehr in der freiwilligen Zustimmung auf der konstitutionellen Ebene, also in der Zustimmung zu den Regeln, die auf sub-konstitutioneller Ebene zu respektieren die Beteiligten sich verpflichten.[9]

Wie oben erläutert, bedeutet dies auch, dass aus der Vorstellung von der freiwilligen Zustimmung der Bürger als dem maßgeblichen Kriterium für Bürgersouveränität nicht folgt, dass in demokratischen Gemeinwesen das Einstimmigkeitsprinzip als generelle *Entscheidungsregel* angewandt werden sollte. Aufgrund der Nachteile, die das Einstimmigkeitsprinzip als innerverbandliche Entscheidungsregel haben würde, ist es für alle Verbandsmitglieder wünschenswert, sich auf der Verfassungsebene einstimmig darauf zu einigen, für die laufenden Verbandsentscheidungen auf Einstimmigkeit zu verzichten. In diesem Sinne gilt es zu unterscheiden zwischen freiwilliger Zustimmung als letztendlichem *Legitimationsprinzip für* kollektives Handeln und Einstimmigkeit als Entscheidungsregel bei kollektivem Handeln. Oder, anders gesagt, es ist zu unterscheiden zwischen freiwilliger Zustimmung zur Verfassung als der letztendlichen Legitimationsgrundlage für Verbandshandeln und dem *Inhalt der Verfassung,* zu der die Beteiligten ihre Zustimmung geben. Welche innerverbandlichen Entscheidungsverfahren auch immer aus Zweckmäßigkeitsgründen gewählt werden mögen, gehe es nun um den Übergang vom Einstimmigkeitsprinzip zu Mehrheitsentscheidungen oder um den Übergang von direkter Entscheidungsbeteiligung aller Mitglieder zur Delegation von Entscheidungsmacht auf Agenten, ihre Legitimation leitet sich letztlich daraus ab, dass

---

8 Wobei freilich, wie oben erläutert, die freiwillige Zustimmung der Vertragsparteien marktlicher Transaktionen nur diese Transaktionen legitimiert, nicht die institutionelle Rahmenordnung, unter der diese Transaktionen stattfinden. Diese Rahmenordnung definiert vielmehr, was als „freiwillige" Transaktion zu gelten hat.
9 Dies gilt natürlich nicht nur für die politisches Kollektivhandeln begründenden Regelbindungen sondern auch für die vertraglichen Bindungen, durch die *privates* kollektives Handeln, etwa in Unternehmensorganisationen im Markt, begründet wird. Mit der Einwilligung in einen Gesellschaftsvertrag, mit dem Eintritt in einen Verein oder mit dem Abschluss eines Anstellungsvertrages unterwirft der Einzelne sich bestimmten Pflichten auf der sub-konstitutionellen Ebene, deren Erfüllung nicht seiner freiwilligen Einwilligung im Einzelfall überlassen ist. Der relevante Test für die wechselseitige Vorteilhaftigkeit der betreffenden Arrangements liegt nicht bei der Zustimmung zu den sub-konstitutionellen Transaktionen sondern in der (fortdauernden) Zustimmung zu den vereinbarten Spielregeln, der Verfassung. – Zur Bedeutung der *fortdauernden* und nicht nur der *ursprünglichen* Zustimmung zu *konstitutionellen* Verträgen siehe Vanberg (2003b).

alle Verbandsmitglieder ihnen freiwillig zustimmen (können). Die freiwillige Zustimmung zur Verfassung legitimiert indirekt Verbandsentscheidungen, denen nicht alle zustimmen.

In dem Maße, in dem Mehrheitsentscheidungen und die Wahrnehmung von Entscheidungsmacht durch Vertretungsorgane die Funktionsweise demokratischer Gemeinwesen bestimmen, – und von einer gewissen Größenordnung ab ist dies unvermeidlich –, in dem Maße wird der einzelne Bürger sich aber zwangsläufig damit abfinden müssen, dass im genossenschaftlichen Unternehmen „Staat" auch Maßnahmen ergriffen werden, die seinen Interessen zuwiderlaufen. Soweit dieses Risiko durch die Gestaltung der Regelungen politischer Entscheidungsfindung und Machtausübung gemindert werden kann, ohne dass dafür ein zu hoher Preis im Sinne der verminderten Eignung des Gemeinwesens als Instrument gemeinsamer Vorteilsrealisierung gezahlt werden muss, liegen entsprechende institutionelle Reformen offenkundig im gemeinsamen Interesse der Bürger. Den Möglichkeiten derartiger institutioneller Absicherungen gegen Interessenverletzungen sind allerdings unvermeidlich dort Grenzen gesetzt, wo eine weitere Reduzierung des Risikos unerwünschter Verbandsentscheidungen einen zu hohen Preis im Sinne der Einschränkung der Möglichkeiten zur gemeinsamen Vorteilsrealisierung fordert.

Dass Bemühungen, Bürgersouveränität durch eine Stärkung innerverbandlicher Kontroll- und Mitbestimmungsverfahren zu sichern, trotz aller Verbesserungsfähigkeit, die man für die existierenden Regelungen sicherlich unterstellen kann, in diesem Sinne an unvermeidliche Grenzen stoßen werden, bedeutet nicht, dass damit das Kriterium freiwilliger Zustimmung als Legitimationsprinzip obsolet würde. Es bedeutet lediglich, dass der relevante Zustimmungstest nicht auf der Ebene laufender Entscheidungen, sondern auf der Verfassungsebene seinen Platz hat, also auf der Ebene, auf der es um die Akzeptanz der Regeln für die verbandsinterne Beschlussfassung geht. Dies wirft aber wiederum die Frage auf, durch welche Regelungen und Verfahren die Verfassungen von Gebietskörperschaften einem wirksamen Zustimmungstest ausgesetzt werden können. Die Äußerung von Zustimmung oder Widerspruch im verbandsinternen politischen Prozess, so bedeutsam sie als Kriterium für die Akzeptanz der Verfassungsordnung ohne Frage ist, unterliegt in ihrer Aussagekraft doch den oben erläuterten Grenzen, die der Sicherung von Bürgersouveränität durch innerverbandliche Kontroll- und Mitbestimmungsverfahren gesetzt sind. Dies lenkt den Blick auf die Bedeutung, die – in den Kategorien von A.O. Hirschmann (1974) gesprochen – der „exit-" oder Abwanderungsoption in Ergänzung der „voice-" oder Widerspruchsoption als Mittel zur Sicherung von Bürgersouveränität zukommt.

6. Schluss: Wettbewerbsföderalismus und Bürgersouveränität

Die Grenzen der Wirksamkeit innerverbandlicher Demokratie gelten nicht nur für den demokratischen Staat als Bürgergenossenschaft, sie zeigen sich auch bei freiwilligen, mitglieder-bestimmten Vereinigungen wie Sportvereinen oder gesellschaftlichen Clubs. Auch in solchen Verbänden lassen die üblichen Entscheidungsverfahren zu, dass Maßnahmen getroffen werden, die die Interessen einzelner Mitglieder oder eines mehr oder minder großen Teils der Mitgliedschaft verletzen. Dennoch gehen wir bei solchen Clubs in der Regel davon aus, dass sie im gemeinsamen Interesse der Mitglieder betrieben werden, und dass die angewandten Entscheidungsverfahren aus Sicht der Mitglieder *insgesamt* zu einer günstigeren Vorteils-/Nachteilsbilanz der Mitgliedschaft führen, als dies bei anderen realisierbaren Verfahren der Fall wäre.

Die Mitglieder von freiwilligen Vereinigungen sind gegen Interessenverletzungen durch verbandliches Handeln nicht nur durch die Regelungen innerverbandlicher demokratischer Kontrolle geschützt, sondern auch dadurch, dass – bzw. in dem Maße, in dem – ihnen die Option der *Abwanderung* offen steht und sie Zugang zu konkurrierenden Vereinigungen finden können, die vergleichbare Club-Leistungen anbieten. Es ist die Kombination von wirksamer innerverbandlicher Demokratie und leichter Zugänglichkeit potenzieller Alternativen, die uns unter normalen Umständen zu Recht darauf vertrauen lässt, dass freiwillige Vereinigungen als genossenschaftliche Unternehmen den gemeinsamen Interessen aller Mitglieder dienen. Dabei liegt der *letztendliche* Test für die freiwillige Zustimmung zur – die innerverbandlichen Entscheidungen legitimierenden – Verbandsverfassung in der Freiwilligkeit der Entscheidung zur Mitgliedschaft. Je mehr die Entscheidung zum Erwerb und zur Beibehaltung der Mitgliedschaft als freiwillig gelten kann, mit umso größerer Berechtigung kann man unterstellen, dass die betreffende Verbandsverfassung durch die freiwillige Zustimmung aller Mitglieder legitimiert ist. Dies gilt im Grundsatz in gleicher Weise für demokratische Gemeinwesen als Bürgergenossenschaften, auch wenn bei ihnen die Entscheidung zum Erwerb und Erhalt der Mitgliedschaft besonderen Bedingungen unterliegt.

Die Mitgliedschaft im Verband „Staat" unterscheidet sich von der Mitgliedschaft in privatrechtlichen freiwilligen Vereinigungen insbesondere aufgrund zweier Umstände: Staatliche Gemeinwesen sind Intergenerationenverbände und Gebietskörperschaften, also Territorialverbände. Sie sind Intergenerationenverbände in dem Sinne, dass die Mitgliedschaft im staatlichen Verband in der Regel nicht durch einen ausdrücklichen, freiwillig erklärten Beitrittsakt erworben wird, sondern dadurch, dass man in sie „hineingeboren" wird. Der Umstand, dass Staaten Territorialverbände sind, bedeutet vor allem, dass der Mitgliedschaftswechsel in der Regel an einen Wohnortwechsel gebunden und mit den natürlichen Kosten eines solchen Ortswechsels belastet ist.

Die Kosten des Wechsels zwischen Gebietskörperschaften hängen – neben solchen Faktoren wie kulturellen Unterschieden und Sprachbarrieren – insbesondere von zwei Faktoren ab, einerseits von der geographischen Größe der Jurisdiktionen, und andererseits von den für die Wanderung zwischen den Jurisdiktionen bzw. den Mitgliedschaftswechsel geltenden Regelungen. Je ausgedehnter die Jurisdiktionsterritorien sind, umso größer sind die mit Abwanderung verbundenen Kosten. Entsprechend kann Freiwilligkeit in der Mitgliedschaft in dem Maße gefördert werden, in dem politische Zuständigkeiten im Sinne einer föderalen Struktur aufgegliedert und jeweils der niedrigstmöglichen Ebene im föderalen System zugeordnet werden. Ebenso kann die Wahl zwischen alternativen Gebietskörperschaften dadurch erleichtert werden, dass politisch bedingte Wanderungsbarrieren beseitigt werden, so wie dies etwa in der Europäischen Union durch die Vereinbarung der so genannten vier Grundfreiheiten geschehen ist. Je leichter für den einzelnen die Wahl zwischen alternativen Gebietskörperschaften möglich ist, und das bedeutet, je intensiver der Wettbewerb zwischen Gebietskörperschaften, umso eher kann der Verbleib in einer Jurisdiktion als Indikator freiwilliger Zustimmung zur Verfassung der betreffenden Jurisdiktion gewertet werden.

Der Wettbewerb zwischen Gebietskörperschaften kann Bürgersouveränität in zweierlei Hinsicht stärken. Zum einen macht er es den Bürgern leichter, eine angemessene Abwägung zwischen dem Nutzen staatlicher Tätigkeiten und den ihnen dafür aufgebürdeten Lasten vorzunehmen. Durch die in Nachbar-Jurisdiktionen beobachtbaren Preis-Leistungs-Pakete können sie sich ein besseres Urteil über das Leistungsniveau in der Heimat-Jurisdiktion bilden, und sie können dieses Urteil in ihre Wahlentscheidungen oder anderweitige Mitwirkung am politischen Entscheidungsprozess einfließen lassen. Zum anderen bedeutet dieser Wettbewerb, dass Politikanbietern über die internen demokratischen Kontrollmechanismen hinaus bei unbefriedigender Leistung eine Sanktionierung durch die Abwanderung von Besteuerungsquellen droht. Der Wettbewerb zwischen Gebietskörperschaften schafft daher nicht nur Wissen um bessere Politikangebote, er schafft für Politikanbieter auch Anreize, ihr eigenes Leistungsangebot entsprechend anzupassen.

Unter dem Gesichtspunkt der Sicherung von Bürgersouveränität ist der Abwanderungsmechanismus nicht als Substitut für verbandsinterne Demokratie zu betrachten, sondern als ein zusätzliches, unterstützendes Kontrollinstrument. Je leichter es für den einzelnen ist, sich durch Abwanderung aus einer Gebietskörperschaft für ihn nachteiligen Regelungen zu entziehen, umso geringer ist der Spielraum für den Machtmissbrauch von Agenten und für die Privilegiensuche von Interessengruppen (Vanberg 2000).

Literatur

Buchanan, James M., 1960: Fiscal Theory and Political Economy. Chapel Hill: University of North Carolina Press.
Buchanan, James M., 1977: Freedom in Constitutional Contract. College Station: Texas A&M University Press.
Buchanan, James M., 1979: What Should Economists Do? Indianapolis: Liberty Press.
Buchanan, James M., 1999: The Foundations of Normative Individualism, in: The Logical Foundations of Constitutional Liberty, The Collected Works of James M. Buchanan, Vol. 1. Indianapolis: Liberty Fund.
Buchanan, James M./Tullock, Gordon, 1961: The Calculus of Consent: Logical Foundations of Constitutional Democracy. Ann Arbor: University of Michigan Press.
Hirschman, Albert O., 1974: Abwanderung und Widerspruch. Reaktionen auf Leistungsabfall bei Unternehmungen, Organisationen und Staaten. Tübingen: J.C.B. Mohr (Paul Siebeck).
Hutt, William H., 1943: Plan for Reconstruction: A Project for Victory in War and Peace. London: Kegan Paul.
Rawls, John, 1975: Eine Theorie der Gerechtigkeit. Frankfurt a.M.: Suhrkamp.
Smith, Adam, 1981 [1776]: An Inquiry into the Nature and Causes of the Wealth of Nations. Indianapolis: Liberty Classics.
Vanberg, Viktor J., 2000: Globalization, Democracy and Citizens' Sovereignty: Can Competition Among Governments Enhance Democracy?, in: Constitutional Political Economy 11, 87–112.
Vanberg, Viktor J., 2001: Markets and the Law, in: Smelser, Neil J./Baltes, P.B. (Hrsg.), International Encyclopedia of the Social and Behavioral Sciences, Vol. 14. Amsterdam u.a.: Elsevier, 9221–9227.

Vanberg, Viktor J., 2003a: Die Verfassung der Freiheit: Zum Verhältnis von Liberalismus und Demokratie, in: *Berthold, N./Gundel E.* (Hrsg.), Theorie der sozialen Ordnungspolitik. Stuttgart: Lucius & Lucius, 35–51.

Vanberg, Viktor J., 2003b: Citizens' Sovereignty, Constitutional Commitments, and Renegotiation: Original versus Continuing Agreement, in: *Breton, A./Galeotti, G./Salmon, P./Wintrobe, R.* (Hrsg.), Rational Foundations of Democratic Politics. New York: Cambridge University Press (im Erscheinen).

Rationierung ohne Politisierung. Plädoyer für einen Rechte-basierten Ansatz bei der Rationierung medizinischer Güter*

Michael Baurmann

1. Grundlegende Annahmen und die Ziele der Erörterung

Ich gehe erstens davon aus, dass medizinische Ressourcen knapp sind und dass deshalb nicht jeder Wunsch nach medizinischer Behandlung erfüllt werden kann. Zweitens setze ich voraus, dass wir nicht vollständig auf ein öffentlich finanziertes Gesundheitssystem verzichten wollen. Ich werde hier allerdings nicht die Gründe für ein öffentlich finanziertes Gesundheitssystem erörtern. Ich will nur betonen, dass nach meiner Auffassung die Präferenz für ein solches Gesundheitssystem die Möglichkeit zusätzlicher Leistungen durch private Versicherungen nicht ausschließt und auch nicht ausschließen sollte. Außerdem werde ich im Folgenden auch keine Überlegungen im Hinblick auf das Budget für ein öffentliches Gesundheitssystem anstellen. Ich denke jedoch, dass es auf einem minimalen Level mindestens eine „Grundversorgung" einschließen sollte.

Wenn man von diesen Voraussetzungen ausgeht, dann muss man das Problem der Allokation lösen: Nach welchen Kriterien sollen die knappen medizinischen Ressourcen des öffentlichen Gesundheitssystems auf diejenigen verteilt werden, die eine medizinische Behandlung nachfragen?

Es gibt vor allem zwei Prinzipien, mit denen sich diese Frage beantworten lässt: *Gleichheit* oder *Maximierung*. Ihre grundsätzlich unterschiedlichen Implikationen bei der Verteilung lebenswichtiger Güter können gut an einem Beispiel illustriert werden. Man stelle sich vor, dass eine nur begrenzte Anzahl von Rettungsbooten für ein Schiff zur Verfügung steht. Folgt man dem Gleichheitsprinzip, müssen diese Boote in einer Weise über das Schiff verteilt werden, dass jeder Passagier eine *gleiche Überlebenschance* hat. Legt man dagegen das Maximierungsprinzip zugrunde, dann geht es darum, die Boote so zu verteilen, dass die *Zahl der Überlebenden* möglichst groß sein wird. Die Verteilung der Boote auf die verschiedenen Decks kann sich in den beiden Fällen erheblich unterscheiden – im Fall des Gleichheitsprinzips könnte es beispielsweise sein, dass man ein Rettungsboot extra für eine einzelne Person bereitstellen muss, sollte diese sich in der Regel in einem entfernten Bereich des Schiffes aufhalten. Das wäre auch dann geboten, wenn dadurch möglicherweise eine ganze Anzahl von Passagieren in dem Hauptbereich des Schiffes keinen Platz mehr in einem Rettungsboot erhalten könnte und damit die Zahl der Überlebenden bei einem Schiffsuntergang insgesamt geringer würde.

---

* Eine englische Version dieses Aufsatzes ist erschienen in: *Breyer, Friedrich/Kliemt, Hartmut/ Thiele, Felix* (Hrsg.), Rationing in Medicine. Ethical, Legal and Practical Aspects. Springer Verlag: Berlin u.a. 2002, 95–104. Ich danke Hartmut Kliemt und Reinhard Zintl für ihre wertvollen Kommentare und Hinweise.

Will man eine Allokation medizinischer Güter nach einem Gleichheitsprinzip vornehmen, dann würde das in Analogie zu der Verteilung von Rettungsbooten bedeuten, dass man *jedem* Patient ein Recht auf die gleiche Qualität medizinischer Behandlung zuerkennt, dass jede kranke Person bezogen auf ihre Art von Krankheit die gleiche Chance erhält, dass diese Krankheit geheilt oder gelindert wird.

Die Alternative wäre eine Allokation knapper medizinischen Güter nach dem Maximierungsprinzip – in Analogie zu einer Maximierung der Überlebensrate der Passagiere auf einem Schiff. Ein solches Maximierungsprinzip könnte sowohl auf der Makroebene gesetzgeberischer Entscheidungen als auch auf der Meso- und Mikroebene der Entscheidungen von Krankenhausträgern oder Ärzten angewandt werden. Es würde z.B. implizieren, dass auf der Ebene der Makro-Allokation medizinische Versorgungseinrichtungen vorzugsweise in Gebieten mit einer hohen Bevölkerungsdichte zur Verfügung gestellt werden, oder dass der Gesetzgeber verfügt, bestimmte medizinische Behandlungen nur bis zu einem bestimmten Alter der Patienten zu gewähren. Auf einer Mikro-Ebene könnte eine Allokation nach dem Maximierungsprinzip etwa dazu führen, dass Ärzte eine gezielte Auswahl unter den möglichen Empfängern medizinischer Leistungen treffen und medizinische Ressourcen für diejenigen reservieren, bei denen die besten Prognosen bestehen. In diesen Fällen würde nicht jeder Patient das Recht auf die gleiche Qualität medizinischer Versorgung haben, sondern die medizinischen Leistungen würden nach bestimmten diskriminierenden Kriterien unter der Patientenpopulation verteilt.

Prima facie scheint es bei vorurteilsfreier Betrachtung gute Argumente für eine Rationierung medizinischer Ressourcen nach dem Maximierungsprinzip zu geben. Ein Vorgehen nach einem Maximierungsprinzip gewährleistet ganz allgemein eine optimale Verwendung begrenzter Ressourcen, indem man sie dort einsetzt, wo sie den höchsten Effizienzgrad haben. Vorausgesetzt, dass geeignete Kriterien verfügbar sind – z.B. die Maximierung von Lebenserwartung oder „quality-adjusted life years" („qalys") –, könnte also die Effizienz des Gesundheitssystems signifikant verbessert werden, wenn knappe medizinische Ressourcen ebenfalls nach dem Maximierungsprinzip verwendet würden. Und wäre eine solche Verbesserung der Effizienz nicht im Interesse aller Betroffenen? Wäre es nicht der Fall, dass ein Gesundheitssystem, das die Lebenserwartung oder qalys von Patienten maximiert, nicht auch die Lebenserwartung oder qalys jedes einzelnen Mitglieds eines solchen Systems maximiert – jedenfalls solange es noch nicht an einer bestimmten Krankheit leidet? Und sollte deshalb nicht jeder Bürger und potenzielle Patient ein solches Gesundheitssystem einem System vorziehen, in dem medizinische Ressourcen ohne alle Maximierungsentscheidungen nach dem Gleichheitsprinzip verteilt werden?

Im Folgenden möchte ich versuchen, die scheinbare Plausibilität solcher Überlegungen zu entkräften und einige Argumente *contra* Maximierung und *pro* Gleichheit vorzubringen. Oder, um es etwas anders auszudrücken: Ich will gegen einen konsequenzialistischen Ansatz bei der Rationierung medizinischer Güter und Leistungen für einen Rechte-basierten Ansatz argumentieren. Es muss dabei allerdings berücksichtigt werden, dass meine Überlegungen ausschließlich einem öffentlich finanzierten Gesundheitssystem gelten. Man kann ihre Ergebnisse nicht einfach auf die Probleme übertragen, die mit einer privaten Krankenversicherung verbunden sind (vgl. Breyer/Kliemt

1995; Kliemt 1995, 1996). Und es sollte auch klar sein, dass die folgenden Argumente ebenfalls nicht für Notfall-Situationen gelten, wenn möglicherweise eine „Triage" vorgenommen werden muss. Meine Ausführungen beziehen sich allein auf die Frage, wie die Institutionen aussehen sollen, die eine Verteilung knapper medizinischer Güter in einer normalen Alltagspraxis vorzunehmen haben.

Ich möchte das Problem der Allokation begrenzter medizinischer Ressourcen allerdings auf einem Umweg erörtern. Zunächst soll die Art und Weise betrachtet werden, wie wir die Verteilung *anderer* elementarer Güter regeln. Es könnte dann so aussehen, als wenn man auf diesem Weg eine schnelle und starke Rückendeckung für die Position erhält, dass ein Rechte-basierter Ansatz in der Tat auch im Bereich der medizinischen Versorgung überlegen ist. Es erscheint nämlich evident, dass wir uns im Allgemeinen ohnehin an Rechten und dem Gleichheitsprinzip orientieren, wenn es um vitale Güter geht, und dass wir bei diesen Gütern konsequenzialistische Prinzipien der Effizienz und Maximierung ablehnen.

2. Maximierung ernst genommen

Betrachtet man die üblichen Rechtfertigungen für die Vorherrschaft Rechte-basierter Institutionen etwa im Zusammenhang mit grundlegenden *Bürgerrechten*, wird häufig argumentiert, dass Maximierung und Effizienz als utilitaristische Prinzipien „kollektivistisch" seien und individuelle Interessen missachten würden. Bei der Anwendung dieser Prinzipien würde das Wohl des Individuums in bestimmten Situationen zwangsläufig kollektiven Interessen und dem Allgemeinwohl geopfert. Ein zentraler Mangel von konsequenzialistischen oder folgenorientierten Konzeptionen sei, so wird etwa von John L. Mackie behauptet, „that they not merely allow but positively require, in certain circumstances, that the well-being of one individual should be sacrified ... for the well-being of others" (Mackie 1978: 352).

Rechte werden dagegen als wirkungsvoller Schutz individueller Interessen gegenüber überzogenen Forderungen des Kollektivs gesehen. Eine Rechte-Ordnung wäre deshalb „*not* saddled with the embarrassing presumption that one person's well-being can be simply replaced by that of another" (Mackie 1978: 359). Oder, um es mit den Worten von Ronald Dworkin, eines anderen prominenten Befürworters eines Rechtebasierten Ansatzes auszudrücken, Rechte müssen als *Trümpfe* in der Hand des einzelnen gegenüber den Ansprüchen der Gemeinschaft ernst genommen werden (Dworkin 1984: 303ff.).

In dieser Sichtweise erscheinen insbesondere die grundlegenden Bürgerrechte als unverzichtbare Hüter individueller Interessen. Die Schlussfolgerung scheint unausweichlich, dass von einem individualistischen Standpunkt aus eine Rechte-Ordnung dem Prinzip utilitaristischer Maximierung eindeutig vorgezogen werden muss. Es scheint klar, dass ein Rechte-basiertes System das Wohl des einzelnen weitaus besser zu schützen vermag als jede andere Institution.

Nähere Betrachtung offenbart jedoch, dass diese Art der Argumentation zu einfach ist und eine wichtige Dimension der Problematik unberücksichtigt lässt. Tatsächlich gibt es sogar von einem strikt individualistischen Standpunkt aus gute prima facie-

Gründe, ein utilitaristisches Maximierungsprinzip zu akzeptieren – auch und gerade dann, wenn es um die Bereitstellung und den Schutz hochwertiger Güter geht, wie sie etwa mit Bürgerrechten verbunden sind. Die Alternative zwischen Effizienz-basierten und Rechte-basierten Institutionen ist nicht einfach eine Alternative zwischen einer Priorität für individuelle Interessen und einer Priorität für kollektive Wohlfahrt. Selbst unter der Prämisse einer individualistischen Position ist die Überlegenheit einer Rechte-basierten Konzeption nicht über jeden Zweifel erhaben.

So könnte man den Spieß umdrehen und die nicht selten zu beobachtende positive Einstellung zu einem Maximierungsprinzip bei der Rationierung medizinischer Ressourcen als Indikator dafür ansehen, das die grundsätzliche Problematik auch im Zusammenhang mit der Gewährung von Bürgerrechten möglicherweise noch nicht vollständig analysiert worden ist. Offenbar sind nicht alle Befürworter einer medizinischen Rationierung durch Maximierung anti-liberale „Kollektivisten". Im Gegenteil nehmen sie an, dass ein solches Gesundheitssystem in unser aller Interessen als Individuen ist. Daraus folgt, dass man das Prinzip der Maximierung ernster nehmen sollte – insbesondere dann, wenn man in bestimmten Bereichen schlüssige Argumente *gegen* dieses Prinzip präsentieren will!

Warum aber gibt es von einem individualistischen Standpunkt aus gute prima facie-Gründe für ein utilitaristisches Maximierungsprinzip? Solche Gründe werden erkennbar, wenn man sich in eine *ex ante-Situation* versetzt, in der man zwischen verschiedenen Kriterien für die zukünftige Verteilung von Gütern wählen muss und noch nicht wissen kann, wie der konkrete persönliche Bedarf im Hinblick auf diese Güter ex post sein wird. Wenn jeder der Beteiligten seine Interessen in einer solchen ex ante-Situation abwägt, dann scheint es in der Tat im Interesse *jedes einzelnen* zu sein, ein Maximierungsprinzip als Regel für zukünftige Distributionsentscheidungen einer Rechte-basierten Ordnung vorzuziehen. Der fundamentale Grund für eine solche Präferenz besteht darin, dass man unter diesen Bedingungen rationalerweise erwarten muss, eher zu den Nutznießern eines Maximierungsprinzips zu gehören, anstatt zu seinen Opfern zu zählen. Und dies trifft auch und insbesondere im Hinblick auf jene vitalen Grundgüter zu, die Kandidaten für den Schutz durch Bürgerrechte sind.

Verwendet man ein Maximierungsprinzip für die Verteilung solcher Güter wie etwa persönliche Freiheit, Meinungsfreiheit, Gesundheit, physische Integrität oder Schutz gegen willkürliche Verhaftung und Bestrafung, dann würde die Verteilung dieser Güter nur dann von einer Gleichverteilung im Sinne einer Rechte-Ordnung abweichen, wenn dadurch die allgemeine Wohlfahrt vergrößert wird. Eine solche Möglichkeit der Ungleichverteilung zur Erhöhung der kollektiven Nutzensumme würde jedoch bedeuten, dass ex ante alle Beteiligten von einer Maximierungsstrategie profitieren würden, denn in diesem Fall würde jeder einzelne seine individuellen Chancen optimieren, später einen möglichst großen Anteil am möglichen gesellschaftlichen Wohl zu erhalten, das durch diese Güter (und ihre mögliche Gleichverteilung, Vorenthaltung oder Ungleichverteilung) produziert werden kann. Insofern scheint es eine rationale und vernünftige Entscheidung für jedermann zu sein, ex ante ein Maximierungsprinzip einem System von Rechten vorzuziehen.

Eine solche Entscheidung impliziert freilich, dass eine Einschränkung auch von grundlegenden Freiheiten akzeptiert werden müsste, wenn in bestimmten Situationen der Gesamtnutzen einer solchen Maßnahme ihren Schaden übersteigt. Paradigmatische und oft diskutierte Fälle könnten sein: Die Bestrafung einer Person für ein Verbrechen, das sie nicht begangen hat, wenn durch den Abschreckungseffekt viele andere unschuldige Personen geschützt werden können. Die Praktizierung von Sippenhaft, um gefährliche Kriminelle zu fassen oder von weiteren Taten abzuhalten. Die Folter eines Verdächtigen, um Informationen über eine versteckte Bombe oder den Aufenthaltsort von Entführungsopfern zu erhalten. Die Enteignung eines Landbesitzers zum Nutzen einer Vielzahl anderer Anwohner. Die Einschränkung der Meinungsfreiheit, wenn die Gefahr von Aufruhr und Bürgerkrieg droht. Und last but not least die Erzwingung einer Organspende, wenn damit das Leben anderer gerettet werden kann (vgl. Harris 1994). Es ist nicht zu bestreiten, dass es tatsächlich Situationen gibt, in denen der Eingriff in elementare Interessen und Güter von bestimmten Individuen im Prinzip geeignet ist, das allgemeine Wohl zu fördern und deshalb eine effiziente und wohlfahrtsmaximierende Entscheidung darstellen kann. Es wäre verfehlt und ein bloßes Wunschdenken, wollte man die Begründung für die Gewährung individueller Rechte auf die Annahme stützen, dass es solche Konflikte zwischen individuellen und kollektiven Interessen grundsätzlich nicht geben kann.

Es ist nun bekanntlich für Rawls' Theorie ein zentraler und kritischer Punkt, dass die bisher dargelegten Überlegungen letztlich nicht überzeugend sind und ex ante-Entscheidungen hinter einem „Schleier des Nichtwissens" gerade *nicht* zugunsten konsequenzialistischer und utilitaristischer Prinzipien getroffen werden, sondern zugunsten eines Systems von Rechten. Soweit ich sehe, bringt Rawls im Wesentlichen zwei Argumente vor, um diese Auffassung zu begründen.

Mit dem ersten Argument behauptet Rawls, dass eine risikoscheue Person einen Zustand in der Zukunft präferieren wird, in dem ihre fundamentalen Interessen unter allen Umständen durch Rechte dagegen geschützt werden, für die Wünsche und Bedürfnisse anderer geopfert zu werden (vgl. Rawls 1973: 167ff.). Dieses Argument ist aber nicht überzeugend. Rawls berücksichtigt nicht, dass ein Individuum rational erwarten kann, dass gerade auch durch ein Maximierungsprinzip seine fundamentalen Interessen gefördert werden können. Wenn man beispielsweise ex ante hinter einem Schleier des Nichtwissens in der Zukunft mit Ausnahmesituationen rechnen muss, in denen etwa das Überleben von mehreren Menschen nur durch das Opfer einer anderen Person möglich ist (etwa durch eine Organtransplantation oder die Bestrafung eines Unschuldigen), dann würde man die eigene Überlebenschance ex ante gerade erhöhen, wenn man sich für ein Maximierungsprinzip entscheide und *nicht* für einen durch unbedingte Rechte verankerten Schutz von Leben, Gesundheit oder Freiheit.

Das Gleiche gilt für andere Güter und Interessen, die durch elementare Bürger- oder Freiheitsrechte geschützt werden. Es sind immer Situationen vorstellbar, in denen einzelne oder Gruppen von der Verletzung der Rechte anderer genau im Hinblick auf diejenigen Güter und Interessen profitieren können, die durch diese Rechte geschützt werden. Man kann nicht nur – wie Rawls – solche Fälle im Auge haben, in denen es um eine Verletzung von Rechten zugunsten einer Aggregation minder wertvoller Vorteile geht.

Das zweite Argument von Rawls bezieht sich auf die gravierenden Probleme, die nach seiner Meinung zu erwarten sind, wenn man versuchen würde, ein utilitaristisches Maximierungsprinzip in die gesellschaftliche Praxis umzusetzen und zu exekutieren (Rawls 1973: 175ff.). Man kann Rawls hier zunächst grundsätzlich zustimmen, dass man generell nur für solche Prinzipien kollektiver Entscheidungen votieren sollte, die man realisieren kann, ohne bei ihrer Anwendung die Betroffenen mit exzessiven Ansprüchen und Lasten zu konfrontieren und damit die Stabilität einer Gesellschaft zu gefährden. Man sollte deshalb in ex ante-Situationen möglichst nur solche Entscheidungen fällen, denen jedermann realistischerweise auch ex post weiterhin zustimmen bzw. an die sich jedermann ex post noch gebunden fühlen kann.

Das ist in der Tat ein zentraler Punkt und ich werde gleich auf ihn zurückkommen. Unglücklicherweise ist jedoch Rawls eigener Versuch, ein Maximierungsprinzip unter diesem Gesichtspunkt zurückzuweisen, wenig überzeugend. Rawls argumentiert nämlich ähnlich wie oben, dass dieses Prinzip unter ungünstigen Umständen von bestimmten Personen unzumutbare Opfer zugunsten des Wohls anderer Personen verlangen kann. Wenn sich eine solche ungünstige Konstellation ex post einstelle, könne man aber nicht erwarten, dass die „Verlierer" sich weiterhin an die entsprechende ex ante-Abmachung halten werden. Rawls fährt fort mit der Behauptung, dass man eine solche Gefahr vermeiden könne, wenn man ein System der Rechte etabliert, denn in diesem Fall würde niemand zugemutet, dass seine grundlegenden Interessen für den Nutzen anderer verletzt werden.

Doch das ist nur die halbe Wahrheit. Denn die Situationen unter einer Maximierungsregel und unter einer Rechte-Ordnung sind ähnlicher als Rawls suggeriert. Es ist nicht zutreffend, dass unter einer Maximierungsregel einige Personen die „Verlierer" sein können, die fundamentale Interessen zum Vorteil der „Gewinner" opfern müssen, während unter einem System der Rechte eine solche Konstellation prinzipiell ausgeschlossen ist und niemand das Risiko eingeht, zum „Verlierer" zu werden. Wenn als Konsequenz der uneingeschränkten Anwendung eines Maximierungsprinzips beispielsweise eine Person gegen ihren Willen zur Organspende gezwungen wird, um das Leben von drei anderen Personen zu retten, würde die körperliche Unversehrtheit des potenziellen Organspenders unter einem System der Rechte in der Tat geschont – aber es darf nicht übersehen werden, dass dann der Preis für *sein* Recht von den *anderen* drei Personen gezahlt werden muss, die nun ihrerseits ihre Leben für die körperliche Unversehrtheit des möglichen Spenders opfern müssen! Demnach kommt es auch unter einer System von Rechten zwangsläufig zu „Gewinnern" und „Verlierern". Und es ist keineswegs selbstverständlich, dass die drei Opfer im zweiten Fall im Prinzip mehr Grund haben, ihr Schicksal zu akzeptieren als der Organspender, der im ersten Fall gezwungen wird, seine Organe zu spenden.[1]

---

1 Die Rede von den „Gewinnern" und „Verlierern" bezieht sich hier auf die Konsequenzen, die aus einer bestimmten Institution folgen, es geht also zunächst nicht um das „Glück" oder „Pech", das man aufgrund der auf natürlichem Wege zustande gekommenen Verteilung gesunder oder kranker Organe haben kann. Gleichgültig, wie diese natürliche Verteilung aussieht: Geht man nach dem Maximierungsprinzip vor, dann wird diejenige gesunde Person, die nach diesem Prinzip (und gewissen zusätzlichen Kriterien) zur Organspende gezwungen wird, der institutionell bestimmte „Verlierer" sein, während die begünstigten kranken Organempfänger die institutionell bestimmten „Gewinner" sind. Umgekehrt gilt unter einem System der Rechte, dass der prinzipielle Schutz gesunder Personen vor einer erzwungenen Organspende sie in die Position der „Gewinner" gegenüber den potenziellen Organempfängern versetzt, die möglicher-

Der Schutz von Rechten hat *immer* den Preis der potenziellen Vorteile, die durch ihre Verletzung erzielt werden können. Und es ist nicht richtig, dass diese Kosten in den meisten Fällen insignifikant für diejenigen sind, die sie tragen müssen (exemplarisch deutlich wird das im bekannten „trolley-case"[2]: vgl. Rakowski 1993; Thomson 1986). Wenn man aus Rawls' Vermutung, dass mit der praktischen Implementierung eines Maximierungsprinzips fundamentale Probleme verbunden sind, die im Fall eines Systems der Rechte nicht auftreten, ein überzeugendes Argument gewinnen will, dann muss man die Dinge etwas genauer betrachten.

Um das Zwischenergebnis unserer Überlegungen zu resümieren, lässt sich jedenfalls feststellen, dass bislang noch kein überzeugendes Argument gefunden wurde, warum man – aus einer ex ante-Perspektive – ein Rechte-basiertes System der Gleichverteilung einem Maximierungsprinzip als Grundlage für eine diskriminierende Verteilung von Grundgütern vorziehen sollte. Und dieses Ergebnis setzt keineswegs irgendeine Präferenz für ein „kollektivistisches Denken" voraus, bei dem individuelle Interessen dem Allgemeinwohl prinzipiell untergeordnet werden. Die „Peinlichkeit" für konsequenzialistische Theorien, die nach Mackie darin besteht, dass sie fordern können, das individuelle Wohlergehen den Interessen der Mehrheit zu opfern, beinhaltet in Wirklichkeit keine Drohung für die Individuen, wenn man die Tatsache berücksichtigt, dass die Nutznießer solcher Opfer ja ebenfalls Individuen und ihre Interessen sind. Man scheint deshalb anerkennen zu müssen, dass Rechte nicht *per se* das bestmögliche Ergebnis für jedes Individuum garantieren können.

3. Warum sind Rechte wichtig?

Trotz allem wird freilich kaum jemand bereit sein, aufgrund der eben vorgebrachten Überlegungen unsere Rechte-basierten Institutionen im Bereich der bürgerlichen Freiheiten aufzugeben. Aus diesem Grunde sollte man im Fall der Verteilung von medizinischen Ressourcen ebenfalls vorsichtig sein. Die Tatsache, dass es gute ex ante-Gründe zu geben scheint, knappe medizinische Güter gemäss einem Maximierungsprinzip zu verteilen, sollte vielleicht nicht überbewertet werden. Wenn genügend Ähnlichkeiten mit dem Fall der Bürgerrechte vorhanden sind und die Ablehnung einer Maximierungsregel in diesem Fall am Ende doch gut begründet werden kann, dann haben wir möglicherweise ebenfalls gute Gründe, ein Rechte-basiertes System auch im Bereich des Gesundheitswesens zu etablieren.

Um das zu prüfen, muss man sich nunmehr der Frage zuwenden, *warum* wir offenbar unsere ex ante-Interessen nicht als wichtig genug einschätzen, um unsere grundlegende Präferenz für Bürgerrechte zu ändern und sie durch Institutionen zu ersetzen,

---

weise leer ausgehen müssen. Grundsätzlich bestimmt zwar immer die Natur die „Gewinner" und „Verlierer", aber entscheidend ist hier, dass die „Gewinner" und „Verlierer" unter den verschiedenen institutionellen Ordnungen nicht identisch sind.

2 Bei dem „trolley-case" geht es um eine Situation, in der sich eine Lohre auf einem abschüssigen Bahngleis losgerissen hat und eine Gruppe von mehreren Gleisarbeitern zu erschlagen droht. Darf der Angestellte im Stellwerk, der das Unglück kommen sieht, eine Weiche umstellen, um die Lohre vor dieser Gruppe auf ein anderes Gleis umzuleiten, wenn auf diesem anderen Gleis „nur" ein einzelner Gleisarbeiter getötet würde?

die sich an Effizienz und einer Maximierung des kollektiven Nutzens orientieren. Meine These lautet: *Wenn* man sich in einer ex ante-Situation befindet und *wenn* ein Maximierungsprinzip die Erwartungen jedes einzelnen im Vergleich zu einer Rechte-Ordnung verbessert, würde man sich dennoch nur dann für diese Option entscheiden, wenn es garantiert wäre, dass

1. ein Maximierungsprinzip in einer *neutralen* und *unparteilichen* Weise definiert und angewendet wird, und dass
2. man einem *Bindungsmechanismus* vertrauen kann, durch den alle Beteiligten ein Maximierungsprinzip auch ex post verlässlich befolgen und seine Konsequenzen respektieren werden.

Ich denke, dass rationale Individuen ein Maximierungsprinzip zur Verteilung von Gütern und Leistungen nicht per se ablehnen können. Aber ich denke, dass solche Individuen Recht haben, sich gegen das Prinzip der Maximierung dann zu wenden, wenn sie rationalerweise keine neutrale und unparteiliche Institutionalisierung und Exekutierung einer Maximierungsregel erwarten können oder weil es keinen Bindungsmechanismus gibt, der wirksam genug wäre, um Menschen von einem opportunistischen Verhalten abzuhalten, wenn ihre vitalen Interessen auf dem Spiel stehen. Beide Zweifel sind direkt mit der Tatsache verbunden, dass Maximierung in den hier interessierenden Bereichen nur als *politisches Unternehmen* möglich ist. Das Maximierungsprinzip kann hier nur durch *kollektive Entscheidungen* über ein Bündel von Fragen umgesetzt und praktiziert werden.

Das ist grundlegend anders, wenn bestimmte gesellschaftliche Bereiche durch Rechte geordnet werden. Wenn etwa eine Person ein *Recht* auf Leben oder körperliche Unversehrtheit hat, dann sind Fragen von Leben und Tod im Hinblick auf diese Person kein legaler Gegenstand politischer Meinungsbildung und kollektiver Entscheidungen. Ist dagegen eine uneingeschränkte Maximierung die Leitlinie politischen Handelns, *müssen* die allgemeinen und konkreten Bedingungen, unter denen eine Person leben oder sich körperlicher Unversehrtheit erfreuen darf, legaler Gegenstand kollektiver Entscheidungen sein.

Aus dieser Perspektive kann man nun einen fundamentalen Unterschied zwischen einem Maximierungsprinzip und einem System von Rechten erkennen, der bisher noch nicht berücksichtigt wurde: Rechte sind Instrumente, um den Bereich der Politik prinzipiell zu *limitieren* und die Reichweite kollektiver Entscheidungen zu *reduzieren*. Die Etablierung eines Maximierungsprinzips ist im Gegensatz dazu unvermeidlich verbunden mit *politischer Ermächtigung*. Rechte verkörpern einen Anspruch auf politische *Unterlassung* und *Begrenzung*, während Maximierungsprinzipien einen Anspruch auf politisches *Handeln* und infolgedessen auf eine *Stärkung* politischer Macht verkörpern.

Warum aber sollten wir zögern, der Politik die Pflicht der Maximierung und Effizienzorientierung in den Sphären aufzuerlegen, die zur Zeit durch bürgerliche Rechte geschützt werden? Warum sollten wir bezweifeln, dass die Politik ein Maximierungsprinzip in einer Weise anwenden würde, wie es den ex ante-Interessen der Bürger entspricht, und stattdessen erwarten, dass Politik notwendigerweise oder sehr wahrscheinlich in Konflikt mit den Ansprüchen an Unparteilichkeit und an Bindung an frühere Entscheidungen und Festlegungen kommen würde?

Um diese Fragen zu beantworten, muss man *kein* worst case-Szenario unterstellen. Es wäre nicht schwierig, Argumente zu finden, warum man einem undemokratischen Regime kein Maximierungsprinzip anvertrauen sollte. Aber die Skepsis gegenüber einem Maximierungsprinzip als Grundlage staatlicher Politik beruht nicht auf der Angst vor politischem Missbrauch durch Despoten oder Autokraten. Der entscheidende Punkt kann vielmehr bereits unter den Bedingungen einer demokratischen Politik unter rechtsstaatlichen Verhältnissen gemacht werden.

Man muss zunächst beachten, dass mindestens drei Arten von kritischen Entscheidungen im Zuge der Etablierung und Praktizierung eines Maximierungsprinzips relevant sind. Man kann sie als „Operationalisierungsentscheidungen", „Implementationsentscheidungen" und „Anwendungsentscheidungen" bezeichnen. Entscheidungen über Operationalisierung sind notwendig, um ein Maximierungsprinzip in eine handhabbare Regel und Leitlinie für die Praxis zu transformieren. Entscheidungen über Implementation sind notwendig, um Institutionen und Verfahrensregeln für die Alltagsanwendung eines Maximierungsprinzips zu etablieren. Und Entscheidungen über Anwendung sind notwendig, um für den konkreten Einzelfall die Konsequenzen einer Maximierungsregel festzustellen.

Das grundlegende Problem bei diesen Arten von Entscheidungen besteht darin, dass sie besonders anfällig für arbiträre Einflüsse sind. Für die Operationalisierung eines Maximierungsprinzips verfügt man über keine objektiv vorgegebenen Kriterien, die ein optimales Ergebnis für die Verteilung von Gütern, Lasten oder Leistungen garantieren würden. Es existieren keine intersubjektiv gültigen Standards, um die Unparteilichkeit solcher Kriterien zu beurteilen. Eine große Zahl von Alternativen gibt es gleichfalls für die institutionelle und verfahrensmäßige Implementation einer Maximierungsregel. Es ist keineswegs von vornherein klar, welche dieser Möglichkeiten das Ziel der Kalkulierbarkeit und Neutralität bei der Anwendung einer Maximierungsregel am besten verwirklichen kann. Und schließlich ist die Anwendung eines Maximierungsprinzips, durch die ja effiziente Ergebnisse produziert werden sollen, in besonderer Weise mit der Versuchung einer „teleologischen" Regelauslegung verbunden, durch die ein cleverer Anwender die Bedeutung einer Regel durch den Bezug auf ihr „wahres Ziel" relativ leicht in alle möglichen Richtungen dehnen kann.

Nach alledem existiert ein erheblicher *Ermessensspielraum* sowohl bei Operationalisierungsentscheidungen als auch bei Entscheidungen über die Implementation und Anwendung eines Maximierungsprinzips. Und es ist prinzipiell *unwahrscheinlich*, dass gerade in einer Demokratie die Neutralität und Unparteilichkeit solcher Entscheidungen gewährleistet sein wird.

Es gibt zwei Hauptgründe für diese skeptische Einschätzung:

Der erste Grund besteht darin, dass das gemeinsame ex ante-Interesse, ein Maximierungsprinzip zu etablieren, auf dem Faktum beruht, dass die Beteiligten noch nicht wissen, ob sie eher zu den Nutznießern oder eher zu den Benachteiligten unter diesem Prinzip gehören werden. Das ändert freilich nichts daran, dass sie ebenfalls bereits ex ante ein vitales Interesse daran haben, *nicht* zu den zukünftigen Verlieren, sondern zu den zukünftigen Gewinnern zu gehören. *Und* sie verfügen – zumindest bis zu einem gewissen Masse – ebenfalls ex ante über ein Wissen, wie ein Maximierungsprinzip zu operationalisieren, implementieren und anzuwenden ist, so dass *sie* jedenfalls nicht zu den Benachteiligten, sondern zu den Nutznießern zählen werden – z.B. im Hinblick auf bestimmte Ausnahmeklauseln, die die Anwendbarkeit einer generellen Regel von vornherein einschränken. Daraus folgt, dass jeder der Beteiligten ex ante starke Anreize haben wird, eine Mehrheitskoalition zu bilden, um die demokratischen Entscheidungen über die Operationalisierung und Implementierung eines Maximierungsprinzips so zu beeinflussen, dass Mitglieder der eigenen Gruppe privilegiert werden und aus der Gruppe der potenziellen Verlierer nach Möglichkeit systematisch ausgespart werden.

Der zweite Grund besteht darin, dass die Interessen der Beteiligten an einer bestimmten ex ante-Entscheidung sich ex post *verändern* werden. Gemeinsame ex ante-Interessen im Hinblick auf eine Maximierungsregel beruhen auf gemeinsamen Risikoabschätzungen. Im Laufe der Zeit werden sich diese Risiken verändern, Wahrscheinlichkeiten werden kalkulierbar werden, einige Risiken werden Realität werden, andere nicht. Die Beteiligten werden zunehmend wissen, inwiefern sie zu den Nutznießern – etwa als Organempfänger oder junge Menschen – oder zu den Benachteiligten – etwa als Organspender oder alte Menschen – eines Maximierungsprinzips gehören. Entsprechend wird sich ihre Bewertung eines solchen Prinzips ändern. Deshalb werden auch ex post starke Anreize für alle Beteiligten entstehen, Mehrheitskoalitionen zu bilden, um die Operationalisierung, Implementierung und Anwendung eines Maximierungsprinzips im Kontext demokratischer Entscheidungen im Sinne ihrer partikularen Interessen zu beeinflussen. Diese Anreize werden gegen jeden – intrinsischen oder extrinsischen – Bindungsmechanismus arbeiten, der die Folgebereitschaft gegenüber einer früheren ex ante-Übereinstimmung sichern soll.

Sowohl die Entscheidungsspielräume, die mit der praktischen Umsetzung jeder Maximierungsregel unvermeidlich verbunden sind, als auch der Nebel der politischen Allgemeinwohl-Rhetorik werden weitreichende und in der Akkumulation substanzielle Veränderungen einer Maximierungsregel im Laufe ihrer Implementierung und Praktizierung ermöglichen. Ein Entwicklungspfad wird beginnen, auf dem sich das ursprüngliche Maximierungsprinzip zu einer reinen Umverteilungsregel im Interesse der herrschenden Mehrheiten zu transformieren droht. In den Fällen, in denen es um Entscheidungen über lebenswichtige Güter und Leistungen geht, wird sich aufgrund der Gefahr irreversibler Schäden und Nachteile diese Dynamik verstärken. Wenn man unter Hinweis auf bestimmte ex ante-Interessen die Plausibilität eines Maximierungsprinzips betont, darf man nicht die ex post-Interessen übersehen, die zwangsläufig zu einer Destabilisierung und Politisierung eines solchen Entscheidungsprinzips führen müssen.

Aufgrund solcher Aussichten wird genau dann eine Präferenz für Rechte-basierte Institutionen entstehen, wenn die Nachteile und Schäden, die man als Mitglied einer Minderheit zukünftig zu befürchten hat, die Vorteile und Gewinne übertreffen, auf die man als Mitglied einer Mehrheit hoffen kann. Es ist nicht unwahrscheinlich, das man tatsächlich mit einer solchen negativen Bilanz rechnen muss, weil Mehrheiten keinen Grund haben, selbst auf kleine Vorteile zu verzichten, auch wenn diese mit erheblichen Nachteilen und Lasten für eine Minorität verbunden sind (vgl. Baurmann 2003). Unter dieser Bedingung würde eine Verfassungsordnung mit einem System von Rechten, das in bestimmten Bereichen Maximierung bzw. Umverteilungen durch kollektive Entscheidungen unterhalb der Verfassungsebene *aus Prinzip* verbieten würde, von jedermann vorzuziehen sein. Das würde ex ante für alle und für die meisten Beteiligten auch ex post zutreffen – vorausgesetzt, dass in einer Demokratie die Mehrheiten mit einer bestimmten Regelmäßigkeit wechseln.

Die Waage neigt sich noch weiter zugunsten eines Systems von Rechten, wenn man die Investitionen berücksichtigt, die alle Beteiligten bei der Geltung einer Maximierungsregel in die Arenen kollektiver Entscheidungsfindung vornehmen müssten, um ihre Chancen im politischen Verteilungskampf zu wahren. Politische Macht würde unter diesen Bedingungen generell ein größeres Gewicht erhalten und die Anreize, sich im kostspieligen Wettbewerb um einflussreiche politische Positionen zu beteiligen, würden sich erheblich verstärken (vgl. Buchanan/Congleton 1998).

Wenn diese Überlegungen im Grundsatz zutreffen, dann ist die mit dem Konzept von Rechten verbundene Idee *nicht*, die bestmögliche Welt zu realisieren. Die Idee ist vielmehr, das Streben nach der bestmöglichen Welt *durch politische Entscheidungen* jedenfalls in bestimmten Bereichen aufzugeben. Für Rechte-basierte Institutionen zu optieren, ist tatsächlich gleichbedeutend mit dem Verzicht auf die potenziellen Vorteile, die durch ein Maximierungsprinzip *idealiter* im Vergleich mit einer Rechte-Ordnung zu erzielen wären.

4. Rechte-basierte Rationierung

Welche Konsequenzen ergeben sich nun aus alldem für das Problem der Rationierung knapper medizinischer Ressourcen eines öffentlichen Gesundheitssystems?

Zunächst einmal: Auch in diesem Fall geht es um Güter mit einer fundamentalen Bedeutung für jedes Individuum. Das heißt, dass die Anreize, zu den Gewinnern und nicht zu den Verlieren zu gehören, in diesem Fall mindestens so groß sind wie im Fall der vitalen Güter, die durch Bürgerrechte geschützt werden. Es gibt allerdings einen wichtigen Unterschied: Die Güter, um die es im Kontext eines Gesundheitssystems geht, können durch den Staat nicht durch die *Unterlassung* bestimmter Akte garantiert werden, sondern nur durch *aktives Handeln*. Daraus folgt, dass die Rechte, die man in diesem Bereich möglicherweise in Geltung sehen will, *Anspruchsrechte* wären und nicht die *negativen Rechte* der klassischen liberalen Verfassung.

In einem Aspekt jedoch – und dieser Aspekt ist gerade hier von besonderer Bedeutung – besteht eine wesentliche Übereinstimmung zwischen Anspruchsrechten und negativen Rechte. Sowohl Anspruchsrechte als auch negative Rechte *begrenzen* den Bereich kollektiver Entscheidungen wirksam. Wenn eine Person ein Anspruchsrecht auf ein bestimmtes Gut oder eine bestimmte Leistung hat, dann ist die Frage, ob sie dieses Gut oder diese Leistung erhält, ebenso wenig Gegenstand einer politischen Meinungsbildung und kollektiven Entscheidung wie die Frage, ob sie als Unschuldige bestraft werden soll oder nicht.

Man steht deshalb im Fall der Verteilung knapper medizinischer Ressourcen vor der gleichen grundsätzlichen Alternative wie im Fall von Freiheitsrechten: Man kann die Allokation dieser Ressorucen entweder im Rahmen Rechte-basierter Institutionen vornehmen und damit ihre Gleichverteilung sicherstellen oder durch effizienzorientierte Institutionen, durch die medizinische Güter und Leistungen aufgrund einer Maximierungsregel verteilt würden. Im Fall einer Rechte-basierten Verteilung hätte jedermann das Recht auf die gleiche Qualität an medizinischer Behandlung. Im Fall einer effizienzorientierten Zuteilung wäre dagegen das Ziel der Behandlung die Maximierung etwa der Erfolgswahrscheinlichkeit, der Überlebensrate oder von „qalys".

Man kann nun vollkommen in Analogie zu dem Fall der Bürgerrechte argumentieren. Ex ante scheint es überzeugende Gründe für alle Beteiligten zu geben, für effizienzorientierte Institutionen zu votieren. Für jedermann würden so die Chancen auf gute Gesundheit, Überleben oder qalys maximiert.

Aber ebenso wie im Fall anderer Grundgüter wäre eine solche Entscheidung für ein Maximierungsprinzip nur dann zwingend, wenn man sich auf die unparteiliche und neutrale Implementation und Praktizierung eines solchen Prinzips verlassen könnte – und wenn man gute Gründe für Misstrauen in dem einen Fall hat, sollte man ebenso im zweiten Fall auf der Hut sein.

Wenn es um ein Maximierungsprinzip bei der Verteilung medizinischer Güter und Leistungen geht, will ebenfalls niemand zu den Benachteiligten gehören und jedermann wird deshalb Anreize haben, in den politischen Entscheidungsprozess zu investieren, um einen für ihn ungünstigen Ausgang zu verhindern. Jeder Beteiligte wird ex ante eine Operationalisierung und eine Implementation eines Maximierungsprinzips in einer Weise wünschen, die ihn nach Möglichkeit von vornherein aus der potenziellen Gruppe der Verlierer ausschließt. Jeder wird ex post versuchen, ein Maximierungsprinzip so anzupassen und zu verändern, dass er zu der Gruppe der Nutznießer zählt. Die Stimmen all dieser Personen werden auf dem politischen Markt sein und werden für politische Unternehmer einen Anreiz bilden, sich als Vertreter entsprechender Interessengruppen zu profilieren und zu engagieren.

Aus diesen Gründen muss man auch im Bereich medizinischer Ressourcen ähnliche Tendenzen zu einer Politisierung eines Maximierungsprinzips und zu seiner Transformierung in ein reines Umverteilungsinstrument fürchten. Berücksichtigt man zusätzlich die elementare Wichtigkeit der auf dem Spiel stehenden Güter, dann könnte die Dynamik gegen Neutralität und Unparteilichkeit und die Erosion von Bindungen an frühere Abmachungen sogar noch unwiderstehlicher sein. Die schiefe Ebene könnte noch steiler sein.

Gewichtet man alle Aspekte im Zusammenhang, so scheint sich demnach die Schlussfolgerung aufzudrängen, dass die guten Gründe für die klassischen liberalen Freiheitsrechte im Prinzip auch gute Gründe für verfassungsmäßig gesicherte Anspruchsrechte im Bereich des öffentlichen Gesundheitssystems sind.

Abschließend soll noch in aller Kürze angedeutet werden, was es näherhin heißen kann, eine Rechte-basierte Verteilung knapper medizinischer Ressourcen vorzunehmen. Was kann damit gemeint sein, wenn man jedem Betroffenen das gleiche Recht auf medizinische Behandlung zubilligen will, eine unbegrenzte medizinische Therapie aber prinzipiell nicht verfügbar ist? Offenbar kann dann *nicht* damit gemeint sein, dass jeder Kranke das Recht auf die *beste* Behandlung hat. Es kann aber heißen, dass jedermann ein Recht auf eine Behandlung *gleicher Qualität* hat.

Was ein solches Recht beinhaltet, sollte einigermaßen klar sein im Hinblick auf Patienten, die an derselben Art von Krankheit leiden. Weit weniger klar ist es jedoch, welche Folgen dieses Recht hat oder haben soll im Hinblick auf Personen, die mit *unterschiedlichen* Arten von Krankheiten zu tun haben. Wie kann man beurteilen, ob beispielsweise die Behandlung einer Grippe von derselben Qualität ist wie die Behandlung einer Krebserkrankung? Doch scheint es nicht vollständig aussichtslos zu sein, der Idee, dass verschiedene Krankheiten eine medizinische Behandlung der gleichen Qualitätsstufe erhalten sollen, einen nachvollziehbaren Sinn zu geben.

Ein Schritt in dieser Richtung könnte darin bestehen, Klassen von Krankheiten z.B. im Hinblick auf den Grad ihrer Gefährlichkeit, ihre typischen Einschränkungen für die Lebensqualität oder ihre Konsequenzen im Fall einer Nicht- oder Teilbehandlung zu bilden. Dies würde die Zahl von Krankheiten vergrößern, bei denen das Kriterium der gleichen Behandlungsqualität mehr oder weniger unmittelbar angewendet werden kann. In einem zweiten Schritt könnte man dann versuchen, die Folgen bei den verschiedenen Klassen von Krankheiten zu vergleichen, falls man bestimmte Abstriche an einer optimalen Behandlung macht. Selbst wenn man die Qualität einer Therapie von Grippe nicht direkt mit der Qualität einer medizinischen Behandlung von Krebs vergleichen kann, so könnte man einen solchen Vergleich vielleicht doch im Hinblick auf die Konsequenzen durchführen, die in beiden Fällen auftreten, wenn man bestimmte Formen möglicher Behandlung *nicht* anwendet.

Es gibt freilich noch eine anderen Weg, die Idee eines gleichen Rechts auf medizinische Behandlung zu realisieren, der vielleicht überzeugender ist. Diesem Vorschlag gemäß sollte ein öffentlich finanziertes Gesundheitssystem – in den Grenzen der gegebenen Restriktionen – unterschiedliche „Pakete" medizinischer Behandlung offerieren. Diese Pakete könnten sich erheblich in der von ihnen angebotenen Kombination von medizinischen Leistungen unterscheiden. Einige von ihnen könnten das Hauptaugenmerk auf eine Grundversorgung für alle Arten von Krankheiten legen, während andere sich auf eine extensive Behandlung schwerer Krankheiten konzentrieren würden. Jeder Empfänger dieser Leistungen hätte dann das Recht, unter diesen Paketen an Behandlungsangeboten zu wählen. Auf diese Weise würde man die schwierige Frage umgehen, was genau mit der gleichen Behandlung von unterschiedlichen Krankheiten gemeint sein kann. Man würde dagegen das gleiche Recht auf medizinische Behandlung als gleiches Recht auf Wahl zwischen verschiedenen Angeboten an medizinischer Behandlung nach den jeweiligen individuellen Präferenzen interpretieren.

Ich gehe davon aus, dass es mehr und vermutlich noch weit bessere Möglichkeiten gibt, die Idee eines gleichen Rechts auf medizinische Behandlung zu verwirklichen. Ich fühle mich hier nicht verpflichtet, solche Vorschläge zu unterbreiten, denn alles, was ich für meine Überlegungen voraussetzen muss, ist, dass es *im Prinzip* möglich ist, die Idee eines gleichen Rechts auf medizinische Behandlung bei der Verteilung knapper medizinischer Güter und Leistungen als sinnvolle Leitlinie bei der Gestaltung eines öffentlichen Gesundheitssystems zu akzeptieren und sinnvoll zu realisieren.

Literatur

Baurmann, Michael, 2003: Majority Without Morality? Why Democratic Decisions Demand Ethical Principles, in: The Future of Democracy. Essays of The Tampere Club. Keuruu.

Breyer, Friedrich/Kliemt, Hartmut, 1994: Lebensverlängernde medizinische Leistungen als Clubgüter?, in: *Homann, Karl* (Hrsg.), Wirtschaftsethische Perspektiven I. Berlin: Duncker & Humblot, 131–158.

Breyer, Friedrich/Kliemt, Hartmut, 1995: Solidargemeinschaften der Organspender: Private oder öffentliche Organisation?, in: *Oberender, Peter* (Hrsg.), Transplantationsmedizin: Ökonomische, ethische, rechtliche und medizinische Aspekte. Baden-Baden: Nomos, 135–160.

Buchanan, James M./Congleton, Roger D., 1998: Politics by Principle, Not Interest. Towards Non-discriminatory Democracy. Cambridge: Cambridge University Press.

Dworkin, Ronald, 1984: Bürgerrechte ernstgenommen. Frankfurt a.M.: Suhrkamp.

Harris, John, 1994: The Survival Lottery, in: *Steinbock, Bonnie/Norcross, Alastair* (Hrsg.), Killing and Letting Die. New York: Fordham, 257–265.

Kliemt, Hartmut, 1995: Life: What Is Worth Maintaining, in: Cardiovascular Risk Factors: An International Journal 5(4), 249–254.

Kliemt, Hartmut, 1996: Rationierung im Gesundheitswesen als rechtsethisches Problem, in: *Oberender, Peter* (Hrsg.), Rationalisierung und Rationierung im Gesundheitswesen. Gräfelfing: Socio-Medico, 23–31.

Mackie, John L., 1978: Can There Be a Right-Based Moral Theory?, in: Midwest Studies in Philosophy III, 350–359.

Rakowski, Eric, 1993: Equal Justice. Oxford: Oxford University Press.

Rawls, John, 1973: A Theory of Justice. Cambridge, Mass.: Harvard University Press.

Thomson, Judith Jarvis, 1986: Rights and Deaths, in: Rights, Restitution & Risk: Essays in Moral Theory. Cambridge: Harvard University Press.

III.

Politikfelder

A. Marktschaffung und Marktregulierung

Das Projekt der Europäischen Marktschaffung.
Die gegenseitige Anerkennung und der Binnenmarkt für Dienstleistungen*

Susanne K. Schmidt

1. Einleitung

Das Binnenmarktprojekt, das Mitte der achtziger Jahre begann, hat die Europäische Integration nachhaltig wieder belebt. Davon zeugen die sukzessive Vergemeinschaftung verschiedener Politikfelder (Währung, Außenpolitik, Innenpolitik) und die schnelle Abfolge von Vertragsänderungen hin zu einer Europäischen Verfassung. Das Binnenmarktprojekt[1] markiert also eine deutliche Wende in Richtung einer stärkeren politischen und ökonomischen Integration. Was aber sind die Folgen des Binnenmarktes? Wir erinnern uns: Die Kommission begründete in ihrem Weißbuch 1985 das Vorhaben damit, den längst überfälligen Gemeinsamen Markt mit einer neuen Strategie realisieren zu wollen. Statt der mühsamen Angleichung nationaler Rechts- und Verwaltungsvorschriften *en détail*, der so genannten Totalharmonisierung, sollten die Mitgliedstaaten ihre unterschiedlichen Regulierungen in der Regel gegenseitig anerkennen. Nur, wo dies unmöglich war und die Mitgliedstaaten ein besonderes Schutzbedürfnis geltend machen konnten, wurde eine Mindestharmonisierung notwendig.

Dieses Vorhaben einer Marktintegration über die gegenseitige Anerkennung rief Befürworter und Kritiker gleichermaßen auf den Plan (vgl. Genschel 1998). Die Ökonomen sahen im Binnenmarkt die Grundlage für einen Systemwettbewerb, über den schädliche Überregulierung und die dafür verantwortliche politische „Kartellierung" wirksam bekämpft werden könnten (Mussler 1999: 71; Streit/Mussler 1995). Von Seiten der Politikwissenschaft wurde dagegen als Folge ein Verlust politischer Handlungsfähigkeit befürchtet: Auf der nationalen Ebene könne Marktversagen zukünftig aufgrund der engen europarechtlichen Vorgaben nicht mehr reguliert werden, während auf europäischer Ebene heterogene Interessen der Mitgliedstaaten und das hohe Einigungserfordernis einer qualifizierten Mehrheit oder gar Einstimmigkeit die Handlungsfähigkeit einschränken würden (Scharpf 1999).

Gerade dieser letzte Punkt der Problemdiagnose wurde in verschiedenen Arbeiten aufgegriffen, die gezeigt haben, dass es auch auf europäischer Ebene durchaus zu Regulierungen auf hohem Niveau kommen kann (Eichener 1996; Héritier 1999). Außerdem hat sich die politikwissenschaftliche Forschung der letzten Jahre innerhalb der „ersten Säule", die den Binnenmarkt betrifft, stark mit den wichtigen Fragen der Währungsunion befasst (McNamara 1998; Verdun 2003). Auch zu einzelnen Politikfeldern gibt es detaillierte Arbeiten, beispielsweise der Umwelt- oder der Telekommunikations-

---
* Ich danke Arthur Benz und Fritz Scharpf für außerordentlich hilfreiche Kommentare.
1 Einen Überblick gibt Dicke (2002). Grundlegend für die theoretische Debatte sind Sandholtz/Zysman (1989), Moravcsik (1991), Cameron (1992).

politik (Knill 2003; Thatcher 2001). Andere Folgen des Binnenmarkts werden dagegen wenig diskutiert. Der große „Review-Prozess" zum Binnenmarkt der Kommission Ende der neunziger Jahre ist politikwissenschaftlich kaum rezipiert worden, er förderte übrigens bisher enttäuschende makroökonomische Effekte zutage (Monti 1997; Ziltener 2001). Reflektiert man die Forschung zu den Folgen des Binnenmarkts, fällt auf, dass die Gefahr niedriger Regulierungsstandards und eines möglichen Regulierungswettbewerbs[2] besondere Aufmerksamkeit auf sich gezogen haben. Allerdings hat man bisher kaum Anzeichen hierfür gefunden (Hertig 2001; Pelkmans 1997).

In diesem Aufsatz argumentiere ich, dass der aus der gegenseitigen Anerkennung so logisch folgende Regulierungswettbewerb die politikwissenschaftliche Diskussion fälschlich dazu verleitet hat, negative Folgen des Binnenmarktes vor allem in dieser Hinsicht zu sehen. Dieses Argument bezieht sich auf den Dienstleistungsbereich, der angesichts seiner wachsenden Bedeutung für Handel und Beschäftigung einen Schwerpunkt des Binnenmarktprogramms bildete. Theoretisch könnte aus dem Prinzip der gegenseitigen Anerkennung ein Regulierungswettbewerb folgen. Die juristische Konstruktion der Dienstleistungsfreiheit und die praktische Umsetzung der gegenseitigen Anerkennung für viele Dienstleistungen machen dies aber sehr unwahrscheinlich. Von größerer Relevanz scheint demgegenüber ein Problem zu sein, dem erst in Ansätzen Aufmerksamkeit gewidmet wurde: Die Folgen der sehr undeutlichen Kompetenzverteilung für die Handlungsmöglichkeiten der Mitgliedstaaten. Es sind nicht so sehr ökonomische Zwänge, welche die national verbliebenen Handlungsmöglichkeiten einschränken, sondern die rechtliche Unsicherheit darüber, welche Kompetenzen überhaupt noch auf nationaler Ebene verblieben sind.

Föderative Systeme neigen bekanntlich zu Kompetenzkonflikten (Scharpf 1994). Die Folgen dieses Problems – so das zugrunde liegende theoretische Argument – sind in der EU verschärft, weil wir es hier mit einer Verfassung im Werden zu tun haben, die nicht nur von den verschiedenen Regierungskonferenzen, sondern auch kontinuierlich durch Richterrecht fortentwickelt wird. Konflikte über die Kompetenzordnung sind so weniger leicht entscheidbar als in etablierten Föderationen. Die Mitgliedstaaten nehmen die – rechtlich unsicheren – verbliebenen Handlungsoptionen sehr unterschiedlich wahr, wie am Beispiel Deutschlands und Frankreich gezeigt wird. Dies liegt zum einen an den unterschiedlichen Bedingungen der Polity zur Nutzung des verbleibenden Spielraums und zum anderen daran, dass Akteure versuchen können, die rechtliche Unsicherheit für ihre eigenen Interessen zu instrumentalisieren.[3]

Im Folgenden soll zunächst die rechtliche Verankerung der gegenseitigen Anerkennung dargelegt werden, um dann die Besonderheiten dieses Integrationsmechanismus und seiner Übertragung auf Dienstleistungen zu beleuchten. Hierauf aufbauend wird anhand einiger Beispiele gezeigt, wie die Integration über die gegenseitige Anerken-

---

2 Im Sinne einer gegenseitigen Unterbietung aufgrund einer zugrunde liegenden Gefangenendilemmasituation, also nicht im Sinne eines Wettbewerbs für Regulierungsvorschläge vis à vis der Kommission (vgl. Héritier et al. 1994).

3 Negative Auswirkungen einer undeutlichen Kompetenzverteilung erstrecken sich auch auf die Implementierung europäischer Sektorregulierungen durch die komplizierte Aufteilung der Zuständigkeiten zwischen den Heimatland- und Tätigkeitslandbehörden. Hierauf kann aber nur am Rande eingegangen werden.

nung in Dienstleistungssektoren angelegt ist. Außerdem gilt es nach der bisherigen Nutzung des gemeinsamen Marktes zu fragen, denn auf den ökonomischen Beschränkungen der nationalen Steuerungskapazität beruhen die Argumente eines Regulierungswettbewerbs. Hieran schließt sich für einige der behandelten Dienstleistungsbereiche der Blick auf die nationale Ebene an. Dies alles zeigt, dass die Rechtsunsicherheit eher als der Regulierungswettbewerb sich als problematische Folge des Binnenmarkts für Dienstleistungen für die Mitgliedstaaten herausstellt.

2. Die Logik verschiedener Integrationsprinzipien und die rechtliche Besonderheit der Dienstleistungsfreiheit

Die gegenseitige Anerkennung als europäisches Integrationsprinzip ist bekanntlich eng mit der Cassis-de-Dijon-Rechtsprechung verknüpft (Alter/Meunier-Aitsahalia 1994). Deshalb ist es sinnvoll, kurz die rechtliche Interpretation der Grundfreiheiten zu betrachten. Verglichen mit dem GATT beschritt der Römische Vertrag in Art. 28 (ex Art. 30), der die Warenverkehrsfreiheit garantiert, Neuland, da er nicht nur die Aufhebung quantitativer Beschränkungen, sondern auch „Maßnahmen gleicher Wirkung" einbezog (Nicolaïdis 1993: 109). Ähnliches gilt für die Dienstleistungs- und die Niederlassungsfreiheit, wo der Vertrag ein Verbot von „Beschränkungen" ausspricht. Wichtig sind diese terminologischen Feinheiten, weil sie der Rechtsprechung erlaubten, die Interpretation der Grundfreiheiten für Waren, Dienstleistungen, Personen und Kapital sukzessive von einem Diskriminierungs- zu einem Beschränkungsverbot auszuweiten (Behrens 1992; Schneider 1996). Bei einem Diskriminierungsverbot geht es darum, EU-Ausländer Inländern gleichzustellen und nicht gegen sie zu diskriminieren. Ein Beschränkungsverbot zielt darüber hinaus. Jetzt können die rechtlichen Regelungen des Tätigkeitslandes *inhaltlich* überprüft werden: Sind sie angemessen und können als verhältnismäßige Beschränkung der Grundfreiheiten von EU-Ausländern gelten? Der Mitgliedstaat ist also nicht mehr frei, In- und EU-Ausländer nach seinem Ermessen zu regulieren. Von hier bis zur *gegenseitigen Anerkennung* ist es nicht mehr weit: Durch die inhaltliche Überprüfung der Regulierung des Tätigkeitslandes wird gleichzeitig relevant, welchen Regeln EU-Ausländer als Produzenten von Waren und Dienstleistungen in ihren Heimatländern bereits unterliegen. Doppelkontrollen sind unverhältnismäßig; um sie zu vermeiden, müssen alle Auflagen des Heimatlandes *gegenseitig anerkannt* werden.

Das Besondere am Heimatlandprinzip und der gegenseitigen Anerkennung ist also, dass unter Umständen Unternehmen in ihrem Heimatmarkt mit ausländischen Unternehmen konkurrieren müssen, die regulierungsbedingte Wettbewerbsvorteile genießen. Es kann zur *Inländerdiskriminierung* und daraufhin zu einer weiteren Deregulierungsdynamik auf der nationalen Ebene kommen. Dagegen beruhen andere Prinzipien der Marktöffnung, wie das „most-favoured nation" Prinzip des GATT darauf, eine *Inländergleichstellung* zu erzielen. Ausländer genießen höchstens genau die regulierungsbedingten Vor- und Nachteile wie Inländer. Dies entspricht dem *Tätigkeitslandprinzip*: Inländer und Ausländer werden diskriminierungsfrei gleich behandelt. Die Übersicht (Tabelle 1) verdeutlicht die unterschiedlichen Dynamiken der beiden Prinzipien der Marktöffnung.

Tabelle 1: Zwei Wege der Marktöffnung: Inländergleichbehandlung und „Gegenseitige Anerkennung"

Inländergleichbehandlung (Diskriminierungsverbot):	Gegenseitige Anerkennung:
Die Regulierung und Kontrolle richtet sich nach den Regeln des Tätigkeitslandes bzw. Aufnahmemitgliedstaats	Die Regulierung und Kontrolle richtet sich nach den Regeln des Herkunfts- bzw. Sitzlands
Standards müssen im Land der *Distribution* von Waren und Dienstleistungen eingehalten werden.	Standards müssen im Land der *Produktion* eingehalten werden. Freie Exporte in alle anderen Mitgliedstaaten (mit Ausnahmen im Allgemeininteresse).
Wettbewerb um Niederlassungen zwischen den Staaten mit günstigen Steuern, Subventionen und niedrigen Prozessstandards für die Warenproduktion. Nach dem Tätigkeitslandprinzip kann sich die Produktion nach den höchsten Standards im Absatzgebiet lohnen („trading up", Vogel 1995), sofern eine Differenzierung der Produkte zu aufwendig ist.	Wettbewerb um Niederlassungen erfolgt nicht nur wie ←, sondern auch über niedrigere Standards für Waren und Dienstleistungen. Bei hohen nationalen Standards droht den Unternehmen eine Inländerdiskriminierung. Sie ist unschädlich, wenn hohe Standards werbewirksam sind (beispielsweise deutsches Reinheitsgebot für Bier).

Zusätzlich zur Inländergleichbehandlung und zur gegenseitigen Anerkennung ist die *Harmonisierung* als drittes relevantes Integrationsprinzip zu nennen. Da hier die Regulierung und Kontrolle nach vereinheitlichten Regeln erfolgt, ergibt sich aber keine vergleichbare Dynamik. Ein Vergleich der *drei Integrationsprinzipien* ergibt folgende Unterschiede: Die Inländergleichbehandlung lässt die Souveränität des Tätigkeitslandes intakt. Die Harmonisierung führt zu einem Souveränitätstransfer auf die supranationale Ebene, der die Zuständigkeit für die gemeinschaftsweite Regulierung überantwortet wird. Die gegenseitige Anerkennung dagegen belässt die Zuständigkeit dezentral; aufgrund der Notwendigkeit, Regulierungen und ihre Kontrolle gegenseitig anzuerkennen, ergibt sich ein horizontaler Transfer von Souveränität (vgl. Nicolaïdis 1993: 16; Genschel 2002: 38–40).

Dieser horizontale Transfer von Souveränität der Staaten untereinander transformiert die internen Staat-Gesellschaftsbeziehungen. Der Staat ist nicht mehr allein für die Regulierung auf seinem Territorium zuständig und verantwortlich, da durch die Heimatlandkontrolle manche seiner Verbraucher Transaktionen mit Unternehmen tätigen, die von anderen Mitgliedstaaten aus kontrolliert werden. Diese Verbraucher sind somit von der Politik dieser Staaten betroffen, ohne politisch auf sie Einfluss nehmen zu können (Nicolaïdis 1993: 16). Der zulassende Staat wird „zur europäischen Instanz" (Troberg 1997a: 1520, Rz 4). Dieser horizontale Souveränitätstransfer zeigt, dass es sich bei der gegenseitigen Anerkennung um ein sehr anspruchsvolles Integrationsprinzip handeln muss; ein Punkt, auf den zurückzukommen sein wird.

Nun hat sich die Rechtsprechung zur gegenseitigen Anerkennung im Bereich der Waren entwickelt, die anders als Dienstleistungen „geschlossen" Grenzen überschreiten. Bei Dienstleistungen dagegen fällt die Erbringung oft mit dem Konsum zusammen, was es fraglich macht, wie man sich die Anwendung der gegenseitigen Anerkennung auf diesen Bereich vorzustellen hat. Folgende Formen des grenzüberschreitenden Dienstleistungsverkehrs lassen sich differenzieren:

– Bei der *aktiven* Dienstleistungsfreiheit begibt sich der Dienstleistungserbringer vorübergehend in das andere Land.
– Bei der *passiven* Dienstleistungsfreiheit begibt sich der Dienstleistungsempfänger in das andere Land.[4]
– Schließlich gibt es *Korrespondenzdienstleistungen*, die grenzüberschreitend erbracht werden können, ohne dass Erbringer oder Empfänger das Land wechseln. Diese Möglichkeit besteht beispielsweise für Versicherungs- und Bankdienstleistungen, für Telekommunikation und den Rundfunk (Hailbronner/Nachbaur 1992: 108).

Anders als bei Gütern ist bei Dienstleistungen oft der Entstehungsprozess nicht klar vom Endprodukt abgrenzbar. Es ist dennoch sinnvoll diese Unterscheidung fiktiv zu treffen und bei Dienstleistungen zwischen dem Dienstleistungs*produkt* und dem Moment seiner Erbringung zu unterscheiden (Roth 1986: 348). Bei Gütern entspricht diese Unterscheidung der bekannten zwischen Produkt- und Prozessstandards (Scharpf 1999). Bei Produktstandards, so die Lehre, die man aus dieser Unterscheidung ziehen kann, ist die Gefahr einer Abwärtsspirale durch den Binnenmarkt gering. Dies liegt zum einen an der Nachfrage nach qualitativ hochwertigen Produkten, auch wenn diese teurer sind. Zudem setzen sich Produzenten für höhere Standards ein, wenn es zum so genannten California Effekt kommt (Vogel 1995). Unter der Vorbedingung, dass Staaten ihre Grenzen für Produkte niedrigerer Qualität schließen können (d.h. das Tätigkeitslandprinzip gilt; dies war in Kalifornien aufgrund der Umweltverschmutzung im Großraum Los Angeles für Autos der Fall und gilt auch in der EU unter bestimmten Bedingungen (vgl. Art. 95 IV, ex Art. 100a)), haben Produzenten ein Interesse an einheitlichen hohen Standards, die sie der Alternative eines fragmentierten Marktes vorziehen (Scharpf 1999: 99). Bei produktionsbezogenen Standards hingegen greifen diese nachfrage- und angebotsbezogenen Mechanismen nicht. Da sich produktionsbezogene Regeln direkt in den Kosten niederschlagen, ist es wahrscheinlicher, dass es in diesem Bereich zu einer Abwärtsspirale kommt.

Anders als Güter sind Dienstleistungen in ihrer Produkteigenschaft wenig normiert.[5] Stattdessen ist der Produktionsprozess reguliert. So ergibt sich die Qualität des Produkts bei vielen Dienstleistungen aus der Ausbildung ihrer Erbringer. Ebenso relevant für die Dienstleistungsqualität wie die *Berufsqualifikation* ist die *Berufsausübung*, deren Regulierung in vielen Mitgliedstaaten Berufsverbänden überantwortet wird. Anders als bei Gütern geht es bei Dienstleistungen also oft um *Prozessstandards*.

„Ob die Likörfabrik im Falle ‚Cassis de Dijon' eine gültige Gewerbegenehmigung besaß, war für die Entscheidung ... unerheblich ... Anders bei der Versicherungspolice: Ihre ‚Qualität' steht und fällt mit der Solvenz des Versicherers. Ähnliches gilt bei der ‚Qualität' der Pauschalreise (Entwertung, wenn der Veranstalter in Konkurs geht) und bei vielen anderen Dienstleistungen (z.B.: Pläne

---

4 Eine weitere Möglichkeit, die uns hier nicht weiter interessiert, ist, dass sich sowohl Dienstleistungserbringer als auch -empfänger in einen anderen Mitgliedstaat begeben (beispielsweise Fremdenführer und Touristen).
5 Dienstleistungen sind in gewisser Weise unsichtbar. Zwar haben Dienstleistungen oft eine sichtbare Form (die Versicherungspolice, das Werbeplakat), doch liegt das für Dienstleistungen wesentliche Element hinter dieser materiellen Ausprägung (die Risikoberechnung, eine werbewirksame Idee) (vgl. Vahlens Großes Wirtschaftslexikon (2. Auflage), Stichwort Dienstleistungen).

können nicht genehmigt werden, wenn der Architekt nicht zugelassen ist, auch wenn sie technisch nicht zu beanstanden sind)" (Troberg 1997a: 1472f., Rz 35).

Wie sich dies auf die Frage möglicher Abwärtsspiralen auswirkt, hängt davon ab, inwieweit das Heimatlandprinzip und demnach die gegenseitige Anerkennung greift, das Tätigkeitslandprinzip gilt oder ob harmonisierte Regulierungen bestehen. Für die *Berufsqualifikation* wird im Binnenmarkt durch die gegenseitige Anerkennung von Berufsabschlüssen – unter bestimmten Vorbedingungen – die Heimatlandkontrolle eingeräumt. Die Zulassung zu einem bestimmten Beruf in einem Mitgliedstaat impliziert die Erlaubnis, diesen auch in anderen Mitgliedstaaten auszuüben. Die Regulierung der *Berufsausübung* bzw. bei Banken und Versicherungen die *laufende Aufsicht* dagegen wird teils den Bestimmungen des Tätigkeitslandes unterstellt oder es existieren harmonisierte Regeln gekoppelt mit der gegenseitigen Anerkennung.

Weitere Differenzierungen ergeben sich aus den Besonderheiten der Dienstleistungsfreiheit des Vertrags. Das Dienstleistungskapitel hat den Charakter eines „Auffangtatbestandes" (Roth 1986: 342). Es erfasst „sämtliche Wirtschaftsvorgänge (...), die sich weder als Warenverkehr noch als Personenverkehr noch als Kapitalverkehr einstufen lassen" (Seidel 1987: 126). Der EWG-Vertrag verfolgt also einen „spezifischen" Dienstleistungsbegriff, der nicht auf den „tertiären Sektor" insgesamt zielt, sondern auf den „Vorgang, bei welchem eine Leistung zwischen Wirtschaftssubjekten erbracht wird, die einander als Gebietsfremde gegenüberstehen" (Troberg 1997b: 1305, Rz 3). Neben der Grenzüberschreitung sind die Merkmale Entgeltlichkeit und vorübergehende Dauer konstitutiv (vgl. Art. 50, ex Art. 60). Damit wird die Abgrenzung zur Niederlassungsfreiheit relevant. Sind Tätigkeiten auf Dauer angelegt, handelt es sich um eine Niederlassung; das Tätigkeitsland wird zum Heimatland und seine Regeln müssen angewandt werden.[6] Die Dienstleistungsfreiheit wird deshalb so ausgelegt, dass nicht „jede für die Staatsangehörigen dieses Staates geltende Regelung, die normalerweise eine Dauertätigkeit von in diesem Staat ansässigen Personen zum Gegenstand hat, in vollem Umfang auf zeitlich begrenzte Tätigkeiten angewandt werden könnte, die von in anderen Mitgliedstaaten ansässigen Personen ausgeübt werden" (C-294/89 vom 10.7.91, Rz. 26). Würde man alle für Inländer relevanten Regulierungen auch auf den grenzüberschreitend tätigen Dienstleistungserbringer anwenden, wären die Anforderungen prohibitiv. Nur solche Regeln, die durch das Allgemeininteresse gedeckt sind und denen nicht bereits im Land der Niederlassung ausreichend Rechnung getragen wird, können geltend gemacht werden (Hailbronner/Nachbaur 1992: 112).[7] Bei (selbständi-

---

6 Des Weiteren werden primäre von sekundären (also von einem Haupthause abhängigen) Niederlassungen unterschieden. Bei den sekundären Niederlassungen differenziert der Vertrag zwischen Tochtergesellschaften, Agenturen und Zweigniederlassungen. Nur Tochtergesellschaften sind durch juristische Selbständigkeit charakterisiert. Die Unterscheidung ist wichtig, weil bei unselbständigen sekundären Niederlassungen die Sitzlandkontrolle des Hauptsitzes greift (Troberg 1997b: 1311–1317, Rz 12–20). Genau genommen gibt es zwischen den verschiedenen Formen von Niederlassungen und der Dienstleistungsfreiheit also eine Kontinuität. Dies sei als weitere Komplexität bemerkt, wird uns aber kaum weiter interessieren.

7 Die Zulässigkeit von Beschränkungen der Dienstleistungsfreiheit vollzieht sich ganz parallel zu der für den Warenverkehr entwickelten Logik. Was dort nach der Cassis-Formel die „zwingenden Erfordernisse", ist seit dem Binsbergen Urteil von 1974 das „Allgemeininteresse".

gen) Niederlassungen sind die Mitgliedstaaten also freier, eigene Regeln anzuwenden, als bei der grenzüberschreitenden Dienstleistungserbringung. Im Unterschied zu Niederlassungen ist die Nutzung der Dienstleistungsfreiheit aber zeitlich begrenzt, was regulierungsbedingte Wettbewerbsverzerrungen mäßigt.

Zusammenfassend lässt sich folgendes sagen: Die Dynamik eines Regulierungswettbewerbs bezieht sich vor allem auf die gegenseitige Anerkennung; bei der Harmonisierung spielt sie gar keine Rolle. Die Inländergleichbehandlung bietet ein komplizierteres Bild. Bei (handelbaren) Korrespondenzdienstleistungen können für Niederlassungen günstige Bedingungen geboten werden, um die Dienstleistungsfreiheit zu nutzen. Bei Dienstleistungen, die die Präsenz des Erbringers erfordern, kann dagegen kein Regulierungswettbewerb entstehen. Zudem wirkt sich der Schwerpunkt auf eine Prozessregulierung und -harmonisierung dahingehend aus, dass mögliche komparative Kostenvorteile nivelliert werden. Schließlich beschränkt sich die Nutzung der Dienstleistungsfreiheit auf vorübergehende Tätigkeiten, so dass meist die Niederlassungsfreiheit gilt und mit ihr das Tätigkeitslandprinzip.

3. Der Binnenmarkt für Dienstleistungen anhand einiger Beispiele

Die Vorbedingungen für einen auf Dienstleistungshandel abzielenden Binnenmarkt sind also einigermaßen kompliziert. Während die Dienstleistungsfreiheit aufgrund ihrer Beschränkung auf vorübergehende Tätigkeiten für den Binnenmarkt nur subsidiär relevant erscheinen mag, genießt ihre Realisierung doch als Symbol eines vollendeten Binnenmarkts einen hohen politischen Stellenwert: Es „kann auch gesagt werden, dass die Niederlassungsfreiheit den Zugang zu Märkten sichere, die noch voneinander getrennt bleiben, während die Dienstleistungsfreiheit jedem Unternehmen des tertiären Sektors, wo es sich auch befindet, den gesamten Binnenmarkt eröffnet" (Troberg 1997a: 1443, Rz 6).

Der Dienstleistungsbinnenmarkt soll jetzt anhand einiger Sektoren beispielhaft dargestellt werden. Erschwerend wirkt sich hierbei aus, dass Klassifikationen von Dienstleistungen aber immer auf den jeweiligen Untersuchungskontext abgestimmt sind (vgl. Worthmann 2002), so dass die Auswahl von Sektoren nicht auf eine allgemein anerkannte Klassifikation gestützt werden kann. Differenziert man zwischen distributiven Dienstleistungen (Transport, Kommunikation, Einzelhandel), Produzentendienstleistungen (Banken, Versicherungen, Makler, freiberufliche Tätigkeiten), sozialen Dienstleistungen (Gesundheit, Bildung) und persönlichen Dienstleistungen (Unterhaltung, Hotels, Restaurants) (Nicolaïdis 1993: 142f.), fällt auf, dass soziale und persönliche Dienstleistungen für unsere Fragestellung wenig relevant sind. Bei personen- bzw. verbraucherbezogenen Dienstleistungen fällt die Produktion mit dem Konsum meist zusammen, die Erbringung setzt die Anwesenheit des Kunden voraus, was die Möglichkeiten von Handel beschränkt (Scharpf 1986: 15). Entsprechend sieht Roth die Frage der Qualitätssicherung bei freiberuflichen Tätigkeiten (die in die Kategorien Produzenten- und soziale Dienstleistungen fallen) recht unproblematisch, da es um Individual- und nicht um Massengeschäfte geht, die zudem in der Regel auf die bewusste Entscheidung des Kunden zugunsten einer ausländischen Erbringung erfolgen (Roth 1986: 360f.).[8]

Ich konzentriere mich deshalb auf distributive Dienstleistungen und auf Produzentendienstleistungen des Massengeschäfts. Zu letzteren zählen Banken und Versicherungen, für die neben der aktiven und passiven Dienstleistungsfreiheit auch der Korrespondenzweg in Betracht kommt. Da Banken relativ breit erforscht sind (vgl. Lütz 2002), sollen hier Versicherungen untersucht werden. Von den distributiven Dienstleistungen wird der Straßengüterverkehr betrachtet; außerdem soll auch auf den Flugverkehr und die Telekommunikation eingegangen werden. Schließlich wird auf die Baubranche Bezug genommen. Sie zählt zwar zum verarbeitenden Gewerbe, teilt aber viele Merkmale mit Dienstleistungen (Bosch/Worthmann/Zühlke-Robinet 2002: 109f.). In unserem Kontext ist sie interessant, weil sie sich innerhalb kurzer Zeit von einer sehr nationalen zu einer sehr europäisierten Branche wandelte und die dafür vor allem verantwortliche Entsendung von Bauarbeitern auf der Dienstleistungsfreiheit beruht (Hunger 2003: 75).

3.1 Versicherungen

Der Binnenmarkt für Versicherungen wurde hauptsächlich durch drei Generationen von Richtlinien seit den siebziger Jahren realisiert. Grundlegend ist die gegenseitige Anerkennung der Zulassung und später auch der laufenden Aufsicht auf der Basis harmonisierter Mindeststandards. So wurde die Niederlassungsfreiheit und später die Dienstleistungsfreiheit erst für Großrisiken und ab 1994 auch für den Massenmarkt realisiert (Badenhoop 1988: 103). Es genügt eine einfache Mitteilung an die allein für die Finanzaufsicht zuständige Aufsichtsbehörde des Hauptsitzlandes. So erfolgt die Kontrolle der Versicherungsunternehmen wie auch bei den Banken nach dem *Heimatlandprinzip*; d.h. auch die in einem anderen Mitgliedstaat tätigen (rechtlich unselbständigen) Zweigstellen werden durch die Regulierungsbehörde des Heimatlandes beaufsichtigt. Nur bei Niederlassungen mit rechtlich selbständigen Tochterunternehmen ist die Behörde des neuen Sitzlandes zuständig. Unternehmen haben damit *drei Möglichkeiten*, in einem anderen Mitgliedstaat tätig zu werden: über die Dienstleistungsfreiheit, per Niederlassung mit Zweigstellen nach der Heimatlandkontrolle oder mit rechtlich-selbständigen Töchtern, die in dem jeweiligen Tätigkeitsland kontrolliert werden (Miersch 1996: 52–54).

Für die Zulassung und die laufende Aufsicht konnte auf der Basis teils harmonisierter Bedingungen also die gegenseitige Anerkennung mit der Heimatlandaufsicht verwirklicht werden. Eine Harmonisierung des Versicherungsvertragsrechts scheiterte dagegen; hierfür gilt bei Massenrisiken das Tätigkeitsland. Damit ist es unmöglich, einheitliche Produkte im Binnenmarkt zu vertreiben, denn Versicherungen sind „ein *Rechtsprodukt*" (Roth 1987: 26, Hervorhebung im Original) und ihr Umfang wird wesentlich auch durch das Versicherungsvertragsrecht umschrieben.

---

8 So wird ein französischer Rechtsanwalt, der in der Bundesrepublik per Dienstleistungsfreiheit tätig wird, gezielt bei französischen – und kaum bei deutschen – Rechtsproblemen angesprochen werden.

Bei der Frage, ob das Tätigkeitslandprinzip oder das Heimatlandprinzip gilt, ist zwischen der Regulierung und ihrer Kontrolle zu unterscheiden. Da Regulierungszuständigkeit und Kontrolle nicht einheitlich der einen oder anderen Seite zugeschlagen werden und auch die Kontrolle faktisch teils gemeinsam ausgeübt werden muss, kann auch aus der Implementierung europäischer Sektorregulierung erhebliche Rechtsunsicherheit resultieren. Hierauf soll kurz eingegangen werden. Prüfungen für die Finanzaufsicht obliegen allein dem Herkunftsmitgliedstaat; dies bezieht Prüfungen in Zweigniederlassungen in anderen Mitgliedstaaten ein. Da so hoheitliche Befugnisse in anderen Mitgliedstaaten ausgeübt werden, müssen die Behörden des Tätigkeitslands an der Prüfung mitbeteiligt werden (Fahr 1992: 1035). Von der Finanzaufsicht zu trennen ist die Rechtsaufsicht, die sich auf die Befolgung der gesetzlichen Vorschriften, der sonstigen Einhaltung des Geschäftsplans und der Wahrung der Belange der Versicherten bezieht, die durch das Allgemeininteresse im Tätigkeitsland gedeckt sind (Criegern 1997: 157, 160, 171). Hier obliegt die Rechtsetzung dem Tätigkeitsland, die Kontrolle aber den Heimatlandbehörden, wobei die Tätigkeitslandbehörden subsidiär zuständig sind. Besonders bei der Rechtsaufsicht ist die praktische Umsetzung wegen der nötigen Kooperation der Aufsichtsbehörden problematisch: „Ich halte mich aber als Leiter der deutschen Aufsichtsbehörde nicht für kompetent genug, um festzustellen, ob deutsche Versicherungsunternehmen bei ihrer Versicherungstätigkeit beispielsweise in Griechenland oder Belgien oder in einem anderen europäischen Staat die dortigen zwingenden nationalen Vorschriften einhalten" (Hohlfeld 1991: 332).

3.2 Straßengüterverkehr

Der Straßengüterverkehr kann nur unter Nutzung der aktiven Dienstleistungsfreiheit grenzüberschreitend erbracht werden. Damit ist gleich offensichtlich, dass bestimmte Regeln des Tätigkeitslandes eingehalten werden müssen: nationale Geschwindigkeitsbegrenzungen und sonstige Verkehrsregeln ebenso wie die Rücksicht mit Maßen und Gewichten auf die technische Auslegung des Straßenverkehrsnetzes (Brücken!). Auf die mühsame Geschichte der europäischen Straßengüterverkehrspolitik muss hier nicht eingegangen werden (Kerwer/Teutsch 2001). Seit 1992 gibt es EU-Lizenzen für den Marktzugang im grenzüberschreitenden Güterkraftverkehr, die nach qualitativen Zulassungskriterien (Zuverlässigkeit, finanzielle Leistungsfähigkeit, fachliche Eignung) von nationalen Behörden vergeben und gegenseitig anerkannt werden (Basedow/Dolfen 1998: Nr. 158–160). Damit ist der *grenzüberschreitende Verkehr* folgendermaßen geregelt: Innerhalb eines harmonisierten Rahmens regeln die Mitgliedstaaten den Marktzugang. Mit dieser Zulassung können grenzüberschreitende Transporte zu frei ausgehandelten Tarifen angeboten werden. Die Durchführung findet unter teils harmonisierten sozialen, technischen und steuerlichen Bedingungen[9] statt.

---

9 Die soziale Harmonisierung bezieht sich auf die Lenk- und Ruhezeiten und, für die Kontrolle, die Fahrtenschreiber. Die technische Harmonisierung bezieht sich vor allem auf Maße, Gewichte und die technische Überwachung (Basedow/Dolfen 1998: Nr. 188). Es gibt Mindestsätze für die Verbrauchsteuern auf Mineralöle und für die Kfz-Steuer sowie die Möglichkeit, Wegeabgaben zu erheben.

Vom grenzüberschreitenden Verkehr zu unterscheiden ist die *Kabotage*, also die Übernahme von innerstaatlichen Transporten durch EU-Ausländer. Für Kabotagefahrten gelten die Rechts- und Verwaltungsvorschriften des *Tätigkeitslandes*. Betroffen sind „die Beförderungstarife und -bedingungen, Fahrzeuggewichte und -abmessungen, Gefahrguttransporte, Lenk- und Ruhezeiten sowie die Mehrwertsteuer auf Beförderungsleistungen. (...) Die transportvertraglichen Beziehungen richten sich, soweit im Aufnahmemitgliedstaat zwingende Bestimmungen gelten, nach diesen Vorschriften" (Basedow/Dolfen 1998: Nr. 176).

Im Straßengüterverkehr findet sich also ein Nebeneinander von gegenseitiger Anerkennung, harmonisierten Regeln und solchen des Tätigkeitslandes; zudem werden grenzüberschreitender Verkehr und Kabotage nicht ganz parallel geregelt. Für die Kabotage kann ein Mitgliedstaat strengere Lenk- und Ruhezeiten festschreiben als die für den grenzüberschreitenden Verkehr harmonisierten. Auch bei Maßen und Gewichten darf abgewichen werden, aber hier gibt die Harmonisierung Mindeststandards vor, es darf also nur nach oben abgewichen werden (int 12).[10] Wettbewerbsverzerrungen ergeben sich vor allem aus mangelnder Harmonisierung der Kfz- und Treibstoffsteuern, unterschiedlichen Kontrollen der Lenk- und Ruhezeiten bzw. ggf. strikteren nationalen Regelungen sowie Lohnunterschieden.

3.3 Ehemals monopolisierte Bereiche: Flugverkehr und Telekommunikation

Flugverkehr und Telekommunikation sind ehemals monopolisierte Bereiche, die von erheblicher Staatsnähe gekennzeichnet sind oder es zumindest waren. Der Binnenmarkt wurde hier nicht über die gegenseitige Anerkennung erzielt. Warum, ist leicht einzusehen: Mitgliedstaaten hätten sonst ihre Liberalisierung exportieren können. Eine Lizenz des Liberalisierungsvorreiters Großbritannien hätte den betreffenden Unternehmen dann erlaubt, auch in den noch monopolisierten Märkten der anderen Mitgliedstaaten tätig zu werden, was unvorstellbar war.

Der *Flugverkehr* machte bei der Liberalisierung auf europäischer Ebene den Anfang.[11] Mit Hilfe des europäischen Kartellrechts ging die Kommission gegen die vielfältigen Absprachen der Fluglinien vor und wurde dabei vom Europäischen Gerichtshof unterstützt, der eine Anwendung des europäischen Wettbewerbsrechts bejahte. Ein ebenfalls wichtiges Instrument für die Kommission ist seit langem die Beihilfekontrolle. Der europäische Flugverkehr wurde vor allem durch drei „Pakete" von Verordnungen liberalisiert und harmonisiert, beginnend 1988. Durch das dritte Liberalisierungspaket wurde als letzter Schritt 1997 die Kabotage, also die Dienstleistungsfreiheit innerhalb der Mitgliedstaaten, realisiert. Die gegenseitige Anerkennung spielt im Flugverkehr bei der Lizenzierung und der laufenden Aufsicht eine Rolle. Der rechtliche Rahmen hierfür ist aber weitgehend harmonisiert (Kassim 1996: 117). Alle lizenzierten

---

10 Auf Interviewmaterial wird mit der Abkürzung „int" und der entsprechenden Nummer des Interviews verwiesen.

11 Ich danke Hussein Kassim für seine stete Bereitschaft, meine Fragen zum Flugverkehr zu beantworten.

Unternehmen genießen einen diskriminierungsfreien Zugang zum EU-weiten Luftverkehrsmarkt und haben dieselben Rechte.

In der *Telekommunikation* spielt die gegenseitige Anerkennung bisher nur bei der Zulassung von Endgeräten und nicht bei den Dienstleistungen eine Rolle. Die Telekommunikation wurde auch über das Wettbewerbsrecht liberalisiert, aber nicht über das Kartellrecht, sondern über die Kompetenzen der Kommission, die von den Mitgliedstaaten vergebenen besonderen Rechte zu kontrollieren (Art. 86/ex Art. 90). Parallel hierzu erließ der Rat verschiedene Harmonierungsrichtlinien (Schmidt 1998). Die Dienstleistungsfreiheit spielt als Bezugspunkt keine Rolle.[12] Unternehmen haben durch den harmonisierten Rechtsrahmen und durch das allgemeine europäische Wettbewerbsrecht einen Katalog gemeinsamer Rechte, die sie notfalls vor nationalen Gerichten oder über Beschwerden bei der Kommission einklagen können. Für die Ausgestaltung des nationalen Telekommunikationsrechts sind aber Kompetenzen bei den nationalen Regulierungsbehörden und Parlamenten verblieben.

Ein neues Richtlinienpaket, das momentan umgesetzt wird, hat u. a. zum Ziel, Lizenzen einzuführen, mit denen Telekommunikationsunternehmen EU-weit Dienstleistungen anbieten können (Richtlinie 97/13/EG vom 10.4.1997). Damit hält also die gegenseitige Anerkennung auch Einzug in das Angebot von Telekommunikationsdienstleistungen. Der Regulierungsrahmen ist aber weiterhin weniger stark harmonisiert als der für den Flugverkehr und noch konnten keine Erfahrungen hiermit gesammelt werden.

3.4 Entsendung von Bauarbeitern

Auch Bauarbeiten können unter die Dienstleistungsfreiheit fallen, weil diese, wie wir gesehen haben, nicht auf den Dienstleistungssektor beschränkt ist, sondern sich auf vorübergehende grenzüberschreitende Leistungen bezieht. Der Bereich ist besonders interessant, weil hier das Lohngefälle ausgenutzt werden kann und die Beschränkung der Dienstleistungsfreiheit auf „vorübergehende" Tätigkeiten nicht von vornherein ins Gewicht fällt. Die Entsendung von Bauarbeitern aus Niedriglohnländern – vor allem Portugal und Großbritannien – wurde in den neunziger Jahren in allen Hochlohnländern der EU ein Problem. Die Bundesrepublik war davon besonders betroffen. Da hier mit den Dienstleistungen auch das Arbeitsrecht aus dem EU-Ausland importiert wird, kommen bei der Entsendung von Bauarbeitern die für Dienstleistungen typischen, möglichen negativen Folgen des Binnenmarkts besonders zum Tragen, wie das folgende Zitat zeigt:

„Auch in Gütermärkten, in denen die nationalen Grenzen nicht von produzierenden Belegschaften überschritten werden, sondern von fertigen Produkten, gibt es Preisunterbietung aufgrund unterschiedlich kostenträchtiger nationaler Produktionsregime. Beim Import von Gütern bleibt jedoch die Einheitlichkeit der Rechtsordnung *auf dem nationalen Territorium* gewahrt, und für die einheimischen Unternehmen und ihre Beschäftigten wird der Wettbewerb unterschiedlicher natio-

---

12 Beispielsweise findet sich im Standardwerk von Larouche (2000) zur Telekomregulierung dieses Stichwort nicht im Index.

naler Regimes weniger sichtbar. Arbeitnehmer, die aufgrund ihres nationalen Rechts einen Anspruch zu haben glauben, in Bezug auf bestimmte Aspekte ihres Beschäftigungsverhältnisses nicht unterboten zu werden, empfinden es als unzumutbar, wenn *am selben Ort* Arbeitnehmer mit ihnen konkurrieren dürfen, für die das nationale Recht nicht gilt. Besonders konfliktträchtig ist solche Konkurrenz, weil die Reproduktion der Arbeitskraft als Produktionsfaktor an einen gemeinschaftlichen, das heißt wesentlich räumlich lokalisierten Kontext gebunden ist. Im eigenen Land von Arbeitnehmern unterboten zu werden, die dort von ihrem Lohn nicht leben könnten, wird offenbar eher als unfair empfunden als Konkurrenz auf Gütermärkten mit Arbeitnehmern, deren niedrigere Löhne dort, wo sie erzielt werden, immerhin noch auskömmlich sind" (Streeck 2000: 21; Hervorhebung im Original).

Anders als in den bisher betrachteten Dienstleistungssektoren entstand der Binnenmarkt hier also auf der Grundlage des Vertragsrechts. Auf diesen funktionierenden Systemwettbewerb folgte ein zentrales EuGH-Urteil. Frankreich hatte von entsendeten portugiesischen Bauarbeitern eine Arbeitserlaubnis gefordert und dies mit bestehenden Übergangsvorschriften für die Freizügigkeit von Arbeitnehmern gerechtfertigt. Im Urteil *Rush Portuguesa* (C-113/89) vom 27.3.1990 verbot der EuGH diese Einschränkung der Dienstleistungsfreiheit und bekräftigte, dass es hier nicht um die Freizügigkeit ging; er stellte aber gleichzeitig klar, dass es den Mitgliedstaaten nicht verwehrt sei, im Allgemeininteresse ihre Rechtsvorschriften und Tarifverträge auch auf nur vorübergehend Beschäftigte anzuwenden (Eichhorst 2000: 149, 137). Frankreich erließ daraufhin als erster Mitgliedstaat ein Entsendegesetz. Statt nach dem Heimatland sollte sich das Arbeitsrecht und die Entlohnung nach dem Tätigkeitsland richten, wodurch der Entsendung als Ausnutzung des Lohngefälles weitgehend die ökonomische Rationalität entzogen wurde.[13]

Auf europäischer Ebene bemühte sich die Kommission seit 1991, durch eine Entsenderichtlinie Rechtsklarheit zu schaffen und einen koordinierten Rahmen für die verschiedenen nationalen Entsendegesetze zu schaffen. Hier widersetzten sich aber vor allem die Niedriglohnländer, so dass eine Einigung erst 1996 zu einem Zeitpunkt erzielt werden konnte, als eigentlich in allen betroffenen Ländern (mittlerweile auch der Bundesrepublik) nationale Entsendegesetze verabschiedet waren. Für diese nationalen Gesetze gibt die Richtlinie nun einen Rahmen vor und unterstreicht die Rechtmäßigkeit der nationalen Beschränkungen der Dienstleistungsfreiheit; verpflichtende Regeln sind aber kaum enthalten.

In diesem Bereich haben wir also einen umgekehrten Politikverlauf: Der funktionierende Binnenmarkt darf nach einem EuGH-Urteil durch nationale Gesetze eingeschränkt werden, woraufhin eine Richtlinie dieses Vorgehen zusätzlich legitimiert und absichert.

4. Die Europäisierung der Sektoren im Vergleich

Unter Rückbezug auf die verschiedenen Integrationsprinzipien soll jetzt dem Potenzial für Regulierungswettbewerb in den verschiedenen Sektoren nachgegangen werden. In allen Sektoren beruht die Regulierung auf einer Kombination der verschiedenen Inte-

---

13 Sinnvoll bleibt die Entsendung natürlich bei Facharbeitermangel o. Ä.

grationsprinzipien. Bei der Inländergleichbehandlung und auch der Harmonisierung besteht kaum die Gefahr eines Regulierungswettbewerbs. Aber wenn die Integration auf der gegenseitigen Anerkennung beruht, können Anreize auf der nationalen Ebene bestehen, in einen Regulierungswettbewerb einzutreten. Eine Rolle spielt die gegenseitige Anerkennung bei der Regulierung von Versicherungen, dem Straßengüterverkehr, dem Luftverkehr und der Entsendung. Des Weiteren muss nach dem Ausmaß tatsächlichen Wettbewerbs gefragt werden, da nur bei entsprechendem ökonomischem Druck Anreize für einen Regulierungswettbewerb bestehen.

Besonders deutlich war dieser Wettbewerb im Bausektor. Unter Nutzung der Dienstleistungsfreiheit war es hier möglich, mit der Entsendung von Arbeitnehmern das erhebliche Lohngefälle innerhalb der Union auszunutzen. 1994/95 ging man in der BRD von etwa einer halben Million ausländischer – auch illegaler – Billigarbeiter aus, davon etwa 150.000 bis 170.000 entsandte EU-Arbeitnehmer – die Arbeitslosigkeit deutscher Bauarbeiter lag auch in dieser Größenordnung (Eichhorst 2000: 223). Verglichen mit der Entsendung – deren genauere Zahlen nicht beziffert werden können – bildeten in Frankreich die Schwarzarbeit von Inländern und die illegale Beschäftigung von Ausländern das größere Problem (Eichhorst 2000: 98f.). Das EuGH-Urteil *Rush Portuguesa* erlaubte den Mitgliedstaaten individuelle Reaktionen auf diese sich direkt aus dem Vertrag ergebenden Folgen des Dienstleistungsbinnenmarktes. Eine gemeinsame Regelung folgte erst auf diese nationalen Lösungen.

Wie hat sich die Nutzung des Binnenmarktes in den anderen Sektoren entwickelt? Erschwerend für eine Antwort ist, dass Statistiken über den Handel mit Dienstleistungen sehr unterentwickelt sind. Im *Straßengüterverkehr* nahm seit der Liberalisierung des grenzüberschreitenden Verkehrs Anfang 1993 der Anteil deutscher Unternehmen kontinuierlich ab. Vor der Liberalisierung Mitte der achtziger Jahre hatte der Anteil noch 40 Prozent betragen, bis 1999 war er auf 25 Prozent zurückgegangen.[14] Die Liberalisierung der Kabotage hatte dagegen nicht die erwarteten, dramatischen Auswirkungen (CEC 1997: 40f.). Obwohl Kabotage in der Bundesrepublik 70 Prozent des EU-Gesamts ausmachte, war nur 1 Prozent des bundesdeutschen kommerziellen Verkehrs betroffen.[15] Einbezogen sind dabei auch jene Unternehmen, die versuchen, angestammte Märkte über Niederlassungen in kostengünstigeren Mitgliedstaaten zu bedienen. In Frankreich betraf die Kabotage nur 0,1 Prozent des nationalen Verkehrs; französische Fuhrunternehmen selbst nutzen die Kabotagemöglichkeiten nach ihren niederländischen und belgischen Kollegen am dritthäufigsten (Douillet/Lehmkuhl 2001: 107f.). Auch bei den *Versicherungen* wird die Dienstleistungsfreiheit wenig genutzt. 1999 hatten Unternehmen aus dem gesamten EWR, die der Heimatlandkontrolle unterstanden (Zweigstellen und Dienstleistungsfreiheit), in der Bundesrepublik einen Marktanteil von 1,6 Prozent in der Lebens- und 1,2 Prozent in der Nicht-Lebensversicherung (BAV 2001: 6). Die Zahlen für Frankreich sind vergleichbar (int 14).[16] Aufgrund der

---

14 Das Parlament 7.8.1992. Bundesamt für Güterverkehr: Marktbeobachtung Güterverkehr. Jahresbericht 1999. März 2000: 6.
15 Bundesamt für Güterverkehr: Marktbeobachtung Güterverkehr. Sonderbericht: Die Auswirkungen der weiteren Liberalisierung des europäischen Verkehrsmarktes im Jahr 1998 auf die Unternehmen des gewerblichen Güterkraftverkehrs. August 1999: 3f.
16 Die geringe Nutzung lässt sich nicht einfach durch die Langfristigkeit von Versicherungsver-

nötigen Kundennähe und Marktkenntnis können größere Marktanteile eigentlich nur über Niederlassungen erzielt werden. Deshalb spielen Fusionen und Firmenübernahmen seit den achtziger Jahren die dominante Rolle für die Herstellung des Versicherungsbinnenmarktes (SwissRe 2000). Mit der Liberalisierung hat der Wettbewerb, gerade in vorher hoch-regulierten Versicherungsmärkten wie Deutschland, stark zugenommen. Es ist aber ein Wettbewerb unter deutschen Niederlassungen, in dem der direkte Wettbewerb mit anders regulierten Unternehmen anderer Mitgliedstaaten eine sehr geringe Rolle spielt.[17]

Auch im Flugverkehr und der Telekommunikation hat der Wettbewerb mit dem Binnenmarkt, bzw. der damit einhergehenden Liberalisierung, deutlich zugenommen. Sieht man einmal von Unternehmensbeteiligungen oder Übernahmen (beispielsweise Mannesmann D2 durch Vodafone) und auch vom Marktsegment der Auslandskommunikation ab, finden sich in der Telekommunikation aber weiterhin territorial definierte Märkte. Im Flugverkehr scheint dies vergleichsweise anders zu sein. Hier ist ein reger, binnenmarktübergreifender Wettbewerb entstanden. Innerhalb des harmonisierten Rechtsrahmens verbleiben den Mitgliedstaaten Kompetenzen nur im Katastrophenschutz, so dass für einen Regulierungswettbewerb kein Spielraum ist.

5. Die nationalen Auswirkungen des Binnenmarktes

Für Dienstleistungen bestehen kaum Anreize für einen Regulierungswettbewerb, denn die gegenseitige Anerkennung spielt als Integrationsmechanismus nur eine geringe Rolle. Zudem wirken sich die Besonderheiten des Dienstleistungshandels und der Dienstleistungsregulierung, die Konstruktion der Dienstleistungsfreiheit und die geringe Standardisierung von Dienstleistungsprodukten dahingehend aus, dass Dienstleistungen meistens dort reguliert sind, wo sie erbracht werden. Eine Ausnahme war die Entsendung von Bauarbeitern, allerdings durften die Mitgliedstaaten mit nationalen Gegenmaßnahmen auf den ökonomischen Druck reagieren. Trotzdem diskutiert die Literatur die Auswirkungen des Binnenmarktes für Dienstleistungen – wie für Güter – hauptsächlich mit Bezug auf den Regulierungswettbewerb (Hertig 2001; Pelkmans 1997).

Wenn der Regulierungswettbewerb nur eine geringe Rolle spielt, was sind dann wichtige Folgen des Binnenmarkts auf der nationalen Ebene? Der ökonomische Druck, der vom Binnenmarkt ausgeht, ist – mit Ausnahme des Flugverkehrs – bisher weitaus geringer als der ökonomische Druck, der von der Liberalisierung nationaler, ehemals stark regulierter bzw. monopolisierter Märkte ausgeht. Dagegen haben wir in den verschiedenen Dienstleistungsbereichen eine recht komplizierte rechtliche Situation, die sich aus der Mischung der verschiedenen Integrationsprinzipien ergibt. Auch wo noch kein Sekundärrecht besteht, sind die Kompetenzen der nationalen und der europäischen Ebene aufgrund der Unsicherheiten des europäischen Primärrechts nicht klar ge-

---

trägen erklären. So findet Hertig (2001) bei Finanzdienstleistungen eine völlig vergleichbare Situation.

17 Bzw. eine nur sehr mittelbare Rolle, bezieht man ein, dass es ja auch einen Markt für Unternehmensübernahmen gibt, in dem die Unternehmen mit ihren jeweiligen Kennzahlen konkurrieren.

trennt. Das Vertragsrecht wird vom EuGH fallweise ausgelegt; zudem spielen Vorabentscheidungen von Fragen nationaler Gerichte eine große Rolle, in denen sehr spezifische Fragen beantwortet werden, so dass die Auswirkungen dieser Urteile auf andere Fälle umstritten bleiben (Hatzopoulos 2002: 728). Im Folgenden untersuche ich die Auswirkungen der resultierenden Rechtsunsicherheit auf Frankreich und Deutschland.

Die Auswirkungen der unklaren Kompetenzordnung lassen sich recht gut anhand der Konflikte um das deutsche Entsendegesetz demonstrieren. Die Rechtmäßigkeit einer Beschränkung der Dienstleistungsfreiheit wurde von liberaler politischer, ökonomischer und juristischer Seite bestritten (Eichhorst 2000: 223, 227). Doch auch noch Jahre nach der Verabschiedung blieb die Rechtmäßigkeit der deutschen Regelung zweifelhaft (Bosch/Worthmann/Zühlke-Robinet 2002: 129). So machte der EuGH in einem Vorabentscheidungsverfahren 2002 (C-164/99) darauf aufmerksam, dass die – rein hypothetische – Möglichkeit inländischer Firmen, mit spezifischen Firmentarifverträgen (die grundsätzlich Vorrang vor allgemeinen Verbandstarifverträgen haben) die Mindestlöhne auch zu unterschreiten, eine unzulässige Diskriminierung sei, da ausländischen Firmen dieser Weg versperrt ist.

Ein besonders prägnantes Beispiel für die Rechtsunsicherheit bietet der gerade wiederholte Versuch, durch eine Mauteinführung für Lastwagen auf deutschen Autobahnen das deutsche Straßengüterverkehrsgewerbe von Wettbewerbsnachteilen im liberalisierten Binnenmarkt zu entlasten. Ein erster Versuch zur Einführung einer Straßenbenutzungsgebühr war 1990 erfolgt. Deutschland sah sich von allen Mitgliedstaaten in einer besonders schweren Situation, da die Finanzierung der Infrastruktur über hohe Fahrzeug- und Kraftstoffsteuern (statt über Straßenbenutzungsgebühren) erfolgte, weshalb ausländische Fahrzeuge trotz des hohen Transitaufkommens kaum zur Finanzierung beitrugen (Kerwer/Teutsch 2001: 33). Gleichzeitig mussten deutsche Transporteure in anderen Ländern teils Maut entrichten. Mit Straßenbenutzungsgebühren würden Lastwagen aus allen Mitgliedstaaten zur Finanzierung der Infrastruktur herangezogen. Um das eigene Gewerbe nicht weiter zu belasten, sah das Gesetz zum Ausgleich eine Absenkung der Kfz-Steuer vor. Damit hätten also nur ausländische Laster netto mehr bezahlt (Young/Wallace 2000: 75).

Die Kommission sah in dem Gesetz eine unzulässige Diskriminierung von Transporteuren aus anderen Mitgliedstaaten; eine Sichtweise, die der EuGH im anschließenden Verfahren unterstützte (C-195/90). Man fand danach eine gemeinschaftliche Regelung mit dem Euro-Vignettenverbund, auf einem allerdings sehr viel niedrigeren Niveau; die Höchstkosten von 1250 Ecu für eine Jahresvignette betrugen nur ein Drittel der ursprünglichen deutschen Forderungen (Young/Wallace 2000: 75, 78).

Ende 2003 soll nun in Deutschland eine streckenabhängige Maut eingeführt werden. Erneut soll das deutsche Transportgewerbe entlastet werden, was die Kommission als unzulässige Beihilfe wertet. Weitere Streitpunkte betreffen die Mauthöhe (da deutsche Autobahnen größtenteils amortisiert sind) sowie die Verwendung der Mittel. Nach dem Entwurf für eine Wegekostenrichtlinie sollen Einnahmen ausschließlich dem jeweils belasteten Verkehrsträger zu Gute kommen. Ein Vertragsverletzungsverfahren wurde angekündigt.[18]

---

18 Financial Times Deutschland vom 7.6.2003: „Endkampf um die LKW-Maut" und vom

Diese Art der Rechtsunsicherheit betrifft alle Mitgliedstaaten in Abhängigkeit von der Kompatibilität ihrer nationalen Institutionen mit dem jeweilgen europäischen Politikansatz. So fiel Frankreich eine Reaktion auf das Entsendeproblem leichter als Deutschland, da es dort einen gesetzlichen Mindestlohn gibt. Auch die Umstellung von einer Steuer- zu einer Abgabefinanzierung des Autobahnnetzes im Einklang mit EU-Vorgaben fällt Deutschland schwer. Die Frage der institutionellen Kompatibilität zwischen europäischen Anforderungen und nationalstaatlichen Institutionen („misfit") wird in der Literatur als hauptsächliches Erklärungsmoment der durch die Integration ausgelösten mitgliedstaatlichen Veränderungen angesehen (Börzel/Risse 2000; Knill 2001). Dabei wird aber von einer Eindeutigkeit europäischer Anforderungen ausgegangen, die m. E. so nicht immer gegeben ist. Wie im Folgenden gezeigt wird, reagiert die nationale Ebene sehr unterschiedlich auf die mit der Integration verbundene Rechtsunsicherheit, sowohl wenn es darum geht, negative Folgen auf der nationalen Ebene zu absorbieren als auch wenn versucht wird, den europäischen Kontext für eigene Interessen zu instrumentalisieren.

5.1 Die Kontrolle negativer Folgen der Integration

Die Interpretation der unklaren Kompetenzordnung geschieht vor dem Hintergrund *nationaler Staats-Gesellschaftsbeziehungen* sowie *parteipolitischer Präferenzen,* wodurch sich erhebliche nationale Unterschiede in der Wahrnehmung der *verbleibenden Handlungsoptionen* ergeben. Dies zeigen die Unterschiede beim Erlass eines *Entsendegesetzes* in Frankreich und Deutschland sehr deutlich. Unter der nach den Wahlen im März 1993 amtierenden bürgerlichen Regierung wurde in Frankreich als erstem Mitgliedstaat ein Entsendegesetz verabschiedet, durch das Arbeits- und Schutzrechte sowie ein Mindestlohn auch für entsandte Arbeitnehmer verbindlich wurde. Das Vorhaben war weder von Arbeitgeber- noch von Arbeitnehmerseite her umstritten; von keiner Seite wurden ordnungspolitische Argumente dagegen vorgebracht (Eichhorst 2000: 268f.).

In der Bundesrepublik dagegen wartete man – obwohl am stärksten von Entsendungen betroffen – zunächst auf eine europäische Regelung. Als die Arbeiten am Gesetz 1995 begannen, wurden sie von heftigen Auseinandersetzungen darüber begleitet, ob ein solcher protektionistischer, gegen die Dienstleistungsfreiheit verstoßender Schritt zulässig sei. Kritik kam von Seiten der Verbände der exportorientierten Wirtschaft, der FDP und Teilen der CDU. Auch gab es eine rege wirtschaftswissenschaftliche und juristische Debatte (Eichhorst 2000: 224f., 227f.). Nachdem das Gesetz endlich verabschiedet war, stellten sich die Arbeitgeber quer und verweigerten eine Zeit lang ihre Zustimmung im Tarifausschuss zur notwendigen Allgemeinverbindlichkeitserklärung der Mindestlöhne, ohne die das Entsendegesetz nicht greifen konnte (Eichhorst 2000: 231–247).

Während in Frankreich also selbst unter einer konservativen Regierung ordnungspolitische Argumente keine Rolle spielten, wurde in Deutschland erst unter der rot-grünen Regierung anders reagiert. Seit der 2. Novelle des Entsendegesetzes kann der

---

9.6.2003: „EU bezweifelt Rechtmäßigkeit der deutschen LKW-Maut". Handelsblatt vom 10.7. 2003: „EU drängt auf Verschiebung der Maut".

Bundesarbeitsminister per Rechtsverordnung die Allgemeinverbindlichkeit verfügen, so dass eine Zustimmung durch den Tarifausschuss entfällt. Außerdem wurden die Sanktionsmöglichkeiten verbessert (Worthmann/Zühlke-Robinet 2003: 115).

Auch im *Straßengüterverkehr* finden sich ähnliche Unterschiede. In Frankreich wurden 1990, 1992 und 1998 unter linken Regierungen sukzessive die professionellen und finanziellen Voraussetzungen für Fuhrunternehmen erhöht. 1994 wurde eine Vereinbarung zwischen den Arbeitgebern und den Gewerkschaften zur Arbeitszeitverkürzung unterzeichnet, die durch Dekrete Ende 1996 unter einer konservativen Regierung festgeschrieben wurde. 1992 und 1995 wurden Gesetze gegen Tarifdumping erlassen, indem das Anbieten von Dienstleistungen unter den Kosten sowie die zu niedrige Entlohnung von Subunternehmern unter Strafe gestellt wurden. Da das Tätigkeitslandprinzip gilt, werden auch EU-Ausländer unter der Dienstleistungsfreiheit erfasst (int 18). Außerdem wird darauf geachtet, dass die Kabotage als Nutzung der „vorübergehenden" Dienstleistungsfreiheit nicht für dauerhafte Dienstleistungen aus dem grenznahen Ausland missbraucht wird (int 18). In der Bundesrepublik wurde unter der rotgrünen Koalition das „Gesetz zur Bekämpfung der illegalen Beschäftigung im gewerblichen Güterkraftverkehr" erlassen, das seit September 2001 in Kraft ist. Fahrer aus Drittstaaten haben hiernach bestimmte Informationspflichten (Vorlage der Arbeitsgenehmigung u. Ä.). Bei Verstößen kann die Weiterfahrt bis zur Vorlage der Dokumente untersagt werden, und auch die Verlader können haftbar gemacht werden.[19]

5.2 Rechtliche Unsicherheit als Opportunitätsstruktur

Hintergrund dieser unterschiedlichen Interpretationen ist auch, dass nationale Akteure den europäischen politischen und rechtlichen Kontext für sich *instrumentalisieren*, um politische Ziele durchzusetzen, für die national sonst die Zustimmung fehlte. So habe ich an anderer Stelle gezeigt (Schmidt 2003), wie durch die Mitgliedschaft in der EU die Durchsetzung von Liberalisierungsreformen im deutschen politischen System wesentlich erleichtert wurde. Während der nationale institutionelle Kontext die Akteure der etablierten Veto-Koalition begünstigte, weshalb sich die einmal vereinbarten Sektorregulierungen als äußerst stabil herausstellten, wurden im europäischen Mehrebenensystem die Liberalisierungsbefürworter gestärkt: Sie konnten die Verwirklichung ihrer Interessen teils erfolgreich als unter europäischem Recht notwendig darstellen. So wurde bei der *Güterverkehrsliberalisierung* die Unsicherheit über ein anstehendes EuGH-Urteil genutzt, um die Tarifaufhebung zu erzielen, die EU-rechtlich, wie sich später herausstellte, gar nicht notwendig gewesen wäre, da bei der Kabotage weitgehend das Tätigkeitslandprinzip gilt (Teutsch 2001: 143f.). Auch in der *Telekommunikationspolitik* hatte Deutschland zunächst wegen der Vetoposition des Bundesrates Mühe, das Monopol aufzugeben (Schmidt 1991). Der EU-Kontext erleichterte es Teilen des zuständigen Postministeriums im Verlauf der weiteren Reform, durch die Instrumentalisierung bestehender Rechtsunsicherheiten national liberalere Regelungen durchzusetzen (Schmidt 1998: 151f.). In Frankreich hat sich der Verband der Versi-

---

19 Deutsche Verkehrszeitung vom 17.7.2001.

cherungsunternehmen FFSA (Fédération Française des Sociétés d'Assurances) wiederholt mit wettbewerbsrechtlichen Beschwerden an die Kommission gewandt. So versuchte man, die Erlaubnis der französischen Post zum Vertrieb von Versicherungsprodukten wettbewerbsrechtlich zu verhindern (T-106/95). In ähnlicher Weise hat sich die FFSA wiederholt an die Kommission wegen der Wettbewerbsvorteile der Versicherungsvereine auf Gegenseitigkeit gewandt (C-329/98).

Insgesamt führen unterschiedliche institutionelle Ausgangsbedingungen und Akteurskonstellationen dazu, dass verbliebene Handlungsoptionen auf der nationalen Ebene sehr unterschiedlich genutzt werden. Zudem lädt der europäische Kontext dazu ein, auf nationaler Ebene für politische Ziele instrumentalisiert zu werden.

6. Schlussbemerkung

Das Funktionieren von Märkten ist abhängig von einem dichten Netz von Institutionen. Dies gilt wahrscheinlich besonders für Dienstleistungen, deren Immaterialität die Einschätzung besonders erschwert, ob Zusicherungen aus Dienstleistungsverträgen eingehalten werden. Bedenkt man, über welchen Zeitraum nationale Regulierungsregime für Dienstleistungen aufgebaut wurden, kann es nicht erstaunen, dass sich der Dienstleistungsbinnenmarkt als schwieriges Unterfangen herausstellt. Von der gegenseitigen Anerkennung erhoffte man sich, den Binnenmarkt ohne die hohen Transaktionskosten einer Harmonisierung verschiedener Regulierungsregime herstellen zu können. Bei der gegenseitigen Anerkennung handelt es sich jedoch ebenfalls um ein sehr voraussetzungsvolles Integrationsprinzip, das davon abhängt, dass Mitgliedstaaten vergleichbare Regulierungsziele verfolgen und sich in der Anwendung und weiteren Ausarbeitung dieser Regeln ausreichend vertrauen (Majone 1994: 83). Oft sind diese Voraussetzungen nicht gegeben, so dass die gegenseitige Anerkennung nur kombiniert mit den anderen Integrationsprinzipien der Inländergleichbehandlung und der Harmonisierung zur Anwendung kommt.

Bisher ist die Dienstleistungsfreiheit wenig genutzt worden – sieht man einmal von der Entsendung von Bauarbeitern ab, deren negative Folgen jedoch von den Mitgliedstaaten durch gesetzliche Maßnahmen weitgehend bekämpft werden konnten. Die geringe Nutzung der Dienstleistungsfreiheit liegt zum einen an mangelnder Harmonisierung, die sich in der Einsetzung des Tätigkeitslandprinzips ausdrückt. Zum anderen zielt aber die Dienstleistungsfreiheit nur auf temporäre Tätigkeiten und führen die Besonderheiten der Dienstleistungsregulierung und des Dienstleistungshandels dazu, dass meist Niederlassungen in dem Mitgliedstaat notwendig sind, wo Dienstleistungen erbracht werden. Für Dienstleistungen ist deshalb die Gefahr eines Regulierungswettbewerbs gering.

Es gibt also wenig ökonomische Beschränkungen der nationalen Politikoptionen durch den Dienstleistungsbinnenmarkt. Bei den rechtlichen Beschränkungen dagegen bietet sich ein differenziertes Bild. Aufgrund seiner Höherrangigkeit schränkt europäisches primäres und sekundäres Recht die nationale Handlungsfähigkeit ein. Jedoch hängt das Ausmaß der Beschränkung von dem gewählten Integrationsprinzip ab. Dort, wo die Inländergleichbehandlung gilt, können Mitgliedstaaten weiterhin Maßnahmen ergreifen, die für Inländer wie auch für EU-Ausländer gleichermaßen gelten. Bei der gegenseitigen Anerkennung müssen sie sich dagegen auf die Regulierung der in ihrem Land niedergelassenen Unternehmen beschränken. Sind die Regeln schließlich harmonisiert, ist die Regulierungszuständigkeit an sich vergemeinschaftet. Hier gilt jedoch eine wichtige Einschränkung: Immer, wenn es sich um eine Mindestharmonisierung handelt, haben Mitgliedstaaten die Möglichkeit, anspruchsvollere Regulierungen zu treffen. Diese gelten dann teils nur für Inländer, vergleichbar dem Heimatlandprinzip. Teils gelten sie aber auch für EU-Ausländer wie beim Tätigkeitslandprinzip, wobei nicht immer klar ist, wann welches Prinzip gilt. In einem Artikel über die Mindestharmonisierung schließt Dougan: „Thus, although the general idea of minimum harmonization is enshrined in the Treaty and accepted by the Court, its full implications do not seem to have been thought out" (Dougan 2000: 885).

Rechtlich wie ökonomisch verbleibt den Mitgliedstaaten also ein erheblicher Handlungsspielraum. Nicht so sehr eingeschränkte Kompetenzen, sondern die Unsicherheit über den verbleibenden Handlungsspielraum stellt sich als Problem für die Mitgliedstaaten heraus. Besonders deutlich wird dies bei den erwähnten unklaren Implikationen der Mindestharmonisierung, die aber bei den hier untersuchten Sektoren bisher keine Rolle spielten. Auf der Ebene der Integrationsprinzipien bleibt oft unklar, wo die Inländergleichbehandlung die Souveränität der Mitgliedstaaten intakt lässt. Schließlich sind die primärrechtlichen Beschränkungen der mitgliedstaatlichen Handlungsfähigkeit zu nennen. Wie sich das Vertragsrecht auf einen konkreten Sachverhalt auswirkt, ist oft fraglich. Auch ist nicht immer deutlich, wie sich primärrechtliche und sekundärrechtliche Schranken zueinander verhalten.[20] So bestimmen sich nationale Autonomiereserven letztlich aus der Rechtsprechung des EuGH, wobei kaum vorhersagbar ist, wo genau der EuGH die Grenze zwischen europäischen und nationalen Kompetenzen zieht.

In den Mitgliedstaaten wird die Unsicherheit über verbleibende Kompetenzen auf der Basis unterschiedlicher Institutionen und nationaler Traditionen interpretiert. Während der Regulierungswettbewerb eine Annäherung der Regulierung der Mitgliedstaaten impliziert, führt der unterschiedliche Umgang mit Rechtsunsicherheit zu heterogenen Folgen des Binnenmarktes auf der nationalen Ebene. So gingen Deutschland und Frankreich sehr unterschiedlich mit ihren verbliebenen Kompetenzen zur Regulierung der Entsendung und des Straßengüterverkehrs um. Wie lassen sich diese Unterschiede erklären? Die unterschiedliche Bedeutung ordnungspolitischer, liberaler Argumente wurde bereits erwähnt. Darüber hinaus sind wahrscheinlich auch die unterschiedliche Rolle des Verfassungsgerichts und die Tradition von Normenkontrolle von Bedeutung. Während in Frankreich die abstrakte Normenkontrolle nur innerhalb eines kurzen Zeitraums nach dem Erlass von Gesetzen möglich ist, gibt es in Deutschland außerordentlich weitgehende Möglichkeiten zur Normenkontrolle (Kommers 1996). Deshalb ist es in Deutschland üblicher als in Frankreich von rechtlichen Beschränkungen politischen Handelns auszugehen. In Frankreich ist dagegen das traditionelle Verständnis legislativer Höherrangigkeit noch stark (Provine 1996: 179). Deutsche politi-

---

20 Dies wurde deutlich im Fall Kohll (C-158/96), in dem der EuGH die durch eine Verordnung (1408/71) vorgeschriebene vorherige Genehmigung medizinischer Leistungen in anderen Mitgliedstaaten als mit den Vertragsfreiheiten unvereinbar interpretierte (Hatzopoulos 2002: 698).

sche Akteure sind sehr viel bereiter, europarechtliche Beschränkungen anzuerkennen, als französische Akteure. Angesichts der unsicheren rechtlichen Zulässigkeit nationaler Maßnahmen rückt schließlich ihr Zustandekommen in das Blickfeld. Hier finden wir in Frankreich aufgrund der Möglichkeiten der Regierung, das Parlament einzuschränken und der geringeren Rolle der zweite Kammer ein weniger „kostspieliges" legislatives System als in Deutschland. Dadurch ist es leichter, verbleibende Handlungsspielräume wahrzunehmen als im deutschen politischen System.[21]

Rechtliche Unsicherheit bildet für nationale Akteure eine Opportunitätsstruktur, da sie versuchen können, die Rechtslage ihren Interessen entsprechend zu interpretieren. Dies gilt gleichermaßen für deutsche und französische Akteure. Insoweit diese Interpretationen vom EuGH geteilt werden, müssen beide politischen Systeme reagieren. Solange es sich jedoch um unsichere Interpretationen handelt, gibt es unterschiedliche Auswirkungen. Aufgrund der größeren Reformfähigkeit in Frankreich (mit Ausnahme von politisch umstrittenen Reformen, die zum „exit" aus dem institutionalisierten Entscheidungssystem zur Politik der Straße führen (Wilsford 1988: 152f.)) kann man eher davon ausgehen, dass Regulierungen den Interessen der wichtigsten Akteure entsprechen. In Deutschland führt die Politikverflechtungsfalle dagegen oft zu Reformschwierigkeiten (Scharpf 1976), da Akteure trotz ihrer Minderheitenposition die von einer Mehrheit gewünschten Reformen blockieren können. Im Kontext der EU kann diese Blockade gelöst werden, so dass sich hiermit deutliche Integrationseffekte auf der nationalen Ebene ergeben.

Rechtsunsicherheit ist ein allgemeines Problem des Binnenmarktrechts, das auch von der Rechtwissenschaft kritisiert wird.[22] Inwieweit sind die daraus folgenden Unsicherheiten über Kompetenzen gravierender als in anderen föderalen Systemen? Besonders an der EU scheint zu sein, dass hier die für föderative Systeme typischen Kompetenzkonflikte mit einer „Union im Werden" kombiniert sind, was es erschwert, Streitigkeiten mit Verweis auf eine existierende Verfassung zu schlichten, da sich letztere oft erst aus diesen Streitigkeiten ergibt:

„Wie es scheint, bringt die Europäische Union ihre ‚Verfassung' zu einem großen Teil im fallweisen Umgang mit den von der Marktfreiheit geschaffenen Regulierungsproblemen sozusagen nebenher und implizit hervor. Jede Sachentscheidung ist dabei immer auch eine Entscheidung über die Rechte und Pflichten der Union gegenüber ihren Mitgliedstaaten beziehungsweise der Mitgliedstaaten untereinander, die bei der Behandlung des nächsten Themas entweder fortgeschrieben oder revidiert wird" (Streeck 2000: 29).

Zudem wird die rechtliche Unsicherheit auch von europäischer Seite als Opportunitätsstruktur genutzt, um Eigeninteressen zu fördern. Die fragliche Zulässigkeit nationaler Initiativen bietet der Kommission immer auch einen Ansatzpunkt für die weitere Vergemeinschaftung von Politik. Aber auch der EuGH bleibt in seiner Rechtsprechung

---

21 Interessant ist in dieser Hinsicht der gegenwärtige Konflikt mit der Kommission über die Autobahnmaut. Da der Bundesrat eine Kompensation der Straßengüterverkehrsunternehmen zur Bedingung für seine Zustimmung gemacht hatte, war die Regierung in der Auseinandersetzung mit der Kommission wenig flexibel, um durch Zugeständnisse nicht zu einer weiteren Befassung des Bundesrates gezwungen zu werden (FAZ vom 5.8.2003: 11).

22 Hatzopoulos (2002); Dougan (2000: 877): „The overall impression generated by this body of case law thus remains one of confusion."

oft zweideutig, da er diese so leichter an die weitere Integration anpassen kann, was unmöglich wäre, würde er die jeweiligen Zuständigkeitsbereiche endgültig definieren.
  Die aus der Rechtsunsicherheit folgenden Kosten müssen gegen die Vorteile des Binnenmarktes abgewogen werden. Bei der Dienstleistungsfreiheit sind die Vorteile aufgrund der Ausrichtung auf temporäre Tätigkeiten notwendigerweise beschränkt. Aber dennoch genießt die Realisierung der Dienstleistungsfreiheit eine hohe politische Priorität, denn geringer Dienstleistungshandel wird gleichgesetzt mit fortbestehenden Marktbarrieren. Wiewohl als „Auffangtatbestand" gedacht und deshalb, wie wir gesehen haben, nur marginal relevant, entfaltet auch die Dienstleistungsfreiheit ein Telos, so dass ihre geringe Nutzung trotz aller Selbstverständlichkeit als problematisch interpretiert wird. Dies zeigen die verschiedenen Strategien für den Binnenmarkt, die in den späten neunziger Jahren aufgelegt wurden, beispielsweise für Finanzdienstleistungen, die ja mit ihrer Kritik nicht etwa an einer mangelnden Kapitalverflechtung oder geringen Niederlassungszahlen von EU-Ausländern ansetzen, sondern an der dürftigen Nutzung der Dienstleistungsfreiheit als Zeichen einer fortdauernden Abschottung der Märkte der Mitgliedstaaten.[23] Mit weiteren Harmonisierungsmaßnahmen – beispielsweise des Versicherungsvertragsrechts[24] – möchte man hier Abhilfe schaffen. Bedenkt man, was über die Charakteristika von Dienstleistungen in Bezug auf ihre Kontextabhängigkeit und die Regulierung des Produktionsprozesses gesagt wurde, wird deutlich, dass eine ungeheure Harmonisierungsmaschinerie in Gang gesetzt werden muss, um die Dienstleistungsfreiheit zu verwirklichen. Aufgrund der unterschiedlichen Prägungen der mitgliedstaatlichen Märkte ist fraglich, ob diese Sisyphusarbeit jemals ihr Ziel erreichen kann.
  Die Orientierung am abstrakten Ziel der Dienstleistungsfreiheit führt also zu einem sehr *administrativ geprägten Wandel*, der nicht auf Forderungen der relevanten ökonomischen Akteure reagiert, sondern sich nach einer eigenen Logik entfaltet.[25] Regulierungen zur Verwirklichung der Dienstleistungsfreiheit, das zeigt das Versicherungsbeispiel besonders deutlich, entstehen eher aufgrund eines „supply push" als eines „demand pulls".
  Lässt man die bisherigen Folgen des Dienstleistungsbinnenmarktes Revue passieren, lassen sich zwei Schlussfolgerungen für seine weitere Verwirklichung ziehen: Zum einen scheint eine Differenzierung verschiedener Dienstleistungen sinnvoll, da sich diese unterschiedlich gut zum Handel eignen. Und zum anderen scheint es ratsam, die Realisierung des Dienstleistungsbinnenmarktes nicht überwiegend an die Dienstleistungsfreiheit zu knüpfen. Da in den überwiegenden Fällen Niederlassungen zur Erbringung von Dienstleistungen notwendig sind, lässt sich auch sagen: Der Dienstleistungsbinnenmarkt ist längst Realität, auch ohne dass sich dies am grenzüberschreitenden Dienstleistungshandel und der Nutzung der Dienstleistungsfreiheit ablesen lassen muss.

---

23 Siehe den „Aktionsplan für Finanzdienstleistungen", KOM(1999) 232 vom 11.5.1999 und „Eine Binnenmarktstrategie für den Dienstleistungssektor", KOM(2000) 888 endg. vom 29.12.2000.
24 European Commission, DG Internal Market: Retail financial services: overcoming remaining barriers. A legal analysis. Brussels, 20.3.2000.
  http://europa.eu.int/comm/internal_market/en/finances/actionplan/index.htm
25 Zum Beispiel verfolgen Versicherungsunternehmen nur die Bestrebungen einer Harmonisierung des Vertragsrechts, ohne sie aktiv zu fordern (int 11, 16).

Literatur

Alter, Karen J./Meunier-Aitsahalia, Sophie, 1994: Judicial Politics in the European Community, in: Comparative Political Studies 26(4), 535–561.
Badenhoop, Jörn H.-E., 1988: Binnenmarkt der Versicherungen, in: *Weidenfeld, Werner* (Hrsg.), Binnenmarkt '92: Perspektiven aus deutscher Sicht. Gütersloh, 103–106.
Basedow, Jürgen/Dolfen, Michael, 1998: Verkehrs- und Transportrecht, in: *Dauses, Manfred A.* (Hrsg.), Handbuch des EU-Wirtschaftsrechts. München, 1–148.
BAV (Bundesaufsichtsamt für das Versicherungswesen), 2001: Geschäftsbericht 2000 Teil A. Bonn.
Behrens, Peter, 1992: Die Konvergenz der wirtschaftlichen Freiheiten im europäischen Gemeinschaftsrecht, in: Europarecht 2, 145–162.
Börzel, Tanja A./Risse, Thomas, 2000: When Europe Hits Home: Europeanization and Domestic Change, in: European Integration Online Papers, 4(15).
Bosch, Gerhard/Worthmann, Georg/Zühlke-Robinet, Klaus, 2002: Das deutsche Baugewerbe im europäischen Wettbewerb, in: *Sadowski, Dieter* (Hrsg.), Die ökonomische Analyse des Arbeitsrechts. Nürnberg, 107–143.
Cameron, David R., 1992: The 1992 Initiative: Causes and Consequences, in: *Sbragia, Alberta M.* (Hrsg.), Euro-Politics – Institutions and Policymaking in the „New" European Community. Washington, 23–74.
CEC (Commission of the European Communities), 1997: Impact on Services. Road Freight Transport, The Single Market Review, Subseries II: Volume 5. Luxemburg/London.
Criegern, Ulrike von, 1997: Die Bedeutung der Dritten Schadenrichtlinie unter aufsichtsrechtlichen Gesichtspunkten für die Dienstleistungsfreiheit der Versicherungsunternehmen in dem Binnenmarkt. Frankfurt a.M. u.a.
Dicke, Hugo, 2002: Der Europäische Binnenmarkt, in: *Weidenfeld, Werner* (Hrsg.), Europa-Handbuch. Gütersloh, 439–453.
Dougan, Michael, 2000: Minimum Harmonization and the Internal Market, in: Common Market Law Review 37, 853–885.
Douillet, Anne-Cécile/Lehmkuhl, Dirk, 2001: Strengthening the Opposition and Pushing Change: The Paradoxical Impact of Europe on the Reform of French Transport, in: *Héritier, Adrienne/Kerwer, Dieter/Knill, Christoph/Lehmkuhl, Dirk/Teutsch, Michael/Douillet, Anne-Cécile* (Hrsg.), Differential Europe. Lanham, 99–132.
Eichener, Volker, 1996: Die Rückwirkungen der europäischen Integration auf nationale Politikmuster, in: *Jachtenfuchs, Markus/Kohler-Koch, Beate* (Hrsg.), Europäische Integration. Opladen, 249–280.
Eichhorst, Werner, 2000: Europäische Sozialpolitik zwischen nationaler Autonomie und Marktfreiheit. Die Entsendung von Arbeitnehmern in der EU. Frankfurt a.M.
Fahr, Ulrich, 1992: Die Umsetzung der Versicherungsrichtlinien der dritten Generation in deutsches Recht, in: Versicherungsrecht 43(25), 1033–1047.
Genschel, Philipp, 1998: Markt und Staat in Europa, in: Politische Vierteljahresschrift 39(1), 55–79.
Genschel, Phillip, 2002: Steuerwettbewerb und Steuerharmonisierung in der Europäischen Union. Frankfurt a.M.
Hailbronner, Kay/Nachbaur, Andreas, 1992: Die Dienstleistungsfreiheit in der Rechtsprechung des EuGH, in: Europäische Zeitschrift für Wirtschaftsrecht 6(4), 105–113.
Hatzopoulos, Vassilis, 2002: Killing National Health and Insurance Systems but Healing Patients?, in: Common Market Law Review 39, 683–729.
Héritier, Adrienne, 1999: Policy-Making and Diversity in Europe. Cambridge.
Héritier, Adrienne/Mingers, Susanne/Knill, Christoph/Becka, Martina, 1994: Die Veränderung von Staatlichkeit in Europa. Opladen.
Hertig, Gerard, 2001: Regulatory Competition for EU Financial Services, in: *Esty, Daniel C./Geradin, Damien* (Hrsg.), Regulatory Competition and Economic Integration. Oxford, 219–240.
Hohlfeld, Knut, 1991: Die Zukunft der Versicherungsaufsicht in der Europäischen Wirtschaftsgemeinschaft, in: Die Versicherungsrundschau 46(11), 329–341.

Hunger, Uwe, 2003: Die Entgrenzung des europäischen Bauarbeitsmarktes als Herausforderung an die europäische Arbeitsmarkt- und Sozialpolitik, in: *Hunger, Uwe/Santel, Bernhard* (Hrsg.), Migration im Wettbewerbsstaat. Opladen, 75–90.
Kassim, Hussein, 1996: Air Transport, in: *Kassim, Hussein/Anand, Menon* (Hrsg.), The European Union and National Industrial Policy. London/New York, 106–131.
Kerwer, Dieter/Teutsch, Michael, 2001: Transport Policy in the European Union, in: *Héritier, Adrienne/Kerwer, Dieter/Knill, Christoph/Lehmkuhl, Dirk/Teutsch, Michael/Douillet, Anne-Cécile* (Hrsg.), Differential Europe. Lanham, 23–56.
Knill, Christoph, 2001: The Europeanisation of National Administrations. Cambridge.
Knill, Christoph, 2003: Europäische Umweltpolitik – Steuerungsprobleme und Regulierungsmuster im Mehrebenensystem. Opladen.
Kommers, Donald P., 1996: The Federal Constitutional Court in the German Political System, in: Comparative Political Studies 26(4), 470–491.
Larouche, Pierre, 2000: Competition Law and Regulation in European Telecommunications. Oxford/Portland (Oregon).
Lütz, Susanne, 2002: Der Staat und die Globalisierung von Finanzmärkten. Frankfurt a.M.
Majone, Giandomenico, 1994: Mutual Recognition in Federal Type Systems, in: *Mullins, Anne/Saunders, Cheryl* (Hrsg.), Economic Union in Federal Systems. Sydney, Australia, 69–84.
McNamara, Kathleen R., 1998: The Currency of Ideas: Monetary Politics in the European Union. Ithaca/London.
Miersch, Gerald, 1996: Versicherungsaufsicht nach den Dritten Richtlinien. Karlsruhe.
Monti, Mario, 1997: Der Binnenmarkt und das Europa von morgen: ein Bericht der Europäischen Kommission. Luxemburg.
Moravcsik, Andrew, 1991: Negotiating the Single European Act: National Interests and Conventional Statecraft in the European Community, in: International Organization 45(1), 19–56.
Mussler, Werner, 1999: Systemwettbewerb als Integrationsstrategie der Europäischen Union, in: *Streit, Manfred E./Wohlgemuth, Michael* (Hrsg.), Systemwettbewerb als Herausforderung an Politik und Theorie. Baden-Baden, 71–102.
Nicolaïdis, Kalypso, 1993: Mutual Recognition Among Nations: The European Community and Trade in Services. PhD, Harvard, Cambridge, Mass.
Pelkmans, Jacques, 1997: Competition among Regimes in the EU between Ideas and Sober Reality, Paper for the Conference „Institutions, Markets and (economic) Performance: Deregulation and its Consequences". Utrecht, Dec. 11–12,
Provine, Doris Marie, 1996: Courts in the Political Process in France, in: *Jacob, Herbert/Blankenburg, Erhard/Kritzer, Herbert M./Provine, Doris Marie/Sanders, Joseph* (Hrsg.), Courts, Law, and Politics in Comparative Perspective. New Haven/London, 177–248.
Roth, Wulf-Henning, 1986: Die Harmonisierung des Dienstleistungsrechts in der EWG, in: EuR 4, 340–369.
Roth, Wulf-Henning, 1987: Die Harmonisierung des Dienstleistungsrechts in der EWG (Schluß), in: EuR 1, 7–27.
Sandholtz, Wayne/Zysman, John, 1989: 1992: Recasting the European Bargain, in: World Politics 42(1), 95–128.
Scharpf, Fritz W, 1976: Teil I: Theorie der Politikverflechtung, in: *Scharpf, Fritz W./Reissert, Bernd/Schnabel, Fritz*, Politikverflechtung: Theorie und Empirie des kooperativen Föderalismus in der Bundesrepublik. Kronberg/Ts.: Scriptor, 13–70.
Scharpf, Fritz W., 1986: Strukturen des post-industriellen Gesellschaft, in: Soziale Welt 37, 4–24.
Scharpf, Fritz W., 1994: Kann es in Europa eine stabile föderale Balance geben?, in: *Scharpf, Fritz W.* (Hrsg.), Optionen des Föderalismus in Deutschland und Europa. Frankfurt a.M.
Scharpf, Fritz W., 1999: Regieren in Europa. Effektiv und demokratisch? Frankfurt a.M./New York.
Schmidt, Susanne K., 1991: Taking the long Road to Liberalization. Telecommunications Reform in the Federal Republic of Germany, in: Telecommunications Policy 15(3), 209–222.
Schmidt, Susanne K., 1998: Liberalisierung in Europa. Die Rolle der Europäischen Kommission. Frankfurt a.M.

Schmidt, Susanne K., 2003: Die nationale Bedingtheit der Folgen der europäischen Integration, in: Zeitschrift für Internationale Beziehungen 10(1), 43–68.

Schneider, Harmut, 1996: Zum Funktionswandel der Grundfreiheiten des EGV und zu seinen Auswirkungen auf das nationale Recht, in: Neue Justiz 10, 512–515.

Seidel, Martin, 1987: Die Dienstleistungsfreiheit in der neuen Rechtsentwicklung, in: *Schwarze, Jürgen* (Hrsg.), Der Gemeinsame Markt – Bestand und Zukunft in wirtschaftsrechtlicher Perspektive. Baden-Baden, 113–136.

Streeck, Wolfgang, 2000: Vorwort: Europäische Sozialpolitik?, in: *Eichhorst, Werner*, Europäische Sozialpolitik zwischen nationaler Autonomie und Marktfreiheit. Die Entsendung von Arbeitnehmern in der EU. Frankfurt a.M., 19–35.

Streit, Manfred E./Mussler, Werner, 1995: Wettbewerb der Systeme zur Verwirklichung des Binnenmarktprogramms? Diskussionsbeitrag 03/95. Jena.

SwissRe, 2000: Europa im Fokus: struktureller Wandel in der Nichtleben-Versicherung, in: sigma 3, 1–42.

Teutsch, Michael, 2001: Regulatory Reforms in the German Transport Sector: How to Overcome Multiple Veto Points, in: *Héritier, Adrienne/Kerwer, Dieter/Knill, Christoph/Lehmkuhl, Dirk/Teutsch, Michael/Douillet, Anne-Cécile* (Hrsg.), Differential Europe. Lanham, 133–172.

Thatcher, Mark, 2001: The Commission and National Governments as Partners: EC Regulatory Expansion in Telecommunications 1979–2000, in: Journal of European Public Policy 8(4), 558–584.

Troberg, Peter, 1997a: Dienstleistungen, in: *Groeben, Hans von der/Thiesing, Jochen/Ehlermann, Claus-Dieter* (Hrsg.), Kommentar zum EG-/EU-Vertrag. 5. Aufl., Baden-Baden, 1441–1523.

Troberg, Peter, 1997b: Niederlassung, in: *Groeben, Hans von der/Thiesing, Jochen/Ehlermann, Claus-Dieter* (Hrsg.), Kommentar zum EG-/EU-Vertrag. Baden-Baden, 1303–1440.

Verdun, Amy, 2003: Economic and Monetary Union, in: *Cini, Michelle* (Hrsg.), European Union Politics. Oxford, 312–330.

Vogel, David, 1995: Trading Up: Consumer and Environmental Regulation in a Global Economy. Cambridge.

Wilsford, David, 1988: Tactical Advantages Versus Administrative Heterogeneity: The Strengths and the Limits of the French State, in: Comparative Political Studies 21(1), 126–168.

Worthmann, Georg, 2002: Systematisierung von Dienstleistungen – Beispiele aus dem IAT. IAT: Jahrbuch 2001/2002, Gelsenkirchen, 103–111.

Worthmann, Georg/Zühlke-Robinet, Klaus, 2003: Neue Arbeitsmigration im Baugewerbe und ihre Regulierung, in: *Hunger, Uwe/Santel, Bernhard* (Hrsg.), Europäische Sozialpolitik zwischen nationaler Autonomie und Marktfreiheit. Opladen, 91–118.

Young, Alasdair R./Wallace, Helen, 2000: Regulatory Politics in the Enlarging European Union. Manchester.

Ziltener, Patrick, 2001: Wirtschaftliche Effekte der europäischen Integration. MPIfG Working Paper 01/7. Köln.

Politik und Finanzmarkt im Wandel.
Einbettung, Entbettung und was kommt danach?

Susanne Lütz

1. Einleitung

Finanzmärkte scheinen auf den ersten Blick der Prototyp des neoklassischen Marktes zu sein. Grundlage kurzfristiger Transaktionen sind Eigentumsrechte an Aktien, Anleihen oder Derivaten. Die Transaktionspartner sind einander in aller Regel unbekannt und machen ihre Entscheidung über Kauf oder Verkauf eines Wertpapiers von einem möglichst attraktiven Preis abhängig, über den sie vollständig informiert sind. Ein historischer Rückblick zeigt jedoch, dass das Bild des anonymen und von politischer Intervention unbelasteten Marktes nie der Realität entsprach. Im Gegenteil waren nationale Finanzmärkte seit ihrer Entstehung im 18. Jahrhundert auf unterschiedlichste Weise in Systeme nichtmarktförmiger Institutionen, bestehend aus Staat, Netzwerken zwischen Banken, Händlern und Unternehmen, und auch in vielfältige Formen professioneller und verbandlicher Selbstregulierung eingebettet. Nationale Unterschiede bestanden jedoch in der Art und Weise, wie diese Einbindung in das Institutionensystem einer nationalen politischen Ökonomie organisiert war.

Idealtypisch lassen sich hierbei *marktbasierte* von *kreditbasierten* Finanzsystemen unterscheiden (vgl. hierzu Zysman 1983). Marktbasierte Finanzsysteme dominieren in angelsächsischen Ökonomien wie Großbritannien und den Vereinigten Staaten. Unternehmen finanzieren sich in diesen Ländern eher durch Ausgabe von Aktien an das Publikum oder an andere Firmen und damit durch Börsengang und den Kapitalmarkt. Letztlich ist es auch die Börsennotierung einzelner Unternehmen und damit der Kapitalmarkt, welcher die Erfolgskontrolle über die Arbeit des Unternehmensmanagements ausübt. In Japan, aber auch in kontinentaleuropäischen Ländern wie Deutschland, Frankreich, Italien oder Schweden erfolgte die Kapitalbeschaffung vorzugsweise durch Kreditvergabe intermediärer Institutionen wie Banken. In Japan und Frankreich unterlagen Kreditinstitute selbst administrativer Weisung und Aufsicht. So war es letztlich die Regierung, welche die Höhe der Kreditzinsen, abhängig von politischen Prioritäten und industriellem Finanzierungsbedarf, festsetzte. In Deutschland wurden die Rahmenbedingungen der Unternehmensfinanzierung eher durch Abstimmungsprozesse zwischen Unternehmen, Banken und Bankenverbänden bestimmt, wobei der Staat keine lenkende Rolle übernahm, sondern im Hintergrund verblieb. Unternehmen sind in kreditbasierten Systemen also in stabile Akteurnetzwerke integriert, die für eine kontinuierliche Finanzierungsbasis sorgen und dazu beitragen, Risiken zu absorbieren.

Die Koexistenz unterschiedlicher Modelle von Finanzsystemen scheint jedoch zunehmend gefährdet. Mit dem Übergang zu flexiblen Wechselkursen und dem Abbau von Beschränkungen des internationalen Kapitalverkehrs hat die Politik nationale Finanzmärkte von ihrer Bindung an das nationale Territorium befreit. Deregulierung und Liberalisierung, das Interesse institutioneller Anleger an immer neuen Finanzprodukten, aber auch veränderte strategische Interessen von Banken und Großunternehmen trieben einen Strukturwandel im internationalen Finanzgeschäft voran, der im Mittelpunkt von Globalisierungsprozessen steht. Hierbei geht es im Kern um die Aufwertung des *Kapitalmarktes* als Quelle der Unternehmensfinanzierung und als Geschäftsfeld für Finanzdienstleister aller Art. Begleitet wird dieser Prozess der strukturellen „Entbettung" nationaler Finanzmärkte vom Auf- und Ausbau zwischenstaatlicher Kooperation in Fragen der Harmonisierung von Standards der Banken- und Kapitalmarktregulierung. Die auf europäischer und globaler Ebene ablaufenden Regulierungsaktivitäten zielen dabei auf die Schaffung von *Transparenz* über Finanzmarkt und Verhalten der Marktteilnehmer sowie auf die Nutzung *marktorientierter Formen des Managements von Finanzrisiken*. Die Folgen scheinen nun insbesondere nationale Finanzsysteme zu treffen, die bislang auf kreditbasierten, längerfristigen und weniger risikoaversen Finanzbeziehungen beruhten und den Anspruch politischer Instrumentalisierbarkeit an die heimischen Finanzinstitutionen stellten. Im Wesentlichen zeichnen sich hier Tendenzen der *Konzentration, Vermarktlichung* und *Reregulierung* nationaler Finanzmärkte ab, wobei letztere mit einer zunehmenden Verstaatlichung von Regulierungsaufgaben einhergeht.

Der Beitrag zeichnet den beschriebenen Wandel des Verhältnisses von Politik und Finanzmarkt nach, beginnend mit der historischen Einbettung und Politisierung nationaler Finanzsysteme (Abschnitt 2) über ihre ökonomische Entbettung (Abschnitt 3) und internationale Reregulierung (Abschnitt 4) bis hin zu Umbrüchen in kreditbasierten Finanzsystemen, die am Beispiel Schwedens, Japans und schwerpunktmäßig Deutschlands illustriert werden (Abschnitt 5). Abschließend wird der Befund einer *doppelten Entpolitisierung* des Verhältnisses von Politik und Finanzmarkt sowie das Ausmaß erfolgter Konvergenz diskutiert (Abschnitt 6).

2. Der Markt im Schatten der Politik: Wettbewerbsbeschränkung und Politisierung nationaler Finanzsysteme

Die Herausbildung von – *markt-* oder *kreditbasierten* – Finanzsystemen stand in engem Zusammenhang mit der Industrialisierung und dem sich daraus ergebenden Finanzbedarf (Gerschenkron 1962). In Großbritannien erfolgte die Industrialisierung durch die Entwicklung der Textilindustrie relativ früh. Der Kapitalbedarf für technologische Innovationen von eher inkrementeller Natur war nicht erheblich und konnte durch lokale Banken, einbehaltene Gewinne der Unternehmen und reiche Einzelpersonen gedeckt werden (Hobsbawm 1969). Im Zuge der Zweiten Industriellen Revolution entstanden technologische Innovationen, die den Charakter industrieller Entwicklung fundamental veränderten, neue Anforderungen an die Beschaffung von Investitionskapital stellten und letztlich die Logik von Finanzmärkten veränderten. An die Stelle kleiner Textilfirmen traten nun Großunternehmen, die die Massenproduktion homogener und standardisierter Güter aufbauten und hierfür große Mengen an Kapital benötigten (Chandler 1992). In den USA entstanden vor dem Hintergrund eigener großer Märkte und vorhandenen Rohmaterials große Aktiengesellschaften im Eisenbahnbau, im Stahl-, Chemie- und Ölsektor sowie in der verarbeitenden Industrie, die sich Kapital durch Aktienausgabe und -verkauf an das Publikum oder an andere Firmen beschafften. Die Einführung der Institution der „Gesellschaft mit beschränkter Haftung" verringerte die Haftbarkeit der Kapitalanleger für den Fall des Konkurses, machte Investitionen auch für kleine Investoren attraktiv und trug zur Herausbildung großer, liquider Kapitalmärkte bei (Cerny 2004a). In den USA und mit Abstrichen auch in Großbritannien entwickelten sich auf diese Weise Finanzsysteme, in denen die Kapitalanbieter nicht gleichzeitig in die Leitung von Unternehmen eingebunden sind (Berle/Means 1932). Die Erfolgskontrolle über die Arbeit des Firmenmanagements wird im Wesentlichen dem Markt beziehungsweise der Börsennotierung von Unternehmen überlassen. Schlechtes Management wird entsprechend bestraft durch nachgebende Aktienkurse, Aktionärsdividenden sowie durch drohende feindliche Übernahmen. Umgekehrt wird die Ausschüttung häufiger und in kurzfristigen Perioden anfallender Gewinne an die eigenen Aktionäre belohnt (*shareholder value*). In einem Finanzsystem, das durch „arms' length"-Beziehungen zwischen den Marktakteuren gekennzeichnet ist, entscheidet wesentlich der *Markt* über Gewinner und Verlierer.

In Japan, aber auch anderen kontinentaleuropäischen Staaten stand die Entwicklung von Finanzsystemen unter anderen Vorzeichen. Als „späte Industrialisierer" hatten diese Länder einen erheblichen Kapitalbedarf, nicht zuletzt, um in der Aufholjagd gegenüber frühen Industrialisierern wie Großbritannien oder Ländern wie den USA bestehen zu können, die über eigene Ressourcen und große Märkte verfügten. Kapital sollte zudem gezielt dem Aufbau heimischer Industrien wie dem Eisenbahnbau, der Stahl- oder verarbeitenden Industrie zugute kommen und nicht ins Ausland abfließen. Investitionskapital wurde in diesem Modell schwerpunktmäßig durch Kreditvergabe intermediärer Institutionen wie Banken oder, wie in Schweden, durch deren Investmentgesellschaften bereitgestellt. Über Umfang und Kosten des Kapitals entschieden nicht Marktpreise, sondern Prozesse der Abstimmung und Verhandlung zwischen Staat, Zentralbank, Banken und Produzenten. Enge Verflechtungen zwischen Banken und der Industrie sind geradezu konstitutiv für Länder mit kreditbasierten Finanzsystemen. In Deutschland beispielsweise fungierten Banken als Kreditgeber, Anteilseigner, Inhaber von Mandaten im Aufsichtsrat von Unternehmen und konnten nicht nur über eigene, sondern auch über Stimmrechte anderer Aktionäre verfügen. Durch diese Aufgabenbündelung erlangten Kreditinstitute umfangreiche Informationen über die Firmenpolitik; sie waren nicht zuletzt deshalb bereit, längerfristige Investitionsstrategien durch zinsgünstige Kredite zu fördern (*patient capital*) und auch in Krisensituationen stützend einzugreifen. Vergleichbare Strukturen bestanden in den Firmenkonglomeraten des japanischen *keiretsu*-Systems, die durch extensive Überkreuzverflechtungen des Aktienbesitzes gekennzeichnet sind. Herzstück dieser Netzwerke ist im Allgemeinen eine *main bank*, welche Quersubventionierungen sowie Koordinierungsfunktionen im Netzwerk übernimmt. In Schweden wiederum fungierten die bankeigenen Investmentunternehmen als Industrielenker, wobei ihre Schlüsselstellung durch ein System differenzierter Stimmrechte (*golden shares*) und eine aus diesem Grund hochgradig konzentrierte Besitzstruktur gewährleistet wurde (Reiter 2003). Unternehmen waren in kreditbasierten Finanzsystemen also in stabile Teilhabernetzwerke (*stakeholder networks*) integriert, die sie nach außen gegenüber Versuchen „feindlicher Übernahmen" durch andere Firmen weitgehend abschirmten.

Die 30er Jahre des 20. Jahrhunderts waren eine Schlüsselperiode, in der der *Staat* in allen Industrieländern, unabhängig davon, ob ihre Finanzsysteme markt- oder kreditbasiert waren, seinen Einfluss auf die nationalen Finanzmärkte ausweitete und bestärkt war, diese auf nationale und politische Belange auszurichten. Die Weltwirtschaftskrise des Jahres 1929, Bankenkrisen und die nachfolgende Depressionsphase sowie die Finanzierung des bevorstehenden Zweiten Weltkrieges waren Faktoren, die in allen Industrieländern zur monetären und finanziellen Nationalisierung, also zur *Politisierung des Geldes* beitrugen. In den USA führte Präsident Roosevelt im Rahmen des New Deal vielfältige Maßnahmen zur Förderung ausgewählter Wirtschaftssektoren ein und unterzog den heimischen Banken- und Kapitalmarkt einer Reihe von Reglementierungen, die bis hinein in die 70er Jahre Bestand haben sollten. Mit der New Deal-Gesetzgebung wurde ein umfangreiches System von Wettbewerbsbeschränkungen über den nationalen Finanzmarkt mit dem Ziel aufgebaut, excessiven und deshalb krisenschürenden Wettbewerb zwischen den nationalen Finanzakteuren zu unterbinden und auf diese Weise stabile Rahmenbedingungen für die Industrieproduktion zu erhalten. Der heimische Finanzmarkt wurde funktional und territorial segmentiert – das Kredit-/Spareinlagengeschäft von dem Handel mit Wertpapieren (*investmentbanking*) getrennt (=Trennbanksystem), und man untersagte es Banken, in mehr als einem amerikanischen Einzelstaat tätig zu sein (*interstate banking*). Zudem wurden Zinsobergrenzen für Spareinlagen erlassen und eine restriktive Politik der Vergabe neuer Lizenzen für das Bankgeschäft praktiziert (Lütz 2002: 104). Die New Deal-Reformen ließen zudem die Kontrolle des Bundes über das ökonomische Leben anwachsen und vergrößerten die Zahl öffentlicher und halb-öffentlicher Verwaltungsgremien in Wirtschaft und Finanzsektor. Mit den „unabhängigen Regulierungsbehörden" entstand ein Typ fachlich spezialisierter Verwaltungsinstitutionen des Bundes, die Recht und Regeln setzen konnten, ohne dass diese immer gesetzlich fixiert oder gerichtlich bestätigt werden mussten. Auch im Finanzsektor wurden zusätzlich zu den bestehenden Aufsichtsorganen weitere Aufsichtsgremien über den Banken- und Kapitalmarktsektor geschaffen (z.B. die *Federal Deposit Insurance Corporation [FDIC]* oder die *Securities and Exchange Commission [SEC]*), deren Aufgabe darin lag, die Stabilität des Bankensystems im Blick zu behalten und den heimischen Kapitalmarkt zu überwachen. Insbesondere die SEC begann mit der Zeit, immer weitgehender in Belange des Wertpapierhandels zu intervenieren und entwickelte bereits in den 30er Jahren das noch heute geltende Selbstbild des „investor's advocate". Im Mittelpunkt dieser Regulierungsphilosophie steht der Anleger und dessen Interesse an Transparenz über Markt und Marktverhalten der Finanzdienstleister. Aufgabe der Regulierungsbehörde war es demnach, Spielregeln für die Aufrechterhaltung von Transparenz auf dem heimischen Kapitalmarkt zu setzen, deren Einhaltung zu überwachen und Regelverstöße durchaus rigide zu bestrafen. Diesem Selbstverständnis gemäß dehnte die SEC ihre Regelungsaktivitäten schrittweise auf verschiedene Berufsstände rund um den Kapitalmarkt aus (neben Börsen und Makler auch auf Anlageberater, Wirtschaftsprüfer, mit Abstrichen auch auf private Rating-Firmen; Lütz 2002: 64–71).

Auch in Ländern mit kreditbasierten Finanzsystemen wie Japan, Schweden, Frankreich oder Deutschland baute der Staat in den 30er Jahren des 20. Jahrhunderts umfangreiche Beschränkungen des Wettbewerbes auf dem heimischen Finanzmarkt auf.

Insbesondere in Japan und Schweden verfolgten Regierungen jedoch weitergehende industriepolitische Ziele bei der Einflussnahme auf das Finanzmarktgeschäft. Sowohl das japanische *Ministry of Finance (MoF)* als auch die schwedische Regierung betrieben eine Politik der Kapitallenkung, um eigene Haushaltsdefizite zu finanzieren, vor allem jedoch mit dem Ziel, Kapital in exportorientierte, wissens- und kapitalintensive Wirtschaftssektoren zu lenken, die als strategisch und deshalb förderungswürdig angesehen wurden (Zysman 1983: 250; Reiter 2003). Der japanische „developmental state" (Johnson 1995) steuerte in den 30er Jahren den Aufbau eines oligopolistischen Bankensystems durch die Vergabe von Lizenzen für die Aufnahme bestimmter Tätigkeiten und die Errichtung von Zweigstellen. Nach dem Zweiten Weltkrieg entwickelte sich die Steuerungstechnik der „administrative guidance" weiter zu einem System informeller Beziehungen zwischen Staat und Finanzinstitutionen, das u.a. eine Vielzahl ungeschriebener Regeln hinsichtlich der Kreditvergabe an die Industrie enthielt. Durch eine Politik der künstlich niedrig gehaltenen Zinsen begünstigte das Finanzministerium zudem die kreditbasierte Form der Unternehmensfinanzierung gegenüber dem Gang zum Kapitalmarkt. Dieser diente vorwiegend dem Absatz von Staatsanleihen, deren Umfang und Verteilung durch ein Komitee, besetzt mit Vertretern des MoF, der japanischen Zentralbank und der führenden Finanzinstituten koordiniert wurde (Vitols 2003: 254–256).

Im Unterschied zu anderen Ländern mit kreditbasierten Finanzsystemen hat der Staat in Deutschland, außer zur Zeit des Nationalsozialismus, nie derart kapitallenkend in den heimischen Finanzmarkt eingegriffen. Bereits die Konstruktion einer autonomen Zentralbank verhinderte einen direkten Einfluss der Regierung auf die Geld- oder Zinspolitik (Zysman 1983: 255). Staatliche Intervention in das Finanzgeschehen ging in Deutschland mit einem hohen Grad an verbandlicher Selbstorganisation von Banken und Industrie einher. Das deutsche Modell des „Organisierten Kapitalismus" (Winkler 1974; Shonfield 1965) beruhte nicht nur auf engen Verflechtungen zwischen Banken und Industrie, die sich nach dem Ersten Weltkrieg in Form von Kartellen und Trusts entwickelt hatten, sondern auch auf einer Vielzahl korporatistischer Abstimmungsgremien unter Beteiligung von Banken und Bankenverbänden. Auf diese Weise wurde der Kapitalmarkt in den 60er Jahren in den Dienst der Staatsfinanzierung gestellt und zum Instrument einer auf Globalsteuerung und den Erhalt des binnenwirtschaftlichen Gleichgewichts angelegten Wirtschaftspolitik. Korporatistische Strukturen kennzeichneten jedoch auch die Kapitalmarkt- und Bankenregulierung. So wurden die Spielregeln des Kapitalmarktgeschehens durch Gremien der Börsenselbstverwaltung, Händlerverbände und professionelle Normen bestimmt. Obwohl die deutschen Bundesländer nach dem 2. Weltkrieg die formale Rechtsaufsicht über die regional strukturierte Börsenlandschaft übernahmen, praktizierten sie eine Politik der Nicht-Einmischung in Börsenbelange (Lütz 2002: 80–89). Im Bankensektor übernahmen Spitzenverbände der Sparkassen und Kreditgenossenschaften bereits seit Mitte des 19. Jahrhunderts Aufgaben der Wirtschaftsprüfung gegenüber ihren Mitgliedern, wobei ihr hoheitlicher Status durch regionale Sparkassengesetze oder das Genossenschaftsgesetz abgesichert wurde. Mit dem *Zentralen Kreditausschuss (ZKA)* bestand seit 1934 ein Koordinationsgremium zwischen den Spitzenverbänden, das bis in die 60er Jahre hinein ein staatlich autorisiertes Zins- und Provisionskartell war. Später entwickelte sich der ZKA ohne gesetzliche Grundlage zum Abstimmungsforum zwischen Staat und Bankenverbänden in Fragen der Bankenregulierung (Lütz 2002: 117–128). Zusammengenommen war es in Deutschland also Aufgabe des Staates, die Selbstregulierung kollektiver Akteure rechtlich abzustützen und ausgehandelte Lösungen zu kodifizieren. Zudem absorbierten Kommunen und Bundesländer als Träger der Sparkassen und Landesbanken Risiken des Finanzgeschäftes: als Gewährträger haftete der Staat für alle Verbindlichkeiten und verpflichtete sich, im Notfall mit eigenen Geldern für den Erhalt eines Sparkasseninstitutes einzustehen (*Anstaltslast*).

Die politische Instrumentalisierung nationaler Finanzmärkte im Innern ging in allen Ländern mit deren wechselseitiger Abschottung nach außen einher. Die im Kreise westlicher Industriestaaten vereinbarte Nachkriegsordnung von Bretton-Woods (1944) prämiierte den Freihandel auf Kosten der Mobilität des Finanzkapitals („embedded liberalism", vgl. Ruggie 1982). Durch die Leitwährungsfunktion des Dollars, stabile Wechselkursparitäten und nationale Kapitalverkehrskontrollen unterblieben Möglichkeiten, attraktivere Kapitalanlagen im Ausland wahrzunehmen oder Kapital zu spekulativen Zwecken einzusetzen, etwa durch Ausnutzung von Zins- oder Wechselkursdifferenzen. Die politische „Einhegung" von Finanzmärkten beschränkte also nicht nur Optionen, risikoreiche Finanztransaktionen vorzunehmen, sondern gewährleistete letztlich auch die Koexistenz *unterschiedlicher* Finanzsysteme. Beides sollte sich mit der Expansion des Marktes über nationale Grenzen hinaus ändern.

3. Deregulierung, Globalisierung und der Aufstieg des Kapitalmarktes

In den 70er Jahren bereiteten politische Maßnahmen den Boden für die zunehmende Expansion von Finanzmärkten über das nationale Territorium hinaus. In den westlichen Industriestaaten setzte ein Trend des Abbaus internationaler Kapitalverkehrsbeschränkungen und der Liberalisierung heimischer Finanzmärkte ein. Diese Entwicklung wurde eingeleitet mit dem Zusammenbruch des Bretton Woods-Systems und dem Übergang zu flexiblen Wechselkursen im Jahre 1973. Dieser war eine Reaktion auf wachsende Zweifel an der Leitwährungsfunktion des Dollars und die daraufhin international einsetzende Dollarflucht. Das Ende von Bretton-Woods dokumentierte den Übergang zu einer neoklassischen, liberalen Wirtschaftsphilosophie. Hiernach kam es Nationalstaaten nicht mehr zu, Zinssätze und Wechselkursrelationen festzulegen und somit den grenzüberschreitenden Kapitalfluss zu kontrollieren. Vielmehr würden expansive nationale Wirtschaftspolitiken, wie eine keynesianische Nachfragesteuerung, Industriepolitik oder Sozialpolitik, welche nur geringe Kapitalrenditen versprechen, mit Abwanderung des jetzt mobilen Kapitals bestraft (Cerny 1994: 189). Einseitige Deregulierungsmaßnahmen bedeuteten deshalb potentielle Wettbewerbsvorteile und setzten andere Staaten unter Anpassungsdruck. Daraus ergab sich eine Dynamik des (de-)regulativen „Schneeballs", der von einem Land zum anderen getragen wurde (vgl. Helleiner 1994).

Eine *erste Welle der Deregulierung* richtete sich auf den Abbau von Beschränkungen des internationalen Kapitalverkehrs sowie auf die Liberalisierung und Modernisierung der Börsenmärkte. Politisch wurde der Deregulierungsschub erheblich von den USA vorangetrieben, welche ihre durch Vietnam-Krieg und umfangreiche staatliche Förderprogramme massiv anwachsenden Haushaltsdefizite mit ausländischem Kapital finanzieren wollten. Deregulierung umfasste die Aufhebung von Kapitalkontrollen, von Mindestprovisionen für registrierte Börsenmakler sowie die Abschaffung der Zinsbindungen für Spareinlagen (*regulation Q*). 1979 hob Großbritannien sein vierzig Jahre altes System von Kapitalverkehrskontrollen auf. Mit dem *Big Bang* im Oktober 1986 wurde die Londoner Börse für ausländische Wertpapierfirmen geöffnet und feste Händlerprovisionen abgeschafft. Japan und die USA legten mit der so genannten „Yen-Dollar-Vereinbarung" einen Zeitplan für den Abbau von Zugangsbeschränkungen zum japanischen Finanzmarkt fest. In Schweden schaffte die Regierung zunächst die direkte staatliche Kontrolle über die Allokation und die Zinsen von Krediten ab und richtete den Fokus der Reformmaßnahmen von 1986 an auf den Ausbau der Börse und die Einführung kapitalmarktbezogener Finanzinnovationen (Reiter 2003: 110ff.). Auch in Deutschland konzentrierten sich die Liberalisierungsmaßnahmen seit Beginn der 1980er Jahre auf die Förderung des heimischen Kapitalmarktes. Zugangsbeschränkungen für Ausländer sowie Kapitalsteuern wurden abgebaut, eine Vielzahl von Finanzinnovationen zum Handel zugelassen und mit der „Deutschen Terminbörse" (DTB) die erste rein elektronische Börse gegründet. Auf europäischer Ebene kam es zum Durchbruch bei der Liberalisierung des Kapitalverkehrs. Der Abbau von Kapitalverkehrskontrollen wurde Teil des Programms zur Schaffung eines europäischen Binnenmarktes und im Rahmen der „Einheitlichen Europäische Akte" (EEA) als bis Ende 1992 zu erreichendes Ziel im EWG-Vertrag fixiert. Mit dem Binnenmarktprogramm wurden vereinfachte Entscheidungsverfahren für binnenmarktbezogene Gesetzesvorhaben eingeführt. Fortschritte gab es auch bei der Realisierung der Dienstleistungsfreiheit für das Betreiben des Banken- und Wertpapiergeschäftes innerhalb der EU. Mit der Zweiten Bankrechtskoordinierungsrichtlinie von 1989 und der Wertpapierdienstleistungsrichtlinie von 1993 wurde Kreditinstituten, Wertpapierhandelsunternehmen und Börsen das europaweite Betätigungsrecht (Europa-Pass) eingeräumt (Lütz 2002: 146–149).

Seit Mitte der 1980er Jahre kann man von einer Globalisierung internationaler Finanzbeziehungen sprechen. Deregulierung und Liberalisierung, aber auch Fortschritte der Informations- und Kommunikationstechnik trugen nicht nur zur räumlichen Expansion von Finanztransaktionen, sondern auch zu deren qualitativer Veränderung bei. Es sind insbesondere folgende Strukturverschiebungen im internationalen Finanzgeschäft, die im Mittelpunkt von Globalisierungsprozessen stehen und die, wie wir noch sehen werden, erhebliche Auswirkungen auf nationale Finanzsysteme und deren Einbettung in die nationale politische Ökonomie besitzen:

Zum einen können wir die Aufwertung des Geschäftes mit dem Handel von Wertpapieren (*Investmentbanking*) gegenüber dem klassischen Kreditgeschäft (*commercial banking*) beobachten, welche die Grundlage für die Entwicklung immer komplexerer Finanzinnovationen und deren globalen Handel bildet. Während Banken in ihrer klassischen Rolle als „Kreditinstitute" Kapital zu einem bestimmten Zinssatz verwalten oder teils längerfristig verleihen, treten sie im Gewand von Investmentbanken vielmehr als Händler von Wertpapieren, wie Aktien oder Anleihen, auf und erhalten für jede getätigte Transaktion eine Provision. An die Stelle teils längerfristig angelegter Finanzbeziehungen zwischen einem Schuldner und der Bank als Kapitalverleih (*relationship banking*) treten zumindest im internationalen Geschäft nun eher kurzfristige Transaktionen zwischen kapitalsuchenden Staaten, Gebietskörperschaften, Großunternehmen und Kapitalvermittlern, wie Investmentbanken oder Maklern, die Ausgabe und Handel von Wertpapieren auf den Kapitalmärkten organisieren. Im Zuge einer solchen *Verbriefung (securitization)* von Finanzbeziehungen (vgl. OECD 1995) werden schuldrechtliche Beziehungen zwischen einem Kapitalgeber (Anleger) und Kapitalnehmer (staatlicher oder privater Emittent) in Wertpapierform gebracht und damit handelbar gemacht. Das Risiko des Kapitalverleihs liegt nun nicht mehr bei der kreditgebenden Bank (*disintermediation*), die etwaige Lücken zwischen langfristigem Kapitalbedarf und kurzfristiger Kapitalverfügbarkeit selbst überbrückt (= Fristentransformation), sondern beim Kapitalmarkt und dessen Investoren.

Nachfrageseitig wurde der Übergang zur Mittelbeschaffung über die Kapitalmärkte von industriellen Emittenten, jedoch besonders von *institutionellen Anlegern* vorangetrieben: Großunternehmen, die als kreditwürdig gelten, ziehen es vor, sich durch die Ausgabe von Wertpapieren selbst an internationalen Kapitalmärkten zu finanzieren statt sich auf die klassische, aber für sie teure Kreditbeziehung zu ihrer Hausbank zu verlassen. Institutionelle Anleger wie Pensions-, Investmentfonds und Versicherungen avancierten Ende der 1980er Jahre zu den treibenden Kräften dieses Strukturwandels (vgl. Huffschmid 1999: 82–88). Institutionelle Anleger sammeln wie Banken auch Sparbeträge von Individuen und Unternehmen; anders als Geschäftsbanken reichen sie dieses Kapital jedoch nicht als Kredite an Unternehmen und Regierungen weiter, sondern kaufen damit Aktien oder Anleihen. Ihre Anlagetätigkeit besteht darin, eine Mischung (*Portfolio*) aus Vermögenswerten zusammenzustellen, deren Rendite (etwa Dividenden) möglichst hoch ist. Daraus ergibt sich eine prinzipiell eher kurzfristigere Anlagestrategie als die der Banken. In dem Bestreben, ihre Wertpapierportfolios nach Ländern, Regionen und Branchen zu diversifizieren, treten institutionelle Anleger auf internationalen Finanzmärkten als zentrale Gruppe von Wertpapiernachfragern auf. Auf ihrer weltweiten Suche nach den renditeträchtigsten Anlagemöglichkeiten sind sie zudem an immer neuen Produktinnovationen interessiert, die es erlauben, auf Zins- oder Wechselkursdifferenzen zu spekulieren oder sich gegen diese abzusichern.

Letztlich waren es also neue Akteure wie institutionelle Anleger oder Großbanken und multinational ausgerichtete Unternehmen mit veränderten strategischen Interessen, welche die Struktur internationaler Finanzbeziehungen in den 1990er Jahren in Richtung auf das kapitalmarktbezogene Geschäft verschoben. Mit der Marktentwicklung ging politisch ein *zweiter Deregulierungsschub* einher, der die Kapitalmarktorientierung des Finanzgeschäftes vertiefen soll. In Ländern mit traditionell segmentierten Bankenmärkten wie in den USA und Japan kam es zum schrittweisen Abbau der gesetzlichen Schranken, sich sowohl im Einlagen- und Kreditgeschäft als auch im Wertpapiergeschäft betätigen zu dürfen. In den USA forderten Geschäftsbanken (*commercial banks*) weitergehende Deregulierungsmaßnahmen, um ihre Produktpalette um lukrativere Wertpapierhandelsgeschäfte erweitern zu können (Deeg/Lütz 2000). 1999 – und damit nach zwanzig Jahren vergeblicher Reformversuche – stimmten beide Kammern des Kongresses dem *Financial Services Modernization Act* (H.R.10) und der Aufhebung des amerikanischen Trennbankensystems zu (FAZ vom 8.11.99: 18). 1999 wurde im Rahmen des japanischen *Big Bang* die Gründung von Holding-Strukturen zugelassen, die die Entwicklung „diversifizierter Finanzsupermärkte" möglich macht (Vitols 2003: 256–257).

In Europa nahm eine forcierte Wettbewerbspolitik der Europäischen Kommission Hemmnisse weiterer Marktintegration ins Visier. Seit Ende der 1990er Jahre prangerte die Europäische Kommission die öffentlich-rechtliche Trägerschaft und damit Staatshaftung der deutschen Sparkassen als wettbewerbsverzerrende Beihilfe an; schließlich erzielten die öffentlichen Institute aufgrund staatlicher Sicherheiten bessere Ratings und dadurch Refinanzierungsvorteile gegenüber ihren privaten Konkurrenten. Im Jahre 2001 einigten sich die deutsche Bundesregierung und die Europäische Kommission darauf, die staatliche Garantie für Verbindlichkeiten der Sparkassen und Landesbanken im Jahre 2005 aufzuheben. Wie wir sehen werden, führt dies bereits jetzt zu Strukturverschiebungen auf dem deutschen Bankenmarkt.

Weiterhin richteten sich die europäischen Deregulierungs- und Liberalisierungsaktivitäten seit Mitte der 1990er Jahre auf die Beseitigung verbleibender Marktbarrieren und auf Vertiefung des europäischen Kapitalmarktes. Die Einführung des EURO als Gemeinschaftswährung zum 1. Januar 1999 war letztlich ein Katalysator für weitere Liberalisierungsschritte zum Abbau von Regulierungsunterschieden zwischen den einzelnen Segmenten des Banken-, Wertpapier- und Versicherungssektors. Hinzu kam das Interesse europäischer Investmentbanken, Großunternehmen und vor allem institutioneller Anleger wie Pensions- und Investmentfonds an neuen Finanzprodukten und, wie noch zu zeigen sein wird, an einer anlegerfreundlichen Unternehmensverfassung. Seit 1997 konzentrieren sich Bestrebungen zu weiterer Liberalisierung auf die Ausweitung kapitalgedeckter Formen der individuellen und betrieblichen Altersvorsorge und auf erweiterte Anlagemöglichkeiten von Investment- und Pensionsfonds.

Auch in Deutschland standen die 1990er Jahre im Zeichen des Ausbaus des heimischen Kapitalmarktes. Zwischen 1990 und 2002 kam es zu vier Finanzmarktförderungsgesetzen, von denen das dritte allein 100 Einzelmaßnahmen enthielt. Zu den zentralen Maßnahmen zählte die Zulassung von Geldmarktfonds im Jahre 1994 sowie einer Variante von Pensionssondervermögen im Jahre 1998. Ein vom Bundesminister der Finanzen (BMF) im März 2003 vorgelegter „Finanzmarktförderplan 2006" beinhaltet u.a. die Zulassung von Hedge-Fonds zum Jahreswechsel 2003/2004 sowie die Einführung eines neuen Marktes der Verbriefung von Krediten (*Asset Backed Securities, ABS*) (vgl. BMF 2003). Damit werden einerseits neuartige Instrumente der Risikostreuung und des Risikomanagements für Versicherungen und Banken geschaffen, welche vor dem Hintergrund der Wirtschaftskrise mit einer schlechten Schuldnerstruktur und rückläufigen Eigenkapitalquoten zu kämpfen haben. Gleichzeitig entsteht auf diese Weise aber auch ein neuer Markt für den Handel mit verbrieften Unternehmens-, Länder- und Branchenrisiken, die von Fonds angeboten und von institutionellen Anlegern aufgekauft werden können.

4. Internationale Regulierung im Zeichen von Risikomanagement und Transparenz

Die ökonomische „Entbettung" nationaler Finanzmärkte wurde seit den 1970er Jahren begleitet vom Auf- und Ausbau zwischenstaatlicher Kooperation in Fragen der Harmonisierung von Standards der Banken- und Kapitalmarktregulierung. Im Kern geht es dabei um Regeln der Risikoabsicherung von Finanzgeschäften und um die Gewährleistung von Transparenz über Finanzmarkt und Verhalten der Marktteilnehmer im Interesse der Anleger. Bis heute hat sich ein Mehrebenensystem in Regulierungsfragen herausgebildet, dessen Struktur und inhaltliche Ausrichtung sich im Zuge der räumlichen Expansion von Finanzmärkten und ihrer wachsenden Kapitalmarktorientierung ebenfalls verändert hat. Auch dies hat Rückwirkungen auf die Art, wie Finanzmärkte in Strukturen der nationalen politischen Ökonomie eingebettet sind und welchen Einfluss speziell Nationalstaaten auf das Finanzmarktgeschehen nehmen können.

Die *erste Phase der Netzwerkbildung* seit Beginn der 1970er Jahre stand im Zeichen intergouvernementaler Zusammenarbeit zwischen Notenbankgouverneuren und nationalen Organen der Bankenregulierung. Die Staatenvertreter reagierten damit auf Bankenzusammenbrüche und internationale Finanzkrisen, die sich mit dem Übergang zu flexiblen Wechselkursen und der Herausbildung immer neuer Arten von Finanzgeschäften eingestellt hatten. Multilaterale Kooperation zielte deshalb darauf, die Reichweite nationaler Regeln der Risikobegrenzung über das jeweilige nationale Territorium hinaus auszudehnen und ein Sicherheitsnetz aufzubauen, das den Konkurs und damit auch den Ernstfall für die jeweiligen nationalen Aufsichtsbehörden verhindern sollte. Diese Überlegungen führten 1974 zur Einrichtung des *Basler Ausschusses für Bankenaufsicht*, eines Expertengremiums von Notenbankgouverneuren und Aufsichtsorganen der G10-Länder sowie der Schweiz, welches der Bank für Internationalen Zahlungsausgleich in Basel angelagert ist. Der Ausschuss läßt sich als internationales „Regime" (i.S. von Krasner 1983) charakterisieren, denn die im Kreise von Fachleuten erarbeiteten Empfehlungen ohne Rechtscharakter tragen zur Schaffung eines internationalen Ordnungsrahmens insofern bei, als die Regimebeschlüsse von den beteiligten Staaten umgesetzt werden und zudem als Vorgaben für die Richtlinien der Europäischen Union in diesem Feld dienen – als solche erfordern sie dann zwingend eine Umsetzung in nationales Recht. Mit jeder internationalen Finanzkrise verfestigte sich die zwischenstaatliche Kooperation, was mit der Festschreibung immer weitergehender Standards der Risikobegrenzung einherging. Zu den zentralen Beschlüssen des Basler Ausschusses zählen das *Prinzip der Heimatlandkontrolle* der Bankenaufsicht – die nationalen Aufsichtsorgane und nicht die Europäische Kommission oder eine internationale Organisation sind zuständig für die Beaufsichtigung international tätiger Banken – sowie die unter dem Eindruck der lateinamerikanischen Verschuldungskrise beschlossene *Basler Eigenkapitalempfehlung* aus dem Jahre 1988 („Basel I"). Darin legten die Länder der G10-Gruppe erstmals einen quantitativen Mindeststandard für die Eigenkapitalausstattung international tätiger Banken fest (vgl. Kapstein 1992).

In den 80er Jahren wurde der *Kapitalmarkt*, dessen Zugangsbedingungen und auch das Verhalten der auf Börsenmärkten tätigen Akteure zum Gegenstand internationaler Regulierungsaktivitäten. Diese zielten letztlich auf größere Transparenz über Markt und Verhalten der Marktteilnehmer sowie auf die Sanktionierung von Regelverstößen wie beispielsweise Insidergeschäfte. Anders als im Bankensektor setzten sich rigidere Aufsichtsstandards und damit Belange des Anlegerschutzes, vermittelt über Marktmechanismen und über bilaterale Abkommen zwischen den Vereinigten Staaten und anderen westlichen Industriestaaten, durch. Erst im zweiten Schritt wurden diese Themen zum Regulierungsgegenstand multilateraler Koordination auf globaler und europäischer Ebene. Treibende Kraft eines Prozesses der Reregulierung waren institutionelle Anleger, wie Pensions- und Investmentfonds, die sich in den Vereinigten Staaten früher als in anderen Ländern zur größten Anlegergruppe an der heimischen Börse entwickelt hatten und Belange des Anlegerschutzes nicht nur gegenüber den heimischen Aufsichtsbehörden, sondern seit Beginn der 1980er Jahre auch gegenüber ausländischen Marktteilnehmern und Regulierungsorganen thematisierten. „Bündnispartner" amerikanischer Investoren war die *U.S. Securities and Exchange Commission (SEC)*, welche als unabhängige Regulierungsbehörde über ein weitreichendes institutionelles Handlungsrepertoire zur Durchsetzung regulativer Politik auch auf internationaler Ebene verfügt. Die SEC war am Export nationaler Transparenzpflichten und Sanktionsformen nicht zuletzt interessiert, um heimischen Investmentfirmen Wettbewerbsnachteile auf zunehmend globalisierten Kapitalmärkten zu ersparen. Bilaterale Abkommen (*Memoranda of Understanding*) zwischen der SEC und ausländischen Regulierungsbehörden, die wechselseitige Amtshilfe bei grenzüberschreitenden Verstößen gegen nationales Wertpapierrecht sicherstellen sollten, setzten Kooperationspartner letztlich unter Druck, staatliche Regulierungsorgane zu gründen, die die Einhaltung von Transparenzregeln überwachen und Regelverstöße wie im Fall von Insidergeschäften unter Rückgriff auf das staatliche Gewaltmonopol bestrafen können. Gleichzeitig behinderte die SEC Harmonisierungsbestrebungen im Rahmen von Regimen des Kapitalmarktsektors immer dann, wenn amerikanische Interessen bedroht erschienen. So erkannte die amerikanische Kapitalmarktaufsicht bis heute den vom *International Accounting Standards Committee (IASC)* koordinierten internationalen Standard der Unternehmensrechnungslegung (*International Accounting Standard, IAS*) nicht als Eintrittskarte zum amerikanischen Kapitalmarkt an. Vielmehr haben ausländische Firmen, die eine Notierung an einer amerikanischen Börse anstreben, nach amerikanischen Standards (*General Accepted Accounting Principles, GAAP*) zu bilanzieren.

In Europa gewann der Integrationsprozess seit Mitte der 1980er Jahre erheblich an Dynamik. Auch im Kapitalmarktsektor erleichterte der Übergang zur Festlegung von Mindeststandards bei wechselseitiger Anerkennung einzelstaatlicher Vorschriften sowie die Einführung des qualifizierten Mehrheitsprinzips als Entscheidungsregel für binnenmarktbezogene Richtlinien den weiteren Harmonisierungsprozess. Festgeschrieben wurde ebenfalls die Verantwortung des Herkunftslandes (Heimatlandkontrolle) für die Aufsicht über die internationalen Aktivitäten ihrer Marktteilnehmer. Mit den Richtlinien zum „Insiderhandel" (89/592/EWG) und den „Wertpapierdienstleistungen" (93/22/EWG) wurden Insidergeschäfte erstmals strafrechtlich verboten und ein Netz zwischenstaatlicher Kooperation in der Kapitalmarktregulierung aufgebaut. Allerdings hatten einzelne Mitgliedsstaaten (wie Großbritannien, Frankreich, Spanien) bereits seit 1986 staatliche Aufsichtsbehörden über den nationalen Kapitalmarkt errichtet und die Regeln des Anlegerschutzes kodifiziert (Lütz 1997).

Seit Mitte der 1990er Jahre sind die Aktivitäten zur Regulierung des Banken-, Wertpapier- und Versicherungssektors stärker zusammengewachsen. Auf globaler Ebene besteht eine wachsende horizontale Koordination der drei sektoralen Regulierungsregime. Kooperationspartner des Basler Komitees sind in erster Linie die *International Organization of Securities Commissions (IOSCO)* als internationale Vereinigung der Wertpapieraufsichtsbehörden sowie die 1996 gegründete *International Association of Insurance Supervisors (IAIS)*, die Aufsichtsinteressen im Versicherungssektor koordiniert. Zudem bestehen Mitgliedschaften in weiteren globalen Koordinationsgremien, wie dem *Forum für Finanzstabilität* (FSF), einem Roundtable der Repräsentanten nationaler Aufsichtsorgane und Zentralbanken sowie internationaler Organisationen (IWF, Weltbank, OECD, BIZ) und Regulierungsgremien (vgl. http://www.fsforum.org).

In Europa zielen die politischen Aktivitäten auf die Vollendung des europäischen Finanzbinnenmarktes bis zum Jahre 2005. In den Mittelpunkt der Regulierung rückt nun verstärkt das einzelne *Unternehmen*, seine Beziehungen zu Anlegern, Aktionären, anderen Gläubigern, Wirtschaftsprüfern oder auch übernahmebereiten Konkurrenten. Damit erweitert sich die Regulierungsmaterie über den Kapitalmarkt im engeren Sinne hinaus auf Felder des Unternehmens- und Gesellschaftsrechts. Ziel ist es dabei, die Innen- und Außenbeziehungen von Unternehmen *kapitalmarktgerecht* zu gestalten. Im Mai 2003 wurde ein europäischer Aktionsplan für ein neues Unternehmensrecht vorgelegt, der u.a. darauf abzielt, die Vorstände von börsennotierten Unternehmen schärfer zu kontrollieren, Aktionären und Kreditgebern mehr Rechte einzuräumen und diese Bestimmungen mittelfristig auch auf nicht-börsennotierte Unternehmen (GmbHs) auszudehnen (FAZ vom 22.5.2003: 11). Gleichzeitig legte die Europäische Kommission einen 10-Punkte-Plan zur Reglementierung der Wirtschaftsprüfer vor, welcher vor dem Hintergrund der zurückliegenden Bilanzskandale amerikanischer Firmen wie Worldcom und Enron sowie Regulierungsbestrebungen der SEC zu sehen ist. Ähnlich wie ursprünglich im Börsensektor zeichnet sich auch hier eine Abkehr von der Selbstregulierung durch Standesvertretungen der Wirtschaftsprüfer ab; stattdessen werden Aufsichtsfunktionen auf staatliche Regulierungsbehörden verlagert, die die Einhaltung von Prüfstandards garantieren und auch Disziplinarmaßnahmen ergreifen können (FAZ vom 16.5.2003: 21). In Fragen der Rechnungslegung von Unternehmen hat sich die Europäische Union bislang den Beschlüssen des IASC unterworfen; ab 2005 sollen alle in der EU börsennotierten Unternehmen nach IAS bilanzieren; gleichwohl ist bislang unklar, ob die USA den *International Accounting Standard (IAS)* auch für den amerikanischen Kapitalmarkt als gültig anerkennen werden.

Insgesamt ist eine Annäherung von Instrumenten der Banken-, Kapitalmarkt- und Versicherungsregulierung zu beobachten. Diese zeigt sich darin, dass Gütekriterien der Kapitalmarktregulierung, wie hinreichende Transparenz über Markt und Marktteilnehmer oder die stärkere Berücksichtigung von Anleger- und Aktionärsinteressen in der Strategie von Unternehmen, nun auch beim Umgang mit den Risiken des Banken- und Versicherungsgeschäftes zu berücksichtigen sind. Zudem werden kapitalmarktorientierte Instrumente, wie der Handel mit verbrieften Kreditbeziehungen, auch von Banken und Versicherungen zum eigenen Risikomanagement eingesetzt. Deutlich wird dieser Trend beim neuen Ansatz der internationalen Bankenregulierung („Basel II"), welcher die Basler Eigenkapitalempfehlung im Jahre 2006 ablösen soll. International tätigen Banken wird es zukünftig erlaubt sein, ihre Geschäftsrisiken unter Rückgriff auf interne oder externe Ratings zu spezifizieren und die zur Risikoabsicherung erforderlichen Kapitalrücklagen selbst zu berechnen. In Zukunft soll jedes Land, jedes Unternehmen und jede Gebietskörperschaft durch eine jeweilige Bank in kurzen Zeitabständen als einzelnes Schuldnerrisiko bewertet werden, um schnelllebigen Veränderungen in der Risikostruktur besser Rechnung zu tragen. Höherwertige und damit „sichere" Kreditnehmer ersparen der kreditgebenden Bank Eigenkapital, während sehr risikoreiche Kredite mit einem Kapitalaufschlag belegt werden. Die Qualität des bankeigenen Risikomanagements soll durch Überwachung der heimischen Aufsichtsbehörde sichergestellt werden, welche sich nun intensiver als bisher der permanenten „Evaluation der Selbstevaluation" der Banken widmet (*supervisory review process*) (Lütz 2002: 194–203).

Zusammenfassend zeigt sich, dass Banken und Versicherungen anderen Unternehmen des Industriesektors in regulativer Hinsicht immer ähnlicher werden. Alle Firmen haben in Zukunft ihre Geschäftsrisiken nicht nur verstärkt offen zu legen; zudem wird ihre Schuldnerqualität nun auch durch Rating-Agenturen marktbezogen bewertet. Daraus ergibt sich ein Bedarf an immer neuen Instrumenten des Risikomanagements, den die Anbieter von Finanzdienstleistungen durch kapitalmarktbasierte Finanzinnovationen zu befriedigen versuchen. Die zunehmend auf Kapitalmarktbelange ausgerichtete Finanzmarktregulierung prämiiert letztlich Finanzbeziehungen, die kurzfristig, risikoavers und damit marktähnlich sind. Nationale Finanzsysteme, die bislang auf längerfristigen, kreditbasierten und weniger risikoaversen Beziehungen zwischen Finanzinstituten und der Industrie beruhten, geraten damit zunehmend unter Anpassungsdruck.

5. Politik im Schatten des Marktes? Nationale Finanzsysteme zwischen Vermarktlichung und Reregulierung

Die Globalisierung von Finanzbeziehungen, Strukturverschiebungen im internationalen Finanzgeschäft, die politisch koordinierte Reregulierung von Finanzmärkten und Marktteilnehmern – alles dies hat erhebliche Rückwirkungen auf die Art und Weise, wie Finanzsysteme in das Institutionensystem einer nationalen politischen Ökonomie eingebettet sind und welche Rolle die Politik darin spielt. Derzeit zeichnen sich drei Arten struktureller Umbrüche ab, die zusammengenommen besonders vormals kreditbasierte Finanzsysteme vor neue Herausforderungen stellen:
1. Das Zusammenwachsen des Banken-, Wertpapier- und Versicherungsgeschäftes auf der Basis stärkerer Kapitalmarktorientierung. Eine solche *Desegmentierung* des nationalen Finanzmarktes geht zudem mit Fusionen und Konzentrationsprozessen einher.
2. Eine zunehmende *Vermarktlichung* der Beziehungen zwischen den Teilnehmern des Finanzmarktes. Generell umfasst diese die Einbettung von Unternehmen in eine zunehmend auf Kapitalmarktbelange ausgerichtete Umwelt. Im engeren Sinne zeigt sich wachsende Marktförmigkeit in einer Lockerung der Finanzbeziehungen zwischen Kreditinstituten und Industrieunternehmen.

3. Die *Reregulierung* stärker marktförmig strukturierter Finanzbeziehungen. Dabei geht es nicht um die Errichtung neuer Formen der Wettbewerbsbeschränkung, sondern um die Neudefinition regulativer Standards des Anlegerschutzes und Risikomanagements und damit letztlich um Markt*förderung*. Dieser Trend geht in allen westlichen Industriestaaten mit der zunehmenden Verstaatlichung von Regulierungsaufgaben und dem Bedeutungsverlust von Institutionen kollektiver Selbstregulierung (wie Verbände oder Netzwerke) einher.

Eine *Desegmentierung* nationaler Marktstrukturen zeigt sich nicht nur in kreditbasierten Finanzsystemen wie Japan, sondern auch in den Vereinigten Staaten. Seit 1980 kam es in den USA zu 7000 Fusionen im Bankensektor, deren Großteil in den 1990er Jahren anfiel (vgl. Meyer 1998). 1998 kündigten 5 der 10 größten US-Banken Fusionen an; mittlerweile sind diversifizierte „Finanzsupermärkte" in Form von Bankenholdings entstanden, die alle Sparten des Finanzgeschäftes abdecken. Auch in Japan nutzten Banken die Möglichkeit, durch Gründung von Holding-Strukturen alle Arten von Finanzgeschäften anbieten zu können. Von neuer Qualität ist dabei, dass die neu geschaffenen Bankenholdings Firmen vormals konkurrierender *keiretsu*-Gruppen zusammenfassen und dass im Zuge der Fusionsprozesse ein neuer Markt für die Organisation von *Mergers & Aquisitions* (M&A) entsteht (Jackson 2003: 281). In Deutschland zeichnen sich Fusionen und Konzentrationstendenzen vor allem in den Sektoren der Sparkassen- und Kreditgenossenschaften ab, die überwiegend klein- und mittelständisch strukturiert sind. Im Sparkassensektor entstehen zudem regionale Holding-Strukturen, deren Anteilseigner die Bundesländer, Landesbanken und die regionalen Sparkassenverbände sein können; je nach Bundesland sieht das jeweilige Mischungsverhältnis dabei unterschiedlich aus (FAZ vom 26.8.2003: 12 und vom 15.9.2003: 17). Die Ursachen für Konzentrationsprozesse in Deutschland liegen weniger in der Desegmentierung des Bankengeschäftes begründet – so haben Sparkassen und Genossenschaftsbanken ohnehin ihren Privatkunden bislang alle Arten des Finanzgeschäftes (*Allfinanz*) angeboten. Treibende Kraft der Fusionsbestrebungen ist der Kostendruck aufgrund der hohen Filialdichte und des Verlustes von Marktanteilen. Im Sparkassensektor zeigen der Wegfall der staatlichen Gewährträgerhaftung vom Jahre 2005 an sowie die Neufassung der Basler Eigenkapitalempfehlung (Basel II) bereits jetzt ihre Auswirkungen. Für Sparkassen und Landesbanken verschlechtern die fehlenden Staatsgarantien ihre eigene Schuldnerqualität und damit ihr Rating, wodurch sich wiederum ihre Refinanzierungskosten erhöhen. Durch die Schaffung neuer Geschäftsmodelle wie regionaler Holding-Strukturen, an denen u.a. auch die Bundesländer beteiligt sind, sollen Geschäftsrisiken auf mehrere Schultern verteilt und dadurch günstigere Ratings erzielt werden. Holdings in privater Rechtsform, wie sie in Hessen geplant sind, sollen wiederum dazu beitragen, die Übernahme privatisierter Sparkassen durch private Banken zu verhindern (FAZ vom 26.11.2002: 23 und vom 23.9.2003: B9).

Tendenzen einer *Lockerung der Beziehungen zwischen Finanzinstitutionen und Industrieunternehmen* zeichnen sich in vielen vormals kreditbasierten Finanzsystemen ab. In Japan und Schweden wird eine Vermarktlichung der Finanzbeziehungen durch ausländische institutionelle Anleger vorangetrieben, deren Anteile an der Eigentümerstruktur börsennotierter Unternehmen stetig anwachsen. In Japan nahm zwischen 1988 und 1998 die Zahl der Firmen, bei denen mehr als 10 Prozent der Aktien in ausländischer

Hand sind, von 9 auf 25 Prozent zu. Der Anteil des Aktienbesitzes in der Hand von Ausländern, Einzelpersonen und institutionellen Anlegern wie Pensions- und Investmentfonds stieg von 35,2 Prozent im Jahre 1990 auf 47,2 Prozent im Jahre 2001 an. Ausländer und institutionelle Investoren agieren flexibler, risikoaverser und sind am Marktpreis orientierter als die früheren, „stabilen" Aktionäre wie Staat und japanische Banken. Seit 1996 reduzierten Unternehmen ihren Besitz an Aktien japanischer Banken um die Hälfte und verkauften nicht zuletzt gerade ihre Anteile an notleidenden Kreditinstituten (Jackson 2003: 275–277).

Auch in Schweden wird die Dominanz bankeigener Investmentfirmen in der Eigentümerstruktur schwedischer Unternehmen durch den wachsenden Anteilsbesitz ausländischer institutioneller Investoren aufgeweicht. Zwischen 1990 und 1998 steigerte sich ihr Anteil an der Eigentümerstruktur schwedischer Firmen von 8 auf 35 Prozent (Reiter 2003: 115). Letztlich war es auch der Druck ausländischer Investoren, welcher die schwedischen Investmentfirmen dazu brachte, das System differenzierter Stimmrechte (*golden shares*) in nahezu allen schwedischen Großunternehmen freiwillig abzuschaffen. Nach Auffassung internationaler Investoren sind differenzierte Stimmrechte ein Beispiel des „schwedischen Ultranationalismus" und behindern schwedische Firmen letztlich bei ihrer Kapitalbeschaffung an der Börse (Reiter 2003: 116–117).

In Deutschland hat der Anteilsbesitz an börsennotierten Unternehmen in der Hand institutioneller Anleger und Ausländer seit den 1990er Jahren stetig zugenommen. Gleichwohl waren es eher die deutschen Großbanken und exportorientierte Großunternehmen, welche die Lockerung traditioneller, kreditbasierter Finanzbeziehungen aus Gründen strategischer Neuorientierung vorangetrieben haben. Bedingt durch Strukturveränderungen auf den internationalen Finanzmärkten wird das Investmentbanking gegenüber dem klassischen Kreditgeschäft für Banken zum gewinnträchtigeren Marktsegment. Statt durch Zinsen für verliehenes Kapital finanzieren sie sich damit stärker durch Provisionen für den Handel mit Wertpapieren und Anleihen oder für die Organisation von Fusionen und Akquisitionen (vgl. Lütz 2002: 155–156; Deeg 2001). Bestehende Verflechtungen (über Aktienbesitz, Aufsichtsratspositionen, strategische Beteiligungen oder Kreditbeziehungen) zwischen großen Banken und deutschen Großunternehmen werden kurzfristig für Zwecke des Investmentbanking instrumentalisiert und langfristig abgebaut (vgl. Beyer 2002). Hatten die privaten Banken im Jahre 1974 noch 20 Prozent der Aufsichtsratssitze in den 100 größten Unternehmen inne, so sank diese Zahl bis zum Jahre 1993 auf 6 Prozent. Im Zeitraum zwischen 1986 und 1994 reduzierten die zehn größten deutschen Banken ihre Industriebeteiligungen von über 10 Prozent von 46 auf 30 Firmen. 1996 hielten Banken in nur noch 31 von den 100 größten deutschen Unternehmen Beteiligungen von über 5 Prozent (Sherman/Kaen 1997: 10–16). Vorhandene Kreditbeziehungen zur Industrie werden zunehmend unter Rentabilitätsaspekten überprüft und nicht mehr um jeden Preis aufrechterhalten. Umgekehrt ziehen sich Großunternehmen als Kreditnehmer zurück und bevorzugen die Eigenfinanzierung unter Rückgriff auf ihre „stillen Reserven" und Pensionsrücklagen. Zwischen 1974 bis 1984 sank der Anteil der Bankkredite am gesamten Kapital aller Aktiengesellschaften von 16,9 auf 6,6 Prozent. In exportorientierten Branchen, wie der Automobil-, der Elektroindustrie und dem Chemiesektor, welche bislang als Kernsektoren des „Modell Deutschland" gelten konnten, war der Rückgang sogar noch höher

(Deeg 2001: 22). Großunternehmen nutzen auch verstärkt den Kapitalmarkt als Finanzierungsquelle, streben Notierungen an ausländischen Börsen an, übernehmen internationale, teils auch amerikanische Standards der Rechnungslegung und verfolgen Strategien, die an der Aktionärsrendite (*shareholder value*) orientiert sind. 1996 waren 25 der 100 größten deutschen Unternehmen an ausländischen Börsen notiert; 33 bilanzierten nach internationalen Standards (Hassel et al. 2000: 20). Unternehmen sind stärker aktionärsorientiert, je breiter institutionelle Investoren (und darunter insbesondere Aktienfonds) unter den Eigentümerstrukturen vertreten sind. Auch wenn das deutsche Ausmaß der Börsenkapitalisierung im internationalen Vergleich gering ist und immer noch ein hoher Anteil von Aktien in den Händen von Banken, Versicherungen und anderen Unternehmen ist, zeichnet sich zusammengenommen doch ein Umbruch im international ausgerichteten Unternehmens- und Bankensegment ab, der auf eine strategische Neuausrichtung zurückzuführen ist (vgl. Lütz 2000; Deeg 2001).

Die vielleicht größte Veränderung in Ländern mit vormals kreditbasierten Finanzsystemen zeigt sich in der Art und Weise, wie *Nationalstaaten* in den heimischen Finanzsektor intervenieren. Im Zuge der Öffnung und zunehmenden Internationalisierung nationaler Kapitalmärkte haben Staaten die Verfügungsgewalt über das heimische Kapitalaufkommen verloren. Durch die Übertragung geldpolitischer Kompetenzen an die europäische Zentralbank und die Verpflichtung zu einer (mehr oder weniger) konsequenten Preisstabilitätspolitik büßten europäische Nationalstaaten zudem Instrumente ein, eine kompensatorische Wirtschaftspolitik keynesianischer Prägung zu betreiben. In den Industrieländern beobachten wir insgesamt, dass die Zuständigkeit für die Geldpolitik an Zentralbanken delegiert wird, welche der Idee nach unabhängig von politischer Einflussnahme durch Regierungen sind. Neue staatliche Aufgabe wird es demgegenüber, Spielregeln für Finanzmärkte zu formulieren und deren Einhaltung durch spezifische Regulierungsbehörden überwachen zu lassen. In Japan wurde die *Bank of Japan (BoJ)* im Zuge der *Big Bang*-Reformen des Jahres 1996 von einer durch das Finanzministerium (MoF) gesteuerten Organisation in eine unabhängige Zentralbank umgewandelt. Das MoF ist nicht mehr personell im geldpolitischen Komitee der Bank vertreten. Die BoJ war bislang bestrebt, ihre Autonomie gegenüber dem Ministerium zu behaupten. So lehnte die Zentralbank es ab, bevorzugt Staatsanleihen auf dem Kapitalmarkt abzusetzen oder auch Zinssätze extrem niedrig zu halten (Vitols 2003: 257). Zur Aufsicht über den Kapitalmarkt wurde 1992 die *Securities and Exchange Surveillance Commission (SESC)* gegründet; 1999 folgte mit der *Financial Services Agency (FSA)* eine weitere Regulierungsbehörde für Banken und Wertpapierhändler. Inwieweit beide Aufsichtsorgane in der Praxis unabhängig von der Einflussnahme durch das MoF sind, ist allerdings fraglich; so bestand zumindest in der Gründungsphase der FSA ein Personalaustausch mit dem Finanzministerium (Vitols 2003: 258; Cerny 2004b: 11).

Während der Prozess der Reregulierung in Japan letztlich politisch initiiert und moderiert wurde, erfolgten Reformen in Deutschland eher als Reaktion auf den Druck ausländischer Regulierungsbehörden wie der SEC, institutioneller Investoren und der deutschen Großbanken, die an einem Regulierungsrahmen für den heimischen Kapitalmarkt interessiert waren, welcher internationalen Standards entsprach (Lütz 1997). Hierzu gehörten gesetzliche Maßnahmen zur Sicherung von Markttransparenz und der Sanktionierung von Regelverstößen sowie die Gründung neuer Aufsichtsorgane über den heimischen Kapitalmarkt. In Deutschland wurden 1994 nach heftigen Konflikten mit den Ländern Bundeskompetenzen in der Börsenaufsicht geschaffen und ein *Bundesaufsichtsamt für den Wertpapierhandel (BaWe)* im Geschäftsbereich des Finanzministeriums gegründet. Zu dessen Aufgaben gehören die Verfolgung von jetzt kriminalisierten Insider-Geschäften sowie die Kontrolle der Einhaltung neuer „Wohlverhaltensregeln" für Kreditinstitute und Wertpapierfirmen. Im Mai 2002 legte man die bestehenden Aufsichtsämter für den Banken-, Wertpapier- und Versicherungssektor formal unter dem Dach der *Bundesanstalt für Finanzdienstleistungsaufsicht (BaFin)* zusammen, wobei die Standorte der drei Aufsichtsbehörden bestehen bleiben. Das Aufgabenfeld der staatlichen Finanzmarktaufsicht hat sich seit den frühen 1990er Jahren stetig erweitert. Hinzugekommen sind u.a. die Beaufsichtigung außerbörslicher Handelssysteme, die Überprüfung der Einhaltung von Wohlverhaltensregeln bei Finanzanalysten sowie die Überwachung der ab 2004 zugelassenen Hedge Fonds. Die staatliche Aufsicht hat auf diese Weise Aufgaben übernommen, die vormals entweder nicht oder durch Selbstverwaltung der Börsen bzw. der professionellen Verbände reguliert worden waren. Eine ähnliche Entwicklung zeichnet sich auch bei den Wirtschaftsprüfern ab. Die Bundesregierung hat hier im Einklang mit europäischen Aktivitäten die Gründung eines privaten Selbstregulierungsgremiums („Enforcement-Stelle") gefordert, welches die Jahresabschlüsse der Wirtschaftsprüfer auf Fehler und Fälschungen prüft; für den Fall des Versagens privater Regelungen hat die Bundesanstalt angekündigt, auch diese Regulierungsaufgabe zu übernehmen (FAZ vom 16.5.2003: 20).

Zusammengenommen bringt die Reregulierung nationaler Finanzmärkte nicht weniger, sondern eher mehr Regulierungsaufgaben für Nationalstaaten mit sich. Dies zeigt sich auch im Bereich der Bankenregulierung, wo der Übergang zu einem flexibleren, ratingbasierten und auf engere Kooperation zwischen Bank und Aufsicht abzielenden Regulierungsansatz (Basel II) von der Regulierungsbehörde ein größeres Wissen über das Innenleben einer Bank als bisher erfordert. In Deutschland rückt der Regulierungsstaat damit zumindest partiell in Aufgabenfelder vor, die bislang durch die Selbstregulierung der Bankenverbände abgedeckt wurden. Auf europäischer und globaler Ebene agieren Ministerien und Regulierungsbehörden zudem als Interessenvertreter der heimischen Banken und Unternehmen, wenn es um die Formulierung von Standards des Anlegerschutzes und der Risikobegrenzung geht. Gerade weil Nationalstaaten in Fragen der Regelformulierung nicht mehr souverän sind, werden sie zu zentralen „Knotenpunkten" in internationalen Mehrebenenstrukturen der Regulierung.

6. Fazit

Das Verhältnis zwischen nationaler Politik und Finanzmarkt hat sich im Zuge von Globalisierung, zunehmender Kapitalmarktorientierung des Finanzgeschäftes und internationalen Bestrebungen seiner Reregulierung fundamental verändert. Umbrüche zeigen sich insbesondere in kreditbasierten Finanzsystemen Japans und Kontinentaleuropas, in denen Finanzbeziehungen traditionell weniger marktförmig organisiert waren, sondern durch ein Geflecht aus Netzwerkbeziehungen, Formen verbandlicher Selbstregulierung und staatlicher Intervention in die nationale politische Ökonomie integriert wurden. Wettbewerbsbeschränkungen im Innern und die wechselseitige Abschottung von Märkten nach außen erlaubten es, den Finanzmarkt für industriepolitische Zwecke und generell als *Infrastruktur* für Politik und Wirtschaft zu nutzen. In dem Maße, wie der Kapitalmarkt zur Drehscheibe für die Neudefinition von Eigentumsrechten, Finanzbeziehungen und Spielregeln des Marktgeschehens wird, steht das Verhältnis von Politik und nationalem Finanzmarkt jedoch unter anderen Vorzeichen. Tendenziell beobachten wir eine Vermarktlichung der Finanzbeziehungen zwischen Kreditsektor und Industrie sowie erweiterte Regulierungsfunktionen des Nationalstaates über Finanzmarkt und dessen Akteure. Im Kern zeigt sich eine *doppelte Entpolitisierung* des Verhältnisses zwischen nationaler Politik und Finanzmarkt, die von beiden Seiten vorangetrieben wird. Finanzdienstleister betätigen sich mehr und mehr als Händler von Finanzprodukten denn als intermediäre Institutionen, die noch bereit wären, Unternehmensrisiken zu absorbieren und in Krisensituationen unterstützend einzugreifen (*patient capital*). Wachsender internationaler Wettbewerbs- und Kostendruck trägt dazu bei, dass Banken und Kreditinstitute schlechte Schuldnerrisiken, die zu hohe Rücklagen an Eigenkapital erfordern, aus ihrem Portfolio entfernen. Der ratingbasierte Regulierungsansatz in der internationalen Bankenregulierung schafft zusätzliche Anreize für einen transparenten und marktkonformen Umgang mit den Risiken des Finanzgeschäftes.

Nationalstaaten fördern diese Entwicklung eher, als dass sie sie unterbinden würden. Mit dem Übergang vom interventionswilligen „Leistungsstaat" Kontinentaleuropas oder dem „developmental state" Japans zum „Regulierungs- oder Wettbewerbsstaat" hat sich auch im Finanzsektor ein Form- und Funktionswandel von Staatlichkeit vollzogen. Der Staat greift nicht mehr fallweise, diskretionär, mit Hilfe finanzieller Anreize oder unter Rückgriff auf geldpolitische Instrumente in Wirtschaft und Finanzmarkt ein, sondern sorgt durch Vorgabe stabiler rechtlicher Rahmenbedingungen für die Einhaltung der Spielregeln des Marktgeschehens. Dies kann sich immer wieder gegen die Interessen einzelner Marktteilnehmer richten, beispielsweise, wenn der Staat den Banken höhere Eigenkapitalrücklagen auferlegt als von diesen erwünscht, Berichtspflichten erlässt oder Insidergeschäfte sanktioniert. Insgesamt gesehen trägt der Regulierungsstaat jedoch zur Stabilisierung vermarktlichter Finanzbeziehungen bei und verleiht Finanzprodukten und -marktteilnehmern gerade durch die Aufrechterhaltung rigider Regulierungsstandards das Gütesiegel von Qualität und Glaubwürdigkeit (Lütz 1997).

Markt und (Regulierungs-)Staat erfahren als Modi institutioneller Steuerung im System einer nationalen politischen Ökonomie letztlich eine Aufwertung. Damit breitet sich auch im Finanzsektor ein governance-Modell aus, welches den Traditionen und Strukturen angelsächsischer Länder am ehesten entspricht. Doch wie weit ist die Konvergenz in kreditbasierten Systemen bereits fortgeschritten? Bislang scheinen Umbauprozesse vorwiegend das globalisierte Unternehmenssegment innerhalb des Finanzsektors zu betreffen bzw. solche Sektoren besonders zu erfassen, die dem internationalen Wettbewerbsdruck in besonderer Weise ausgesetzt sind. Im Finanzsektor haben sich Großbanken sehr frühzeitig hin zum Investmentbanking orientiert und damit eine strategische Abkehr vom alten Modell der kreditbasierten deutschen Finanzbeziehungen vorgenommen. Demgegenüber halten kleinere Sparkassen und Kreditgenossenschaften stärker am Erhalt enger Kreditbeziehungen zur mittelständischen Industrie fest, geraten jedoch dabei unter wachsenden Kostendruck. Damit deutet sich eine *Bifurkation* nationaler Modelle an (vgl. Deeg 2001: 15). Während sich der internationalisierte Teil der nationalen politischen Ökonomie auf einen neuen, stärker „liberalen" und marktorientierten Pfad begibt, scheint das national oder gar regional ausgerichtete Unternehmenssegment bestehenden Strukturen verhaftet zu sein. Ob eine solche „Hybridisierung" nationaler governance-Konfigurationen eine dauerhafte Lösung darstellt oder nur der Beginn einer Transformation ist, die an den Rändern beginnt, ist derzeit noch eine offene Frage.

Literatur

Berle, Adolf A./Means, Gardiner C., 1932: The Modern Corporation and Private Property. New York: Macmillan.
Beyer, Jürgen, 2002: Deutschland AG a.D.: Deutsche Bank, Allianz und das Verflechtungszentrum großer deutscher Unternehmen. MPIfG Working Paper 02/04. Max-Planck-Institut für Gesellschaftsforschung Köln.
Bundesministerium der Finanzen (BMF), 2003: Eckpunktepapier: Der Finanzmarktförderplan 2006. Ms. vom 5. März 2003. Berlin.
Cerny, Philip G., 1994: Money and Power: The American Financial System from Free Banking to Global Competition, in: *Thompson, Grahame* (Hrsg.), Markets. Seven Oaks/Milton Keynes: Hodder & Stoughton/Open University, 175–213.
Cerny, Philip G., 2004a: Power, Markets and Accountability: The Development of Multi-Level Governance in International Finance, in: *Baker, Andrew/Hudson, David/Woodward, Richard* (Hrsg.), Money, Finance and Multi-Level Governance.
Cerny, Philip G., 2004b: Governance, Globalization and the Japanese Financial System: Resistance or Restructuring?, in: *Hook, Glenn* (Hrsg.), Contested Governance in Japan. London: Routledge.
Chandler, Alfred D. Jr., 1992: Scale and Scope: The Dynamics of Industrial Capitalism. Cambridge, MA: Harvard University Press.
Deeg, Richard, 2001: Institutional Change and the Uses and Limits of Path Dependency: The Case of German Finance. MPIfG Discussion Paper 01/6. Max-Planck-Institut für Gesellschaftsforschung Köln.
Deeg, Richard/Lütz, Susanne, 2000: Internationalization and Financial Federalism – The United States and Germany at the Crossroads?, in: Comparative Political Studies 33, 374–405.
Gerschenkron, Alexander, 1962: Economic Backwardness in Historical Perspective. New York: Praeger.
Hassel, Anke/Höpner, Martin/Kurdelbusch, Antje/Rehder, Britta/Zugehör, Rainer, 2000: Dimensionen der Internationalisierung: Ergebnisse der Unternehmensdatenbank „Internationalisierung der 100 größten Unternehmen in Deutschland". MPIfG Working Paper 00/1. Max-Planck-Institut für Gesellschaftsforschung Köln.
Helleiner, Eric, 1994: States and the Reemergence of Global Finance. From Bretton Woods to the 1990s. Ithaca, NY: Cornell University Press.
Hilferding, Rudolf, 1910: Das Finanzkapital. Eine Studie über die jüngste Entwicklung des Kapitalismus. Wien: Brand & Co.
Hobsbawm, Eric J., 1969: Industry and Empire. Harmondsworth, Middlesex: Penguin.
Huffschmid, Jörg, 1999: Politische Ökonomie der Finanzmärkte. Hamburg: VSA-Verlag.
Jackson, Gregory, 2003: Corporate Governance in Germany and Japan: Liberalizing Pressures and Responses during the 1990s, in: *Yamamura, Kozo/Streeck, Wolfgang* (Hrsg.), The End of Diversity? Prospects for German and Japanese Capitalism. Ithaca/London: Cornell University Press, 261–305.

Johnson, Chalmers, 1995: Japan: Who governs? The Rise of the Developmental State. New York: W.W. Norton.
Kapstein, Ethan B., 1992: Between Power and Purpose: Central Bankers and the Politics of Regulatory Convergence, in: International Organization 46, 265–287.
Krasner, Stephen D. (Hrsg.), 1983: International Regimes. Ithaca, NY: Cornell University Press.
Lütz, Susanne, 1997: Die Rückkehr des Nationalstaates? Kapitalmarktregulierung im Zeichen der Internationalisierung von Finanzmärkten, in: Politische Vierteljahresschrift 38(3), 475–498.
Lütz, Susanne, 2000: From Managed to Market Capitalism? German Finance in Transition, in: German Politics 9(2), 149–170.
Lütz, Susanne, 2002: Der Staat und die Globalisierung von Finanzmärkten. Regulative Politik in Deutschland, Großbritannien und den USA. Frankfurt a.M.: Campus.
Meyer, Laurence H., 1998: Mergers and Acquisitions in Banking and Other Financial Services. Testimony before the Committee on the Judiciary. U.S. House of Representatives, 3 June 1998.
Organisation for Economic Co-operation and Development (OECD), 1995: Securitization. An International Perspective. Paris: OECD.
Reiter, Joakim, 2003: Changing the Microfoundations of Corporatism: The Impact of Financial Globalisation on Swedish Corporate Ownership, in: New Political Economy 8(1), 103–125.
Ruggie, John Gerard, 1982: International Regimes, Transactions and Change: Embedded Liberalism in the Postwar Economic Order, in: International Organization 36, 379–415.
Sherman, Heidemarie C./Kaen, Fred R., 1997: Die deutschen Banken und ihr Einfluß auf Unternehmensentscheidungen, in: IFO-Schnelldienst 23, 3–20.
Shonfield, Andrew, 1965: Modern Capitalism. The Changing Balance of Public and Private Power. Oxford: Oxford University Press.
Vitols, Sigurt, 2003: From Banks to Markets: The Political Economy of Liberalization of the German and Japanese Financial Systems, in: *Yamamura, Kozo/Streeck, Wolfgang* (Hrsg.), The End of Diversity? Prospects for German and Japanese Capitalism. Ithaca/London: Cornell University Press, 240–260.
Winkler, Heinrich-August (Hrsg.), 1974: Organisierter Kapitalismus. Voraussetzungen und Anfänge. Göttingen: Vandenhoek & Ruprecht.
Zysman, John, 1983: Governments, Markets and Growth. Financial Systems and the Politics of Industrial Change. Ithaca/London: Cornell University Press.

Institutionen, Diskurse und *policy change:*
Bankenregulierung in Großbritannien und der Bundesrepublik

Andreas Busch

1. Einleitung

Das Verhältnis zwischen Politik und Markt unterliegt beständigem Wandel. In den Jahrzehnten nach dem Zweiten Weltkrieg wurden staatliche Intervention durch Prozess- und Nachfragepolitik („demand management") ebenso wie der aktive Ausbau eines *welfare state* als notwendige Bestandteile eines „modernen" Kapitalismus (gleichgesetzt mit dem „geplanten Kapitalismus") gesehen (Shonfield 1965). Diese Rolle der Politik war zweifellos beeinflusst durch die Erfahrungen der 1920er und 1930er Jahre, in denen ein passiver Staat impotent gegenüber lang anhaltender Massenarbeitslosigkeit, Verelendung und einem Zusammenbruch des Welthandels erschien. Ab den späten 1970er Jahren veränderte sich das Verhältnis jedoch: Die ökonomische Stagnation der Zeit wurde nun übermäßiger Staatsintervention angelastet, und als Gegenstrategie sollten Märkte, von staatlichen Fesseln befreit, vermehrt ihrer Eigendynamik folgen, wovon positive ökonomische Impulse erhofft wurden. Dies geschah sowohl auf der innenpolitischen Ebene – durch Strategien wie Privatisierung von industriellem Staatseigentum und den Abschied von fiskalpolitischen Strategien der staatlichen Nachfragesteuerung zugunsten eines Fokus auf Geldpolitik – als auch auf der internationalen Ebene: Hier kam es zu einem Abbau von Zollschranken und regulativen Barrieren, die mit einer Intensivierung des Handelsaustausches ebenso einhergingen wie eine Ausdehnung der Tätigkeit transnationaler Unternehmen. Vor allem im Bereich der Finanzmärkte kam es in der darauf folgenden Zeit zu einer explosionsartigen Ausweitung der internationalen Tätigkeit, und durch diese verstärkte Integration stumpften viele „heimische" wirtschaftspolitische Instrumente – etwa nationaler Nachfrageimpulse oder nationaler Zinssenkung – weiter ab.

Das Zusammenfallen eines wirtschaftspolitischen Strategiewechsels hin zu einer oft als „Neoliberalismus" bezeichneten Orthodoxie mit dem Prozess der „Globalisierung" hat das Verhältnis von Markt und Politik stark ideologisiert, was einer sachlichen Analyse oft nicht zuträglich ist. So werden beide oft als reine Antagonisten und ihr Verhältnis als Null-Summen-Spiel dargestellt, in dem die Ausweitung der Handlungsoptionen des einen notwendig einen Verlust an Macht für den anderen bedeutet. Dabei ist eine solche Haltung nicht nur bei den zivilgesellschaftlichen Protagonisten der Protestbewegung gegen Globalisierung zu finden, sondern auch in den Titeln akademischer Analysen, die etwa „States against Markets" (Boyer/Drache 1996) oder „States versus Markets" (Schwartz 1994) agieren sehen. Eine solche Auffassung ist nicht nur deshalb fragwürdig, weil sie beide Akteure theoretisch so säuberlich voneinander trennt wie dies in der Wirklichkeit gar nicht möglich ist. Sie ist es auch deshalb, weil die im Rückblick gerne als „golden age" apostrophierte Zeit der 1950er bis 1970er Jahre zeigt, dass eine Koordination des Handelns beider Sektoren klar den Charakter eines Positiv-Summen-Spiels haben kann.

Der vorliegende Beitrag setzt sich ein doppeltes Ziel. Er will zum einen anhand eines geeigneten Politikfeldes zeigen, dass das Verhältnis zwischen staatlichen Akteuren und Marktteilnehmern weitaus komplizierter ist als es die simple Antagonisierung der beiden erwarten lassen würde, und dass deren Kalküle nicht von einer Null-Summen-Mentalität beherrscht sind. Zum anderen soll der Einfluss von institutionellen und diskursiven Faktoren auf die Politikergebnisse im Bereich politische Ökonomie untersucht werden. Beides soll geschehen anhand einer doppelten Fallstudie in einem Bereich, der in den letzten Jahrzehnten im Brennpunkt der oben angesprochenen Veränderungen stand, nämlich der staatlichen Regulierung und Beaufsichtigung des Bankenwesens. Die sektoralen Herausforderungen, Krisen und Politikänderungen (bzw. Nichtänderungen) werden für den Zeitraum zwischen 1973 und 1999 in den Ländern Großbritannien und Bundesrepublik Deutschland untersucht.[1] Mit dem Ende des Systems fester Wechselkurse („Bretton Woods") einerseits und der Einführung des Euro sowie des Starts der Verhandlungen für ein weiteres internationales Abkommen in diesem Politikbereich („Basel II") andererseits markieren diese beiden Daten einen Zeitraum von 25 Jahren, der hinreichend lang ist, um einen umfassenden Einblick in die nationalen Prozesse der Politikformulierung und -umsetzung zu erhalten.

2. Institutionen, Diskurse und das Handeln unter Unsicherheit

Zwei Themenbereiche haben in der Literatur im Bereich Politische Ökonomie in jüngerer Zeit besondere Aufmerksamkeit gefunden: zum einen institutionelle Perspektiven und zum anderen solche, die sich mit kognitiven und diskursiven Faktoren auseinandergesetzt haben. Im Mittelpunkt des *revivals* institutioneller Analysen standen Studien, die in organisatorischen Eigenschaften der Politischen Ökonomie (und in den dadurch maßgeblich beeinflussten Handlungslogiken) die Hauptbestimmungsgröße für Leistungsprofile – und deren Unterschiede zwischen den Ländern – sahen. Im Mittelpunkt solcher Arbeiten standen Untersuchungen über die Strukturen von Gewerkschaften und Arbeitgeberverbänden (z.B. Soskice 1990), von nationalen Finanzsystemen (z.B. Zysman 1983), Zentralbanken (z.B. Alesina/Summers 1993) und den Einfluss staatlicher Strukturen auf die makroökonomische Politik (z.B. Hall 1986). In jüngster Zeit sind ambitionierte Versuche zu einer Integration einer Vielzahl dieser Faktoren in einem gemeinsamen theoretischen *framework* unter dem Banner „Varieties of Capitalism" unternommen worden (Hall/Soskice 2001; vgl. die Beiträge von Martin Höpner und Susanne Lütz in diesem Band).

Analysen, die sich mit den Einfluss politischer Ideen sowie kognitiver und diskursiver Faktoren auf Politikergebnisse beschäftigt haben, haben ebenfalls im Bereich der Politischen Ökonomie einen Schwerpunkt gefunden.[2] Hier wurden Themen wie Dere-

---
[1] Die Analyse kann sich dabei auf umfangreichere Arbeiten des Autors stützen (Busch 2001a, 2001b, 2003), so dass die Folgerungen auf einer breiteren empirischen Basis als dem Zwei-Länder-Vergleich stehen.
[2] Ein Überblick über diesen Bereich sowie Anwendungen auf Gebiete außerhalb der Politischen

gulierung (z.B. Derthick/Quirk 1985), der Einfluss keynesianischen Denkens (Hall 1989) und von Experten (Singer 1993) auf die Wirtschaftspolitik und die Rolle ideeller Faktoren beim Zustandekommen etwa der Europäischen Währungsunion (z.B. McNamara 1997) untersucht.

Diese beiden Forschungsstränge standen bisher relativ unverbunden nebeneinander, ohne dass eine Integration ihrer Ansätze und Ergebnisse möglich gewesen wäre. Doch die unlängst vorgelegte Analyse von Vivien Schmidt (2002) über die „Futures of European Capitalism" bemüht sich um eine solche Zusammenschau: Ihr Konzept der „discursive frameworks" bezieht sowohl die (v.a. staatlichen) Institutionen ein als auch den Politikdiskurs.[3] Bei letzterem werden zwei Dimensionen unterschieden: zum einen eine „ideelle" (*ideational*) Dimension, in deren Mittelpunkt kognitive und normative Funktionen stehen (also etwa die interne Kohärenz, objektive Notwendigkeit und Angemessenheit eines Politikvorschlages), zum anderen eine „interaktive" Dimension, deren Schwerpunkt in der Erzeugung von Konsens und der Legitimation der verfolgten Politik liegt. Während die erste Dimension also primär der Zielfindung und -koordinierung dient, liegt der Schwerpunkt der zweiten auf der Kommunikation mit der Öffentlichkeit.

Laut dem von Schmidt vorgelegten Modell gibt es eine systematische Variation in der Gewichtung dieser beiden Dimensionen in Abhängigkeit von institutionellen Merkmalen eines nationalen politischen Systems (Schmidt 2002: Kapitel 5): So postuliert sie, dass in „national single-actor governance systems" (also unitarischen, zentralisierten politischen Systemen) der koordinative Aspekt des Politikdiskurses schwach ausfalle (da das politische Zentrum sich nicht mit anderen relevanten Akteuren abstimmen muss), während der kommunikative Aspekt den Hauptteil des Diskurses einnehme, da nur so die Öffentlichkeit von der Angemessenheit und Legitimität der ergriffenen Maßnahmen zu überzeugen sei. Bei „national multi-actor governance systems" (also Systemen, in denen die Kompetenz zur Durchführung politischer Maßnahmen beim Zentrum nur schwach ausgeprägt ist und/oder auf mehrere Akteure verteilt ist, also etwa in verbund-föderalen oder korporatistisch geprägten Systemen) sei es hingegen umgekehrt: Hier liege der Schwerpunkt des Politikdiskurses auf der koordinativen Funktion (um Lösungsvorschläge zu suchen oder eine Mehrheit der relevanten Akteure – zumeist hinter verschlossenen Türen – von der Richtigkeit derselben zu überzeugen), während dem Diskurs mit der Öffentlichkeit hier nur eine untergeordnete Rolle zukomme.

Während Schmidt die Korrektheit dieser Postulate für den Bereich der makroökonomischen Politik anhand der Beispiele Frankreich, Großbritannien und Bundesrepublik Deutschland nachweist, stellt sich die Frage, ob dasselbe auch für andere Politikbereiche aus dem Gebiet der Politischen Ökonomie zutrifft. Die Bankenaufsichtspoli-

---

Ökonomie findet sich etwa in dem von Braun und Busch (1999) herausgegebenen Sammelband.

3 Politikdiskurs wird dabei wie folgt definiert: „Discourse, as defined herein, consists of whatever policy actors say to one another and to the public in their efforts to generate and legitimize a policy programme. As such, discourse encompasses both a set of policy ideas and values and an interactive process of policy construction and communication" (Schmidt 2002: 210).

tik ist hierfür ein besonders geeigneter Testfall, da theoretische Gründe hier eine wichtige Rolle für ideelle und diskursive Elemente in der Politik erwarten lassen.

Der Hauptgrund für diese Annahme sind Überlegungen zum Handeln unter Unsicherheitsbedingungen. Nach 1973 war die Unsicherheit im Bereich der Bankenaufsichtspolitik besonders hoch: Der Zusammenbruch des Systems fester Wechselkurse hatte die Parameter marktlichen Handelns drastisch verändert, aber in welcher Weise sich diese Veränderungen auswirken würden, war unvorhersehbar. „Coping with innovation" und „governing without precedents" waren daher die zentralen Herausforderungen für die nationalen *policy makers* (Bovens/Hart/Peters 2001a). Sie befanden sich in unbekanntem Gelände und mussten mit so schwierigen Problemen wie der Verhinderung von Bankenzusammenbrüchen, der Stabilität der nationalen Bankensysteme und – gerade auch in wahlpolitischer Hinsicht wichtig – der Sicherheit der Bankeneinlagen umgehen. Dabei waren sie jedoch gewissermaßen ohne Landkarte unterwegs – will sagen, es gab keinen Standard, mit dem man hätte bestimmen können, ob Politikvorschläge die bestmögliche (oder auch nur eine gute) Lösung für die angesprochenen Probleme waren. Unter solchen Bedingungen geht die Entscheidungstheorie davon aus, dass sich Akteure auf internalisierte Vorstellungen verlassen müssen – ihre „ideologies" bzw. „mental maps" davon, wie die Wirkungszusammenhänge in der Realität und die Einflussmöglichkeiten der Politik beschaffen sind (Denzau/North 1994; Haas 1992). Von diesen Überlegungen ausgehend können wir also erwarten, dass die Rolle ideeller und diskursiver Faktoren in den hier untersuchten Fällen – und somit ihr Einfluss auf die verfolgte Politik – relativ groß sein wird. Hugh Heclo hat den Zusammenhang in einer bekannten Formulierung wie folgt beschrieben:

„Politics finds its sources not only in power, but also in uncertainty – men collectively wondering what to do ... Governments not only ‚power' (or whatever the verb form of that approach might be); they also puzzle. Policy-making is a form of collective puzzlement on society's behalf; it entails both deciding and knowing" (Heclo 1974: 305).

3. Bankenaufsicht vor neuen Herausforderungen

Die im folgenden Abschnitt im Mittelpunkt der Fallstudien stehenden Länder Großbritannien und Bundesrepublik Deutschland sind besonders interessant aufgrund ihrer Mischung aus Unterschieden und Ähnlichkeiten. In institutioneller Hinsicht gibt es markante Unterschiede: auf der einen Seite ein unitarisches „Westminster system", in dem Einparteien-Regierungen schalten und walten können, ohne dabei auf relevante Gegenakteure und konkurrierende Machtzentren Rücksicht nehmen zu müssen; auf der anderen Seite ein föderales politisches System, das durch Koalitionsregierungen charakterisiert ist und in dem es eine große Zahl von „Veto-Spielern" gibt, die mitregieren wollen. Doch gibt es auch bemerkenswerte Ähnlichkeiten zwischen beiden Ländern: Beide haben in etwa gleiche Größe und gleiches politisches Gewicht in der Europäischen Union, beide haben traditionell liberale wirtschaftspolitische Ansätze bevorzugt, und beide sind im Untersuchungszeitraum von Parteien ähnlicher ideologischer Ausrichtung regiert worden. Ob solche Faktoren schließlich einen Einfluss auf die Bankenaufsichtspolitik haben, wird sich zeigen müssen.

3.1 Vom „Club" zum Markt: das Ende informeller Regulierung in Großbritannien

Die britische Bankenaufsicht hat sich während der letzten drei Jahrzehnte institutionell deutlich geändert, gab es doch bis in die 1970er Jahre effektiv kein formales System der Bankenaufsicht wie wir es heute kennen (Gardener 1986a: 70). Gemeinsam mit einer Gruppe anderer Länder – Australien, Kanada und Neuseeland – hatte Großbritannien keinerlei formelle oder gesetzliche Vorschriften hinsichtlich der Bankenaufsicht (Pecchioli 1989: 45ff.). Das bedeutet jedoch nicht, dass es dort überhaupt keine Aufsicht gab – nur war diese gekennzeichnet durch ein außerordentliches Maß an Flexibilität und Informalität.

Im Zentrum dieses Systems stand mit der *Bank of England* (BoE) die Zentralbank des Landes. Gegründet bereits im Jahr 1694, war sie im Lauf ihrer langen Geschichte allmählich – neben ihrer Hauptaufgabe, der Geldpolitik – in eine Aufsichtsrolle gegenüber dem Bankensektor hineingewachsen. Nach ihrer Verstaatlichung im Jahr 1946 fungierte die Bank (die auf ihre lange und intensive Verbindung mit der Londoner Finanzwelt sehr stolz war) als eine Art Vermittler zwischen der *City* und der Regierung: Sie wurde sowohl zum Sprecher der City innerhalb der Regierung als auch zum Sprecher der Regierung in der City (Vogel 1996: 98). Dabei beruhte die Autorität der Bank gegenüber der Bankenindustrie jedoch nicht auf gesetzlicher Basis,[4] sondern auf ihrer zentralen Rolle in der club-ähnlichen Kultur der *City*, einer Umgebung, in der die „hochgezogenen Augenbrauen" des Gouverneurs der Zentralbank als ultimatives Sanktionsinstrument galten, dem jeder unbedingt Folge zu leisten hatte.

Die grundlegende Transformation dieses Aufsichtssystems, die es seit Mitte der 1970er Jahre von einer „Club-Kultur" in ein modernes System verwandelt hat, wurde allerdings nicht durch internationale oder europäische Einflüsse ausgelöst, sondern primär durch nationale Ereignisse. Hier ist zunächst der Schock der „Secondary Banking Crisis" zwischen 1973 und 1975 zu nennen. Nachdem das britische Bankensystem selbst die Bankenkrisen der 1930er Jahre, die viele Länder erschüttert hatten und dort zu substanziellen Umstrukturierungen geführt hatten, unbeschadet überstanden hatte, kam diese Krise umso unerwarteter. Ihren Namen erhielt sie von den so genannten „Secondary Banks" (wörtlich: zweitrangige Banken), die in den 1960er Jahren entstanden waren – als Folge des Fehlens einer gesetzlichen Regelung und Definition des Begriffes „Bank" und einer Gründungswelle im Bereich kleiner und mittlerer Banken. Die *Bank of England* hatte mit diesen Neugründungen keinen Kontakt – wie dies mit den etablierten Banken der Fall war[5] – und wurde deshalb von den plötzlichen Problemen in diesem Sektor überrascht.

Die Krise war letztlich durch einen Politikwechsel der konservativen Regierung im Bereich der Kreditpolitik und einer daraus folgenden Verschärfung der Geldpolitik ausgelöst worden:[6] Steigende Zinssätze und gleichzeitig fallende Hauspreise führten bei

---

4 Der *Bank of England Act 1946* ermächtigte die BoE zwar, Banken „Weisungen" (*directions*) zu erteilen, sah jedoch für den Fall ihrer Nichtbefolgung keinerlei Sanktionen vor. Doch erübrigte sich dies, da die BoE von diesem Instrument ohnehin nie Gebrauch machte (Reid 1988: 207).

5 Aufgrund eines ausgeprägten Konzentrationsprozesses seit Ende des 19. Jahrhunderts handelte es sich bei den etablierten Banken nur um eine Handvoll. Vgl. Busch (2003: 144ff.).

6 Genauer handelt es sich um die Gesetzgebung zu *Competition and Credit Control* aus dem Jahr 1971. Siehe hierzu die detaillierte Studie von Hall (1983).

vielen Kleinbanken zu Liquiditäts- und sogar Solvenzproblemen. Um ein Übergreifen dieser Probleme auf die etablierten Banken zu verhindern, griff die BoE helfend ein. Die Art und Weise, in der dies geschah, ist kennzeichnend für das damals vorherrschende sektorale Regime: Die Zentralbank trug lediglich ein Fünftel zu der benötigten Summe bei, während 80 Prozent von den vier Großbanken aufgebracht wurden (Metcalfe 1986: 127). Dazu waren diese gesetzlich in keiner Weise verpflichtet – doch das informelle Aufsichtssystem mit seinen dominanten Normen von Solidarität und Gemeinsamkeit ließ einen solchen Beitrag wichtiger erscheinen als die Maximierung des eigenen Gewinns.

Obwohl die *Secondary Banking Crisis* ohne größere Probleme gelöst worden war, hatte sie Debatten in der regierenden *Labour Party* über eine Verstaatlichung der Großbanken und die Schaffung einer nationalen Investitionsbank für den Not leidenden Sektor der verarbeitenden Industrie neue Nahrung gegeben. Um die Situation nicht weiter zu politisieren, entschloss sich der Gouverneur der *Bank of England*, das Aufsichtssystem zu formalisieren. Dies geschah innerhalb von lediglich drei Monaten. Zum einen mussten Banken nun in regelmäßigen Abständen Berichte über ihre Aktiva und Passiva an die Zentralbank schicken, welche dieser als Grundlage für Gespräche mit den Vorständen dienten. Zum anderen wurde ein Gesetz angekündigt, das diese Praxis kodifizieren und darüber hinaus den Begriff „Bank" definieren sollte. Es wurde im Herbst 1975 eingebracht. Dieser erste *Banking Act* (in Kraft getreten im Oktober 1979) war gekennzeichnet durch eine weitgehende Abwesenheit von präzisen Vorschriften etwa über das zu haltende Eigenkapital. Dies ließ der Bank of England als zuständiger Regulierungsagentur einen weiten Spielraum für ihr Ermessen – und versetzte sie somit in eine recht starke Position. Die alte Trennung zwischen „primary" und „secondary" banks wurde im neuen Gesetz durch die Unterscheidung zwischen „anerkannten Banken" und „lizenzierten Finanzinstituten" reproduziert. Aus der gerade überstandenen Krise wurde jedoch insoweit eine Lehre gezogen, als für die zweite Gruppe strengere Vorschriften in Kraft gesetzt wurden als für die erste. Diese waren etwa nicht gesetzlich verpflichtet, Informationen an die Zentralbank weiterzuleiten; es wurde einfach angenommen, dass sie dies ohnehin tun würden. In vielerlei Hinsicht überlebten Charakteristika des alten, informellen „Club-Systems" also die Kodifikation der Aufsichtspraxis.

Zum ersten Test des neuen Systems kam es im Jahr 1984, als ausgerechnet ein Institut aus der Gruppe der „anerkannten Banken" in Schwierigkeiten geriet, nämlich *Johnson Matthey Bankers* (JMB). Bei dem Versuch, eine Rettungsaktion zu organisieren, wurde der Zentralbank jedoch rasch deutlich, dass sich mit den regulativen Änderungen auch die Atmosphäre in der Londoner *City* verändert hatte. Denn die Großbanken waren nun nicht mehr bereit, den Löwenanteil der entstehenden Kosten zu tragen – sie wiesen das Ansinnen der BoE, 90 Prozent der erforderlichen 150 Millionen Pfund zu übernehmen, einfach zurück. Zur Begründung verwiesen sie darauf, dass es sich bei dem Problem um Folgen eines Aufsichtsversagens handele, und dass folglich die Zentralbank den Hauptanteil der Kosten zu übernehmen habe (Reid 1988: 227). Die Einführung eines formalisierten Aufsichtssystems hatte also, gemeinsam mit gestiegenem Wettbewerbsdruck, einen grundlegenden Kulturwandel bewirkt sowie – paradoxerweise – eine Verringerung der Möglichkeiten der *Bank of England*, der Bankwirtschaft ihren Willen aufzuzwingen.

Das *crisis management* der BoE zog auch Kritik von Seiten des Finanzministeriums auf sich, das sich hinsichtlich der benötigten öffentlichen Mittel für die Rettungsaktion unvollständig informiert fühlte. Als Reaktion wurde eine Kommission eingesetzt, die eventuell notwendige Reformen des Aufsichtssystems untersuchen sollte. Zwar wurde der Vorsitz dem Gouverneur der BoE überlassen, doch sollten mehrere hochrangige Mitglieder des Ministeriums dafür sorgen, dass die Aufsichtspraktiken der Zentralbank gründlich durchleuchtet würden (Lawson 1992: 405ff.). Als Resultat wurde eine Reihe von Änderungen vorgeschlagen, etwa, dass in Zukunft alle Banken aufsichtsrechtlich gleich behandelt werden sollten; dass Rechnungsprüfungsfirmen direkter in den Aufsichtsprozess eingebunden werden sollten und ihnen direkter Kontakt mit der BoE gestattet werden sollte;[7] dass falsche Angaben gegenüber der Aufsichtsbehörde in Zukunft strafbewehrt sein sollten und dass die Aufsichtsabteilung der Zentralbank personell aufgestockt werden solle (Committee 1985). Diese Vorschläge wurden von der *Treasury* übernommen, die zudem noch ein *Board of Banking Supervision* (BoBS) innerhalb der Zentralbank schuf, um externe Expertise und unabhängigen Rat für den Gouverneur der Zentralbank in den Aufsichtsprozess zu integrieren. Die Position des Finanzministeriums gegenüber der Zentralbank wurde so gestärkt und die Informalität des Aufsichtssystems weiter reduziert (Hall 1999: 39).

Doch der Änderungsprozess des britischen Bankenaufsichtssystems war damit noch nicht vollendet: Nach der Formalisierung und Kodifizierung des Systems in den 1970er Jahren sowie der Novellierung in den 1980er Jahren brachten die 1990er Jahre zwei prominente Problemfälle, die schließlich den Weg für eine grundlegende institutionelle Veränderung des Systems ebneten, nämlich die Zusammenbrüche der *BCCI* und der *Barings Bank*.

Im Juli 1991 musste die *Bank of England* nach einem Hinweis der Rechnungsprüfungsfirma *Price Waterhouse* die *Bank of Credit and Commerce International* (BCCI) schließen, da in diesem internationalen Bankenkonglomerat mit Hauptsitz London „massive Betrügereien" festgestellt worden waren. Die Vorwürfe reichten von Geldwäsche bis zur Unterstützung von Drogenhandel und Terrorismus und führten zu unbequemen Fragen hinsichtlich der Aufsichtspraktiken der Zentralbank.[8] Sowohl der Bericht des von der Regierung eingesetzten Sonderermittlers Lord Bingham als auch derjenige des *Treasury and Civil Service Committee* des Unterhauses fanden erhebliche Mängel auf Seiten der *Bank of England*. Wiederum folgten den Kritikpunkten Reformvorschläge, so etwa eine Erhöhung der Zahl der Vor-Ort-Untersuchungen in Banken; die Schaffung einer Sonderabteilung innerhalb der Bankenaufsichts-Division der BoE für Früherkennung von betrügerischen und kriminellen Bankenpraktiken; eine verbesserte Kommunikation sowohl innerhalb der BoE als auch zwischen dieser und dem Finanzministerium; und schließlich eine Stärkung und bessere Ausstattung des BoBS

---

7 Bis dato hatten Rechnungsprüfer die Aufsichtsbehörde nur mit Zustimmung ihrer Kunden kontaktieren dürfen, was für sie zu Loyalitätskonflikten führen konnte.

8 Daneben hatte der BCCI-Skandal auch Folgen auf der Ebene der internationalen Bankenaufsichtspraxis: So wurden neue „Minimalstandards" in das „Basler Konkordat" eingeführt, was in der Europäischen Gemeinschaft zur „Post-BCCI-Direktive" (95/26/EC) führte.

(Bingham 1992: Kapitel 3). Die Aufgabe, die Bankenaufsicht ganz aus der Zentralbank auszugliedern und einer neuen Institution zu übertragen, wurde zwar erwogen, am Ende jedoch nicht vorgeschlagen (ebd.: 181).

Konnte man den Fall BCCI noch als Schurkenbank und Ausnahme betrachten, so war der Schock umso stärker, als die *Bank of England* im Februar 1995 die *Barings Bank* in Konkursverwaltung nehmen musste – verkörperte diese Bank (welche die Königin zu ihren Kunden zählte) doch geradezu die Respektabilität der *City*. Auslöser hierfür war das betrügerische Verhalten eines Derivatenhändlers bei einer Tochtergesellschaft der Bank in Singapur gewesen, der mit Wetten auf die zukünftige Entwicklung des japanischen *Nikkei*-Index enorm hohe Negativpositionen aufgebaut hatte.[9] Vor dem Kollaps der Bank hatte die BoE noch in traditioneller Manier versucht, ein „Rettungsboot" zu organisieren, war dabei jedoch gescheitert: Denn angesichts der Art der Derivatkontrakte von *Barings* hätte jede Garantie unbegrenzt sein müssen – etwas, das die Banker der *City* nicht leisten wollten. Eine solche Garantie wollte auch die Zentralbank nicht geben, und als Konsequenz wurde *Barings* nicht – wie JMB zehn Jahre zuvor – von der BoE übernommen, sondern direkt in Konkurs gegeben.

Ein weiteres Mal wurde ein detaillierter Bericht angefordert, diesmal vom *Board of Banking Supervision*, und wieder wurden schwere Fehler des Managements von *Barings*, aber auch substanzielle Nachlässigkeit bei der Aufsicht durch die BoE festgestellt (BoBS 1996). Wieder war eine detaillierte Liste von Reformvorschlägen Teil des Berichts, und sie umfasste den Vorschlag, die Aufsichtspraxis der Zentralbank durch eine unabhängige Beratungsfirma durchleuchten und bewerten zu lassen. Diese Bewertung wurde von der Firma *Arthur Andersen* vorgenommen und resultierte in einem weiteren Bericht mit Vorschlägen zur Verbesserung des Aufsichtsprozesses, der u.a. ein formalisierteres und strukturierteres Vorgehen als bis dato vorschlug, das so genannte *RATE*-System. Zudem wurden einige der Aufsichtsschwächen mit Personalproblemen in der Aufsichtsabteilung in Verbindung gebracht: Die Personalfluktuation war dort etwa doppelt so hoch wie in vergleichbaren Ländern, während gleichzeitig das Durchschnittsalter (und damit die Erfahrung) im Schnitt zehn Jahre niedriger lag (Andersen 1996).

Doch neben dem von der Regierung angeforderten Bericht gab es auch dieses Mal wieder einen weiteren von Seiten des *Treasury and Civil Service Committee* des House of Commons, und dieser war weitaus kritischer in seiner Analyse. Der BoE wurde vorgeworfen, Opfer von *regulatory capture* geworden zu sein, weshalb eine in Zukunft größere Distanz zwischen der Zentralbank und den Geschäftsbanken gefordert wurde. Explizit wurde damit gedroht, der BoE die Aufgabe der Bankenaufsicht zu entziehen, wenn der notwendige „kulturelle Wandel" auf andere Weise nicht zu erreichen sei (Treasury Select Committee 1996: xxxvi). Dass ein solcher Bericht von einem Ausschuss verabschiedet wurde, in dem die regierende Konservative Partei die Mehrheit hatte, zeigt, dass die Parlamentarier nun die Geduld mit dem existierenden System und seinen beständig wiederkehrenden Krisen verloren. Bereits seit einiger Zeit war diskutiert worden, ob die BoE nicht mit der (im Vergleich zu den Zentralbanken an-

---

9 Eine genaue Darstellung des Falles findet sich bei Tickell (2001); die eher technischen Aspekte werden bei Chew (o.J.) dargestellt, die den Wert der Derivatkontrakte zum Zeitpunkt der Insolvenz der Bank auf 27 Milliarden US-Dollar schätzt.

derer Länder) Vielzahl ihrer Aufgaben überfordert sei, die von der Verwaltung des Einlagensicherungssystems und der Bankenaufsicht über die Beratung des Schatzkanzlers in Fragen der Geldpolitik und die Förderung des Finanzplatzes London (neben einigen weiteren Aufgaben) reichte, und ob es nicht Interessenkonflikte zwischen einigen dieser Aufgaben gebe (The Economist 1993).

Trotz dieser Unzufriedenheit blieb es jedoch der neuen Labour-Regierung von 1997 vorbehalten, institutionelle Konsequenzen zu ziehen. Die grundlegende institutionelle Umgestaltung des Aufsichtsbereichs, mit der sie schon kurz nach ihrem Amtsantritt aufwartete, überraschte selbst Insider in diesem Politikfeld völlig.[10] Der Bereich der Bankenaufsicht wurde aus der *Bank of England* ausgegliedert und (gemeinsam mit der Aufsicht über andere Bereiche des Finanzmarktes wie Versicherungs- und Börsenaufsicht) einer neu gegründeten *Financial Services Authority* (FSA) übertragen. Über ein Jahrhundert informeller (und ein Vierteljahrhundert formeller) Bankenaufsicht war damit für die Zentralbank zu Ende – eine Tatsache, die (aufgrund mangelnder vorheriger Konsultation) den Gouverneur der BoE sogar seinen Rücktritt erwägen ließ.[11] Obwohl die endgültige gesetzliche Regelung aller Details noch weiterer vier Jahre bedurfte,[12] war das britische Bankenaufsichtssystem damit am Ende des 20. Jahrhunderts institutionell völlig neu gestaltet worden und vereinigte nun die gesamte Finanzaufsicht unter einem Dach und in einem gesetzlichen Rahmen.

3.2 Die Ruhe nach dem Sturm: Schock und regulative Stabilität in der Bundesrepublik

Verglichen mit den zahlreichen Krisenmomenten der britischen Bankenaufsicht in den 1980er und 1990er Jahren war das deutsche Aufsichtssystem in den letzten 30 Jahren durch ein hohes Maß an Stabilität gekennzeichnet. Zu Beginn dieser Periode – unmittelbar nach dem Ende des Systems fester Wechselkurse – war dies jedoch nicht der Fall: Für die Bundesrepublik begann die neue Ära freier Wechselkurse und liberalisierten Währungshandels mit einer Krise, deren Auswirkungen weit über ihre Grenzen zu spüren war, nämlich dem Zusammenbruch der *Herstatt Bank*.

Das Scheitern der *Herstatt Bank* war der schwerwiegendste Bankenzusammenbruch in Deutschland seit der Krise der frühen 1930er Jahre. Damals hatte die Insolvenz der *Danat-Bank* einen *bank run* ausgelöst, der die Regierung dazu zwang, die Verbindlichkeiten der Banken zu garantieren und damit praktisch das Bankensystem zu nationali-

---

10 So das Ergebnis von Interviews des Autors bei der FSA und der British Bankers Association im Oktober 1999.
11 Vgl. Financial Times vom 22.5.1997. Die Zentralbank hatte gerade zwei Wochen zuvor Unabhängigkeit in Fragen der Geldpolitik erhalten, so dass die Ausgliederung der Bankenaufsicht in gewisser Hinsicht auch als Balanceakt verstanden werden kann, um die Macht der BoE nicht zu groß werden zu lassen.
12 Der *Financial Services and Markets Act 2000* trat erst im Dezember 2001 in Kraft, da nun ausgiebige Konsultationen mit Konsumenten-, Industrie- und Berufsverbänden vorgenommen wurden. Seine maßgeblichen Regelungen, vor allem in institutioneller Hinsicht, wurden jedoch bereits ab Sommer 1997 befolgt, da provisorische Regelungen schon in das Gesetz über die geldpolitische Unabhängigkeit der *Bank of England* eingefügt worden waren.

sieren (Born 1977: 500). Zwar wurden in den darauf folgenden Jahren alle staatlichen Anteile an Banken wieder an den privaten Sektor verkauft, doch wurde gleichzeitig ein umfassendes staatliches Aufsichts- und Regulierungssystem geschaffen, das im *Kreditwesengesetz* (KWG) von 1934 kodifiziert wurde. Es schuf – mit Hilfe und Mitarbeit der Spitzenverbände der drei historisch gewachsenen Säulen des deutschen Bankgewerbes[13] – kartellartige Strukturen. Die dadurch erzielte Wettbewerbsbeschränkung sollte die Stabilität des Bankensektors erhöhen – eine Strategie, die in ähnlicher Weise auch in anderen Ländern, wie etwa den Vereinigten Staaten, angewandt wurde, um die dort eingetretene Krise des Bankensystems zu lösen. Doch während in den USA die regulativen Wettbewerbsbeschränkungen über Jahrzehnte in Kraft bleiben sollten, wurde der Bankensektor im Nachkriegsdeutschland vergleichsweise rasch wieder liberalisiert – die letzten Zinsvorschriften wurden Mitte der 1960er Jahre aufgehoben (Alsheimer 1997).

Diese Liberalisierung – vom Wirtschaftsministerium gegen Skepsis der Bankenindustrie durchgesetzt[14] – führte jedoch zu einer öffentlichen Debatte über die Sicherheit der Spareinlagen (wie es sie in Deutschland seit dem Ende des 19. Jahrhunderts immer wieder einmal gegeben hatte). Aufgrund dieser Sorgen beauftragte der Bundestag die Regierung, einen Bericht zum Thema Einlagensicherung zu erstellen (Ronge 1979: 98). Bei seiner Vorlage im Jahr 1968 diagnostizierte die Regierung gestiegenen Wettbewerbsdruck zwischen den verschiedenen Sektoren der Bankindustrie und empfahl die Schaffung eines Einlagensicherungssystems. Ein Hauptargument war dabei, dass ohne einen solchen Schutzmechanismus zukünftige Bankenzusammenbrüche wiederum zu Rufen nach Re-Regulierung führen könnten, was die Effizienzgewinne der Liberalisierung gefährden würde.[15] Da sowohl der Sparkassen- als auch der Genossenschaftssektor bereits in den 1930er Jahren ihre eigenen Einlagenschutzsysteme eingeführt hatten, wandten sich diese Empfehlungen hauptsächlich an den privaten Bankensektor. Schon im darauf folgenden Jahr (1969) kündigte dessen Spitzenverband (der *Bundesverband deutscher Banken* oder BdB) die freiwillige Einrichtung eines Schutzsystems an, das individuelle Einlagen bis zu DM 10.000,– pro Person garantieren würde.

Fünf Jahre später, im Jahr 1974, wurde dieses System zum ersten Mal ernsthaft getestet. Die Herstatt Bank (eine relativ kleine Privatbank aus Köln) ging wegen einer fehlgeschlagenen Devisenspekulation in Konkurs. Sie wurde damit – gemeinsam mit der *Franklin National Bank* aus New York – eines der Hauptopfer der geänderten Umstände auf den Weltwährungsmärkten, auf denen drastisch gestiegene Volatilität nicht nur neue Profitchancen, sondern ebensolche Verlustrisiken geschaffen hatten (Kapstein 1994: 31, 39ff.).

---

13 Dabei handelte es sich um die Spitzenverbände der gewerblichen Banken (Centralverband des Deutschen Banken- und Bankiergewerbes), der Sparkassen (Deutscher Sparkassen- und Giroverband) und der Genossenschaftsbanken (Hauptverband deutscher gewerblicher Genossenschaften).
14 Siehe dazu Landesbank (1983: 195). Es ist wichtig, auf diesen Sachverhalt hinzuweisen, da oft davon ausgegangen wird, Liberalisierung sei das Resultat von Marktdruck. Dies ist jedoch, wie empirische Untersuchungen zeigen, oft nicht der Fall. Vielmehr wurde Liberalisierung oft von Seiten der Politik gegen eine Industrie durchgesetzt, die es sich in den stark regulierten und segmentierten Finanzmärkten recht bequem gemacht hatte.
15 Siehe Deutscher Bundestag, Drucksache V/3500 (18.11.1968).

Die Schließung der Herstatt Bank durch das Bundesaufsichtsamt für das Kreditwesen führte – obwohl sie der Größe nach nur Nr. 80 auf dem deutschen Bankenmarkt war – zu einem *bank run*, der ein ernsthaftes Problem für das gesamte deutsche Bankensystem zu werden drohte.[16] Einlagen wurden abgezogen, nicht nur von privaten Anlegern, sondern auch durch Versicherungsunternehmen und öffentliche Einrichtungen. Das existierende Schutzsystem erwies sich somit als offensichtlich unzureichend (Franke 1998: 297f.) – politisches Eingreifen war gefordert.

Zuvor war ein Versuch der Zentralbank, eine Rettung für die marode Bank zu organisieren, gescheitert – ein klarer Hinweis darauf, dass informelle Koordinationsmethoden in der Bundesrepublik weniger gut funktionierten als zur selben Zeit in Großbritannien. Doch auch innerhalb des formalisierten Aufsichtssystems war die Rolle des Staates relativ schwach, da er von einem ausgeprägten System der Selbstregulierung der Industrie auf Distanz gehalten wurde. Die Hauptaufsichtsbehörde, das *Bundesaufsichtsamt für das Kreditwesen* (BAKred) war zu der Zeit eine vergleichsweise kleine Agentur, die mit etwa 200 Mitarbeitern gut 3000 Kreditinstitute zu überwachen hatte. Es ist unmittelbar einleuchtend, dass bei einem solchen Zahlenverhältnis Aufsicht nicht durch Vor-Ort-Inspektionen stattfinden konnte – dazu hätten die Ressourcen nicht gereicht. Stattdessen überwachten die Aufseher die Berichte der Rechnungsprüfer auf Einhaltung der Vorschriften des KWG.[17]

Die Krise um die Herstatt Bank führte jedoch zur Politisierung des Themas Bankenaufsicht und öffnete ein *window of opportunity* für eine Änderung des sektoralen Machtverhältnisses zwischen Bankenindustrie und Staat zugunsten einer deutlich stärkeren direkten Rolle für den Staat. Die Regierung ergriff die Initiative mit dem Vorschlag für eine Reform in drei Stufen:
1. Eine rasche Novellierung des KWG solle dem BAKred mehr Rechte einräumen und das Kreditrisiko der Banken durch eine Obergrenze für die Gewährung von Großkrediten senken;
2. ein umfassendes, vom Staat betriebenes Einlagensicherungssystem solle geschaffen werden;
3. und eine Expertenkommission solle einen Bericht über „Grundsatzfragen der Kreditwirtschaft" anfertigen, in dem Vorschläge zu einer Reform enthalten sein sollten.

Obwohl es kaum Uneinigkeit gab, dass einige Veränderungen würden stattfinden müssen, hätte eine komplette Umsetzung der Regierungsvorschläge die Abschaffung der freiwilligen Einlagensicherungssysteme des Sparkassen- und Genossenschafts-Sektors bedeutet und darüber hinaus das erfolglose Ende einer fünfzehnjährigen Kampagne des privaten Bankensektors gegen ein staatlich organisiertes Einlagensicherungssystem. Für den letzteren Sektor wurde das Problem besonders akut, da im Gefolge der Herstatt-Krise Einleger begannen, ihre Konten aus diesem Sektor abzuziehen und ihr Geld bei Sparkassen oder Genossenschaftsbanken anzulegen. Somit wurde überdeutlich, dass ein Einlagensicherungssystem einen Wettbewerbsvorteil darstellen konnte. Da das Problem

---
16 Die folgende Darstellung stützt sich auf eine detailliertere Analyse des Herstatt-Falles, die der Autor in Busch (2001a) und Busch (2003) vorgelegt hat.
17 Im Fall der Sparkassen und Genossenschaftsbanken konnte das BAKred auch auf die Arbeit der Revisionsorganisationen der jeweiligen Spitzenverbände zurückgreifen, denen alle Mitgliedsinstitute ihre Jahresabschlüsse vorzulegen hatten. Siehe hierzu Schneider (1978: 42ff.).

der Liquiditätsversorgung in einer Bankenkrise durch die Gründung eines Spezialinstituts (unter Führung der Bundesbank) weitgehend gelöst erschien,[18] blieb das Thema Einlagensicherung als zu lösendes Hauptproblem.

Angesichts der Tatsache, dass Geschäftsbanken miteinander in Wettbewerb stehen, andererseits aber beim Betrieb eines Einlagensicherungssystems miteinander kooperieren mussten, war dies ein heikles Problem, denn neben den technischen Details mussten *moral hazard*- und *free rider*-Verhalten vermieden werden. Doch nach umfassenden Verhandlungen, die sowohl innerhalb des Geschäftsbankensektors als auch zwischen den drei Bankensektoren stattfanden, konnten sich die privatwirtschaftlichen Banken auf ein Modell einigen. Das vorgesehene Modell hatte gegenüber dem Regierungsvorschlag den Vorteil, ein höheres Schutzniveau für die Anleger zu bieten, und es würde zudem in der Verwaltung des sektoralen Spitzenverbandes BdB bleiben. Wenn ein solches System schon unausweichlich war – das machte der Vorschlag klar –, dann würden die privaten Banken ihre Bücher lieber ihrem Spitzenverband offen legen als dem Staat.

Der BdB erreichte in Verhandlungen mit der Regierung eine Annahme dieses Vorschlages, worauf diese ihr eigenes Modell zurückzog. Die Regierung wies darauf hin, dass der erreichte Kompromiss das weltweit höchste Schutzniveau für Einleger bieten werde und für die Regierung keinerlei Kosten verursachen würde.[19] Im Rückblick gibt es sogar Anhaltspunkte dafür, dass die Regierung sich bei ihrem ursprünglichen Vorschlag taktisch verhalten hatte, um die Kompromissfreudigkeit des privaten Bankensektors zu erhöhen, erwies sich dieser doch als weitaus entgegenkommender als Beobachter ursprünglich erwartet hatten (Knapp 1976: 876). Da das Hauptziel nun erreicht war, war das zweite „Drohinstrument" der Regierung, die *Studienkommission Grundsatzfragen der Kreditwirtschaft*, nicht mehr von großer Bedeutung. Ursprünglich hatte die Bankenindustrie gefürchtet, eine solche Kommission könne mit Kritikern des existierenden Bankensystems besetzt werden und weitreichende Reformvorschläge, eventuell sogar für eine Sozialisierung des Bankensystems, machen.[20] Nachdem nun aber ein Kompromiss erreicht worden war, wurde der Kommissionsbericht um zwei Jahre verzögert. Als er schließlich vorgelegt wurde, enthielt er lediglich geringfügige Reformvorschläge, und selbst diese wurden nicht umgesetzt.[21]

Zusammenfassend kann man sagen, dass sich das Ausmaß an *policy change* als Folge der Herstatt-Krise in Grenzen hielt. Die Gelegenheit zur grundsätzlichen Veränderung des sektoralen Machtverhältnisses zwischen Industrie und Staat wurde nicht genutzt. Von Seiten des Staates scheint es sich dabei um eine bewusste Entscheidung zugunsten eines Kompromisses mit der Bankindustrie und gegen die Durchsetzung der eigenen Dominanz gehandelt zu haben.[22] Verglichen mit dem britischen Fall fand in den

---

18 Zur *Liquiditäts-Konsortialbank* siehe Wagner (1976: 99f.).
19 Siehe Finanzminister Apel in: Deutscher Bundestag, Stenografische Berichte, 7/176. Sitzung, 5. Juni 1975, S. 12357f.
20 Da damals sowohl auf der politischen Linken als auch unter liberalen Ökonomen Kritik an der existierenden „Macht der Banken" weit verbreitet war, erschienen diese Befürchtungen durchaus realistisch. Siehe Busch (2003: Kapitel 5.2.2).
21 Ein bleibendes Verdienst des Berichtes war jedoch die Sammlung einer Menge aussagekräftiger Statistiken über das deutsche Bankensystem. Siehe Studienkommission (1979).
22 Dieses Verhalten mag gefördert worden sein durch die Unsicherheit, ob ein solcher Durchset-

1970er Jahren in der Bundesrepublik mit Sicherheit weniger Wandel im Bereich der Bankenaufsicht statt, handelte es sich doch hier eher um eine graduelle Anpassung des Systems als um weitreichenden Wandel desselben, wie das mit der erstmaligen Einführung eines formellen Bankenaufsichtssystem dort der Fall gewesen war. Diese Anpassung erwies sich auch in den 1980er und 1990er Jahren als stabil: Zwar gab es für einige Kleinbanken Probleme, doch wurde das System nicht mehr durch prominente Bankenkrisen oder -zusammenbrüche auf die Probe gestellt. Es kam nicht zu Einlagenverlusten, und es musste von staatlicher Seite kein Geld zur Rettung in Schieflage geratener oder zusammengebrochener Banken zur Verfügung gestellt werden. Angesichts sowohl der substanziellen Veränderungen in der Finanzindustrie in diesem Zeitraum als auch der Probleme, die die Bankensektoren in ähnlichen Ländern während dieser Periode hatten,[23] muss dies als erheblicher Politikerfolg gewertet werden. Hinsichtlich der Stabilität des Bankensystems funktionierte das deutsche System also sehr gut – im Gegensatz zum britischen, das mit seinen wiederholten Krisenfällen (bei denen es sich jedoch stets um Einzelfälle, nie um eine systemische Krise handelte) in dieser Hinsicht als deutlich weniger erfolgreich eingestuft werden muss (s.o.).

4. Politikwandel, Institutionen, Diskurs und das fehlende Leitmodell

Wie können die Unterschiede und Ähnlichkeiten in den beiden vorgestellten Fallstudien erklärt werden? Diese Frage steht im Mittelpunkt des folgenden Abschnittes, in dem nacheinander auf das Ausmaß an Politikwandel, die Wichtigkeit institutioneller Unterschiede und die Rolle des politischen Diskurses eingegangen werden soll.

4.1 Politikwandel

Stellt man das Ausmaß an Politikwandel – d.h. die Reaktionen und Anpassungsleistungen des Aufsichtssystems im Hinblick auf die Herausforderungen durch sich wandelnde Märkte – in den Mittelpunkt der Betrachtung, so findet man in den beiden vorgelegten Fallstudien eine je eigene Mischung von Stabilität und Wandel. Folgt man Peter Halls (1993) Terminologie, so finden wir sowohl im Fall der Bundesrepublik als auch Großbritanniens Wandel der ersten und der zweiten Ordnung, jedoch keine revolutionären Änderungen dritter Ordnung. Mit anderen Worten: In beiden Fällen gab es Wandel hinsichtlich der Zielsetzung existierender Politikinstrumente, und es kam auch zu Änderungen beim Gebrauch von Politikinstrumenten, aber in keinem der beiden Länder kam es während des Untersuchungszeitraums von Mitte der 1970er Jahre bis zum Ende der 1990er Jahre zu einem radikalen Wechsel des Leitbildes der Politik in

---

zungsversuch Erfolgschancen gehabt hätte. Denn von Seiten des Justizministeriums waren regierungsintern Zweifel angemeldet worden, ob die ursprünglichen Vorschläge überhaupt verfassungskonform seien (Bundesbank 1992: 31f.). Ihre Implementierbarkeit wäre daher zeitaufwendig und kostenträchtig gewesen und mit zweifelhaften Erfolgsaussichten befrachtet, ein Faktum, das mit Sicherheit die strategische Entscheidung der Regierung beeinflusst hat.
23 Siehe etwa die Studien über die Probleme in den USA (FDIC 1997), Frankreich (Coleman 2001), Spanien (Pérez 2001) oder Schweden (Tranøy 2001).

diesem Sektor. Am ehesten von einem Leitbildwechsel sprechen kann man in Großbritannien unmittelbar vor 1973, als die Gesetzgebung zu „Competition and Credit Control" das System von Kreditallokation als Instrument der Geldpolitik aufgab.[24] Durch diese Politikänderung schwenkte die britische Regierung um auf einen liberalen wirtschaftspolitischen Pfad, dem viele andere europäische Länder erst weit später folgten.[25]

Politikwandel der ersten und zweiten Ordnung finden wir in der Bundesrepublik nur in der Krise im Jahr 1974/75, während es in Großbritannien mehrere Anpassungsrunden für das neu eingeführte System formeller Bankenaufsicht gab – nämlich 1984/85, 1991/92 und 1995–97. Im deutschen Fall öffnete sich durch die Herstatt-Krise ein „problem window" (Kingdon 1995: 173ff.) für politische Intervention, das zu einem sektoralen Leitbildwechsel oder Wandel dritter Ordnung hätte führen können, mit einer Übernahme des gesamten Aufsichts- und Einlagensicherungssystems in staatliche Verantwortung. Wie die Fallstudie jedoch zeigt, nutzte der deutsche Staat diese Gelegenheit vor allem zur Drohung, da er letztlich nicht an der Übernahme dieser Verantwortung interessiert war – aus einer Reihe von Gründen. Im britischen Fall hingegen gab es anstelle eines regulatorischen „Urknalls" eine Reihe von partiellen Umsteuerungen über einen Zeitraum von 25 Jahren. Dabei zeigen sich die substanziellsten Veränderungen zu Beginn und zum Ende dieser Zeitperiode: zum einen die grundsätzliche Einführung eines formalisierten Bankenaufsichtssystems, zum anderen die unlängst erfolgte vollständige institutionelle Umgestaltung durch die Schaffung der *Financial Services Authority*, die alle Aufsichtsaufgaben der *Bank of England* übernahm.

4.2 Institutionelle Stabilität

Will man die Unterschiede in der Handhabung relativ ähnlicher Herausforderungen durch die zwei Staaten verstehen, so bieten die institutionellen Unterschiede im Politikbereich Bankenregulierung und ihre Stabilität einen guten Ansatzpunkt.

Im britischen Fall stößt man hier auf eine hochkonzentrierte Bankenindustrie – sowohl in geographischer Hinsicht als auch im Blick auf die Zahl der Banken. Während der Finanzsektor als ganzer durch eine fragmentierte Interessengruppenstruktur gekennzeichnet ist (Coleman 1996: 50ff., 248f.), trifft dies nicht für den kommerziellen Bankensektor zur, in dem die *British Bankers Association* (BBA) eine zentrale Rolle spielt. Hinsichtlich des *policy making* ist diese Rolle jedoch nicht sehr stark, da hier die einzelnen Großbanken wichtigere Ansprechpartner für den Staat sind und mehr Ein-

---

24 Eine detaillierte Schilderung dieser Politikepisode findet sich in der Studie von Maximilian Hall (1983: Kapitel 1 und 2).
25 Es muss jedoch angemerkt werden, dass das Ergebnis eines moderaten Politikwandels hier zu einem guten Teil ein Ergebnis der Fallauswahl ist. Wären Länder ausgewählt worden, die zu Beginn der 1970er Jahre weitaus weniger ‚liberal' waren, wäre auch der folgende Politikwandel größer ausgefallen und hätte sich durchaus als Leitbildwechsel (von einem primär isolierten, staatlich betriebenen hin zu einem international ausgerichteten, marktgeleiteten System) qualifizieren können. Detailliertere Studien solcher Fälle (sowie der ihnen zugrunde liegenden Motive und der durch sie ausgelösten Probleme) bieten z.B. für Schweden Tranøy (2001) und für Spanien Pérez (2001).

fluss haben als die Verbände.²⁶ Auf der staatlichen Seite ist die Aufsichtskompetenz ebenfalls konzentriert, und zwar (für den überwiegenden Teil des hier betrachteten Zeitraums) in der *Bank of England* mit ihrer charakteristischen Zwitterrolle zwischen Markt und Staat. Da die Bank auch für die Geldpolitik zuständig ist, operierte sie in einem potenziell hochpolitisierten Umfeld und unter dem wachsamen Auge der *Treasury*, des mächtigsten britischen Ministeriums. Als Kodifizierung und Formalisierung der Aufsicht die „soziale Macht" und den Einfluss der Bank in der *City* reduzierten, gelang es ihr nicht, diesen Verlust auf anderem Wege auszugleichen. Es gab keine institutionalisierte Kooperation zwischen Staat und Industrie, und die daraus resultierende Präferenz für *Ad-hoc*-Regelungen im Fall von Problemen passte den Großbanken gut, ließ es ihnen doch ein höchstmögliches Maß an Flexibilität. Das *policy making* war demzufolge primär reaktiv und wurde jeweils nur im Krisen- oder Problemfall aktiviert. Diese Krisen waren zwar im umfassenden internationalen Vergleich von eher geringerem Ausmaß, doch sind sie durchaus als signifikant einzustufen.²⁷ Auf die beschlossenen Reformen hat ein relativ schwaches Parlament nur wenig inhaltlichen Einfluss, und die Bankenindustrie war mit dem Verfahren ebenfalls zufrieden: „Our philosophy is that it is the role of the government to decide how it wants to regulate, and then the role of industry is to respond to that."²⁸ Politikformulierung und Initiative zum Politikwechsel lagen somit beinahe ausschließlich in den Händen der Regierung, ohne dass weitere Akteure darauf viel Einfluss gehabt hätten – mit der gelegentlichen Ausnahme der *Bank of England*. Der „Flickencharakter" der Änderungen in der britischen Bankenaufsichtspolitik, die jeweils nur wenige Jahre hielten, kann durch diese Arrangements weitgehend erklärt werden.

Im bundesdeutschen Fall gibt es zwar ein zwischen drei Sektoren fragmentiertes Bankensystem, doch reduziert ein System hoch organisierter Spitzenverbände die Zahl der Akteure im Politikfeld auf eine handhabbare Zahl. Trotz scharfer Konkurrenz zwischen den drei Bankensektoren (Sparkassen, Genossenschaftsbanken und Geschäftsbanken) ist Kooperation zwischen den sektoralen Verbänden Tradition – wie auch die Kooperation mit der staatlichen Aufsichtsbehörde. Sie geht so weit, dass die Spitzenverbände dem Staat einen signifikanten Teil der Aufsichtsarbeit abnehmen, eine Aufgabe, für die sie vom Ressourcenstandpunkt aus durchaus gerüstet sind.²⁹ Im Gegenzug spielen die Spitzenverbände auch eine wichtige Aufgabe bei der Politikformulierung, und es gibt ein hohes Maß an regelmäßigen Kontakten zwischen Staat und Industrie. Bevor es zu regulativen Änderungen durch den Staat kommen kann, verlangt das Kreditwesengesetz eine Konsultation mit den Spitzenverbänden. In einem solchen System kann auf eine ressourcenstarke staatliche Aufsichtsbehörde weitgehend verzichtet werden, da ein großer Teil der Arbeit durch „private interest government" (Streeck/Schmitter 1985) geleistet wird – wie zum Beispiel der Betrieb der Einlagensicherungsfonds, die privatwirtschaftlich betrieben werden. Die institutionelle Konfiguration ist im deut-

---

26 Interview Bank of England vom 13.10.1999.
27 Ob die Reformen von 1997, die die FSA etablierten, langfristig zu einem Abweichen von diesem Pfad führen, wird sich erst in einigen Jahren mit Bestimmtheit sagen lassen.
28 Interview BBA vom 6.10.1999.
29 Der BdB verfügt zum Beispiel allein in seiner Zentrale über mehr als 70 Mitarbeiter (Interview BdB vom 3.2.2000).

schen Fall also deutlich unterschieden vom britischen Fall: Die Kombination umfassender Konsultationen zwischen Staat und Industrie mit einer unterentwickelten Fähigkeit des Staates zur zwangsweisen Durchsetzung von Lösungen führte zu einer Verhandlungslösung, die, einmal gefunden, von langer Dauer war und zu sehr positiven Politikergebnissen (hinsichtlich Bankenkrisen und -zusammenbrüchen) führte.

Zusammenfassend lässt sich für diesen Abschnitt festhalten, dass die institutionellen Konfigurationen im Bereich Bankenaufsichtspolitik zwar zwischen beiden Ländern erheblich differieren – was zu einem guten Teil die Unterschiede in Politikdynamik und -ergebnissen erklären kann –, sie aber in beiden Fällen ein hohes Maß an Stabilität über die Zeit aufweisen.

4.3 Politikdiskurs

Wenn nun institutionelle Unterschiede die beobachtete Verschiedenheit der Fallstudien weitgehend erklären können, so stellt sich die Frage, ob für den Politikdiskurs als erklärende Variable überhaupt noch viel Platz bleibt. Zu Beginn des Artikels war die Vermutung geäußert worden, dass diskursive Elemente in dem hier betrachteten Politikbereich von großem Einfluss sein würden, da er im Untersuchungszeitraum zu einem besonders hohen Maß durch Unsicherheit gekennzeichnet war. Spielte der Politikdiskurs also wirklich nur eine untergeordnete Rolle, und wenn ja, wie können wir das erklären? Diese Fragen stehen im Mittelpunkt des folgenden Abschnitts.

Vergleicht man die Art, in der sich der Politikdiskurs in den beiden Fallstudien vollzieht, so kann man Unterschiede feststellen, die die Hypothesen des Modells von Vivien Schmidt (2002) unterstützen. Im Multi-Akteur-System der Bundesrepublik dominiert in der Tat der „koordinierende" Aspekt des Politikdiskurses – im Rahmen der Verhandlungen zwischen den politikfeld-relevanten Akteuren.[30] Eine „kommunikative", um die legitimierende Zustimmung der Öffentlichkeit werbende Dimension ist indessen kaum festzustellen.[31] Im Einzel-Akteur-System Großbritanniens ist hingegen der „koordinierende" Diskurs weitgehend nicht vorhanden – allerdings auch nicht notwendig, da ja die Zentralregierung die von ihr bevorzugten Lösungen ohne die Notwendigkeit von Verhandlungen durchsetzen kann. Die „kommunikative" Dimension des Politikdiskurses, die nach Modell-Hypothese in diesem Fall dominieren sollte, ist jedoch ebenfalls kaum vorhanden – sieht man von den wiederholten Berichten von Sonderermittlern und Parlamentskommissionen nach Krisen ab. Eine umfangreiche öffentliche Debatte über die Ziele der sektoralen Politik konstituieren sie jedenfalls nicht.

Ein Grund dafür mag in der Natur von Bankenaufsichtspolitik liegen – nämlich dem hochgradig technischen Charakter des Politikfeldes, das im Allgemeinen als ein Bereich von „low politics" (Moran 2002) betrachtet wird, in dem wenig Politisierung

---

30 Die Zahl der Akteure im bundesrepublikanischen politischen System ist in diesem speziellen Fall etwas verringert, da die Gesetzgebung hier ausschließlich Sache des Bundes ist. Folglich ist der Bundesrat hier ohne signifikanten Einfluss.

31 Hier könnte man höchstens von einer Reservefunktion der *Studienkommission Grundsatzfragen der Kreditwirtschaft* im Fall einer Nicht-Einigung ausgehen – doch das muss Spekulation bleiben.

und erregte öffentliche Debatte stattfinden. Dies kann sich natürlich ändern, wenn offenkundiges Scheitern das Thema auf die politische Tagesordnung katapultiert – obwohl selbst in solchen Fällen Politisierung nicht unausweichlich ist (Busch 2001b): die Fälle Frankreichs, Spaniens, Schwedens und der Vereinigten Staaten zeigen, dass selbst erhebliche Kosten für die öffentlichen Haushalte zur Rettung zusammenbrechender Banken oder Bankensysteme ohne substanzielle politische Konsequenzen bleiben können.[32]

Aber ein hohes Maß an Technizität und ein geringer „Unterhaltungswert" werden wohl alleine die untergeordnete Rolle, die der Politikdiskurs hier gespielt hat, nicht erklären können. Schließlich sind beide Faktoren bei einer Reihe von Politikfeldern, in denen ein substanzieller Einfluss von diskursiven Elementen und *policy ideas* nachgewiesen worden ist, sehr ähnlich – etwa im Fall der Geldpolitik und speziell der Europäischen Währungsunion (Haas 1992; Dyson/Featherstone 1999: 28–33). Warum, so stellt sich die Frage, bildete sich eine „epistemic community", gegründet auf diskursiven und ideellen Faktoren wie Wissen und geteilten Überzeugungen, im letzteren Fall (mit erheblichem Einfluss auf die Politikergebnisse), nicht aber im Fall der Bankenaufsichtspolitik?

Den Hauptgrund hierfür kann man wohl am ehesten im Fehlen eines „Leitmodells" finden – sowohl in empirischer als auch in ideell-intellektueller Hinsicht. Dies wird deutlich, wenn man beide Aspekte betrachtet und mit dem Fall der Geldpolitik und der Europäischen Währungsunion (EWU) vergleicht.

In empirischer Hinsicht war das Leitbild für die Institutionalisierung der EWU (basierend auf einer unabhängigen Zentralbank, die ein vorrangiges Ziel von Preisstabilität verfolgt) informiert und beeinflusst durch die Erfolge derjenigen OECD-Länder, die unter widrigen Umständen in den 1970er und 1980er Jahren eine „Preisstabilitätspolitik" verfolgt hatten. Innerhalb Europas waren das vor allem die Bundesrepublik und die Schweiz, außerhalb Japan und die USA. Alle diese Länder hatten unabhängige Zentralbanken, und systematisch international vergleichende empirische Forschungen wiesen einen engen und stabilen Zusammenhang zwischen dem Grad der Unabhängigkeit einerseits und der Höhe der Inflationsrate andererseits nach (Alesina/Summers 1993; Busch 1995). Im Politikfeld Bankenaufsicht konnte bisher ein ähnlicher empirischer Zusammenhang nicht nachgewiesen werden: Zwar ist dieses Feld weitaus weniger intensiv erforscht, doch vermögen die existierenden Studien keine klare Verbindung zwischen institutionellen Merkmalen der Aufsichtssysteme und Leistungsparametern wie etwa der Inzidenz von Bankenzusammenbrüchen oder systemischen Krisen herzustellen (Barth/Nolle/Rice 1997; Busch 2001b).

Hinsichtlich der intellektuellen Grundlagen einer Verbindung zwischen institutionellen Merkmalen und Politikergebnissen gibt es eine ähnliche Diskrepanz zwischen den beiden Politikbereichen. Während im Bereich der Geldpolitik ganze volkswirtschaftliche Bibliotheken gefüllt worden sind mit dem Schrifttum, das unabhängige Zentralbanken und ihr überlegenes Leistungsprofil theoretisch rechtfertigt[33] (und dieses heute die Orthodoxie der monetären Ökonomik darstellt), sind die theoretischen Mo-

---

32 Siehe dazu die respektiven Fallstudien von Coleman (2001), Pérez (2001), Tranøy (2001) und Busch (2003: Kapitel 4).
33 Siehe als Ausgangspunkt etwa Kydland/Prescott (1977) oder Walsh (1995).

delle im Bereich der Bankenaufsicht weitaus weniger entwickelt. Hinzu kommt, dass die relevanten Politikakteure in erheblicher Weise uneins darüber sind, welche institutionellen Eigenschaften in einem Aufsichtssystem wünschenswert sind: Während die *Bank of England* und die *Financial Services Authority* in Großbritannien etwa die Vorteile einer Trennung der Verantwortung für Geldpolitik und Bankenaufsicht betonen,[34] verteidigt die *Federal Reserve* in den Vereinigten Staaten – die an der Aufrechterhaltung ihrer starken Involvierung in die Bankenaufsicht interessiert ist – die Synergien, die sich aus ihrer doppelten Aufgabestellung ergeben.[35]

Sowohl empirisch als auch theoretisch, so können wir diesen Abschnitt beschließen, deutet im Bereich Bankenaufsicht wenig auf ein Modell, das als gemeinsamer Referenzpunkt oder Fokus für den Politikdiskurs hätte dienen können. Die Beratungsfirma *Arthur Andersen* fasste das in ihrem diesbezüglichen Bericht an die *Bank of England* in folgende Worte: „There is no overall model which can be considered ‚best practice'" (Andersen 1996: 5). Ohne ein solches Vorbild, das als „focal point" (Garrett/Weingast 1993; Busch 1999) hätte dienen können, war die Palette der möglichen institutionellen Lösungen für das Problem der Bankenaufsicht zu groß. Im Angesicht der Unsicherheitsbedingungen, unter denen Staaten somit handelten, kam es daher nicht zu einer institutionellen Konvergenz auf ein gemeinsames Modell, sondern vielmehr zur Weiterverfolgung des einmal eingeschlagenen, national spezifischen Pfades, auf dem die Haupteinflussgrößen die eigenen Erfahrungen aus der Vergangenheit und die spezifischen Probleme der jeweiligen Gegenwart waren.

5. Schluss

Trotz eines in den letzten Jahrzehnten beständig ansteigenden Levels der Integration auf dem Weltmarkt (und insbesondere in der Sphäre der Finanzmärkte) und trotz der sich im Untersuchungszeitraum beschleunigenden europäischen Integration ist es bisher nicht zu einer Konvergenz nationaler Finanzsysteme gekommen. In den Worten zweier Ökonomen, die eine detaillierte Studie zu diesem Themenbereich vorgelegt haben: „National financial systems in the EU remain distinct" (Story/Walter 1997: 315).

Dasselbe kann man im Untersuchungszeitraum über die respektiven nationalen Aufsichtssysteme sagen. In Bezug auf den regulativen Inhalt gibt es kein „level playing field", weil EU-Direktiven erheblichen Spielraum für nationale Implementationsstrategien lassen und unterschiedliche „opt-out"-Klauseln (gemeinsam mit den Effekten nationaler Steuersysteme) zu divergenten Ergebnissen führen (Molyneux 1996: 259–264). Hinsichtlich der Dimensionen *polity* und *politics* kann dieses Argument sogar noch verstärkt vorgebracht werden, wie weiter oben in den Fallstudien deutlich wurde: Sowohl nationale Institutionen als auch nationale politische Prozesse weisen ein erhebliches Maß an Stabilität und Widerstandsfähigkeit gegenüber Wandel auf, weshalb es nicht zu einheitlichen Lösungen, selbst innerhalb der Europäischen Union, kommt. Diese Tatsache wird häufig übersehen von solchen Darstellungen der Politik auf der europäi-

---

34 Es muss allerdings gesagt werden, dass die *Bank of England* diese Vorteile erst nach den Reformen von 1997 zu entdecken vermochte ...
35 Siehe z.B. Peek/Rosengren/Tootell (1999).

schen Ebene, die ausschließlich eine „top-down"-Perspektive einnehmen und Handeln und Direktiven auf der supranationalen Ebene auf ihre Implementierung hin analysieren. Die „bottom-up"-Perspektive dieses Beitrages zeigt jedoch, das die Geschehnisse auf der nationalen Ebene zu einem erheblichen Teil bestimmt werden durch das, was im nationalen System geschieht, und nicht durch Druck „von oben".[36]

Ebenso wie für die Institutionen gilt dieses Argument für die Politikdiskurse. Hier gibt es keineswegs einen gemeinsamen „Master-Diskurs" über alle Länder hinweg – etwa pauschal in Richtung Deregulierung –, vielmehr unterscheiden sich die Foci der Politikdiskurse erheblich zwischen den Ländern – sofern solche Diskurse überhaupt in nennenswertem Maße stattfanden. In Großbritannien und der Bundesrepublik, so war weiter oben argumentiert worden, war die Politisierung des Themas Bankenaufsicht generell gering. In den Ländern, wo es eine ausgeprägtere Politisierung gab, finden wir jedoch ebenfalls, dass diese eine national spezifische Form annehmen:[37] In der Schweiz prägte etwa das Thema Geldwäsche die Debatte in diesem Politikbereich in verschiedenen Formen über praktisch den gesamten hier betrachteten Untersuchungsraum, vom „Chiasso"-Skandal der 1970er Jahre über die „Fluchtgelder" verschiedener Diktatoren in den 1980er Jahren bis zur Debatte über die Gelder von Nazi-Opfern in den 1990er Jahren. Und in den Vereinigten Staaten standen die andauernden Debatten über die Reform des Bankenaufsichtssystems über die Zeit in einem klaren Verhältnis zu generellen nationalen Debatten wie der über den „American decline" in den späten 1980er und frühen 1990er Jahren.

Anders als man angesichts wachsender Integration der Finanzmärkte in den letzten Jahrzehnten annehmen konnte, hat diese Entwicklung also nicht zu gestiegenem *policy transfer* und einer Nachahmung anderswo gefundener Lösungen aus funktionellen Gründen geführt. Vielmehr haben die nationalen Muster sich in institutioneller Hinsicht, im Blick auf die Aushandlungsprozesse sowie das *policy making* als bemerkenswert stabil erwiesen. Gemeinsam mit den länderspezifischen Ereignissen haben diese Faktoren großenteils die Politikentwicklung in den verschiedenen Staaten bestimmt. Sie haben somit wie nationale Filter gewirkt und den Einfluss von Globalisierung und europäischer Integration begrenzt.

Wie passen diese Befunde zu den Ergebnissen aus anderer Forschung in diesem Bereich? Bezogen auf die Bankenaufsichtspolitik unterstützen sie die Ergebnisse, die William Coleman vor einem Jahrzehnt vorgelegt hat. In einem Vergleich von fünf Ländern in Europa und Nordamerika war er zu dem Schluss gekommen, dass es bemer-

---

36 Ein jüngeres Beispiel hierfür wären die institutionellen Änderungen in der Bundesrepublik, wo im Jahr 2002 die Aufsichtsbehörden für Banken, Versicherungen und Wertpapiere unter einem Dach zusammengefasst wurden – was im Falle der Bankenaufsicht die erste institutionelle Änderungen nach mehr als vier Jahrzehnten darstellte. Während diese Veränderungen auf den ersten Blick die britische Reform hin zur FSA als „single regulator" für alle Finanzdienstleistungen zu kopieren scheint, zeigt eine genauere Analyse, dass der Anstoß hierzu nicht primär von der europäischen oder internationalen Integration ausging, sondern die Bundesbank die treibende Kraft war: Nach der Einführung der EWU war sie ihrer geldpolitischen Hauptaufgabe verlustig gegangen und versuchte nun, sich mit der Bankenaufsicht ein neues Betätigungsfeld zu schaffen – allerdings, wie das Ergebnis zeigt, ohne durchschlagenden Erfolg.

37 Eine ausführlichere Darlegung der hier vorgenommenen Argumentation findet sich in Busch (2003: Kapitel 4 und 7).

kenswert wenig Konvergenz zwischen den verschiedenen Systemen und der Art, wie sie ihre Politik entwickelten und durchführten, gebe, und dass keiner der Mechanismen aus der *policy transfer*-Literatur in erheblichem Maße zum Tragen gekommen sei (Coleman 1994: 292). In allgemeinerer Hinsicht – und in Bezug auf den Einfluss von Globalisierung auf die Staatstätigkeit – unterstützen die hier vorgelegten Befunde diejenige Literatur, die in jüngerer Zeit die Wichtigkeit nationaler Institutionen betont hat und eine stärkere Berücksichtigung ihrer Rolle in der Forschung gefordert hat (vgl. etwa Weiss 2003). Und auch im Hinblick auf die Folgen der europäischen Integration sind unsere Ergebnisse anschlussfähig, haben doch jüngere Forschungsergebnisse gezeigt, dass nationale Institutionen und Akteure einen erheblichen Einfluss darauf haben, wie sich europäische Integration im nationalen Kontext niederschlägt (z.B. Hix/ Goetz 2000: 20). Zudem haben sich – im Gegensatz zu vielen Erwartungen – nationale Regierungs- und Verwaltungssysteme als ausgesprochen widerstandsfähig gegenüber Mechanismen wie „coercion", „imitation", „adjustment" und „poly-diffusion" gezeigt, von denen man annahm, dass sie in der EU eine starke Wirkung entfalten würden (Page 2003).

Ob eine vergleichende Studie über „policy convergence in banking" (so der Titel von Coleman 1994) in einem weiteren Jahrzehnt wiederum zu ähnlichen Schlussfolgerungen kommen wird, kann man heute jedoch nicht voraussagen, denn es gibt derzeit zumindest zwei Prozesse, die die sektorale Politikdynamik ändern könnten. Auf der internationalen Ebene ist dies der Prozess der Verhandlungen um ein „Basel II"-Abkommen über die Eigenkapitalquoten von Banken, der 1999 gestartet wurde.[38] Doch selbst nach vier Jahren intensiver Verhandlungen sind noch eine ganze Reihe von Themen zwischen den Teilnehmern heftig umstritten (The Economist 2003). Endgültig wird man diesen Prozess jedoch erst nach seinem Abschluss anhand des dann getroffenen Abkommens bewerten können – wobei der Zeitpunkt zur Zeit, da dies geschrieben wird (Dezember 2003), immer weiter in die Zukunft zu rücken scheint.[39]

Auf der europäischen Ebene wird ein solches Abkommen natürlich die Entscheidungen der *policy makers* beeinflussen, doch der potenziell stärkere Einfluss geht von der Einführung der gemeinsamen Währung, dem Euro, aus. Eine Folge, so kann man spekulieren, könnte ein wachsender Druck in Richtung auf eine Koordination der nationalen Bankenaufsichtssysteme sein, was wiederum zu einem größeren Einfluss der europäischen Ebene in diesem Bereich führen könnte. Sollte dies der Fall sein, werden allerdings nicht nur praktische Erwägungen eine Rolle spielen – vielmehr geht wird es auch um politische Vor- und Nachteile gehen. In der Tat gibt es hier unterschiedliche Absichten, wie man Medienberichten entnehmen kann: Während es einigen Teilnehmern vor allem darum geht, ihr eigenes Aufsichtssystem auf die europäische Ebene zu kopieren (wo es als Vorbild und Referenzgröße dienen würde), wollen andere den Pro-

---

38 Übrigens ist allein die Tatsache, dass es überhaupt zum Start dieser Verhandlungen kam, ein deutlicher Hinweis auf die bis dahin bestehenden Unterschiede zwischen den nationalen Finanz- und Aufsichtssystemen – denn im Fall weitgehender Konvergenz wäre ein solcher Prozess ja überflüssig.
39 Zur Zeit der Abfassung dieses Beitrags ist der Abschluss des Abkommens für Mitte 2004 und sein Inkrafttreten für Ende 2006 geplant. Siehe http://www.bis.org/publ/bcbsca.htm (19.12. 2003). Ein Jahr zuvor war der Abschluss bereits für Herbst 2003 vorgesehen.

zess dazu nutzen, die Macht der Zentralbanken zu beschränken, und wiederum anderen geht es hauptsächlich darum, dass ihr Land Sitz einer entsprechenden zukünftigen europäischen Aufsichtsbehörde wird.[40]

Literatur

Alesina, Alberto/Summers, Lawrence H., 1993: Central Bank Independence and Macroeconomic Performance: Some Comparative Evidence, in: Journal of Money, Credit and Banking 25, 151–162.
Alsheimer, Constantin, 1997: Die Entwicklung des Kreditwesengesetzes, in: Die Bank 1, 27–31.
Arthur Andersen & Co., 1996: Findings and Recommendations of the Review of Supervision and Surveillance. London: Arthur Andersen & Co.
Barth, James R./Nolle, Daniel E./Rice, Tara N., 1997: Commercial Banking Structure, Regulation, and Performance: An International Comparison, Bd. 97–6 der Reihe Economics Working Papers. Washington D.C.: Office of the Comptroller of the Currency.
Bingham, Lord Justice, 1992: Inquiry into the Supervision of The Bank of Credit and Commerce International. London: HMSO.
Board of Banking Supervision, 1996: Report of the Board of Banking Supervision Inquiry into the Circumstances of the collapse of Barings. London: HMSO.
Born, Karl Erich, 1977: Geld und Banken im 19. und 20. Jahrhundert. Stuttgart: Kröner.
Bovens, Mark/'t Hart, Paul/Peters, B. Guy, 2001a: Analysing Governance Success and Failure in Six European States, in: *Bovens, Mark/'t Hart, Paul/Peters, B. Guy* (Hrsg.), Success and Failure in Public Governance: A Comparative Analysis. Cheltenham: Edward Elgar, 12–29.
Bovens, Mark/'t Hart, Paul/Peters, B. Guy (Hrsg.), 2001b: Success and Failure in Public Governance: A Comparative Analysis. Cheltenham: Edward Elgar.
Boyer, Robert/Drache, Daniel (Hrsg.), 1996: States Against Markets. The Limits of Globalization. London/New York: Routledge.
Braun, Dietmar/Busch, Andreas (Hrsg.), 1999: Public Policy and Political Ideas. Aldershot: Edward Elgar.
Busch, Andreas, 1995: Preisstabilitätspolitik. Politik und Inflationsraten im internationalen Vergleich, Bd. 8 der Reihe Gesellschaftspolitik und Staatstätigkeit. Opladen: Leske + Budrich.
Busch, Andreas, 1999: From ‚Hooks' to ‚Focal Points': The Changing Role of Ideas in Rational Choice, in: *Braun, Dietmar/Busch, Andreas* (Hrsg.), Public Policy and Political Ideas. Aldershot: Edward Elgar, 30–40.
Busch, Andreas, 2001a: Banking Supervision and Deposit Insurance in Germany, 1974–84: Keeping the State at Arm's Length, in: *Bovens, Mark/'t Hart, Paul/Peters, B. Guy* (Hrsg.), Success and Failure in Public Governance: A Comparative Analysis. Cheltenham: Edward Elgar, 343–362.
Busch, Andreas, 2001b: Managing Innovation: Regulating the Banking Sector in a Rapidly Changing Environment, in: *Bovens, Mark/'t Hart, Paul/Peters, B. Guy* (Hrsg.), Success and Failure in Public Governance: A Comparative Analysis. Cheltenham: Edward Elgar, 311–325.
Busch, Andreas, 2003: Staat und Globalisierung. Das Politikfeld Bankenregulierung im internationalen Vergleich. Wiesbaden: Westdeutscher Verlag.
Chew, Lillian, [o.J.]: Not Just One Man – Barings. [Case study, International Financial Risk Institute]. http://newrisk.ifci.ch/137550.htm (5.12.2003).
Coleman, William D., 1994: Policy Convergence in Banking: a Comparative Study, in: Political Studies 42, 274–292.
Coleman, William D., 1996: Financial Services, Globalization and Domestic Policy Change: A Comparison of North America and the European Union. London: Macmillan.

---

40 Frankfurter Allgemeine Zeitung vom 13.4.2002, S. 14.

Coleman, William D., 2001: Governing French Banking: Regulatory Reform and the Crédit Lyonnais Fiasco, in: *Bovens, Mark/'t Hart, Paul/Peters, B. Guy* (Hrsg.), Success and Failure in Public Governance: A Comparative Analysis. Cheltenham: Edward Elgar, 326–342.
Committee Set up to Consider the System of Banking Supervision (Chairman: Robin Leigh-Pemberton), 1985: Report. London: HMSO. [Cmnd. 9550].
Denzau, Arthur T./North, Douglass C., 1994: Shared Mental Models: Ideologies and Institutions, in: Kyklos 47(1), 3–31.
Derthick, Martha/Quirk, Paul J., 1985: The Politics of Deregulation. Washington D.C.: The Brookings Institution.
Deutsche Bundesbank, 1992: Die Einlagensicherung in der Bundesrepublik Deutschland, in: Monatsberichte der Deutschen Bundesbank 44(7), 30–38.
Dyson, Kenneth/Featherstone, Kevin, 1999: The Road to Maastricht. Negotiating Economic and Monetary Union. Oxford: Oxford University Press.
FDIC, 1997: History of the Eighties – Lessons for the Future. 2 Vols. Washington D.C.: Federal Deposit Insurance Corporation.
Franke, Günter, 1998: Notenbank und Finanzmärkte, in: *Deutsche Bundesbank* (Hrsg.), Fünfzig Jahre Deutsche Mark. Notenbank und Währung in Deutschland seit 1948. München: Beck, 257–306.
Gardener, Edward P. M., 1986a: Supervision in the United Kingdom, in: *Gardener, Edward P. M.* (Hrsg.), UK Banking Supervision: Evolution, Practice and Issues. London: Allen & Unwin, 70–81.
Gardener, Edward P. M. (Hrsg.), 1986b: UK Banking Supervision: Evolution, Practice and Issues. London: Allen & Unwin.
Garrett, Geoffrey/Weingast, Barry R., 1993: Ideas, Interests, and Institutions: Constructing the European Community's Internal Market, in: *Goldstein, Judith/Keohane, Robert O.* (Hrsg.), Ideas and Foreign Policy: Beliefs, Institutions, and Political Change. Ithaca (NY)/London: Cornell University Press, 173–206.
Haas, Peter M., 1992: Introduction: Epistemic Communities and International Policy Coordination, in: International Organization 46(1), 1–35.
Hall, Maximilian J.B., 1983: Monetary Policy since 1971: Conduct and Performance. London: Macmillan.
Hall, Maximilian J.B., 1999: Handbook of Banking Regulation and Supervision in the United Kingdom. 3. Auflage, Cheltenham: Elgar.
Hall, Peter A., 1986: Governing the Economy. The Politics of State Intervention in Britain and France. Cambridge: Polity.
Hall, Peter A. (Hrsg.), 1989: The Political Power of Economic Ideas. Keynesianism across Nations. Princeton (NJ): Princeton University Press.
Hall, Peter A., 1993: Policy Paradigms, Social Learning, and the State: the Case of Economic Policymaking in Britain, in: Comparative Politics 25(3), 275–296.
Hall, Peter A./Soskice, David (Hrsg.), 2001: Varieties of Capitalism. The Institutional Foundations of Comparative Advantage. Oxford/New York: Oxford University Press.
Heclo, Hugh, 1974: Modern Social Politics in Britain and Sweden: from Relief to Income Maintenance. New Haven: Yale University Press.
Hix, Simon/Goetz, Klaus, 2000: Introduction: European Integration and National Political Systems, in: West European Politics 23(4), 1–26.
Kapstein, Ethan B., 1994: Governing the Global Economy. International Finance and the State. Cambridge (MA)/London: Harvard University Press.
Kingdon, John W., 1995: Agendas, Alternatives, and Public Policies. 2. Auflage, New York: HarperCollins.
Knapp, Joachim, 1976: Die Novelle zum Kreditwesengesetz, in: Neue Juristische Wochenschrift 29(20), 873–877.
Kydland, Fin E./Prescott, Edward C., 1977: Rules rather than Discretion: the Inconsistency of Optimal Plans, in: Journal of Political Economy 85(3), 472–491.

Landesbank Rheinland-Pfalz (Hrsg.), 1983: Banken. Erfahrungen und Lehren aus einem Vierteljahrhundert 1958–1983. Frankfurt a.M.: Knapp.
Lawson, Nigel, 1992: The View From No. 11. Memories of a Tory Radical. London: Bantam.
McNamara, Kathleen, 1997: The Currency of Ideas: Monetary Politics in the European Union. Ithaca (NY): Cornell University Press.
Metcalfe, J. L., 1986: Self-Regulation, Crisis Management and Preventive Medicine: the Evolution of UK Bank Supervision, in: *Gardener, Edward P. M.* (Hrsg.), UK Banking Supervision: Evolution, Practice and Issues. London: Allen & Unwin, 126–141.
Molyneux, Phil, 1996: Banking and financial services, in: *Kassim, Hussein/Menon, Anand* (Hrsg.), The European Union and National Industrial Policy. London/New York: Routledge, 247–266.
Moran, Michael, 2002: Politics, Banks, and Financial Market Governance in the Euro-Zone, in: *Dyson, Kenneth* (Hrsg.), European States and the Euro. Europeanization, Variation, and Convergence. Oxford: Oxford University Press, 257–277.
Page, Edward C., 2003: Europeanization and the Persistence of Administrative Systems, in: *Hayward, Jack/Menon, Anand* (Hrsg.), Governing Europe. Oxford: Oxford University Press, 162–176.
Pecchioli, Rinaldo M., 1989: Bankenaufsicht in den OECD-Ländern. Entwicklungen und Probleme. Baden-Baden: Nomos.
Peek, Joe/Rosengren, Eric S./Tootell, Geoffrey M. B., 1999: Is Bank Supervision Central to Central Banking? Bd. 99-7 der Reihe *Working Papers.* Boston: Federal Reserve Bank of Boston.
Pérez, Sofía A., 2001: The Liberalization of Finance in Spain: from Interventionism to the Market, in: *Bovens, Mark/'t Hart, Paul/Peters, B. Guy* (Hrsg.), Success and Failure in Public Governance: A Comparative Analysis. Cheltenham: Edward Elgar, 383–400.
Reid, Margaret, 1988: All-change in the City: the Revolution in Britain's Financial Sector. Basingstoke: Macmillan.
Ronge, Volker, 1979: Bankpolitik im Spätkapitalismus: Politische Selbstverwaltung des Kapitals? Frankfurt a.M.: Suhrkamp.
Schmidt, Vivien A., 2002: The Futures of European Capitalism. Oxford: Oxford University Press.
Schneider, Manfred, 1978: Praxis der Bankenaufsicht, Bd. 57 der Reihe Taschenbücher für Geld · Bank · Börse. Frankfurt a.M.: Knapp.
Schwartz, Herman M., 1994: States versus Markets. History, Geography, and the Development of the International Political Economy. New York: St. Martin's Press.
Shonfield, Andrew, 1965: Modern Capitalism. The Changing Balance of Public and Private Power. London/New York/Toronto: Oxford University Press.
Singer, Otto, 1993: Policy Communities und Diskurs-Koalitionen: Experten und Expertise in der Wirtschaftspolitik, in: *Héritier, Adrienne* (Hrsg.), Policy-Analyse: Kritik und Neuorientierung (= PVS-Sonderheft 24/1993). Opladen: Westdeutscher Verlag, 149–174.
Soskice, David, 1990: Wage Determination: The Changing Role of Institutions in Advanced Industrialized Countries, in: Oxford Review of Economic Policy 6, 36–61.
Story, Jonathan/Walter, Ingo, 1997: Political Economy of Financial Integration in Europe: The Battle of the Systems. Manchester: Manchester University Press.
Streeck, Wolfgang/Schmitter, Philippe C. (Hrsg.), 1985: Private Interest Government. London: Sage.
Studienkommission Grundsatzfragen der Kreditwirtschaft, 1979: Bericht der Studienkommission ‚Grundsatzfragen der Kreditwirtschaft', Bd. 28 der Reihe Schriftenreihe des Bundesministeriums der Finanzen. Bonn: Bundesministerium der Finanzen.
The Economist, 1993: Too Many Pies for the Old Lady, in: The Economist vom 28. August 1993, 67–68.
The Economist, 2003: Basel Brush, in: The Economist vom 29. March 2003, 79–80.
Tickell, Adam, 2001: The Transformation of Financial Regulation in the United Kingdom: the Barings Case, in: *Bovens, Mark/'t Hart, Paul/Peters, B. Guy* (Hrsg.), Success and Failure in Public Governance: A Comparative Analysis. Cheltenham: Edward Elgar, 419–436.

Tranøy, Bent Sofus, 2001: The Swedish Financial Sector, 1985–92: Policy-assisted Boom, Bust and Rescue, in: *Bovens, Mark/'t Hart, Paul/Peters, B. Guy* (Hrsg.), Success and Failure in Public Governance: A Comparative Analysis. Cheltenham: Edward Elgar, 401–418.

Treasury Select Committee, 1996: Barings Bank and International Regulation. London: HMSO. [HC 65-I und II].

Vogel, Steven K., 1996: Freer Markets, More Rules. Regulatory Reform in Advanced Industrial Countries. Ithaca (NY): Cornell University Press.

Wagner, Kurt, 1976: Stationen deutscher Bankgeschichte: 75 Jahre Bankenverband. Köln: Bank-Verlag.

Walsh, Carl E., 1995: Optimal Contracts for Central Bankers, in: The American Economic Review 85(1), 150–167.

Weiss, Linda (Hrsg.), 2003: States in the Global Economy. Bringing Domestic Institutions Back In. Cambridge: Cambridge University Press.

Zysman, John, 1983: Governments, Markets and Growth: Financial Systems and the Politics of Industrial Change. Ithaca (NY): Cornell University Press.

Der Staat der Konsumenten.
Plädoyer für eine politische Theorie des Verbraucherschutzes

Frank Janning

1. Einleitung

Der Verbraucherschutz hat Konjunktur (Reisch 2003). Dies liegt natürlich daran, dass die Welle der Lebensmittelskandale und Tierseuchen, angefangen mit der BSE-Krise, nicht abreißen will. Aber auch die Geschäftswelt stellt mit der Verlagerung wichtiger Transaktionen in die virtuellen Kontakte und Beziehungen des Internets neue Anforderungen an die rechtliche Regulierung des Verhältnisses zwischen Anbietern und Kunden. Der Verbraucher scheint den wirtschaftlichen, technologischen und ökologischen Entwicklungen und Innovationen weitestgehend ausgeliefert zu sein, und nur der Staat übernimmt es, durch eine aktive Verbraucherschutzpolitik dem Konsumenten als Schutzbefohlenen gegenüber den Risiken der Massenproduktion und der technischen Innovationen eine gewisse Sicherheit zu gewährleisten. Mit den Mitteln der regulativen Politik – rechtliche Ver- und Gebote, materielle Anreize und Sanktionen – und durch die Einsetzung von Regulierungs- und Kontrollbehörden versucht der Staat, den Interessen und Bedürfnissen der Verbraucher Sorge zu tragen und das Güter- und Warenangebot von Produzenten, Zulieferern und Dienstleistern auf gewisse Qualitätsstandards zu verpflichten. Aber welches Interesse hat der Staat überhaupt an einem regulativen Verbraucherschutz? Was kann ihn zu Aktivitäten und Verboten gegenüber den organisationsmächtigen Handels- und Wirtschaftsverbänden und -konzernen motivieren? Und sind die Verbraucherinteressen wirklich so schwach und kaum organisationsfähig, wie es die Theorie des kollektiven Handelns für die Vertretung von öffentlichen Interessen (*public interests*) annimmt? Immerhin deutet der Erfolg der Konsumentenbewegung in den USA darauf hin, dass sich lokale Basisorganisationen unter gewissen Bedingungen zu schlagkräftigen Interessengruppen zusammenschließen können, die in Staat und Verwaltung Einfluss gewinnen (Maney/Bykerk 1994). Es stellt sich somit die Frage nach der Rolle und dem Stellenwert des Verbrauchers als politischem Akteur. Diese Rolle weist augenscheinlich über die staatliche Zuweisung von Schutzrechten und legitimen Konsumfreiheiten hinaus. Sie beinhaltet vielmehr auch die Durchsetzung und Verteidigung von Ansprüchen auf Selbstermächtigung und Selbstorganisation zur Artikulation der eigenen Interessen und zur eigenständigen Wahl von Mobilisierungs- und Beeinflussungsstrategien. Der Verbraucher wird somit zu einer zentralen Figur in der demokratischen Willensbildung.

Benötigen wir deshalb aber eine genuine politische Theorie des Verbraucherschutzes und welche Funktion und Zielorientierung besitzt eine solche Theoriebildung? Auffällig ist sicherlich, dass die Debatte über Verbraucherbegriffe und Verbraucherschutzkonzepte nur wenig Eingang in die Sozialwissenschaften und insbesondere in die Politikwissenschaft gefunden hat. Bemühungen zur Theoriebildung lassen sich aktuell am deutlichsten in der juristischen Fachliteratur ansetzend an Problemen der rechtlichen

Regelung des Geschäftsverkehrs ausmachen. Daneben bilden die Interessen und Handlungsspielräume des Verbrauchers seit jeher ein wichtiges Thema in der wirtschaftswissenschaftlichen Begründung und Analyse der Marktwirtschaft. In der rechts- und wirtschaftswissenschaftlichen Literatur fehlt aber eine dezidert politische Begründung des Verbraucherschutzes, obwohl von den einschlägigen Abhandlungen und Untersuchungen schon die Machtasymmetrien und Demokratiedefizite in den Transaktionen zwischen Produzenten und Konsumenten thematisiert werden (Kuhlmann 1990; Reich 1987; Scherhorn et al. 1975). Der Ruf nach dem Staat als Schutzmacht des Verbrauchers erscheint in diesem Zusammenhang wohlfeil, aber die individuellen wie kollektiven Voraussetzungen für eine Stärkung von Verbraucherinteressen durch politische Intervention und Regulierung bleiben weithin ausgeklammert. Dies gilt selbst für die politikwissenschaftliche Auseinandersetzung mit Verbraucherschutzpolitik in den USA, die aus einer pluralismustheoretischen Perspektive vor allem auf die Lobbyingstrategien, Organisationsblockaden und Mobilisierungserfolge der verbraucherpolitischen Interessengruppen fokussiert (Lucco 1992; Maney/Bykerk 1994; McFarland 1984; Rothenberg 1992). In Deutschland entspann sich Anfang der 70er Jahre im Zuge der sozialdemokratischen Reformpolitik, die hauptsächlich Felder wie die Bildungs-, Verkehrs- und Wirtschaftspolitik ergriff, aber auch auf dem Gebiet des Verbraucherschutzes neue Akzente setzte, eine intensive Debatte über die Zielorientierung einer machtkritischen und partizipationsorientierten Verbraucherschutzpolitik (Bievert/Fischer-Winkelmann/Rock 1977: 217ff.; 1978). In diesen Beiträgen werden allerdings die institutionellen Voraussetzungen für staatliche Regulierung und die politischen Bedingungen der Interessenorganisation und -repräsentation kaum adressiert.

Insofern kann auch die durchaus anregende Diskussion über verbraucherpolitische Konzeptionen bis in die frühen 80er Jahre hinein nicht über das bestehende Theoriedefizit in der Verbraucherschutzpolitik hinwegtäuschen. Wie Edda Müller (2001) in einem hellsichtigen Beitrag erläutert, lässt sich die politikwissenschaftliche Theorieabstinenz in diesem Gegenstandsbereich nicht allein dadurch erklären, dass die Verbraucherschutzpolitik als genuines Politikfeld noch wenig konturiert erscheint und zahlreiche Schnittstellen und Überlappungen mit der regulativen Politik in der Agrar-, Gesundheits- und Wirtschaftspolitik aufweist. Es erscheint vielmehr als besondere Aufgabe für eine politische Theorie des Verbraucherschutzes, den Charakter und die spezifische Zielorientierung von verbraucherschutzpolitischer Regulierung herauszuarbeiten. Diese Überlegungen müssen aber in einen Zusammenhang mit Leitvorstellungen des Verbrauchers als politischem Akteur gebracht werden, soll sich die Beschäftigung mit dem Politikfeld für Verbraucherschutz und eine entsprechende theoretische Legitimationsstrategie für Verbraucherschutzpolitik nicht auf die rechtlichen und wirtschaftspolitischen Aspekte beschränken.

Die erforderliche und noch zu entwickelnde politische Theorie des Verbraucherschutzes muss dabei drei wesentliche Akzente setzen: Sie markiert *erstens* ein politisches Verständnis des Verbrauchers als *freiem Bürger* (*citizen*), der als Konsument nicht bloß Marktteilnehmer ist und sein will, sondern darin auch grundlegende individuelle Freiheitsrechte und Identitätsmerkmale zum Ausdruck bringt, die über die konventionelle Klassifizierung von Schutzrechten hinausgehen. Ausgehend von dem politischen Verbraucherbegriff und den besonderen Schutzrechten des Verbrauchers als Bürger besteht die *zweite Aufgabe* einer solchen Theoriebildung darin, die *staatlichen Regulierungs- und Interventionsmöglichkeiten* für einen dezidert politisch orientierten Verbraucherschutz aufzuzeigen; hier wird ein besonderes Augenmerk auf die Abgrenzung zu der bloß nachsorgenden und krisenregulierenden Verbraucherschutzpolitik zu legen sein, wie sie aus dem Lager der wirtschaftspolitischen und wirtschaftsrechtlichen Theoriebildung anempfohlen wird. Schließlich muss eine politische Theorie des Verbraucherschutzes *drittens* die *regulativen Regime* der politischen Institutionenbildung, Interessenartikulation und Steuerung skizzieren, die sich aufgrund der Interventionen des Staates zum Wohle der Verbraucher herausbilden.

2. Theorien des Verbraucherschutzes

Die bisherige Theoriebildung für die Legitimation und den Schutz von genuinen Verbraucherinteressen und -bedürfnissen weist eine deutliche ökonomische Verengung auf: Ausgangspunkt für den Verbraucherschutz ist eine bestimmte Definition des Verbrauchers im Kontext seiner Beziehungen zum Warenangebot und zum Produzenteninteresse innerhalb von Marktsituationen (Drexl 1998; Egner 1978; Kollmann 1993: 11ff.; Kuhlmann 1990: 6ff.; Leonhäuser 1988: 12ff.; Meier 1984: 4ff.; Stauss 1980: 6ff.). Aus der Perspektive einer liberalen Begründung von Marktwirtschaft ist die Herrschaft des Konsumenten essenziell, er/sie allein entscheidet über die Marktfähigkeit von Gütern und Leistungen. Damit er/sie dies kann, ist jedoch die Einhaltung der Spielregeln (faire Konkurrenz und Information über Preise, keine Preisabsprachen unter den Produzenten oder Verteilern etc.) bzw. deren Überwachung nötig.[1] Zur Stützung der marktwirtschaftlichen Prozesse übernimmt deshalb der Staat die letzte Verantwortung für die Marktstellung des Verbrauchers. Politische Maßnahmen zielen auf eine Stärkung der Marktposition der Verbraucher und auf die Wahrung des Verbraucherinteresses. Dies geschieht in der liberalen Tradition aber nicht zur ausdrücklichen Verteidigung besonders legitimierter Verbraucherrechte, sondern zur Absicherung des freien Spiels der Marktkräfte. Diese Sichtweise der Stellung des Verbrauchers in der Marktwirtschaft lässt sich in zwei Hinsichten kritisieren. *Erstens* ist der Verbraucher durch ein Interesse an Gütern nicht unbedingt vorab festgelegt. Die Produktion bzw. der Warenkreislauf schafft erst den Verbraucher, der angemessen (viel) konsumiert. Jedoch geht auch der Verbraucher in seiner Lebensgestaltung nicht im Konsum von Produkten auf, er/sie kann den Konsum in Richtung auf frei gesetzte Ziele, die im Dienste ideeller Werte stehen, verwenden und die Befriedigung physisch-materieller Bedürfnisse nur als Grundlage für aktive, kreative und nicht primär rezeptive Aktivitäten ansehen. Insofern ist der Konsum nicht der letzte Zweck der Produktion, sondern als höherer Zweck der Produktion erscheint das, was durch den Konsum erstrebt wird (Egner 1978: 34f.). Die damit angesprochenen Rechte des Verbrauchers beziehen sich somit nicht primär auf eine Chancengleichheit in Marktsituationen, sondern auf den

---

[1] Die Begründung des marktwirtschaftlichen Tauschwertgesetzes, das den Konsumenten (hier: den „Nachfrager") zum Hauptverantwortlichen für die Preisbildung macht, und erste Überlegungen über die negativen Auswirkungen von Monopolen in der Preisbildung finden sich bekanntlich in Adam Smiths (1923: 69ff.) ‚Wealth of Nations'.

Schutz bzw. die Verletzung einer selbst gewählten Lebensgestaltung und die materiellen Voraussetzungen eines guten Lebens.

Daran anknüpfend wirkt *zweitens* die von der liberalen Marktideologie angenommene Harmonie in den Beziehungen zwischen Verbrauchern und Produzenten wirklichkeitsfremd. Der Fokus auf die wesensmäßig unterschiedlichen Interessen von Konsumenten und Produzenten wirkt demgegenüber weitaus realistischer: Das Konsumenteninteresse zielt demnach auf eine rationale Verwendung der Produktivkräfte im Sinne der echten, nicht durch bestimmte Verkaufsinteressen gelenkten Konsumentenwünsche ab. Das Produzenteninteresse verfolgt die Befriedigung, aber auch die gezielte Beeinflussung des Konsumenteninteresses unter Voraussetzungen der Vermeidung von Risiken/Friktionen des Wirtschaftsprozesses (z.B. durch unsichere Absatzlage) und der Erzielung einer möglichst hohen Gewinnspanne beim Güterabsatz. Vor diesem Hintergrund erscheinen politische Maßnahmen des Verbraucherschutzes auch nicht primär legitimiert durch potenziell asymmetrische Marktverhältnisse, sondern durch das genuine Interesse des Verbrauchers, seine Bedürfnisbefriedigung und seine Lebensaktivitäten möglichst frei und autonom zu steuern. Dies verändert natürlich auch die Position des Staates als Schutzmacht des Verbrauchers. In der marktliberalen Sichtweise trägt der Staat nur dazu bei, den Verbraucher über die Marktsituation zu informieren. Insofern dominiert hier ein *informatorischer Verbraucherschutz* die Staatsaktivitäten. Der Einsatz des Staates für die Rechte der Verbraucher aus marktkritischer Sicht nötigt den Staat, Gesetzesmaßnahmen und Richtlinien für den Umgang mit den Verbraucherinteressen aufzustellen; es handelt sich hierbei also um einen *regulativen Verbraucherschutz*. Eine Radikalisierung dieser Position im Sinne eines *exekutiven Verbraucherschutzes* versieht den Staat auch mit zusätzlichen Interventionskompetenzen, die Kompetenzen für Verbraucherschutz werden in einer Exekutivinstanz (z.B. Bundes- oder Länderministerien für Verbraucherschutz, Bundesbehörden etc.) gesammelt, Produkte und Leistungen werden in öffentlichen Forschungseinrichtungen getestet und Auflagen von regionalen Behörden kontrolliert. Aus demokratietheoretischer Sicht erscheinen die marktkritischen Positionen als allzu staatsfixiert, neben die Idee eines regulativen und exekutiven Verbraucherschutzes muss auch der Gedanke eines selbstorganisierten bzw. zivilgesellschaftlich organisierten Verbraucherschutzes entwickelt werden, der auf die Fähigkeiten von Bürgergruppen und Interessengruppen zur Selbstregulierung durch Absprachen, Vereinbarungen und Selbstverpflichtungen vertraut; diese Form der Selbstorganisation der Konsumenten und Konsumentenvertretungen soll nach dem historischen Vorbild der Konsumgenossenschaften (*consumer cooperatives*) als *assoziativer Verbraucherschutz* bezeichnet werden (Furlough/Strikwerda 1999).

2.1 Verbraucher und Verbraucherschutz als Marktkomponenten

Die marktliberale wie auch die marktkritische Position nehmen den gleichen Ausgangspunkt für ihre auseinander laufenden Überlegungen; sie fußen auf bestimmten Interaktionsverhältnissen und -abläufen in der kapitalistischen Produktion und Distribution von Gütern. Als maßgeblicher Interaktionsraum für die Artikulation von Interessen und die Durchsetzung von Schutzrechten wird der Markt mit einem mehr oder weniger stark regulierten Zirkulations- und Verteilungsmodus des Warenverkehrs etabliert. Auch die politischen Initiativen zur Stärkung der Verbraucherinteressen und zur Verhinderung von Machtasymmetrien setzen an den Akteurkonstellationen und Interessenposition im Markt an und vernachlässigen somit genuin rechtliche wie politische Legitimationskonzepte wie -kontexte zur Begründung des Verbraucherschutzes (Cartwright 2001; Ogus 1994). Dies wird besonders deutlich in der deutschen Debatte über die programmatische Orientierung der Verbraucherpolitik und des Verbraucherschutzes, die aufgrund ihrer Konzeptlastigkeit kein Äquivalent in der internationalen Theoriebildung hat. Diese Debatte hatte eine besondere Konjunktur in den 70er Jahren und führte auch zur Entwicklung konkreter Programmvorschläge (Stauss 1980).

Schon in den vorstehenden Überlegungen zum Verbraucherbegriff wurde auf die liberale Konzeption der Marktwirtschaft zurückgegriffen, analog dazu orientiert sich eine *erste* verbraucherpolitische Konzeption am *liberalen Wettbewerbsmodell* (Fischer-Winkelmann 1973; Meyer-Dohm 1965; Stinner 1976). Orientiert am Prinzip der Konsumentensouveränität werden ein vollkommener Markt, eine perfekte Informationslage über Marktangebot und Preise und die Nutzenorientierung des homo oeconomicus vorausgesetzt. Propagiert wird ein *marktkonformer Verbraucherschutz,* der auf Verbraucheraufklärung und -information, Verbraucherbildung und Hilfe zur Selbsthilfe setzt. Als genuines Verbraucherinteresse werden das Streben nach optimaler Bedürfnisbefriedigung, ein Interesse an preiswürdigen Waren und Dienstleistungen von möglichst guter Qualität und der Wunsch nach mehr Markttransparenz und nach wahrheitsgemäßen Angaben aufgeführt

Als diametrale Gegenposition dazu wird von Stauss (1980: 34ff.) in Anlehnung an die Arbeitsgruppe um Gerhard Scherhorn (1975) eine *zweite* Konzeption der Verbraucherpolitik beschrieben, die die Herstellung von *Konsumfreiheit und Machtausgleich* fordert. Aus marktkritischer Perspektive wird ein Machtungleichgewicht zwischen Produzenten und Konsumenten konstatiert und der Machtausgleich durch Förderung kollektiver Verbraucher-Gegenmacht gefordert. Diese Forderung schließt an die Beobachtung an, dass Konsumenten über nur geringe und kurzfristig wirksame Sanktionsmittel (z.B. Marktaustritt, Abwanderung, Käuferstreik, Gerichtsklage) verfügen, um ihre Interessen zu artikulieren. Es empfehlen sich deshalb Maßnahmen a) zur Stärkung der individuellen Verbraucherposition durch Verbrauchererziehung und -aufklärung (Gegeninformationen), b) zur Kontrolle der Produzentenmacht (Festlegung von Qualitätsnormen, Werberichtlinien, Verbraucherschutzgesetzgebung, Beteiligung der Verbraucher an der unternehmerischen Willensbildung) und c) zur Verbesserung der kollektiven Verbraucherposition durch Organisation von Verbraucherinteressen (Fremdorganisation der Verbraucher). Diese am *Machtausgleich orientierte Verbraucherpolitik* definiert das Verbraucherinteresse ganz anders als die liberale Variante; sie geht vom Interesse des Verbrauchers an Selbstverwirklichung aus, und die Befriedigung von materiellen Versorgungs- und Konsumbedürfnissen stellt nur eine untergeordnete Stufe qualitativ höherwertiger Zeitverwendungsarten (aktive Unterhaltung, politische, sportliche, kulturelle Aktivitäten, Muße) dar, zu deren Ausbau und Unterstützung eine marktkritische Konsumpolitik beitragen kann.

Eine *dritte* Position wird von der *verhaltenswissenschaftlich begründeten Verbraucherpolitik* markiert (Kroeber-Riel 1992: 690ff.; Kuhlmann 1990: 42ff.). Sie geht von dem empirisch erfassbaren Kaufverhalten und von empirischen Sachverhalten der Konditionierung und Manipulation (z.B. durch Marketing, Werbung) auf den Angebotsmärkten aus und stellt die Forderung nach verbraucherpolitischer Gegenkonditionierung (Verbraucherschutz statt Verbraucheraufklärung) auf. Ein bedürfnisgerechtes Kaufverhalten soll u.a. durch die staatliche Unterstützung eines routinisierten und vereinfachten Kaufverhaltens (mittels der Herstellung von übersichtlichen Verhältnissen bei Angeboten, Produktpaletten etc.), durch die Rationalisierung von Kaufentscheidungen (auf dem Weg der staatlich geförderten Verbraucherberatung) und durch Schutz vor Manipulation durch Marketingtechniken erreicht werden. Für die Konzipierung des Verbraucherinteresses wird nicht auf eine normative Idee der Selbstverwirklichung zurückgegriffen, sondern auf eine quasi-empirische Ermittlung eines unverzerrten Kaufverhaltens bzw. von nicht-manipulierten Konsumeinstellungen rekurriert, in denen sich die eigenen Einstellungen zu Produkten und deren Wertigkeit umsetzen.

Eine weitere Variante der bislang vorgestellten marktkritischen Konzepte stellt der *vierte* Ansatz dar, der Verbraucherpolitik aus der Sicht eines *marktkompensatorischen Verbraucherschutzes* formuliert (Simitis 1976). Auch hier äußert sich eine Kritik am Informationsmodell der Verbraucherpolitik, da bislang eine passive Handhabung des Verbraucherschutzes höchstens als Abwehrrecht stattfindet. Dagegen sollen von einer kompensatorischen Verbraucherschutzpolitik die ‚gesellschaftliche Bedingungen' der Produktion und Verteilung von Gütern beeinflusst werden. Genauer wird eine Einschränkung der privatautonomen Entscheidungsmacht der Hersteller durch Kontrollen, Normen und Verfahren vorgeschlagen. Darüber hinaus wird die Forderung nach einer den Produktionsprozess kontrollierenden Verbraucherschutzbehörde, die für die Vertretung von Verbraucherinteressen, die Vermittlung von Informationen, die Kennzeichnung und Überprüfung von Produkten und die Erarbeitung neuer gesetzlicher Regelungen verantwortlich ist, erhoben (Simitis 1976: 269ff.). Das Verbraucherinteresse wird in dieser verbraucherpolitischen Konzeption aus neomarxistischer Perspektive gedeutet und artikuliert sich demgemäß als Interesse am Gebrauchswert von Waren, an Markteingriffen und an staatlicher Kontrolle des privatwirtschaftlichen Angebots.

Die *fünfte* Konzeption stellt ebenso radikale marktkritische Forderungen, will aber nicht einfach die staatliche Verantwortung und Einflussnahme vergrößern, stattdessen wird eine *Verbraucherpolitik in partizipatorischer Absicht* propagiert (Biervert/Fischer-Winkelmann/Rock 1977: 55ff. und 217ff.). Diese Konzeption setzt an der Beobachtung an, dass die derzeitige Verbraucherpolitik nur ein reaktives Kurieren an Symptomen zustande bringt und die grundsätzliche Asymmetrie in der Entscheidungsmacht zwischen Produzenten und Verbrauchern nicht adressiert. Die Kritik an der Fremdorganisation in der Verbraucherschutzpolitik richtet sich somit auch gegen eine bloß staatliche Trägerschaft von Verbrauchereinrichtungen und -verbänden und stellt die Forderung nach einer frühzeitigen und direkten Einflussnahme von Verbrauchern und Verbrauchervertretern auf Produkt- und Angebotsentscheidungen im privaten wie öffentlichen Sektor auf. Verbraucherpolitische Maßnahmen sollen auf die Stärkung der selbstorganisierten Produktion und Verteilung, die Installierung von Konsumräten, Mitbestimmungsgremien und Planungszellen in Unternehmen und Verwaltung und die Beteiligung an strategischen Entscheidungen zur Investitionslenkung hinauslaufen. Diese Position fasst natürlich auch das Verbraucherinteresse viel weiter: Sie unterstellt eine direkte Interdependenz zwischen Arbeit und Konsum, die im Sinne der Aufhebung der Rollendifferenzierung zwischen Arbeitnehmern und Konsumenten verändert werden soll. Der Verbraucher wird dabei mit seinem Interesse an selbstbestimmtem Handeln ernst genommen und zur Partizipation befähigt.

2.2 Der Verbraucher als Rechtssubjekt

Wenngleich in den vorstehenden Verbraucher- und Verbraucherschutzkonzepten ganz unterschiedliche Aspekte der marktwirtschaftlichen Güterproduktion und Warenzirkulation angesprochen und kritisiert werden, gleichen sich die Positionen darin, dass der individuelle Konsum als Folgeerscheinung von Marktprozessen und Produktangeboten konzipiert wird. Die rechtliche Begründung des Verbraucherschutzes ist jedoch weniger einheitlich. In der neueren Literatur schlägt sich die Debatte über unterschiedliche Rechtsbegriffe und -traditionen nieder, die angesichts der Vorgaben durch ein einheitliches Europarecht bzw. durch die Rechtsprechung des Europäischen Gerichtshofes (EuGH) für die einzelnen EU-Mitgliedsstaaten geltend gemacht werden. Dabei zeigen sich starke Divergenzen hinsichtlich der Integration des Verbraucherrechts in das Privatrecht und der maßgeblichen Verbraucherleitbilder in der Rechtsprechung (Hoffmann 1999; Hondius 1999). Für den ersten Konfliktfall sorgt die unterschiedliche Handhabung des Verbraucherrechts als eigenständiger oder integrierter Rechtsbereich. In Frankreich existierte beispielsweise bis zur Übernahme relevanter EU-Richtlinien ein separater Rechtsbereich für den Verbraucherschutz, insbesondere was die Ahndung und Regulierung von Handelsbeziehungen und Verträgen betraf. Dieser Rechtsbereich war – als eine Art Sonderprivatrecht für Verbraucher mit einem eigenen Verbrauchergesetzbuch (*code de la consommation*) – weder in das allgemeine Zivilrecht integriert, noch waren die Gerichte für die Beachtung von Schutzbestimmungen und Fairnessregeln bei diesen Transaktionen zuständig; vielmehr wachte die staatliche *Commission des clauses abusives* über die Einhaltung und Sanktionierung der verbraucherpolitischen Normen (Sievers 1993). Erst die Umsetzung des EU-Verbraucherrechtes brachte eine größere Bedeutung der Gerichte bei Verbraucherschutz-Entscheidungen und eine Berücksichtigung des Code Civil bei den entsprechenden Rechtsfällen mit sich.

In Deutschland wird schon im Kaiserreich mit der Aufnahme der Regeln der Allgemeinen Geschäftsbedingungen (AGB) im Bürgerlichen Gesetzbuch (BGB) die Grundlage für die Integration der Verbraucherschutzbestimmungen in das allgemeine Zivilrecht gelegt (Geyer 2001). Durch die Anwendung der AGB-Bestimmungen auf Kaufverträge wurde einerseits die etablierte Rechtssprechung für das Vertragsrecht auf Konsumentenbelange ausgedehnt, andererseits wurden für die Konsumentenseite besondere Schutzvorkehrungen und Informationsasymmetrien im Geschäftsverkehr geltend gemacht, was natürlich auch im deutschen Recht Elemente eines Sonderprivatrechts für Verbraucher etabliert hat.

Deutliche Divergenzen lassen sich auch in der Leitbildorientierung der jeweiligen Rechtsprechung ausmachen (Niemöller 1999). Hier ist besonders auf den Widerstreit zwischen dem Leitbild des *„flüchtigen Konsumenten"* im deutschen Verbraucherschutzrecht für Belange des Geschäftsverkehrs (restriktiver Schutz vor unlauterem Wettbewerb) und des Leitbilds des „*verständigen Verbrauchers*" (vorsichtiger Schutz vor unlauterem Wettbewerb) in der Rechtsprechung der EU bzw. des EuGH hinzuweisen. Aus Sicht der deutschen Rechtsprechung begegnet der „*flüchtige Verbraucher*" der auf ihn einströmenden Werbung nur wenig kritisch, er reagiert auf unübersichtliche Angebote und manipulative Kaufanreize entweder mit einem impulsiven, triebgesteuerten oder einem stark habitualisierten Kaufverhalten, das eine Reduktion der komplexen Informationslage durch Vertrauenssignale oder Vertrauenspersonen vornimmt. Für die Gesetzgebung gegen unlauteren Wettbewerb (UWG) hat das zugrunde liegende Verbraucherleitbild die Konsequenz, dass eine rigide und restriktive Regelsetzung verfolgt wird, die den Warenanbieter mit Irreführungsverboten und Wahrheits- und Sachlichkeitsgeboten konfrontiert. In eine verbraucherpolitische Regulierung geht der Schutz vor Fehlinformation durch irreführende Angaben und vor Manipulation der Verbraucher durch Übertreibungen und falsche Etikettierung ein.

Die europäische Rechtsprechung für das Warenangebot geht demgegenüber von dem Leitbild des „*verständigen Verbrauchers*" aus. Der Verbraucher ist für die Rationalisierung seiner Kaufentscheidung interessiert an einer möglichst umfassenden und wahrheitsgemäßen Preis- und Produktinformation. Jedoch wird die Eigenverantwortung des Verbrauchers vorausgesetzt, die Mündigkeit des Verbrauchers wird nicht in Frage gestellt. Dies hat zur Folge, dass der Informationspflicht des Verbrauchers Vorrang vor der Verkehrsbeschränkung und der Hauptverantwortung des Warenanbieters gegeben wird. Die entsprechende EU-Rechtsprechung orientiert sich an der Warenverkehrsfreiheit, und diesem Prinzip muss sich die Gesetzgebung gegen unlauteren Wettbewerb der Mitgliedsstaaten unterordnen.

Den Leitbildern vom „verständigen" und „flüchtigen" Verbraucher in der Rechtsprechung liegt das antagonistische Verständnis von *Konsumentensouveränität* und *Produzentensouveränität* zugrunde, das auch für die oben diskutierten wirtschaftspolitischen Konzeptionen des Verbraucherschutzes maßgeblich ist (Dick 1995: 10ff.; Mitropoulos 1997: 18ff.). Einerseits existiert die Idealvorstellung von der *Konsumentensouveränität*, nach der letztlich der Konsument allein über den Markterfolg von Waren und Dienstleistungen entscheidet. Ein politischer Schutz der Informationsrechte des Verbrauchers und seiner Marktstellung ist hier allein durch die Marktgesetze legitimiert, die durch Preisabsprachen zwischen den Anbietern oder der Verweigerung bzw. Manipulation von Preis- und Wareninformationen außer Kraft gesetzt werden. Andererseits dominiert die Idee der *Produzentensouveränität*, die unterstellt, dass der Verbraucher dem Marktgeschehen ausgeliefert ist und die Produzenten das Warenangebot, die Preispolitik und das Kaufverhalten der Verbraucher bestimmen. Die Definition von Schutzrechten für Verbraucher setzt an der grundsätzlichen Machtasymmetrie und der Unterlegenheit der Verbraucher an und wendet sich gegen das Produzenteninteresse dort, wo eine gezielte Beeinflussung des Konsumenten zur Vermeidung von Risiken des Wirtschaftsprozesses (z.B. durch Kundenabwanderung bei minderer Qualität oder zu hohen Preisen, durch Preisverfall oder durch eine unsichere Absatzlage wegen des nur bedingt vorhersehbaren Kaufverhaltens) vorliegt. Die oben diskutierten wirtschaftspolitischen Verbraucherschutzkonzeptionen liegen nun zwischen den beiden Polen der *Konsumentensouveränität* und der *Produzentensouveränität* und artikulieren entsprechen eher marktliberale oder interventionistisch-regulative Positionen. Allerdings wird deutlich, dass allein die Annahme einer bestehenden *Produzentensouveränität* als Grundlage für die Ableitung genuiner Verbraucherschutzrechte dienen kann. Aus der Perspektive der *Konsumentensouveränität* stellen Verbraucherschutzrechte eher einen Nebeneffekt in Reaktion auf bedauerliche Marktblockaden und Wettbewerbsvermeidungsstrategien dar. Nur die Perspektive der *Produzentensouveränität* wird die Frage grundlegender und allgemeiner Freiheits- und Bürgerrechte des Konsumenten aufwerfen, die durch das freie Spiel der Marktkräfte tangiert werden und eine freie Ausübung dieser (Bürger-) Rechte gefährden.

Die rechtswissenschaftlichen Leitbilder für den Verbraucher bzw. Verbraucherschutz nehmen jedoch, wie gesehen, nicht durchgängig eine solche bürgerrechtliche Begründung auf, sondern geben nur die antagonistischen Positionen wider, die den wirtschaftspolitischen Diskurs über Verbraucherschutz und Verbraucherpolitik prägen. Wie könnte demgegenüber eine rein bürgerrechtliche Legitimation des Verbraucherschutzrechtes aussehen? Norbert Reich (1987; 1996; 1999) hat in seinen wegweisenden Arbeiten zum Verbraucherschutzrecht in Europa die Grundlagen für eine bürgerrechtliche Legitimation des Konsumentenschutzes gelegt. Gegen eine Verkürzung des Wirtschaftsrechtes auf Fragen und Belange des Waren- und Kapitalverkehrs macht Reich (1987: 77ff.; 1996: 30ff.) genuine Bedürfnisse der Freizügigkeit und Wahlfreiheit für den Konsumenten geltend. Eine Einschränkung dieser Grundrechte auf freie Wohnortwahl und auf Bewegungsfreiheit im EU-Raum sowie auf Arbeitnehmerfreizügigkeit wird vor allem bei der Studienplatzwahl, beim Zugang zu den nationalen Arbeitsmärkten und bei der Gewährung von Krankendiensten im Rahmen des garantierten Versicherungsschutzes bei Klinikaufenthalten im (europäischen) Urlaubsort diskutiert. Der Verbraucher tritt hier nicht nur als Wirtschaftssubjekt oder -objekt auf, sondern wird in seinen sozialen und politischen Rechten und mit seinen besonderen kulturellen Interessen von rechtlichen Regelungen und wirtschaftspolitischen Maßnahmen betroffen; man kann in diesem Zusammenhang auch von der Verletzung der ‚*subjektiven Rechte*' von Unionsbürgern sprechen, worunter Rechte verstanden werden, die von den Betroffenen selbst bzw. aus sich heraus vor Gerichten oder entsprechenden Entscheidungsgremien eingeklagt und vertreten werden können (Reich 1999: 48). Diese als subjektiv bezeichneten Rechte berühren häufig so genannte ‚*diffuse Allgemeininteressen*' und lassen sich nicht an staatliche Organe abdelegieren, können aber gleichwohl von Verbänden zur Vertretung von Bürgerinteressen organisiert und durchgesetzt werden (ebd.: 54).

In der Interpretation von Reich (1996: 31) haben die politische Führung der EU und der EuGH schon früh auf diese Herausforderungen reagiert und den Verbraucher mit umfassenden Rechten ausgestattet und deshalb die Schutzbedürftigkeit dieser fünf Grundrechte – Recht auf Schutz der Gesundheit und Sicherheit des Verbrauchers, Recht auf Schutz der wirtschaftlichen Interessen des Verbrauchers, Recht auf Wiedergutmachung des erlittenen Schadens, Recht auf Unterrichtung und Bildung, Recht auf Vertretung als Recht, gehört zu werden – garantiert. Das europäische Verbraucherschutzrecht wird auf diese Weise zum Garanten einer Ausdehnung der Verbraucherschutzkonzeptionen auf nicht-wirtschaftliche Problemtatbestände und der Institutionalisierung eines bürgerrechtlich definierten Verbraucherschutzes in den EU-Mitgliedsstaaten (Rösler 2003).

2.3 Der Verbraucher als freier Bürger

Mögen die Zeichen für eine Ausdehnung der bürgerrechtlichen Verbraucherschutzpolitik sprechen, so liegen für die politische Begründung des Verbraucherschutzes nur wenige Ausgangspunkte vor. In der Kritik an einer marktwirtschaftlichen Verbraucherschutzkonzeption finden sich schon genuin politische Argumente für die Herleitung der Konsumenteninteressen. Egner hat in seiner grundsätzlichen Kritik am Konsum- und Konsumentenbegriff der Smithschen Wettbewerbslehre auf die Einbettung des Konsums in übergeordnete Wertsysteme und Sinnhorizonte hingewiesen: „Als Vorgang der Lebensgestaltung ... ist der Konsum kein Endzweck, sondern Mittel für etwas über ihn Hinausweisendes, den Aufbau der menschlichen Kultur. Hier unterscheidet sich der Mensch von allen anderen Lebewesen. Er betreibt einen Konsum für frei gesetzte Ziele, die im Dienste ideeller Werte stehen" (Egner 1978: 33/34). Für den Menschen geht der Konsum deshalb nicht in der einfachen Bedürfnisbefriedigung und Lebenserhaltung auf, sondern er ist bestimmten Prinzipien einer quasi-ethischen Lebensgestaltung unterworfen. Die möglichst freiheitliche und demokratische Koordination der unterschiedlichen Entwürfe einer individuellen Lebensgestaltung durch Konsum mündet natürlich in partizipative Vorstellungen von Verbraucherschutzpolitik, wie sie federführend von Bernd Biervert und seinen Koautoren entwickelt wurden (Biervert/Fischer-Winkelmann/Rock 1977). Bierverts an Selbstbestimmung und politischer Partizipation der Konsumenten orientierte Position geht noch weit über die marktkritischen Positionen von Scherhorn et al. (1975: 30ff.) oder Simitis (1976: 155ff.) hinaus, die auf einen Ausgleich der Machtasymmetrie zwischen Produzenten und Konsumenten durch staatliche Intervention drängen und den Verbraucher in die Lage versetzen wollen, Konsumscheidungen selbständig und unbeeinflusst vorzunehmen. Da eine staatlich verordnete Verbraucherpolitik sich dem Konsumenten von außen nähert und die freie Wahl der Konsumscheidungen noch kein bedürfnis- oder interessenadäquates Angebot an Waren und Dienstleistungen garantiert, müssen Verbraucher auf die Zielfindung im Konsumgütermarkt einwirken können: „Bei der partizipatorisch-emanzipatorischen Zielfindung geht es um eine ‚gesellschaftlich' adäquate Erfassung, Antizipation und Durchsetzung von (Verbraucher-)Bedürfnissen, d.h. um eine geregelte aktive Teilhabe der Verbraucher an der Entwicklung und Befriedigung ihrer Bedürfnisse und um die Kommunikation über die damit verbundenen Prozesse" (Biervert/Fischer-Winkelmann/Rock 1977: 55/56). Diese etwas kryptisch anmutende Formulierung weist den Weg zu einer aus heutiger Sicht sehr konventionell ausgerichteten Verbraucherschutzpolitik. Der Verbraucher soll über die verbesserte Aufnahme seiner Interessen im politischen Entscheidungsprozess und in den Diskursen der Öffentlichkeit auf die Markt- und Unternehmensentscheidungen der Konsumgüterindustrie Einfluss nehmen und so vermittelt auf die marktwirtschaftliche Zielfindung einwirken können (ebd.: 217ff.). Daran knüpft die Forderung an, die Rolle der Verbraucherverbände als politische Interessengruppen zu stärken, ihren internen Organisationsaufbau zu demokratisieren und sie als Mitgliedschaftsorganisationen gegen die Fremdorganisation des Staates zu schützen.

Der Hinweis auf die Probleme der Interessenvertretung und -organisation der Verbraucherverbände ist dabei mittlerweile schon zum Gemeinplatz in den Politikwissenschaften geworden, geht man doch mit Olson (1971) davon aus, dass der Hauptgrund für eine fehlende oder mangelhafte Organisation der Interessen von Großgruppen wie den Angestellten, Steuerzahlern und Konsumenten darin liegt, dass diese Interessen nicht die Möglichkeit für das Bereitstellen von selektiven Anreizen bieten, sondern im Fall ihrer erfolgreichen Mobilisierung und eventuellen politischen Berücksichtigung automatisch der unüberschaubaren Menge der Betroffenen Vorteile gewähren. Eine Kosten-Nutzen-Kalkulation wird den Bürger deshalb dazu bewegen, aufwendige Organisationsbemühungen zur Artikulation seiner Interessen als Konsument zu unterlassen. Anders ausgedrückt werden nur dann Bürger sich für die Vertretung öffentlicher Interessen organisieren, wenn sie daraus einen Nutzen ziehen können, der ihre Aufwendungen für ihre Mitgliedschaft übersteigt.

Empirisch betrachtet scheint die Fähigkeit von Konsumenten, sich zu schlagkräftigen Organisationen zusammenzuschließen, in einzelnen nationalen Kontexten unterschiedlich stark ausgeprägt zu sein (Mitropoulos 1997). In westlichen Industriestaaten mit einer korporatistisch geprägten Tradition der politischen Interessenorganisation, wie in Dänemark und Deutschland, nimmt der Staat einen großen Einfluss auf die Organisation und programmatische Ausrichtung der Verbraucherverbände und unterstützt eine zentralistische Organisationsform ihrer Vertretungen. Die Verbraucherverbände werden hier überwiegend staatlich finanziert und sie setzen sich aus anderen Verbänden als Mitglieder (z.B. Gewerkschaften, Frauenverbände, kirchliche Gruppen, kommunale Verbrauchervertretungen etc.) und nicht aus Privatbürgern als Mitglieder zusammen; sie fungieren deshalb eher als Instrumente zur Verbreitung einer staatlichen bzw. regierungsnahen Verbraucherpolitik. In anderen westlichen Demokratien, wie z.B. in den USA, in Großbritannien und in den Niederlanden, haben sich konsumpolitische Interessengruppen aus Basisbewegungen angesichts spezifischer und lokaler Betroffenheit formiert und als politische Lobbying-Organisationen auch national an Einfluss gewonnen. Diese politischen Interessengruppen halten sich fern von einer zu starken staatlichen Unterstützung und formulieren eigenständige Politikvorhaben mit einer stärker sektoralen und regionalen Zielrichtung.

Offensichtlich kann es den politischen Interessengruppen von Konsumenten durchaus gelingen, Mitglieder an sich zu binden; empirische Studien über die Mitglieder der größten amerikanischen Konsumentengruppe *Common Cause* belegen, dass die Mitglieder hauptsächlich aus allgemeinen politischen Motiven und im Einklang mit einem generellen hohen Interesse an politischem Engagement und politischen Entscheidungsprozessen zu *Common Cause* finden (Rothenberg 1992). Die hohe Identifikation mit der allgemeinen politischen Zielorientierung von *Common Cause*, politischen Entscheidern in Fragen des Verbraucherschutzes auf die Finger zu sehen und allgemein eine demokratische Kontrolle bei Entscheidungsprozessen auszuüben, ist hier maßgeblich. Eine andere wichtige Studie über *Common Cause* rückt die Rolle des Gruppengründers John Gardner in den Vordergrund (McFarland 1984). Dank einer erfolgreichen persönlichen Mobilisierungsarbeit und der durch ihn initiierten Medienkampagnen gelingt es Gardner, Mitglieder zu werben und sie durch Identifikation mit seiner Persönlichkeit und seinem politischen Engagement zu binden. Die beiden Studien über *Common Cause* verdeutlichen jedoch eine genuin politische Motivation für das Bürgerengagement: Es sind normative Erwartungen an Mechanismen der politischen Kontrolle und

Verantwortlichkeit und Wünsche nach ungefilterter politischer Aufklärung und mittelbarer politischer Teilhabe, die Konsumenten dazu motivieren können, sich zu organisieren.

Ein Verständnis des Konsumenten als politisch interessiertem Bürger muss dementsprechend auf ein Konzept von politischer Selbstverwirklichung zurückgehen, das expansiv die Berücksichtigung von politischen Freiheitsrechten in allen Politikfeldern fordert, die potenziell die Ausübung dieser Rechte von Individuen in ihrer alltäglichen Lebenspraxis tangieren können. Im Zeitalter des Massenkonsums ist der Alltag durch den Gebrauch einer Vielzahl von Gütern und Waren bestimmt, auch für die Zuweisung von sozialem Status innerhalb und zwischen den sozialen Klassen – dies ist spätestens seit Thorstein Veblens (1986; zuerst 1899) Buch über den demonstrativen Konsum (*conspicuous consumption*) ein Gemeinplatz in der Soziologie (Slater 1997: 153ff.) – kommt dem selektiven bzw. besonders herausgestellten Konsum von Markenwaren aus unterschiedlichen Preiskategorien eine besondere Bedeutung zu. Die Erforschung der „*expressiven Ungleichheit*" orientiert sich an der Systematisierung von Konsumpräferenzen zu spezifischen Lebensstilen, die für die sozialen Akteure einen Bezugspunkt für ihre soziale Identitätskonstruktion und für soziale Unterscheidungen bereitstellen (Bourdieu 1982; Lüdtke 1989). Aus der Perspektive der sozialen Statuskämpfe und der Chancengleichheit bei der Nutzung von Konsumgütern orientieren sich politische Forderungen an der Herstellung einer allgemeinen Verfügbarkeit von wertvollen Konsumprodukten und an dem Verbot einer künstlichen Verknappung dieser Produkte zur Preissteigerung (Produktion von Exklusivität) sowie an der Veröffentlichung von Preisunterschieden und Preisentwicklungen bei den Waren (Gabriel/Lang 1997: 180f.).

Selbstverwirklichung geht aber nicht einfach in der Teilnahme an Statuskämpfen und damit in der politischen Forderung nach *konsumtiver Chancengleichheit* auf, vielmehr lassen sich hier drei weitere Komponenten diskutieren: *erstens* ein Konzept der *Kreativität*, die sich als Gegenstand und Bestandteil von konsumtiver Selbstverwirklichung mit dem Umgang und der Auswahl von Waren verbindet; *zweitens* ein Verständnis von *Risikovermeidung*, das an die leiblich-gesundheitlichen Grundvoraussetzungen für individuelle Entfaltung und sozialen Austausch erinnert und an die Gefahrenvermeidung und Prävention bei der Herstellung und dem Vertrieb von Gütern appelliert; *drittens* eine Vorstellung von *Partizipation*, die soziale Integration und Teilhabe, Kreativität und Risikovermeidung als Komponenten bzw. Voraussetzungen von Selbstverwirklichung miteinander verknüpft oder gegeneinander abwägt und in ein Verständnis von der politischen Selbstverwirklichung des Verbrauchers überführt.

Die Vorstellung, dass der Umgang mit Gütern und Waren einen kreativen Gestaltungsspielraum eröffnet und die bewusste Ausgestaltung von Konsumstilen oder aber die Dekontextualisierung und Neukontextualisierung von Konsumgütern in künstlerischen oder subkulturellen Lebenswelten neue Freiheiten in der demokratischen Massengesellschaft generiert, steht im Zusammenhang mit einer bestimmten Art von Zeitdiagnose. Diese geht davon aus, dass die heutige Gesellschaftsformation die Verteilungskämpfe und sozialen Determinismen weitestgehend hinter sich gelassen hat und in ihr der Ästhetisierung der individuellen wie kollektiven Lebenspraxis ein besonderer Stellenwert zukommt (Featherstone 1991; Schulze 1992). Möglichkeiten der Abgrenzung von Gruppenzugehörigkeiten, die vermehrt nicht mehr sozial oder ethnisch, sondern (sub-)kulturell erfolgen, und der individuellen Auszeichnung und Besonderung werden durch den möglichst einfallsreichen oder ausgefallenen Konsum erzielt. Dabei weist die Manipulation und Ergänzung von industriell gefertigten Konsumgütern wie Jeans, Motorrädern, Skateboards, Computern und elektronischen Musikinstrumenten auf ein gewandeltes, weil reflektiertes Verhältnis zu Konsumgütern hin, und die Einpassung, Interpretation und Aneignung von spezifischen Konsumgütern geschieht unter Verwendung spezifischer Bearbeitungs- und Manipulationstechniken und unter Voraussetzung von spezifischen soziokulturellen Interpretationscodes. Die politische Leitorientierung des reflexiven bzw. kreativen Konsums läuft aus der Perspektive der Ausdehnung von Freiheitsspielräumen und von Schutzzonen der Selbstverwirklichung auf eine regulationsfeindliche Position hinaus. Die Aneignung und Manipulation von Konsumgütern soll möglichst von staatlichen Auflagen befreit werden; ein zu rigider staatlicher Schutz von Eigentums- und Urheberrechten und der Ausbau des Marken- und Datenschutzes stehen einer freien Nutzung von Waren entgegen. Statt dessen vermag zwar die möglichst ungestörte Distribution der Waren und Güter nicht die uneingeschränkte und dauerhafte Nutzung von speziellen Konsumprodukten zu verbürgen, im Kern garantiert aber die marktwirtschaftliche Ordnung die Diversifizierung des Warenangebots und damit die Herausbildung der freiheitsverbürgenden, konsumistischen Lebensstile (Bolz 2002).

Eine entgegengesetzte Position thematisiert die natürlichen Voraussetzungen für die Inanspruchnahme von Freiheitsrechten und die Ausübung der Selbstverwirklichung. Gemeint sind damit nicht primär die ökologischen Lebensbedingungen des Menschen, sondern vielmehr seine eigene Gesundheit und Unversehrtheit. Aus der Perspektive des freien Umgangs mit Konsumprodukten stellen somit nicht hauptsächlich die Einwirkungen des Konsums auf die „äußere Natur", also die Umweltveränderungen und ökologischen Folgen des Massenkonsums, ein Problem für die Entwicklung der Selbstverwirklichung dar. Vielmehr rückt die „innere Natur" des Menschen in das Zentrum der politischen Debatte. Angesprochen sind hiermit individuelle Gesundheitsfolgen und gesundheitliche Risiken, die von bestimmten Lebens- und Arzneimitteln bzw. von deren Zusammensetzung und Qualität ausgehen und die die Fortentwicklung einer selbstbestimmten Lebenspraxis nachhaltig stören oder gefährden können. Die BSE-Krise illustrierte sehr anschaulich den Zusammenhang zwischen Eingriffen in das natürliche Öko-System (Manipulation des Tierfutters zur Ausschöpfung der Massentierhaltung mit der Folge des Ausbrechens von Tierseuchen) und der Qualität alltäglicher Lebensmittel (Verseuchung von Rindfleisch und Wurstwaren mit BSE). Trotzdem wird erst mit dem wissenschaftlichen Nachweis einer hochwahrscheinlichen direkten Übertragung der Tierseuche auf den Menschen (von-Creutzfeld-Jakob-Krankheit) die politische Regulierung virulent (Dressel 2002). Aus der Perspektive der politischen Selbstverwirklichung erweist sich ein Programm der Risikovermeidung und Risikoprävention als notwendig, das die Umweltbedingungen und ökologischen Voraussetzungen der menschlichen Gesundheit mit thematisiert, aber grundsätzlich an den möglichen Folgen für das Individuum durch falschen Konsum oder durch den Gebrauch minderwertiger Konsumgüter ansetzt. Im Gegensatz zur Position des kreativen Konsums versteht sich die konsumpolitische Risikovermeidung als regulierungsfreundlich. Die politische Vorausschau auf mögliche Gefahren einer unregulierten Konsumgüterproduktion sowie die staatliche Qualitätskontrolle der aktuellen Produktion und Verteilung wird als notwendig erachtet. Als politisches Programm verbinden sich mit der Thematisierung der natürlichen Voraussetzung der individuellen Selbstverwirklichung die Zielorientierung und das Instrumentarium der vorsorgenden Risikoregulierung (Hood/Rothstein/Baldwin 2001).

Die Position, die politische Selbstverwirklichung mit einem partizipativen Verständnis von Konsum verbindet, ist mit allen vorher geschilderten Verständnissen kompatibel. Beweggründe für die politische Artikulation von Konsuminteressen können die mangelnde Integration bzw. die Chancenungleichheiten innerhalb der um Konsum konzentrierten sozialen Status- und Anerkennungskämpfe sein, aber auch die empfunden Einschränkungen bei der Informationsfreiheit, die auf eine Gängelung und Kontrolle der Konsumoptionen hinauslaufen sowie die physisch-gesundheitlichen Auswirkungen und Implikationen von Konsumgütern können politisches Engagement der Konsumenten motivieren. Wichtig für die Kennzeichnung dieser Position ist jedoch der Tatbestand, dass die Akteure als Konsumenten ihr Recht auf Teilhabe artikulieren und dieses Recht auf Partizipation auch als wichtigen Aspekt ihrer Rolle als Verbraucher begreifen. Die Einflussnahme auf politische Entscheidungen findet unter der Prämisse statt, dass eine vollständige Konsumfreiheit (noch) nicht realisiert oder aber bedroht ist und dass die Voraussetzungen für freie Entscheidungen des Konsumenten durch politische Maßnahmen hergestellt oder verbessert werden müssen (Scherhorn et al. 1975: 69). Die politische Durchsetzung der Konsumfreiheit fußt auf einem Konzept der Selbstverwirklichung durch Konsum, das über die reine Bedürfnisbefriedigung weit hinausgeht: „Gemeint ist ... die volle Ausbildung der körperlichen und geistigen Anlagen und Fähigkeiten, die Aktualisierung und Weiterentwicklung des Erlebnis- und Gestaltungspotenzials, der schöpferischen, geselligen, spielerischen Kräfte des Individuums" (Scherhorn et al. 1975: 11). Grundsätzlich ist der Konsum dem Antrieb auf Selbstverwirklichung weder wesensfremd noch wesensgleich. Die durch Konsum erzielte Sättigung und Bedürfnisbefriedigung kann das Individuum mitunter sogar daran hindern, an der weiteren Entfaltung seiner Persönlichkeitsentwicklung zu arbeiten. Andererseits sind mit dem Konsum und den warenförmigen und organisierten Kontexten seiner Durchführung spezifische ästhetische, soziale und politische Erfahrungen verbunden, die das Individuum unweigerlich zu einem Engagement für eine Durchsetzung oder Ausweitung seiner Rechte als freier Konsument antreiben.

Trotzdem nährt die Beschäftigung mit den motivationalen Grundlagen für eine potenziell konsumpolitische Mobilisierung auch gewisse Zweifel an der generellen Organisationsfähigkeit der Konsumenteninteressen. Die unterschiedlichen konsumbezogenen Intentionen der Selbstverwirklichung – Teilnahme an Statuskämpfen zwischen Konsumentengruppen, freie Aneignung von Konsumgütern und kreativer Umgang mit ihnen, Sicherheit vor gesundheitlichen Schädigungen durch Konsumgüter und Beteiligung an konsumpolitischen Entscheidungsprozessen – lassen sich kaum zu einer konsistenten politischen Programmatik zusammenführen und weisen auf einen möglichen Widerstreit in den Interessenpositionen von Verbrauchern – Freiheitsrechte versus Gesundheitsschutz, soziale Chancengleichheit durch Konsum versus Konsumverzicht – hin. Wahrscheinlich erschwert die bislang nur idealtypisch hergeleitete Pluralität von Verbraucherselbstverständnissen, Konsumstilen und Verbrauchersubkulturen die langfristige Organisation der Konsumenteninteressen. Stattdessen lassen sich für politische Ziele des Konsumentenschutzes und der Konsumentenfreiheit primär sporadische und kurzfristige Mobilisierungserfolge erzielen. Aktivitäten von politischen Konsumentengruppen beschränken sich demnach auf spezifische, eingrenzbare *„single issues"*, die entweder gezielt nur die Interessen eines sozialen Segments oder einer Subkultur der Verbraucher ansprechen oder aber für kurze Zeit wegen einer allgemein erfahrenen Dringlichkeit der Risikobewältigung die unterschiedlichen Statusinteressen und Handlungsmotivationen vergessen machen.

3. Verbraucherschutz und politische Regulierung

Die skizzierten verbraucherschutzpolitischen Positionen und Motivationen weisen der politischen Regulierung, verstanden als regelsetzende staatliche Intervention zu Zwecken der Normierung oder Veränderung von Verhaltensweisen (Czada/Lütz 2003: 13; Francis 1993: 5), eine unterschiedliche Ausrichtung und Bedeutung zu. Die *marktkonformen Verbraucherschutzkonzeptionen* sehen eine staatliche Intervention nur bei Marktversagen und zur Wiederherstellung des freien Wettbewerbs im Falle der Manipulation des freien Preisbildungsmechanismus durch Absprachen oder des gezielten Einsatzes von Falschinformationen über die Qualität und sonstige Eigenschaften von Waren und Gütern vor. Die *marktkritischen Schutzkonzepte* fordern die Verbesserung der Marktstellung des Verbrauchers durch Stärkung seiner Rechtsposition und durch staatliche Organisationshilfen zur Verbesserung der Artikulationsfähigkeit von Verbraucherinteressen. Die *rechtsstaatliche Begründung des Verbraucherschutzes* fokussiert ebenfalls auf die Marktstellung des Verbrauchers, leitet aber besondere Schutzrechte zunehmend aus der Verletzung der subjektiven Rechte von Verbrauchern, also der unveräußerlichen Grundrechte von Bürgern einer politischen Gemeinschaft, her. Der Staat fungiert hier als Garant des Schutzes und der Durchsetzung dieser Bürgerrechte der Konsumenten. Die genuin *politische Begründung des Verbraucherschutzes* verknüpft ein anspruchsvolles Verständnis von Selbstverwirklichung mit dem Interesse des Verbrauchers an politischer Partizipation. Ausgehend von bisherigen Konsumerfahrungen und der damit verbundenen empiriegestützten Einschätzung von Gefahrensituationen, Verhaltenseinschränkungen und Missachtungskonstellationen für den Konsumenten orientiert sich die politische Intervention an der Veränderung gegenwärtiger Belastungen und der Antizipation zukünftiger Risiken für den Konsum freier Bürger.

Mit den vier Grundkonzepten des Verbraucherschutzes sind die Anwendungsfelder der regulativen Politik im Konsumentenschutz aber nur ungenügend erfasst. Egner (1978) klassifiziert bereits zu einem frühen Zeitpunkt fünf Zielorientierungen des politischen Verbraucherschutzes. Verbraucherschutzpolitische Maßnahmen können betreffen:

- *Maßnahmen des Gesundheitsschutzes* – dies beinhaltet den Schutz des Konsumenten vor gesundheitlichem Schaden durch Lieferung mangelhafter, schädlicher Güter und umfasst Regelungen wie ein Lebensmittelgesetz und Vorschriften über Verwendung/ Nichtverwendung bestimmter Materialien bei der Herstellung von Konsumgütern;

- *Maßnahmen gegen die Übervorteilung des Konsumenten* – damit ist der allgemeine Rechtsschutz bei Kauf von Waren angesprochen und wird beispielsweise als Schutz vor irreführender Werbung oder falscher Preisauszeichnung, vor schlechter Warenqualität und falscher Füllmenge oder vor unlauterer Preisbildung durch Preisabsprachen wirksam;
- *Maßnahmen der Verbraucheraufklärung und Verbrauchererziehung* – hierdurch soll der Verbraucher einen besseren Überblick über das Marktangebot und die Produktqualität der angebotenen Güter erhalten; öffentliche Stellen erstellen dazu Marktberichte für Konsumgüter und Preistabellen und unterhalten Verbraucherberatungsbüros, um den Verbraucher zu preis- und qualitätsbewußtem Konsum anzuhalten;
- *Maßnahmen zur Qualitätskontrolle von Konsumgütern* – dies betrifft zum einen die staatliche Einrichtung und Förderung von Testzentren, Forschungsinstituten, Materialprüfungslabors etc. und zum anderen das Erlassen von Vorschriften für die Etikettierung von Waren (Haltbarkeitsgrenzen, Inhalt von Packungen, Zusammensetzung von Waren) und die Qualitätskennzeichnung nach staatlich normierten Kriterien (Gütezeichen);
- *Maßnahmen zur Produktionsausrichtung auf die Konsumentenbelange* – hiermit können u.a. Maßnahmen zur Typen- und Marktbereinigung durch Einschränkung der Fabrikatstypen und zur Standardisierung der Produktion durch Vereinheitlichung der Werkstoffe und Einzelteile, Bemühungen um die billige Herstellung von Standardwaren (durch Subventionen) und Mitbestimmungsaktivitäten von Verbraucherinteressen bei wirtschaftspolitischen Entscheidungen, die sich auf Produzentenverhalten auswirken, gemeint sein.

Verbraucherschutz kann demnach in einer großen Variationsbreite mit unterschiedlichen Instrumenten praktiziert werden. Politische Maßnahmen reichen von Verbraucheraufklärung – der Verbesserung der Informationslage – über den gesetzlichen Schutz vor Schädigungen, Produktfehlern und Qualitätsmängeln bis zur staatlichen Beaufsichtigung und Kontrolle von Unternehmen und einzelnen Wirtschaftssektoren und sogar bis zur Installierung neuer Mitbestimmungsmodelle in Unternehmen. Hinzugefügt werden sollte, dass die Rolle des Staates aber nicht nur als Unterstützer des Verbrauchers in der Marktwirtschaft thematisiert werden kann. Der Staat tritt ebenso als Produzent von Leistungen und Gütern auf und unterhält zu seinen Bürgern zahlreiche Klientenbeziehungen, die selbst zum Gegenstand von Qualitätsüberprüfungen und Transparenzforderungen gemacht werden können. Insofern betrifft Verbraucherschutz auch zunehmend die Überprüfung der Qualität und Angemessenheit von Hilfe- und Unterstützungszahlungen, Sauberkeits- und Schutzmaßnahmen, Infrastrukturdienstleistungen und Pensionszahlungen sowie Steuerberechnungen und öffentlichen Bildungsangeboten. Die einseitige Orientierung einer zukunftsfähigen Verbraucherpolitik an den Bedingungen und Problemen der Güterversorgung und Preisbildung und an dem Interessengegensatz zwischen Produzenten/Unternehmen und Verbrauchern erscheint deshalb nicht ausreichend. Der Bedeutungswandel von Verbraucherschutz und die unterschiedlichen Interventionsfelder der politischen Steuerung lassen sich aber in der historischen Betrachtung von Programmphasen und Regimes durchaus schon dokumentieren.

3.1 Verbraucherschutz als regulative Politik

Verbraucherschutz als Gegenstand von regulativer Politik hat eine lange Tradition, allerdings waren anfangs staatliche Eingriffe zum Wohle des Verbrauchers primär durch wettbewerbspolitische Erwägungen und berufsständische Interessen motiviert. So stehen in Deutschland die ersten verbraucherpolitischen Maßnahmen in der Kaiserzeit (Verbot bzw. Regulierung von Haustürgeschäften, erste lebensmittelrechtliche Verfügungen) in einem engen Zusammenhang mit dem Interesse von etablierten, ortsgebundenen Warenhändlern keine Konkurrenz durch den „fahrenden" Handel aufkommen zu lassen und das Angebot und die Verarbeitung von Gütern nur auf bestimmte Berufsgruppen zu beschränken (Geyer 2001). In den USA erfolgt die Etablierung der Regulierungsbehörde für Arzneimittel- und Lebensmittelsicherheit – die *Food and Drug Administration* (FDA) – in einer Phase der forcierten staatlichen Intervention in die Wirtschaft zur Zeit des New Deal, in der die sozialen Friktionen – ausgelöst durch die Weltwirtschaftskrise der 20er Jahre – abgebaut und Absprachen und Machtzusammenballungen unter Konzernen verhindert sowie die Lebensmittelversorgung in der Bevölkerung verbessert werden sollen (Eisner 1993; Harris/Milkis 1989). Insgesamt wird in der frühen Phase der politischen Regulierung Verbraucherschutz als abgeleitetes Problem der Wirtschaftsregulierung gedeutet, ein solches Verständnis lässt sich auch beispielsweise in Deutschland nach dem zweiten Weltkrieg in der Adenauer-Zeit und speziell in Ludwig Erhards Konzeption der sozialen Marktwirtschaft dokumentieren (Janning 2004a). Verbraucherschutz als Gegenstand einer eigenständigen Steuerungsbemühung wird eigentlich erst in der Reformphase der „neuen" sozialen Regulierung, die in den westlichen Industriestaaten in den 60 und 70er Jahren zentrale Politikfelder erfasste, relevant. Hier steht ein neues Interesse am Verbraucherschutz in enger Verbindung mit dem Bestreben, durch eine reformorientierte Politik des sozialen Ausgleiches und der Chancengleichheit nicht nur den Zugang zu Bildung und höheren Einkommen auf einkommensschwächere Gesellschaftsschichten auszudehnen, sondern auch eine Anhebung des Konsumniveaus und eine Verbesserung der Qualitätsstandards für Massengüter zu erzielen. Die Programme der neuen sozialen Regulierung führten zu umfangreichen Reformmaßnahmen in der Sozial-, Bildungs-, Gesundheits-, Umwelt-, Arbeitsmarkt- und Verbraucherschutzpolitik.

Die Ära der sozialen Regulierung veränderte maßgeblich das soziale Gefüge der westlichen Industriegesellschaften. Aber nicht alle Reformprogramme waren bei der Behebung sozialer Strukturdefekte in den entwickelten Industriestaaten erfolgreich (Lave 1981). Darüber hinaus wurden durch die staatlichen Unterstützungs-, Regulierungs- und Kontrollaktivitäten teure und ineffektive Bürokratien aufgebaut. Insofern kann es nicht überraschen, dass in einer neuen politischen Reformphase Fragen der regulativen Effizienz und die Gesamthöhe der Staatsausgaben problematisiert wurden (Breyer 1982; Derthick/Quirk 1985). Umstrukturierungsprogramme von bürgerlichen bzw. neokonservativen Regierungen griffen die Folgeprobleme sozialer Regulierung auf und formulierten radikale Ansätze zur Deregulierung der Wirtschaftsbeziehungen. Außerdem erfolgte eine kontrollierte Privatisierung der staatlichen Monopole im Infrastruktur- und Public Utilities-Bereich, wodurch eine stärkere Konkurrenz zwischen Anbietern (Oligopolen) beispielsweise in der Energieversorgung, im Nahverkehr und im Telekommunikationsbereich unter staatlicher Aufsicht etabliert werden sollte (König/Benz 1997).

Im zurückliegenden Jahrzehnt hat die Risikoregulierung zunehmend an Bedeutung gewonnen. Risikoregulierung versucht nicht nur die Gefahren, die sowohl von technologischen Innovationen und Externalitäten der Waren- und Güterproduktion sowie der Energiegewinnung als auch vom individuellen Konsumverhalten der Bürger ausgehen (Dardis 1988), proaktiv zu bewältigen, bevor diese Gefahren und Probleme überhaupt eingetreten sind (Baldwin/Cave 1999: 138ff.; Breyer 1993; Tait/Levidow 1992). Darüber hinaus sollen auch die Risiken, die von den Gefahreneinschätzungen und Entscheidungen von Organisationseliten in der Wirtschaft, Wissenschaft und Politik zur Bewältigung von Gefahren für die Gesellschaft ausgehen, antizipiert werden und als zusätzliche Information in die Politikgestaltung eingehen (Krücken 1997a; Krücken 1997b; O'Riordan/Wynne 1993). Der Fokus der Risikoregulierung liegt bislang auf Umwelt- und Gesundheitsrisiken, lässt sich aber auf Risiken ausdehnen, die den allgemeinen Rechtsschutz des Bürgers betreffen (Recht auf Privatsphäre, Informationsfreiheit, Vertragsfreiheit, Widerruf mit Rechtsmitteln etc.) und ist in besonderem Maße für die Regelungsbereiche des Verbraucherschutzes relevant.

Aus der historischen Betrachtung der politischen Reformphasen und der im Kontext von umfassenderen Regulierungsprogrammen formulierten Verbraucherschutzpolitik ergeben sich drei dominante Verständnisse. Regulierungskonzepte des Verbraucherschutzes setzen an der Stärkung und Vertretung von Verbraucherrechten in Auseinandersetzung mit den strukturellen Machtasymmetrien der kapitalistischen Marktwirtschaft an (*soziale Regulierung*), kritisieren die Bevormundung der Verbraucher durch Aufklärungskampagnen und Zensurmaßnahmen und ihre Einschränkung von Wahlfreiheit durch staatlich geförderte Marktmonopole (*ökonomische Regulierung*) oder thematisieren die unabsehbaren Folgen der industriellen Massenproduktion von Gütern und Lebensmitteln und die bewusste Inkaufnahme von Gesundheitsschädigungen durch die gewinnmaximierende Manipulation von Herstellungstechniken, Produktinformationen und elementaren Güterbestandteilen (*Risikoregulierung*). Die drei Regulierungstypen der Verbraucherschutzpolitik lassen sich anhand der benutzten Interventionsinstrumente und der installierten Regulierungsregime weiter charakterisieren. Hiefür wird auf politische Entscheidungen und Programmvorschläge in der deutschen Verbraucherschutzpolitik der letzten dreißig Jahre illustrativ und sicherlich ein wenig schematisch zurückgegriffen.

3.2 Maßnahmen und Zielorientierungen der Verbraucherschutzpolitik

Aus der Perspektive der sozialen Regulierung dient die Verbraucherschutzpolitik vor allem der Stärkung der Rechtsposition des Verbrauchers gegenüber dominanten Marktkräften und deren politischen Interessengruppen. Eine solche Verknüpfung der Ausdehnung von Schutzrechten und der Stärkung der Interessenorganisationen der Verbraucher wird explizit von der sozialliberalen Reformkoalition in Deutschland in den frühen 70er Jahren betrieben. Die beiden von der Bundesregierung 1971 und 1975 vorgelegten Berichte zur Verbraucherpolitik geben beredten Ausdruck von den anvisierten bzw. beschlossenen Gesetzesinitiativen im Verbraucherschutz. Insbesondere der zweite Bericht kann auf wichtige Verbesserungen durch Regulierungen hinweisen (Bundesregierung 1975: 12ff.). Dies betrifft u.a. die Kartellgesetznovelle vom August 1973, in der die Vorschriften für die Zusammenschlüsse zwischen Großunternehmen verschärft werden; die Änderung des Abzahlungsgesetzes vom Mai 1974, die den Verbrauchern ein einwöchiges Widerrufsrecht bei solchen Geschäften einräumt; den Regierungsentwurf vom Mai 1975 zur Verbesserung der Stellung des Verbrauchers in den AGB-Richtlinien und zum Verbot von verbraucherschädigenden Zusatzklauseln; das Gesetz zur Gesamtreform des Lebensmittelrechts vom August 1974, in dem besonders der Schutz vor Gesundheitsschäden durch Zusatzstoffe zu Lebensmittel und durch Rückstände von Pflanzenschutzmitteln verbessert werden soll; die fleischbeschaurechtlichen Vorschriften vom April 1974, die einen bestimmten Prozentsatz der geschlachteten Tiere zur Prüfung auf Hormonrückstände o.Ä. vorsehen; schließlich das Futtermittelgesetz vom Juli 1975, nach dem zur Fütterung vorgesehene tierische Erzeugnisse den lebensmittelrechtlichen Anforderungen gerecht werden müssen und schädliche Zusatzstoffe verboten sind bzw. Höchstwerte für Schadstoffbelastungen nicht überschreiten dürfen.

In dem Verbraucherbericht von 1975 werden auch explizit die Ziele einer ‚sozialliberalen' Verbraucherpolitik formuliert: „Die Bundesregierung strebt folgende verbraucherpolitische Ziele an:
- Stärkung der Stellung des Verbrauchers am Markt durch Erhaltung und Förderung eines wirksamen Wettbewerbs in allen Wirtschaftsbereichen,
- Information und Beratung des Verbrauchers über grundlegende wirtschaftliche Zusammenhänge, über aktuelles Marktgeschehen, über richtiges Marktverhalten und über rationale Haushaltsführung,
- Verbesserung der Rechtsposition der Verbraucher und Schutz des Verbrauchers vor Irreführung, unlauteren Verkaufspraktiken und den Verbraucher unbillig benachteiligenden Vertragsbedingungen,
- Sicherung eines nach Quantität und Qualität optimalen Nahrungsmittelangebots zu angemessenen Preisen,
- Umfassender Schutz des Verbrauchers vor gesundheitlichen Gefahren und umweltfreundlichere Gestaltung von Produktion und Produkten,
- Bestmögliche Versorgung der Verbraucher mit öffentlichen Leistungen,
- Sicherung des Angebots an wirtschaftlichen Wohnungen unter Berücksichtigung optimaler städtebaulicher Bedingungen,
- Stärkung und Straffung der verbraucherpolitischen Interessenvertretung und Wahrung der Verbraucherinteressen bei der Güterkennzeichnung und Normung" (Bundesregierung 1975: 11).

Die initiierten Maßnahmen und die wiedergegebenen Zielformulierungen der sozialliberalen Koalition informieren über die ganze Palette der Schutzmaßnahmen und Interventionen im Namen der sozialen Regulierung im Verbraucherschutz. Neben wettbewerbspolitischen Leitsätzen und dem Bekenntnis zur umfassenden Verbraucherinformation werden auch die genuinen Rechte des Verbrauchers als schützenswert anerkannt. Darüber hinaus finden sich schon in den sozialen Regulierungsprogrammen Rekurse auf die Umweltverträglichkeit und Gesundheitsschädlichkeit von Gütern und

Waren, auf die Überprüfung öffentlicher Dienstleistungen und auf die Verbesserung der Verbraucherorganisation und politischen Interessenvertretung. Selbst in der sozialdemokratischen Reformphase wird die staatliche ‚Fremdorganisation' der Verbraucherinteressen allerdings nicht aufgebrochen (Biervert/Monse/Rock 1984: 158ff.; Kemper 1994: 73ff.). Der Staat dehnt seine Verantwortung für die Einrichtung und Finanzierung von regionalen Verbraucherzentralen, die wiederum lokal eine bedarfsgerechte Verbraucherberatung garantieren sollen, noch aus. Die Verbraucherzentralen wiederum gehören samt der anderen Verbandsvertreter dem Zentralverband der *Arbeitsgemeinschaft der Verbraucherverbände* (AgV, heute als *Verbraucherzentrale Bundesverband* (VZBV) reorganisiert) an, der seine Arbeit – die Vertretung von Verbraucherinteressen, die Koordination der Verbraucherzentralen und die Aufsicht der für eine unabhängige Konsumentenforschung und Warentests eingerichteten wissenschaftlichen Institute und Stiftungen – aus staatlichen Unterstützungsleistungen finanziert und dem Vertreter anderer Verbände (z.B. Gewerkschaften, Kirchen, Frauenverbände), aber keine interessierten Bürger als Mitglieder angehören können. Die verbraucherpolitischen Maßnahmen im Rahmen der sozialen Regulierung zielen aber auch auf eine Verstärkung der institutionellen Mitsprache der Verbraucherverbände ab. Zwar bleiben die Kompetenzen für Verbraucherpolitik immer noch auf mehrere Ministerien verteilt, jedoch wird besonders dem Wirtschaftsministerium eine besondere Verantwortung für den Verbraucherschutz zugewiesen. Dem Referat für Verbraucherfragen im Wirtschaftsministerium wird 1972 ein Verbraucherbeirat zur Vertretung der Verbraucherinteressen beigestellt. Der Verbraucherbeirat soll nicht nur in der Wirtschaftspolitik, sondern allgemein in allen verbraucherpolitisch relevanten Fragen der Regierungspolitik die Position des Verbrauchers darlegen und vertreten und setzt sich hierfür aus Verbrauchervertretern, Gewerkschaftsfunktionären und mit Verbraucherfragen befassten Wissenschaftlern zusammen (Bundesregierung 1975: 25; Wieken 1975: 147).

Die Institutionalisierungsstrategie der sozialen Regulierung im Verbraucherschutz kommt somit auf beiden Ebenen zum tragen; zum einen werden die Markttransaktionen aus der Perspektive des Verbrauchers restrukturiert, Entscheidungsspielräume und Widerrufsmöglichkeiten des Konsumenten rechtlich fixiert und Informationspflichten und Angebotsformen des Verkaufs festgelegt, zum anderen werden dem Verbraucher bzw. seinen Interessenvertretungen Klagemöglichkeiten und sonstige Mitwirkungsrechte eingeräumt, falls es regelmäßig zu Verstößen gegen die Schutzbestimmungen kommt. Insofern verbessert die soziale Regulierung die Rechtsposition des Verbrauchers als Subjekt von Kaufentscheidungen und als Objekt von Werbungsstrategien durch Produzenten.

Die Regulierungsstrategien der ökonomischen Regulierung lassen sich nur teilweise als eine direkte Reaktion auf die Verrechtlichungspraxis der sozialen Regulierung auffassen. Zwar sollen generell die Markttransaktionen flexibilisiert und vereinfacht werden, aus der Verbraucherperspektive erscheint die ökonomische Regulierung aber primär als Strategie, dem Verbraucher neue Wahlmöglichkeiten für Angebote und Dienstleistungen zu erschließen, für die bislang künstlich ein Angebots- und Preismonopol aufrechterhalten wurde oder für die – bei den so genannten Gemeingütern – die Nichtrivalität (allen Verbrauchern steht das Gut zur Verfügung und sie beeinträchtigen nicht gegenseitig ihre Verbrauchsmöglichkeiten) des Konsums gegeben ist (Scheele 1993). Der Staat wird hier nicht für die Aufrechterhaltung und Durchsetzung von Schutzrechten in Anspruch genommen, sondern er soll nur die Verstärkung von Wettbewerb bzw. die Diversifikation von Angeboten in bislang monopolartig organisierten Wirtschaftszweigen garantieren oder den Ausschluss von bzw. den Zugang zu Infrastrukturleistungen für Verbraucher neu regeln. In der entsprechenden Regulierungsphase der Verbraucherschutzpolitik in Deutschland – während der konservativ-liberalen Wirtschaftpolitik der Kohl-Ära – wurde Verbraucherschutz als Regulierungsgegenstand auf die Grundprinzipien der sozialen Marktwirtschaft zurückgeführt. Im Einklang mit einer strikten Marktorientierung und einer vehement verfochtenen Entstaatlichungsideologie stagnierten die Regulierungsvorhaben in der Verbraucherschutzpolitik (Janning 2004a; Zohlnhöfer 2001). Anstatt der dringend erforderlichen Normierung und Organisation von öffentlichen Dienstleistungen unter Einbeziehung der Nutzerperspektive erfolgte in den Sektoren des Post- und Bahnverkehrs und der Telekommunikation eine weitgehende, allerdings staatlich kontrollierte Privatisierung, die mit der Absenkung der Staatsquote und nur indirekt – durch den Hinweis auf ein nachfragegerechtes, differenziertes und flexibles Angebot – mit der Verbesserung oder Verbilligung von Dienstleistungen für die Verbraucher begründet wurde (Bauer 1996; Tofaute 1994). Eine insgesamt verbraucherfreundliche Stoßrichtung besaßen dagegen die Regelungen zur Liberalisierung der Ladenschlusszeiten, beginnend mit dem Gesetz zur Einführung des Dienstleistungsabend von 1988 (Zohlnhöfer 2001: 160ff.). Das federführend an der Gesetzesinitiative beteiligte Wirtschaftsministerium (FDP geführt) sah auch Verbraucherrechte durch die bisherigen rigiden Regelungen für die Ladenschlusszeiten tangiert, argumentiert wurde hierbei mit einer Einschränkung von Wahlmöglichkeiten des Verbrauchers, der erst durch eine Liberalisierung der Öffnungszeiten seine Konsumfreiheiten richtig ausnutzen kann. Der Verbraucher soll nicht primär in die Lage versetzt werden, ein Güterangebot nach preislichen und qualitativen Gesichtspunkten zu beurteilen, sondern mit zusätzlichen Angeboten und Konsumgelegenheiten zu einem extensiven Kaufverhalten angeregt werden. Insofern ist die Verbraucherpolitik in der Kohl-Ära einseitig an einem Konzept der Konsumentensouveränität orientiert, das höchstens Zugangsbeschränkungen des Konsums thematisiert. Diese marktwirtschaftlich-liberale Konzeption legt den Schwerpunkt auf eine Abschaffung von Wettbewerbsbeschränkungen und eine Stärkung der Konsumfreiheiten, dabei werden Machtasymmetrien in der Wettbewerbslandschaft und Informationsdefizite bei Verbrauchern durchaus geduldet, sind sie doch Antrieb für Gewinnstreben und Vorteilsnahme und für den Einsatz der Werbung als Instrument der Verbraucherinformation (Mähling 1983: 336ff.; Mitropoulos 1997: 72ff.).

Risikoregulierung als Form einer reflexiven Politikgestaltung in der Verbraucherschutzpolitik versucht, Sicherheits- und Rechtsrisiken und natürlich auch den Gesundheitsrisiken beim Konsum von Lebensmitteln, Arzneimitteln etc. vorzubeugen und muss dafür mögliche Einfallstore für Missbräuche und Rechtsverletzungen aufspüren. Hierfür müssen die konventionellen Pfade einer sozialregulativen Politik, die bloß auf Verbot, Kontrolle und Sanktion setzt, verlassen werden. Der einfache regulative Verbraucherschutz kann auf die Gefahren von Gesundheitsschädigungen und Rechtsverletzungen bloß reagieren, notwendig ist aber eine politische Vorausschau auf mögliche Gefahren einer unregulierten Lebensmittel- und Warenproduktion, die beispielsweise neue Methoden der Biotechnologie bedenkenlos einsetzt oder die quasi-industrielle Tieraufzucht und Fleischverwertung forciert. Allerdings lassen sich auch auf anderen Feldern des Verbraucherschutzes neue Risikolagen aufweisen; sie betreffen beispielsweise den rechtlich wenig geschützten Umgang des Verbrauchers mit virtuellen Tauschbörsen und Warenmärkten (E-Commerce) (Dilger 2002; Reich/Nordhausen 2000; Schneider/Janning 2003). Die Auseinandersetzung mit Formen der Risikoregulierung im Verbraucherschutz wird jedoch besonders durch die BSE-Krise und das offensichtliche Politikversagen angesichts der für den Menschen gefährlichen Rinderseuche virulent.

In Deutschland werden zwar die ersten offiziell eingestandenen Fälle von BSE in Großbritannien sehr ernst genommen, sodass die deutsche Regierung bereits im Jahre 1989 ein teilweises Einfuhrverbot für britisches Rindfleisch beschließt. Nichtsdestotrotz wird von den deutschen Bundesregierungen der 90er Jahre einvernehmlich die BSE-Gefahr im Inland stark heruntergespielt. Erst als Ende 2000 die ersten BSE-Fälle gemeldet werden und nicht mehr importierten Rindern aus Großbritannien und der Schweiz zugeordnet werden können, setzt sich die Meinung durch, dass BSE zum Problem der Rindfleischproduktion und -verarbeitung in Deutschland geworden ist (Dohn/Schmiedendorf 2001: 79ff.). Im Zuge eines gewachsenen Problembewusstseins in der politischen Öffentlichkeit werden für den Bereich der industriellen Tierhaltung und Fleischproduktion und für die Lebensmittelsicherheit Gesetze erlassen, die die Richtlinien der EU-Kommission zum Kampf gegen BSE nach 1996 voll umsetzen. Darüber hinaus wird am Anfang des Jahres 2001 mit der Schaffung des Bundesministeriums für Verbraucherschutz, Ernährung und Landwirtschaft (BMVEL) die Bündelung von Kompetenzen für Verbraucherschutz vorgenommen. Dafür werden Zuständigkeiten aus dem Gesundheits- und Wirtschaftsministerium in das neu geschaffene Ministerium hineinverlagert und das bislang autonome Landwirtschaftsministerium in die neue administrative Einheit integriert (Janning 2004a). Zu den Hauptaufgaben des BMVEL gehört es von Anfang an, wirkungsvolle Maßnahmen gegen die BSE-Krise in Bund und Ländern zu ergreifen. Mit dem BSE-Maßnahmengesetz vom Februar 2001 zur besseren Umsetzung der von der EU-Kommission beschlossenen Maßnahmen und mit weiteren Veränderungen von bestehenden tierhygienischen und futtermittelbezogenen Gesetzen wird ein direktes Krisenmanagement angesichts der BSE-Krise erzielt (BMVEL 2002a; Freytag 2002). Über ein bloßes Krisenmanagement hinausgehend, sollen allerdings insbesondere im Problembereich der Lebensmittelregulierung neue Kompetenzen durch ein von der Exekutive unabhängiges Bundesamt für Verbraucherschutz und Lebensmittelsicherheit gebündelt und generiert werden (Künast 2002). Darüber hinaus soll die Arbeit dieses Bundesamtes durch ein neu eingerichtetes Bundesinstitut für Risikobewertung Unterstützung finden; allerdings bleibt die wissenschaftliche Beratungsfunktion dieses Instituts auf Probleme der Ernährungsprävention und die Lebensmittelsicherheit beschränkt (BMVEL 2002b). Die institutionellen Vorkehrungen der rot-grünen Bundesregierung werden in jüngster Zeit durch umfassende Programmformulierungen ergänzt, die auf die Anwendung des Vorsorgeprinzips nicht nur beim Gesundheitsschutz, sondern auch beim Schutz der wirtschaftlichen Verbraucherinteressen drängen (BMVEL 2003). Damit wird eine programmatische Neuorientierung im Verbraucherschutz aufgenommen, die maßgeblich von der EU-Ebene ausging. Die

EU-Kommission zog Konsequenzen aus dem Versagen von Frühwarnsystemen und aus der mangelhaften Fähigkeit zur langfristigen Gefahreneinschätzung und zum Risikomanagement während der BSE-Krise und strebt für Politikfelder der Risikoregulierung an, das Vorsorgeprinzip (*precaucionary principle*) als grundsätzliches Regulierungsprinzip durchzusetzen (Schröter 2002; Vogel 2003; Vos 2000). Im Februar 2000 hat die EU-Kommission eine eigene Programmschrift (*Communication from the Commission on the Precautionary Principle*) vorgelegt, die sich dezidiert mit dem Vorsorgeprinzip auseinandersetzt und es als Leitprinzip für regulative Politikgestaltung in der Umweltpolitik und Gesundheitspolitik, aber insbesondere auch in der Verbraucherschutzpolitik anempfiehlt (European Commission 2000). Das Vorsorgeprinzip wird hier als Grundlage für ein angemessenes Risikomanagement etabliert und soll insbesondere in den Fällen angewandt werden und eine vorsorgende Regulierung sicherstellen, in denen wissenschaftliche Gutachten die Bestimmung von Risiken nicht mit ausreichender Sicherheit ermöglichen.

3.3 Regime in der Verbraucherschutzpolitik

Staatliche Maßnahmen und Regulierungsprogramme dürfen aber nicht isoliert von den Akteurs- und Interessenkonstellationen betrachtet werden, die entweder eine solche Regulierung nachfragen und ermöglichen oder aber in der Folge der Durchsetzung von Regulierungsprogrammen langfristig eine neue Struktur erhalten. Insofern ist eine Auseinandersetzung mit regulativen Regimes, die in den unterschiedlichen Programmphasen der Verbraucherschutzpolitik entstanden sind, unabdingbar. Dem Regimekonzept kommt mittlerweile bei der Analyse des Zusammenspiels zwischen staatlichen Maßnahmen und den Verhandlungssystemen bzw. Informationsnetzwerken von Interessengruppen und Betroffeneninitiativen eine Schlüsselfunktion zu (Janning 2004b). Regulative Regime werden nicht nur seit längerer Zeit im Rahmen von internationalen sektoralen Verflechtungen und Kooperationen in der Sicherheits-, Wirtschafts- und Umweltpolitik konzediert und analysiert (Hasenclever/Mayer/Rittberger 1997; Kohler-Koch 1989; Wolf/Zürn 1986), auch für die Analyse von innerstaatlichen Politikfeldern der regulativen Politik mit ganz unterschiedlichen Schutzvorhaben und Regulierungskonzepten hat sich der gemeinsame Regimefokus etablieren können.[2] Denn bei allen Unterschieden in der kontextspezifischen Verwendung lassen sich wichtige gemeinsame Grundannahmen herausstellen: Regulative Regime bilden sich im Rahmen der politischen Bewältigung von neuen Regulierungstatbeständen oder Regulierungsproblemen

---

2 Mit dem gestiegenen Interesse an regulativen Regimes in der nationalen Politikgestaltung zeichnet sich ein Theorie-Reimport ab. Schließlich wurde die Anwendung des Regimekonzeptes auf Fragestellungen der internationalen Politik mit dem Einfluss der Policy-Forschung und der Analyse von internationalen Interdependenzen in Politikfeldern (*issue areas*) in Verbindung gebracht (Wolf/Zürn 1986: 206). Der aktuelle „Re-Entry" des Regimeansatzes in die Policy-Forschung über regulative Politik hängt sicherlich mit dem Tatbestand zusammen, dass auch avancierte Ansätze in der Politiknetzwerkforschung und Konzept-Ideen wie Verhandlungssysteme und Advocacy-Koalitionen nur bedingt die Eigenschaften und Wirkungsweisen von regelsetzenden, stabilen Akteurkonstellationen in Politikfeldern erfassen können (Janning 2004b; Schneider/Janning/Bähr 2004).

heraus und konstituieren sich im Zusammenhang mit darauf bezogenen staatlichen Regulierungsprogrammen, die eine gewisse Dauer und Kontinuität für sich beanspruchen können (Eisner 1993: 2ff.; Francis 1993: 43ff.; Harris/Milkis 1989: 25ff.; Müller/ Sturm 1998). Sie werden als neue Konfigurationen bestehend aus politischen Programmen und Maßnahmen (*policies*), staatlichen bzw. administrativen Institutionen und spezifischen Akteurs- und Interessenkonstellationen beschrieben, die eine gewisse Stabilität besitzen und denen es gelingt, in einem Themenfeld der regulativen Politikgestaltung die Bestimmungsmacht für die Formulierung und Durchsetzung von *policies* zu okkupieren.

In der Sozialpolitik als typischem Politikfeld der sozialen Regulierung werden intensiv die Eigenschaften von so genannten *welfare regimes* diskutiert (Esping-Anderson 1991; Goodin et al. 1999; Lessenich/Ostner 1998). Hierbei handelt es sich um kohärente Policy-Idealtypen, die sich aus dem Zusammenspiel von staatlichen Wohlfahrtsprogrammen, den darin zugestandenen sozialen Rechten und den Auswirkungen von Arbeitslosen- und Sozialhilfe auf die nationalen Arbeitsmärkte herleiten. Ausgehend von der Relevanz und Stärke von Dekommodifizierungseffekten durch Sozialpolitik lassen sich liberale, konservativ-korporatistische und sozialdemokratische Wohlfahrtsregime unterscheiden.

In relevanten Fallstudien über den Erfolg von Deregulierungsversuchen und über die wirtschaftspolitischen Reformschritte im Rahmen der *new economic regulation* werden *regulatory regimes* mit dem Machtanteil von staatlichen Institutionen und der dominanten politischen Delegations- oder Kontrollstrategie zur Überwachung der (teil-) privatisierten Sektoren identifiziert (Böllhoff 2002; Eberlein/Grande 2000; Levi-Faur 2000; Müller/Sturm 1998; Thatcher 1998). Beispielsweise besteht die interne Struktur der regulativen Regime für die Marktregulierung im Public Utilities-Sektor aus drei Typen von staatlichen Institutionen – einem Ministerium, einer Wettbewerbskontrollinstanz (z.B. das deutsche Bundeskartellamt) und einer sektorspezifischen Regulierungsbehörde (Böllhoff 2002). Regulative Regime unterscheiden sich dann hinsichtlich der Zusammenarbeit oder der Konkurrenz zwischen den staatlichen Akteuren und hinsichtlich der ausgeübten Dominanz eines Staatsakteurs in Regulierungsfragen.

Regime zur Risikoregulierung (*risk regulation regimes*) besitzen demgegenüber eine viel weniger festgelegte und deutlich pluralere Struktur (Hood/Rothstein/Baldwin 2001; Hood et al. 1999). Da sie sich durch eine angemessene Risikowahrnehmung und ein effektives Risikomanagement unter Einbeziehung aller relevanten Wissensreservoirs und Betroffenenperspektiven auszeichnen sollen, lässt sich die Akteurkonstellation nicht auf staatliche Akteure verengen. Im Vergleich zu den polyarchischen Repräsentationsformen der Wohlfahrtsregime und den staatsdominierten Verhandlungssystemen der *regulatory regimes* erscheinen die Regime der Risikoregulierung eher als offene, heterogen strukturierte *issue networks;* dies sind durch (wissenschaftliches) Spezialwissen programmierte Politiknetzwerke, in denen sich der Einfluss eines *stakeholders* an dem Nachweis von problembezogener und programmrelevanter Kompetenz bemisst (Heclo 1978; Janning 1998: 263ff.). Die Hauptmerkmale der einzelnen Regimetypen lassen sich in Anlehnung an ein weitaus komplexeres Schema von Eisner (1993: 8f.) in einem Schaubild zusammenfassend gegenüberstellen:

Tabelle 1: Regimetypen

	Welfare regime	Regulatory regime	Risk regulation regime
Ziele	Kompensation von Ungleichheiten, Stärkung von (sozialen) Rechten	Kontrollierte Veränderung oder Abschaffung von Staatsmonopolen	Antizipation und Bewältigung von Gefahren, Risikomanagement
Funktion	Integration und Kontrolle von Reformbewegungen	Integration und Kontrolle von Marktkräften	Integration und Kontrolle von Informationsnetzwerken
Regulierungsprinzip	Exekutive oder regulative Sozialpolitik	Privatisierung, Deregulierung (marktkonforme Infrastrukturpolitik)	Vorsorge (vorsorgende Verbraucherschutz- oder Umweltpolitik)
Regulierungsmaßnahmen	Verbot, Sanktion, Formalisierung von Ansprüchen und Rechten, Verhaltensauflagen	Verteilung von Besitzansprüchen, Wettbewerbsaufsicht, Preis- und Qualitätskontrollen	Akkumulation und Bewertung von Wissen, Risikoabschätzung, Folgenabschätzung
Interessenintegration	Inklusiv: Polyarchie	Selektiv: Verhandlungssystem	Deliberativ: Issue network

Die im ersten Teil diskutierten Verbraucherschutzkonzepte sowie der Rekurs auf Phasen der deutschen Verbraucherschutzpolitik im vorherigen Abschnitt beinhalten Informationen über typische Verbraucherschutzregime. Die Typenbildung wird dabei durch den *Formalisierungsgrad* und die Ausprägung von *Regulierungsstandards* angeleitet. Mit dem *Formalisierungsgrad* sind drei Kennzeichen der Institutionalisierung von Verbraucherschutzpolitik angesprochen: Eine stark formalisierte Verbraucherschutzpolitik liegt vor, wenn *erstens* die Verbraucherrechte und einzelne Verbraucherschutzprinzipien rechtlich kodifiziert sind, *zweitens* staatliche Exekutivorgane oder Regulierungsbehörden spezifische Verantwortung für Verbraucherschutzfragen übernehmen und *drittens* der Staat die Organisation von Verbraucherinteressen und die Durchsetzung von Verbraucherschutz durch finanzielle und logistische Maßnahmen und durch Einbindung in politische Entscheidungsgremien unterstützt. Hohe *Regulierungsstandards* bei einzelnen Schutzbestimmungen oder für einzelne Problembereiche thematisieren die Art und Betroffenheit von Verbraucherrechten und legen ihre Schutzbedürftigkeit bei konkreten Anlässen und Bedrohungen fest.

Ausgehend von der detaillierten Beschreibung der Verbraucherschutzpolitik einzelner europäischer Staaten bis in die frühen 90er Jahre hinein bei Mitropoulos (1997) können einzelne nationale Verbraucherschutzregime klassifiziert und miteinander verglichen werden (Schneider/Janning 2003): *Deutschland* und *Dänemark* repräsentieren die Verbraucherschutzpolitik mit hoher Staatsaktivität, stark ausdifferenzierten Rechtsvorschriften und staatlichen Organisationsbemühungen bei der Stabilisierung von Verbraucherschutzinteressen. Gegenüber der *regulativen Verbraucherschutzpolitik* in *Dänemark* weist *Deutschland* eine noch deutlichere Staatsfixiertheit auf, die sich beispielsweise in der staatlichen Fremdorganisation der Verbraucherverbände dokumentiert und die den Begriff der *exekutiven Verbraucherschutzpolitik* angemessen erscheinen lässt. *Großbritannien* verfügt ebenfalls über eine lange Tradition von kodifizierten Verbraucherrechten. In der britischen Verbraucherschutzpolitik dominiert aber die Einschätzung, dass die Vertretung von Verbraucherinteressen der freien Artikulation der wirtschaftlichen Marktkräfte nicht schaden darf. Insofern zeichnet sich die britische Verbraucherschutzpolitik durch einen *marktkonformen Regulierungsansatz* aus. In den *Niederlanden* trifft man auf das interessante Phänomen, dass in der politischen Debatte relativ hohe Standards für den Verbraucherschutz festgelegt werden, diese Standards kommen allerdings durch Absprachen zwischen den Interessenverbänden von Wirtschaftsinteressen und Konsumentengruppen in Kooperation mit staatlichen Stellen zustande und unterliegen keiner rechtlichen Fixierung bzw. Kodifizierung. Die niederländische Verbraucherschutzpolitik basiert auf einer *Praxis der Selbstregulierung* ohne detaillierte Festlegung von Schutzbestimmungen und Rechtsansprüchen. Mit *Spanien* kann auf ein EU-Mitgliedsland hingewiesen werden, das keine eigenständige bzw. vorhergehende Tradition in der regulativen Politikgestaltung für Verbraucherschutz aufweist und in diesem Politikfeld als *unterreguliert* gilt. Eine verbraucherschutzpolitische Gesetzestätigkeit ergibt sich primär durch die Umsetzung von EU-Richtlinien im Zuge der erhöhten Gesetzgebungsaktivitäten der EU in den 90er Jahren. Die nationalen Regulierungstypen können in einer Tabelle zusammengefasst werden:

Tabelle 2: Nationale Regulierungsregime in der Verbraucherschutzpolitik

	Niedriger Formalisierungsgrad	Hoher Formalisierungsgrad
Hohe Regulierungsstandards	Selbstregulative Verbraucherschutzpolitik (*Niederlande*)	Regulative bzw. exekutive Verbraucherschutzpolitik (*Dänemark, Deutschland*)
Niedrige Regulierungsstandards	Unterregulierte Verbraucherschutzpolitik (*Spanien*)	Marktkonforme Verbraucherschutzpolitik (*Großbritannien*)

Eine einfache Typologie nationaler Verbraucherschutzregime abstrahiert allerdings von Veränderungen in den internen Regimekonstellationen, wie sie oben anhand der deutschen Verbraucherschutzpolitik beschrieben wurden. Dabei können Veränderungen jeweils von der Neudefinition der Regulierungsziele, der Umgruppierung der Regulierungsakteure oder der Neubestimmung der Regulierungsmodi und -instrumente ausgehen (Müller/Sturm 1998: 521ff.). Nur in dem Fall, in dem die Veränderungen der Regimeelemente konsistent verbunden werden, kann möglicherweise eine Strukturveränderung hin zu einem Austausch der Regimeinhalte und Regelungsstrukturen erfolgen. Im deutschen Fall bleibt trotz aller Veränderungen in der programmatischen Ausrichtung der Verbraucherschutzpolitik eine starke Staatszentrierung – der Staat als ausführende und kontrollierende Instanz von Verbraucherschutz- und Wettbewerbspolitik – bestehen. Nichtsdestotrotz müssen die ausschlaggebenden Einflussfaktoren aus der Regimeumwelt – allgemeine wirtschaftliche oder technische Krisen bzw. Katastrophen, ein Regierungswechsel mit neuen Programminitiativen, Veränderungen in angrenzenden Politikfeldern – im Hinblick auf ihre Auswirkungen auf regulative Regime genauer untersucht werden (Hood/Rothstein/Baldwin 2001: 28ff.). Darüber hinaus muss innerhalb des Politikfeldes für Verbraucherschutzpolitik, das relativ heterogene Themengebiete und Interessenkonstellationen vom Gesundheitsschutz, der Lebensmittelkontrolle, dem Vertragsrecht bis zum elektronischen Geschäftsverkehr umfasst, erst einmal geklärt werden, ob sich überhaupt ein Regulierungsprinzip oder eine klar abgrenzbare Regimestruktur identifizieren lässt. Möglicherweise lassen sich in der Verbraucherschutzpolitik aus einer gesamtstaatlichen Perspektive multiple Regime und Akteurcluster aufweisen, die jeweils Sonderprobleme des Verbraucherschutzes auf spezifische Weise lösen. Die empirische Auseinandersetzung mit Regimestrukturen in der Verbraucherschutzpolitik steht allerdings erst am Anfang (Schneider/Janning 2003).

Eine konzeptuelle Weiterentwicklung des Regimeansatzes im Kontext der Verbraucherschutzpolitik muss den Gedanken ernst nehmen, dass regulative Regime als Steuerungsmechanismus (*governance structure*) für politische Regulierungsfragen zu konzeptualisieren sind und dass deshalb die Fähigkeit zur Politikformulierung als elementarer Bestandteil des Regimes selbst aufgefasst werden muss. Dies impliziert eine Organisation von Entscheidungsautorität im regulativen Regime. Diese Autorität muss allerdings zurück gebunden sein an die Legitimität und formale Herrschaftsstruktur des nationalen politischen Systems, weil sonst Programme und Entscheidungen der regulativen Regime über wenig Durchschlagskraft in der nationalen Politikgestaltung verfügen. Außerdem ergibt sich aus der Anforderung an Regime, implementierbare Policy-Vorschläge zu unterbreiten, zwangsläufig die Integration von policyrelevanten Interessengruppen und anderen *stakeholdern*. Als zweite wichtige Bedingung für die Herstellung von Entscheidungsfähigkeit des regulativen Regimes fungiert die Übernahme oder Generierung von policybezogenen Steuerungsvorhaben und -zielen, die sich zu einem kohärenten Regulierungsprinzip mit typischen Policy-Leitbildern und Regulierungsinstrumenten verdichten lassen. Die Durchsetzung von Regulierungsprinzipien garantiert den Regimes die Programmhoheit in der Politikformulierung für spezifische Themenfelder (*issue areas*). Dies setzt allerdings voraus, dass im Regime ein problemadäquates Sachverständnis Verbreitung findet und der Stand der Forschung für die Problemanalyse und -erklärung rezipiert wird. Dieses angemessene Verständnis von Policy-Problemen und Regulierungsfragen wird aber nicht nur durch interne Informations- und Diskussionsprozesse generiert, sondern es greift auf Erträge aus internationalen Debatten von Fachpolitikern und Wissenschaftlern über sinnvolle Regulierungsprogramme und alternative Optionen zurück. Ausgehend von den Überlegungen zur Generierung von Entscheidungsautorität in regulativen Regimes lassen sich allgemein fünf Hauptmerkmale für alle Typen von Regimes unterscheiden, deren Varianz differieren kann:
– Hohe bzw. niedrige *Autorität* der offiziellen politischen Entscheidungsträger und administrativen Einheiten,
– *Beziehungsstruktur* zwischen den policyrelevanten Akteuren mit zentralen oder peripheren Positionen je nach der Ressourcenstärke oder Issue-Relevanz,
– internes *Regulierungsprinzip* mitsamt hoher oder niedriger Kompatibilität mit anderen internen bzw. externen Regulierungsstilen,
– problemadäquates *Policy-Wissen* mit guter oder schlechter Informationslage über Problemursachen und Regulierungsfolgen,
– *Einbettung* des Regimes bzw. seiner zentralen Policy-Akteure in internationale Diskussionsnetzwerke zur Behandlung von Regulierungsfragen.
In der Folge der Bewältigung der BSE-Krise scheint sich die Verbraucherschutzpolitik besonders an den Regulierungsprinzipien der Risikoregulierung zu orientieren. Die teilweise durch EU-Richtlinien erzwungene Übernahme des Vorsorgeprinzips (*precautionary principle*) wird zumindest in den EU-Mitgliedsstaaten zu wichtigen Ausdifferenzierungen in den nationalen Verbraucherschutzregimes führen. Allerdings müssen zwei unterschiedlich starke Varianten des Vorsorgeprinzips unterschieden werden (Jordan/

O'Riordan 1999; Morris 2000). Die strenge Anwendung des Vorsorgeprinzips fordert, dass Zulassungs- oder Genehmigungsentscheidungen für potenziell gefährliche Stoffe oder Produkte nur dann gefällt werden können, wenn vollständige wissenschaftliche Belege für die Ungefährlichkeit dieser Bestandteile oder Güter vorliegen. Bei nicht ausreichender Informationslage wird eine Zulassung dieser Stoffe oder Produkte verweigert. Die schwächere Auslegung des Vorsorgeprinzips sieht vor, dass die Unvollständigkeit der Beweislage für die Gefährlichkeit bzw. Ungefährlichkeit von Stoffen oder Produkten nicht genügend Rechtfertigung für ein Verbot oder das Unterlassen einer Zulassungsentscheidung selbst dann nicht bereithält, wenn eine Gefahr für Gesundheit oder Umwelt nicht letztgültig ausgeschlossen werden kann. Verbote oder Einschränkungen bei der Zulassung können aber bei einer Verbesserung der Informations- und Beweislage durchaus noch erteilt werden.

Die Übernahme oder Anwendung des starken bzw. schwachen Vorsorgeprinzips wirkt sich konstitutiv auf die Regimestruktur aus. Das starke Vorsorgeprinzip konzentriert die Entscheidungsautorität auf die politischen Regulierer und weist ihrem Urteil über die Beweislage eine große Bedeutung zu. Die politischen Entscheider sind allerdings in ihrem Urteil abhängig von dem Sachverstand der Experten, die den Stand der Forschung als Grundlage für die Policy-Entscheidungen vermitteln. Regime, die nach dem Regulierungsprinzip der starken Vorsorge organisiert sind, weisen somit eine zentralisierte, auf politische Regulierer konzentrierte Entscheidungsstruktur mit privilegiertem Zugang für Experten und Wissenschaftler auf. Ein Regime der Risikoregulierung, das vom Regulierungsprinzip der schwachen Vorsorge dominiert wird, weist demgegenüber eine viel pluralere und offenere interne Ordnung auf. Hier wird die letztgültige Entscheidung über die Gefährlichkeit von Stoffen und Produkten an weitere Prüfungen und Diskussionen abgegeben, die eine Vielzahl von potenziell entscheidungsrelevanten Interessenpositionen und Wissensperspektiven involviert.

Deutlich herausgestellt werden muss, dass sich der Status der regulativen Regime als intervenierende Variable einem Zusammenspiel zwischen regimestrukturierenden Regulierungsprinzipien und regimeinternen Ordnungsmustern verdankt. Hierbei ist die Übereinstimmung zwischen dem erzeugten oder übernommenen Regulierungsprinzip und der regimeinternen Akteurkonstellation von entscheidender Bedeutung. Bei einem Auseinanderklaffen sind Konflikte zwischen Gegnern und Befürwortern des Regulierungsprinzips vorprogrammiert und dem Regime droht die Blockade oder Verlangsamung von regulativen Entscheidungen, wodurch wiederum die privilegierte Position des regulativen Regimes im politischen Entscheidungsprozess insgesamt gefährdet wird. Da sich Regime der Risikoregulierung aufgrund der Veränderung von Regulierungsprinzipien zwar neu konstituieren, dabei aber in bestimmten *issue areas* etablierte Policy-Interaktionen und Interessenkoalitionen ablösen oder zumindest neu ordnen, müssen auch alternative bzw. vorhergehende Regimekonfigurationen für die Analyse von regulativen Regimes in der Verbraucherschutzpolitik berücksichtigt werden. Ein Vergleich der Ordnungskonfigurationen kann sich an der folgenden Zusammenstellung von Idealtypen orientieren:

Tabelle 3: Strukturmerkmale regulativer Regime in der Verbraucherschutzpolitik

	Social regime (regulativ)	Social regime (exekutiv)	Regulatory regime (selbstregulativ)	Regulatory regime (ko-regulativ)	Risk regulation regime (schwach präventiv)	Risk regulation regime (stark präventiv)
Entscheidungsautorität	Staat + public interest groups	Staat	Unternehmen + Interessengruppen	Staat + Unternehmen + Interessengruppen	Staat + Experten + Interessengruppen	Staat + Experten
Netzwerkstruktur	Polyzentrisch (policy-abhängig)	Zentrum-Peripherie	Dezentral	Polyzentrisch (sektoral)	Fragmentiert	Integriert
Regulierungsprinzip	Verrechtlichung, Kompensation, Partizipation	Planung, Umverteilung, Verstaatlichung	Vereinbarungen, Selbstverpflichtungen	Verhandlungen, Deregulierung und Privatisierung unter staatlicher Aufsicht	Vorsorge durch Deliberation	Vorsorge durch informierte Entscheidung
Policy-Wissen	Reformwissen	Planungswissen	Interaktionswissen	Marktwissen	Risikowissen (kontingent)	Risikowissen (autoritativ)

4. Verbraucherschutzpolitik zwischen Staat, Markt und Zivilgesellschaft

Selbst wenn die Analyse von regulativen Regimes in der Verbraucherschutzpolitik einen wichtigen Beitrag für die (vergleichende) Betrachtung von Programmveränderungen, staatlichen Eingriffsmöglichkeiten und dominanten Interessenkoalitionen in diesem wissenschaftlich noch kaum erschlossenen Politikfeld leistet, kann der theoretische Ertrag nicht ganz befriedigen. Zwar kann bei optimistischer Betrachtung für drei der oben konstruierten Regimeszenarien – das regulative soziale Regime, das selbstregulative ökonomische Regime und das schwach präventive Risikoregulierungsregime – eine interne Organisation des Regimes konzediert werden, die es erlaubt, dass selbstorganisierte Konsumenteninteressen Eingang in die Policy-Deliberationen finden.[3] Nichtsdestotrotz werden Konsumentengruppen, die nicht auf den Organisationsapparat von Dachverbänden zurückgreifen können oder wollen, nur sporadisch ihre Interessen und Betroffenenperspektive einbringen. Dies hat seinen Hauptgrund sicherlich in der Heterogenität und inneren Widersprüchlichkeit der Konsumenteninteressen. Engagierte Konsumenten fokussieren auf Einzelfragen und organisieren sich zu spontanen Mobilisierungen; jedoch werden sie durch stabile Policy-Koalitionen und schwerfällige Regimestrukturen in ihrem Partizipationseifer gebremst. Der organisierte Diskussions- und Entscheidungsapparat der Regime ist seinerseits auf kontinuierliche Teilnahme, konsistente Programmpositionen und die Akzeptanz der regimetypischen Relevanz-

---

3 Andererseits muss man den anderen drei Regimetypen in der Verbraucherschutzpolitik zugestehen, dass sie aufgrund ihrer Staatsfokussiertheit mit der Fähigkeit ausgestattet sind, wirksame und dauerhafte Schutzmaßnahmen und Strukturveränderungen durchzusetzen.

kriterien ausgerichtet. Insofern befinden sich Repräsentanten und *stakeholder* in den Regimekonstellationen in einer privilegierten Position, die ein stetiges, quasi professionelles Interesse mit ihrem Engagement in regulativen Regimes verknüpfen. Angehörige der professionellen Politiker- oder Funktionärskaste und Vertreter der ressourcenstarken Interessengruppen dominieren deshalb die Policy-Debatten in den Regimes und vertreten die entsprechenden organisationspolitisch gefilterten Programmpositionen (Janning 1998: 432ff.).

Regulative Regime in der Verbraucherschutzpolitik sind aber in besonderem Maße auf eine realistische und zeitgemäße Einschätzung der Bedürfnisse und Probleme von Konsumenten angewiesen. Häufig müssen Freiheitsrechte von Konsumenten gegenüber den Eigentums- und Schutzrechten von Produzenten oder anderen Konsumentengruppen abgewogen werden. Die Legitimität von Entscheidungen, die Konsumenteninteressen selektiv benachteiligen und Freiheitsrechte einschränken, wächst allerdings, wenn (potenziell) betroffenen Bürgern Gelegenheiten zur Anhörung ihrer Interessenlagen oder Probleme eingeräumt werden oder wenn gezielt Konsumentengruppen angesprochen und aufgefordert werden, ihre Einschätzung angesichts von speziellen Regulierungsvorhaben zu äußern. Aus demokratietheoretischer Sicht – hierbei sind Legitimitätsanforderungen und Effektivitätsgesichtspunkte gleich wichtig – empfiehlt sich die Integration von zivilgesellschaftlichen Wahrnehmungsinstrumenten (*receptors*) in regulative Regime. Gingen Cohen und Arato (1992: 479f.) in ihrer *Civil Society*-Konzeption noch von der relativ abstrakten Idee aus, dass nicht-vermachtete Teilöffentlichkeiten in das politische Entscheidungssystem eingebunden werden müssen, so liegt mittlerweile eine Reihe von konkreteren Vorschlägen für die Öffnung von Policy-Debatten und für die Vertretung oder direkte Beteiligung von Bürgerinteressen bei Risikoentscheidungen vor (Fischer 2003; Hajer/Wagenaar 2003; Hamlett 2003). Konkrete Reformvorschläge betreffen institutionelle Innovationen wie die zu speziellen Programmberatungen einberufenen ‚Konsenskonferenzen' mit repräsentativ ausgewählten Bürgern im dänischen Parlament, parlamentarische Ombudsleute als Anlaufstellen für Konsumentenanliegen nach dem skandinavischen Vorbild, von Bürgeranwälten oder Mediatoren veranstaltete Hearings und Aufklärungskampagnen bezogen auf einzelne Gesetzesentwürfe und die lokale Einrichtung und Unterhaltung von verbraucherpolitischen Bürgerbüros, die nicht nur eine Beratungsfunktion für Verbraucher bei Konsumentscheidungen übernehmen, sondern auch über Politikvorhaben informieren und politische Experten und Repräsentanten zu Bürgergesprächen einladen. Gerade im Zuge der immer weitergehenden Vermarktlichung von öffentlichen bzw. staatlichen Dienstleistungsangeboten und Infrastrukturleistungen und der damit einhergehenden gesellschaftspolitischen Aufwertung des Marktwissens und Verbraucherwissens (Nullmeier 2001), muss Verbraucherschutzpolitik in einem engen räumlichen Sinne überall dort ihren Platz finden, wo konsumiert wird – in Einkaufszentren, Internet-Versandhäusern, Supermärkten, Universitäten und Sozialämtern.

Literatur

Baldwin, R./Cave, M., 1999: Understanding Regulation, Theory, Strategy, and Practice. Oxford: Oxford University Press.
Bauer, B., 1996: Verbraucherschutz und Wettbewerb in der Telekommunikation. Berlin/Heidelberg/New York: Springer.
Biervert, B./Fischer-Winkelmann, W. F./Rock, R., 1977: Grundlagen der Verbraucherpolitik. Eine gesamt- und einzelwirtschaftliche Analyse. Reinbeck: Rowohlt.
Biervert, B./Fischer-Winkelmann, W./Rock, R. (Hrsg.), 1978: Verbraucherpolitik in der Marktwirtschaft. Reinbeck: Rowohlt.
Biervert, B./Monse, K./Rock, R., 1984: Organisierte Verbraucherpolitik. Frankfurt a.M./New York: Campus.
BMVEL, 2002a: Ein Jahr Bundesministerium für Verbraucherschutz, Ernährung und Landwirtschaft – was ist geschehen? Eine Zwischenbilanz der neuen Verbraucher-, Ernährungs- und Agrarpolitik, Arbeitsbericht, 41 S.
BMVEL, 2002b: Entwurf eines Gesetzes zur Neuorganisation des gesundheitlichen Verbraucherschutzes und der Lebensmittelsicherheit, 56 S.
BMVEL, 2003: Aktionsplan Verbraucherschutz der Bundesregierung, Bericht, 41 S.
Böllhoff, D., 2002: Developments in Regulatory Regimes – An Anglo-German Comparison on Telecommunications, Energy and Rail. Bonn: Preprints aus der Max-Planck-Projektgruppe Recht der Gemeinschaftsgüter, 02/5.
Bolz, N., 2002: Das konsumistische Manifest. München: Fink.
Bourdieu, P., 1982: Die feinen Unterschiede. Kritik der gesellschaftlichen Urteilskraft. Frankfurt a.M.: Suhrkamp.
Breyer, S., 1982: Regulation and Its Reform. Cambridge, Mass./London: Harvard University Press.
Breyer, S., 1993: Breaking the Vicious Circle: Toward Effective Risk Regulation. Cambridge, Mass./London: Harvard University Press.
Bundesregierung, 1975: Zweiter Bericht zur Verbraucherpolitik. Konzeption für die Verbraucherinformation und -beratung. Bonn-Duisdorf: Bundesministerium für Wirtschaft.
Cartwright, P., 2001: Consumer Protection and the Criminal Law. Law, Theory, and Policy in the UK. Cambridge: Cambridge University Press.
Cohen, J./Arato, A., 1992: Civil Society and Political Theory. Cambridge, Mass./London: MIT.
Czada, R./Lütz, S., 2003: Einleitung – Probleme, Institutionen und Relevanz regulativer Politik, in: *Czada, R./Lütz, S./Mette, S.*: Regulative Politik. Zähmungen von Markt und Technik. Opladen: Leske + Budrich, 13–34.
Dardis, R., 1988: Risk Regulation and Consumer Welfare, in: The Journal of Consumer Affairs 22, 303–318.
Derthick, M./Quirk, P., 1985: The Politics of Deregulation. Wahington, D.C.: Brookings.
Dick, H., 1995: Das Verbraucherleitbild der Rechtsprechung: der Einfluss von Verbraucherschutzkonzeptionen auf die Gerichtsbarkeit am Beispiel der Rechtsprechung zur Verbraucherverschuldung und zur Verbraucherinformation. München: VVF.
Dilger, P., 2002: Verbraucherschutz bei Vertragsabschlüssen im Internet. München: Beck.
Dohn, N./Schmidendorf, B., 2001: BSE. Die Wahnsinnsseuche. Reinbeck: Rowohlt.
Dressel, K., 2002: BSE – The New Dimension of Uncertainty.The Cultural Politics of Science and Decision-Making. Berlin: Edition Sigma.
Drexl, J., 1998: Die wirtschaftliche Selbstbestimmung des Verbrauchers. Eine Studie zum Privat- und Wirtschaftsrecht unter Berücksichtigung gemeinschaftsrechtlicher Bezüge. Tübingen: Mohr.
Eberlein, B./Grande, E., 2000: Regulation and Infrastructure Management: German Regulatory Regimes and the EU Framework, in: German Policy Studies 1, 39–66.
Egner, E., 1978: Grundsätze der Verbraucherschutzpolitik, in: *Biervert, B./Fischer-Winkelmann, W. F./Rock, R.* (Hrsg.), Verbraucherpolitik in der Marktwirtschaft. Reinbek: Rowohlt, 11–52 (zuerst 1956).

Eisner, M. A., 1993: Regulatory Politics in Transition. Baltimore/London: The John Hopkins University Press.
Esping-Anderson, G., 1991: The Three Worlds of Welfare Capitalism. Cambridge: Polity.
European Commission, 2000: Communication from the Commission on the Precautionary Principle. Brussels, 29 S.
Featherstone, M., 1991: Consumer Culture and Postmodernism. London/Newbury Park/New Delhi: Sage.
Fischer, F., 2003: Reframing Public Policy. Discursive Politics and Deliberative Practices. Oxford: Oxford University Press.
Fischer-Winkelmann, W. F., 1973: Marginalien zur Konsumentensouveränität als einem Axiom der Marketing-Theorie, in: Zeitschrift für betriebswirtschaftliche Forschung 25, 161–175.
Francis, J. G., 1993: The Politics of Regulation. A Comparative Perspective. Cambridge, Mass./Oxford: Blackwell.
Freytag, C., 2002: Einführung, in: *C. H. Beck Verlag* (Hrsg.), BSE und Verbraucherschutz. Textausgabe mit Sachverzeichnis. München: Beck, XI–LVIII.
Furlough, E./Strikwerda, C. (Hrsg.), 1999: Consumers against Capitalism? Consumer Cooperation in Europe, North America, and Japan, 1840–1990. Lanham u.a.: Rowman & Littlefield.
Gabriel, Y./Lang, T., 1997: The Unmanageable Consumer. Contemporary Consumption and its Fragmentation. London/Thousand Oaks/New Delhi: Sage.
Geyer, R., 2001: Der Gedanke des Verbraucherschutzes im Reichsrecht des Kaiserreichs und in der Weimarer Republik. Frankfurt a.M./Berlin/Bern/New York: Lang.
Goodin, R. E./Headey, B./Muffels, R./Dirven, H.-J., 1999: The Real Worlds of Welfare Capitalism. Cambridge: Cambridge University Press.
Hajer, M./Wagenaar, H. (Hrsg.), 2003: Deliberative Policy Analysis: Understanding Governance in the Network Society. Cambridge: Cambridge University Press.
Harris, R. A./Milkis, S. M., 1989: The Politics of Regulatory Change. A Tale of Two Agencies. New York/Oxford: Oxford University Press.
Hasenclever, A./Mayer, P./Rittberger, V., 1997: Theories of International Regimes. Cambridge: Cambridge Unversity Press.
Hamlett, P. W., 2003: Technology Theory and Deliberative Democracy, in: Science, Technology & Human Values 28, 112–140.
Heclo, H., 1978: Issue Networks and the Executive Establishmen, in: *King, A.* (Hrsg.), The New American Political System. Washington, D.C.: AEI, 87–124.
Hoffmann, D., 1999: Analyse der europäischen Rechtsetzungstechniken im Bereich des Vertragsrechts aus der Sicht der Europäischen Kommission, in: *Heusel, W.* (Hrsg.), Neues europäisches Vertragsrecht und Verbraucherschutz. Köln: Bundesanzeiger, 39–50.
Hondius, E., 1999: Consumer Law and Private Law: the Case for Integration, in: *Heusel, W.* (Hrsg.), Neues europäisches Vertragsrecht und Verbraucherschutz. Köln: Bundesanzeiger, 19–38.
Hood, C./Rothstein, H./Baldwin, R., 2001: The Government of Risk. Understanding Risk Regulation Regimes. Oxford: Oxford University Press.
Hood, C./Rothstein, H./Baldwin, R./Rees, J./Spackman, M., 1999: Where Risk Society Meets the Regulatory State: Exploring Variations in Risk Regulation Regimes, in: Risk Management 1, 21–34.
Janning, F., 1998: Das politische Organisationsfeld. Politische Macht und soziale Homologie in komplexen Demokratien. Opladen: Westdeutscher Verlag.
Janning, F., 2004a: Die Spätgeburt eines Politikfeldes? Verbraucherschutzpolitik in Deutschland, in: Zeitschrift für Politik, i.E.
Janning, F., 2004b: Regime in der regulativen Politik. Chancen und Probleme eines Theorietransfers. Aufsatzmanuskript, i.Vb.
Jordan, A./O'Riordan, T., 1999: The Precautionary Principle in Contemporary Environmental Policy and Politics, in: *Raffensperger, C./Tickner, J.* (Hrsg.), Protecting Public Health and the Environment. Implementing the Precautionary Principle. Washington D.C./Covelo, Cal.: Island Press, 15–35.

Kemper, R., 1994: Verbraucherschutzinstrumente. Baden-Baden: Nomos.
König, K./Benz, A. (Hrsg.), 1997: Privatisierung und staatliche Regulierung. Bahn, Post und Telekommunikation, Rundfunk. Baden-Baden: Nomos.
Kohler-Koch, B. (Hrsg.), 1989: Regime in den internationalen Beziehungen. Baden-Baden: Nomos.
Kollmann, K., 1993: Neuorientierte Verbraucherpolitik. Wien: Verlag der Österreichischen Staatsdruckerei.
Kroeber-Riel, W., 1992: Konsumentenverhalten. 5. Aufl., München: Vahlen.
Krücken, G., 1997a: Risikotransformation. Voraussetzungen, Strukturen und Folgen der politischen Regulierung von Arzneimittelgefahren, in: *Hiller, P./Krücken, G.* (Hrsg.), Risiko und Regulierung. Soziologische Beiträge zu Technikkontrolle und präventiver Umweltpolitik. Frankfurt a.M.: Suhrkamp, 116–146.
Krücken, G., 1997b: Risikotransformation. Die politische Regulierung technisch-ökologischer Gefahren in der Risikogesellschaft. Opladen: Westdeutscher Verlag.
Künast, R., 2002: Regierungserklärung von Bundesverbraucherministerin Künast zum vorsorgenden Verbraucherschutz vom 14. März 02, Textversion, 8 S.
Kuhlmann, E., 1990: Verbraucherpolitik. Grundzüge ihrer Theorie und Praxis. München: Vahlen.
Lave, L. B., 1981: The Strategy of Social Regulation. Decision Frameworks for Policy. Washington, D.C.: Brookings.
Leonhäuser, I.-U., 1988: Bedarf, Bedürfnis, Normen und Standards. Ansätze einer bedarfsorientierten Verbraucherpolitik. Berlin: Duncker & Humblot.
Lessenich, S./Ostner, I. (Hrsg.), 1998: Welten des Wohlfahrtskapitalismus. Der Sozialstaat in vergleichender Perspektive. Frankfurt a.M./New York: Campus.
Levi-Faur, D., 2000: The Rise of the Competition State: the Dynamics of British and American Telecom and Electricity Regimes, in: Current Politics and Economics of Europe 9, 427–454.
Lucco, J., 1992: Representing the Public Interest: Consumer Groups and the Presidency, in: *Petracca, M. P.* (Hrsg.), The Politics of Interest. Interest Groups Transformed. Boulder/San Francisco/Oxford: Westview, 242–262.
Lüdtke, H., 1989: Expressive Ungleichheit. Zur Soziologie der Lebensstile. Opladen: Leske + Budrich.
Mähling, F. W., 1983: Werbung, Wettbewerb und Verbraucherpolitik. München: V. Florentz.
Maney, A./Bykerk, L., 1994: Consumer Politics. Protecting Public Interests on Capitol Hill. Westport, Conn./London: Greenwood.
McFarland, A. S., 1984: Common Cause. Lobbying in the Public Interest. Chatham, N. J.: Chatham House.
Meier, B., 1984: Verbraucherpolitik in der Bundesrepublik Deutschland. Frankfurt a.M./Bern/New York: Lang.
Meyer-Dohm, P., 1965: Sozialökonomische Aspekte der Konsumfreiheit. Freiburg: Rombach.
Mitropoulos, S., 1997: Verbraucherpolitik in der Marktwirtschaft. Konzeptionen und internationale Erfahrungen. Berlin: Duncker & Humblot.
Morris, J., 2000: Defining the Precautionary Principle, in: *Morris, J.* (Hrsg.), Rethinking Risk and the Precautionary Principle. Oxford: Butterworth-Heinemann, 1–21.
Müller, E., 2001: Grundlinien einer modernen Verbraucherpolitik, in: Aus Politik und Zeitgeschichte B 24, 6–15.
Müller, M. M./Sturm, R., 1998: Ein neuer regulativer Staat in Deutschland? Die neuere Theory of the Regulatory State und ihre Anwendbarkeit in der deutschen Staatswissenschaft, in: Staatswissenschaften und Staatspraxis 9, 507–534.
Niemöller, S., 1999: Das Verbraucherleitbild in der deutschen und europäischen Rechtsprechung. Verhandlungs- und Vertragsparität als Regelungsgehalt des § 3 UWG. München: Beck.
Nullmeier, F., 2001: Demokratischer Wohlfahrtsstaat und das neue Marktwissen, Beitrag zum Kongress „Gut zu Wissen" der Heinrich-Böll-Stiftung. Berlin, 16 S.
Ogus, A., 1994: Regulation. Legal Form and Economic Theory. Oxford: Clarendon.
Olson, M., 1971: The Logic of Collective Action. Public Goods and the Theory of Groups. 2nd ed., Cambridge/London: Harvard University Press.

O'Riordan, T./Wynne, B., 1993: Die Regulierung von Umweltrisiken im internationalen Vergleich, in: *Krohn, W./Krücken, G.* (Hrsg.), Riskante Technologien: Reflexion und Regulation. Frankfurt a.M.: Suhrkamp, 186–216.
Reich, N., 1987: Förderung und Schutz diffuser Interessen durch die Europäischen Gemeinschaften. Eine problemorientierte Einführung in das europäische Wirtschaftsrecht. Baden-Baden: Nomos.
Reich, N., 1996: Europäisches Verbraucherrecht. 3. Aufl., Baden-Baden: Nomos.
Reich, N., 1999: Bürgerrechte in der Europäischen Union. Subjektive Rechte von Unionsbürgern und Drittstaatsangehörigen unter besonderer Berücksichtigung der Rechtslage nach der Rechtsprechung des EuGH und dem Vertrag von Amsterdam. Baden-Baden: Nomos.
Reich, N./Nordhausen, A., 2000: Verbraucher und Recht im elektronischen Geschäftsverkehr. Baden-Baden: Nomos.
Reisch, L., 2003: Verbraucherpolitik hat Konjunktur: Strategische Grundsätze und Leitbilder einer „neuen Verbraucherpolitik", in: Verbraucher und Recht 18, 405–409.
Rösler, H., 2003: Europäische Integration durch Verbraucherschutz: Entwicklungsursachen und Beschränkungen, in: Verbraucher und Recht 18, 12–20.
Rothenberg, L. S., 1992: Linking Citizens to Government. Interest Group Politics at Common Cause. Cambridge: Cambridge University Press.
Scheele, U., 1993: Privatisierung von Infrastruktur. Möglichkeiten und Alternativen. Köln: Bund-Verlag.
Scherhorn, G. et al., 1975: Verbraucherinteresse und Verbraucherpolitik. Göttingen: Schwartz.
Schneider, V./Janning, F., 2003: Die Europäisierung der Risikoregulierung im Verbraucherschutz. Auswirkungen europäischer Gesetzgebung auf regulative Regime in fünf EU-Mitgliedsstaaten, Forschungsantrag für die Deutsche Forschungsgemeinschaft (DFG).
Schneider, V./Janning, F./Bähr, H., 2004: Politiknetzwerke, Policy-Diskurse und öffentliche Politik. Eine Einführung in die Politikfeldanalyse, i.Vb.
Schröter, M. W., 2002: Lebensmittelrechtliche Vorsorge als Rechtsprinzip – nationale, europäische und welthandelsrechtliche Aspekte. Universität Bremen: Zentrum für europäische Rechtspolitik (ZERP), Diskussionspapier 4/02.
Schulze, G., 1992: Die Erlebnis-Gesellschaft. Kultursoziologie der Gegenwart. Frankfurt a.M./ New York: Campus.
Sievers, J., 1993: Verbraucherschutz gegen unlautere Vertragsbedingungen im französischen Recht. Vom Code civil zum „Code de la consommation" – die Entstehung eines Sonderprivatrechts für Verbraucher. Frankfurt a.M.: Lang.
Simitis, K., 1976: Verbraucherschutz. Schlagwort oder Rechtsprinzip? Baden-Baden: Nomos.
Slater, D., 1997: Consumer Culture and Modernity. Cambridge: Polity.
Smith, A., 1923: Eine Untersuchung über Natur und Wesen des Volkswohlstandes, Bd. 1. 3. Aufl, Jena: Gustav Fischer.
Stauss, B., 1980: Verbraucherinteressen. Gegenstand, Legitimation und Organisation. Stuttgart: Poeschel.
Stinner, R., 1976: Konsumenten als Organisationsteilnehmer. Ein Beitrag zur organisationstheoretischen Interpretation der Beziehungen zwischen der Unternehmung und dem Konsumenten. Frankfurt a.M.: Lang.
Tait, J./Levidow, L., 1992: Proactive and Reactive Approaches to Risk Regulation. The Case of Biotechnology, in: Futures 24, 219–231.
Thatcher, M., 1998: Institutions, Regulation, and Change: New Regulatory Agencies in the British Privatised Utilities, in: West European Politics 21, 120–147.
Tofaute, H., 1994: Der große Ausverkauf. Die Privatisierung von Bundesunternehmen durch die Regierung Kohl. Köln: Bund-Verlag.
Veblen, T., 1986: Theorie der feinen Leute. Eine ökonomische Untersuchung der Institutionen. Frankfurt a.M.: Fischer (zuerst 1899).
Vogel, D., 2003: The Hare and the Tortoise Revisited: The New Politics of Consumer and Environmental Regulation in Europe, in: British Journal of Political Science 33, 557–580.

Vos, E., 2000: EU Food Safety Regulation in the Aftermath of the BSE Crisis, in: Journal of Consumer Policy 23, 227–255.
Wieken, K., 1975: Institutionen der Verbraucherpolitik, in: *Scherhorn, G. et al.:* Verbraucherinteresse und Verbraucherpolitik, Göttingen: Schwarz, 138–156.
Wolf, K. D./Zürn, M., 1986: „International Regimes" und Theorien der Internationalen Politik, in: Politische Vierteljahreschrift 27, 201–221.
Zohlnhöfer, R., 2001: Die Wirtschaftspolitik der Ära Kohl. Eine Analyse der Schlüsselentscheidungen in den Politikfeldern Finanzen, Arbeit und Entstaatlichung, 1982–1998. Opladen: Leske + Budrich.

Der Global Compact als Beitrag zu Global Governance: Bestandsaufnahme und Entwicklungsperspektiven

Johanna Brinkmann und Ingo Pies

1. Problemstellung

(1) Die Diskussion um Global Governance ist ähnlich strittig wie die Diskussion um Globalisierung. Einigkeit scheint allenfalls darüber zu herrschen, dass Global Governance nicht mit der Errichtung einer zentralen Weltregierung oder eines hierarchischen Weltstaats gleichzusetzen ist. Die institutionelle Architektur der Global Governance orientiert sich in klassischer Perspektive vielmehr an Kants Idee einer „Föderation von freien Republiken", verstanden als dezentrales, subsidiäres und föderatives System (Deutscher Bundestag 2002: 419). Zugrunde liegt die Einsicht, dass Nationalstaaten weder allein noch gemeinsam in der Lage sind, grenzüberschreitende Probleme von zunehmend zentraler Bedeutung adäquat zu adressieren, wie z.B. die Funktionsdefizite internationaler Finanzmärkte, den globalen Klimawandel, die Ausbreitung ansteckender Krankheiten oder die Bedrohung durch terroristische Aktivitäten. Politische Strukturen, welche die Partizipation nicht-staatlicher Akteure ermöglichen, sind allerdings erst im Entstehen begriffen. Geeignete Modelle für eine fruchtbare Mitwirkung von Nichtregierungsorganisationen bei der politischen Entscheidungsvorbereitung und Entscheidungsfindung müssen vielfach erst noch entwickelt werden. In noch stärkerem Maß gilt dies für die Einbeziehung von Unternehmen, die ja die eigentlichen Akteure der Globalisierung sind und denen – gerade an den institutionellen Schwachstellen weltweiter Interaktionen – faktisch eine politische Rolle zuwächst, die mit der traditionellen Binnensicht in Unternehmen ebenso über Kreuz liegt wie mit der traditionellen Außensicht auf Unternehmen.

Vor diesem Hintergrund ist Global Governance zu verstehen als Prozess der *Institutionalisierung*: als Prozess der Herausbildung von Organisationen und Regelungsmechanismen zur Bewältigung globaler Herausforderungen. Insofern benennt dieser Begriff den mühsamen Lernprozess *weltgesellschaftlicher Selbstorganisation,* einen Prozess, in dem neben den Nationalstaaten und ihren inter-gouvernementalen Zusammenschlüssen *neue Akteure* die politische Arena betreten und es erforderlich machen, mit *neuen Verfahren* der Politikkoordination zu experimentieren. Dies bringt es mit sich, dass auch die Aufgabenverteilung zwischen den verschiedenen Ebenen staatlicher Politik neu gestaltet werden muss, zumal sich die Probleme der Weltgesellschaft nicht immer an die eingespielten Ressortgrenzen halten, so dass es nötig wird, politikfeldübergreifende Ordnungsstrukturen zu schaffen (Mürle 1998: 6). Hiermit verbinden sich ungewohnt hohe Anforderungen an Interdisziplinarität in Theorie und Praxis.

Viele Autoren leiten aus diesen Entwicklungen eine Schwächung oder gar das Ende des Nationalstaats ab.[1] Diese Betrachtungsweise scheint jedoch zu übersehen, dass ver-

---

1 Vgl. statt vieler Strange (1996), Ohmae, (1995).

stärkte zwischenstaatliche Kooperation sowie innovative Formen der Politikkoordination neue Wirkungskompetenzen begründen und so potenziell zur Wiederherstellung staatlicher Handlungsfähigkeit beitragen. Staaten können durch partnerschaftliche Zusammenarbeit mit nicht-staatlichen Organisationen stärker werden. Dies setzt freilich voraus, dass sie ihr Selbstverständnis entsprechend anpassen und von Subordination auf Koordination umstellen, um Prozesse der Selbstorganisation aktiv zu unterstützen oder sogar zu initiieren.

(2) Ein besonders interessantes Beispiel für einen solchen Versuch, Global Governance als Prozess weltgesellschaftlicher Selbstorganisation anzustoßen, ist der so genannte Global Compact. Er wurde 1999 anlässlich einer Rede ins Leben gerufen, die UN-Generalsekretär Kofi Annan vor dem Weltwirtschaftsforum in Davos gehalten hat. Der Global Compact fordert nicht-staatliche Akteure explizit dazu auf, gemeinsam mit UN-Organisationen Lösungsansätze für globale Problemstellungen zu entwickeln. Die Konzeption als globales Politiknetzwerk, welches auf nicht-hierarchischen, flexiblen Strukturen basiert, verdeutlicht die zunehmende Bedeutung *innovativer Formen* der Koordination *neuer politischer Akteure* auf globaler Ebene. Vor allem die Privatwirtschaft ist aufgefordert, die neun Prinzipien[2] des Global Compact in ihre jeweiligen Unternehmensstrategien zu integrieren sowie die Ziele der Vereinten Nationen in globalen Partnerschaften mit Politik und Zivilgesellschaft[3] zu unterstützen. Die Teilnehmer der Zivilgesellschaft sollen die Prinzipien auf Ebene der lokalen Gemeinschaft verankern; des Weiteren sind sie wichtige Teilnehmer an den Dialogforen und bei konkreten Projekten (o.A. 2000). Nach Jahrzehnten einer schwierigen Beziehung zwischen den Vereinten Nationen und der Privatwirtschaft markiert der Global Compact einen Meilenstein auf dem Weg zu einem neuen, partnerschaftlichen Verhältnis. Er reflektiert einen Bewusstseinswandel der Vereinten Nationen, die, um ihr Mandat in Zukunft besser erfüllen zu können, eine verstärkte Zusammenarbeit mit der Privatwirtschaft anstreben (Cohen 2001: 188–189).

---

2 Der GC umfasst folgende Prinzipien: (Menschenrechte) 1. Die Wirtschaft soll den Schutz der international verkündeten Menschenrechte unterstützen und achten und 2. sicherstellen, dass sie sich nicht an Menschenrechtsverletzungen beteiligt. (Arbeitsbeziehungen) 3. Die Wirtschaft soll die Vereinigungsfreiheit und die wirksame Anerkennung des Rechts auf Tarifverhandlungen wahren sowie ferner für 4. die Beseitigung aller Formen der Zwangs- oder Pflichtarbeit, 5. die tatsächliche Abschaffung der Kinderarbeit, 6. die Beseitigung von Diskriminierung in Beschäftigung und Beruf eintreten. (Umwelt) 7. Die Wirtschaft soll umsichtig mit ökologischen Herausforderungen umgehen, 8. Initiativen zur Förderung eines verantwortlichen Umgangs mit der Umwelt durchführen und 9. sich für die Entwicklung und Verbreitung umweltfreundlicher Technologien einsetzen (vgl. Informationszentrum der Vereinten Nationen, Bonn, ohne Jahr). Diese Prinzipien basieren auf der Allgemeinen Erklärung der Menschenrechte von 1948, den von der Internationalen Arbeitsorganisation (ILO) verabschiedeten Grundlegenden Prinzipien und Rechten bei der Arbeit von 1998, sowie auf den Umwelt- und Entwicklungsgrundsätzen der Konferenz für Umwelt und Entwicklung in Rio de Janeiro 1992. Zu einer ausführlichen Darstellung der Prinzipien und ihrer Umsetzung vgl. McIntosh u.a. (2003: 135–180).
3 Mit Zivilgesellschaft sind hier und im Folgenden in Abgrenzung zur Privatwirtschaft ausschließlich Non-Profit-Organisationen gemeint.

Allerdings wird der Global Compact als innovativer Beitrag zu Global Governance nicht einhellig begrüßt. Skepsis scheint vorzuherrschen: In Wissenschaft und Gesellschaft gibt es zahlreiche kritische Stimmen und sogar zum Teil ausgesprochen negative Einschätzungen bis hin zur radikalen Ablehnung dieser Initiative.

(3) Dieser Beitrag gibt zunächst einen Überblick über die dem Global Compact zugrunde liegende Konzeption und den bisher erreichten Entwicklungsstand (Abschnitt 2). Sodann wird die Kritik am Global Compact vorgestellt (Abschnitt 3) und erörtert (Abschnitt 4). Abschließend wird ein konkretes Beispiel diskutiert, das das Potenzial des Global Compact verdeutlicht, wirksame Prozesse weltgesellschaftlicher Selbstorganisation anzuleiten, d.h. Global Governance zu fördern (Abschnitt 5). Der Beitrag endet mit einem kurzen Resümee (Abschnitt 6).

Ziel der Ausführungen ist es, deutlich werden zu lassen, inwiefern manche der öffentlich wahrgenommenen Defizite des Global Compact in Wirklichkeit auf Wahrnehmungsdefizite zurückzuführen sind, die tendenziell be- oder gar verhindern, mittels konstruktiver Kritik eine Initiative so ausrichten zu helfen, dass sie ihr innovatorisches Potenzial in Zukunft noch besser zur Geltung zu bringen vermag.

2. Global Compact: Idee und Umsetzung

(1) Als der UN-Generalsekretär 1999 seine Idee eines Global Compact vorstellte, griff er in seiner Rede die Debatte um die Folgen der Globalisierung auf und warnte vor einer Gegenbewegung zur Globalisierung. Die Ereignisse in Seattle, Prag und Genua bestätigten nachträglich die Brisanz und Aktualität seiner Initiative. Neben Globalisierungskritikern haben sich mittlerweile auch Globalisierungsgegner formiert, die einer weiteren Integration der Weltwirtschaft ablehnend gegenüberstehen. Annan hatte dies vorausgesehen. Eigenem Bekunden zufolge wollte er mit dem Global Compact einen Beitrag dazu leisten, den Prozess der Globalisierung gerechter und nachhaltiger zu gestalten, um so berechtigter Kritik legitimationsfördernd zuvorzukommen (Annan 1999).

In seiner Rede betonte Kofi Annan, aus seiner Sicht seien offene Märkte das einzige Mittel, Millionen von Menschen aus der Armut zu befreien. Dieser Interpretation zufolge kann man die humanitären Anliegen der Vereinten Nationen, wie sie beispielsweise in den Millennium Development Goals[4] zum Ausdruck kommen, nicht durch weniger Globalisierung, sondern nur durch mehr Globalisierung, durch eine forcierte Globalisierung fördern, für die freilich verbesserte institutionelle Rahmenbedingungen geschaffen werden müssen, die einen gleichberechtigten Zugang zu Märkten und den damit verbundenen Emanzipationschancen ermöglichen.[5] Zu diesen institutionellen Rahmenbedingungen gehören, so Annan, zum einen Regeln für einen möglichst fairen Welthandel, zum anderen Regeln für die Errichtung und Einhaltung sozialer und ökologischer Standards. Während für die Handelsregeln mit der Welthandelsorganisation

---

4 Vgl. UNDP Human Development Report (2003).
5 Vgl. hierzu auch die Rede des Generalsekretärs zu den WTO-Verhandlungen in Cancun: UN (2003).

(WTO) eine klare Zuständigkeit definiert sei, mangele es hinsichtlich der Kompetenz für soziale und ökologische Belange an einer entsprechenden Verankerung. Dies habe in der Vergangenheit zur Instabilität globaler Märkte geführt. Deshalb solle der Global Compact dazu beitragen, dass solche globalen Regelungslücken geschlossen werden können. Entgegen der Forderung, globale Umwelt- und Sozialstandards ebenfalls im Rahmen der WTO zu verankern, sprach sich Annan dafür aus, mit dem Global Compact die Rolle der UN hinsichtlich dieser Themen zu stärken. Von daher ist der Global Compact als ein Forum angelegt, das die internationale Handelsordnung durch die Förderung institutioneller Rahmenbedingungen flankieren will und zu diesem Zweck Zivilgesellschaft und Privatwirtschaft zu bürgerschaftlichem Engagement ermutigt, d.h. zu einer aktiven Mitwirkung bei der Implementierung der für eine nachhaltige Globalisierung erforderlichen Rahmenbedingungen.[6]

(2) Vor diesem Hintergrund setzt die Initiative darauf, dass es im wohlverstandenen Eigeninteresse der zur Partizipation aufgeforderten Organisationen liegt, sich – der UN-Agenda entsprechend – aktiv für Menschenrechte zu engagieren und daran mitzuarbeiten, die bestehende Weltordnung stärker an sozialen und ökologischen Prinzipien auszurichten. Deshalb ist der Global Compact bewusst weder als regulatives Instrument noch als freiwillige Selbstverpflichtung der Industrie konzipiert worden. Vielmehr handelt es sich, so das Selbstverständnis, um ein „Experiment" jenseits dieser Alternativen (GCO 2002: 4). Der Global Compact als Netzwerk steht auch im Gegensatz zu klassisch hierarchischen Strukturen. Es geht nicht um Subordination, sondern um Koordination. Hierin kommt ein neues Rollenverständnis zum Ausdruck. Die Vereinten Nationen – als traditionell inter-gouvernementale Organisation – begreifen sich hier erstmals als Initiator und Moderator eines Prozesses, der im Wesentlichen durch nichtstaatliche Akteure getragen und inhaltlich ausgefüllt wird. Nichtregierungsorganisationen und Unternehmen werden, mit wissenschaftlicher Begleitung, durch moderierte Dialogprozesse, Mediationsverfahren und globale Politiknetzwerke wie dem Global Compact an weltweiten Lern- und Suchprozessen für bessere institutionelle Rahmenbedingungen beteiligt.

Globale Politiknetzwerke sind überwiegend in den letzten fünf bis zehn Jahren entstanden, basierend auf der Erkenntnis, dass globale Probleme nur gemeinsam angegangen werden können (Benner u.a. 2001). Sie behandeln Themen, bei denen die Ausgangssituation das Potenzial einer Besserstellung aller Beteiligten aufweist.[7] Globale Po-

---

6 Auch Kell und Ruggie, zwei Vordenker des Global Compact und als Mitarbeiter Kofi Annans maßgeblich an seiner praktischen Umsetzung beteiligt, weisen diese strategische Orientierung einer legitimationsfördernden Flankierung des Globalisierungsprozesses explizit aus: Wenn Menschenrechts-, Sozial- und Umweltprobleme die Handelsordnung zu sprengen drohen, könne ihr Kollaps abgewendet werden durch die mittels Global Compact gestärkten Vereinten Nationen (Kell/Ruggie 1999: 10).
7 Benner u.a. betonen die Bedeutung der Schnittstelle, die durch internationale Organisationen besetzt wird und die für das Zusammenführen verschiedenster Akteure unerlässlich sei, denn internationale Organisationen vernetzen als Wissensmanager globales mit lokalem Wissen und fördern so die Beteiligung marginalisierter Akteure am Dialog im Rahmen von „Capacity building"-Maßnahmen. Mithin ergäben sich vielfältige Brückenfunktionen in einer dezentralen Global-Governance-Architektur (Benner u.a. 2001).

litiknetzwerke wie die *World Commission on Dams* oder die *Roll back Malaria Initiative* der Weltgesundheitsorganisation haben weltweit Vorbildcharakter. Der Global Compact knüpft an diese Erfahrungen an. Verbindendes Element für die Akteure sind gemeinsame Normen, Leitvorstellungen und Absichten, wie sie beim Global Compact durch die gemeinsamen Prinzipien verbürgt sind, deren Integrität die Person des UN-Generalsekretärs gleichsam verkörpert. Weitere Charakteristika globaler Politiknetzwerke wie die Einbeziehung aller relevanten Akteure oder minimaler bürokratischer Aufwand werden ebenfalls durch den Global Compact angestrebt. Das Global-Compact-Büro in New York bildet die Instanz der Koordinierung, während die „Arbeit" auf der Ebene der Netzwerkteilnehmer stattfindet. Ruggie (2002: 34) formuliert dies folgendermaßen: „Interorganisational Networks ‚operate' as shared conceptual systems within which the participating entities perceive, understand and frame aspects of their behaviour. But the existing actors do all the doing that needs to be done. The GC creates no new entities, but is a framework for normatively co-ordinated behaviour to produce a new collective outcome."

(3) Die Umsetzung dieser Idee eines Global Compact lässt sich wie folgt charakterisieren: Nach der offiziellen Gründung der Initiative im Juli 2000 ist der Kreis der Teilnehmer kontinuierlich gewachsen. Innerhalb der UN ist neben dem Generalsekretär und dem Global-Compact-Büro das UN-Entwicklungsprogramm (UNDP), die Internationale Arbeitsorganisation (ILO), das Hochkommissariat für Menschenrechtsfragen (OHCHR), das UN-Umweltprogramm (UNEP) sowie die Organisation für industrielle Entwicklung (UNIDO) beteiligt. Mitte 2003 hatten sich bereits über tausend Unternehmen[8] der Initiative angeschlossen, darunter multinationale Konzerne wie Shell, DaimlerChrysler, Novartis und Nike, aber auch zahlreiche Vertreter der Zivilgesellschaft wie etwa Amnesty International, der World Wildlife Fund for Nature (WWF) oder der Internationale Bund freier Gewerkschaften.

Seit Januar 2002 hat der Global Compact einen Beirat einberufen, der die Initiative auf verschiedenen Ebenen unterstützen soll. Er besteht aus Vertretern der Privatwirtschaft, Gewerkschaften, Nichtregierungsorganisationen, Wissenschaft sowie Beobachtern aus fünf UN-Mitgliedstaaten. Der Beirat widmet sich vier Aufgaben: Er soll die Integrität der Initiative sicherstellen, die Initiative fördern, Expertise für die Umsetzung des Global Compact zur Verfügung stellen sowie Steuerungs- und Strategiefragen angehen, vor allem hinsichtlich Fragen der Mitgliedschaft (GCO 2002: 7–8).

Nach einer Bewertung der Ergebnisse der ersten zwei Jahre wurde 2002 eine strategische Neuausrichtung des Global Compact vorgenommen. Die Elemente der Umsetzung umfassen seitdem (vgl. Abbildung 1): Lernforum, Dialog, Führung (*Leadership*) sowie Netzwerke (GCO 2003: 8, 14–29).

---

8 Die Teilnahme ist prinzipiell allen Unternehmen möglich, mit Ausnahme derer, die durch ihre Tätigkeit gegen die Mission der UNO verstoßen. So etwa Unternehmen, die in Menschenrechtsverletzungen verwickelt sind, Zwangs- oder Kinderarbeit tolerieren, Landminen herstellen oder verkaufen oder in anderer Weise gegen Verpflichtungen und Verantwortungen der UN verstoßen; vgl. Habisch (2003: 176) sowie die Richtlinien für die Kooperation zwischen den Vereinten Nationen und der Privatwirtschaft (UN 2000).

Abbildung 1: Umsetzung des Global Compact

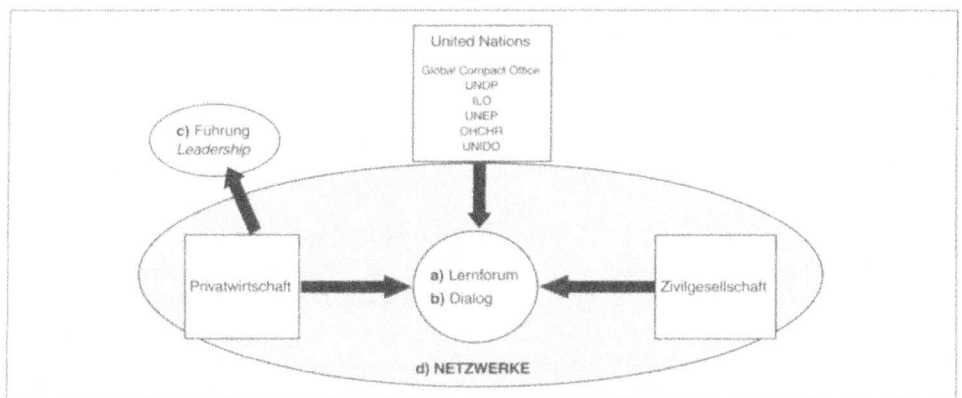

a) Lernforum

Die ursprüngliche Idee des Lernforums war, „gute Beispiele" (*best practices*) von teilnehmenden Unternehmen auf der Homepage des Global Compact zu veröffentlichen, in denen sie darlegen sollten, wie sie die Prinzipien der Initiative verwirklichen. Diese „guten Beispiele" der Unternehmensführung sollten einen Dialog mit den anderen Teilnehmern des Global Compact anregen. Nach dem Ende der Pilotphase im Oktober 2001 hatten aber nur wenige teilnehmende Unternehmen Berichte eingereicht, von denen keiner den Richtlinien des Global-Compact-Büros entsprach (GCO 2002: 18). Auch hatten sie überwiegend Einzelprojekte oder philanthropische Aktivitäten zum Inhalt, nicht jedoch eine systematische Integration der neun Prinzipien in die Unternehmensstrategie und das wirtschaftliche Tagesgeschäft. Die Kommentierung durch andere Teilnehmer erfolgte nur vereinzelt. Um die Qualität der Beiträge zu erhöhen, wurde zunächst zwischen jährlich einzureichenden kurzen Beispielen und umfangreicheren Fallstudien unterschieden. Anfang 2003 wurde dann beschlossen, auf die obligatorische jährliche Berichterstattung zu verzichten. Stattdessen sollen Unternehmen künftig ihr Engagement für die Idee und die Prinzipien des Global Compact in Jahresberichten oder sonstigen Unternehmenspublikationen dokumentieren (GCO 2003: 33–35).

b) Dialog

Der Dialog der Teilnehmer findet zu jährlich wechselnden Themen statt. Die Dialogveranstaltungen generieren eine internationale Plattform für den Austausch von Akteuren aus Privatwirtschaft, Zivilgesellschaft, Regierungen, UN-Organisationen und Wissenschaft. Gemeinsam sollen Lösungen für komplexe globale Probleme entwickelt werden. Im Rahmen der strategischen Neuausrichtung des Global Compact wurde ein Schwerpunkt auf den Dialog gelegt. In den vergangenen Jahren wurden Themen wie „Die Rolle der Wirtschaft in Konfliktzonen" und „Wirtschaft und Nachhaltige Entwicklung" adressiert. Aktuell wird eine Fülle von Problemen diskutiert: die soziale Verantwortung von Unternehmen, Strategien zur Bekämpfung von HIV/Aids oder die

Verankerung der neun Prinzipien in den Zulieferketten der Produzenten. In Zukunft soll der Dialog zunehmend durch lokale und nationale Netzwerke getragen werden, um mehr Teilnehmer einzubinden. Außerdem soll der Fokus verstärkt auf konkrete Taten und die Einspeisung der Empfehlungen in den zwischenstaatlichen Politikprozess gerichtet werden (GCO 2003: 27–29).

c) Führung (*leadership*)

Im Hinblick auf Führung wurden verschiedene Ziele formuliert. War die Teilnahme am Global Compact ursprünglich an einen Brief des Vorstandsvorsitzenden/Geschäftsführers geknüpft, soll nun die gesamte Vorstandsebene ihre Zustimmung ausdrücken. Man erhofft sich davon eine weitere Verbreitung der Idee der Initiative im Unternehmen. Zusätzlich soll der eigene Beitrag in Jahresberichten und anderen Publikationen dargestellt werden. Unternehmensführer sind weiterhin aufgefordert, öffentlich für den Global Compact zu werben und weitere Teilnehmer zu gewinnen (GCO 2003: 23–26).

d) Netzwerke

Dezentralisierte Netzwerke, welche die Idee auf nationaler/lokaler Ebene voranbringen, sind entscheidend für die Zukunft der Initiative. Sie sind teils nach geographischen, teils nach thematischen Schwerpunkten organisiert. Mitte 2003 bestanden 40 Netzwerke in über 50 Ländern. Die erste Phase der Bekanntmachung des Global Compact in einem Großteil aller Länder der Erde soll Ende 2003 abgeschlossen sein. Anschließend wird der Schwerpunkt auf Erhaltung und Vertiefung bestehender Aktivitäten liegen. Die Homepage des Global Compact[9] soll als Knotenpunkt umfangreiche Informationen für die Netzwerke bereitstellen (GCO 2003: 41–44).

3. Zivilgesellschaftliche Kritik am Global Compact

Skepsis und Ablehnung werden dem Global Compact von verschiedenen Seiten zuteil, vor allem aber von Vertretern der Zivilgesellschaft. Hier stehen zwei Kritikpunkte im Vordergrund: zum einen die Konzeption und strategische Ausrichtung des Global Compact, zum anderen die konkrete Umsetzung und ihre bisherigen Ergebnisse.

(1) Eine prominente kritische Stimme ist die Nichtregierungsorganisation CorpWatch, die gleichzeitig als Sekretariat der „Allianz für eine von der Privatwirtschaft freie UN" (*Alliance for a corporate-free UN*) fungiert. Diese Allianz besteht aus bekannten Nichtregierungsorganisationen wie etwa dem Third World Network oder den Friends of the Earth. Sie ist mit der Konzeption des Global Compact aufgrund der fehlenden rechtlichen Verbindlichkeit der neun Prinzipien grundsätzlich nicht einverstanden: Die freiwillige Selbstbindung der Privatwirtschaft sei nicht geeignet, eine weltweite Durchset-

---

9 http://www.unglobalcompact.org

zung der im Global Compact verankerten Menschenrechts-, Sozial- und Umweltstandards zu erhöhen. Im Gegenteil: Nach Ansicht der Kritiker begünstigt die fehlende Verbindlichkeit sogar das Fehlverhalten von Unternehmen. Damit eng verknüpft wird bemängelt, dass die Einhaltung der Prinzipien keiner Überwachung durch die Vereinten Nationen unterliegt. Die Verpflichtung zur Einhaltung der neun Prinzipien ohne Kontrolle wird als wertlos angesehen. Der UNO als einzigartiger inter-gouvernementaler Organisation wird das Potenzial zugeschrieben, eine demokratisch legitimierte Kontrolle über Unternehmen auszuüben. Vor diesem Hintergrund besteht der Hauptpunkt der Kritik darin, dass die UNO dieses Potenzial mit dem Global Compact gerade nicht ausschöpfe (TRAC 2000: 4).[10]

Den Global-Compact-Mitgliedsunternehmen wird von dieser Kritikrichtung vorgeworfen, die Initiative zu instrumentalisieren, um sich durch die offizielle Partnerschaft mit den Vereinten Nationen deren integres Image ungerechtfertigterweise anzueignen. Dies wird als „bluewash" bezeichnet, in Anspielung auf die blaue UN-Flagge, in die sich, so der Vorwurf, Unternehmen bildlich hüllen, um sich den irreführenden Anschein zu geben, den klassischen UN-Themen wie Menschen- und Arbeitnehmerrechten oder dem Umweltschutz verpflichtet zu sein (TRAC 2000). Darüber hinaus, so wird vermutet, diene das Engagement für den Global Compact vor allem der unternehmerischen Lobbyarbeit. Die Agenda der Vereinten Nationen solle auf diese Weise durch Geschäftsinteressen bestimmt werden, um so verbindliche Regeln zu Umwelt- und Sozialstandards zu verhindern (Paul 2001; CorpWatch 2002).

(2) Hinsichtlich der konkreten Durchführung stand zunächst der Vorwurf mangelnder Transparenz im Vordergrund: Während der ersten zwei Jahre nach Gründung der Initiative wurden die Namen der am Global Compact teilnehmenden Unternehmen nicht veröffentlicht – mit der Begründung, man wolle einen Missbrauch als reine PR-Maßnahme ausschließen. Nachdem einige Unternehmen dessen ungeachtet ihre Teilnahme bekannt machten, wurden schließlich alle Namen veröffentlicht. Mangelnde Transparenz wurde auch in anderen Fällen moniert. So war beispielsweise bei der Einrichtung des Beirats unklar, nach welchen Kriterien die Teilnehmer berufen worden waren (Hamm 2002). Kritisch angemahnt wird auch eine offenere Informationspolitik im Hinblick auf die Treffen des Beirats und die Ergebnisse der Beratungen.

Auch die Beiträge der Unternehmen zum Lernforum, dem Kernstück der Initiative, werden vielfach als enttäuschend empfunden. Kritisiert wird, dass sich die Berichte der Unternehmen in der Pilotphase auf die Darstellung von Einzelprojekten oder philanthropischen Aktivitäten konzentrierten. Zahlreiche Kritiker halten solche Engagements

---

10 John Ruggie hat auf diese Vorwürfe entgegnet, dass er die Verabschiedung eines verbindlichen Verhaltenskodex für Unternehmen durch die Generalversammlung gegenwärtig für ausgeschlossen halte. Auch sei eine Überwachung der Aktivitäten von Unternehmen weder Aufgabe der Vereinten Nationen, noch liege sie im Bereich des Möglichen hinsichtlich der personellen und finanziellen Ressourcen. Er verdeutlicht dies anhand einer Berechnung zum Personaleinsatz, der allein für die Überwachung der Herstellung von US-Konsumprodukten im Ausland anfallen würde. Die Zahl von 55.000 Personen, die vor Ort nur für diese Aufgabe benötigt würden, übersteigt bereits die Zahl aller Angestellten der Vereinten Nationen (vgl. Ruggie 2002: 32).

für aufgesetzte Werbemaßnahmen, von denen kein nennenswerter Beitrag ausgeht, die dem Global Compact zugrunde liegenden Ziele wirksam zu befördern.

Kritik an der neuen operativen Ausrichtung des Global Compact wurde im April 2003 auch durch vier führende Nichtregierungsorganisationen formuliert. Oxfam, Amnesty International, Laywers Committee for Human Rights und Human Rights Watch drückten in einem Brief an die stellvertretende UN-Generalsekretärin, Louise Fréchette, ihre Besorgnis über Umsetzungsdefizite der Initiative aus: „[T]he issue of our continuing participation in the Global Compact is a subject of some debate within our respective organisations. The pressure is growing for tangible evidence of progress arising from the Global Compact, and some see this as a prerequisite for continuing involvement" (o.A. 2003a: 1). Kritisiert wurde, dass die Rechenschaftspflicht der Unternehmen, welche ohnehin durch den Lerncharakter des Global Compact nur schwach ausgeprägt ist, durch die Aufgabe der verpflichtenden Einreichung von Beispielen weiter reduziert werde. Ferner forderten die Organisationen in ihrem Brief das Global-Compact-Büro auf zu überwachen, ob die Berichterstattung nach den neuen Richtlinien erfolgt, und Teilnehmer gegebenenfalls an ihre Pflichten zu erinnern und jährlich die Qualität zu beurteilen. Darüber hinaus forderten sie unter anderem die Entwicklung klarer Richtlinien für den Fall eines Verstoßes gegen die Prinzipien.[11]

(3) Neben der geschilderten Kritik gibt es innerhalb der Zivilgesellschaft zwar eine durchaus große Zustimmung zum Global Compact. Mit dieser Initiative verbinden sich viele Hoffnungen. Dennoch dominieren kritische Stimmen das Meinungsbild. Die zivilgesellschaftliche Kritik am Global Compact lässt sich in zwei Hauptpunkten zusammenfassen. (a) Auf der konzeptionellen Ebene reicht die Kritik an der strategischen Ausrichtung von vorsichtiger Skepsis bis hin zu radikaler Ablehnung. Manche befürchten, der Global Compact gefährde die Integrität der Vereinten Nationen. Viele Nichtregierungsorganisationen sind dagegen, dass sich die Vereinten Nationen um eine partnerschaftliche Zusammenarbeit mit der Privatwirtschaft bemühen. Sie würden es vorziehen, wenn stattdessen Unternehmen durch die Vereinten Nationen mittels sanktionsbewehrter Regulierung gezwungen würden, ihr Verhalten zu ändern. Im Hintergrund steht die Befürchtung, dass Nichtregierungsorganisationen durch den Global Compact die Vereinten Nationen als einen Verbündeten gegen die Interessen der Privatwirtschaft einbüßen könnten. (b) Auf der operativen Ebene wird vor allem die mangelnde Durchschlagskraft des Global Compact kritisiert. Viele Nichtregierungsorganisationen wünschen sich eine stärkere Verbindlichkeit, verbunden mit Aufsicht und Kontrolle sowie Kriterien für die Nicht-Aufnahme (ex ante) bzw. für den Ausschluss (ex post) solcher Unternehmen, die sich einer Verletzung der dem Global Compact zu-

---

11 In ihrer Reaktion auf diesen Brief wies Louise Fréchette (2003) darauf hin, dass der Beirat sich künftig verstärkt mit der Wahrung der Integrität auseinandersetzen werde. Auch sei ab 2004 geplant, die Qualität der eingereichten Unternehmensberichte zu evaluieren. Gleichzeitig hätten aber viele teilnehmende Unternehmen aus Entwicklungsländern nicht die Ressourcen, Berichte zu veröffentlichen. Sprachbarrieren und die schnell wachsende Anzahl der Global-Compact-Teilnehmer würden zusätzliche Herausforderungen darstellen. Die Initiative sei nach wie vor ein ambitioniertes Experiment der Zusammenarbeit.

grunde liegenden Prinzipien schuldig gemacht haben. Auch hier geht die gewünschte Tendenz sehr deutlich in Richtung Regulierung.[12]

4. Wirtschaftsethische Stellungnahme zur Kritik am Global Compact

Alles, was neu ist, wird zunächst aus der Perspektive des Alten wahrgenommen. Deshalb treffen Innovationen regelmäßig auf Unverständnis. Allerdings eröffnet dies die Möglichkeit, zumindest einen Teil der zunächst unvermeidlichen Umsetzungswiderstände und Akzeptanzschwierigkeiten mittels Aufklärung abzubauen. Vor diesem Hintergrund geht es im Folgenden nicht darum, sämtliche Kritikpunkte am Global Compact als unberechtigt zurückzuweisen. Ganz im Gegenteil, manche Kritikpunkte, vor allem an den Ausführungsdetails, sind durchaus berechtigt. Vielmehr versuchen die folgenden Ausführungen, die berechtigte Kritik konstruktiv zu wenden: Es geht darum, mittels wirtschaftsethischer Überlegungen Optionen zu identifizieren, die dem Global Compact eine heuristische Perspektive eröffnen und den Nichtregierungsorganisationen konkrete Möglichkeiten aufzeigen, wie sie ihre legitimen Interessen – nicht gegen, sondern – durch den Global Compact besser zur Geltung bringen könnten, durch einen Global Compact freilich, der programmatisch und operativ entsprechend justiert werden muss. Hierfür ist eine konstruktiv-kritische Begleitung durch die Zivilgesellschaft unerlässlich.[13] Insofern verbindet sich mit den folgenden Ausführungen die Hoffnung, durch Fokussierung auf das Neue am Global Compact einigen verbreiteten Missverständnissen entgegenzuwirken, die dazu führen, dass sich viele Nichtregierungsorgani-

---

12 Für einen ausführlichen Überblick über die Kritik zum Global Compact, der sich freilich die zivilgesellschaftlichen Bedenken weitgehend zu Eigen macht, vgl. Schorlemer (2003). Zwar hält die Autorin die unter Nichtregierungsorganisationen kursierenden Hoffnungen auf weltweite Regulierung für unrealistisch. Andererseits aber kann sie sich eine sinnvolle Ausrichtung des Global Compact nur dahingehend vorstellen, dass Unternehmen dazu bewegt werden, mehr Geld zur Unterstützung von Entwicklungsprojekten auszugeben: „Ein Aspekt, der für den Erfolg, bzw. Misserfolg des Globalen Paktes ebenfalls eine Rolle spielen dürfte, ist darin zu sehen, inwieweit es der UN-Führung gelingen wird, Unternehmen dazu zu motivieren, sich auch längerfristig mit eigenen und nicht völlig unerheblichen Mitteln an Entwicklungsländerprojekten (...) zu beteiligen. Nur dann wird der Globale Pakt über symbolische Gesten der gegenseitigen Sympathiezusicherung hinausgehend eine quantifizierbare Wirkung zeitgen" (Schorlemer 2003: 550–551). Dieser Beitrag ist insofern symptomatisch, als er die Tendenz widerspiegelt, den Global Compact nicht an seinen eigenen Ansprüchen, sondern an fremden Ansprüchen zu messen, die als externe Beurteilungskriterien herangetragen werden, ohne das interne Selbstverständnis der Initiative angemessen zu berücksichtigen.
13 Dabei ist anzumerken, dass Nichtregierungsorganisationen am Global Compact gegenwärtig nur teilnehmen können, wenn folgende Auswahlkriterien erfüllt werden: Neben globaler Aktivität und der Behandlung von Querschnittsthemen ist Kooperationsfähigkeit mit allen gesellschaftlichen Akteuren und ein hoher Wirkungsgrad der Arbeit erforderlich (vgl. Schneider 2002: 6). Es würde an dieser Stelle zu weit führen, diese Form der Selektion kritisch zu diskutieren. Es sei lediglich darauf hingewiesen, dass die verstärkte Einbindung bereits teilnehmender Nichtregierungsorganisationen sowie die zusätzliche Einbindung weiterer Nichtregierungsorganisationen, vor allem aus Entwicklungsländern, in Zukunft von entscheidender Bedeutung sein werden, um den Global Compact zu stärken und weiter zu entwickeln.

sationen bei der wirksamen Verfolgung ihrer genuin eigenen Ziele derzeit selbst im Wege stehen.

Als These formuliert: Das Potenzial des Global Compact als Beitrag zur Global Governance wird in weiten Teilen der zivilgesellschaftlichen Kritik deutlich unterschätzt. Die Kritik tendiert, aufgrund gravierender Missverständnisse, in vielen Fällen eher zu einer Ablehnung und ist damit gerade nicht darauf gerichtet, den Global Compact als eine Innovation weltgesellschaftlicher Selbstorganisation zur besseren Entfaltung zu bringen.

(1) Viele Nichtregierungsorganisationen verfolgen Anliegen, die mit den Zielsetzungen der Vereinten Nationen übereinstimmen und eine hohe moralische Legitimation aufweisen. Diese Anliegen beziehen sich etwa auf den Schutz der Menschenrechte, den Schutz der natürlichen Lebensgrundlagen, den Schutz vor Diskriminierung und Unrecht oder auf die wirksame Bekämpfung von Hunger, Armut und Krankheit. Oft sind es konkrete Missstände, an denen sich das Engagement der Nichtregierungsorganisationen entzündet. In vielen Fällen werden Unternehmen für diese Probleme verantwortlich gemacht. Nichtregierungsorganisationen fordern dann von einzelnen Unternehmen, diese sollten ihr Verhalten ändern, um den Missständen zu begegnen.

Die Unternehmen ihrerseits verweisen angesichts solcher Forderungen typischerweise auf Sachzwänge, die solchen Verhaltensänderungen im Wege stehen: Unter Wettbewerbsdruck seien die angemahnten Verhaltensweisen zu kostspielig; man anerkenne das Anliegen und teile es sogar, sehe sich aber außer Stande, dem Anliegen gemäß zu handeln; man wolle zwar, könne aber nicht. Hierauf reagieren Nichtregierungsorganisationen mit dem Versuch, öffentlichen Druck zu erzeugen. Oft wird eine Skandalisierungsstrategie gewählt, die das kritisierte Unternehmen an den Pranger stellt. Die damit intendierte Rufschädigung zielt darauf ab, es für das Unternehmen prohibitiv teuer zu machen, an der kritisierten Verhaltensweise festzuhalten. Im Umkehrschluss versuchen die Unternehmen, sich gegen einen solchen Angriff zu wehren und die Belastung mit Zusatzkosten abzuwenden. Im Ernstfall wird dann mit harten Bandagen gekämpft – auf beiden Seiten.

So kommt es, dass das Verhältnis zwischen Nichtregierungsorganisationen und Unternehmen von den Beteiligten zumeist als antagonistisch angesehen wird. Die wechselseitige Wahrnehmung wird dominiert von einem Zielkonflikt, einem Interessen-Trade-off, so als gingen die Interessen der Nichtregierungsorganisationen notwendig zu Lasten der Unternehmensinteressen – und umgekehrt (vgl. Abbildung 2). Das kann so weit gehen, dass man sich wechselseitig den guten Willen abspricht: Nichtregierungsorganisationen bezweifeln gelegentlich, dass es die Unternehmen wirklich ernst meinen, wenn es um die Anerkennung moralischer Anliegen geht; Unternehmen hingegen fühlen sich oft zu Unrecht attackiert, sie empfinden die moralischen Anliegen der Nichtregierungsorganisationen vielfach als bloß vorgeschoben und vermuten manchmal gar die „hidden agenda" einer geschäftsschädigenden Fundamentalopposition.

Vor diesem Hintergrund ist der Global Compact als Versuch aufzufassen, neben dieser Arena einer antagonistischen Auseinandersetzung eine zweite Arena zu installieren, in der Nichtregierungsorganisationen und Unternehmen unter Beweis stellen können, dass sie tatsächlich gemeinsame Anliegen verfolgen (können). Der Global Com-

Abbildung 2: Trade-off-Denken als eindimensionale Konfliktwahrnehmung

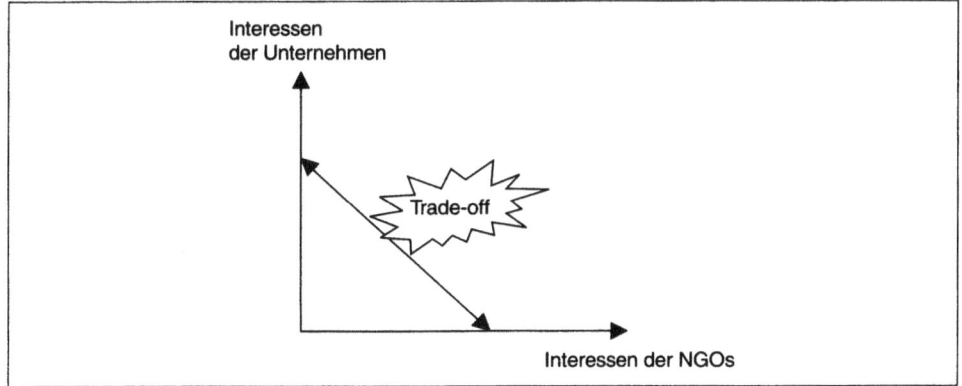

pact ist darauf angelegt, in dieser zweiten Arena ein neues Spiel zu eröffnen, das zur Zusammenarbeit einlädt, weil es hier nicht um einen Machtkampf geht, sondern um einen Lernprozess, von dem beide Seiten profitieren. Anders als in einem Machtkampf geht es hier nicht darum, die jeweils andere Seite zu schwächen, sondern es geht darum, sich wechselseitig zu stärken und an der Verwirklichung gemeinsamer Ziele gemeinsam zu arbeiten.[14]

Große Teile der zivilgesellschaftlichen Kritik am Global Compact sind folglich darauf zurückzuführen, dass der erforderliche *Paradigmawechsel vom Machtkampf zum Lernprozess* (noch) nicht vollzogen wurde und dass man deshalb den Global Compact, der von vornherein und explizit eine rein freiwillige Veranstaltung sein will, gerne zu einem Regulierungsinstrument machen würde, um die Unternehmen politisch an die Kandare zu nehmen und sie mittels Zwang für eigene Anliegen einzuspannen.[15] Aufgrund des vielfach vorherrschenden Trade-off-Denkens fällt es manchen Nichtregierungsorganisationen offenbar schwer, sich überhaupt vorstellen zu können, dass Unter-

---

14 Hurd hingegen fasst den Global Compact völlig anders auf. Er sieht in ihm gleichsam eine Duplizierung der antagonistischen Arena, ein zusätzliches Spielfeld für strittige Auseinandersetzungen: Das Interesse der Nichtregierungsorganisationen am Global Compact liege, so Hurd, allein darin, das Verletzen der Prinzipien durch teilnehmende Unternehmen der interessierten Öffentlichkeit mitzuteilen. Umgekehrt sei den Unternehmen nur daran gelegen, solche Kampagnen zu unterbinden und stattdessen durch die Teilnahme einen Reputationsgewinn zu erlangen (vgl. Hurd 2003: 111). Die Konstruktion und das Potenzial des Global Compact als Lern- und Dialogforum wird auf diese Weise systematisch verkannt. So kommt gar nicht erst ins Blickfeld, dass der Global Compact eine kooperative Arena eröffnet, ein Spielfeld für gemeinsame Aktivitäten zur Lösung globaler Probleme. Der blinde Fleck einer solchen Perspektive ist ausgerechnet so angelegt, dass die Möglichkeiten innovativer Global Governance nicht sichtbar werden: Das Neue wird in den Kategorien des Alten wahrgenommen und damit verkannt.

15 Der Global Compact ist ein Netzwerk, das auf horizontalen Verhandlungsprinzipien beruht. Er zielt darauf ab, dass alle Teilnehmer gleichberechtigt diskutieren. Damit ist ein Zwang zur Teilnahme oder ein Zwang zur Verhaltensänderung der Teilnehmer durch den Global Compact per definitionem ausgeschlossen (vgl. Ruggie 2002: 33–34).

nehmen freiwillig, weil im eigenen Interesse liegend, daran mitwirken könnten, legitime Anliegen der Zivilgesellschaft einer Verwirklichung näher zu bringen.

(2) Ein unvoreingenommener Blick auf die Realität zeigt, dass viele Unternehmen schon lange – und nicht etwa erst seit Gründung des Global Compact – nicht nur auf ihrem eigentlichen Geschäftsfeld aktiv sind, sondern sich auch in sozialer Hinsicht engagieren, angefangen vom Sportsponsoring über mäzenatische Kunst- und Kulturförderung bis hin zu Spenden für zahlreiche gesellschaftliche Initiativen. Neben diesen im engeren Sinne philanthropischen Engagements durch entsprechende Gewinnverwendung können Unternehmen aber auch bei der eigentlichen Gewinnerzielung, d.h. in ihrem genuinen Geschäftsfeld, zivilgesellschaftliche Anliegen wirksam unterstützen. So können sie beispielsweise durchaus ein Interesse daran haben, rechtlich vorgegebene Standards überzuerfüllen, etwa, indem sie mehr als den tariflich festgelegten Mindestlohn zahlen oder höhere Sicherheits- und Umweltstandards als gesetzlich vorgeschrieben einhalten. Auf den ersten Blick mag dies überraschen, werden hier doch im Wege einer (freiwilligen) *individuellen Selbstbindung* Kosten in Kauf genommen. Die zugrunde liegende Logik besteht darin, dass es sich für ein Unternehmen – im Sinne einer Investition – lohnen kann, diese Kosten in Kauf zu nehmen, weil den Nachteilen erwartete Vorteile gegenüberstehen, etwa in Form eines Reputationsgewinns, einer besseren Kundenbindung, einer höheren Zahlungsbereitschaft für die eigenen Produkte oder in Form einer besseren Motivation der Mitarbeiter. Individuelle Selbstbindungen können dem Unternehmen auf diesem Wege sogar einen Wettbewerbsvorteil einbringen.

Vor diesem Hintergrund ist es durchaus möglich (Abbildung 3), dass einzelne Projekte im Rahmen des Global Compact geeignet sind, den vermeintlichen Trade-off zwischen den Interessen der Nichtregierungsorganisationen und den Interessen einzelner Unternehmen aufzusprengen. Freilich erfordert es einen Perspektivenwechsel, um diese Option überhaupt wahrnehmen zu können: einen Wechsel der Blickrichtung um gleichsam 90° – oder, um einen wirtschaftsethischen terminus technicus zu verwenden: Es erfordert eine „orthogonale Positionierung"[16], die hilft, die allzu simplistische Situa-

---

16 Der Begriff „orthogonale Positionierung" bezeichnet eine Stellungnahme, die sich die eindimensional antagonistische Frontstellung eines Trade-offs nicht zu Eigen macht, sondern diese Frontstellung transzendiert, indem der Denkhorizont um eine neue Dimension erweitert wird. In Abbildung 3 wird dies durch den grauen Pfeil symbolisiert. „Orthogonale Positionierung" meint also das perspektivische Aufbrechen einer kategorial bedingten Denkblockade. Vgl. hierzu ausführlich Pies (2000: 34). Es geht um die Versöhnung vermeintlicher Gegensätze durch eine neue Sicht der Dinge: „Orthogonale Positionierung" bringt den in der Philosophie altbekannten Sachverhalt auf den Begriff, dass sich Dualismen oder Antinomien – wie z.B. der (vermeintliche) Gegensatz zwischen Freiheit und Determinismus oder der (vermeintliche) Gegensatz zwischen Eigeninteresse und Moral – am besten dadurch auflösen lassen, dass man auf die Voraussetzungen, den kategorialen Rahmen des vermeintlichen Entweder-Oder reflektiert und sich auf eine neue Fragestellung einlässt, die mehr in den Blick nimmt als nur dieses Entweder-Oder. Im konkreten Fall bedeutet dies, zusätzlich zum Interessenkonflikt die Möglichkeit hinzuzudenken, dass Unternehmen und Nichtregierungsorganisationen auch gemeinsame Interessen an der Lösung globaler Probleme haben und sodann nach den Bedingungen zu fragen, unter denen das so identifizierte Kooperationspotenzial realisiert werden kann. In diesem Sinne kommt eine orthogonale Positionierung einem Paradigmawechsel gleich, einem Wechsel des der Situationswahrnehmung zugrunde liegenden „mental model", so dass scheinbar Selbst-

Abbildung 3: Orthogonale Positionierung I

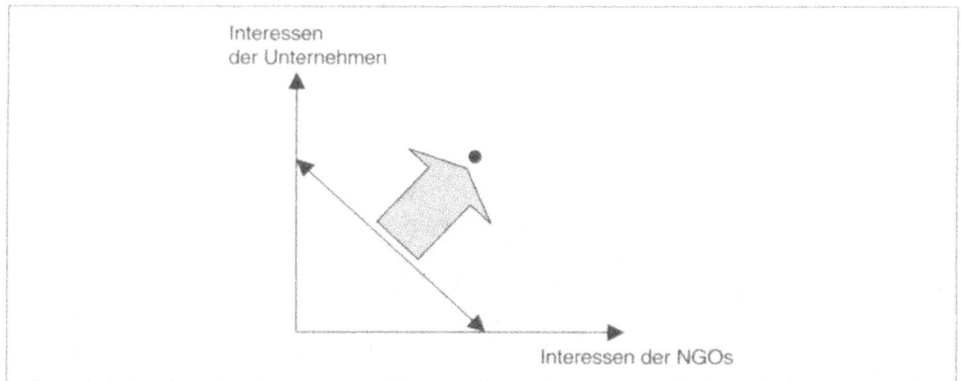

tionswahrnehmung eines strikten Interessenkonflikts zu korrigieren und aufgrund eines differenzierten Ansatzes gemeinsame Interessen ins Blickfeld zu rücken, so dass wechselseitige Besserstellungen realisiert werden können: Unternehmen befinden sich derzeit in einem Lernprozess, wie sie als „good corporate citizens" sowohl in ihren Binnenaktivitäten als auch in ihren Außenaktivitäten die Prinzipien des Global Compact wirksam unterstützen können, etwa indem sie zur Aufstellung, Einhaltung und Anhebung sozialer und ökologischer Standards in Entwicklungsländern beitragen. So gesehen, könnten Nichtregierungsorganisationen, die sich an diesem Lernprozess – um ihrer eigenen Anliegen willen! – konstruktiv beteiligen möchten, wichtige Aufgaben übernehmen:
- Sie könnten ein kritisches Forum für die Evaluation der Projekterfahrungen sein, von dem ein gewisser Wettbewerbsdruck auf die Unternehmen ausgeht, „best practices" anzustreben. Jüngste Akzentuierungen bei der Ausgestaltung des Global Compact zielen darauf ab, genau dies möglich zu machen, so z.B. die Ausarbeitung von Richtlinien für Fallstudien, die die Aktivitäten einzelner Unternehmen transparenter machen und zugleich eine größere Vergleichbarkeit herstellen.[17]
- Nichtregierungsorganisationen könnten ihr spezifisches Know-how nicht nur für die Evaluation (ex post), sondern auch für die Planung neuer Projekte (ex ante) zur Verfügung stellen und sich so aktiv in die konkrete Umsetzung der Prinzipien einbringen. Dies würde die Durchschlagskraft mancher Projekte erhöhen und die Vernetzung einzelner Unternehmensaktivitäten mit politischen und zivilen Akteuren – z.B. in Form von „Public-Private-Partnerships"[18] – erleichtern. Zudem ließe sich die

verständliches in einem neuen Licht erscheinen kann und Optionen sichtbar werden, die früher systematisch ausgeblendet waren. Das alte Paradigma – sowohl aus Sicht der Unternehmen als auch aus Sicht der Nichtregierungsorganisationen lautete: „The business of business is business." Das neue hingegen lässt sich so formulieren: „Es gehört konstitutiv zum Geschäftsfeld von Unternehmen, als Corporate Citizens Ordnungsverantwortung für die Rahmenbedingungen ihres Handelns zu übernehmen. Der Global Compact eröffnet hierfür eine innovative Arena, in der Nichtregierungsorganisationen an solchen Politikprozessen (Global Governance) gleichberechtigt und konstruktiv teilnehmen können."

17 Diese Forschungsrichtlinien wurden gemeinsam mit dem Aspen Institute for Social Innovation in Business erarbeitet (vgl. Waddock 2002: 8).
18 Unter Public-Private Partnerships werden hier neue Formen der Zusammenarbeit zwischen Politik, Privatwirtschaft und Zivilgesellschaft verstanden (vgl. dazu ausführlich Nelson 2002).

bisherige Asymmetrie der Unternehmensaktivitäten zugunsten sozialer und ökologischer Prinzipien leichter abbauen, wenn Nichtregierungsorganisationen künftig gemeinsam mit Unternehmen Projekte zum Schutz der Menschenrechte konzipieren würden.

Freilich müssen für eine solche Zusammenarbeit klare Spielregeln gelten, die die Integrität der beteiligten Personen und Organisationen wahren. Die hier skizzierte punktuelle Zusammenarbeit verlangt nicht, eigene Ziele kompromisslerisch aufzugeben. Wohl aber eröffnet sie die Option, kooperativ nach Wegen zu suchen, wie gemeinsame Ziele gemeinsam befördert werden können. Das Zusammenkommen in dieser kooperativen Arena schließt nicht aus, sondern es schließt ein, dass sich Nichtregierungsorganisationen und Unternehmen in jener konfliktorischen Arena, in der sie sich derzeit vorwiegend begegnen, auch weiterhin antagonistisch verhalten. Das Verhältnis dieser beiden Arenen ist nicht als substitutiv – im Sinne einer oberflächlichen Verbrüderung der Akteure –, sondern es ist als komplementär zu begreifen.

(3) Das Global-Governance-Potenzial der mit dem Global Compact eröffneten Arena für eine punktuelle Zusammenarbeit zwischen Nichtregierungsorganisationen und Unternehmen wird freilich erst dann voll ausgeschöpft, wenn in dieser Arena nicht nur ein Informationsaustausch über einzelne Projekte erfolgt, sondern zusätzlich auch eine Verständigung über gemeinsame Regelinteressen. Gerade als strategisches Lern- und Dialogforum könnte der Global Compact zu einem Ort weltgesellschaftlicher Selbst-Verständigung und Selbst-Organisation werden. Das Problemlösungspotenzial des Global Compact ist tatsächlich viel größer, als vielfach vermutet wird. Warum?

In vielen Fällen reicht es nicht aus, dass ein Unternehmen im Zuge individueller Selbstbindung versucht, höhere Standards praktisch im Alleingang durchzusetzen. Das gute Beispiel macht nicht immer Schule. Oft kann es passieren, dass ein solches Unternehmen nicht den erhofften Wettbewerbsvorteil, sondern ganz im Gegenteil einen Wettbewerbsnachteil erleidet. In solchen Fällen kann eine *kollektive Selbstbindung* weiterhelfen, die nicht nur ein einzelnes Unternehmen, sondern auch seine Konkurrenten auf einen bestimmten Standard verpflichtet. Durch eine Regel, die für alle gleichermaßen gilt, kann der Standard wettbewerbsneutral durchgesetzt werden. Eine solche Regelsetzung freilich verlangt kollektives Handeln. Hier ist es nicht mit einzelnen Projekten getan. Statt dessen müsste daran gearbeitet werden, gravierende Regelungslücken in der Rahmenordnung für die Weltmärkte zu schließen. Es muss verhindert werden, dass Wettbewerber einen Vorteil dadurch erlangen können, dass sie erwünschte Standards unterbieten.

Im Prinzip hat jedes Unternehmen ein Interesse daran, vor einer solchen Art von ruinösem Wettbewerb geschützt zu werden und folglich seine Konkurrenten mit ins Boot zu holen, wenn es darum geht, allseits erwünschte Standards gegen wettbewerbliche Erosion zu schützen. Dies erfordert bürgerschaftliches Engagement: die aktive Mitwirkung von Unternehmen in den weltgesellschaftlichen Politikprozessen der Global Governance.

Vor diesem Hintergrund ist es durchaus möglich (Abbildung 4), dass eine Verständigung über gemeinsame (Regel-)Interessen im Rahmen des Global Compact sogar vergleichsweise stärker als bestimmte Einzelprojekte geeignet ist, den vermeintlichen

Abbildung 4: Orthogonale Positionierung II

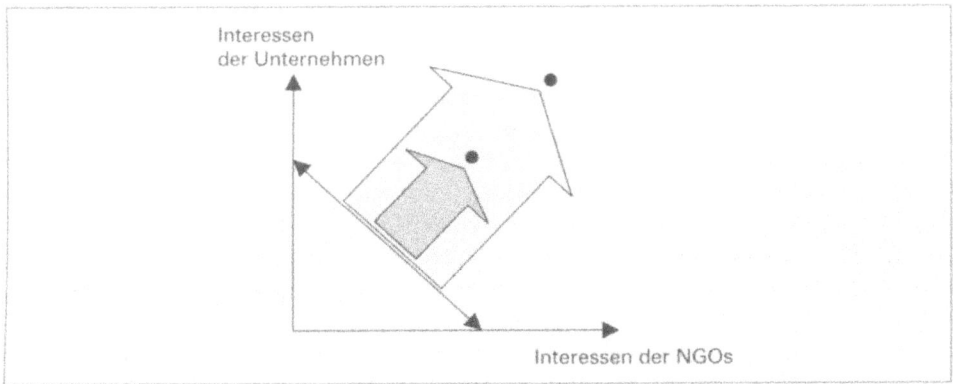

Trade-off zwischen den (Handlungs-)Interessen der Nichtregierungsorganisationen und den (Handlungs-)Interessen einzelner Unternehmen aufzusprengen und eine „orthogonalen Positionierung" zu erreichen.[19] Kollektives Handeln muss diskursiv vorbereitet werden. Freilich setzt dies voraus, dass die am Global Compact beteiligten Organisationen sich stärker als bisher auf jene Lernprozesse einlassen, die für eine wirksame Global Governance unerlässlich sind. Hierbei dürften drei Punkte von besonderer Bedeutung sein:
- Marktwirtschaft bedeutet, dass Unternehmen bei Strafe ihres Untergangs dazu gezwungen sind, nachhaltige Gewinne zu erzielen. Der Prozess der Global Governance kann diese Logik nicht außer Kraft setzen. Wohl aber kann er die Anreize zur Gewinnerzielung so ausgestalten, dass Unternehmen – Plural: nicht nur ein einzelnes Unternehmen, sondern auch seine Wettbewerber – zu allgemein erwünschten Verhaltensweisen ermutigt und von allgemein unerwünschten Verhaltensweisen abgeschreckt werden.
- Nichtregierungsorganisationen sollten um ihrer eigenen Anliegen willen die Chance nutzen, an den weltgesellschaftlichen Prozessen der Regelfindung, Regelsetzung und Regelverbesserung mittels konstruktiver Kritik teilzunehmen. Der Global Compact bietet hierfür einen innovativen Rahmen und eröffnet damit eine Option, für die so leicht kein Ersatz in Sicht ist.
- Unternehmen müssen sich darauf einlassen und einstellen, dass sie als „good corporate citizens" nicht nur für ihre Handlungen (bzw. Unterlassungen) rechenschaftspflichtig sind, sondern auch eine Mitverantwortung für jene Regeln tragen, die ihre Handlungsanreize prägen. Sie sind nicht nur Adressat moralischer Anforderungen, sondern müssen in Zukunft verstärkt damit rechnen, dass man von ihnen bürgerschaftliches Engagement im Sinne einer „Ordnungsverantwortung"[20] erwartet. Un-

---

19 Zur Erläuterung: Handlungsinteressen sind Interessen *in* einem gegebenen Spiel; Regelinteressen sind Interessen *an* einem (veränderten) Spiel. Hieraus folgt die Pointe: Gemeinsame Regelinteressen werden durch antagonistische Handlungsinteressen allererst konstituiert. Vgl. Pies (2000).
20 „Ordnungsverantwortung" ist unser Übersetzungsvorschlag für „Corporate Citizenship".

ternehmen wären gut beraten, wenn sie dieser Herausforderung pro-aktiv begegneten.

Das Konzept *Corporate Citizenship* ist nicht darauf ausgerichtet, moralische Anliegen durch Appelle an die Gesinnung der Unternehmen zu verwirklichen. Stattdessen geht es darum, Institutionen und Regeln zu schaffen, die die Verwirklichung moralischer Anliegen ermöglichen. Die Übernahme bürgerschaftlicher Ordnungsverantwortung durch Unternehmen resultiert hier aus dem Verständnis, dass es nicht mehr ausreicht, seinen Gewinn unter gegebenen Bedingungen zu maximieren. Vielmehr ist erfolgreiches Wirtschaften dauerhaft nur durch die eigene Gestaltung der Handlungsbedingungen möglich. Dies erfordert Investitionen in lokale und globale Rahmenbedingungen. Das Netzwerk des Global Compact eröffnet zahlreiche Möglichkeiten, dieses (neue) Selbstverständnis auch jenseits punktueller Vorzeigeprojekte umzusetzen.

Zur Illustration dieses bislang weitestgehend noch ungenutzten Potenzials wird im Folgenden eine Initiative vorgestellt, die sich der Bekämpfung und Prävention von HIV/Aids verschrieben hat. Sie verdeutlicht die Entwicklungsperspektive des Global Compact als Plattform für eine gemeinsame Ordnungsverantwortung von Unternehmen und Nichtregierungsorganisationen.

5. Entwicklungsperspektiven

Die *Global Business Coalition on HIV/Aids (GBC)*[21] besteht aus 110 Unternehmen und vertritt damit etwa drei Millionen Angestellte in 178 Ländern. Sie wurde 1997 ins Leben gerufen als Reaktion auf die katastrophalen Folgen, die weltweit durch die Aids Pandemie ausgelöst wurden.

Aktuell sind etwa 34 Millionen Menschen mit dem HI-Virus infiziert. Fast alle (95 Prozent) leben in Entwicklungsländern. Bereits erzielte Entwicklungsfortschritte etwa im Hinblick auf die durchschnittliche Lebenserwartung werden durch das Virus wieder zunichte gemacht. Einer Schätzung des *US Bureau of Census* zufolge wird die Lebenserwartung in manchen subsaharischen Ländern Afrikas um acht bis 31 Jahre sinken (UNAIDS u.a. 2000: 8). Das Virus wirkt sich dementsprechend fatal auch auf alle Bereiche der Wirtschaft aus. Unternehmen sind konfrontiert mit krankheitsbedingten Fehltagen, steigenden Kosten für Gesundheitsleistungen und Krankenversicherung sowie sinkender Produktivität der Arbeitskräfte.

Es wurde rasch deutlich, dass die Bekämpfung des Virus nicht von Regierungen und internationalen Organisationen allein durchgeführt werden kann. Die Privatwirtschaft leistet im Rahmen der GBC einen Beitrag zu Programmen der Prävention, HIV-Tests und medizinischer Behandlung am Arbeitsplatz, zur Unterstützung lokaler Initiativen zur HIV-Bekämpfung und zur Förderung der Bewusstseinsbildung zum Thema im Rahmen von Kampagnen. Gleichzeitig arbeitet die GBC eng mit Regierungen, Nichtregierungsorganisationen und regionalen Initiativen (*Asian Coalition on HIV/ Aids*, Kenia, Botswana, Indien etc.) zusammen (GBC 2003). Durch diese Bündelung unterschiedlicher Kompetenzen, Expertisen und Ressourcen wird eine Hebelwirkung

---

21 Ausführliche Informationen sind zu finden unter: http://www.gbcaids.com/.

entfaltet, die von einzelnen Akteuren nicht zu erreichen wäre. Das gemeinsame Bemühen um eine Verbesserung der Situation hat Vorbildcharakter. Im Rahmen von internationalen Anzeigenkampagnen werden weitere Unternehmen aufgefordert, sich an der Initiative zu beteiligen und in den Programmen aktiv mitzuwirken. Das Projekt grenzt sich damit deutlich von herkömmlichen Formaten unternehmerischen Engagements, etwa in Form von Sachspenden, ab. Auf übergeordneter Ebene trägt die GBC dazu bei, Problemlösungskompetenz für grenzüberschreitende Probleme wie HIV/Aids zu entwickeln. Sie ist mithin ein Vehikel für Global Governance.

Es ist ein positives Zeichen, dass im Mai 2003 die gemeinsame Bekämpfung von HIV/Aids durch Global-Compact-Teilnehmer und Initiativen wie die GBC diskutiert wurde. Darüber hinaus verabschiedeten der Internationale Bund freier Gewerkschaften (ICFTU) und die Internationale Organisation der Arbeitgeber (IOE), beides Global-Compact-Mitglieder, ein gemeinsames HIV/Aids-Bekämpfungsprogramm. Beide Organisationen sind die einflussreichsten Arbeitgeber-/Arbeitnehmervereinigungen weltweit.[22] In ihrer Erklärung wurde die entscheidende Bedeutung der Zusammenarbeit gewürdigt, um eine weitere Ausbreitung des Virus zu bekämpfen. Darüber hinaus sei es nur durch gemeinsame Anstrengungen möglich, eine ganze Reihe weiterer Probleme zu adressieren (o.A. 2003b).

Mit dieser Entwicklung wurde eine weitere innovative Zusammenarbeit zur Lösung globaler Probleme auf den Weg gebracht. Hierin liegt das Potenzial des Global Compact, welches in Zukunft verstärkt zur Geltung gebracht werden kann: Der Erfolg des Global Compact wird davon abhängen, inwieweit „Corporate-Citizenship"-Projekte auf nachhaltige Weise die neun Prinzipien und die allgemeine Mission der Vereinten Nationen stärken und einen Beitrag zu den Millennium-Entwicklungszielen leisten (Kell/Levin 2002: 2).

Die Bekämpfung von HIV/Aids, Malaria und anderen Krankheiten ist nur eines dieser Ziele. Viele andere drängende Probleme verlangen nach ähnlich innovativer Zusammenarbeit von Nationalstaaten, internationalen Organisationen, Zivilgesellschaft und Privatwirtschaft. Diese Bedeutung des Global Compact formuliert UN-Generalsekretär Kofi Annan (o.J.: 4) wie folgt: „I would like to point out that we dare not allow this endeavor to fail; too much is at stake: in some measure, the future of globalization, open markets, world poverty, human decency and the planet. We do not have identical priorities, but we do share common interests. The Global Compact must become the ground on which these common interests may take root and flourish. If we remain committed to our common purpose, then we shall make a real difference and show others the way. That is what leadership is all about."

6. Zusammenfassung und Ausblick

Der Global Compact ist ein Lern- und Dialogforum für die weltgesellschaftliche Selbstorganisation globaler Problemlösungen. Für die an diesem Netzwerk beteiligten

---

[22] Die ICFTU hat 231 affiliierte Gewerkschaftszentren in 150 Ländern, wodurch er 158 Millionen Mitglieder repräsentiert. Der IOE repräsentiert 137 nationale Arbeitgeberverbände aus 133 Ländern.

Akteure verbindet sich damit die Zumutung, ihre herkömmlichen Rollenerwartungen neu zu überdenken und sich auf innovative Formen der Zusammenarbeit einzustellen: Die Vereinten Nationen sind im Rahmen des Global Compact keine Regulierungsinstanz, sondern Impulsgeber und Moderator einer auf freiwilliger Teilnahme beruhenden Initiative. Nichtregierungsorganisationen sind im Rahmen des Global Compact nicht als Gegenmacht zur Privatwirtschaft gefordert, sondern als gleichberechtigte Teilnehmer an einem Dialog- und Lernprozess. Unternehmen sind im Rahmen des Global Compact dazu aufgerufen, Corporate Citizenship unter Beweis zu stellen. Von ihnen wird erwartet, dass sie intern eine moralische Integrität ausbilden und extern mit bürgerschaftlichem Engagement Ordnungsverantwortung wahrnehmen.

Angesichts dieser Zumutungen kann es nicht verwundern, dass der Global Compact Vorbehalte hervorruft. Im Zentrum der zivilgesellschaftlichen Kritik steht der Vorwurf, dem Global Compact mangele es an Kontroll- und Sanktionsmechanismen; folglich sei er kein effektives Regulierungsinstrument. Diese Kritik übersieht offenbar, dass der Global Compact von vornherein bewusst und explizit kein Regulierungsinstrument sein will. Sein innovativer Charakter liegt gerade darin, diskursiv vermittelte Lernprozesse anleiten zu wollen.

Vor diesem Hintergrund wäre es verfehlt, wollten sich die hier zuständigen Wissenschaftsdisziplinen lediglich darauf kaprizieren, in der Gesellschaft vorfindliche Meinungen widerzuspiegeln. Im Zweifelsfall würden sie damit nur verbreitete Missverständnisse und Orientierungsschwierigkeiten kolportieren. Stattdessen sollte sich die wissenschaftliche Begleitforschung der schwierigen Aufgabe widmen, populäre Fehleinschätzungen und die zugrunde liegenden Denkkategorien zu reflektieren, um so einzelne durchaus berechtigte Kritikpunkte am Global Compact konstruktiv zu wenden. Es geht um wissenschaftlich fundierte Orientierungsleistungen, die den diversen weltgesellschaftlichen Akteuren eine Hilfestellung anbieten, ihre Interessen an einer verbesserten Weltordnung wirksamer zur Geltung zu bringen (vgl. Pies 2003). Das Potenzial des Global Compact als Beitrag zur Global Governance muss man nämlich erst erkennen, bevor man es voll ausschöpfen kann.

Literatur

Annan, Kofi, 1999: A Compact for the New Century.
[http://www.un.org/partners/business/davos.htm#speech]
Annan, Kofi, o.J.: [Editorial] in: *DaimlerChrysler* (Hrsg.), The Global Compact.
[http://www.daimlerchrysler.com/company/gc/dcx_global-compact.pdf]
Benner, Thorsten/Obser, Andreas/Reinicke, Wolfgang H./Witte, Jan M., 2001: Global Public Policy: Chancen und Herausforderungen vernetzten Regierens, in: Zeitschrift für Politik 4, 1–24.
Cohen, Jonathan, 2001: The World's Business. The United Nations and the Globalisation of Corporate Citizenship, in: *Andriof, Jörg/McIntosh, Malcolm* (Hrsg.), Perspectives on Corporate Citizenship. Sheffield: Greenleaf, 185–197.
CorpWatch, 2002: Greenwash + 10. The UN's Global Compact, Corporate Accountability and the Johannesburg Earth Summit. [http://www.corpwatch.org/upload/document/gw10.pdf]
Deutscher Bundestag (Hrsg.), 2002: Schlussbericht der Enquete-Kommission Globalisierung der Weltwirtschaft. Leverkusen: Leske und Budrich.
Fréchette, Louise, 2003: Deputy Secretary-General Replies to NGO Letter (June 3, 2003).
[http://www.unglobalcompact.org/content/NewsDocs/dsg_ngoletter030603.pdf]

Global Business Coalition on HIV/Aids (GBC), 2003: Communique.
[http://www.gbcaids.com/pdf/GBC_newsletter_2003.pdf]
Global Compact Office (GCO), 2002: The Global Compact: Report on Progress and Activities. New York: United Nations.
Global Compact Office (GCO), 2003: The Global Compact: Report on Progress and Activities. July 2002–2003. New York: United Nations.
Habisch, André, 2003: Corporate Citizenship. Gesellschaftliches Engagement von Unternehmen in Deutschland. Berlin u.a.: Springer.
Hamm, Brigitte, 2002: Der Global Compact. Eine Bestandsaufnahme, in: *Hamm, Brigitte* (Hrsg.), Public-Private Partnership und der Global Compact der Vereinten Nationen. INEF Report, Institut für Entwicklung und Frieden der Gerhard-Mercator-Universität Duisburg, 17–39.
Hurd, Ian, 2003: Labour Standards through International Organisations. The Global Compact in Comparative Perspective, in: Journal of Corporate Citizenship XI, 99–111.
Informationszentrum der Vereinten Nationen, o.J.: Der globale Pakt. Gemeinsame Werte für den globalen Markt. Bonn.
Joint United Nations Programme on HIV/Aids (UNAIDS)/The Prince of Wales Business Leaders Forum (PWBLF)/Global Business Council on HIV/Aids, 2000: The Business Response to HIV/Aids. Impact and Lessons Learned. New York: United Nations.
Kell, Georg/Levin, David, 2002: The Evolution of the Global Compact Network: An Historic Experiment in Learning and Action; Working Draft 9–2002. New York: United Nations.
Kell, Georg/Ruggie, John G., 1999: Global Markets and Social Legitimacy: The Case of the „Global Compact". [http://www.csmworld.org/public/csrdoc/global_market.pdf]
Mürle, Holger, 1998: Global Governance: Literaturbericht und Forschungsfragen. INEF-Report 32, Institut für Entwicklung und Frieden der Gerhard-Mercator-Universität Duisburg.
McIntosh, Malcolm/Thomas, Ruth/Leipziger, Deborah/Coleman, Gill, 2003: Living Corporate Citizenship. Strategic Routes to Socially Responsible Business. Edinburgh u.a.: Financial Times/Pearson.
Nelson, Jane, 2002: Building Partnerships. Cooperation between the United Nations System and the Private Sector. New York: United Nations.
Ohne Autor (o.A.), 2000: Der Globale Pakt. Unternehmen und Zivilgesellschaft sollen zur Bewältigung der Herausforderungen der Globalisierung herangezogen werden.
[http://www.uno.de/sg/millennium/unicmg8.htm]
Ohne Autor (o.A.), 2003a: Letter to Louise Fréchette raising concerns on UN Global Compact.
[http://web.amnesty.org/web/web.nsf/print/ec_briefings_global_7 April03]
Ohne Autor (o.A.), 2003b: Fighting HIV/Aids together. A Programme for Future Engagement.
[http://www.unglobalcompact.org/irj/servlet/prt/portal/prtroot/com.sapportals.km.docs/uncontent/NewsDocs/pdhivaids_jointst.pdf]
Ohmae, Kenichi, 1995: The End of the Nation State: The Rise of Regional Economies. New York: Harper Collins.
Paul, James A., 2001: Der Weg zum Global Compact. Zur Annäherung von UNO und multinationalen Unternehmen, in: *Brühl, Tanja/Debiel, Tobias/Hamm, Brigitte/Hummel, Hartwig/Martens, Jens* (Hrsg.), Die Privatisierung der Weltpolitik. Entstaatlichung und Kommerzialisierung im Globalisierungsprozess. Bonn: Dietz.
Pies, Ingo, 2000: Ordnungspolitik in der Demokratie. Ein ökonomischer Ansatz diskursiver Politikberatung. Tübingen: Mohr Siebeck.
Pies, Ingo, 2003: (Welt-Gesellschafts-Vertrag: Auf dem Weg zu einer ökonomisch fundierten Ethik der Globalisierung. Diskussionspapier No. 03/1, Forschungsinstitut des Wittenberg-Zentrums für Globale Ethik, in Zusammenarbeit mit dem Lehrstuhl für Wirtschaftsethik an der Martin-Luther-Universität Halle-Wittenberg und der Sektion Wirtschaftswissenschaften der Stiftung Leucorea, Wittenberg.
Ruggie, John G., 2002: The Theory and Practice of Learning Networks. Corporate Social Responsibility and the Global Compact, in: Journal of Corporate Citizenship V, 27–36.
Schneider, Iris, 2002: Globale Werte für die Wirtschaft, in: ai-Journal 3, 6–7.

Schorlemer, Sabine von, 2003: Der „Global Compact" der Vereinten Nationen – ein Faust'scher Pakt mit der Wirtschaftswelt?, in: *Schorlemer, Sabine von* (Hrsg.), Praxishandbuch UNO. Die Vereinten Nationen im Lichte globaler Herausforderungen. Berlin: Springer.

Strange, Susan, 1996: The Retreat of the State. The Diffusion of Power in the World Economy. Cambridge: Cambridge University Press.

Transnational Resource and Action Center (TRAC), 2000: Tangled up in Blue. Corporate Partnerships at the United Nations. [http://www.corpwatch.org/upload/document/tangled.pdf]

United Nations (UN), 2000: Guidelines – Cooperation between the United Nations and the Business Community, Issued by the Secretary-General of the United Nations, 17 July 2000. [http://www.un.org/partners/business/guide.htm]

United Nations (UN), 2003: Press Release SG/SM/8859, TAD/1951: In Message to WTO Conference, Secretary-General calls on Trade Ministers to address needs of World's Poorest. [http://www.un.org/News/Press/docs/2003/sgsm8859.doc.htm]

United Nations Development Programme (UNDP), 2003: Human Development Report 2003. Millennium Development Goals: A Compact among Nations to End Human Poverty. New York: United Nations.

Waddock, Sandra, 2002: Learning from Experience: The UN Global Compact Learning Forum 2002. [http://www.unglobalcompact.org/irj/servlet/prt/portal/prtroot/com.sapportals.km.docs/uncontent/Learning/waddock_rep.pdf]

B. Vermarktlichung und Ökonomisierung

Ökonomisierung der Verwaltung. Konzepte, Praxis, Auswirkungen und Probleme einer effizienzorientierten Verwaltungsmodernisierung

Jörg Bogumil

1. Einleitung

Die öffentliche Verwaltung verstand sich in Deutschland lange Zeit als wettbewerbsfreier Raum. In der Logik der traditionellen, rechtsförmigen Verwaltungssteuerung bedeutete mehr Wettbewerb die Überführung von staatlich wahrgenommenen Aufgaben in den Bereich der Marktwirtschaft, also Privatisierung (Nullmeier 2001: 92). Spätestens seit Anfang der 1990er Jahre ist aber auch hierzulande ein verstärktes Eindringen von Wettbewerbselementen in die öffentliche Verwaltung zu beobachten. Die Auflösung der tradierten Gegenüberstellung von Markt und Staat zugunsten einer differenzierten Sicht von Zwischenfeldern, Mischformen und Neukombinationen erlaubt es nun, stärker über die fall- und bereichsweise Ergänzung traditioneller Verwaltungsprinzipien durch Wettbewerbs- und Marktelemente nachzudenken. Häufig geht es um eine Politik der Verringerung der Leistungstiefe öffentlicher Verwaltungen, also um die Frage, was die Verwaltung selbst leistet, und was sie dem privaten Sektor überantwortet. Mehr und mehr gerät dabei neben Wirtschaftsunternehmen auch das bürgerschaftliche Engagement von Vereinen und Gruppen in den Blick.

In diesem Beitrag sollen Tendenzen der Vermarktlichung oder Ökonomisierung der Verwaltung näher betrachtet werden, und zwar am Beispiel der Kommunalverwaltungen, da hier das Ausmaß an Ökonomisierung am weitesten fortgeschritten ist und von daher am ehesten erste Wirkungen abzusehen sind.[1] Unter Ökonomisierung wird ein Bedeutungszuwachs wirtschaftlicher Rationalitäten in ursprünglich „außerwirtschaftlichen" Bereichen, hier also dem Bereich von Staat und Verwaltung, verstanden (Reichard 2003: 119), eine zunehmende Ausrichtung des Handelns an ökonomischen Kategorien, Werten und Prinzipien. Dieser Bedeutungszuwachs äußert sich in der stärkeren „Managerialisierung der Verwaltung" und in der Vermarktlichung von öffentlichen Dienstleistungen.[2] Auf der lokalen Ebene ist die Ökonomisierung in folgenden Bereichen zu beobachten: in der Managerialisierung der Kommunalverwaltung, in der Privatisierung kommunaler Dienstleistungen, im verstärkten Aufkommen von Public Private Partnerships (PPP) und in der Schaffung von Wettbewerbsstrukturen.

Welches sind die Wirkungen von Ökonomisierungprozessen in der Verwaltung? Etablieren sich durch die Einbeziehung der Steuerungspotenziale des privaten Sektors

---

1 Auch wenn sich die Ausführungen im Kern auf die Entwicklung in Deutschland konzentrieren, wird an verschiedenen Stellen immer wieder ein Bezug zu anderen OECD-Staaten hergestellt.
2 In der englischen Sprache wird der Begriff der Ökonomisierung nicht verwendet. Stattdessen wird von „marketisation", „managerialism" oder von „new public management" gesprochen, wenn eine ökonomisch und betriebswirtschaftlich inspirierte Verwaltungsmodernisierung charakterisiert werden soll (vgl. Löffler 2003b: 22).

inhaltlich neue Formen der politischen Steuerung, wie es mitunter in der *governance*-Diskussion erhofft oder behauptet wird? Oder anders ausgedrückt: Lassen sich bereits Umrisse einer neo-weberianischen Verwaltung erkennen, in der es zu einem sinnvollen Miteinander traditioneller und neuer Steuerungsformen im öffentlichen Sektor kommt (vgl. Pollit/Bouckaert 2001; Bouckaert 2004)? Zur Beantwortung dieser Fragen wird zunächst auf die verschiedenen Steuerungsformen und auf die aktuelle Governancedebatte eingegangen (2), anschließend wird die Ökonomisierung des öffentlichen Sektors beschrieben (3), bevor dann empirisch der Stand in den oben angesprochenen Ökonomisierungsbereichen (4-7) dargestellt wird. Abschließend erfolgt eine zusammenfassende Analyse der bisher festzustellenden Wirkungen (8).

2. Governance-Strukturen

In der Regel unterscheidet man zwischen drei gesellschaftlichen Sektoren: dem öffentlichen Sektor, dem privaten Sektor und dem Dritten Sektor[3], in denen jeweils unterschiedliche Steuerungslogiken dominieren: die hierarchische Kontrolle, der marktliche Wettbewerb sowie Solidarität und Verhandlung. Allerdings zeigen empirische Forschungen, dass sich diese Sektoren noch weiter ausdifferenzieren lassen (Schuppert 2000: 365):

Abbildung 1: Ausdifferenziertes Dreisektorenmodell

Öffentlicher Sektor	Privater Sektor	Dritter Sektor
unmittelbare Bundes-, Landes- und Kommunalverwaltung	reiner Wettbewerbsmarkt	Selbstorganisation (Selbsthilfegruppen, Bürgerinitiativen)
Selbstverwaltung (z.B. Kammern, Hochschulen, Sozialversicherung, IHK)	Markt mit koordiniertem Wettbewerb (z.B. im Energiesektor)	Assoziationen (Vereine, Wohlfahrtsverbände, Genossenschaften)
Verwaltungstrabanten in Privatrechtsform (z.B. DFG, GTZ, Goetheinstitut)		Organisierte Interessen (Verbände, Konzertierte Aktionen)

In diesen Sektoren gibt es also recht unterschiedliche Formen der Aufgabenwahrnehmung. Darüber hinaus spricht in der jüngeren Vergangenheit viel dafür, dass es auch *zwischen* diesen Sektoren Grenzverschiebungen gibt und neue organisatorische Mischformen entstehen und dass sich somit das Verhältnis von staatlicher Regulierung, ökonomischem Wettbewerb und gesellschaftlicher Teilhabe neu konstituiert. Diese Neuentwicklung der komplexen Regelungsstruktur der unterschiedlichen Wirkungsmecha-

---

3 Zum Dritten Sektor (oder auch Non-Profit-Sektor bzw. intermediärer Bereich genannt) ist ein weites Spektrum von Initiativen und Organisationen zu zählen: Es reicht in Deutschland von großen Körperschaften wie den Wohlfahrtsverbänden, Kirchen und Gewerkschaften über die vielfältige Vereins- und Stiftungslandschaft bis zu kleinen, selbstorganisierten bzw. gering formalisierten Initiativen und Projekten und umfasst die ganze Themenbreite von Freizeitsport, Hobbys, Soziales, Kultur, Umwelt usw.

nismen unserer Gesellschaft wird zunehmend mit dem Begriff der „governance"-Strukturen bezeichnet.

Ohne auf die verschiedenen Begriffsprägungen und Verwendungskonzepte des Governance-Begriffes eingehen zu können (vgl. hierzu ausführlich Benz u.a. 2003; Klenk/ Nullmeier 2003), lässt sich aus politikwissenschaftlicher Sicht sagen, dass mit dem governance-Begriff zunächst eine neue *Betrachtungsweise* einhergeht. Bei der Analyse politischer Steuerungsmöglichkeiten wird zunehmend der Beitrag von zivilgesellschaftlichen und privatwirtschaftlichen Akteuren miteinbezogen. Der Staat ist nun nicht mehr die Institution, die sich vom Markt und der Gesellschaft klar unterscheidet (dies wäre „government"), sondern Staat, Markt, soziale Netzwerke und Gemeinschaften gelten als institutionelle Regelungsmechanismen, die in unterschiedlichen Kombinationen genutzt werden. Man konzentriert sich nun auf die Steuerungs- und Koordinationsfunktion dieser institutionellen Strukturen, auf das Zusammenspiel zwischen ihnen und auf die Schaffung neuer Arrangements (vgl. Benz 2003: 21f.). Governance beschreibt also die Steuerungslogik einer Organisation oder eines Sektors und wird als Oberbegriff für verschiedene Modi sozialer Handlungskoordination verwendet. Zwar sind für bestimmte Regelungsfelder bestimmte Governanceformen immer noch typisch, wie die Hierarchie für den Staat und der Marktmechanismus für die Privatwirtschaft, aber empirische Untersuchungen zeigen, dass sich institutionelle Arrangements in der Regel durch einen governance-mix auszeichnen. „Governance-mix" bezeichnet gemischte oder hybride Strukturen, in denen unterschiedliche Steuerungsmechanismen (hierarchische Kontrolle, marktlicher Wettbewerb, spontane Solidarität, Verhandlung) zum Einsatz kommen (Evers u.a. 2002: 12). Aus dieser Perspektive können, so die These, Formen kollektiven Handelns in der Gesellschaft besser verstanden werden als mit dem Konzept des Staates oder des Regierungssystems.

Neben diesem eher weiten Begriff von Governance als neuem Blickwinkel der Politikwissenschaft werden in einer engeren Bestimmung des Begriffes *inhaltliche Veränderungen der politischen Steuerung* subsumiert. Gemeint sind damit Tendenzen stärkerer gesellschaftlicher, ökonomischer und politischer Selbststeuerung und die daraus resultierende neue Kombination von Steuerungsmodi, die im Kern aus Verhandlungen, aber kombiniert mit Hierarchie und Anreizen bestehen. Governance wird hier eher als Gegenbegriff zur hierarchischen Steuerung verwandt (Mayntz 2003: 72). Bezogen auf die lokale Ebene bedeutet dies, dass die Städte bei der öffentlichen Aufgabenwahrnehmung stärker mit Bürgern, Wohlfahrtsträgern und Privatunternehmen kooperieren. Unter Kooperationen sind sowohl Kooperationen im Sinne einer Zusammenarbeit von öffentlichen mit bürgerschaftlichen und privaten Akteuren gemeint als auch Formen einer stärkeren Übertragung von Aufgaben auf Private und Bürger/Bürgergruppen, da auch hier Notwendigkeiten der Abstimmung aufgrund verbliebener öffentlicher Verantwortlichkeiten existieren.

Hier soll nun die Governancedebatte nicht weiter vertieft werden. Im Folgenden greife ich auf beide Begriffsverwendungen zurück. Bezogen auf die oben beschriebenen Ökonomisierungstendenzen wird gefragt:
– In welchem Ausmaß sind Ökonomisierungstendenzen empirisch vorzufinden, und ist es zu einem verstärkten governance-mix auf lokaler Ebene gekommen?

– Welchen Beitrag für ein problemlösungsorientiertes Verwaltungshandeln leisten diese Ökonomisierungstendenzen? Kann eine inhaltliche Veränderung der Steuerungsformen im engeren Sinne von governance beobachtet werden?

3. Ökonomisierung des öffentlichen Sektors

Seit Beginn der 80er Jahre ist in den OECD Ländern, wenn auch in unterschiedlicher Intensität, eine fortschreitende Ökonomisierung des öffentlichen Sektors zu beobachten.[4] Diskussionen über die Konzentration staatlichen Handelns auf hoheitliche Tätigkeiten, über die Privatisierung nicht hoheitlicher Aktivitäten und über die Einbeziehung ökonomischer Steuerungsmechanismen im öffentlichen Sektor verstärken sich zusehends, und in vielen OECD-Staaten beginnt eine Umstrukturierung des öffentlichen Sektors. Konkrete Reformanstöße gehen dabei meist von neokonservativen Kreisen (GB, USA, Schweden), manchmal aber auch von linken Labour-Kräften aus (Neuseeland, Australien). Die Modernisierungsbemühungen orientieren sich in der Regel am Konzept des New Public Management (NPM).

Die zentrale Stoßrichtung des NPM liegt in der Reduzierung der Staatsaufgaben. In der Kritik stehen Struktur und Größe des Staatssektors. Beabsichtigt ist eine Neubewertung der Staatsaufgaben und eine Neuorganisation der Aufgabenerledigung durch staatliche und kommunale Institutionen. Zum einen geht es um die Art und Weise der administrativ-organisatorischen Umsetzungen von Staatsaufgaben und hier insbesondere um die Einführung einer marktgesteuerten, kundenorientierten öffentlichen Dienstleistungsproduktion, die unter dem Stichwort *Binnenmodernisierung* diskutiert wird. Die dominierende Frage ist dabei: Wie kann die Effizienz im öffentlichen Sektor gesteigert werden? Zum anderen steht die Reichweite staatlicher Politik, eine *Neubestimmung öffentlicher Aufgaben* und dabei insbesondere die Bestimmung der optimalen Leistungstiefe im Mittelpunkt des Interesses. Hier wird danach gefragt, ob und in welchen Formen staatliches Handeln stattfinden soll.

Die Gründe für die Ökonomisierung sind nun vielschichtig, aber sie liegen vor allem in der Finanzkrise in Form von Haushaltsdefiziten und zunehmender Staatsverschuldung, in der Veränderung von Leitbildern zur Staatstätigkeit und im öffentlichen Sektor selbst (vgl. Naschold/Bogumil 2000; Harms/Reichard 2003a; Löffler 2003a). Die Finanzkrise wird dabei in der Regel als Katalysator angesehen, der Handlungsdruck erzeugt. Bezüglich der Leitbilder zeigt sich, dass das alte Leitbild des sozialdemokratischen Wohlfahrtsstaates nicht mehr trägt. Spätestens seit dem fast gleichzeitigem Wechsel von eher sozialdemokratischen auf liberal-konservative Regierungen in GB, den USA, Deutschland und sogar Schweden zwischen 1979 und 1982 ist der Funke des neoliberalen Zeitgeistes auch auf den öffentlichen Sektor übergesprungen.[5] Dies

---

4 Natürlich gab es immer schon Phasen der Ökonomisierung des Staates, die durch Phasen der Politisierung abgelöst wurden. Allerdings sind einige Autoren der Meinung, dass die jetzige Ökonomisierungsphase ungewöhnlich dogmatisch und weit reichend ist, da sie stärker als je zuvor Aufgabenabgrenzungen zwischen dem privaten und dem öffentlichen Sektor beeinflusst (Löffler 2003b: 19).

5 Als Rechtfertigung für die Ökonomisierung wurde dabei sowohl auf liberale Wirtschaftstheo-

hat sich auch durch die zum Teil wieder stattfindenden Regierungswechsel ab Mitte der 90er Jahre nicht wieder verändert. Ein wesentlicher Grund liegt in der andauernden öffentlichen Finanzkrise, so dass Modelle und Maßnahmen, welche versprechen, Effizienz zu steigern, nach wie vor aktuell sind.

Im Rahmen des NPM bzw. der Ökonomisierung des öffentlichen Sektors kommt es in den OECD-Staaten in Abhängigkeit von der jeweiligen institutionellen Ausgangssituation bezüglich der Größe und Struktur des öffentlichen Sektors und in Abhängigkeit von der Finanzkrise zu unterschiedlichen Zeitpunkten zu einem Einsatz verschiedenster Maßnahmen (als Überblick vgl. Pollit/Bouckaert 2000; Wollmann 2003). Man kann grob drei Ökonomisierungswellen unterscheiden (Löffler 2003a: 83f.):

- Die radikalsten Maßnahmen finden sich seit Anfang der 80er Jahre in Neuseeland, GB und mit Abstrichen in Ausstralien.[6] Obwohl dieser Prozess noch andauert, hat die Intensität mittlerweile nachgelassen.
- Ende der 80er und Anfang der 90er Jahre begannen die skandinavischen Länder, die Niederlande, die USA, Kanada, die deutschsprachigen Länder und unter dem Einfluss von internationalen Organisationen auch Länder in Mittel- und Osteuropa mit Ökonomisierungsmaßnahmen, die insgesamt stärker konsensorientiert und weniger radikal als in der ersten Ländergruppen waren.
- Ende der 90er Jahre wurde in Frankreich und in den südeuropäischen Ländern mit Ökonomisierungsmaßnahmen begonnen, die hier allerdings politisch deutlich umstrittener sind.

Die Konvergenz von Modernisierungsansätzen in den OECD Staaten ist auf der diskursiven Ebene am größten und auf der Ebene der Zielsetzungen noch relativ groß (Reduzierung von Staatsausgaben, aber in unterschiedlichem Ausmaß), während es auf der Umsetzungsebene eher zu divergenten Prozessen kommt. Insgesamt reichen die Ökonomisierungsmaßnahmen vom radikalen Rückzug des Staates durch Privatisierung oder einer verstärkten Ausschreibung öffentlicher Leistungen über die Förderung hybrider Strukturen, das Setzen auf ökonomische Anreize in und zwischen Verwaltungseinheiten bis hin zu einer Verbetriebswirtschaftlichung der Verwaltungen selbst. Mit der stärkeren Ausrichtung an ökonomischen Rationalitäten wird versucht, die Entscheidungslogik der Verwaltungsorganisationen und die Art und Weise der Umweltbeobachtung zu verändern und politische Steuerung durch marktliche Steuerung zu ergänzen oder zu ersetzen (Löffler 2003b: 24).

Die Ökonomisierung des öffentlichen Sektors ist in Deutschland am stärksten auf lokaler Ebene ausgeprägt. Die Gründe dafür liegen im Verwaltungsföderalismus, im größeren Problemdruck und der stärkeren Bürgernähe sowie in den geringen Widerstandsmöglichkeiten der lokalen Ebene gegenüber einer Abwälzung von Kosten und Lasten durch Bund und Länder. Ergebnis ist eine seit Anfang der 90er Jahre nicht enden wollende kommunale Haushaltskrise. Verstärkt werden diese Tendenzen durch die

---

rien, auf Theorien der Wohlfahrtsökonomie, auf die Public Choice Theorie sowie den Managerialismus zurückgegriffen (vgl. ausführlicher Löffler 2003b: 20–22).

6 Vom Ausmaß der Ökonomisierungsbestrebungen ist aber nicht umstandslos auch auf die Effekte zu schließen, da die Ausgangslagen zwischen den einzelnen Ländern sehr unterschiedlich sind. So ist z.B. selbst nach 20 Jahren „agencification" die britische Zentralverwaltung immer noch bedeutend umfangreicher und zentralistischer als etwa die deutsche.

Liberalisierungspolitik der EU im Bereich der öffentlichen Infrastruktur, der in Deutschland durch die kommunale Ebene wahrgenommen wird, sowie durch Globalisierungstendenzen, die sich vor allem auf die lokale Standortpolitik auswirken.[7]

4. Managerialisierung der Kommunalverwaltung

Die eben beschriebene Ökonomisierungswelle erreicht mit einem gewissen time-lag Anfang der 90er Jahre auch Deutschland. Hier wird zunächst vor allem der Bereich der Binnenmodernisierung des öffentlichen Sektors bearbeitet. Innerhalb weniger Jahre verbreitet sich die Philosophie des NPM bzw. seiner deutschen Variante, dem Neuen Steuerungsmodell, wie ein „Buschfeuer", und schon Mitte der 90er Jahre kann vor allem auf kommunaler Ebene ein umfassender Verwaltungsmodernisierungsschub konstatiert werden. Bezogen auf die Binnenstrukturen der Verwaltung werden dabei folgende Veränderungen angestrebt:
– der Übergang von der Input- zur Outputsteuerung durch die flächendeckende Gliederung des Haushaltsplans in Produkte und den Aufbau einer Kosten- und Leistungsrechnung;
– die Zusammenführung von Aufgaben- und Finanzverantwortung in den Fachbereichen (dezentrale Ressourcenverantwortung),
– der Aufbau eines Kontraktmanagements zwischen Politik und Verwaltung, innerhalb der Verwaltung und im Zusammenhang mit städtischen Beteiligungen,
– der Aufbau einer zentralen Organisationseinheit für nicht dezentralisierbare Controllingaufgaben.

Nach gut zehn Jahren Modernisierungserfahrungen halten sich die empirischen Hinweise, die Aufschluss über *Ergebnisse* und *Wirkungen* geben, bislang in Grenzen (vgl. zusammenfassend Jann u.a. 2004; Bogumil u.a. 2003). Trotz dieser unzureichenden Datenlage können thesenartig und auf der Basis verfügbarer Umfragedaten sowie ausgewählter Fallstudien[8] folgende Effekte der NPM-Reformen festgehalten werden (vgl. hierzu und im Folgenden Bogumil/Kuhlmann 2004 mit zahlreichen Nachweisen):

(1) *Outputsteuerung/Produkte:* Anfang der 1990er Jahre gab es starke, später markant rückläufige Bemühungen um *outputorientierte Steuerung* (z.B. Produktkataloge, Kosten- und Leistungsrechnung, Controlling). Nach Umfragen des Deutschen Städtetages (DST) arbeitete 1997 fast die Hälfte der befragten Mitgliedsstädte

---

[7] So verbreiten sich die Indizien für Ökonomisierung der Stadtentwicklungspolitik: „In erster Linie wird die Stadtplanung der Standortpolitik unterworfen; sie hat für das Ambiente zu sorgen, damit Investitionsentscheidungen, Firmenverlagerungen und Besucherströme der Zahl nach zunehmen" (Dangschat 1999: 35). Selbst freiwillige Aufgaben im Kulturbereich werden zunehmend mit dem Verweis auf weiche Standortfaktoren gerechtfertigt.

[8] Hier wird neben einer Auswertung der Literatur und einschlägiger Umfragen des Deutschen Städtetages und der Kommunalen Gemeinschaftsstelle insbesondere auf eigene empirische Studien zu den Veränderungsprozessen in den Städten Wuppertal, Saarbrücken, Hagen, Detmold, Arnsberg, Schwerin, Neubrandenburg und den Kreisen Ludwigslust, Nordwestmecklenburg und Barnim in den Jahren 1995 bis 2002 sowie auf die Erfahrungen im Netzwerk Kommunen der Zukunft in den Jahren 1998 bis 2002 zurückgegriffen (vgl. Naschold/Bogumil 2000; Bogumil 2001: 108–173; Bogumil u.a. 2003).

(45 Prozent) bereits mit Produkten. In der Regel wird auf kameralistischer Basis versucht, einen produktorientierten Haushalt aufzubauen. Abschreibungen werden über einen Anlagenspiegel berechnet, die Daten für kalkulatorische Zinsen, Mieten und interne Verrechnungen über feste Sätze und Schätzungen. Insgesamt kommt es so meist zu einer Kostenstellenrechnung, keiner Kostenträgerrechnung. Ab Mitte der 90er Jahre wurden zunehmend kritische Stimmen hinsichtlich des Produktansatzes laut. Der Anteil der Städte, die die Beschreibung von Produkten als Reformmethode verfolgten, ging zwischen 1998 und 2000 von 61 auf 32 Prozent zurück. Damit zeichnet sich immer mehr ab, dass die mit dem Produktansatz verfolgten vielfältigen Erwartungen und Reformziele nicht oder nur bedingt umsetzbar sind.[9]

(2) *Budgetierung:* Einerseits stellt die Budgetierung eines der wichtigsten Reformelemente im NSM-Reformprozess dar. Einer Umfrage des Deutschen Instituts für Urbanistik (Difu) zufolge arbeiteten im Jahr 1995 70 Prozent der Städte nach diesem neuen Verfahren. 1998 lag der Anteil der „budgetierenden Städte" bereits bei 88 Prozent. Nur 5 Prozent der „budgetierenden Städte" griffen 1998 auf Produktbudgets zurück, die im eigentlichen Sinne als eine Form der Outputsteuerung anzusehen sind (Frischmuth 2001b: 73f.).[10] Im Regelfall greifen die Kommunen jedoch auf Formen *inputorientierter* und damit stark vergangenheitsorientierter Budgetierung in Form der so genannten Ausgaben- oder Zuschussbudgets zurück, die dem „traditionellen" Prinzip der Kameralistik weitestgehend entsprechen und vor allem als Konsolidierungsinstrumente eingesetzt werden (67 Prozent der Städte).

(3) *Operatives Controlling/Kosten- und Leistungsrechnung:* Der Aufbau einer Kosten- und Leistungsrechnung als Bestandteil des operativen Controllings wurde vielerorts mit Elan und erheblichem Beratungsaufwand vorangetrieben. 1998 befand sie sich in immerhin 74 Prozent der befragten ostdeutschen und in 83 Prozent der westdeutschen Städte im Aufbau bzw. in Planung mit hoher Priorität und übertraf damit quantitativ alle anderen vom DST abgefragten Reforminstrumente. Insgesamt gibt es eine kontinuierliche Zunahme der Möglichkeiten, für ausgewählte Angebote und Leistungen die Ausgaben genauer zu beziffern. Andererseits ist auch im Bereich des „operativen Controllings" die Implementation bei weitem nicht abgeschlossen, denn ausweislich der DST-Umfrageergebnisse haben im Jahr 2000 nur 18 der 206 befragten Städte die Kosten- und Leistungsrechnung bereits verwirklicht (vgl. Grömig 2001: 14).

(4) Die Zusammenführung von *Aufgaben- und Finanzverantwortung* findet in zunehmendem Maße statt, allerdings ohne dass sie in der Mehrzahl der Kommunen heu-

---

9 Allerdings gibt es aktuell Bemühungen in einigen Bundesländern (z.B. NRW, Hessen), den Wechsel vom Geldverbrauchs- zum Ressourcenverbrauchskonzept und von der Kameralistik zur Doppik in den Kommunen von Seiten des Landes aus rechtlich zu normieren.

10 „Produktbudgets" beinhalten Kostenansätze je geplanter Produktart in Abhängigkeit von der Planmenge und verknüpfen somit als eine Form „outputorientierter" Budgets Sach- und Finanzziele. Erste Ansätze einer „outputorientierten" Budgetierung sind auch in den Ausgaben- bzw. Zuschussbudgets zu erkennen, soweit diese im Rahmen von Kontrakten mit bestimmten Sachzielvorgaben verbunden werden. Andernfalls, d.h. wenn ausschließlich Finanzziele enthalten sind (etwa Festlegung der Obergrenzen für Ausgaben als Form einer Plafondierung), gelten Ausgaben- und Zuschussbudgets als „inputorientierte" Budgets. Für eine detaillierte Darstellung verschiedener Budgettypen siehe Frischmuth (2001b: 72ff.).

te fachbereichsübergreifend umgesetzt worden wäre. Sie wird zudem in Haushaltskonsolidierungszeiten häufig wieder zurückgenommen. Tendenziell ist anstelle der proklamierten Erweiterung dezentraler Verantwortung eher eine Verstärkung der zentralen Steuerungslogik zu beobachten, wenn aufgrund rigider zentraler Budgetierungsvorgaben für die Fachbereiche kaum noch Handlungsspielräume im dezentralen Ressourcenmanagement bestehen.

(5) Es gibt nur eine ausgesprochen moderate Umsetzung des *Kontraktmanagements*, insbesondere im Verhältnis Politik und Verwaltung und in Bezug auf die städtischen Beteiligungen. Die Kommunalvertretungen sind (aus guten Gründen) nicht bereit, sich aus dem Verwaltungsvollzug herauszuhalten, so dass es zu keiner neuen Arbeitsteilung kommt (Bogumil 2002).

(6) Dementsprechend unterentwickelt sind auch Verfahren eines *politischen und strategischen Controllings*[11]. Selbst in fortgeschrittenen Reformkommunen (z.B. Stuttgart, Wuppertal, Detmold, Nordhorn, Emstetten, Coesfeld) befinden sich Verfahren eines politischen Controllings, etwa mittels computergestützter Ratsinformationssysteme, Auftragskontrolle politischer Beschlüsse und („politikgerechtem") Berichtswesen, erst am Anfang. Die Diskussion des strategischen Controllings als Reforminstrument nimmt zwar angesichts sich verschärfender gesamtstädtischer Steuerungsdefizite in Folge der Delegation von Ressourcenverantwortung (z.B. durch Fachbereichsegoismen) zu, eine flächendeckende Umsetzung gibt es allerdings nur in wenigen Städten. Aber auch dort ist das Problem einer adressatengerechten Aufbereitung von Daten nicht gelöst.

(7) Hinsichtlich der *organisatorischen* Dimension des NSM ist festzustellen, dass die Arbeitsorganisation in der öffentlichen Verwaltung durch die Reformmaßnahmen bis jetzt in der Regel nicht erreicht worden ist (vgl. Brüggemeier/Röber 2003) und sich als relativ resistent erweist (Lorenz 1998: 255f.). Eine neues Ressourcenmanagement führt offensichtlich nicht automatisch zu einer Optimierung von Arbeitsprozessen, wie anfangs von nicht wenigen erhofft wurde (z.B. Banner 1994). Ganz im Gegenteil: Die neuen Instrumente werden auf die alten Strukturen aufgesetzt, so dass sich in der so „modernisierten" Verwaltung im Kern nichts ändert. Die funktionale Spezialisierung ist bis auf wenige Ausnahmen (Bürgerämter und andere Aufgaben integrierende Angebote) ebenso wenig angetastet worden wie die dominierende hierarchische Kooperationsform durch „Kooperation mittels Kontrakte" ersetzt werden konnte

Resümiert man nun die Erfahrungen, lässt sich festhalten, dass das Effizienzziel durch die Einführung des NSM am ehesten erreicht wurde. Für die Fachbereiche und Verwaltungsmitarbeiter sind durch das NSM durchweg Anreize entstanden, „wirtschaftlicher" mit den kommunalen Ressourcen umzugehen. Hierzu trägt neben dem nahezu flächendeckenden Einsatz von Budgetierung (gedeckelt) als kurzfristig wirksames Konsolidierungsinstrument, die partielle Rückführung von zusätzlichen Einsparungen als Belohnung in die Fachbereiche und die generelle Konzentration auf die Ergebnisper-

---

11 Während „strategisches" Controlling die Steuerung und Kontrolle der Verwaltung sowohl durch die Parlamente als auch durch die Verwaltungsführung (Verwaltungsvorstand, Beigeordnete) umfasst, ist mit dem „politischen" Controlling ausschließlich die kommunal-parlamentarische Steuerungs- und Kontrollfunktion angesprochen.

spektive bei. Zudem wurden durch einzelne Maßnahmen (v.a. Bürgerbüros und Verfahrensbeschleunigungen) Serviceverbesserungen und eine stärkere Kundenorientierung erreicht. Allerdings beziehen sich Verbesserungen im „Output-Bereich" überwiegend auf quantifizierbare und monetarisierbare Größen wie z.B. Bearbeitungsdauer, wohingegen sachlich-inhaltliche Qualitätsaspekte (etwa Problem-/Politikbezug, Nachhaltigkeit usw.) ausgeblendet bleiben.

Die ursprünglich beabsichtigte Schließung der Strategie- und Managementlücke über veränderte Prozessstrukturen ist dagegen kaum gelungen. Vieles spricht dafür, dass der anhaltende, bzw. sich seit 2001 noch zuspitzende Konsolidierungsdruck zu einem noch stärker kurzfristigen und inkrementalistischen Politikstil in den Kommunen beigetragen hat, und dass die Managementlücke durch die immer weiter forcierten Ausgründungen aus der Stadtverwaltung noch größer geworden ist. Auch der unterschiedliche Umsetzungsstand einzelner Reformbausteine des NSM hat die Managementlücke noch dadurch vergrößert, dass der Delegation von Kompetenzen an die Fachbereiche nur sehr zögerlich der Aufbau eines zentralen Controllings folgte. Dies führt dazu, dass in den wenigen Städten, die wesentliche Reformelemente des NSM umgesetzt haben, die Umsetzung von dezentraler Ressourcenverantwortung mit zentralen Steuerungsverlusten einhergeht (vgl. zur Stadt Detmold Bogumil u.a. 2000). Das Wegfallen der Querschnittsämter wird nicht durch eine neue Form des Controllings absorbiert und die Fachbereiche agieren weitgehend autonom. Daher hängt es von der Person und den Beziehungen des Bürgermeisters ab, ob es ihm noch gelingt, zentrale Organisationsbedürfnisse durchzusetzen. Wenn nicht, verfügt er über keine ausreichenden Informationen aus den Fachbereichen. Hier zeigt sich, dass die Trennung zwischen Auftraggeber und Auftragnehmern auch zu einer Fragmentierung der Verwaltung führen kann. Statt die vorhandene Energie in die Gesamtleistungssteigerung zu stecken, wird diese vielfach in Konkurrenzkämpfen verschwendet.

Vor allem aber bewirkt das NSM bis jetzt in der Regel keine Verbesserung der politischen Steuerungsfähigkeit in den Kommunen. Die Handlungsschwäche der Kommunalvertretung gegenüber der Verwaltung hat sich eher noch verschärft, und die (politisch-parlamentarischen) Steuerungsdefizite haben zugenommen.

5. Privatisierung kommunaler Dienstleistungen

In den letzten Jahren verdichten sich Tendenzen, Aufgabenbereiche kommunaler Daseinsvorsorge z.B. im Bereich der Energie- und Wasserversorgung, der Abfallentsorgung sowie des Öffentlichen Personen-Nahverkehrs (ÖPNV) zunehmend dem Wettbewerb zu öffnen bzw. zu privatisieren. Diese Aufgabenbereiche waren in Deutschland seit Ende des 19. Jahrhunderts überwiegend von der öffentlichen Hand wahrgenommen worden.[12] Nun geraten sie einerseits durch europäische Vorgaben einer Politik

---

12 Vor allem in der Zeit der Hochindustrialisierung im letzten Drittel des 19. Jahrhunderts fanden umfassende Entprivatisierungsprozesse (!) im Bereich der Ver- und Entsorgung statt. Anfang des 20. Jahrhunderts sind in den 85 Städten des Deutschen Reichs mit über 50.000 Einwohnern Wasser-, Gas-, Elektrizitätswerke, Straßenbahn und Schlachthof weit gehend kommunalisiert. Mit den Einnahmen aus diesen Betrieben wurden zu nicht unerheblichen Teilen

der Liberalisierung von Märkten und andererseits durch die andauernde Haushaltskrise und die Hoffnung, dieser durch Privatisierung und den daraus resultierenden Vermögenserlösen begegnen zu können, unter Druck. Der empirische Stand der Liberalisierungs- und Privatisierungstendenzen ist in den einzelnen Sektoren recht uneinheitlich, auch wenn sicherlich von einem allgemeinen Trend gesprochen werden kann.

Am weitesten fortgeschritten ist die Liberalisierung des *Energiemarktes,* in dem der Wettbewerb durch den diskriminierungsfreien Zugang zu den Leitungsnetzen in Form von Durchleitungsrechten verstärkt wurde. Gerade in Bezug auf den Strommarkt ist Deutschland im EU-Vergleich Liberalisierungsspitzenreiter. Der Strommarkt ist gleichzeitig ein anschauliches Beispiel dafür, dass Liberalisierungspolitik nicht unbedingt zu mehr Wettbewerb führt. Durch Unternehmenskonzentrationen handelt es sich mittlerweile beim deutschen Strommarkt um „ein faktisches Duopol aus RWE und E.ON" (Auer et al. 2003: 9), das auch kaum eine höhere Wettbewerbsintensität aufweist als die Gebietsmonopole vor der Liberalisierung. Negative Effekte ergeben sich zudem hinsichtlich umweltpolitischer Ziele und bezüglich der vorher gängigen Subventionierung des ÖPNV.

Im Bereich der *Wasserver- und -entsorgung* gibt es noch keine wahrnehmbaren Veränderungen, allerdings relativ konkrete Überlegungen auf Bundesebene, die kommunalen Wassermonopole abzuschaffen, um Deutschland für den internationalen Wettbewerb um die Wasserversorgung und Abwasserentsorgung vorzubereiten. Dabei geht es jedoch nicht um einen Wettbewerb um Einzelkunden wie im Energiebereich, sondern um einen Wettbewerb um Konzessionen für Versorgungsgebiete. Befürchtet werden aber auch hier ökologische Problemlagen in Folge der möglichen Liberalisierung des Wassermarktes. Auch sind Haftungsfragen noch ungeklärt. Wer haftet im Fall von Verunreinigungen, der private Versorger oder auch die Kommune?

Im Bereich der *Abfallentsorgung* weisen europäische Richtlinien in Richtung eines stärkeren Wettbewerbs der Abfall- und Kreislaufwirtschaft, die dem Ziel einer Entsorgung mit möglichst geringen Stoff- und Verkehrsströmen nicht immer entspricht. Vor allem aber das 1996 beschlossene Kreislaufwirtschafts- und Abfallgesetz ermöglicht den Übergang von der alleinigen kommunalen Abfallentsorgung in Richtung teilprivatisierter Entsorgungsstrukturen. Auch hier gibt es ökologische Bedenken hinsichtlich des Ziels der Abfallvermeidung.

Im Bereich des *ÖPNV* verpflichten europarechtliche Vorgaben die öffentlichen Aufgabenträger unmittelbar, gemeinwirtschaftliche Verkehrsleistungen im Personennahverkehr im Wettbewerb zu vergeben. De facto findet bis jetzt aber kein Genehmigungswettbewerb statt, da regelmäßig nur ein öffentlich subventioniertes Unternehmen den Genehmigungsantrag stellt und die nicht subventionierte Konkurrenz chancenlos ist. Allerdings leidet der ÖPNV, wie erwähnt, unter der geringeren Subventionierung durch die Veränderungen im Energiebereich.

Insgesamt zeigt sich damit zwar ein genereller Trend in Richtung einer stärkeren Betonung von Marktkräften, aber ein recht unterschiedliches Bild bezüglich der empi-

---

zuschussbedürftige Aufgaben finanziert (Armenkasse, Krankenhaus, Polizei, Straßenbahn). 1907 machen sie ein Viertel der Gesamteinnahmen aller deutscher Gemeinden aus (Bogumil 2001: 50; zum mehrmaligem Wandel von liberalen zu interventionistischen Phasen im Verhältnis von Staat und Wirtschaft vgl. Ambrosius 2003).

rischen Umsetzung von Liberalisierungs- und Privatisierungstendenzen in Abhängigkeit vom Aufgabenbereich. Die umfassende Marktöffnung von Ver- und Entsorgungsnetzen und die Einbeziehung privater Unternehmen in die Erstellung kommunaler Daseinsvorsorge bedeutet nun nicht automatisch den Wegfall öffentlicher Verantwortung für diese Aufgabenbereiche. Denkbar sind auch neue Formen der Regulierung, ein neues institutionelles Arrangement zwischen Staat, Markt und gesellschaftlicher Teilhabe. Allerdings stellt sich die Frage, ob die Kommunen auf diese neue Form der Gewährleistungsverantwortung, die „strategische Steuerung", ausreichend vorbereitet sind und welche Instrumente hierfür nötig wären. Auf jeden Fall verfügen einer Umfrage des Deutschen Instituts für Urbanistik aus dem Jahr 2002 zufolge bereits 32 Prozent der Städte über 20.000 Einwohner in NRW über ein kommunales Beteiligungsmanagement und weitere 20 Prozent versuchen eines aufzubauen. Über die Qualität dieses Beteiligungsmanagements gibt es aber keine empirischen Erkenntnisse.

Die Privatisierungseffekte, die von der EU bisher ausgehen, sind quantitativ allerdings weniger bedeutsam als die von den Räten selbst im Zuge der Haushaltskonsolidierung beschlossenen Privatisierungsvorhaben. Dies verwundert, weil Privatisierung insgesamt zu einem Macht- bzw. Steuerungsverlust aller Akteure des kommunalen Kräftedreiecks (Kommunalvertretung, Verwaltung, Bürger) führt und sich somit die Räte „selbst entmachten" (vgl. ausführlich Bogumil/Holtkamp 2002; Wollmann 2002).[13] Dies deutet darauf hin, wie wirkungsmächtig die kommunale Haushaltskrise ist und dass den kommunalen Vertretungskörperschaften fast jedes Mittel recht ist, um zumindest kurzfristig die Fehlbeträge im Verwaltungshaushalt zu reduzieren und damit den scharfen Kontrollen und detaillierten Auflagen der Aufsichtsbehörden zu entgehen.[14] Einer Umfrage des Deutschen Instituts für Urbanistik zufolge haben in NRW im Jahr 2002 bereits 34 Prozent der Städte über 20.000 Einwohner kommunale Aufgaben ausgelagert, und weitere 24 Prozent haben dies in ihrer Planung (Auskunft des Difu vom 15.9.03).

Durch *formelle Privatisierung* sind im wachsenden Maße andere Organisationsformen in der Verwaltung zu beobachten, wie z. B. Regiebetriebe, Eigenbetriebe und GmbHs und AGs mit öffentlichen Mehrheitsbeteiligungen (Wohlfahrt/Zühlke 1999: 15). Eine Analyse von Beteiligungsberichten der 36 großen deutschen Städte,[15] durchgeführt vom Deutschen Institut für Urbanistik, zeigt für den Zeitraum 2000/2001, dass es hier insgesamt 3.213 Beteiligungen gibt; darunter 3.034 inländische und 178 ausländische Beteiligungen. Der Umsatz der Beteiligungen umfasst bereits zwischen 90

---

13 Auf die Analyse der politics, also der Entscheidungs- und Machtprozesse, die dazu führen, dass sich Privatisierung und Liberalisierung in dem Maße durchsetzen, kann hier aus Platzgründen nicht eingegangen werden.
14 So verstärkt die restriktive Genehmigungspolitik der Aufsichtsbehörden den Ökonomisierungsschub, was besonders in NRW deutlich wird: Es kommt verstärkt zur formellen Privatisierung, um Personal- und Betriebskosten zu senken, und in erhöhtem Maße auch zur materiellen Privatisierung, um durch den Verkauf von städtischer Infrastruktur kurzfristig die Defizite im Verwaltungshaushalt senken zu können. Zudem können sich die Kommunen durch Ausgliederungen und Privatisierung den aufsichtsbehördlichen Kontrollen entziehen und am Vermögenshaushalt vorbei Investitionen vornehmen.
15 Insgesamt werden 36 Städte analysiert, da man die Landeshauptstädte, die nicht zu den größten Städten gehören, mit einbezogen hat.

Prozent und 180 Prozent des Verwaltungshaushaltes der Kommunen (Trapp/Bolay 2003: 42). Im Durchschnitt verfügt jede Stadt über 89,2 Beteiligungen. Die Anzahl lässt vermuten, dass die gewählten Ratsmitglieder nur selten Kenntnis über alle Beteiligungen in ihrer Stadt haben. Betrachtet man die Rechtsformen, so befinden sich bei den inländischen Beteiligungen 92 Prozent in privater und 8 Prozent in öffentlicher Rechtsform. Dabei überwiegt deutlich die „GmbH" mit einem Anteil von 76 Prozent, vor der „GmbH&Co.KG" mit 7 Prozent und der „AG" mit 6 Prozent (Trapp/Bolay 2003: 22, 26). Um die theoretischen Steuerungsmöglichkeiten zu erfassen, ist eine Auswertung nach Mehrheits- und Minderheitsbeteiligungen und nach direkter und indirekter Beteiligung interessant. Dabei zeigt sich, dass der Anteil der von der Kommune direkt steuerbaren Beteiligungen nur bei 20 Prozent liegt (vgl. im Detail Trapp/Bolay: 29). Zu berücksichtigen ist zudem, dass unabhängig von den theoretischen Steuerungsmöglichkeiten oft gar nicht erst versucht wird politischen Einfluss zu gewinnen, da man Angst hat, dass sich dann die Privatisierungsvorteile nicht einstellen.

Zusammenfassend ergeben sich durch die Privatisierung kommunaler Dienstleistungen deutliche Steuerungsverluste für die kommunalen Entscheidungsträger. Diese Steuerungsverluste sind im Bereich der Privatisierung kommunaler Planungskompetenzen (z.B. im Bereich der Abfallentsorgung) und bei materieller Privatisierung am größten. Aber auch in Fällen formeller Privatisierung entwickeln die aus der Kernverwaltung ausgegliederten Einheiten in der Regel ein Eigenleben, welches kaum mehr kontrolliert werden kann (vgl. Schneider 2002). Dies liegt zum einen daran, dass nur in 20 Prozent der Beteiligungen überhaupt reale Steuerungsmöglichkeiten bestehen, und zum anderen daran, dass die Komplexität eines nahezu undurchschaubaren Geflechtes von Kapitalgesellschaften und Eigenbetrieben bisher auch durch Formen des Beteiligungsmanagements nur unzureichend kontrolliert werden kann.

6. Public-Private-Partnerships

Im öffentlichen Sektor und vor allem auf kommunaler Ebene werden zunehmend Public-Private-Partnerships (PPP) eingegangen.[16] Dies hängt mit einer Vielzahl von Entwicklungen zusammen. Neben den oben angeführten Gründen für die Ökonomisierungstendenzen liegt dies auch daran, dass neben der bürokratischen Hierarchie die Steuerung durch Kooperation, Partizipation und Wettbewerb verstärkt als legitim und problemangemessen angesehen wird. Zwar sind öffentlich-private Partnerschaften keine neue Erscheinung – erinnert sei an Beispiele in den 80er Jahren im Bereich der Stadtentwicklung wie der Media-Park in Köln, das Projekt Neue Mitte Oberhausen und der Wiederaufbau der Kasseler Unterstadt, im Entsorgungssektor die Dortmunder EntsorgungsGmbH oder im Verkehrsbereich das Güterverkehrszentrum Bremen – aber es

---

16 Auf die verschiedensten Definitionsversuche von PPP soll hier nicht eingegangen werden (vgl. Sack 2003; Wegener 2003). Hier wird die allgemeine Definition verwandt, die unter PPP Kooperationen zwischen staatlichen, privat-gewerblichen und nicht-staatlichen Akteuren zur Erstellung bestimmter Leistungen versteht, die durchaus unterschiedliche Formen annehmen können und dadurch charakterisiert sind, dass unterschiedliche Handlungslogiken in einer gemeinsamen Zielperspektive vermittelt werden (Sack 2003: 5).

wird von einer deutlichen quantitativen Zunahme derartiger Ansätze ausgegangen (vgl. Gerstlberger 1999). In den 90er Jahren sind nun PPP durch verschiedene öffentliche Programme und Vorgaben auf europäischer, nationalstaatlicher und regionaler Ebene gefördert worden. Erinnert sei z.B. an den Wettbewerb „Lernende Regionen", das Bundesprogramm „Moderner Staat – Moderne Verwaltung", die Bund-Länder Initiative „Soziale Stadt" oder die PPP Initiative des Landes NRW.

Zur Problematik von PPP gibt es zwar mittlerweile zahlreiche Abhandlungen, aber diese thematisieren meist auf abstrakter Ebene Vor- und Nachteile von PPP sowie deren institutionelle Ausgestaltung (z.B. Budäus 2003). Empirische Hinweise zur faktischen Verbreitung finden sich kaum. Den wenigen Hinweisen ist zu entnehmen, dass laut einer nicht veröffentlichten Umfrage des Deutschen Städtetages in ihren 235 Mitgliedskommunen (Rücklauf 80 Prozent) im ersten Halbjahr 2002 bundesweit 53 Prozent der Städte PPP-Projekte durchführten (Sack 2003: 9) Damit ist natürlich noch nichts über die Themenfelder gesaagt. Überblicksartig sind die folgenden Tendenzen erkennbar (Sack 2003: 10ff. mit zahlreichen Nachweisen):

– Im Feld der raumrelevanten Querschnittspolitiken, also der Regionalpolitik, kann von einem deutlichen Wachstum von PPP ausgegangen werden. Hier wird bundesweit von mittlerweile 400 Kooperationen ausgegangen.
– Im Bereich der Stadtentwicklung sind im Bereich Sport- und Freizeiteinrichtungen, sozialgeförderter Wohnungsbau und Parkplatzneubau PPP mit Anteilen von 32 Prozent bis 55 Prozent im Jahr 1996 zu verzeichnen.
– Für den Bereich der personengebundenen sozialen Dienstleistungen gibt es keine quantitativen Daten.
– Im Bereich der technischen Infrastruktur nennt eine Studie von PricewaterhouseCoopers bezogen auf Kommunen über 50.000 Einwohner im Jahr 2002 (Rücklauf knapp 50 Prozent) PPP vor allem in der Energieversorgung (62 Prozent der befragten Kommunen), im Nahverkehr (53 Prozent) und in der Wasser- (43 Prozent) und Abfallentsorgung (39 Prozent).
– Im Bereich des E-Government ist nach einer Umfrage des Difu aus dem Jahr 2001 davon auszugehen, dass in den Städten über 50.000 Einwohner PPP hinsichtlich der Infrastruktur von 49 Prozent der Kommunen und hinsichtlich der Leistungserstellung von 57 Prozent der Kommunen geplant oder realisiert war.
– Als neuer inhaltliche Schwerpunkt deuten sich Aktivitäten im Bereich des Hochbaus (Schulen, Verwaltungsgebäude, Gefängnisse) und der Einbeziehung der Verkehrsinfrastruktur an, wobei derartige Projekte sich aber meist noch im Anfangsstadium befinden.

Diese quantitativen Daten sagen nun natürlich nichts über das Ausmaß und die Qualität der Kooperationen aus. Es besteht noch ein erheblicher Erkenntnisbedarf über die Leistungsfähigkeit und Grenzen derartiger Arrangements, nicht zuletzt deshalb, weil mittlerweile in öffentlichen Förderprogrammen vor allem im Bereich der Raumpolitik die Einrichtung von PPP als Voraussetzung von finanzieller Förderung gilt (vgl. hierzu auch Wegener 2004).[17] Insofern spricht viel für die These der quantitativen Zunahme

---

17 International zeigen sich im Bereich der Public Private Partnerships vor allem zwei Handlungstypen. Einer zielt auf eine zwischen den öffentlichen und den privatwirtschaftlichen Akteuren vereinbarte Verteilung von finanziellen Lasten und Nutzen ab (exemplarisch die Private Fi-

solcher Arrangements und für eine zunehmende Vielfalt von Organisations- und Steuerungsformen.

7. Verwaltung und Wettbewerb

In der modernen Institutionenökonomik wird Wettbewerb als normativ reguliertes und zugleich dynamisches Ungleichgewichtsgeschehen begriffen. Dieses Verständnis ist auch Ausgangspunkt bei der wettbewerbsorientierten Verwaltungsreform in den angelsächsischen Ländern gewesen. In Deutschland gab es dagegen kaum eine Anknüpfung an wettbewerbstheoretische Konzepte; eher ging man davon aus, dass Wettbewerb generell eine überlegene Steuerungsform sei, weil Konkurrenz hohe Effizienz verspreche, die Ausrichtung auf den Kunden verstärke und die Leistungsmotivation der Mitarbeiter stärke. Zudem wurde bei der Übernahme des NPM in die deutsche Version des NSM zunächst die Wettbewerbsausrichtung vernachlässigt und erst später als „Leistungsverstärker" hinzugefügt. Dies alles führt dazu, dass der Wettbewerbsbegriff häufig höchst unscharf bleibt.

Versucht man die verschiedenen Formen des Wettbewerbs in und zwischen Verwaltungen zu systematisieren, lassen sich zwei Grundformen unterscheiden (Nullmeier 2001: 96; Reichard 2003):
– Virtueller Wettbewerb bzw. Formen nicht marktlichen Wettbewerbs durch Leistungsvergleiche, Benchmarking und Qualitätswettbewerbe (innerhalb und zwischen Verwaltungen)
– Faktischer Marktwettbewerb durch Ausschreibungswettbewerbe, Schaffung von Quasimärkten[18] sowie die Überantwortung einer vormals öffentlich wahrgenommenen Aufgabe an privatwirtschaftliche Wettbewerbsmärkte (*contracting out* oder in umgekehrter Richtung *contracting in*).

Für viele Bereiche öffentlicher Verwaltung in Deutschland ist die Orientierung an privatwirtschaftlichen Wettbewerbsmärkten nicht realistisch und auch nicht erstrebens-

---

nance Initiative der konservativen Regierung in Großbritannien – vgl. Wegener 2004), während der andere Typus vor allem darauf gerichtet ist, in der Kooperation und Vereinbarung zwischen öffentlichen, privatwirtschaftlichen, aber auch gesellschaftlichen Akteuren eine („synergistische") Bündelung von Ressourcen zu erreichen. Besondere Aufmerksamkeit könnten nach Wollmann die – in der internationalen Diskussion bislang auffällig vernachlässigten – Erfahrungen verdienen, die in mit dem auf Ressourcenbündelung und Koordination gerichteten Handlungsmuster der (horizontalen wie vertikalen) „Partnerschaften" gemacht worden sind, vor allem die seit langem bestehende kommunale Praxis der Konzessionsverträge in Frankreich (Wollmann 2004).

18 Quasi-Märkte sind administrativ hergestellte Marktstrukturen, für die bisher kein privatwirtschaftlicher Markt existierte. Die Gesamtfinanzierung und die Gewährleistung bleibt in den Händen des Staates, der auch das Funktionieren des Wettbewerbsgeschehens überwacht. Um die Monopolsituation auf der Nachfrageseite aufzulösen, wird ein Gutscheinsystem eingeführt. Geldwerte Gutscheine werden an zur Nutzung Berechtigte vergeben, die sich damit die Leistung beim Anbieter ihrer Wahl verschaffen. Im Umfang der Gutscheine erhalten diese Finanzmittel vom Staat. Somit entsteht ein Konsumentenmarkt. In Deutschland gibt es bis jetzt kaum Erfahrungen mit diesem Instrumentarium. Im internationalen Vergleich wird vor allem in Schweden mit Gutscheinen („vouchers") im Bereich der Kinder- und Altenbetreuung gearbeitet.

wert. Der Einsatz von Ausschreibungswettbewerben bzw. die Schaffung von Quasi-Märkten ist dagegen wenig ausprobiert worden, so dass vor allem die nicht-marktlichen Formen des Wettbewerbes dominieren.

7.1 Nicht-marktlicher Wettbewerb

Ein Vergleich mit Kostenstrukturen und Qualitätsstandards bei der Erfüllung öffentlicher Aufgaben relativiert die eigene Aufgabenwahrnehmung durch den Bezug auf andere Organisationen. Dies ist die Grundidee von Kosten- und Leistungsvergleichen und Benchmarkingprozessen.[19] Möglich sind sowohl inneradministrative, interkommunale oder auch private-public-Vergleiche. In Deutschland dominieren vor allem interkommunale Leistungsvergleiche.

Den Startschuss für derartige Leistungsvergleiche gab die Bertelsmann Stiftung 1990/91 mit ihrem gemeinsam mit dem Deutschen Beamtenbund initiierten Projekt „Grundlagen einer leistungsfähigen Kommunalverwaltung", in dem sich bis 1998 über 150 Städte zu ca. 30 interkommunalen Vergleichsringen zusammenschlossen (vgl. ausführlich Kuhlmann 2003; Schuster 2001). Eine weitere Initiative ging von der KGSt aus, die 1996 das als „internes Informationssystem der Kommunen" angelegte IKO-Netz mit dem Ziel ins Leben rief, vermittels kennzahlenbasierter Leistungs- und Qualitätsvergleiche die internen Informations- und Steuerungsstrukturen der Kommunalverwaltungen zu verbessern. Hier wirkten im Jahr 2002 bundesweit 748 Kommunen (einschließlich Doppelmitgliedschaften) in 73 Vergleichsringen mit (Kuhlmann 2003). Hinzu kamen im Jahr 2000 zwei neue Vergleichsprojekte der Bertelsmann Stiftung: „kik" (mit 50 Kommunen) und „kompass" (mit 8 Kommunen).

Neben den bundesweiten Vergleichsprojekten der KGSt und der Bertelsmann-Stiftung gibt es zudem in einigen Bundesländern[20] mittlerweile interkommunale Vergleichsprojekte, die teils von den kommunalen Landesverbänden moderiert, mitunter auch vom Land bezuschusst (z.B. Sachsen, Nordrhein-Westfalen, Baden-Württemberg, Niedersachsen), und teils in der Eigenregie der Kommunen durchgeführt werden.

Generell hält sich angesichts enormer Implementations- und Transaktionskosten, die für Kennzahlenerhebungen und -fortschreibungen (einmalig und dauerhaft) anfallen,[21] die Bereitschaft der Kommunen, den interkommunalen Leistungsvergleich län-

---

19 Benchmarking stellt in der Managementsprache darauf ab, sich an besonders herausragenden Leistungen einer anderen Unternehmung als Bezugsgröße zu orientieren. Es geht darum, die Praktiken des „Klassenbesten" zu übernehmen oder nachzuahmen. Bezogen auf den öffentlichen Sektor geht es also darum, systematisch aus Kosten- und Leistungsvergleichen zu lernen.
20 Auf Landesebene ist als jüngster Trend beobachtbar, dass das Bundesland Berlin freiwillig in hohem Maße versucht Leistungsvergleiche vorzunehmen und zu veröffentlichen. Ziel der Aktion ist zum einen die Unterstützung der Klage vor dem Bundesverfassungsgericht, um nachzuweisen, dass Berlin die Finanznot nicht aus eigener Kraft überwinden kann. Zum anderen kann in den Bereichen, in denen Berlin noch gut ausgestattet ist, der Druck nach innen erhöht werden weiter einzusparen.
21 Es zeigen sich typische Probleme von Kosten- und Leistungsvergleichen im öffentlichen Bereich. So ist es schwer möglich, gleichzeitig Menge, Kosten, Leistungsumfang, Qualität und Bürgernähe zu vergleichen, da es an einem normierten Kennzahlensystem fehlt. Es besteht vielfach die Schwierigkeit, einheitliche Kennzahlensysteme für eine Vielzahl von institutionell he-

gerfristig aufrechtzuerhalten in Grenzen, was am Rückgang der IKO-Netz-Teilnehmerkommunen um 11 Prozent innerhalb eines Jahres (2000–2001) abzulesen ist. Zudem war der interkommunale Leistungsvergleich bislang kaum ein Auslöser für Wettbewerb (vgl. Kuhlmann 2003; Schuster 2001), was auch auf die mangelnde Transparenz der Ergebnisse zurückgeführt werden kann. Vielfach bleiben die Ergebnisse eher im nichtöffentlichen Verwaltungsbereich. Eine Einrichtung, wie die Stiftung Warentest, die im Privatbereich Leistungen unterschiedlicher Anbieter miteinander vergleicht, hat sich hier noch nicht etabieren können. Das Motiv „nicht Letzter zu sein" verfängt nur dann, wenn das Ergebnis auch hinreichend bekannt wird.

Neben diesen Leistungsvergleichen wird in Leistungs- und Qualitätswettbewerben im öffentlichen Sektor versucht, angesichts fehlenden natürlichen Wettbewerbs „künstliche" Orte des Leistungsvergleichs zu schaffen (Nullmeier 2001: 98). In Deutschland sind hier nach dem international ausgeschriebenen Carl-Bertelsmann Preis 1993, bei dem der deutsche Bewerber Duisburg auf den letzten Platz kam, was hierzulande einen Schub für die Modernisierungsbewegung mit sich brachte, vor allem der Speyerer Qualitätswettbewerb zu nennen. Hier werden seit 1992 Preise für Verwaltungen oder Verwaltungseinheiten vergeben, die sich freiwillig bewerben. Es handelt sich also um keinen flächendeckenden Vergleich, sondern um Wettbewerbe zwischen den Verwaltungen, die sich als besonders innovativ ansehen. Wurden anfangs in Speyer die Verwaltungen vor allem aufgrund ihrer Ideen und Konzepte miteinander verglichen,[22] finden seit Ende der 90er Jahre auch Begutachtungen der Verwaltungspraxis statt.

Leistungsvergleiche und Leistungswettbewerbe können ein funktionierendes Instrument sein, kommunale Aufgabenwahrnehmung durch „Wettbewerbsdruck" zu verbessern, auch wenn die Implementations- und Transaktionskosten den „Gewinnen" gegenzurechnen sind. In Deutschland scheitert dieses Lernen durch Vergleich allerdings vor allem an der fehlenden Bereitschaft der Kommunen, sich in den öffentlichen Wettbewerb zu begeben. Nur ca. 2 Prozent der Kommunen in Deutschland waren jemals in Leistungsvergleichen aktiv (vgl. Wegener 2004). Die Länder haben bis jetzt zudem wenig Anreize zur Nutzung von Leistungsvergleichen geboten.[23]

---

terogenen Verwaltungseinheiten zu definieren, da unterschiedliche Ämter- und Sachgebietsstrukturen und Zuständigkeiten in den einzelnen Aufgabenbereichen bestehen. Die Produktpläne zwischen einzelnen Kommunen sind nach wie vor sehr unterschiedlich. Außerdem übersteigen die mit der Konzipierung, Implementierung und längerfristigen Fortschreibung der Messverfahren und Vergleichsdaten verbundenen Kosten den – noch weitgehend als ungesichert erscheinenden – Gewinn dieser Unternehmungen (zu den Kostenpositionen vgl. ausführlich Kuhlmann 2003: 115f.).

22 So ergab eine Evaluation von drei Stadtverwaltungen (Saarbrücken, Hagen, Wuppertal), die Speyerer Preisträger waren, Ende 1997 ein eher deprimierendes Bild, was die Reformerfolge anging (vgl. Kißler u.a. 1997). Die Stadtverwaltung Saarbrücken war neben Heidelberg Gesamtsiegerin beim 2. Qualitätswettbewerb 1994, die Stadtverwaltung Wuppertal ist eine von 13 Gewinnerinnen eines Speyerer-Preises und die Stadtverwaltung Hagen eine von vier Gewinnerinnen eines Projektpreises beim 3. Qualitätswettbewerb 1996, bei dem keine Gesamtsiegerin ausgezeichnet wurde. Dennoch waren die Reformerfolge in diesen Preisträgerstädten gemessen an den Ankündigungen gering.

23 Während man in Großbritannien im Rahmen des von New Labour eingeführten „Best Value Systems" die Kommunen zum Leistungsvergleich verpflichtet, ist er in Schweden freiwillig. Hier funktioniert dies jedoch im Gegensatz zu Deutschland offenbar trotzdem, da es eine andere Kultur der Informationsfreiheit und Offenlegung gibt.

7.2 Marktwettbewerb

Das Verfahren der öffentlichen Ausschreibung kann auch auf Felder öffentlicher Tätigkeit angewendet werden. Dabei sind unterschiedliche Formen zu unterscheiden: Der Ausschreibungswettbewerb kann zwischen Privaten, zwischen privaten, non-profit und öffentlichen Stellen oder nur auf öffentliche Anbieter begrenzt werden. In Deutschland geht es bis jetzt vor allem um Wettbewerb unter privaten Anbietern um öffentliche Aufträge, da es einen generellen Ausschluss öffentlicher Anbieter bei öffentlichen Ausschreibungen gibt. Ein Wettbewerb zwischen öffentlichen und privaten Dienstleistungsanbietern ist weitgehend gesetzlich verboten.[24] Zu beobachten ist allerdings eine zunehmende Orientierung des marktlichen Wettbewerbs unter freigemeinnützigen Anbietern.[25]

Betrachtet man daher nun die internationalen Erfahrungen mit Wettbewerbsstrategien, so zeigt zunächst das Compulsory Competitive Tendering (CCT) Programm in Großbritannien (1980–1997), welches eine Verpflichtung zu öffentlichen Ausschreibungen vorsah, dass es durchaus eine hohe Erfolgsquote öffentlicher Anbieter sowohl gemessen an der Anzahl der Aufträge als auch am Finanzvolumen der Ausschreibungen gibt, wenn Wettbewerb zwischen öffentlichen und privaten Anbietern zugelassen wird. Operative Einheiten dürfen sich hier bei einer Mindestkapitalrendite von 6 Prozent an Ausschreibungen der Kommune beteiligen. Die durchschnittliche Kostensenkung dieses Programm liegt indes nur bei unter 10 Prozent (vielfach durch verschlechterte Beschäftigungs- und Entlohnungsbedingungen insbesondere der „blue-collar workers"), und es ist eine starke zentralstaatliche Kontrolle des Verfahrens notwendig. Zudem erwies sich die Orientierung ausschließlich am Preis und nicht auch an der Qualität im Rahmen des CCT für bestimmte öffentliche Bereiche als dysfunktional (Löffler 2003: 85). Auch waren mittelfristig Preissteigerungen in dem Maße zu beobachten, wie Anbieter in der Einstiegsphase mit Billigangeboten den Markt zu erobern trachteten und,

---

24 Nach dem Vergaberecht in Deutschland können öffentliche Anbieter bei öffentlichen Ausschreibungen nicht mitbieten. Nach den Gemeindeordnungen ist den Kommunen in der Regel eine wirtschaftliche Betätigung, zurückgehend auf die Deutsche Gemeindeordnung von 1935 (!), nur erlaubt, wenn ein (dringender) öffentlicher Zweck vorliegt, nicht die Leistungsfähigkeit der Gemeinde übersteigen wird und dies nicht ebenso gut durch Dritte erfüllt werden kann. Auch ist die kommunale Wirtschaftstätigkeit auf das eigene Hoheitsgebiet beschränkt. Nach dem Wettbewerbsrecht darf eine Gemeinde ebenfalls nur sehr begrenzt in „privaten Geschäftsfeldern" wildern. Allerdings gibt es im Zusammenhang mit Modernisierungsgesetzen (z.B. in NRW vom 15.6.99) erste Auflockerungen, sei es, dass in bestimmte Bereichen wie Energie-, Wasserversorgung und ÖPNV wirtschaftliche Betätigung nun erlaubt ist und in genehmigten Ausnahmefällen auch über das eigene Gebiet hinaus, wenn die Interessen anderer Kommunen gewahrt bleiben.

25 So ist das faktische Anbietermonopol der freien Wohlfahrtsverbände im Bereich der sozialen Dienstleistungen seit Mitte der 90er Jahre zunehmend durch ein plurales Anbieterspektrum ersetzt worden. Hier mehren sich jedoch die Hinweise, dass der „Anbieterwettbewerb" nicht automatisch einen „Leistungswettbewerb" nach sich zieht und nicht allen in Betracht kommenden „Kunden" zugute kommt, sondern zu „Rosinenpick"-Effekten etwa dergestalt führt, dass sich die privatgewerblichen Anbieter (z.B. im Bereich der ambulanten Altenpflege) auf die „leichten Fälle" spezialisieren, während sich die Kommunen um die sehr schweren Pflegefälle kümmern müssen (Schröter/Wollmann 1998: 155f.).

sobald dies gelungen war, die Preise erhöhten. Aufgrund des zwanghaften Charakters stieß das CCT bei den Kommunen weiterhin auf erhebliche Widerstände, so dass kommunale Manager einen Großteil ihrer Zeit damit verbrachten, Wege zu finden, diese gesetzlichen Bestimmungen zu übergehen.

Darüber hinaus zeigen Erfahrungen mit kommunalen Wettbewerbsstrategien in den USA, Großbritannien und Neuseeland einige Gemeinsamkeiten auf (vgl. Wegener 2002: 220ff.):
– Das Design von Wettbewerbsprozessen wirkt sich wesentlich auf das Ergebnis von Wettbewerb aus. Das Wettbewerbsdesign wird wesentlich von der institutionellen Einbettung einschließlich ihrer Pfadabhängigkeit geprägt, also dem Wirkungskreis von Kommunalverwaltungen, der Verteilung der Aufgabenerfüllung zwischen und unter öffentlichen, privaten und freigemeinnützigen Organisationen sowie der nationalen Wettbewerbspolitik.
– Wettbewerb zwischen privaten und öffentlichen Dienstleistungsanbietern ist gegenüber der Eigenproduktion oder der Vergabe dann effizienter, wenn die Anzahl der potenziellen Anbieter gering, die Laufzeit der Verträge relativ lang ist, die Kapitalbindung hoch und die Leistung in mehrere, zeitlich versetzt ausgeschriebene Lose teilbar ist. Die Kommune kann damit eine Preiskontrolle ausüben.
– Ein Ausschreibungswettbewerb erscheint nur dann sinnvoll zu sein, wenn externe Anbieter mit Vorteilen im Kosten und Qualitätsbereich existieren, es keine Monopolstrukturen gibt und die Möglichkeiten der Leistungsdefinition und Kontrolle der Leistungserbringung gegeben sind. Effizienzsteigerung durch Ausschreibungswettbewerbe beruhen vor allem auf Maßnahmen der Flexibilisierung von Arbeitsmärkten.
– Vermarktlichung führt zu einer Zunahme der Arbeitsintensität und zu einer Abnahme der Stellen im mittleren Management. Die Arbeitsbedingungen im öffentlichen Sektor passen sich denen im privaten Sektor an.

Wettbewerbsstrukturen begünstigen also Tendenzen der Differenzierung und Verstärkung sozialer Ungleichheit. Wegener entwirft von daher Minimalanforderungen für die Gestaltung von Wettbewerb, wie die Entwicklung unterschiedlicher Ausschreibungsverfahren je nach Dienstleistung, die Integration ko-formulierter Qualitätsstandards, Entgeltregelungen und Sanktionsmöglichkeiten sowie die Einrichtung von Kontroll- und Informationsrechten. Selbst wenn in Deutschland verstärkt öffentliche Ausschreibungsverfahren realisiert werden sollten, spricht nur wenig dafür, dass sich diese Anforderungen im politischen Prozess realisieren lassen.

8. Auf dem Weg zu einer neo-weberianischen Verwaltung?

Dass die Ökonomisierung des öffentlichen Sektors sowohl positive als auch negative Effekte zeitigen kann, ist eine Binsenweisheit, ebenso wie die, dass zu den positiven Effekten eher die Effizienzsteigerung und zu den negativen die Vernachlässigung spezifischer Ziele staatlichen Handelns wie Gleichbehandlung, Rechtsstaatlichkeit oder politische Problemlösung gehören. Ob das eine oder das andere der Fall ist, lässt sich letztlich nur empirisch beantworten. Welche Wirkungen lassen sich nun bezüglich der hier skizzierten Ökonomisierungstrends auf lokaler Ebene ausmachen?

Zunächst zeigt sich eindeutig eine Pluralisierung der Institutionen und Steuerungsmodi. Mit dem Vordringen marktlicher (und auch bürgerschaftlicher Elemente) ergibt sich durchaus eine *neue Kombination von Steuerungsmodi,* es kommt also zu einem governance mix im ersten Sinne. Allerdings ist diese Kombination bis jetzt weder in nennenswertem Maße durch neue Formen gesellschaftlicher, politischer und ökonomischer Selbststeuerung gekennzeichnet, noch zeigen sich sonstige Anzeichen für eine verbesserte politische Steuerung. Zwar herrrscht allgemein der Eindruck vor, dass das Verwaltungshandeln effizienter geworden ist (ohne diese Effekte genauer quantifizieren zu können), aber das Verhalten insbesondere der politischen Entscheidungsträger hat sich nicht verändert[26] (vgl. Bogumil 2003). Die ökonomische Ratio hat die politischen Entscheidungsprozesse nicht optimiert.

Die Reformmaßnahmen im Bereich der Managerialisierung der Verwaltung führen dort, wo sie tatsächlich umgesetzt wurden, ebenso wie materielle Privatisierungen zu zentralen Steuerungsverlusten. Auch formelle Privatisierungen und PPP verschlechtern eher die Ausgangssituation für politische Steuerungsversuche, da durch sie die städtischen Einflussmöglichkeiten stark zurückgehen. Ein weiteres Problem für die Kommunen liegt in der Integration der unterschiedlichen Organisationseinheiten und Steuerungsformen. Das, was bereits Anfang der 90er Jahre von der Kommunalen Gemeinschaftsstelle mit Bezug auf die Ausgründungen aus der Verwaltung als Strategielücke bezeichnet wurde, hat sich zehn Jahre später potenziert. Es gibt ein kaum noch koordiniertes Nebeneinander von einer z.T. dezentralisierten Kernverwaltung ohne zentrales Controlling mit Eigenbetrieben, PPP, Wettbewerbselementen, Verhandlungssystemen, Beteiligungsverfahren und Formen bürgerschaftlicher Koproduktion. Diese Strukturen sind intransparent und es ist ungeklärt, wer die Gesamtverantwortung übernimmt und die Puzzleteile zu einem halbwegs stimmigen Gesamtbild zusammenfügt. Der Verlust an Steuerungsmöglichkeiten und die zunehmende Pluralität von Steuerungs- und Organisationsformen lässt sich etwas zugespitzt als *Fragmentierung der kommunalen Selbstverwaltung* deuten.

Diese Entwicklung könnte zur Erodierung politischer Verantwortlichkeiten (accountability) auf kommunaler Ebene und damit zu erheblichen Problemen bei der Input- und Outputlegitimation führen. Wofür soll sich der Bürger noch an Kommunalwahlen beteiligen, wenn der Bürgermeister oder die Kommunalvertretung faktisch für viele wesentliche Fragen nicht mehr zuständig sind? Wen soll er für Fehlentscheidungen zur Verantwortung ziehen? Wie sehen Entscheidungen und Dienstleistungen aus, für die bei Kommunalwahlen letztlich keiner die Verantwortung übernehmen kann? Diese und ähnliche Fragen deuten an, dass es sicherlich nicht ausreicht, wenn die Kommune sich zukünftig auf eine Moderatorenrolle zurückzieht. Unterschiedliche Moderatoren kann der Bürger allabendlich mit seiner Fernbedienung wählen. Von

---

26 Dies gilt nach vorliegenden Erfahrungen auch für die Einführung von Auftraggeber-Auftragnehmer-Modellen im Binnen- und Außenverhältnis von Ministerien in Ausstralien, Neuseeland und Skandinavien und letztlich auch für Großbritannien (Löffler 2003a: 89–91). Besonders prekär sind Modelle einer Agenturbildung darüber hinaus in den ehemaligen Staaten des Ostblocks, in denen die dezentralen Einheiten kaum kontrollierbar sind.

Kommunalvertretung und direkt gewähltem Bürgermeister kann und muss er mehr erwarten können.[27]

Bezieht man dieses – zugegebenermaßen noch empirisch schwach untermauerte – Ergebnis auf die internationale Debatte um die Konturen einer neoweberianischen Verwaltung, so besteht Anlass zur Skepsis. So stellen Pollit und Bouckaert (2003) bei ihrem internationalen Vergleich von Public-Managementreformen folgende Hypothese auf:

„As a hypothesis on the change of administrative systems one could say that the Weberian State has shifted to the Neo-Weberian State (NWS) under the influence of a ‚maintain/modernise' based public management reform trajectory" (zitiert nach Bouckaert 2004).

Diese neo-weberianische Modell ist ihrer Meinung nach u.a. dadurch gekennzeichnet,
– dass neben Rechtmäßigkeit auch Leistungsfähigkeit und Kundenorientierung zur Managementausrichtung im öffentlichen Sektor gehören,
– dass die Kundenrolle als Teil der Bürgerrolle im Verhältnis zum Staat akzeptiert wird,
– dass Legitimität nicht mehr nur als Legalität, sondern auch auf Wirtschaftlichkeit und Effektivität des Staates und seiner Politiken beruht, sowie
– dass das Privatrecht mehr und mehr auch zu einem komplementären Instrument in öffentlichen Angelegenheiten wird (Bouckaert 2003).

Zwar ist es auch für Deutschland unstrittig, dass sich das traditionelle Verwaltungsmodell in der Veränderung befindet und wir es zunehmend mit hybriden Strukturen zu tun haben. Die Annahme aber, dass sich die weberianische Verwaltung in einen neoweberianischen Typ verändert, in dem sich dezentrale Verantwortung, Kontraktmanagement, Leistungsmessungen, Wettbewerbsmechanismen und Bürgerorientierung produktiv mit den Elementen des hierarchischen Typs verbinden, scheint mir selbst für die fortgeschrittenste Modernisierungsebene in Deutschland noch etwas voreilig zu sein. Einerseits ist zu beobachten, dass man sich formal auf neue Steuerungsinstrumente einlässt und sie im traditionellen Sinn nutzt. So gibt es Produktkataloge, Kosten- und Leistungsrechnungen und mitunter auch Kontrakte, aber sie werden nicht zu Steuerungszwecken benutzt. So gibt es – sehr selten – gemeinsame strategische Zielvorstellungen im Bereich der Politik, aber wenn es darauf ankommt, hält sich niemand daran und die alte Machtpolitik dominiert. Andererseits nutzt man intensiv private Rechtsformen, ohne dass es zu Wettbewerbsprozessen kommt, und riskiert den Verlust kommunaler Steuerungsmöglichkeiten. Insgesamt zeigt sich, dass es in der Realität nicht so einfach ist, das „Gute" der weberianischen Verwaltung mit dem „Guten" der NPM Bewegung zu verbinden. Nach wie vor gibt es zahlreiche Punkte, bei denen nicht so recht klar ist, wie denn das neo-weberianische Modell funktionieren soll.

---

27 So muss es eine wesentliche Aufgabe der kommunalen Entscheidungsträger sein, diese Pluralität zu begrenzen und versuchen, zu steuern. Dies kann u.a. durch eine *strategische Leistungstiefenpolitik* erbracht werden, in der man sich vor der Verlagerung und Privatisierung von Aufgaben fragt, welche Potenziale und Probleme die neuen Organisations- und Steuerungsformen im konkreten Fall mit sich bringen und wie sich dies in eine gesamtstädtische Strategie einbinden lässt. Dies gilt für die Übertragung von Aufgaben auf Bürger, Vereine, Verbände und private Unternehmen gleichermaßen.

Dazu gehören z.B. die Problemlagen im Bereich der Koordination und Steuerung von *agencies*, die Rolle von Politik bei der Steuerung von Verwaltungen und die Wirkung privater Rechtsformen im öffentlichen Bereich.

Das Problem ist aber nicht nur, dass die neuen Steuerungsformen (noch) nicht funktionieren, sondern vor allem, dass durch die Ökonomisierungsprozesse die traditionellen – zugegebenermaßen unvollkommenen – Steuerungsformen erschwert werden. Eine Neukombination ist dann problematisch, wenn die eine Steuerungslogik (hierarchische Koordination) geschwächt wird, ohne dass die andere (ökonomische Anreizsteuerung) funktioniert. Dann wissen die Akteure nicht mehr, woran sie sich in ihrem Handeln orientieren sollen bzw. jeder orientiert sich an dem, was für ihn gerade vorteilhaft erscheint. Damit werden die bisherigen Steuerungsvorteile hierarchischer Koordination, sich über die Präferenzen anderer Akteure hinwegzusetzen und Transaktionskosten zu minimieren, aufgeweicht. Solange Dezentralisierung, Deregulierung und Privatisierung nicht durch eine Verbesserung zentraler Informationssysteme ausgeglichen und die Lockerung zentraler Kontrolle nicht durch mehr Wettbewerb und höhere Selbstkoordination kompensiert werden (vgl. Scharpf 2000: 291), bestehen berechtigte Zweifel, ob die Effizienz und Effektivität öffentlichen Verwaltens wirklich gesteigert wird.

Literatur

Ambrosius, Gerold, 2003: Das Verhältnis von Staat und Wirtschaft in historischer Perspektive – vornehmlich im Hinblick auf die kommunale Ebene, in: *Harms, Jens/Reichard, Christoph* (Hrsg.), Die Ökonomisierung des öffentlichen Sektors: Instrumente und Trends. Baden-Baden, 29–46.
Banner, Gerhard, 1994: Neue Trends im kommunalen Management, in: VOP 1, 5–12.
Banner, Gerhard, 2001: Kommunale Verwaltungsmodernisierung: Wie erfolgreich waren die letzten zehn Jahre?, in: *Schröter, Eckart* (Hrsg.), Empirische Policy- und Verwaltungsforschung. Lokale, nationale und internationale Perspektiven. Festschrift für Hellmut Wollmann. Opladen, 279–303.
Benz, Arthur, u.a., 2003: Governance. Eine Einführung. Kurs 3203 der FernUniversität in Hagen. Hagen.
Benz, Arthur, 2003: Governance – Modebegriff oder nützliches sozialwissenschaftliches Konzept?, in: *Benz, Arthur, u.a.*, Governance. Eine Einführung. Kurs 3203 der FernUniversität in Hagen. Hagen, 13–32.
Bogumil, Jörg, 2001: Modernisierung lokaler Politik. Kommunale Entscheidungsprozesse im Spannungsfeld zwischen Parteienwettbewerb, Verhandlungszwängen und Ökonomisierung, Habilitationsschrift. Baden-Baden.
Bogumil, Jörg, 2002: Die Umgestaltung des Verhältnisses zwischen Rat und Verwaltung – das Grundproblem der Verwaltungsmodernisierung, in: Verwaltungsarchiv 93(1), 129–148.
Bogumil, Jörg, 2003: Politische Rationalität im Modernisierungsprozess, in: *Schedler, Kuno/Kettiger, Daniel* (Hrsg.), Modernisieren mit der Politik. Ansätze und Erfahrungen aus Staatsreformen. Bern/Stuttgart/Wien, 15–42.
Bogumil, Jörg/Greifenstein, Ralph/Kißler, Leo, 2000: Verwaltungsreform in Detmold. Ergebnisbericht der Evaluation. Unveröff. Ms.
Bogumil, Jörg/Holtkamp, Lars, 2002: Liberalisierung und Privatisierung kommunaler Aufgaben – Auswirkungen auf das kommunale Entscheidungssystem, in: *Libbe, Jens/Tomerius, Stephan/Trapp, Jan-Hendrik* (Hrsg.) Liberalisierung und Privatisierung öffentlicher Aufgabenerfüllung – Soziale und umweltpolitische Perspektiven im Zeichen des Wettbewerbs. Berlin, 71–91.

Bogumil, Jörg/Holtkamp, Lars/Jann, Werner/Kißler, Leo/Kuhlmann, Sabine/Reichard, Christoph/Wollmann, Hellmut, 2003a: Antrag auf Forschungsförderung an die Hans-Böckler-Stiftung. 10 Jahre Neues Steuerungsmodell – Evaluation kommunaler Verwaltungsmodernisierung. Manuskript.
Bogumil, Jörg/Holtkamp, Lars/Schwarz, Gudrun, 2003b: Das Reformmodell Bürgerkommune. Leistungen – Grenzen – Perspektiven. Berlin.
Bogumil, Jörg/Kuhlmann, Sabine, 2004: Zehn Jahre kommunale Verwaltungsmodernisierung – Ansätze einer Wirkungsanalyse, in: *Jann, Werner u.a.*, Statusreport Verwaltungsreform – Eine Zwischenbilanz nach 10 Jahren. Berlin.
Bouckaert, Geert, 2004: Die Dynamik von Verwaltungsreformen: Zusammenhänge und Kontexte von Reform und Wandel, in: *Jann, Werner, u.a.*, Statusreport Verwaltungsreform – Eine Zwischenbilanz nach 10 Jahren. Berlin.
Brüggemeier, Martin/Röber, Manfred, 2003: Stand und Entwicklungsperspektive der Arbeitsorganisation im öffentlichen Dienst – auf dem Weg zu einem neuen Produktionsregime?, in: *Koch, Rainer/Conrad. Peter* (Hrsg.), New Public Service. Wiesbaden, 133–153.
Christensen, T./Lægreid, P. (Hrsg.), 2001: New Public Management: the Transformation of Ideas and Practice. Aldershot: Ashgate.
Deutscher Städtetag, 1994–2000: Umfragen zur Verwaltungsmodernisierung 1994/95, 1996, 1998, 2000.
Evers, Adalbert/Rauch, Ulrich/Stitz, Uta, 2002: Von öffentlichen Einrichtungen zu sozialen Unternehmen. Berlin.
Frischmuth, Birgit/Kromrei, Fritz/Mäding, Heinrich/Vierheilig, Otto/Weeke, Ralf/Büker, Ulrike/Weiß, Bernd, 2001: Budgetierung in der Stadtverwaltung. Arbeitshilfe. Berlin: Deutsches Institut für Urbanistik.
Gerstlberger, Wolfgang, 1999: Public-Private-Partnerships und Stadtentwicklung – Öffentlich-private Projektgesellschaften zwischen Erweiterung und Aushöhlung kommunaler Handlungsfähigkeit. München.
Gerstlberger, Wolfgang/Kneissler, Thomas, 2000: Wie Kommunalverwaltungen mit Dezentralisierungstendenzen umgehen: Erkenntnisse aus sieben Fallstudien, in: *Kneissler, Thomas* (Hrsg.), Tastende Schritte zu einer neuen Verwaltung. Kassel: Forschungsgruppe Verwaltungsautomation der Uni Kassel, 81–100.
Grömig, Erich, 2001: Reform der Verwaltungen vor allem wegen Finanzkrise und überholter Strukturen, in: Der Städtetag 3, 11–18.
Harms, Jens/Reichard, Christoph (Hrsg.), 2003: Die Ökonomisierung des öffentlichen Sektors: Instrumente und Trends. Baden-Baden.
Jann, Werner/Bogumil, Jörg/Bouckaert, Geert /Budäus, Dietrich/Holtkamp, Lars/Kissler, Leo/Kuhlmann, Sabine/Reichard, Christoph/Wollmann, Hellmut, 2004: Statusreport Verwaltungsreform – Eine Zwischenbilanz nach 10 Jahren (Reihe: Modernisierung des öffentlichen Sektors, Band 24). Berlin.
Kißler, Leo/Bogumil, Jörg/Greifenstein, Ralph/Wiechmann, Elke 1997: Moderne Zeiten im Rathaus? Reform der Kommunalverwaltungen auf dem Prüfstand der Praxis, (Modernisierung des öffentlichen Sektors, Sonderband 8). Berlin.
Klenk, Tanja/Nullmeier, Frank, 2002: Public Governance. Eine neue Runde in der Verwaltungsreform? Berlin.
Kuhlmann, Sabine, 2003: Benchmarking auf dem Prüfstand: Kosten, Nutzen und Wirkungen interkommunaler Leistungsvergleiche in Deutschland, in: VerwArch 1, 99–126.
Kuhlmann, Sabine/Wegrich, Kai, 2001: Kommunalverwaltung in den neuen Bundesländern: Umbruch, Wandel und Leistungsfähigkeit der lokalen Ebene, in: *Schröter, Eckart* (Hrsg.), Empirische Policy- und Verwaltungsforschung. Festschrift für Hellmut Wollmann. Opladen, 243–260.
Kuhlmann, Sabine/Bogumil, Jörg/Wollmann, Hellmut (Hrsg.), 2004: Leistungsmessung und Leistungsvergleich in Politik und Verwaltung. Konzepte und Praxis. Opladen (im Erscheinen).

Löffler, Elke, 2003a: Die Ökonomisierung des Staates – Versuch einer Begriffsklärung, in: *Harms, Jens/Reichard, Christoph* (Hrsg.), Die Ökonomisierung des öffentlichen Sektors: Instrumente und Trends. Baden-Baden, 19–29.

Löffler, Elke, 2003b: Ökonomisierung ist nicht gleich Ökonomisierung: Die Ökonomisierung des öffentlichen Sektors aus international vergleichender Sicht, in: *Harms, Jens/Reichard, Christoph* (Hrsg.), Die Ökonomisierung des öffentlichen Sektors: Instrumente und Trends. Baden-Baden, 75–101.

Mayntz, Renate, 2003: Governance im modernen Staat, in: *Benz, Arthur u.a.*, Governance – Eine Einführung. Kurs 3203 der FernUniversität Hagen. Hagen, 71–83.

Naschold, Frieder/Bogumil, Jörg, 2000: Modernisierung des Staates. New Public Management in deutscher und internationaler Perspektive. 2. Auflage, Opladen.

Nullmeier, Frank, 2001: Wettbewerb und Konkurrenz, in: *Blanke, Bernhard, u.a.*: Handbuch zur Verwaltungsmodernisierung. Opladen, 92–104.

Pollitt, Christopher, 2002: Clarifying Convergence, in: Public Mangement Review 4(1), 472ff.

Pollitt, Christopher/Bouckaert, Geert, 2000: Public Management Reform. A Comparative Analysis. Oxford.

Pollitt, Christopher/Bouckaert, Geert, 2003: Public Management Reform: an International Comparison. 2., erweiterte Auflage, Oxford.

Reichard, Christoph/Röber, Manfred, 2001: Konzept und Kritik des New Public Management, in: *Schröter, Eckhard* (Hrsg.), Empirische Policy- und Verwaltungsforschung. Lokale, nationale und internationale Perspektiven. Festschrift für Hellmut Wollmann. Opladen, 371–392.

Reichard, Christoph, 2002: Konkurrieren statt Privatisieren. Chancen und Risiken von Vermarktlichungsstrategien interner und externer kommunaler Dienstleistungen, Forschungsantrag an die Hans-Böckler-Stiftung. Potsdam.

Reichard, Christoph, 2003: „New Public Mangement" als Auslöser zunehmener Ökonomisierung der Verwaltung, in: *Harms, Jens/Reichard, Christoph* (Hrsg.), Die Ökonomisierung des öffentlichen Sektors: Instrumente und Trends. Baden-Baden, 119–143.

Ritz, Adrian, 2003: Evaluation von New Public Management. Bern u.a.

Scharpf, Fritz W., 2000: Interaktionsformen. Akteurzentrierter Institutionalismus in der Politikforschung. Opladen.

Schröter, Eckhart/Wollmann, Hellmut, 1998: Der Staats-, Markt- und Zivilbürger und seine Muskeln in der Verwaltungsmodernisierung. Oder: Vom Fliegen- zum Schwergewicht?, in: *Grunow, Dieter/Wollmann, Hellmut* (Hrsg.), Lokale Verwaltungsreform in Aktion: Fortschritte und Fallstricke. Basel u.a., 145–170.

Stucke, Niclas, 1998: Die neuen Steuerungsmodelle in den deutschen Städten 1995–1996: Umfrageergebnisse des DST, in: *Grunow, Dieter/Wollmann, Hellmut* (Hrsg.): Lokale Verwaltungsreform in Aktion. Fortschritte und Fallstricke. Basel u.a., 179–187.

Trapp, Jan Hendrik/Bolay, Sebastian, 2003: Privatisierung in Kommunen – eine Auswertung kommunaler Beteiligungsberichte. Berlin: Deutsches Institut für Urbanistik.

Wegener, Alexander, 2002: Wettbewerb gestalten. Kommunale Wettbewerbstrategien in den USA, Großbritannien und Neuseeland. Berlin.

Wegener, Alexander, 2004: Benchmarking Strategien im öffentlichen Sektor. Deutschland und Großbritannien im Vergleich, in: *Kuhlmann, Sabine/Bogumil, Jörg/Wollmann, Hellmut* (Hrsg.), Leistungsmessung und Leistungsvergleich in Politik und Verwaltung. Konzepte und Praxis. Opladen (im Erscheinen).

Wollmann, Hellmut, 2000: Evaluierung und Evaluierungsforschung von Verwaltungspolitik und -modernisierung – zwischen Analysepotenzial und -defizit, in: *Stockmann, Reinhard* (Hrsg.), Evaluationsforschung. Opladen, 195–233.

Wollmann, Hellmut, 2002: Die traditionelle deutsche Selbstverwaltung – ein Auslaufmodell?, in: Deutsche Zeitschrift für Kommunalwissenschaften 41(1), 24ff. (englische Übersetzung in: German Journal of Urban Studies, 2002 sowie französische Übersetzung in: Annuaire 2003 des Collectivités Locales, Paris: CNRS).

Wollmann, Hellmut, 2004: Reformen der kommunalen Politik- und Verwaltungsebene in Großbritannien, Schweden und Frankreich. Ansätze, Verläufe und Ergebnisse, in: *Jann, Werner u.a.*, Statusreport Verwaltungsreform – Eine Zwischenbilanz nach 10 Jahren. Berlin.

Marktorientierte Umweltpolitik – ökonomischer Anspruch und politische Wirklichkeit

Katharina Holzinger / Christoph Knill

1. Einleitung

Vorschläge für eine effiziente umweltpolitische Steuerung auf der Basis marktorientierter Instrumente haben in der Ökonomie eine lange Tradition. So lässt sich das Konzept zur Einführung von Lenkungssteuern bis in die zwanziger Jahre des vergangenen Jahrhunderts zurückverfolgen. In den sechziger Jahren wurden von amerikanischen Ökonomen weitere Konzepte für eine an Marktprinzipien ausgerichtete Umweltpolitik entwickelt. Diese Steuerungsansätze wurden gegenüber klassischen Konzepten ordnungsrechtlicher Intervention in verschiedener Hinsicht als überlegen angesehen.

Aus der Sicht der Ökonomie gab es somit gute Argumente für einen grundlegenden Steuerungswandel in der Umweltpolitik, die sich bis heute wie ein roter Faden durch ökonomische Lehrbücher und Analysen zur Umweltpolitik ziehen und sehr schnell Eingang in die ökonomische Politikberatung fanden. Es kam zur Herausbildung eines dominanten umweltpolitischen Steuerungsparadigmas innerhalb der Ökonomie, welches sich ausgehend von den USA international ausbreitete.

Vor dem Hintergrund dieser Entwicklung verfolgt dieser Artikel drei Ziele. Erstens werden wir den theoretischen Hintergrund und Entstehungszusammenhang des ökonomischen Steuerungsparadigmas näher betrachten. Auf welche theoretischen Überlegungen stützen sich die Vorschläge der Ökonomie? Welche Vorteile für die politische Steuerung wurden und werden damit verknüpft?

Zweitens stellt sich die Frage, wie diese wissenschaftlichen Konzepte und Argumente politisch rezipiert und verarbeitet wurden. Wurden die ökonomischen Vorstellungen von politischer Seite überhaupt aufgegriffen? Inwieweit kam es im politischen Diskurs zu Modifikationen ökonomischer Argumente und Begriffe? Welche Abweichungen gibt es zwischen ökonomischem Idealmodell und der politischen Praxis der Umsetzung?

Da die Analyse der politischen Rezeption für sich allein noch keine Rückschlüsse über die tatsächliche Relevanz ökonomischer Instrumente gibt, werden im dritten Teil des Artikels empirische Daten zum Einsatz dieser Instrumente vorgestellt. Neben den Entwicklungen innerhalb der OECD-Staaten liegt der Fokus dabei auf der Europäischen Union (EU).

Wenngleich aufgrund der unzureichenden Datenlage allenfalls vorsichtige Tendenzaussagen möglich sind, verweisen die Befunde auf einen beachtlichen Anstieg ökonomischer Instrumente in der umweltpolitischen Steuerung. Die Tatsache, dass diese Entwicklung erst seit Ende der achtziger Jahre verstärkt beobachtet werden kann, verweist allerdings auf eine große zeitliche Verzögerung zwischen theoretischer Innovation und politischer Umsetzung. Auch zeigen die empirischen Befunde, dass die Anwendung ökonomischer Instrumente nicht nur solche Konzepte umfasst, welche mit den strengen Vorstellungen der Ökonomie im Einklang sind, sondern auch neue, im politischen Verarbeitungsprozess entstandene Varianten, deren Attribut „ökonomisch" auf völlig anderen Kriterien als den ursprünglich in der Ökonomie entwickelten basiert.

2. Das ökonomische Konzept der marktorientierten Umweltpolitik

Bereits seit den sechziger Jahren wurden in der Umweltökonomie Vorschläge für so genannte „marktorientierte umweltpolitische Instrumente" in die politische Diskussion eingebracht, zunächst vor allem in den USA, bald aber auch in Europa. Diese Vorschläge beruhen auf der ökonomischen Konzeptionalisierung des Umweltproblems und entsprechenden Lösungsvorschlägen, die sich am Ziel der allokativen Effizienz, der Kosteneffizienz und der dynamischen Effizienz umweltpolitischer Maßnahmen orientieren.

2.1 Öffentliche Güter und externe Effekte

Die Ökonomie interpretiert Umweltprobleme als Probleme öffentlicher Güter und externer Effekte. Umweltgüter wie saubere Luft, sauberes Wasser oder gesunde Wälder sind in den meisten Fällen Gemeinschaftsgüter. Gemeinschaftsgüter (je nach Terminologie auch öffentliche Güter, Kollektivgüter, public goods; vgl. Cornes/Sandler 1996; Arnold 1992) haben eine oder beide der folgenden zwei Eigenschaften:
(1) mehrere oder alle Individuen können das Gut gemeinsam nutzen, ohne dass dadurch der Konsum des Einzelnen beeinträchtigt wird (Nicht-Rivalität im Konsum)
(2) vom Konsum des Gutes kann – oder soll aufgrund einer politischen Entscheidung – niemand ausgeschlossen werden (Nicht-Ausschließbarkeit).
Um nicht an den Kosten der Produktion eines Gemeinschaftsguts beteiligt zu werden, wird ein rationales Individuum immer behaupten, es ziehe aus dem Gut keinen (oder nur geringen) Nutzen. Auf diese Weise entsteht keine oder eine zu geringe Marktnachfrage nach Gemeinschaftsgütern, wie z.B. gesunder Umwelt. Die Bereitschaft rationaler Individuen, Beiträge zur Erstellung des Gutes zu leisten ist zu gering. Dagegen werden die Individuen sich als „free rider" verhalten, d.h. sie werden das Gut nutzen, wenn andere die Produktionskosten tragen. Auf diese Weise werden zu wenige Umweltgüter produziert.

Beiträge zur Erstellung von Umweltgütern bestehen vor allem in der Unterlassung von umweltbelastenden Tätigkeiten, wie etwa der Verschmutzung von Wasser und Luft durch Abwässer oder Abgase, oder im Verzicht auf die Übernutzung gemeinschaftlicher Ressourcen. Werden diese Tätigkeiten nicht unterlassen, entstehen Umweltprobleme. Umweltprobleme können also auch als Produktion von „public bads" betrachtet werden: von „Ungütern", die durch die Eigenschaften der Nicht-Rivalität oder der Nicht-Ausschließbarkeit gekennzeichnet sind.

Das allgemeinste ökonomische Konzept zur Erfassung von Umweltproblemen ist die Theorie externer Effekte. Reine öffentliche Güter oder öffentliche „Ungüter" sind nämlich Spezialfälle vollständiger positiver oder negativer externer Effekte. Von externen Effekten spricht man, wenn eine produktive oder konsumtive Tätigkeit eines

Wirtschaftssubjekts A sich direkt auf die Nutzen- oder Produktionsfunktion eines Wirtschaftssubjekts B auswirkt, ohne dass diese Wirkung in die Kostenrechnung von A eingeht. Solche externen Effekte können positiv oder negativ sein, d.h. bei B zu Nutzen oder Schaden führen. Im Umweltbereich hat man es in der Regel mit negativen externen Effekten zu tun. Wenn ein Unternehmen bei der Produktion eines Gutes X Schadstoffe in ein Gewässer einleitet, hat es davon einen Nutzen in Form der eingesparten Kosten der Schadstoffvermeidung. Es entstehen jedoch Kosten bei den anderen Nutzern dieses Gewässers, etwa durch die Verschlechterung der Trinkwasserqualität, die zu höheren Kosten der Aufbereitung führt, oder durch schadstoffbelastete Fische. Diese „sozialen Kosten" fallen in der Kostenrechnung des Verursachers nicht an und führen deshalb zu einer volkswirtschaftlich gesehen zu hohen Produktion des Gutes X. Die Präsenz von externen Effekten führt zu einer nicht-optimalen, ineffizienten Allokation von Ressourcen (für Nachweise vgl. Cornes/Sandler 1996: part II; Feess 1998: Kap. 3).

2.2 Internalisierung externer Effekte

Zur Lösung von Umweltproblemen verfolgt die Umweltökonomie dementsprechend den Ansatz der Internalisierung externer Effekte. Hierzu gibt es drei theoretische Grundstrategien: Pigou-Steuern, Verhandlungen zwischen Schädigern und Geschädigten nach Coase und das Haftungsrecht.

Pigou entwickelte bereits 1920 das Konzept, von externen Effekten verursachte ineffiziente Allokationen durch staatliches Eingreifen zu beseitigen (Pigou 1932). Pigou schlug vor, dass der Staat das Verhalten von Verursachern externer Effekte durch Besteuerung lenken solle. Verursacher von negativen Effekten sollten mit einer Steuer belegt werden, Verursacher von positiven externen Effekten dagegen mit einer Subvention. Die Höhe der Steuern oder Subventionen sollte so bemessen sein, dass der Verursacher einen Anreiz habe, seine eigene, den externen Effekt verursachende Tätigkeit, so zu reduzieren oder auszudehnen, dass eine Pareto-optimale Allokation entsteht. Dies ist dann gegeben, wenn der Steuersatz genau den externen Grenzkosten entspricht, die bei optimaler Allokation entstehen. Das Problem der Pigou-Steuer besteht darin, dass der Staat für ihre Festsetzung in optimaler Höhe die externen Grenzkosten sowie die Grenzkosten der Vermeidung des externen Effekts kennen muss. Erschwert wird dies dadurch, dass für die optimale Pigou-Steuer die externen Kosten beim Pareto-optimalen Zustand, nicht jedoch die tatsächlichen externen Kosten maßgebend sind. Diese hohen Informationsanforderungen sind in der Regel nicht erfüllt. Dasselbe gilt für eine optimale Subvention.

Coase (1960) formulierte die These, dass die Fehlallokation auch durch Verhandlungen zwischen den Betroffenen beseitigt werden könnte. Coase argumentiert folgendermaßen: Bei Vorliegen eines negativen externen Effekts, z.B. wenn die Emissionen eines Industriebetriebs in ein Gewässer bei einem anderen Nutzer des Gewässers Kosten hervorrufen, liegt eine ineffiziente Allokation vor. Das Emissionsniveau ist nicht Pareto-optimal. In einer sub-optimalen Situation gibt es jedoch Verbesserungsmöglichkeiten für die Beteiligten, d.h. es sind Wohlfahrtsgewinne möglich. Diese potenziellen Verbesserungen bieten für die Betroffenen den Anreiz zu verhandeln.

Der Staat muss hierbei nur eine klare ordnungspolitische Entscheidung über die Zuteilung der Eigentumsrechte treffen. Er kann das Eigentumsrecht an dem Umweltgut entweder dem Verursacher der Emission oder dem Geschädigten zuweisen. Durch diese Zuweisung von Eigentumsrechten wird das Gut „marktfähig", d.h. das Problem der Nicht-Ausschließbarkeit wird auf rechtlichem Weg beseitigt. Erhält der Geschädigte das Eigentumsrecht zugesprochen, so muss der Verursacher entweder alle Emissionen vermeiden oder er kann dem Geschädigten das Eigentumsrecht in einem bestimmten Umfang „abkaufen", indem er ihn für den Schaden kompensiert. Das wird er tun, solange diese Kompensation nicht höher liegt als seine Vermeidungskosten. Umgekehrt wird der Geschädigte einer Kompensation zustimmen, wenn sie höher liegt als die ihm durch die Emission entstehenden Kosten. Die Verhandlungen führen zu einem optimalen Emissionsniveau, weil die Verhandlungspartner die Verbesserungsmöglichkeiten voll ausschöpfen. Das so genannte „Coase-Theorem" besagt, dass dies unabhängig davon ist, wem das Eigentumsrecht zugesprochen wird.

Das Coase-Theorem setzt voraus, dass bei den Verhandlungen keine Transaktionskosten entstehen. In der Praxis wird es aber keine Freiheit von Transaktionskosten geben. Weitere Probleme bestehen darin, dass für eine Gruppe von Geschädigten die gemeinsame Kompensationszahlung ein Kollektivgutproblem darstellt (was effiziente Verhandlungen unmöglich macht), dass Kompensationsforderungen strategisch gestellt und nicht an der tatsächlichen Höhe der Vermeidungskosten oder des Schadens orientiert werden, und dass Allokation und Verteilung nicht immer völlig unabhängig sind (Endres 2000: 41; Siebert 1978: 17).

Die dritte Internalisierungsstrategie ist das Umwelthaftungsrecht (Shavell 1980, 1987). Das Haftungsrecht legt fest, dass und unter welchen Bedingungen der Verursacher eines externen Effekts dem Geschädigten den Schaden zu ersetzen hat. Zwei Grundprinzipien der Haftung sind zu unterscheiden: Bei der Verschuldenshaftung haftet der Verursacher für den Schaden nur, wenn er die erforderliche Sorgfalt hat vermissen lassen. Bei der Gefährdungshaftung haftet der Verursacher für jeden Schaden, der durch seine Emissionen entsteht. Das Haftungsrecht entfaltet in der ökonomischen Perspektive präventive Wirkungen, weil die Haftung für den Schaden in die Kalkulation des Verursachers eingeht. Bei der Gefährdungshaftung heißt das, dass der Verursacher für jedes Emissionsniveau stets die Summe aus seinen Vermeidungskosten und den Schadenskosten (für die er haften muss) berechnet. Er wird sich für das Emissionsniveau entscheiden, für das die Summe dieser Kosten minimal ist. Dies ist aber gerade das Pareto-optimale Emissionsniveau, verwirklicht also eine effiziente Ressourcenallokation. Unter bestimmten Bedingungen führt auch die Verschuldenshaftung zur optimalen Allokation. Das setzt allerdings voraus, dass ein bestimmtes, und zwar das Pareto-optimale Emissionsniveau vom Staat als Standard definiert wird und ein Verschulden nur bei Überschreiten dieses Niveaus vorliegt. Außerdem setzen die Haftungsmodelle voraus, dass Schaden und die Schadensersatzzahlung identisch sind und identifiziert werden können.

Die Existenz eines Haftungsrechts bedeutet in der Praxis nicht automatisch, dass der Verursacher für jeden tatsächlich von ihm verursachten Schaden haftet. Das Haftungsrecht begründet einen Anspruch auf Schadensersatz durch die Geschädigten und damit ein Risiko der Schadensersatzzahlung für den Verursacher. Es besteht deshalb ein Interesse an der Versicherung dieser Risiken. Die Versicherungsprämien werden dann mindestens den Erwartungswert des Schadens decken. Sie sollten über diesem Wert liegen, weil die Versicherung ja dem risiko-aversen Verursacher das Risiko abnimmt. Über die Versicherungsprämien gehen die externen Effekte in die Kostenrechnung des Verursachers ein. Auf diese Weise kann theoretisch wiederum optimale Ressourcenallokation erreicht werden (vgl. etwa Endres 2000: 88; Feess 1998: Kap. 8).

2.3 Marktorientierte Instrumente

Auf der Basis dieser theoretischen Grundstrategien für die Internalisierung externer Effekte wurden von der Umweltökonomie Vorschläge für umweltpolitische Instrumente entwickelt. Im Kern umfasst die umweltökonomische Diskussion fünf Typen von Instrumenten: Emissionsabgaben, Emissionssubventionen, handelbare Emissionszertifikate, Verhandlungslösungen und Instrumente, die auf dem Haftungsrecht basieren. Diese werden dem traditionellen Auflageninstrumentarium gegenübergestellt.

Wichtig ist, dass die ökonomischen Modelllösungen sich meist auf eine ganz bestimmte Situation beziehen (Endres 2000: 117). Die Instrumente dienen jeweils einem einheitlichen Ziel: Für eine gegebene Region soll eine bestimmte Emissionshöchstgrenze eingehalten werden. Die Summe der Emissionen aller Verursacher in dieser Region soll auf dieses Niveau gesenkt werden. Nur innerhalb dieses analytischen Rahmens können die verschiedenen Instrumente sinnvoll miteinander verglichen werden. Die im Folgenden vorgestellten Ergebnisse der ökonomischen Analyse haben also auch nur für solche auf einen Emissionsstandard bezogenen Instrumente Gültigkeit.

(1) Emissionsabgaben oder -steuern

Bei einer Emissionsabgabe muss der Verursacher der Emissionen für die von ihm emittierte Menge an Schadstoffen eine Abgabe oder Steuer an den Staat zahlen. Der Abgabesatz pro Emissionseinheit ist konstant und für alle Verursacher identisch. Auf diese Weise wird die umweltbelastende Tätigkeit für die Verursacher verteuert. Je mehr Emissionen ein Verursacher vermeidet, umso niedriger ist die Abgabe. Die Emittenten werden also den Abgabesatz und seine individuellen Grenzvermeidungskosten pro Emissionseinheit vergleichen und so lange Emissionen vermeiden, so lange dies günstiger ist, als die Abgabe zu bezahlen.

Die oben beschriebene Pigou-Steuer setzt voraus, dass der Staat die optimale Ressourcenallokation kennt und den Steuersatz entsprechend ansetzt. Da der Staat über diese Informationen jedoch nicht verfügt, muss man sich mit dem so genannten „Standard-Preis-Ansatz" begnügen. Dabei legt – wie oben angenommen – der Staat ein Emissionsziel fest. Die Aufgabe besteht dann darin, die Abgabenhöhe so zu bestimmen, dass dieses Ziel erreicht wird. Auch hier wird der Staat in der Regel nicht ohne weiteres über die nötigen Informationen verfügen. Beim Standard-Preis-Ansatz steht die Kostenminimierung im Vordergrund. Eine optimale Allokation wird höchstens zufällig erreicht. Das gilt in der Praxis aber auch für alle anderen Instrumente: Auflagen, Zertifikate, Verhandlungen und Verschuldenshaftung.

(2) Emissionssubventionen

Eine optimale Allokation kann theoretisch auch mit einer Pigou-Emissionssubvention erreicht werden. Hier wird dem Verursacher ein vollständiges Eigentumsrecht zugesprochen. Eingriffe in dieses Recht müssen ihm von der Allgemeinheit abgekauft werden (Holzinger 1987: 138). Subventionen für unterlassene Emissionen werden allerdings in der Umweltökonomie generell negativer beurteilt als Abgaben (Siebert 1978: 12). Zunächst stellt sich auch hier das grundsätzliche Problem, dass die optimale Allokation nicht bekannt ist. Wird ein Standard-Preis-Ansatz angewandt ergeben sich weitere Probleme. Erstens erfordert das Instrument Informationen über das Ausmaß der Emissionen ohne Inanspruchnahme der Subvention, da für die Verursacher ein Anreiz zu strategischem Verhalten besteht: sie werden ihre Emissionen höher angeben als sie sind, um mehr Subventionen zu bekommen (Holzinger 1987: 139). Zweitens steigen durch die Subventionen in umweltbelastenden Sektoren die Gewinne. Das lockt andere Unternehmen in diesen Sektor, was langfristig zu einer Ausweitung der umweltbelastenden Tätigkeiten führt. Drittens hat der Verursacher keinen Anreiz, die effizientesten Vermeidungstechniken zu wählen (Cansier 1996: 141). Andere Formen umweltbezogener öffentlicher Finanzbeihilfen, wie erhöhte Abschreibungsmöglichkeiten, zinsgünstige Darlehen und Investitionszuschüsse, sind noch ungünstiger zu beurteilen (Cansier 1996: 142–143). Ein Problem dabei sind die Mitnahmeeffekte: Die Subventionen werden von denjenigen in Anspruch genommen, die die Investition ohnehin tätigen wollten (Holzinger 1987: 141).

(3) Emissionszertifikate

Beim Zertifikatsmodell soll ein politisch vorgegebenes Emissionsniveau durch die Vergabe von Nutzungslizenzen durch den Staat an die Emittenten mit volkswirtschaftlich minimalen Kosten erreicht werden (Dales 1968). Die Lizenzen sprechen dem Verursacher das Recht zu, eine bestimmte Schadstoffmenge zu emittieren. Ausgehend von der maximalen Höhe der Gesamtemission in einem Gebiet wird die Anzahl der Zertifikate festgelegt. Damit ist das Erreichen des Emissionsstandards gesichert. Das Entscheidende an den Zertifikaten ist, dass sie frei handelbar sind. Auf diese Weise wird ein Markt für das Umweltgut geschaffen; für die Zertifikate bildet sich ein Preis. Erhöht sich die Nachfrage nach einem bestimmten Typ von Emissionslizenzen, wird ihr Preis steigen. Sinken dagegen die Vermeidungskosten aufgrund technischer Entwicklung, so wird auch der Zertifikatspreis sinken. Der einzelne Verursacher wird Vermeidungsmaßnahmen ergreifen, sofern diese kostengünstiger sind als die Zertifikate und ggf. in entsprechender Höhe Zertifikate verkaufen. Er wird die Zertifikate halten, wenn seine Vermeidungskosten höher liegen als ihr Preis. Bei Produktionsausdehnung wird er Zertifikate zukaufen.

(4) Haftungsinstrumente

Die ökonomische Diskussion des Haftungsrechts ist im Wesentlichen eine Diskussion verschiedener Haftungsregeln. Verschuldens- und Gefährdungshaftung sind – wie oben ausgeführt – äquivalent hinsichtlich ihrer allokativen Wirkungen. Sie sind jedoch nicht äquivalent hinsichtlich der distributiven Wirkungen. Während bei der Gefährdungshaftung der Emittent den Geschädigten den Schaden voll ersetzen muss, zahlt er bei der Verschuldenshaftung keinen Schadensersatz, da bei rationalem Verhalten sein Emissionsniveau in einem Bereich liegt, für den kein Verschulden festgestellt werden kann. Infolgedessen wird auch das Emissionsniveau der betroffenen Industrie bei Gefährdungshaftung langfristig niedriger liegen als bei Verschuldenshaftung (Endres 2000: 78–79). Insofern lässt sich der vorsichtige Schluss ziehen, dass im Sinne der Ökonomie die Gefährdungshaftung die bessere Haftungsregel wäre. Die Verschuldenshaftung ist keine Internalisierungsstrategie im strengen Sinne. Bei Gefährdungshaftung werden dagegen entweder durch Zahlung von Schadensersatz oder durch die Versicherung des Schadensersatzrisikos die externen Effekte internalisiert.

Auf der Basis dieser Modellüberlegungen wurde die Verknüpfung von Haftungsregeln mit einer obligatorischen Haftpflichtversicherung vorgeschlagen. Ein weiteres umweltpolitisches Instrument, das im Zusammenhang mit der Diskussion der Haftungsregeln entwickelt wurde, sind Umwelthaftungsfonds. Hier zahlt der Verursacher nicht Beiträge an eine Versicherung, sondern an einen Fonds, aus dem Schadensersatzforderungen beglichen werden. Dies ist insbesondere dann eine Problemlösung, wenn es keine klare Kausalität zwischen dem Schaden und einem Verursacher gibt, oder wenn der Schaden nicht einem einzelnen Verursacher, sondern nur einer Gruppe zugeordnet werden kann. Eine funktionale Alternative dazu sind Versicherungspools (Tsekouras 2000).

(5) Verhandlungslösungen

Zu optimalen Ergebnissen im ökonomischen Sinn führen nur Verhandlungen zwischen Geschädigten und Verursachern, wie sie im Coase-Theorem unterstellt werden. Hier ist die Aktivität des Staates auf die Zuteilung der Eigentumsrechte beschränkt. Die Praktikabilität von Verhandlungslösungen in diesem Sinne wurde jedoch aus den oben angesprochenen Gründen von der Umweltökonomie bezweifelt (Siebert 1978: 17). In der eher praxisorientierten umweltökonomischen Literatur werden oft auch (freiwillige) Verhandlungen zwischen dem Staat und den Verursachern in Form von so genannten Branchenabkommen, Selbstverpflichtungsabkommen oder Verbandslösungen aufgeführt (Wicke 1982: 131; 1993: 257ff.; Binder 1999: 207). In diesen Fällen schließt der Staat mit einer Emittentengruppe einen Vertrag, in dem sich die Branche verpflichtet, ein festgelegtes Umweltziel in einer bestimmten Zeit zu erreichen oder bestimmte umweltbelastende Aktivitäten zu reduzieren. Der Emittentengruppe ist es freigestellt, auf welche Weise sie dieses Ziel erreichen will. Die Allokation der Emissionsminderungspflichten kann innerhalb der Gruppe vorgenommen werden, so dass im Prinzip eine kostenminimierende Allokation erreicht werden kann. Die Verhandlungen innerhalb der Gruppe können jedoch zu hohen Transaktionskosten führen. Bei solchen Branchenabkommen besteht außerdem die Gefahr wettbewerbshemmmender Absprachen (Binder 1999: 210). Bei freiwilligen Selbstverpflichtungsabkommen schließlich ist das Erreichen des Ziels nicht gesichert.

2.4 Vergleich marktorientierter Instrumente mit traditioneller Auflagenpolitik

Die umweltökonomische Theorie begründet die Überlegenheit der von ihr vorgeschlagenen umweltpolitischen Instrumente im Wesentlichen mit ihrer statischen und dynamischen Effizienz. Effizienz ist jedoch nicht das einzige Kriterium zur Beurteilung der Instrumente. Ein zweitens wesentliches Kriterium ist die ökologische Wirksamkeit und Treffsicherheit eines Instruments. Auch die administrative Praktikabilität spielt eine Rolle. Da eine vollständige Evaluation aller Instrumente hier nicht vorgenommen werden kann, sollen im Folgenden lediglich Emissionsauflagen hinsichtlich der Effizienz, der ökologischen Wirksamkeit und der dynamischen Anreizwirkung mit Emissionsabgaben und -zertifikaten verglichen werden. Damit sind die wesentlichen Argumente der Umweltökonomie erfasst (vgl. Endres 2000: 142; Feess 1998: 59).[1]

Bei der statischen Effizienz soll zwischen dem Anreiz zur einzelwirtschaftlichen Kostenminimierung und der Effizienz auf der Ebene der Gesamtheit der Emittenten unterschieden werden. Bei einer Emissionsauflage hat die Verursacherfirma einen Anreiz ihre Vermeidungskosten zu minimieren, also den günstigsten Weg zu suchen, um die Auflage zu erfüllen. Anders wäre dies bei technischen Verfahrensvorschriften, da das Unternehmen hier wenig Spielraum hat, nach einer kostengünstigen Lösung zu suchen. Bei einer Emissionsabgabe hat die Firma ebenfalls einen Anreiz zur Suche nach der kostenminimalen Lösung. Würde dagegen das Produkt der Firma besteuert, könnte sie wiederum nur mit einer Produktionseinschränkung reagieren und hätte wenig Spielraum für die Suche nach kostengünstigen Lösungen für die Reduzierung der Umweltbelastung. Bei Emissionszertifikaten ergibt sich derselbe Anreiz zur Kostenminimierung wie bei der Abgabe.

Die gesamtwirtschaftliche Effizienz bezieht sich hier nicht auf die optimale Ressourcenallokation, sondern auf die Minimierung der Gesamtkosten der Emissionsreduktion über alle Verursacher. Wichtig ist dabei, dass die Vermeidungskosten für die einzelnen Verursacher in der Regel verschieden sind, da sich die Anlagen unterscheiden. Gesamtwirtschaftliche Kostenminimierung setzt voraus, dass Emissionen dort am stärksten reduziert werden, wo die Vermeidungskosten am niedrigsten sind. Dies ist mit einer generellen Auflage nicht erreichbar. Bei einer Abgabenlösung ergibt sich hier aber kein Problem: Da die individuellen Verursacher solange vermeiden, solange die eigenen Vermeidungskosten niedriger sind als die Abgabe, ergeben sich firmenspezifisch differenzierte Vermeidungsniveaus, so dass ein gesamtwirtschaftliches Kostenminimum erreicht wird. Bei Zertifikaten wirkt genau derselbe Mechanismus, wobei der Zertifikatspreis die Rolle der Abgabe übernimmt.

Bei der dynamischen Anreizwirkung geht es um die Frage, ob ein Instrument das Potenzial hat, umwelttechnische Innovationen zu induzieren. Bei einer Auflagenpolitik

---

[1] Sehr früh wurde allerdings in der ökonomischen Literatur bereits die These aufgestellt, dass bei einem detaillierten Vergleich von Abgaben und Auflagen die Unterschiede zwischen diesen Instrumenten teilweise verschwinden (Osterkamp 1984).

haben die Unternehmen zwar durchaus Anlass, umwelttechnische Innovationen zur Erfüllung der Auflage einzuführen. Sie haben aber keinen Anlass zur Entwicklung von neuen technischen Lösungen, die Emissionsreduzierungen über die Auflage hinaus ermöglichen würden. Bei einer Emissionsabgabe ist dieses Motiv dagegen vorhanden. Da nicht nur für die Vermeidung, sondern auch für die Restverschmutzung bezahlt werden muss, besteht ein ständiger Druck, nach verbesserten, d.h. kostengünstigeren technischen Lösungen zu suchen. Dies gilt in ähnlicher Weise für die Zertifikatslösung. Allerdings nimmt bei Zertifikaten dieser Anreiz im Laufe der Zeit ab: Verbesserte Vermeidungstechniken verringern die Nachfrage nach Zertifikaten und senken den Preis.

Bei der ökologischen Wirksamkeit wird vorrangig danach gefragt, wie sicher das politisch vorgegebene Emissionsniveau erreicht wird. Emissionsauflagen sind grundsätzlich sehr gut in Lage, ein vorgegebenes Ziel sicher zu erreichen. Das ist gerade bei krisenhaften Situationen von Bedeutung. Die Zielgenauigkeit wird jedoch bereits beeinträchtigt, wenn die Auflagen nicht für das absolute Ausmaß der Schadstoffe formuliert sind, sondern als Schadstofffracht pro Kubikmeter o.ä. angegeben werden. Die Abgabenlösung ist demgegenüber nicht sehr treffsicher – ob das vorgegebene Ziel erreicht wird, hängt davon ab, ob die Abgabenhöhe richtig festgelegt wurde. Da dies einen hohen Informationsstand voraussetzt, ist die Wirkung einer bestimmten Abgabe in der Regel nicht abzuschätzen. Die Zertifikatslösung ist hinsichtlich der Treffsicherheit genau so positiv einzuschätzen wie eine Emissionsauflage, da hier das anzustrebende Emissionsniveau direkt festgelegt wird. Zertifikatsmodelle setzen jedoch voraus, dass es auch ökologisch sinnvoll ist, in einem bestimmten Gebiet einen Markt für Emissionslizenzen zu bilden, dass es also gleichgültig ist, wo in diesem Gebiet die Emissionen entstehen und sich verteilen. Dies wird häufig nicht der Fall sein. Es müssen unter Umständen aus ökologischen Gründen sehr kleine Gebiete abgegrenzt werden, in denen sich kein Markt entwickeln kann. In größeren Gebieten bilden sich aber möglicherweise unerwünschte Agglomerationen von Emittenten.

3. Politische Verarbeitung: Rezeption und Umsetzung der ökonomischen Konzepte

Wie wurden die dargestellten wissenschaftlichen Konzepte und Argumente nun politisch verarbeitet? Betrachtet man den Prozess der politischen Rezeption und Umsetzung, so lassen sich verschiedene Aspekte hervorheben. Zunächst wurden die marktorientierten Instrumente im politischen Diskurs anders legitimiert als in der umweltökonomischen Theorie. Außerdem kam es zu substanziellen Modifikationen der ökonomischen Konzepte, die sich sowohl aus der praktischen Umsetzung als auch aus der politischen Begriffserweiterung ergaben. Was die politische Akzeptanz betrifft, zeigt das deutsche Beispiel, dass zunächst der Widerstand gegen die marktorientierten Instrumente überwog. Der nationale Diskurs wurde in den achtziger Jahren zunehmend durch einen internationalen Diskussionsprozess überlagert.

3.1 Politische Legitimation der Instrumente

Wie ausgeführt stützt sich die umweltökonomische Begründung der Notwendigkeit der marktorientierten Instrumente auf ihre Überlegenheit hinsichtlich der statischen und dynamischen Effizienz. Die überlegene Effizienz wurde in der politischen Diskussion über diese Instrumente in der Regel auch als Argument angeführt. Bei der politischen Legitimation dieser Instrumente spielte jedoch ein anderes Argument die Hauptrolle: Die marktorientierten Instrumente entsprächen in besonderer Weise dem Verursacherprinzip.

Das Verursacherprinzip, wonach der Verursacher einer Umweltbelastung für die Kosten der Vermeidung oder Beseitigung aufkommen soll, war seit den siebziger Jahren das zentrale politische Prinzip der Umweltpolitik in den meisten Staaten und auch auf der Ebene internationaler Organisationen (vgl. z.B. Wicke 1982: 75; 1991: 119 und 1993: 150; Cansier 1996: 128). Beim Verursacherprinzip handelt es sich aber zunächst um eine politisch begründete Verteilungsnorm. Wie das Coase-Theorem zeigt, kann sich eine effiziente Allokation einstellen, auch wenn nicht der Verursacher, sondern der Geschädigte für den Schaden aufkommt. Sowohl in der Praxis als auch in der Theorie ergibt sich bei der Anwendung des Verursacherprinzips darüber hinaus das Problem, dass nicht eindeutig festzumachen ist, wer denn nun der Verursacher des Problems ist. Deshalb wurde das Verursacherprinzip in der Umweltökonomie manchmal als „Leerformel" kritisiert (z.B. Feess 1998: 173–174). Häufig übernahm die Umweltökonomie jedoch das politische Argument zur Begründung der eigenen Instrumentenvorschläge (so z.B. Wicke 1982, 1991, 1993).

Politisch wurden die marktorientierten Instrumente also vorwiegend damit gerechtfertigt, dass sie dem Verursacherprinzip in höherem Maße entsprechen als Auflagen. Hier wurde zwischen dem „schwachen" und dem „starken" Verursacherprinzip unterschieden. Sowohl Auflagen als auch marktorientierte Instrumente entsprechen dem schwachen Verursacherprinzip. Dem starken Verursacherprinzip werden jedoch nur die marktorientierten Instrumente gerecht: Hier muss der Verursacher nicht nur für die Kosten der Vermeidung der Umweltbelastung aufkommen (wie bei Auflagen), sondern auch für die Kosten der Restbelastung – in Form der Abgabe, des Zertifikatspreises oder der Versicherungsprämie. Dies ist sicherlich zutreffend, aber nicht der Kern des ökonomischen Arguments. Die Diskussion zeigt allerdings, dass die umweltökonomische Legitimation der marktorientierten Instrumente im politischen Diskurs sofort um eine genuin politische – nämlich gerechtigkeitsbezogene – Legitimation ergänzt wurde.

3.2 Transformation in die Praxis

Bei der Darstellung der ökonomischen Modelle für umweltpolitische Instrumente wurde deutlich, dass einige von ihnen mit erheblichen praktischen Problemen behaftet sind. So stellen z.B. Abgaben hohe Informationsanforderungen an die Politik, die regelmäßig nicht erfüllt sind. Das reine Zertifikatsmodell kann zu ökologischen Problemen führen. Außerdem stellt sich die Frage nach dem Ausgabemodus: kostenlose Zuteilung auf der Basis der bisherigen Emissionen, Zuteilung gegen einen Preis oder Versteigerung? Bei der praktischen Umsetzung entsprachen die Instrumente deshalb oft nicht dem Idealtyp.

Dies waren allerdings nicht die einzigen Gründe, warum bei der Umsetzung der ökonomischen Modellvorschläge in die Praxis oft erheblich vom Modell abgewichen wurde. Zumindest in der ersten Generation der Instrumente wagte die Politik es meist nicht, sich voll auf den ökonomischen Ansatz zu verlassen. Die Instrumente wurden mit Auflagen kombiniert oder in anderer Weise variiert. Schließlich wurden die ökonomischen Ansätze, die sich in den Modellen regelmäßig auf einen politisch vorgegebenen Emissionsstandard beziehen, auf andere Bemessungsgrundlagen oder andere Ziele übertragen. Das zeigen die folgenden Beispiele. Bei den meisten dieser pragmatischen Formen marktorientierter Instrumente sind die Optimalitätseigenschaften der idealtypischen Modelle nicht mehr (voll) gegeben.

So wurde etwa das erste Beispiel einer Emissionsabgabe in Deutschland, die 1978 eingeführte Abwasserabgabe, mit dem Auflageninstrumentarium kombiniert. Obwohl diese Abgabe sicherlich eine gewisse Lenkungsfunktion entfaltete, war sie doch vom ökonomischen Ziel der volkswirtschaftlichen Kostenminimierung weit entfernt (für eine Kritik siehe Feess 1998: 85ff.). Umweltsteuern werden außerdem häufig auf Produkte oder Produktionsmittel anstatt auf Emissionen erhoben. Beispiele sind Steuern auf Kraftstoffe, Heizöle, Lösungsmittel, Batterien oder Reifen (OECD 1999: 63). Auch hier kann von einer gewissen Lenkungswirkung ausgegangen werden, die Optimalitätseigenschaften der Emissionsabgabe werden jedoch nicht erreicht (Binder 1999: 109). Schließlich dominiert in der politischen Praxis vielfach die Finanzierungsfunktion der Umweltsteuern: Der eigentliche Zweck der Abgabe ist das Aufkommen, nicht die Lenkungswirkung (Binder 1999: 108).

Zertifikatslösungen wurden nur sehr zögerlich umgesetzt. Zwar gab es bereits sehr früh in den USA zertifikatsähnliche Lösungen, das so genannte Emissions Trading (Endres 2000: 133; Binder 1999: 195). Im Clean Air Act von 1977 wurden verschiedene Spielarten des kontrollierten Emissionshandels eingeführt: die Bubble-Policy, die Offset-Policy und das Emission Reduction Banking. Hierbei handelt es sich nicht um einen echten Handel mit Zertifikaten, sondern um Möglichkeiten des Tauschs und Kaufs von Genehmigungen zwischen verschiedenen Emittenten und der Möglichkeit des Gutschreibens von Emissionsminderungen. Eine noch zurückhaltendere Lösung wurde in der deutschen Technischen Anleitung Luft von 1986 gewählt, die die Kompensation zwischen verschiedenen Emissionsquellen innerhalb einer Anlage ermöglicht (Holzinger 1987: 152). Reine Zertifikatslösungen gibt es erst seit den neunziger Jahren. Im Clean Air Act von 1990 wurden in den USA erstmals Zertifikatsmodelle für die Schadstoffe NO_x und SO_2 eingeführt (Feess 1998: 124ff.).

Optimale Emissionssubventionen gibt es in der Praxis nicht. Sie scheitern einerseits an den oben erwähnten Informationsproblemen, andererseits vermutlich an Legitimitätsproblemen. Da Emissionssubventionen nicht dem Verursacher-, sondern dem Gemeinlastprinzip entsprechen, sind solche Subventionen politisch schwer zu legitimieren. Dagegen fanden Finanzbeihilfen und Steuererleichterungen für umweltfreundliches Verhalten und Produktionsprozesse viele Unterstützer. Solche Instrumente wurden in großem Umfang eingesetzt (siehe z.B. die Angaben bei Wicke 1982: 169–207). Dass sie unter dem Gesichtspunkt der Effizienz und der ökologischen Wirkungen kritisch zu beurteilen sind, wurde oben schon gesagt.

Auch bei den Verhandlungen und freiwilligen Vereinbarungen weicht die Praxis erheblich vom ökonomischen Modell ab. Unter Verhandlungslösungen verstand die politische Praxis stets Verhandlungen des Staates mit bestimmten Branchen. Solche Vereinbarungen waren jedoch selten auf konkrete und verbindliche Emissionsziele bezogen, wie es dem ökonomischen Modell entspräche. Branchenabkommen und freiwillige Selbstverpflichtungen sind häufig nicht verbindlich[2] oder sie haben andere Bezugsgrößen, wie beispielsweise die Vereinbarung der EU-Kommission mit der europäischen Elektroindustrie zur Herstellung energiesparender Haushaltsgeräte. Ein Beispiel für ein verbindliches Branchenabkommen in Deutschland ist das Grüne-Punkt-System DSD.

3.3 Politische Erweiterung des Begriffs der ökonomischen Instrumente

Ein weiteres Kennzeichen der politischen Rezeption der ökonomischen Vorschläge ist in der deutlichen Ausweitung des Begriffes der ökonomischen Instrumente zu sehen. Hintergrund für diese Verschiebung ist ein unterschiedliches Verständnis dessen, was ein umweltpolitisches Steuerungsinstrument zu einem „ökonomischen" macht. In der ökonomischen Theorie ist das entscheidende Kriterium die statische und dynamische Effizienz eines Steuerungsinstruments. Im strengen ökonomischen Sinn können vor diesem Hintergrund nur die in Kapitel zwei beschriebenen marktorientierten Instrumente als ökonomische Instrumente betrachtet werden.

Untersucht man hingegen die Rezeption dieser engen ökonomischen Definition seitens der Politik, aber auch der wissenschaftlichen Politikberatung, so wird schnell deutlich, dass für die Klassifikation eines Instrumentes als „ökonomisch" wesentlich breitere Kriterien angelegt werden. So werden als „ökonomisch" letztlich alle Instrumente betrachtet, die sich im weitesten Sinne mit finanziellen Anreizen oder „Markt" in Verbindung bringen lassen. Wie sehr sich damit der politisch definierte Katalog ökonomischer Instrumente erweitert, kommt in der Aufzählung bei Sprenger et al. (1998: 332) zum Ausdruck. Unter den Katalog ökonomischer Instrumente fällt hier: umweltorientierte staatliche Beschaffungspolitik, Förderung umweltbedeutsamer Forschung und Entwicklung, Steuererleichterungen, Abgaben, umweltrelevante Änderungen der rechtlichen Rahmenbedingungen (z.B. verbesserte Überwachungsmöglichkeiten), Gewährung von Vorteilen für die Nutzer umweltfreundlicher Produkte, Kooperationslösungen sowie zwangsfreie Instrumente (z.B. Informationspolitik zur Förderung von Car-Sharing). Es liegt auf der Hand, dass nur wenige der hier als „ökonomisch" bezeichneten Maßnahmen die strengen Kriterien der ökonomischen Theorie erfüllen.

Politische Begriffserweiterungen finden sich jedoch nicht nur auf nationaler Ebene, sondern auch im Bereich internationaler Organisationen. So zählt etwa die OECD nicht nur marktorientierte, mit dem ökonomischen Ansatz vereinbare Konzepte (Lenkungssteuern, Haftungsinstrumente, handelbare Zertifikate) zu den ökonomischen Instrumenten. Darüber hinaus erfasst sie damit Beihilfen, Pfandsysteme, Implementa-

---
2 Einen Überblick über die immerhin etwa 30 deutschen freiwilligen Branchenabkommen gibt Wicke (1993: 277).

tionsanreize und Gebühren (OECD 1999). All diesen Konzepten ist zwar gemeinsam, dass sie möglicherweise eine gewisse Lenkungsfunktion entfalten; sie erfüllen jedoch im Allgemeinen nicht die Bedingung statischer und dynamischer Effizienz. Überdies ist insbesondere bei Gebühren fraglich, ob und inwieweit im Einzelfall von einer Lenkungsfunktion ausgegangen werden kann. So liegt der Zweck von Gebühren primär darin, die Kosten für die Inanspruchnahme öffentlicher Leistungen zu decken (etwa für die Müllbeseitigung). Sie sind nicht vorrangig darauf ausgerichtet, das Verhalten der Gebührenzahler zu beeinflussen. Solche Effekte sind zwar durchaus denkbar, aber nicht primär intendiert.

3.4 Der Diskurs in Deutschland: Mangelnde Akzeptanz der Instrumente

Die Umsetzung der marktorientierten Instrumente in die politische Praxis verlief in den einzelnen Ländern unterschiedlich. Während die USA relativ früh mit dem Einsatz einiger marktorientierter Instrumente begannen und diesen Ansatz sowohl auf der Bundes- als auch auf der Staatenebene vorsichtig weiterentwickelten (OECD 1999), blieb die Abwasserabgabe in Deutschland für lange Zeit das einzige Beispiel eines echten marktorientierten Instruments.[3] Bis zum Ende der achtziger Jahre blieb der Einsatz marktorientierter Instrumente auch in den anderen europäischen Staaten auf Einzelbeispiele beschränkt, meistens Abgaben. Die Umsetzung der umweltökonomischen Vorschläge erfolgte also zunächst sehr zögerlich. Erst ab Ende der achtziger Jahre zeichnet sich eine Trendwende ab (vgl. Kapitel 4).

Zur zunächst offenbar mangelnden Akzeptanz der marktorientierten Instrumente in Politik und Verwaltung gibt es zwar theoretisch begründete Vermutungen (Frey 1972: Kap. VIII; Wicke 1982: 247; Cansier 1996: 221; Binder 1999: 187), jedoch kaum empirische Befunde. Lediglich die Studie von Holzinger (1987) erfasst die Präferenzen umweltpolitischer Akteure für die marktorientierten Instrumente empirisch. Die Studie bezieht sich auf den politischen Diskurs in Deutschland Mitte der achtziger Jahre und beruht auf Dokumentenanalysen und einer Befragung der Umweltverwaltung. Untersucht werden u.a. die Aussagen zu umweltpolitischen Instrumenten seitens der (konservativ-liberalen) Bundesregierung, der Umweltverwaltung, von Unternehmerverbänden, Umweltverbänden und der politischen Parteien.

Die Studie kommt zu dem Ergebnis, dass die Umweltpolitik mit Auflagen grundsätzlich von allen Akteuren bejaht wurde. Zertifikate hingegen wurden von nahezu allen Akteuren abgelehnt. Eine Ausnahme bildeten lediglich die F.D.P. sowie einzelne Stimmen bei den konservativen Parteien. Ähnlich einhellig war die Ablehnung von Umweltabgaben und -steuern. Nur die F.D.P. und einzelne Stimmen aus der sozialdemokratischen Partei befürworteten Lenkungsabgaben. Die Grünen traten für Straf- und Finanzierungssteuern, nicht aber für Lenkungssteuern ein. Verhandlungen zwischen Staat und Verursachern wurden dagegen von fast allen Akteuren begrüßt. Besonders stark machten sich die Unternehmerverbände und die Regierung für diese Lösung. Die einzigen Gegner waren die Grünen und die Umweltverbände. Nur die Unterneh-

---

3 Andere Abgaben waren aufgrund internationaler Vorgaben entstanden: die Altöl- und die Fluglärmabgabe.

merverbände forderten offen Subventionen. Alle anderen Akteure lehnten Subventionen unter diesem Begriff prinzipiell ab. Allerdings werden sie manchmal als Ausnahmen in Betracht gezogen. Unter anderen Namen („Umweltschutzbeihilfen" o.Ä.) oder als konkrete Vorschläge wurden sie aber dann faktisch von den meisten Akteuren befürwortet oder sogar gefordert. Tatsächlich waren und sind Subventionen sehr beliebte umweltpolitische Instrumente (Holzinger 1987: Kap. 6 und 7). Es zeigt sich also, dass bis Mitte der achtziger Jahre eine geringe politische Akzeptanz für marktorientierte Instrumente bestand.

3.5 Institutionalisierung transnationaler Diskurse

Die beschriebenen Muster der politischen Verarbeitung der in der ökonomischen Theorie vorgeschlagenen Instrumente werden seit Beginn der achtziger Jahre durch einen zunehmend internationalisierten Diskurs überlagert und verstärkt, der sich insbesondere auf der Ebene der EU, der OECD und der Vereinten Nationen abspielt. Kennzeichnend für diesen Prozess sind anhaltende Bemühungen dieser Organisationen, die Einführung ökonomischer Instrumente auf nationaler, supranationaler und internationaler Ebene voran zu treiben. Dabei fällt auf, dass die jeweils propagierten Vorschläge und deren Legitimation ebenfalls durch die bereits beschriebenen politischen Verarbeitungsprozesse geprägt sind.

Auf der Ebene der EU wurde der Einsatz von ökonomischen Instrumenten im Bereich der Umweltpolitik erstmals im dritten Aktionsprogramm der Europäischen Gemeinschaften für den Umweltschutz (1982–1986)[4] vorgeschlagen. Ausführlich befasste sich das vierte Aktionsprogramm (1987–1992)[5] mit ökonomischen Instrumenten. Emissionsabgaben, Emissionszertifikate, Steuern, staatliche Beihilfen, handelbare Deponiegenehmigungen, Abkommen mit den Verursachern und verschärfte Haftungsvorschriften werden aufgezählt. Zentrale Legitimation für die Anwendung ökonomischer Instrumente war dabei die Umsetzung des Verursacherprinzips (Holzinger/Knill/Schäfer 2003: 108ff.).

Die Diskussion auf der Ebene der EU verlief damit weitgehend parallel mit der Entwicklung auf der Ebene der OECD, wo das Verursacherprinzip seit Anfang der achtziger Jahre intensiv diskutiert wurde. Verschiedene Studien zu seiner Verwirklichung wurden durchgeführt (OECD 1981a und 1981b; Opschoor/Vos 1989). Vor allem der Aspekt der grenzüberschreitenden Anwendung des Verursacherprinzips wurde auf dieser Ebene verhandelt. Gleiches gilt für die Vereinten Nationen, wo insbesondere im Rahmen des United Nations Environment Programme (UNEP) die Etablierung ökonomischer Instrumente propagiert wurde.

Die so in Gang gesetzte internationale und europäische Diskussion über die Einführung ökonomischer Instrumente wurde in der Folgezeit beständig ausgebaut und weiterentwickelt; es kam zu einer Institutionalisierung eines internationalisierten und europäisierten Policy-Diskurs. Dies zeigt sich insbesondere an der Vielzahl unterschiedlicher Arbeitsgruppen und Expertengremien zur Einführung und Bewertung ökonomi-

---

4 ABl. C 46 vom 17.02.83.
5 ABl. C 328 vom 07.12.87.

scher Instrumente, die innerhalb dieser Organisation etabliert wurden. Darüber hinaus kommt diese Entwicklung an kontinuierlich propagierten Policy-Vorschlägen zum Ausdruck. Dies zeigt sich insbesondere an den im Rahmen der internationalen Verhandlungen zum Klimaschutz seit Kyoto 1997 vorgeschlagenen Konzepten zum internationalen Handel mit Emissionsrechten. Gleiches gilt für entsprechende Entwicklungen auf der Ebene der EU, wie etwa den Vorschlag zur Einführung einer CO_2/Energiesteuer Anfang der neunziger Jahre oder den aktuellen Vorschlag der Kommission zur Einführung handelbarer Emissionsrechte, auf deren Basis die EU ihre vertraglichen Verpflichtungen aus dem Kyoto-Protokoll erfüllen soll (Arndt et al. 1998).

In der Literatur wird vielfach auf die nationalen Rückwirkungen dieser transnationalen Diskussions- und Kommunikationsprozesse verwiesen. So betont etwa Haas (1992), dass die institutionalisierte Zusammenarbeit in transnationalen Arbeitsgruppen, in denen zumeist nicht nur Experten aus nationalen und internationalen Verwaltungen, sondern auch Wissenschaftler und Verbandsvertreter repräsentiert sind, die Herausbildung gemeinsamer Problemperzeptionen und Lösungsansätze begünstigt. Von diesem Prozess der – durch transnationale Kommunikation vermittelten – Angleichung normativer Vorstellungen können wichtige Rückwirkungen im Hinblick auf die potenzielle Konvergenz nationaler Steuerungsmuster ausgehen (DiMaggio/Powell 1991).

Darüber hinaus verbessern diese Prozesse transnationaler Kommunikation das Wissen nationaler Akteure über erfolgreiche Problemlösungen in anderen Staaten. Mit anderen Worten: Transnationale Kommunikation erhöht das Potenzial für bilateralen Policy-Transfer, d.h. die Übernahme von als erfolgversprechend betrachteten Policy-Konzepten von anderen Staaten (Rose 1991; Dolowitz/Marsh 2000). Solche Entwicklungen können insbesondere dann erwartet werden, wenn internationale Organisationen diesen Prozess aktiv unterstützen, etwa durch das so genannte Benchmarking, wie es in der OECD und der EU in den letzten Jahren verstärkt zu beobachten ist.

4. Empirische Befunde: Aufstieg ökonomischer Instrumente in der Umweltpolitik?

Wie ist es um die konkrete Anwendung ökonomischer Instrumente in der umweltpolitischen Steuerung bestellt? Geht die verstärkte politische Rezeption tatsächlich mit einer Zunahme ökonomischer Instrumente im Vergleich zu alternativen Konzepten (insbesondere der ordnungsrechtlichen Steuerung durch Ge- und Verbote) einher? Darüber hinaus stellt sich die Frage, welche ökonomischen Instrumente in der politischen Praxis tatsächlich anzutreffen sind. In welchem Umfang finden wir ökonomische Instrumente in reiner Form, die vollkommen mit den theoretischen Idealvorstellungen der Ökonomie in Einklang sind? In welchem Ausmaß treffen wir auf politisch veränderte Varianten, die zwar als „ökonomisch" angepriesen werden, aber – wie die Ausführungen im vorigen Kapitel gezeigt haben – kaum mehr den ökonomischen Überlegungen einer effizienten Steuerung entsprechen?

4.1 Zur Datenlage

Um sinnvolle Aussagen über die Verwendung ökonomischer Instrumente in der umweltpolitischen Steuerung zu machen, bedarf es empirischer Untersuchungen, welche vergleichen, wie sich der Anteil ökonomischer Instrumente gegenüber anderen umweltpolitischen Instrumenten im Zeitablauf entwickelt hat. Solche Untersuchungen liegen bislang jedoch nur für die Umweltpolitik der EU vor (Holzinger/Knill/Schäfer 2003). Wesentlich schwieriger gestaltet sich die Datenlage jedoch, wenn es darum geht, konsistente und vergleichbare Aussagen über die Entwicklungen auf nationaler Ebene zu machen. Da sich weder in der ökonomischen noch in der sozialwissenschaftlichen Literatur entsprechende empirische Untersuchungen finden, bleibt letztlich nur der Rückgriff auf Daten der OECD, die jedoch durch verschiedene Defizite charakterisiert sind.

So hat die OECD zwar in regelmäßigen Abständen Studien über die Verwendung ökonomischer Instrumente in der Umweltpolitik ihrer Mitgliedstaaten in Auftrag gegeben (Opschoor/Vos 1989; OECD 1994, 1997, 1999). Die Aussagekraft der dort erhobenen Befunde ist allerdings bereits dadurch eingeschränkt, dass lediglich absolute Veränderungen in der Anzahl ökonomischer Instrumente dokumentiert werden. Diese werden nicht in Relation gestellt zum Gesamtbestand der auf nationaler Ebene jeweils verwendeten Steuerungsinstrumente. Ein Anstieg in der absoluten Zahl muss jedoch nicht mit einem gleichzeitigen Bedeutungszuwachs ökonomischer Instrumente einhergehen.

Unabhängig davon stellt sich zweitens das Problem der mangelnden Vergleichbarkeit der zu verschiedenen Zeitpunkten erhobenen Daten. Dies ergibt sich zunächst daraus, dass unterschiedliche Methoden der Datenerhebung verwendet wurden. Basieren etwa die 1989 und 1994 veröffentlichten Untersuchungen auf eigenen Erhebungen der jeweils beauftragten Wissenschaftler, wurden die Daten der Untersuchung von 1999 größtenteils mittels eines standardisierten Fragebogens erhoben, den die Mitgliedstaaten ausfüllen sollten. Es liegt auf der Hand, dass aufgrund dieser methodischen Inkonsistenzen weder im Ländervergleich noch im Zeitablauf gesicherte Aussagen über die Verwendung ökonomischer Instrumente möglich sind.

Darüber hinaus kann selbst bei der Anwendung gleicher Erhebungsmethoden nicht vorausgesetzt werden, dass die Klassifikation unterschiedlicher Instrumente sich an einem einheitlichen Schema ausrichtete. So wurden die vorliegenden Studien von verschiedenen Wissenschaftlern durchgeführt, die sich möglicherweise an völlig unterschiedlichen Kriterien orientierten. Dies zeigt sich etwa bei der uneinheitlichen Unterscheidung zwischen Gebühren und Lenkungssteuern, die in manchen Studien getrennt ausgewiesen (OECD 1999), in anderen Untersuchungen in einer Kategorie zusammengefasst werden (OECD 1997). Ein ähnliches Problem stellt sich bei der Klassifikation von Steuererleichterungen für umweltfreundliche Aktivitäten, die teils fälschlicherweise unter Steuern (OECD 1997), teils unter den Bereich Subventionen gefasst werden.

Schließlich sind die Möglichkeiten einer historisch vergleichenden Betrachtung dadurch eingeschränkt, dass vergleichende Daten nur für einen Teil der OECD-Mitglieder vorliegen. In den jeweiligen Studien wurden vielfach nur für eine Teilgruppe der Mitgliedstaaten entsprechende Daten erhoben bzw. von diesen zur Verfügung gestellt.

4.2 Empirische Befunde

Vor dem Hintergrund der inkonsistenten und unvollständigen Datenlage können die folgenden empirischen Befunde allenfalls als grober Indikator für generelle Entwicklungslinien interpretiert werden. In Tabelle 1 sind zu diesem Zweck die Ergebnisse der OECD-Studien von 1989, 1997 und 1999 zusammengestellt. Die Studien von 1997 und 1999 wurden gemeinsam herangezogen, da sie sich auf die Entwicklungen für unterschiedliche Instrumententypen beziehen. So ist der Fokus in der Untersuchung von 1997 primär auf den Entwicklungen im Bereich von Lenkungssteuern und Gebühren, während der Bericht vor 1999 Steuern in weiten Teilen nicht explizit mit einbezieht. Auf diese Weise ist es möglich, die Anzahl ökonomischer Instrumente, die in der Umweltpolitik ausgewählter Mitgliedstaaten zu zwei Erhebungszeitpunkten (1987 und 1997)[6] zu vergleichen. Betrachtet werden dabei mit Ausnahme Polens, der Tschechischen Republik und Ungarns nur diejenigen Staaten, für die zu beiden Zeitpunkten entsprechende Daten verfügbar sind.

Im Hinblick auf die Klassifikation unterschiedlicher ökonomischer Instrumente wird dabei im Wesentlichen die Einteilung der OECD-Studie von 1999 zugrunde gelegt. Sie umfasst neben klassischen, von der Ökonomie vorgeschlagenen Steuerungsansätzen (handelbare Emissionsrechte, Lenkungssteuern) auch solche Ansätze, die seitens der OECD als „ökonomische Instrumente" definiert wurden (Gebühren, Subventionen, Pfandsysteme)[7].

Die einfache Zählung der Instrumente impliziert ihre gleiche Gewichtung. Unterschiede in der umweltpolitischen Relevanz der einzelnen Maßnahmen werden auf diese Weise nicht erfasst. Diese Vorgehensweise erscheint jedoch insofern gerechtfertigt, als es schwierig ist, eindeutige Kriterien für die Beurteilung der Relevanz zu finden. Probleme stellen sich nicht nur bei der Auswahl der Kriterien, sondern auch bei ihrer Bewertung.

Wenngleich die in der Tabelle zusammengefassten Daten aufgrund der oben erwähnten Probleme nur sehr begrenzt vergleichbar sind, so verweisen sie doch auf einige generelle Entwicklungslinien im Hinblick auf den Einsatz ökonomischer Instrumente in der nationalen Umweltpolitik. Zwar sind die Einzeleinstufungen in vielen Fällen problematisch. Der Zuwachs bei den Gesamtwerten ist dennoch so deutlich, dass er nicht als bloßes Ergebnis inkonsistenter Datensammlung interpretiert werden kann.

Erstens zeigt sich für alle hier betrachteten ökonomischen Instrumente eine deutliche Zunahme im Verlauf der neunziger Jahre. Dies gilt unabhängig davon, ob es sich um marktorientierte oder lediglich politisch als „ökonomisch" deklarierte Instrumente handelt. Auch wenn die vorliegenden Daten hierfür keine gesicherten Rückschlüsse erlauben, liegt die Vermutung nahe, dass diese Entwicklung mit einem relativen Bedeu-

---

[6] Der Überblick der OECD von 1999 ist die derzeit aktuellste vergleichende Zusammenstellung zur Anwendung ökonomischer Instrumente in der Umweltpolitik. Spätere Entwicklungen, wie etwa die Einführung der Öko-Steuer in Deutschland 1999, werden damit nicht berücksichtigt.

[7] Auf so genannte Implementationsanreize, die seitens der OECD als eigenständige Kategorie ökonomischer Instrumente geführt werden, wird hier nicht weiter eingegangen. Dieser Instrumententypus, der sich größtenteils auf die Androhung von Strafzahlungen bei Nichteinhaltung entsprechender rechtlicher Vorgaben bezieht, unterscheidet sich nach unserer Sicht nicht von klassischen Ansätzen ordnungsrechtlicher Steuerung.

Tabelle 1: Verwendung ökonomischer Instrumente in ausgewählten OECD-Staaten im Zeitablauf

Land	Handelbare Emissionsrechte 1987	Handelbare Emissionsrechte 1997	Lenkungssteuern** 1987	Lenkungssteuern** 1997	Haftungsinstrumente 1987	Haftungsinstrumente 1997	Gebühren 1987	Gebühren 1997	Subventionen 1987	Subventionen 1997	Pfandsysteme 1987	Pfandsysteme 1997
Belgien*	0	0	1	12	1	0	2	2	4	0	0	0
Kanada*	0	2	0	5	0	2	2	16	1	3	1	1
Dänemark	0	1	1	16	0	2	3	10	4	9	1	3
Deutschland*	0	0	3	6	1	1	3	6	9	0	1	1
Finnland	0	0	2	11	1	3	2	14	9	9	1	2
Frankreich	0	1	4	6	1	0	2	10	8	1	1	1
Griechenland	0	0	0	5	0	0	2	5	2	3	0	0
Großbritannien	0	0	1	3	0	0	2	1	5	9	0	0
Italien	0	0	2	5	0	0	2	9	7	0	0	0
Japan	0	0	2	5	0	2	0	6	0	4	0	0
Niederlande	0	0	4	9	1	0	3	2	10	18	1	2
Norwegen	0	0	4	16	0	0	0	3	1	5	1	2
Schweden	0	0	5	17	0	2	1	10	1	7	1	2
Schweiz*	0	1	2	7	0	0	1	5	1	9	0	0
USA*	2	4	2	7	0	1	1	3	3	4	0	0
Summe	2	9	33	130	5	13	26	102	65	81	8	14
Polen	–	1	–	9	–	0	–	3	–	1	–	1
Tschech. Rep.	–	0	–	4	–	0	–	5	–	3	–	0
Ungarn	–	0	–	12	–	0	–	13	–	0	–	0

* Bundesebene ohne Gliedstaaten.
** Daten basieren auf OECD (1997).

Quellen: Opschoor/Vos (1989), OECD (1997, 1999), eigene Auswertungen.

tungszuwachs ökonomischer Instrumente in der Umweltpolitik einhergeht. Sie stützt sich auf die empirische Beobachtung, dass für den hier betrachteten Untersuchungszeitraum der neunziger Jahre insgesamt eine Stagnation oder zumindest deutlich verlangsamte Entwicklung der nationalen und internationalen Umweltpolitik konstatiert wird (Collier 1998; Knill 2003).

Zweitens verweisen die empirischen Befunde auf deutlich unterschiedliche Steigerungsraten für die betrachteten ökonomischen Instrumente. So fallen die Zuwächse bei handelbaren Emissionsrechten, Lenkungssteuern und Gebühren deutlich höher aus als für Haftungsinstrumente, Subventionen und Pfandlösungen. Auffällig ist darüber hinaus, dass für manche Instrumente (insbesondere Steuern und Gebühren) in fast allen betrachteten Staaten Anstiege zu verzeichnen sind, während in anderen Fällen (insbesondere handelbare Emissionsrechte, Haftungsinstrumente, Subventionen, Pfandlösungen) die Entwicklung in den Staaten deutlich unterschiedlich ist. Starke Zuwächse in manchen Ländern gehen einher mit einer stagnierenden Entwicklung in anderen Staaten.

Drittens manifestieren sich unterschiedliche Muster nicht nur für einzelne Instrumente, sondern auch im Ländervergleich. So ist der Anstieg in der Zahl handelbarer Emissionsrechte letztlich auf entsprechende Entwicklungen in einigen wenigen Staaten (Kanada, Dänemark, Frankreich, Schweiz und USA) zurückzuführen, während die Zuwächse im Bereich Lenkungssteuern insbesondere in Belgien und den nordischen Staaten erfolgt sind. Ähnliches gilt für die Einführung von Gebühren, deren Anstieg hauptsächlich in den nordischen Staaten sowie Kanada, Frankreich und Italien besonders ausgeprägt ist.

Viertens scheint der generelle Trend eines Anstiegs ökonomischer Instrumente sowie die gleichzeitige Varianz der Entwicklung über einzelne Länder und Instrumente hinweg auch für die osteuropäischen Staaten zu gelten. Dies gilt insbesondere im Bereich der Lenkungssteuern. Hier kann trotz fehlender Vergleichsdaten für die achtziger Jahre von einem deutlichen Zuwachs ausgegangen werden, da ein solches Instrumentarium nicht zum Arsenal sozialistischer Umweltpolitik zählte. Ähnliches gilt für handelbare Emissionsrechte, die bislang jedoch nur in Polen eingeführt worden sind.

Insgesamt deutet sich aus den hier betrachteten Daten die Tendenz einer generellen Zunahme ökonomischer Instrumente in der nationalen Umweltpolitik an. Damit ist jedoch noch wenig gesagt über das relative Ausmaß dieser Entwicklung. Inwieweit wurden damit die dominanten Steuerungskonzepte zugunsten ökonomischer Instrumente zurückgedrängt?

Die einzige Studie, die sich explizit mit dieser Frage befasst, ist die Untersuchung von Holzinger, Knill und Schäfer (2003) zum Steuerungswandel in der Umweltpolitik der EU. Wenngleich damit lediglich Entwicklungen auf europäischer Ebene erfasst werden, kann die Untersuchung mangels anderer Quellen zumindest als Anhaltspunkt dienen, um die Relevanz ökonomischer Instrumente in der nationalen Umweltpolitik abzuschätzen. Um die Frage nach der Veränderung der Steuerungsmuster zu beantworten, untersuchten Holzinger, Knill und Schäfer die Entwicklung des Instrumenteneinsatzes in der EU-Umweltpolitik von 1967 bis 2000. Dabei wurden die im Untersuchungszeitraum verabschiedeten Rechtsakte in unterschiedliche Steuerungstypen eingeteilt.

Der erste Typus bezieht sich dabei auf ordnungsrechtliche Instrumente, die neben konkreten Standards und Zielwerten insbesondere technische Vorgaben sowie verschiedene Gebote, Verbote und Pflichten umfassen. Der zweite Typus betrifft ökonomische Instrumente, die sich bislang auf europäischer Ebene lediglich in der Form von finanziellen Beihilfen zeigen. Zwar finden sich in einzelnen Richtlinien (insbesondere im Bereich der Kontrolle von Kfz-Emissionen) durchaus Handlungsermächtigungen für die Mitgliedstaaten, ökonomische Anreize wie Steuern und Abgaben einzusetzen. Das Einräumen entsprechender nationaler Handlungsmöglichkeiten bedeutet jedoch nicht, dass ökonomische Instrumente auf europäischer Ebene eingeführt werden. Vielmehr steht die Definition EU-weit einheitlicher Abgasgrenzwerte im Zentrum dieser Maßnahmen. Unter den dritten Steuerungstypus der kontextorientierten Instrumente fallen schließlich die Zertifizierung von umweltfreundlichen Produkten und Verfahren, Informationsrechte, Kampagnen und Appelle, freiwillige Vereinbarungen sowie Maßnahmen, die auf eine verbesserte Koordination der umweltpolitischen Aktivitäten der Mitgliedstaaten abzielen.

Tabelle 2 zeigt, dass ordnungsrechtliche Instrumente in der EU-Umweltpolitik nach wie vor eine dominante Rolle einnehmen. Dagegen hat sich die in den umweltpolitischen Aktionsprogrammen vor allem in den achtziger Jahren in starkem Maße betonte Einführung ökonomischer Instrumente bislang kaum in nennenswerten politi-

Tabelle 2: Anteil unterschiedlicher Instrumente und Steuerungstypen in der EU-Umweltpolitik

Steuerungstyp / Instrumententyp	Absolute Häufigkeit	Prozentualer Anteil
Ordnungsrechtliche Instrumente		
Emissionsstandards	51	19,5
Qualitätsstandards	34	13,0
Qualitätsziele	8	3,1
Technische Vorgaben	14	5,4
Verbote (Produkte, Anlagen)	38	14,6
Produktions- und Handelsbeschränkungen	17	6,5
Kennzeichnungspflichten	8	3,1
Präventionspflichten	5	1,9
Informations- und Datenerhebungspflichten	54	20,7
Ökonomische Instrumente		
Finanzbeihilfen	11	4,2
Kontextorientierte Instrumente		
Zertifizierung	2	0,8
Informationsrechte	2	0,8
Kampagnen, Appelle	3	1,1
Freiwillige Vereinbarungen	10	3,8
Koordination mitgliedstaatlicher Politiken	4	1,5
Summe	261	100,0
Ordnungsrechtliche Instrumente	221	84,7
Ökonomische Instrumente	11	4,2
Kontextorientierte Instrumente	29	11,1

Quelle: Holzinger/Knill/Schäfer (2003: 118).

schen Maßnahmen niedergeschlagen. Hinzu kommt, dass finanzielle Beihilfen, das einzige bislang verwendete ökonomische Instrument, den ökonomischen Zielen nicht gerecht werden. Die seitens der EU verabschiedeten ökonomischen Instrumente sind nicht wirklich diejenigen, die in der Umweltökonomie propagiert wurden. Die Einführung einer CO_2/Energiesteuer war Anfang der neunziger Jahre am Widerstand der Mitgliedstaaten gescheitert. Der einzige Ansatz für die Einführung eines marktorientierten Instruments deutet sich derzeit in den Plänen zur Umsetzung des Kyoto-Protokolls an. Vorgesehen ist die Schaffung eines „EU-Marktes" für CO_2-Emissionen durch den Einsatz handelbarer Zertifikate. Auch der Anteil der kontextorientierten Instrumente nimmt sich vergleichsweise gering aus.

Inwieweit hat sich der Einsatz ökonomischer und kontextorientierter Instrumente im Zeitablauf verändert? Dieser Zusammenhang wird in Tabelle 3 erfasst, welche die Entwicklung der relativen Anteile unterschiedlicher Steuerungstypen für die Zeiträume der einzelnen Aktionsprogramme sowie für die davor liegende Periode zusammenfasst.

Die Daten verweisen in der Tat auf eine im Zeitablauf zunehmende Bedeutung ökonomischer und kontextorientierter Instrumente in der EU-Umweltpolitik. Insbesondere seit Ende der achtziger Jahre hat der Anteil der ökonomischen Instrumente deutlich zugenommen. Dabei handelt sich aber – wie in Tabelle 2 deutlich wurde – lediglich um finanzielle Beihilfen und nicht um marktorientierte Instrumente. Ein deutlicher Anstieg lässt sich auch für kontextorientierte Instrumente konstatieren.

Tabelle 3: Anteile unterschiedlicher Steuerungstypen im Zeitablauf

	Steuerungstyp			
	Ordnungsrechtlich	Ökonomisch	Kontextorientiert	Gesamt
Zeitraum	%	%	%	%
1967–1972	100,0	0,0	0,0	100,0
1973–1976	100,0	0,0	0,0	100,0
1977–1981	88,0	0,0	12,0	100,0
1982–1986	100,0	0,0	0,0	100,0
1987–1992	82,4	2,9	14,7	100,0
1993–2000	78,6	7,7	13,7	100,0

Quelle: Holzinger/Knill/Schäfer (2003: 119).

Lassen sich die europäischen Entwicklungen auf die nationale Ebene übertragen? Grundsätzlich ist zu vermuten, dass der für die EU-Umweltpolitik konstatierte Bedeutungszuwachs ökonomischer Instrumente auf nationaler Ebene stärker ausgeprägt sein dürfte. Dies ist insbesondere darauf zurückzuführen, dass die Einführung steuerlicher Maßnahmen auf europäischer Ebene aufgrund des hier nach wie vor geltenden Einstimmigkeitsprinzips mit weitaus größeren Hindernissen konfrontiert ist als dies für die Mitgliedstaaten der Fall ist. Nicht zuletzt die gescheiterte Einführung einer europäischen CO_2/Energiesteuer illustriert diesen Zusammenhang. Darüber hinaus ergeben sich auf der europäischen Ebene wenig Anknüpfungspunkte für die Einführung von Gebühren, da daran geknüpfte Leistungen typischerweise auf subnationaler Ebene erbracht werden und sich insofern für die EU kein Handlungsbedarf ergibt.

Insgesamt ergeben sich damit aus den vorliegenden empirischen Befunden deutliche Anzeichen für einen Anstieg und Bedeutungszuwachs ökonomischer Instrumente in der umweltpolitischen Steuerung innerhalb der OECD-Staaten. Allerdings dürften nicht nur in der EU, sondern auch in den Nationalstaaten nach wie vor die klassischen ordnungsrechtlichen Instrumente dominieren. Das gilt auch dann, wenn man berücksichtigt, dass auf der EU-Ebene aus systematischen Gründen besonders wenig ökonomische Instrumente zu erwarten sind. Diese Entwicklung gilt ungeachtet der Tatsache, dass die beobachtbaren Entwicklungslinien sowohl über Länder als auch einzelne Instrumente variieren. Aufgrund der unzureichenden Datenlage können diese Befunde jedoch allenfalls als grobe Trendaussagen verstanden werden. Wir verfügen derzeit – abgesehen von einer Untersuchung zur EU-Umweltpolitik – über keine aussagekräftigen Untersuchungen, welche gesicherte Aussagen über die Entwicklungen erlauben.

5. Fazit

Welche Folgerungen ergeben sich aus unseren Ausführungen für das Verhältnis von Markt und Politik? Wie verhalten sich ökonomische Theorie und politische Verarbeitung bei der Bewältigung von Umweltproblemen? Festzuhalten ist zunächst, dass die Herausbildung eines umweltpolitischen Steuerungsparadigmas in der Ökonomie offenkundig zu beträchtlichen Veränderungen in der umweltpolitischen Steuerung in vielen westlichen Staaten geführt hat. Auffallend ist dabei jedoch nicht nur, dass es im Prozess der politischen Verarbeitung ökonomischer Vorschläge zu deutlichen Abweichungen im Hinblick auf die theoretische Legitimation dieser Konzepte sowie deren begriffliche Interpretation und Ausgestaltung in der politischen Praxis kam. Darüber hinaus zeigt sich eine große zeitliche Verzögerung zwischen wissenschaftlicher Innovation und ihrer politischen Umsetzung. Abgesehen von den USA, wo einige Vorschläge der Ökonomen bereits in den siebziger Jahren politisch umgesetzt wurden, sind vergleichbare Entwicklungen in anderen Staaten der OECD erst im Verlauf der neunziger Jahre zu verzeichnen.

Damit stellt sich freilich die Frage, welche Faktoren für diese Entwicklung verantwortlich sind. Warum gewinnen ökonomische Konzepte erst im Verlauf der neunziger Jahre an Bedeutung für die umweltpolitische Steuerung? In der Literatur werden zahlreiche Aspekte angeführt, die mögliche politische Widerstände gegen ökonomische Instrumente erklären können. Hierzu zählen neben der institutionellen Verankerung ordnungsrechtlicher Regulierungstraditionen, bürokratischen Eigeninteressen sowie fehlender Akzeptanz auf Seiten der Industrie auch wissenschaftliche Zweifel an der uneingeschränkten Überlegenheit ökonomischer Instrumente gegenüber ordnungsrechtlicher Intervention (Frey 1972; Holzinger 1987; Binder 1999).

Akzeptiert man die Relevanz dieser Faktoren, erscheint der empirisch beobachtbare Bedeutungszuwachs ökonomischer Instrumente umso überraschender. Ein Standardargument in diesem Zusammenhang verweist darauf, dass diese Entwicklung letztlich im Kontext einer globalen Reformdiskussion zu sehen sei, welche durch Schlagworte wie Privatisierung, Liberalisierung, Deregulierung, Rückzug des Staates und der Einführung neuer Steuerungsformen in der Verwaltung charakterisiert ist. Die sich aus dieser generellen Reformentwicklung ergebenden Zielvorstellungen im Hinblick auf die Entwicklung weniger bürokratischer, flexiblerer und effektiverer Steuerungskonzepte begünstigten und legitimierten die Herausbildung gleichläufiger Muster umweltpolitischer Steuerung (vgl. Lenschow 1999: 40–41). Diese Entwicklungen könnten in den neunziger Jahren zu einer verbesserten Akzeptanz marktorientierter Instrumente bei den nationalstaatlichen umweltpolitischen Akteuren geführt haben.

Ohne die Relevanz dieser Argumentation in Abrede zu stellen, scheint für den Fall der Umweltpolitik noch ein weiterer Aspekt von Bedeutung, der letztlich die Entstehung einer globalen Reformdiskussion begünstigt hat: Die in Abschnitt drei beschriebene Institutionalisierung von Diskussionen und Bemühungen zur Verbreitung ökonomischer Instrumente in der Umweltpolitik, die in den achtziger Jahren sowohl von der EU als auch von internationalen Institutionen verstärkt vorangetrieben wurde. Wenngleich es bislang an empirischen Untersuchungen mangelt, welche die Auswirkungen transnationaler Kommunikations- und Diskussionsprozesse auf nationale Steuerungskonzepte belegen, so erscheinen solche Effekte zumindest aus theoretischer Perspektive sehr plausibel. Insofern reflektiert der institutionalisierte Policy-Diskurs auf europäischer und internationaler Ebene nicht nur ein Merkmal der politischen Rezeption und Verarbeitung ökonomischer Steuerungskonzepte, sondern ist gleichzeitig ein potenziell bedeutsamer Erklärungsfaktor für den realen Bedeutungszuwachs dieser Ansätze in der Umweltpolitik.

Literatur

Arndt, Hans-Wolfgang et al., 1998: Ökosteuern auf dem Prüfstand der Nachhaltigkeit. Berlin: Analytica.
Arnold, Volker, 1992: Theorie der Kollektivgüter. München: Vahlen.
Binder, Klaus Georg, 1999: Grundzüge der Umweltökonomie. München: Vahlen.
Cansier, Dieter, 1996: Umweltökonomie. Stuttgart: Lucius & Lucius.
Coase, Ronald, 1960: The Problem of Social Cost, in: Journal of Law and Economics 3, 1–44.
Collier, Ute, 1998: The Environmental Dimensions of Deregulation: An Introduction, in: *Collier, Ute* (Hrsg.), Deregulation in the European Union. Environmental Perspectives. London: Routledge, 3–24.
Cornes, Richard/Sandler, Todd, 1996: The Theory of Externalities, Public Goods, and Club Goods. New York: Cambridge University Press.
Dales, John H., 1968: Pollution, Property, and Prices. Toronto: University of Toronto Press.
DiMaggio, Paul J./Powell, Walther W., 1991: The Iron Cage Revisited. Institutionalised Isomorphism and Collective Rationality in Organizational Fields, in: *Powell, Walther W./DiMaggio, Paul J.* (Hrsg.), The New Institutionalism in Organizational Analysis. Chicago: Chicago University Press, 63–82.
Dolowitz, David P./Marsh, David, 2000: Learning from Abroad: The Role of Policy Transfer in Contemporary Policy Making, in: Governance 13, 5–24.
Endres, Alfred, 2000: Umweltökonomie. Stuttgart: Kohlhammer.
Feess, Eberhard, 1998: Umweltökonomie und Umweltpolitik. München: Vahlen.
Frey, Bruno S., 1972: Umweltökonomie. Göttingen: Vandenhoeck & Ruprecht.
Haas, Peter M., 1992: Introduction: Epistemic Communities and International Policy Coordination, in: International Organization 46, 1–36.
Holzinger. Katharina, 1987: Umweltpolitische Instrumente aus der Sicht der staatlichen Bürokratie. Ifo-Studien zur Umweltökonomie 6. München: Ifo-Institut.
Holzinger, Katharina/Knill, Christoph/Schäfer, Ansgar, 2003: Steuerungswandel in der europäischen Umweltpolitik?, in: *Holzinger, Katharina/Knill, Christoph/Lehmkuhl, Dirk* (Hrsg.), Politische Steuerung im Wandel: Der Einfluß von Ideen und Problemstrukturen. Opladen: Leske + Budrich, 103–129.
Ifo-Institut für Wirtschaftsforschung, 1989: The Polluter Pays Principle and Environmental Impacts. Schlußbericht des Gutachtens im Auftrag der Europäischen Gemeinschaften. München, September 1989.
Knill, Christoph, 2003: Europäische Umweltpolitik: Steuerungsprobleme und Regulierungsmuster im Mehrebenensystem. Opladen: Leske + Budrich.
Lenschow, Andrea, 1999: Transformation in European Environmental Governance, in: *Kohler-Koch, Beate/Eising, Rainer* (Hrsg.), The Transformation of Governance in the European Union. London: Routledge, 39–60.
OECD, 1981a: An Assessment of the Implementation of the Polluter-Pays-Principle, Environment Committee, Group of Economic Experts. Paris, Mai 1981.
OECD, 1981b: The Implementation of the Polluter-Pays-Principle: A Review of Member Countries' Practises (A Summary of the Replies and the Replies from Member Countries). Paris, Oktober 1981.
OECD, 1994: Managing the Environment: The Role of Economic Instruments. Paris: OECD.
OECD, 1997: Evaluating Economic Instruments for Environmental Policy. Paris: OECD.
OECD, 1999: Economic Instruments for Pollution Control and Natural Resources Management in OECD Countries: A Survey. Paris: OECD, Working Party on Economic and Environmental Policy Integration.
Opschoor, Johannes B./Vos, Hans B., 1989: Economic Instruments for Environmental Protection. Paris: OECD.
Osterkamp, Rigmar, 1984: Emissionsstandards und Emissionssteuern als alternative Instrumente der Umweltpolitik. Ein theoretischer Vergleich. Ifo-Studien zur Umweltökonomie 1. München: Ifo-Institut.

Pigou, Arthur Cecil, 1932: The Economics of Welfare. 3rd edition. London: Macmillan.
Rose, Richard, 1991: What is Lesson-Drawing?, in: Journal of Public Policy 11, 3–30.
Shavell, Steven, 1980: Strict Liability vs. Negligence, in: Journal of Legal Studies 9, 1–25.
Shavell, Steven, 1987: Economic Analysis of Accident Law. Cambridge, MA: Harvard University Press.
Siebert, Horst, 1978: Analyse der Instrumente der Umweltpolitik. Tübingen: Mohr.
Sprenger, Rolf-Ulrich et al., 1998: Abschätzung der innovativen Wirkungen umweltpolitischer Instrumente – dargestellt am Beispiel des Systems Straßenverkehr. Ifo-Studien zur Umweltökonomie 24. München: Ifo-Institut.
Tsekouras, Konstantinos, 2000: Exploiting the Implementation Potential of Alternative Instruments: Design Options for Environmental Liability Funds, in: *Knill, Christoph/Lenschow, Andrea* (Hrsg.), Implementing EU Environmental Policy. Manchester/New York: Manchester Univerity Press, 134–167.
Wicke, Lutz, 1982: Umweltökonomie. Eine praxisorientierte Einführung. München: Vahlen.
Wicke, Lutz, 1991: Umweltökonomie. Eine praxisorientierte Einführung. 3. Auflage, München: Vahlen.
Wicke, Lutz, 1993: Umweltökonomie. Eine praxisorientierte Einführung. 4. Auflage, München: Vahlen.

Vom Wohlfahrtsstaat zum „manageriellen Staat"?
Zum Wandel des Verhältnisses von Markt und Staat in der deutschen Sozialpolitik

Friedbert W. Rüb

1. Einleitung

Wohin treibt der bundesrepublikanische Wohlfahrtsstaat? Diese Frage wird seit Anfang der 1990er Jahre als „von – zu"-Bewegung diskutiert: vom Sozialstaat zum neoliberalen Staat, vom Staat zum Markt, von mehr zu weniger Umverteilung etc., wobei den von der Politik verfolgten „zu"-Konzepten klare Zielsetzungen und unproblematische Implementation in der Verwaltungs- und Leistungspraxis unterstellt werden. Der moderne Wohlfahrtsstaat ist jedoch ein Prozess (Zacher 1993), der sich nicht nur auf einer polaren Achse bewegt, sondern auch *qualitative* Änderungen umfassen kann. Er vollzieht sich daher als gestufte Entwicklung, in der die einzelnen Stufen anhand bestimmter quantitativer und qualitativer Merkmale identifizierbar sind. Die wohlfahrtsstaatliche Veränderungsdynamik wird durch mehrere Variablen in Gang gesetzt. Zum einen ist der Wohlfahrtsstaat immer mit Veränderungen seiner Umwelt konfrontiert, die er in seiner eigenen Sprache thematisiert und im Zweifelsfall in neue Rechtsbestände übersetzt. Zum anderen gestaltet der Wohlfahrtsstaat seine Umwelt permanent um, die wegen dieser Eingriffe eine eigene Dynamik entwickelt, die wiederum den Wohlfahrtsstaat selbst nicht unberührt lässt. Und drittens wird durch die Mechanismen demokratischer Politik ein Prozess in Gang gesetzt, der den modernen Wohlfahrtsstaat pausenlos zum Gegenstand der demokratischen Konkurrenz macht und ihn auf diesem Weg ebenfalls verändert.

Politik reagiert auf diese Hintergrund- und Handlungskontingenzen mit einer Vielzahl von Möglichkeiten, wobei die für die Entwicklung des bundesrepublikanischen Wohlfahrtsstaates der Nachkriegszeit wichtigste Strategie die Ausbildung von Prinzipien war. Der Prozess wurde seines radikalen Charakters beraubt, indem grundlegende Gerechtigkeitsnormen und Policyprinzipien einen gewissen Grad an Stabilität einbauten, der Kontingenzen reduzierte und radikale Alternativen abwehrte. Solche Prinzipien können nur mit Kosten verändert werden, und sowohl ihre Stabilisierung als auch ihre Veränderung bedürfen der Begründung durch normative Leitbilder. Das neue Leitbild, das bisherige Gerechtigkeits- und Policyprinzipien ersetzt, ist – so die These – der *Managerialismus* bzw. der nach betriebswirtschaftlichen Kriterien geführte *managerielle Staat.* Er signalisiert zunächst nur eine Bewegung weg vom Status quo, während die Konturen des „zu" nicht nur umstritten, sondern äußerst ambivalent sind. Gleichwohl lassen sich erste Konturen eines manageriellen Wohlfahrtsstaates identifizieren.

In einem ersten Schritt geht es um die spannungsreichen und historisch variablen Beziehungen zwischen Markt und Wohlfahrtsstaat, die in der Moderne ihren Ausdruck in der „politischen Gesellschaft" (Greven 1999, 2000) finden (2.). Ich werde danach die Ideologien und Praktiken des manageriellen Staates skizzieren und seinen Prozesscharakter betonen (3.). Dem schließt sich der Versuch an, die Ideologien und Praktiken des Managerialismus in den Kernbereichen des bundesrepublikanischen Wohlfahrtsstaates aufzuspüren (4.). Darauf folgen Überlegungen über den manageriellen Charakter der politischen Entscheidungsproduktion. Auch politisches Entscheiden bleibt von der neuen Semantik nicht unberührt und stellt von zielgerichteter und programmatisch orientierter auf prinzipienlose und zeitorientierte Entscheidungsproduktion um (5.).

Diese Überlegungen sind unvermeidlich spekulativ. Sie versuchen in einem frühen Stadium einen noch unabgeschlossenen Prozess auf einen vorläufigen Begriff zu bringen. Sie sollen eine Diskussion in Gang setzen und beanspruchen keine abschließende Gültigkeit. Gleichwohl bin ich der Überzeugung, dass das Konzept des manageriellen Staates die Entwicklungstendenzen des bundesrepublikanischen Wohlfahrtsstaates präziser und analytisch schärfer einfängt als konkurrierende Konzepte.

2. Stufen der wohlfahrtsstaatlichen Entwicklung in Deutschland und die Herausbildung des „heroischen" Wohlfahrtsstaates

Nimmt man den Prozesscharakter des Wohlfahrtsstaates ernst, so muss sich eine begriffliche Konzeptionalisierung auf die Kategorie des Wandels und nicht auf die Beschreibung statischer Strukturen und ihnen zu Grunde liegender Prinzipien konzentrieren. Gleichwohl lässt sich Wandel als gestufte Entwicklung insbesondere im Verhältnis von Markt und Staat konzeptionalisieren. Beide stehen seit Beginn der wohlfahrtsstaatlichen Entwicklung in einem Spannungsverhältnis, das in verschiedenen historischen Etappen unterschiedlich ausgeprägt war. Am Ende der Entwicklung stand nicht nur die Versöhnung zwischen Markt und Staat, sondern der „heroische" Wohlfahrtsstaat beginnt zunehmend marktliche Elemente in sich selbst einzubauen bzw. Märkte zur Erbringung sozialer Dienstleistungen politisch zu konstituieren und zu regulieren.

2.1 Markt und Wohlfahrtsstaat – eine spannungsreiche und variable Beziehung

In seiner Entstehungsphase am Ende des 19. Jahrhunderts war der Wohlfahrtsstaat *gegen* den Markt, vor allem gegen den ungeregelten Arbeitsmarkt, gerichtet. Die ersten sozialpolitischen Maßnahmen waren der Versuch, in einen bisher von der Politik nicht regulierten Bereich einzudringen und diesen genuin „gesellschaftlichen" oder auch privaten Bereich der politischen Kontrolle zu unterwerfen. Hierzu gehörten in England wie in Preußen um die Mitte des 19. Jahrhunderts die staatlichen Eingriffe zum Verbot der Kinderarbeit, also Eingriffe in privatrechtliche Arbeitsverträge. Weitere Eingriffe in das privatrechtlich geschützte Eigentum folgten durch den gesundheitlichen Arbeitsschutz. Diese Maßnahmen waren *„internalisierende Lösungen"* (Zacher 1985: 28) oder „sozialstaatliche Primärinterventionen" (Kaufmann 1998: 315), mit denen die Politik auf unerwünschte und delegitimierende Entwicklungen der kapitalistischen Industriegesellschaft, insbesondere des Arbeitsmarktes, reagierte. Der Staat warf ein Netz von Regelungen über den (Arbeits-)Markt, der von nun an mit einer *sozialstaatlichen Dauerintervention* konfrontiert war, deren Intensität im weiteren historischen Verlauf deutlich zunahm.[1]

Einen Wendepunkt in der Entwicklung stellt der Umgang mit dem *Arbeitsunfall* dar (Ewald 1993). In einer eigentümlichen Konstruktion der *Unfallversicherung* agierten innerhalb dieser Institution zwei weitgehend unabhängige Zentren mit jeweils unterschiedlichen Aufgabenbestimmungen und Rechtsetzungskompetenzen. Einerseits die Berufsgenossenschaften, die Unfall*verhütungs*vorschriften zur Reduktion von Unfällen in Betrieben erließen, was die Vorstellung von kausalen Zugriffen auf Ursachen voraussetzte und mit einem Eingriff in unternehmerische Rechte und Freiheiten verbunden war. Zum anderen eine außerhalb des Arbeitsmarktes angesiedelte Unfall*versicherung*, die als „künstliche", also durch staatliches Recht gesetzte und konstruierte Institution das Risiko der betriebsbedingten Unfälle kompensierte. So musste man nicht mehr auf das komplizierte Haftungsrecht, auf kausale Ursachenkomplexe und – damit verbunden – individuelles Verschulden rekurrieren.

Die Sozialversicherung als politische Technologie transzendierte die individuelle Verantwortlichkeit. Jenseits individueller Handlungen ließen sich durch Wahrscheinlichkeitsrechnung allgemeine Gesetzmäßigkeiten in sozialen Abläufen feststellen, die nun mit einem rechtlichen Anspruch auf staatliche Kompensation verbunden wurde. Diese *externalisierende Variante* der Sozialpolitik schafft „*a priori* künstliche Einrichtungen, die zumindest der organisatorischen, institutionellen Darstellung bedürfen" (Zacher 1982: 31f.). Sie waren die Grundlage für die klassischen Institutionen der Sozialversicherungen, die Ende des 19. Jahrhunderts die Standardrisiken Invalidität, Alter, Krankheit und Tod, dann in der Weimarer Republik die Arbeitslosigkeit und am Ende des 20. Jahrhunderts Pflege als allgemeines Lebensrisiko absicherten. Für den deutschen Wohlfahrtsstaat ist diese doppelte Konstruktion konstitutiv, die sowohl vorgegebene (Markt-)Strukturen durch politische Dauerinterventionen über- und umformt als auch ein weit ausgreifendes Gebilde von durch Recht konstituierte Institutionen schafft, die politisch normierte Bedarfe mit einem Anspruch auf sozialstaatlich produzierte Leistungen durch Sozialversicherung verkoppeln.

Diese Form der deutschen Wohlfahrtsstaatlichkeit stand von Beginn an unter dem Verdacht, nicht nur die individuellen Kräfte zur Eigenvorsorge und Verantwortung zu unterminieren, sondern auch den Markt und das ganze ökonomische System zu strangulieren. Diese Position blieb zwar immer bestehen, aber sie wurde in den 1970er Jahren durch den *keynesianischen Wohlfahrtsstaat* an den Rand gedrängt, der eine neue Relation zwischen Markt und Wohlfahrtsstaat formulierte. Der Wohlfahrtsstaat wurde nun zur *Komplementärinstitution* des (Arbeits-)Marktes bzw. der kapitalistischen Ökonomie. Sozialstaatliche Leistungen konnten gerade in Zeiten ökonomischer Krisen eine Stabilisierung auf der Nachfrageseite des Marktes bewirken, weil sie durch (hohe) Lohnersatzleistungen eine weitgehende Konstanz der Kaufkraft garantierten. Der Lohn, der bisher vor allem als Kostenfaktor gedacht wurde, wurde nun zusätzlich zu einem Faktor der gesamtgesellschaftlichen Nachfrage und dadurch zur Determinante von potenziellen Unternehmensgewinnen und gesamtwirtschaftlichem Wachstum. Diese Dop-

---

1 Vgl. hierzu etwa die dreibändige Geschichte der Sozialpolitik in Deutschland von Frerich/Frey (1993); aber auch Peters (1978), Hentschel (1991).

pelfunktion des Lohnes und des sozialstaatlich garantierten Lohnersatzes, zugleich Kosten- und Nachfragefaktor zu sein, machte den modernen Wohlfahrtsstaat zur Komplementärinstitution des (Arbeits-)Marktes (Bombach 1981; Spahn 1981; Vobruba 1987).

Bei der Abwicklung von Transfer-, Lohnersatz- und sozialen Dienstleistungen stützte sich der Wohlfahrtsstaat auf das traditionelle staatliche Instrumentarium der *hierarchischen Bürokratie*[2], die – legalistisch eingepresst und konditional programmiert – ihre sozialpolitischen Aufgaben abarbeitete; allein im Bereich der Sozialhilfe waren geringe Ermessensspielräume vorhanden[3]. Diese Feststellung gilt sowohl für die staatliche Bürokratie als auch für die Selbstverwaltungen der Sozialversicherung. Im Bereich der sozialen Dienstleistungen wie der Kranken- und Pflegeversicherung stützte sich der moderne Wohlfahrtsstaat auf *Professionalismus*. Professionalität der Dienstleister, insbesondere der freipraktizierenden Ärzte und – damit zusammenhängend – deren obligatorische Organisation in Ärztekammern als Körperschaften des öffentlichen Rechts, verkoppelt mit einer staatlich regulierten Ausbildung, schien für eine rationale und effektive Steuerung der sozialen Dienstleistungen ausreichend. Andere Steuerungsinstrumente wurden als nicht notwendig betrachtet, über hierarchische Bürokratie und Professionalismus konnte der bundesrepublikanische Wohlfahrtsstaat seine funktionalen Aufgaben erfolgreich abwickeln.

Sozialrechtlich betrachtet ist die sozialstaatliche Leistung das Resultat eines Verwaltungsrechtsverhältnisses, das sich in einem gegenwärtigen oder zukünftigen Anspruch realisiert. Der Versicherungszwang, der an eine sozialversicherungspflichtige Beschäftigung anknüpft, unterwirft das Individuum bestimmten Pflichten, während es umgekehrt als Subjekt die sozialrechtlich normierten Bedarfe bei Eintritt bestimmter Risiken/Lebenssachverhalte realisiert und im Zweifelsfall gerichtlich gegen den Staat durchsetzen kann. So wie das Individuum bzw. die Staatsbürgerin bei den individuellen Freiheits- und politischen Rechten als abstrakte Gleiche betrachtet werden, so realisiert das bundesrepublikanische Sozialrecht eine reduzierte soziale Gleichheit bzw. einen reduzierten *gleichen sozialen Wert*[4]. Denn unabhängig vom eingebrachten Risiko werden alle zwangsweise Sozialversicherten insofern gleich behandelt, als von allen individuellen Risiken abstrahiert wird und sie einem einheitlichen Beitragssatz unterworfen werden, der einen Anspruch auf eine unbedingte Sozialleistung, also ein subjektives öffentliches Recht, begründet[5]. Der Sozialleistungsberechtigte tritt dem Staat bzw. den Leis-

---

2 An diesem bürokratischen Legalismus entzündete sich eigentümlicherweise Ende der 60er Jahre die wissenschaftliche Diskussion um die Sozialpolitik; vgl. etwa Ferber (1967), Tennstedt (1976), Badura/Gross (1976).
3 Im Vergleich zu anderen Ländern sind die Verfahren der Leistungsgewährung jedoch auch hier nach wie vor stark verrechtlicht (Kaufmann 2003: 189).
4 Der gleiche soziale Wert ist ein Analogon zur Gleichheit bei der Gewährung von politischen Rechten. Wie diese Rechte in Anspruch genommen werden, spielt keine Rolle. Das Recht abstrahiert hier von allen konkreten Sachverhalten, und subjektive öffentliche Rechte werden den Staatsbürgern qua Staatsbürger garantiert.
5 In der Sprache des Sozialrechts: „Als Träger dieser (subjektiven öffentlichen; F.W.R.) Rechte hat der *Bürger* gegenüber dem verpflichteten Leistungsträger eine ihm von der Rechtsordnung eingeräumte *Subjektsposition*, die mittels gerichtlicher Erzwingbarkeit des dem Leistungsträger gebotenen Verhaltens geschützt ist. (....) Die Normen des Sozialrechts, die den Leistungsträger zu Sozialleistungen verpflichten, sollen primär dem Interesse des Einzelnen und allenfalls sekundär dem Allgemeinwohl dienen" (Bley 1982: 63; Herv. im Orig.). Neben diese Ansprüche

tungserbringern als Träger eines subjektiven öffentlichen Rechtes gegenüber, das vom Bundesverfassungsgericht in laufender Rechtsprechung als politisch produziertes Eigentum betrachtet wurde und dem Eigentumsschutz nach Art. 14 GG unterliegt (vgl. dazu Ossenbühl 1987; Krause 1989; Katzenstein 1987).

Damit lassen sich die Konturen des bundesrepublikanischen Wohlfahrtsstaates zusammenfassen. Er ist (I) *demokratischer Wohlfahrtsstaat* mit der Folge, dass seine Leistungsstruktur der demokratischen Gestaltbarkeit durch die Staatsbürger unterliegt und damit prinzipiell kontingent ist. Die Logiken des politischen Prozesses, also die politische Konkurrenz und die Handlungs- und Durchsetzungsfähigkeit von Regierungen, sind eine zentrale Variable, die über seinen Prozesscharakter bestimmt. Gleichwohl wird diese Kontingenz (II) durch bestimmte *Gerechtigkeitsprinzipien* bzw. grundlegende policy beliefs reduziert, die eine relative Stabilität bewirken, Kontingenz reduzieren und nur mit Kosten verändert werden können. (III) Sein *Gewährleistungsanspruch* ist insofern „heroisch", als er seinen Leistungscharakter so umfassend definiert, dass er alle wesentlichen monetären und sozialen Dienstleistungen als von ihm selbst zu erbringen betrachtet und auf zusätzliche Hilfe durch privat produzierte soziale Dienstleistungen verzichtet. Märkte für soziale Leistungen haben allenfalls ergänzende Bedeutung. (IV) Auch sein *Bereitstellungsanspruch* ist „heroisch", da er alle notwendigen finanziellen Mittel durch zwangsweise erhobene und hälftig finanzierte Sozialversicherungsbeiträge und/oder Steuern aus dem laufenden Wirtschaftsprozess abzweigt und die sozialrechtlich festgelegten Ansprüche darüber befriedigt[6]. Die staatliche Souveränität und das Gewaltmonopol ermöglichen ihm als „Steuerstaat" einen im Prinzip unbegrenzten Zugriff auf gesellschaftliche Ressourcen zur Finanzierung der sozialen Leistungen. (V) Zur Wohlfahrts*produktion* stützt er sich auf die traditionellen *staatlichen Instrumentarien*, nämlich hierarchisch-bürokratische Verwaltung und Professionalismus. Zwar greift er – wie im Bereich der ambulanten Versorgung – nicht auf einen staatlichen Gesundheitsdienst zurück, sondern auf die im Prinzip freie Berufsgruppe der Ärzte, aber diese sind in den Status einer öffentlich-rechtlichen Körperschaft erhoben und erfüllen als „quasi-staatliche" Akteure einen staatlichen Auftrag.

2.2 Der langsame Abschied vom heroischen Wohlfahrtsstaat und Regieren zweiter Ordnung

Der heroische Wohlfahrtsstaat lebte von der Illusion einer *bedarfsorientierten Leistungspolitik*, die vom „kurze(n) Traum immerwährender Prosperität" (Lutz 1989) genährt war, der Anfang der 1980er Jahre zu Ende ging. Der Wohlfahrtsstaat ist nun gezwungen, sich langsam und schmerzhaft von dieser Illusion zu verabschieden. Er stellte in allen Bereichen der Sozialversicherung auf eine *einnahmeorientierte Ausgabenpolitik* um.

---

    können selbstverständlich „Obliegenheiten" oder „Nebenpflichten" (ebd.) treten, die aber ebenfalls durch das Sozialrecht geregelt sein müssen und mit der Leistung nicht unmittelbar verkoppelt, sondern als selbstständige Rechtsverhältnisse geregelt sind.

6 Dies schließt selbstverständlich ein, dass ein erheblicher Teil von „Wohlfahrt" durch Kirchen, Familien oder auch betriebliche Sozialleistungen erbracht wird; aber dies sind keine staatlich produzierten Leistungen – und um die geht es mir hier.

Diese Prioritätensetzung wurde bei der Einführung der Pflegeversicherung besonders deutlich, indem hier vom Bedarfs- auf das Budgetprinzip umgestellt wurde (Rothgang 1994). Die Leistungen sind

„in der Höhe begrenzt und daher nicht in jedem Einzelfall bedarfsdeckend. (...) Eine Änderung der Leistungen erfolgt nicht automatisch und in regelmäßigen Abständen. Die Leistungshöhe wird unter Beachtung des Grundsatzes der Beitragssatzstabilität durch Rechtsverordnung angepasst" (BT-Drs. 12/5262: 108).

Die bedarfsorientierte Leistungsorientierung, die nichts anderes bedeutet als die politisch gewollte und zielgerichtete Verbesserung von Lebenslagen, wurde aufgegeben und durch die *Stabilisierung der Systeme* unter der Prämisse der Beitragssatzstabilität ersetzt. Diese Prämissen wurden bereits vor der Einführung der Pflegeversicherung etwas abgeschwächt in der Gesetzlichen Rentenversicherung (GRV) und der Gesetzlichen Krankenversicherung (GKV) seit Mitte der 90er Jahre verfolgt. Dies konnte als Transformation des Wohlfahrtsstaates in den Sicherungsstaat beschrieben werden, „wenn als Ergebnis einer Folge von politischen Entscheidungen der sozialstaatlich konstitutive Rekurs auf soziale Problemlagen verloren geht" (Nullmeier/Rüb 1993: 16). Sicher*ung* – im Gegensatz zur (sozialen) Sicher*heit* – zielt nicht primär auf die programmatisch orientierte Kompensation von sozialen Risiken und Unsicherheiten bzw. Gestaltung von Lebenslagen von Individuen, Haushalten oder sozialen Gruppen, sondern auf die Sicherung eines bestehenden institutionellen Gehaltes oder eines (Sozialversicherungs-) Systems *als solches* (Nullmeier/Rüb 1993). Dies schließt ein, dass eine Politik der Sicherung Auswirkungen auf Lebenslagen hat, aber nicht als primäres Ziel, sondern als abgeleitete Wirkung, als Nebenfolge.

Sicherung von Systemen hat es gleichwohl mit hochkomplexen innersystemischen Prozessen und ebenso hochkomplexen Umwelteinflüssen auf die Systeme zu tun, die sich kausalem Zugriff entziehen. In immer neuen Anläufen und mit immer neuen Steuerungskonzepten (vor allem im Gesundheitswesen) versucht die Politik, dieser Komplexität Herr zu werden und muss feststellen, dass jeder Eingriff neue Eingriffe induziert, der vorangegangene Eingriffe korrigiert, variiert oder neue Steuerungsoptionen ausprobiert. Programmatische Konzepte erwiesen sich als zunehmend untauglich, um auf finanzielle Krisen des Umlageverfahrens zu reagieren. Die Umstände beziehungsweise Umwelten, deren Eigendynamiken und damit verbunden deren Auswirkungen auf die Sozialversicherungen waren immer weniger durchschau- und steuerbar und verstärkten das Bewusstsein zunehmender *Hintergrundkontingenz* der Politik.

Verschärfend trat die krisenhafte Wahrnehmung der Mittel der wohlfahrtsstaatlichen Produktion hinzu. Vor allem im Bereich der sozialen Dienstleistungen, im Besonderen in der GKV, wurden hierarchisch-bürokratische (Selbst-)Verwaltung und Professionalismus als wenig angemessen bzw. effektiv betrachtet. Die Diskussion um die Neuausrichtung der kommunalen Verwaltung durch „new public managment"-Konzepte (Budäus 1998a, 1998b; Naschold/Bogumil 2000; Kooiman/Eliassen 1987) betrifft den Kern des Wohlfahrtsstaates nur mittelbar, aber hinterlässt Spuren in seinem Selbstverständnis und stellt die bisherigen Instrumente der Wohlfahrtsproduktion zunehmend in Frage. Bürokratie wie Professionalismus sind – so scheint es – an ihre Grenzen gestoßen, und im Bereich der Leistungserbringung werden neue, anders akzentuierte Konzepte, wie Controlling, Qualitätsmanagement, Effizienzsteigerung, ökonomische Anreizmechanismen, Wettbewerb etc. diskutiert.

Diese Veränderungen im Bereich der Wohlfahrts*produktion* fanden ihre Entsprechung im Bereich der Wohlfahrts*politik*. Politik interveniert nicht mehr in genuin gesellschaftliche, also staatsfreie Bereiche, vielmehr ist „Gesellschaft" doppelt politisch: Einmal haben die „internalen Lösungen" der Politik den (Arbeits-)Markt mit einem dichten Gerüst politischer Dauerinterventionen durchzogen, und zum zweiten sind die „externalisierenden", also institutionellen und somit „künstlichen" Apparaturen zum unhintergehbaren Bestandteil des sozialen und gesellschaftlichen Lebens geworden. Alles Leben ist nicht mehr originär, sondern ausgerichtet auf sozialstaatliche Institutionen, die ein Leben „zweiter Instanz" (Achinger 1958: 104[7]) bzw. „zweiter Ordnung" (Zacher 1985: 23) bewirken. Selbst die Familie als genuin gesellschaftliche bzw. private Sphäre wird durch Sozialpolitik immer mehr verrechtlicht und verändert ihren Charakter grundlegend (Kaufmann 1982; Sieder 1987). Nach dem Aufbau internalisierender und externalisierender Rechtsstrukturen „wird das Leben vom Recht ‚zweischalig' vorgeformt, durch das unmittelbar sachregelnde Recht und durch das einschlägige Sozialrecht" (Zacher 1985: 33), wobei beide Rechtsbestände kontingent sind.

Gesellschaft kann nun nicht mehr als staatsfreie Sphäre, als unpolitisches Gegenüber des Staates betrachtet werden, sondern ist zur „politischen Gesellschaft" (Greven 1999, 2000) geworden. Die in der Steuerungsdiskussion immer wieder anzutreffende Dichotomie von „gesellschaftlicher Selbstregulierung und politischer Steuerung" (Mayntz/Scharpf 1995a) ist nicht mehr plausibel. Dies hebt die funktionale Differenzierung moderner Gesellschaften nicht auf, aber die funktionalen Teilsysteme, inklusive ihres eigendynamischen Charakters, sind politisch geformt. Gesellschaftliche oder marktliche Selbstregulierung ist immer „verordnete Selbstregulierung" (Schuppert 2000: 349, 432ff.) bzw. „staatlich verordnete Selbststeuerung der Wirtschaft" (Schuppert 2000: 302), also von politischen Entscheidung abhängig, die so oder auch anders sein können[8]. Märkte sind immer politisch konstituiert (Czada/Lütz 2000), und Selbstregulierung bzw. -steuerung ist immer politisch verordnet. Das Ende des heroischen Wohlfahrtsstaates wird u.a. daran deutlich, dass zum einen *Marktlichkeit* als Mittel der Sozialpolitik neu verordnet und Wohlfahrtsmärkte konstituiert werden, die nun in untrennbarer Kombination mit staatlich produzierten Leistungen Sozialstaatlichkeit gewährleisten. Zum zweiten baut der Wohlfahrtsstaat *marktliche Elemente,* wie etwa Wettbewerb, ökonomische Anreizstrukturen, Effizienz- und Qualitätskontrollen u.ä., in seinen Bestand ein. Und drittens versteht er sich als (wohlfahrts-)*marktfördernd*, indem er (wie im Gesundheitswesen) Politiken verfolgt, die die Wachstumsdynamik sozialstaatlicher Sektoren forciert.

---

7 H. Achinger hat in seinem „vergessenen" Klassiker der Sozialpolitik die Wirkungen der „Institute" auf die Gesellschaft und die Individuen wie kein Anderer beschrieben (vgl. Achinger 1958: bes. Kap. II).

8 Die Vorstellung, dass „(s)elbst das Gesundheitswesen Deutschlands überwiegend in der Form der Selbstorganisation (funktioniert), auch wenn es immer wieder zu politischen Regelungen kommt" (Braun 2000: 169), stellt den Sachverhalt auf den Kopf: Das Gesundheitswesen funktioniert durch Selbststeuerung und -organisation, gerade *weil* es zu politischen Regelungen kommt, die dies verordnen!

In diesem Stadium wird Politik reflexiv, weil sich wesentliche Entscheidungen auf bereits getroffene Entscheidungen beziehen und die Gestaltung der Wirklichkeit die Gestaltung bereits politisch gestalteter Wirklichkeiten zum Gegenstand hat. Politik ist ein im Prinzip endloser „politischer Eigenzyklus" (Nullmeier/Rüb 1993: 17), in dem Politik auf sich selbst reagiert. Sozialpolitik kann nur noch als „Sozialpolitik zweiter Ordnung" (Kaufmann 1999) gedacht werden und gewinnt so einen eigenständigen Charakter, der sie von der Sozialpolitik erster Ordnung unterscheidet, die sich auf eine „vorgefundene Formenwelt" (Achinger 1958) bzw. auf „vorgegebene Sachordnungen" (Zacher 1982) bezogen hatte.

Diese Aspekte führen zu einer Krise des Regierens, die *kognitiv* getrieben wird vom unübersehbar gesteigerten Bewusstsein der Komplexität und Kontingenz und der Ungewissheit über die Wirksamkeit bisheriger „Leitbilder und Zielsysteme" (Sanmann 1973) der Sozialpolitik; die *operativ* getrieben wird von der Reflexivität der Politik, also der Zunahme politisch induzierter Eigenzyklen und der Steigerung der Möglichkeiten der Politisierung der Politik; und die *organisational* getrieben wird von der abnehmenden Problembearbeitungskapazität des kooperativen oder verhandelnden Staates. In Sinne eines radikalen Positivismus denkt Politik immer mehr von gegebenen Situationen aus, setzt stärker auf die *reaktive Bewältigung* von nicht mehr kontrollier- und steuerbarer Komplexität und konzipiert Entscheidungen nicht mehr als Realisation normativer Ordnungsvorstellungen, sondern als zeitorientierte und prinzipienlose Reaktion auf Hintergrundkontingenzen[9] (Luhmann 2000: 142).

Neben die Bewältigung von Hintergrundkontingenzen tritt die von Handlungskontingenzen, die durch die demokratische Parteienkonkurrenz und damit zusammenhängende Faktoren erzeugt wird[10]. Die politischen Parteien, die sich von den Volksparteien zu strategisch agierenden „professionalisierten Wählerparteien" (Beyme 2000) entwickeln, also – neben anderen Merkmalen – ihre programmatischen Positionen weiter pragmatisieren, nur noch einen lockeren Rahmen für eine äußerst heterogene und an

---

9 Die Vorstellung von einer Politik als „situationsübergreifende, längerfristig ausgerichtete, von den Regierungsparteien gemeinsam getragene politische Strategie, die an klaren Erfolgskriterien und nachvollziehbaren Ziel-Mittel-Relationen ausgerichtet ist" (Nullmeier/Saretzki 2002: 7), ist illusionär. Ihr liegt ein zu eindimensionaler Begriff von Strategie zu Grunde, der in linearen Logiken operiert, eindeutige Ziele und Mitteldefinitionen und v.a. eine stabile und statische Umwelt voraussetzt. Ein realitätsgerechterer Begriff der Strategie muss dagegen drei Sachverhalte berücksichtgen: Wir haben es erstens mit „doppelter Kontingenz" (Luhmann 1984: 148ff.) zu tun. Deshalb ist zum zweiten eine Strategie nur erfolgreich, wenn sie offen, flexibel, voll von Paradoxien, (Vor-)Täuschungen etc. ist, und sie gilt nur „bis zum ersten Schuss", weil dann alles anders wird. Und drittens muss eine Strategie nicht nur die Paradoxien und Kontingenzen auf der *horizontalen Ebene*, also der von Konkurrenten bzw. Gegnern bedenken, sondern auch die der *vertikalen Ebene*, d.h. die Widersprüche, Vieldeutigkeiten, Paradoxien innerhalb des eigenen organisatorischen Bestandes. Dies gilt v.a. für politische Parteien und Regierungen; zu all dem erhellend Luttwak (2001).

10 Manfred G. Schmidt nennt fünf wichtige Faktoren: (a) Den Dauerwahlkampf, der durch die Interdependenzen von Landtags- und Bundestagswahlen bedingt ist; (b) die institutionelle Struktur des Regierungssystems mit vielen Vetopunkten; (c) die Juridifizierung der Politik; (d) die erheblichen Erblasten vorangegangener Entscheidungen und endlich (d) die Überbetonung von Parteiunterschieden, Polarisierungen und Moralisierungen, die durch Dauerwahlkampf und Parteienkonkurrenz bedingt ist und die Selbstreferentialität der Politik verstärkt (Schmidt 2002: bes. 23–26).

Bedeutung abnehmende Mitgliedschaft abgeben und auf fluktuierenden Wählermärkten agieren, werden in diesem Stadium zunehmend selbstreferenziell (Beyme 2000; Katz/Mair 1995; Wiesendahl 2002). In der Folge wird auch hier zeitorientiertes und pragmatisches Agieren bedeutsamer.

Der Wandel des bundesrepublikanischen Wohlfahrtsstaates kann somit nicht in dichotomischen, sondern allein in qualitativen Kriterien gedacht werden. Der deutsche Wohlfahrtsstaat – so meine These – wandelt sich zum *manageriellen Staat*, der im Bewusstsein der entscheidungsrelevanten Akteure die adäquate Form ist, um die Hintergrund- und Handlungskontingenzen, mit denen Politik konfrontiert ist, besser zu bewältigen. Dieser neuen Selbstbeschreibung liegen bestimmte Denkmuster der Ökonomie und der Organisationssoziologie zu Grunde, die aber so mehrdeutig sind, dass sie prinzipienlose und zeitorientierte Anpassungsprozesse erleichtern und die Kontingenz der Politik erneut steigern. Bevor ich zur Begründung meiner These Material zusammentrage, will ich die Semantik und das Konzept des manageriellen Staates kurz umreißen.

3. Zur Semantik und zum Konzept des manageriellen Staates

Die Einführung der manageriellen Semantik in den politischen Diskurs signalisiert einen grundlegenden Wandel in der Fremd- und Selbstbeschreibung des Wohlfahrtsstaates. Semantiken sind wissensbasierte Konstruktionen, die zum einen die grundsätzliche Kontingenz bzw. Variabilität von bestehenden Ordnungsmustern signalisieren. Zum anderen stellen sie Sinn bereit, der politisches Handeln strukturiert, politische Entscheidungen transformiert und zu Realität verdichtet. Semantiken und gesellschaftliche Realität korrelieren nicht nur, sondern konfirmieren sich gegenseitig, sofern erste Erfahrungen mit der Umsetzung der Semantik in Realität positiv bewertet werden (Luhmann 1980: bes. 19ff.). Der Managerialismus ist eine „gepflegte Semantik" (Luhmann 1980: 19), also ein textförmig geronnener, kondensierter und konfirmierter Wissensbestand, der logisch strukturiert ist, bestimmte Kernelemente umfasst und mit dem politische, institutionelle und organisatorische Sachverhalte thematisiert werden können. Er umfasst eine lose Sammlung von Ideen, Konzepten und Praktiken, in deren Mittelpunkt die axiomatisch gesetzte und geglaubte Behauptung steht, dass Management *die* Alternative im Umgang mit zunehmender Kontingenz ökonomischer, sozialer, politischer und institutioneller Phänomene ist. Staat, Parteien, Organisationen und Individuen haben die Effektivität, Effizienz und Flexibilität bestehender organisatorischer bzw. institutioneller Strukturen durch mehr Unternehmergeist, Risikobereitschaft, Eigenverantwortung und Selbstregierung zu verbessern versucht. Zentral ist die Initiierung von Prozessen, die einen Bestand an Normen, Zielen, Strukturen, Operationsmodi und Ressourcen verflüssigen und durch Rekombination verschiedenster Elemente erneut zusammensetzen.

Angesichts des zunehmenden Bewusstseins von Kontingenz reagiert der Managerialismus mit der Flexibilisierung von Organisations*zielen* und der Organisations*formen* und beruht auf sechs zentralen ideologischen Annahmen (Clarke/Newman 1997: 19–33; Pollitt 1993: 2–27; Hood 1991: 6ff.; Ridder/Hoon 2000: 9ff.):

- Dem Glauben an die *Überlegenheit managerieller Formen* gegenüber allen anderen Formen der Entscheidungs- und Leistungsproduktion des öffentlichen Sektors und an dessen *prinzipieller Übertragbarkeit* auf alle Bestandteile und Ebenen des Wohlfahrtsstaates (*„universalism of management"*);
- der *Abkehr von präexistenten, stabilen und kohärenten Zielen/Programmen* und deren Verflüssigung, um je nach Ausgangslage flexibel und schnell reagieren zu können, wodurch Zeit und der strategische Umgang mit Zeit elementare Bedeutung gewinnen;
- der Annahme, dass der *Abbau regulativer, bürokratischer und legalistischer Formen* neue Freiräume des Handelns/Entscheidens eröffnet und eine optimalere Aufgabenerfüllung und effizientere Ressourcenallokation durch starkes Vertrauen in die Entscheidungs- und Führungsleistung Einzelner ermöglicht (*„freedom to manage"*);
- der Überzeugung, dass die Wirkung *wettbewerblicher Elemente in* und *zwischen* Organisationen allen anderen Organisationsprinzipien – wie etwa hierarchischer Bürokratie und Professionalismus – grundlegend überlegen ist;
- dem *Primat der funktionalen Rationalität* gegenüber allen anderen Techniken/Verfahren der Optimierung von Aktivitäten und Arbeitsprozessen, was mit einer verstärkten Inanspruchnahme des Individuums für übergeordnete Organisationsziele identisch ist und sich in der Erwartung von mehr Selbstmanagement, -kontrolle und -motivation äußert;
- der *Auflösung streng hierarchisch-bürokratischer Ablaufmuster* zu Gunsten neuer Kompetenz- und Verantwortlichkeitszuweisungen, die die Einführung neuer Instrumente der *Effektivitäts- und Effizienzkontrolle* in alle zentralen Ablaufprozesse notwendig machen.

Begleitet ist dies von einer „tyranny of transformation" (Clarke/Newman 1997: 34), die alle bestehenden Strukturen unter Anpassung- und Veränderungsdruck setzt. Stillstand ist der Untergang, Veränderung und Anpassung die Zukunft, wobei Zeit bzw. die Geschwindigkeit von Veränderungen eine zentrale Rolle spielt. Während die bisher vorwiegend korporatistisch produzierten Entscheidungsprozesse lange dauern konnten, wird nun das *Management von Zeit* zu einem zentralen Faktor. Entscheidungen müssen schnell getroffen, Chancen genutzt und politische Gegner überrascht werden, um sich im nationalen politischen Wettbewerb und Standortwettbewerb im Vergleich zu anderen Ländern besser zu positionieren.

Das Konzept des manageriellen Staates umfasst verschiedenste Ebenen des modernen Wohlfahrtsstaates und setzt sich von anders akzentuierten Begriffen, wie etwa „Wohlfahrtsmärkte" (Nullmeier 2001, 2002), „regulativer Staat" (Majone 1997, 1999; Grande/Eberlein 1999; Müller/Sturm 1993), „aktivierender Staat" (Blanke 2001; Bandemer 1995), „New Public Management" (Naschold/Bogumil 2000; Budäus 1998; Schröter/Wollmann 2001) ab, indem er die dort richtig beobachteten Phänomene auf einer abstrakteren begrifflichen Ebene zusammenfasst und zu reflektieren versucht. Zudem beziehen sich die erwähnten Begriffe vorwiegend auf Mechanismen und Verfahren der Wohlfahrts*produktion*, während der Begriff des manageriellen (Wohlfahrts-) Staates zusätzlich Veränderungen im Wohlfahrts*staat*, also im staatlich-administrativen Sektor und bei den Modi und Prozessen der staatlichen Entscheidungsproduktion, ausdrücklich einschließt.

4. Die Konturen des „manageriellen Staates" in der Bundesrepublik

Die Transformation des bestehenden Wohlfahrtsstaates zum manageriellen Staat verläuft nicht nach einem einheitlichen, klar umrissenen Muster, sondern unterliegt in den jeweiligen Policyfeldern jeweils spezifischen Prozessen, die pfadabhängig, gleichwohl kontingent sind. Zudem ist die Transformation kein systematischer und programmatisch angeleiteter, sondern ein fragmentierter und situativer Prozess, der sich innerhalb jedes Politikfeldes in unterschiedlichen Formen und Wegen vollzieht, nur über längere Zeiträume hinweg zu beobachten ist, seine vorläufige Form noch nicht gefunden hat und allein eine Momentaufnahme innerhalb eines unabgeschlossenen Prozesses darstellt.

4.1 Der Paradigmenwechsel in der Rentenpolitik: Von der Lebensstandardsicherung zum lebensstandardsichernden Wohlfahrtsmarkt

In der Alterssicherungspolitik vollzog sich ein System- bzw. *Paradigmenwechsel*, der in der steuerlichen Unterstützung einer marktlich produzierten, privaten Alterssicherung seinen Ausdruck fand, die die staatliche Rente ergänzt und in einer untrennbar verwobenen Re-Kombination beider den Lebensstandard sichern soll. Dies hat zur Folge, dass Veränderungen bei der gesetzlichen Rente unvermeidlich Veränderungen beim privat bzw. betrieblich produzierten Anteil nach sich ziehen. Der managerielle Staat äußert sich zweifach, indem er einerseits ein *neues Arrangement der Wohlfahrtsproduktion* begründet und zum zweiten weitreichende Auswirkungen auf die wohlfahrtsstaatliche *Politikproduktion* haben wird. Der Systemwechsel fand nicht durch eine dramatische Umstellung von Umlage- zum Kapitaldeckungsverfahren bzw. vom Staat zum Markt statt, sondern als *Weichenstellungsgesetz*, das selbst nur marginale Änderungen einführt, gleichwohl die Rentenpolitik irreversibel auf ein neues Gleis setzt und alle zukünftigen Rentenreformen innerhalb dieses neuen Paradigmas stattfinden lässt.

Die Veränderungen im Rentenrecht wurden durch zwei Gesetze vorgenommen, von denen eines der Zustimmung des Bundesrats bedurfte[11], während das andere vom Bundestag allein verabschiedet wurde[12]. Ersteres induzierte den „Systemwandel", während letzteres folgende Veränderungen innerhalb des bestehenden Systems vornahm:
– Eine *veränderte Anpassungsformel*, die das Rentenniveau langsam senkt und Spielräume für private bzw. betriebliche Renten eröffnet; sie soll den Beitragssatz im Jahr 2020 bei 20 Prozent und im Jahr 2030 bei maximal 22 Prozent halten. Die Anpassung erfolgt nun nicht mehr auf der Basis reiner Nettogrößen, sondern einer modifizierten Nettoanpassung. Erhöht sich der Beitragssatz, so verläuft die Anpassung der Renten langsamer (und umgekehrt);

---

[11] „Gesetz zur Reform der Gesetzlichen Rentenversicherung und zur Förderung eines kapitalgedeckten Altersvermögens – Altersvermögensgesetz (AVmG)"; BGBl (2001: 1310ff.).

[12] „Gesetz zur Ergänzung des Gesetzes zur Reform der Gesetzlichen Rentenversicherung und zur Förderung eines kapitalgedeckten Altersvorsorgegesetzes – Altersvermögensergänzungsgesetz (AVmEG)"; BGBl (2001: 403ff.).

- die *Hinterbliebenenrenten* werden von 60 auf 55 Prozent gesenkt und der Umfang der anzurechnenden Einkommen wird erheblich erweitert; gegenläufig dazu wird Kindererziehung als steigernd angerechnet;
- *Schließung von Lücken* (etwa durch Krankheit oder Arbeitslosigkeit vom 17. bis 25. Lebensjahr), die vor der Aufnahme einer erstmaligen versicherungspflichtigen Tätigkeit entstehen;
- *Aufwertung von Entgelten,* die während der Kindererziehung bis zum 10. Lebensjahr durch Teilzeitarbeit entstehen;
- Einführung einer spezifischen *sozialen Grundsicherung,* nach der bei sozialhilfebedürftigen Rentnern und Rentnerinnen nicht mehr wie bei der sonstigen Sozialhilfe auf die Einkommen von Verwandten ersten Grades, also hier von Kindern, zurückgegriffen wird. Dies soll den Bezug von Sozialhilfe bei Älteren erleichtern.

Die veränderte Anpassungsformel, das Kernstück der innersystemischen Rentenreform, sieht vor, dass bei der Nettorentenanpassung nur noch sozialversicherungspflichtige Entgelte berücksichtigt werden. Veränderte Einkommenspositionen bei Beamten, Selbständigen, Landwirten o.Ä., die zuvor in der Nettoquote enthalten waren, spielen bei Rentenanpassungen keine Rolle mehr. Zudem werden seit 2003 in diese Nettoquote pauschal die *fiktiven* Ausgaben eingerechnet, die für den Aufbau der privaten, kapitalgedeckte Renten aufgewendet werden. Bis zum Jahr 2008 steigt diese Quote gesetzlich festgelegt auf 4 Prozent.

Die zweite, das bisherige System sprengende Komponente sieht den freiwilligen Aufbau einer kapitalgedeckten Rentenposition vor, die die durch geringere Anpassungen reduzierte staatliche Rente auf den bisherigen Stand aufstocken soll. Denn die neue Anpassungsformel drückt das Nettorentenniveau bis zum Jahr 2030 sukzessive auf einen Wert von 67 Prozent (statt des bisherigen von 70 Prozent).

Der Aufbau privater bzw. betrieblicher Alterssicherung, die nach ersten Plänen des zuständigen Ministeriums zunächst obligatorisch sein sollte, erfolgt nun auf freiwilliger Basis und wird durch steuerliche Anreize begünstigt. Jede Person, die einen vom Bundesaufsichtsamt für das Versicherungswesen (BAV) zertifizierten privaten Rentenvertrag abschließt, bekommt einen staatlichen Zuschuss in Form einer Zulage bzw. als Sonderausgabenabzug bei der steuerlichen Veranlagung, die 2008 die Höchstförderung von 2.100 Euro pro Jahr erreichen soll, zuzüglich der Kinderzulage von 185 Euro pro Kind. Die Zuschüsse sind an die Voraussetzung gebunden, dass bestimmte Mindestbeiträge für private Versicherungen ausgegeben werden, die von einem Prozent im Jahr 2002 bis auf vier Prozent des Einkommens im Jahr 2008 steigen. Analog dazu wurde die betriebliche Alterssicherung so verändert, dass durch tarifvertragliche Regelungen oder Einzelverträge die entsprechenden Lohnanteile direkt in betriebliche Alterssicherungen umgewandelt werden können (im Detail dazu Standfest 2001: bes. 184f.). Den Gewerkschaften wird hier ein neuer Tätigkeitsbereich eröffnet, was deren Intervention in den Gesetzgebungsprozess zu Gunsten des Ausbaus der betrieblichen Altersvorsorge erklärt.

Bedingung der staatlichen Förderung ist die *staatliche Zertifizierung* von auf dem Markt angebotenen Altersversicherungen, wobei folgende Voraussetzungen gegeben sein müssen: In der *Ansparphase* müssen laufend Beiträge entrichtet werden, ein Ruhen der Verträge ist möglich (etwa wegen Arbeitslosigkeit u.Ä.), keine Verpfändbarkeit des

Vertrages und Verteilung der Abschluss- und Vertriebkosten auf die ersten zehn Jahre, wobei detaillierte Verbraucherinformationen eingeschlossen sind. In der *Auszahlungsphase* dürfen die Leistungen nicht vor dem 60. Lebensjahr bzw. vor Beginn einer Erwerbsminderung ausgezahlt werden, die Leistungen müssen lebenslange, monatlich gleichbleibende oder steigende Auszahlungen sein, und eine Garantie der eingezahlten Beiträge als Mindestleistung ist vorgesehen (für Details vgl. Kölzer 2001). Gleiche Beitragssätze für Männer und Frauen sind – wie in anderen Ländern bei der privaten Altersversicherung – in Deutschland nicht vorgesehen.

Das politische Ziel der Lebensstandardsicherung wird nun durch einen Mix von privaten und staatlichen Bestandteilen gesichert, wobei der „private" Anteil durch „*Wohlfahrtsmärkte*" bereitgestellt wird. Wohlfahrtsmärkte können einen Abbau wie Ausbau sozialpolitischer Leistungspositionen bewirken und sind dadurch gekennzeichnet, dass „die Schaffung von Märkten innerhalb und mit Mitteln der Sozialpolitik, Marktlichkeit gerade nicht als das Gegenüber der staatlichen Sozialpolitik, sondern als Instrument und Regelungsform innerhalb einer weiterhin öffentlich verfassten und parlamentarisch entschiedenen Sozialpolitik" (Nullmeier 2002: 270) angestrebt wird. Sozialpolitik macht sich Märkte zu Nutze, die sozialpolitisch relevante Güter und Dienstleistungen bereitstellen, die bisher vom und mit den Mitteln des Wohlfahrtsstaates *exklusiv* produziert wurden (Taylor-Gooby 1999). Diese Märkte werden einerseits sozialpolitischer Regulierung unterworfen und andererseits durch staatliche Maßnahmen erst konstituiert bzw. in ihrer Bedeutung erweitert. *Marktregulative Politik* bedeutet hier die staatliche Aufsicht, dauerhafte Kontrolle und sozialpolitisch gewollte Normierung von eigentlich privatwirtschaftlich verfassten Märkten, die dadurch ihren Charakter als „Markt" im eigentlichen Sinne verlieren (Grande/Eberlein 1999; Majone 1999; Czada/Lütz/Mette 2003).

Zum anderen werden sie – wie im Bereich der Rentenpolitik – massiv durch staatliche Subventionen in Gang gesetzt bzw. unterstützt, was als *Marktausweitung* bezeichnet werden kann (Nullmeier 2002: 276). Der geschätzte Anteil der staatlichen Förderungen des Wohlfahrtsmarktes für Alterssicherung soll ab dem Jahr 2020 immerhin rund 20 Mrd. Euro jährlich betragen. Zudem provoziert die Zertifizierung eine Marktgestaltung bzw. *Marktsegmentierung* (ebd.), da nun ein neues Produkt nicht nur eingeführt, sondern zugleich staatlich gefördert wird und zur weiteren Ausdifferenzierung des privaten Marktes für kapitalgedeckte Alterssicherungen führt. Und endlich provoziert jede politische Entscheidung innerhalb des wohlfahrtsstaatlichen Sektors, wie etwa eine weitere Senkung des Rentenniveaus, veränderte Beitragsbemessungsgrenzen, neue regulative Instrumentarien etc. unausweichlich Reaktionen in den Wohlfahrtsmärkten und erweitert bzw. engt deren Spielräume ein. Dass die Bausparkassen über die Länder bzw. den Vermittlungsausschuss die staatliche Förderung von Bausparverträgen in der Alterssicherungspolitik durchgesetzt haben, verdeutlich nicht nur die weitgehende Beliebigkeit dessen, was als funktionales Äquivalent zur rein monetären Alterssicherung gelten kann, sondern auch die Spannweite, über die marktregulative Alterssicherungspolitik verfügt. Analoges gilt für die betriebliche Altersversorgung, denn auch hier werden die privaten Märkte neue Angebote bei Ausschreibungen der Tarifpartner bereitstellen müssen.

Die Konstitution neuer bzw. die Erweiterung bestehender Wohlfahrtsmärkte lässt die *staatliche Seite* des Wohlfahrtsstaates nicht unberührt. Auf der *horizontalen* Ebene treten neben das für die Rentenpolitik bisher ausschließlich zuständige Sozial- und Gesundheitsministerium das Wirtschafts- und das Finanzministerium, die nun wegen der staatlichen Subventionierung der privaten Altersversicherungen zu wichtigen politischen Spielern werden und erheblich andere Interessen und politische Konzepte zur Lösung der Krise des Alterssicherungssystems verfolgen. Der Staat kann nun in Konflikt mit sich selbst geraten, während er bisher im Bereich der Rentenpolitik als homogener Akteur agierte. Auf der *vertikalen* Ebene treten zusätzlich die Länder in Erscheinung. Dies hat vor allem zwei Konsequenzen. Zum einen wird nun der Bundesrat als Interessenvertretung der Länder zu einem potenziellen Vetopunkt[13] (Immergut 1990, 1992), der bei allen Fragen der steuerlichen Subventionierung und bei Variationen des Public-Private-Mix mitentscheidet. Rentenpolitik ist nun unentrinnbar in die „Politikverflechtungsfalle" (Scharpf 1985) eingeschlossen. Zum zweiten tritt er als parteipolitischer Akteur in Erscheinung, indem – je nach Mehrheitsverhältnissen – die politische Zusammensetzung der Länderregierungen die Intensität der politischen Regulierung des Alterssicherungsmarktes, das Ausmaß der steuerlichen Subventionierung und die Relation zwischen staatlichem und privatem Anteil an der Lebensstandardsicherung beeinflussen kann.

Eine Diskussion über die Einführung von New Public Management in die Verwaltungen der Rentenversicherungsträger hat nur am Rande stattgefunden, weil hier Effizienzreserven kaum zu realisieren sind. Die Verwaltungstätigkeit ist v.a. konditional programmiert und wird über einheitliche Computerprogramme bei allen Rentenversicherungsträgern abgewickelt. Allein die Auflösung der Landesversicherungsanstalten und deren Zusammenführung mit der Bundesversicherungsanstalt für Angestellte zu einer einheitlichen Verwaltung wird diskutiert, eine politische Umsetzung scheiterte bisher am Widerstand der Länder und den Eigeninteressen regional gegliederter Landesversicherungsanstalten der Arbeiterrentenversicherung bzw. deren Selbstverwaltungen.

4.2 Paradigmenwechsel in der Gesundheitspolitik? Selbststeuerung, Quasi-Märkte, Wohlfahrtsmärkte und Privatisierung im Gesundheitswesen

Das Gesundheitssystem gilt als reformresistent, weil sich gegen die wohlorganisierten Interessen keine grundlegende Reform durchsetzen lässt (statt vieler Bandelow 1998; Perschke-Hartmann 1994). Hinter dieser Vorstellung steht die implizite und illusionä-

---

13 Ich verwende bewusst den Begriff des „Vetopunktes" in der Intention von E. Immergut und nicht den des Vetospielers nach Tsebelis (Tsebelis 1995, 2002); ersterer Begriff stellt ab auf Chancen, die von politischen Akteuren ergriffen werden können (oder auch nicht) und trägt damit den Kontingenzen des politischen Prozesses Rechnung (v.a. Immergut 1990, 1992). Vetospieler dagegen werden von Tsebelis vorwiegend als mathematische Indizes konstruiert, die unter allen Umständen die Ampeln des politischen Verkehrs auf Rot stellen. Gerade politikwissenschaftliche Überlegungen müssen jedoch in Betracht ziehen, dass man (potenzielle!) Vetospieler überraschen, überrumpeln, überreden etc. kann. Im Übrigen ist das BVerfG, das immer als Vetospieler gezählt wird, in der Sozial- und Familienpolitik zu einem „Beschleunigungsspieler" geworden, der den Gesetzgeber unter Handlungsdruck setzt.

re Annahme einer programmatisch durchdachten, umfassenden Reform des Gesundheitssystems, die wesentliche Probleme löst und diese Konzeption gegenüber Partialinteressen erfolgreich durchsetzt. Doch gerade die Steuerungsversuche in diesem Bereich zeigen etwas anderes: Wie in kaum einem anderen Policybereich wurde in politischen Eigenzyklen regiert, wurden Reformen der Reformen der Reformen usw. vorgenommen. Längst geht es nicht mehr um die Realisierung programmatischer Konzepte, sondern um situative und pragmatische Reaktionen auf finanzielle Krisen des Umlagesystems.

4.2.1 Von der verordneten Selbststeuerung zur einnahmeorientierten Ausgabenpolitik

Die Gesundheitspolitik der Bundesrepublik ist häufig als Musterbeispiel korporatistischer Politikformulierung und politischer Gestaltung durch Selbststeuerung im Rahmen der verbandlichen Selbstverwaltung beschrieben worden (Döhler/Manow 1997; Döhler 2002). Der Höhepunkt war das Gesundheitsreformgesetz von 1988, das „automatisches Regieren" einführte, indem verordnete Selbststeuerung als *das* Steuerungsparadigma für Sozialversicherungssysteme betrachtet wurde (vgl. dazu Nullmeier/Rüb 1993: bes. 252–259; Leisering 1992; Bandelow 1998: 194–197)[14]. Durch dieses Gesetz – so einer der kenntnisreichsten Beobachter der damaligen Zeit –

„... (ist) jetzt erstmals ein *geschlossenes System* entstanden, das, weil *systematisch*, auch die bisher freigebliebenen Felder einschließt (...) Das V. Buch (des SGB, F.W. R.) bietet insgesamt ein imponierendes Bild eines öffentlichen *vollständigen* und zentralen Apparats zur Kosten-, Preis- und Absatzsteuerung eines wachsenden Wirtschaftsbereiches. (...) Das System ist also abstrakt und anonym. Der eine Grund für die Abstraktion dieses Systems (...) ist die Vorstellung eines *sich selbst regulierenden Systems*, das vom gesetzlichen Grundsatz der Beitragssatzstabilität gesteuert wird und für *alle möglichen Fälle* Regelungen parat hält" (Schewe 1989: 157–158; Hervorhebung von mir).

Hierbei kam dem Bundesausschuss der Ärzte und Krankenkassen weitreichende Bedeutung zu, der nicht nur außergewöhnliche Normsetzungskompetenz bekam, sondern in der Folge verschiedenster Reformgesetze durch ein „satellitenartiges System von Ausschüssen, die erstmals auch den Krankenhaussektor einbinden, zum Mittelpunkt einer neuartigen, transsektoralen Verhandlungsmaschinerie geworden" ist (Döhler 2002: 35). Diese Strategie der gesundheitspolitischen Steuerung ist nie vollständig aufgegeben worden, sondern existiert weiter, wurde aber zunehmend durch andere Steuerungsinstrumente ergänzt bzw. überlagert. Grundsätzlich aufgewertet wurde der bereits früher formulierte Grundsatz der *einnahmeorientierten Ausgabensteuerung*, bei der nur diejenige Verteilungsmasse zur Verfügung steht, die der ökonomische Prozess über Beitragseinnahmen (Grundlohnsummenanbindung) zur Verfügung stellt. Innerhalb dieser Prämis-

---

14 Der damalige Bundesarbeitsminister Norbert Blüm hat dies so formuliert: „Aber die Suche nach einem System, das sich selbst steuert und das deshalb pausenlose Eingriffe des Staates erübrigt, diese Suche können wir nicht aufgeben. Je mehr Regelkreise geschaffen werden, je mehr Selbststeuerungsinstrumente in die Sozialpolitik eingebaut werden, umso mehr ist sie gefeit vor der Manipulation, vor dem Ehrgeiz des Gesetzgebers, es besser wissen zu wollen" (Blüm 1982: 1039).

se zeichnen sich neue Steuerungsoptionen ab, die dem Kontext des manageriellen Staates entstammen. Für die gegenwärtige Entwicklungen sind vier Tendenzen zentral:

(a) Zunächst die Umstellung der politischen Semantik, die das Gesundheitswesen nicht mehr als Wachstumshemmnis wegen hoher Beitragssätze betrachtet und davon Kostendämpfung, Eindämmung der „Kostenexplosion" u.Ä. ableitete, sondern als *Wirtschaftsfaktor*, der als potenzieller Wachstumsmarkt sozialpolitisch zu fördern sei. Dieser Paradigmenwechsel fand im Gutachten des Sachverständigenrates für die Konzertierte Aktion im Gesundheitswesen aus dem Jahr 1996 seinen zugespitzten Ausdruck (SVR 1996: bes. Zi. 5) und ist inzwischen zum Allgemeingut geworden[15]. Sowohl die Berichte der Rürup- als auch der Herzog-Kommission, die Eingang in die programmatische Orientierung der gegenwärtigen Bundesregierung bzw. der Beschlusslage der Oppositionsparteien der CDU gefunden haben, betrachten das Gesundheitssystem als einen Wachstumsmarkt, der (sozial-)politisch zu fördern sei[16].

(b) Parallel dazu verlief die Einführung politisch induzierter und regulierter Wohlfahrtsmärkte bzw. „Quasi-Märkte" (Glennerster/Le Grand 1994; LeGrand 1993) innerhalb der GKV durch das *Gesundheitsstrukturgesetz* (GSG) von 1992. Es führte mit Wirkung ab 1996 Wettbewerbselemente zwischen den Krankenkassen ein, indem die versicherungsrechtliche Unterscheidung zwischen Arbeitern und Angestellten aufgegeben, das gegliederte System aufgelöst wurde und die Versicherten nun frei zwischen den Kassen wählen konnten. Diese unterlagen umgekehrt dem Kontrahierungszwang und mussten sich verpflichten, alles medizinisch Notwendige zu leisten. Der Wettbewerb konnte sich allein auf unterschiedliche Beitragssätze der Kassen[17] beziehen, sieht man vom Imagewettbewerb ab, der am Anfang im Mittelpunkt stand und z.T. groteske Formen annahm[18], gleichwohl auf die „guten Risiken" der Mittelklasse zielte. Zudem werden unterschiedliche Mitglieder- und Risikostrukturen der Kassen und unterschiedliche Beitragsvolumina bzw. Grundlohnsummen durch einen komplizierten und immer wieder neu gestalteten Risikostrukturausgleich[19] zum großen Teil ausgeglichen.

---

15 Diese Entwicklung zum Allgemeingut vollzog sich nicht linear. Im Vorfeld der Gesundheitsreform 2000 der rot-grünen Bundesregierung hatten die grüne Ministerin A. Fischer und der SPD-Sozialexperte R. Dressler in Interviews mehrfach betont, dass die Aufgabe des Gesundheitswesens nicht in der Beschäftigungsförderung, sondern in der wirtschaftlichen und qualitativ hochstehenden medizinischen Versorgung der Versicherten bestehe; vgl. dazu Kühn (2000: 30).

16 In den Zielstellungen für die Reform im Gesundheitswesen heißt es im Bericht der Herzog-Kommission: „Die Reform darf die Wachstumsdynamik des Gesundheitswesens nicht behindern. Sie *muss* (!; Herv. von mir) damit auch einen Beitrag zur Entstehung von mehr Arbeitsplätzen in diesem Bereich leisten" (Herzog-Kommission 2003: 18). „In der Diskussion über die Finanzierungsprobleme in der Gesetzlichen Krankenversicherung findet nur wenig Beachtung, dass (...) der Gesundheitsmarkt substantielle Wachstums- und Beschäftigungspotenziale bietet. (...) Soweit wachsende Gesundheitsausgaben die Folge geänderter Präferenzen (der Bevölkerung) sind, stellen sie keine Fehlentwicklung dar" (Rürup-Kommission 2003: 142–143).

17 Berufsständische Kassen, wie etwa die der Landwirte, waren davon ausgenommen, für die Betriebskassen galten Sonderregelungen.

18 Grundlage hierfür war die 1988 im GRG eingeführte Regelung, dass die Kassen gesundheitsfördernde Leistungen für ihre Versicherten anbieten können (§ 20 SGB V).

19 Das Grundprinzip des Risikostrukturausgleichs besteht darin, dass Kassen mit „guter" Versi-

Spätere Maßnahmen verstärkten diese Tendenz. Zunächst wurde die Konkurrenz der Kassen innerhalb des staatlichen Sektors gestärkt, indem Beitragssatzerhöhungen, die nicht mit Änderungen durch den Risikostrukturausgleich begründet werden konnten, automatisch zu höheren Zuzahlungen der Versicherten führten und mit einem unmittelbaren Kündigungsrecht verbunden wurden, wodurch der Beitragssatz zum alles entscheidenden Wettbewerbsparameter wurde. Zudem konnten die Kassen zusätzliche Leistungen anbieten und durch Wahlmodelle der Beitragsrückerstattung und Kostenerstattung differenzierte Beitragssätze einführen. Parallel dazu wurden die Handlungsfreiheiten der Kassen erweitert, indem sie Verträge mit einzelnen Gruppen von Ärzten und mit Krankenhäusern abschließen konnten, um so mehr Wirtschaftlichkeit und Qualität gegenüber den Leistungsanbietern durchzusetzen.

(c) Die Ablösung sektoraler Budgets und die *Einführung von Pauschalen bzw. Individualbudgets* bei der Vergütung der Leistungserbringung reduzierte nicht nur die Mengenausweitung, sondern veränderte grundlegend die Handlungsoptionen in der GKV. Pauschalen induzieren eine

„Umkehrung der finanziellen Anreize zur Leistungserbringung (...): Nicht mehr auf dem Wege der Mengenexpansion, sondern – bezogen auf den einzelnen Behandlungsfall – dem der Leistungsminimierung können die Leistungsanbieter ihre Einkommen erhöhen, denn diese ergeben sich nun aus der Differenz zwischen der prospektiv fixierten Vergütung und den entstandenen Behandlungskosten" (Gerlinger 2002: 12f.).

Je effektiver also der Leistungsanbieter arbeitet, desto höher ist das potenziell erzielbare Einkommen und insofern werden Management, Optimierung und Effektivierung medizinischer Prozesse zur zentralen Größe. In der ambulanten Versorgung wird zwar nach wie vor an der Einzelleistungsvergütung festgehalten, aber durch die Option für Praxisbudgets bzw. Regelleistungsvolumina arztindividueller Punktzahlobergrenzen könnte langsam die Logik der pauschalisierten Leistungsvergütung in diesen Bereich einziehen (Gerlinger 2002: 12).

Insbesondere im Krankenhaussektor wurde diese Logik durch die in der Gesundheitsreform 2000 eingeführten *Diagnosis Related Groups* (DRGs)[20] deutlich. Danach sollen fast ausnahmslos alle Krankenhausleistungen auf der Basis eines „durchgängigen, leistungsorientierten und pauschalisierten Vergütungssystems" (§ 17b Abs. 1 KHG) abgerechnet werden und nicht mehr durch Tagespauschalen (vgl. dazu Simon 2002). Dies setzt eine Dynamik in Gang, nach der nicht mehr allein die betriebswirtschaftlichen Prozesse eines Krankenhauses gemanagt werden müssen, sondern die „die *betriebswirtschaftliche Durchdringung der medizinischen Prozesse*" (Kuntz/Vera 2003: 5; Hervorhebung von mir) zur Folge hat. Ein deutlich gesteigerter Wettbewerbsdruck wird künftig auf alle Krankenhäuser ausgeübt, der den verstärkten Einsatz von betriebswirtschaftlichen Managementverfahren nahe legt und unvermeidlich zur Integration betrieblicher, medizinischer und pflegerischer Aspekte unter manageriellen Ge-

---

chertenstruktur Kassen mit „schlechter" kompensieren müssen. Berücksicht werden die Faktoren Einkommen, Alter, Geschlecht, Familienlastquote und Quote der Erwerbsgeminderten.
20 BGBl. I: 2626.

sichtspunkten führt; Krankenhauscontrolling wandelt sich zum umfassenden *Medizincontrolling* (Kuntz/Vera 2003; Simon 2003).

Die verschiedensten Formen der Selbstbeteiligung, wie Zuzahlung und/oder Beitragsrückerstattungen für Versicherte, signalisieren eine veränderte Wahrnehmung des Sozialleistungsempfängers als „Kunden" des Systems und können als Steigerung der Eigenverantwortung interpretiert werden (Kania/Blanke 1999: 580). Über sie soll das Kunden- bzw. Kaufverhalten bei Gesundheitsgütern durch finanzielle Anreize beeinflusst bzw. gesteuert werden. Dem entspricht auch ein im Jahr 1988 aufgenommener Passus im Sozialgesetzbuch, in dem die Eigenverantwortung des Versicherten hinsichtlich seines Gesundheitszustandes explizit eingefordert wird:

„Die Versicherten sind für ihre Gesundheit mit verantwortlich; sie sollen durch eine gesundheitsbewusste Lebensführung, durch frühzeitige Beteiligung an gesundheitlichen Vorsorgemaßnahmen sowie durch aktive Mitwirkung an Krankenbehandlung und Rehabilitation dazu beitragen, den Eintritt von Krankheit und Behinderung zu vermeiden oder ihre Folgen zu überwinden" (§ 1 SGB V).

Erstaunlicherweise wurde am bestehenden Modus des Wettbewerbs zwischen den gesetzlichen und privaten Krankenkassen nichts geändert, der über die Beitragsbemessungsgrenze politisch gesteuert wird. Alle Personen, die über dieser Einkommensgrenze liegen, können sich in der GKV freiwillig versichern oder aber zu einer privaten Kasse wechseln. Da die Beitragsbemessungsgrenze in der GKV um 25 Prozent niedriger liegt als der in der GRV (und der ALV), werden dem privaten Versicherungsmarkt weit mehr potenzielle Personen zur Verfügung gestellt. Diese verfügen über höhere Einkommen und sind „gute Risiken", um die die gesetzlichen und die privaten Kassen konkurrieren.

4.2.2 Die Gesundheitspolitik von Rot-Grün: Zwischen Kontinuität und Wandel oder Paradigmenwechsel?

Die ersten Maßnahmen der 1998 an die Macht gekommenen rot-grünen Bundesregierung waren nicht steuerungspolitisch motiviert, sondern ergaben sich aus der Parteienkonkurrenz. Ihre Strategie im Wahlkampf 1998 legte es nahe, bestimmte Maßnahmen der Kohl-Regierung unter Gesichtspunkten der sozialen Gerechtigkeit zu kritisieren und mit dem Wahlversprechen zu verbinden, diese Maßnahmen nach der Bundestagswahl rückgängig zu machen. Das *Gesetz zur Stärkung der Solidarität im Gesundheitswesen* korrigierte einige Maßnahmen bei den Zuzahlungen, v.a. die Privatisierung des Zahnersatzes bei unter 18-Jährigen.

Der Grundsatz der einnahmeorientierten Ausgabenpolitik wurde im GKV-Gesundheitsreformgesetz von 2000 noch verschärft. Während Vereinbarungen von Krankenkassen und Leistungserbringern bisher den Grundsatz der Beitragssatzstabilität „zu beachten" haben (§ 141 (2) SGB V a.F.), so müssen nun Beitragserhöhungen „ausgeschlossen werden" (§ 141 (2) SGB V). Auch der Kassenwettbewerb bleibt in der bisherigen Form erhalten; Individualbudgets für Ärzte und Krankenhäuser ebenfalls; Diagnosis Related Groups im Krankenhaus werden nicht nur fortgeführt, sondern sollen auch in der ambulanten Versorgung eingeführt werden; und schließlich wurde der Trend zur Stärkung der Kassen gegenüber den Leistungsanbietern verstärkt (vgl. dazu Gerlinger 2002: 18–21; Gerlinger 2003; Hartmann 2003). Neu war der Versuch, verstärktes Qualitätsmanagement in die GKV einzubauen und die Position der Patienten gegenüber den Leistungsanbietern zu stärken. Die größte Differenz zwischen den Parteien bestand sicherlich darin, ob der „Patient als Steuerungsinstanz in das System finanzieller Anreize integriert werden soll oder nicht" (Gerlinger 2002: 21), ob er also als Konsument betrachtet wird, dessen Verhalten durch finanzielle Anreize gesteuert werden soll. Diese Frage ist durch die Gesundheitsreform 2003 eindeutig und endgültig mit Ja beantwortet worden. Die erneut im Konsens mit der CDU/CSU verabschiedete Gesundheitsreform[21] hat einen *Paradigmenwechsel* eingeleitet, dessen Tragweite noch nicht zu übersehen ist. Dazu nur kurz die wichtigsten Details:

(a) Zunächst werden Eigenbeteiligungen der Versicherten massiv ausgebaut mit dem Ziel, die „Eigenverantwortung des Versicherten zu stärken" (BT-Drs. 15/1525: 231), wozu insbesondere die Praxisgebühr dienen soll, aber auch das Recht der Kassen, Bonusregelungen für Versicherte einzuführen, die regelmäßig Vorsorgeleistungen in Anspruch nehmen (§ 65a). Ähnliches gilt auch für die Zuzahlungen im Arznei- und Heilmittelbereich, die nun ausschließlich als *prozentualer Anteil* vom Preis (und nicht mehr nach der Packungsgröße) erhoben werden. Versicherte sparen umso mehr, je mehr sie sich als „Verbraucher" verhalten und sich nach billigen Medikamenten erkundigen.

(b) Zum ersten Mal in der Geschichte der GKV wurden im Konsens aller politischen Parteien einzelne Leistungen aus dem Leistungskatalog der GKV ausgegliedert und müssen von den Versicherten alleine finanziert werden, was einer faktischen Beitragserhöhung gleichkommt und die paritätische Finanzierung aufhebt. Insbesondere die individuelle Finanzierung des Zahnersatzes durch private oder bei den GKVs abzuschließende Versicherungen mit einem pauschalen Beitragssatz schafft einen politisch gewollten und regulierten Wohlfahrtsmarkt, indem nicht nur die gesetzlichen und die privaten Kassen konkurrieren, sondern auch die privaten untereinander[22]. Allerdings operieren alle Beteiligten auf der Basis eines gesetzlich festgelegten Mindeststandards von Leistungen, der sowohl von den gesetzlichen als auch den privaten Kassen erfüllt werden muss. Die Leistungen der Kassen sind beim Zahnersatz „befundbezogene Zuschüsse", die nicht auf eine medizinisch notwendige, sondern eine Regelversorgung bei bestimmten Befunden abzielen. Dies hat zum einen zur Folge, dass optimales Medizinmanagement in den Praxen die Einkommen der Zahnärzte erhöht und zum anderen, dass hier ein Einstieg in medizinische Regelleistungen, eine Art *Grundversorgung,* gesucht und das Prinzip des medizinisch Notwendigen bei Zahnersatz weiter verabschiedet wurde.

(c) Integrierte medizinische Versorgungszentren werden als „neue Versorgungsform" (BT-Drs. 15/1525: 294) nun neben den frei praktizierenden Ärzten zur ambulanten Behandlung zugelassen (§ 72; § 95). Bei Kassen, die hierfür Einzelverträge mit dem

---
21 Vgl. dazu BT-Drs. 15/1525 vom 08.09.2003 und BGBl I: 2190.
22 Dies v.a. deshalb, weil zwar gesetzliche und private Kassen einen Mindestumfang garantieren müssen, aber zusätzliche Leistungen beim Zahnersatz anbieten dürfen.

Betreiber abschließen, kann der ansonsten rigide gehandhabte Grundsatz der Beitragssatzstabilität ausdrücklich aufgehoben werden, weil mit Versorgungszentren erhebliche Investitionskosten verbunden sind (§ 140). Ausdrücklich betont das Gesetz, dass die Kassen berechtigt sind, Verträge mit Managementgesellschaften abzuschließen, die solche Versorgungszentren privat betreiben. Auch hier wird ein potenzieller Wohlfahrtsmarkt konstituiert, weil die Betreibergesellschaften nicht wie die Ärztekammern zu Körperschaften des öffentlichen Rechts erhoben werden, sondern als *private Betreiber* mit den Kassen Verträge abschließen[23] und mit Versorgungszentren von „öffentlichen" Kassenärzten konkurrieren. Auch können Krankenhäuser in die ambulante Versorgung einbezogen werden, sofern räumliche und Versorgungsstrukturen dies erfordern, und die Kassen können Verträge mit einzelnen Ärzten abschließen.

(d) Der Professionalismus der Ärzte (und ihrer Kammern) als ausschließliches Steuerungsinstrument wird verstärkt in Frage gestellt und durch neue Formen des Qualitätsmanagements und der Wirtschaftlichkeitskontrolle überlagert, wie etwa durch die Einrichtung eines von den Interessengruppen des Gesundheitswesens unabhängigen „Wissenschaftlichen Instituts für Qualität und Wirtschaftlichkeit" (§ 139a) bzw. die Verschärfung der Wirtschaftlichkeitsprüfungen bei den Ärzten (§ 105) und Stellen zur Bekämpfung von Fehlverhalten im ambulanten ärztlichen Bereich (§ 81a). Massiv verschärft wurden die bisher wenig effektiven Kontrollen, die jetzt die Prüfung der ärztlichen Tätigkeiten bis ins Detail ermöglichen, indem nun die Plausibilität des Verhältnisses von Diagnose und abgerechneten Leistungen und der Umfang der täglich abgerechneten Leistungen mit dem dafür nötigen Zeitaufwand kontrolliert werden kann (§ 106a (in Verbindung mit § 135a (2)[24]). Dadurch

„(sorgt) die Gesundheitsreform dafür, dass das Qualitätsmanagement (...) jetzt auch in den Arztpraxen konsequent Einzug hält. In allen Arztpraxen wird ein internes Qualitätsmanagement eingeführt. Das bedeutet, dass jede Ärztin und jeder Arzt seine Praxisabläufe nach bestimmten Qualitätsvorgaben überprüfen muss. Außerdem werden die Kassenärztlichen Vereinigungen verpflichtet, nicht nur kontinuierlich die Qualität in den Arztpraxen zu kontrollieren und zu verbessern, sondern über diese Maßnahmen auch regelmäßig zu berichten" (BMG 2003: x).

Der Professionalismus als sich selbst genügendes Steuerungsinstrumentarium im Bereich sozialer Dienstleistungen, hier der (zahn-)ärztlichen Versorgung, ist umfassend durch Medizinmanagement ersetzt und damit in seiner Funktion erheblich gemindert.

Zusammenfassend sehe ich die zentralen Punkte dieses Gesetzes darin, dass (a) nun auch in der GKV – analog zur privaten Altersvorsorge in der GRV – Wohlfahrtsmärkte in den staatlichen Sektor eingebaut wurden, indem bisher exklusiv von der GKV bereitgestellte Leistungen nun auch durch regulierte Märkte produziert werden können; dass (b) durch Erhöhung der Tabaksteuer zum ersten Mal steuerliche Anteile zur Finanzierung von Leistungen der GKV verwendet werden und die exklusive Beitragsfi-

---

23 Die in Versorgungszentren angestellten Ärzte müssen jedoch Mitglieder der Kassenärztlichen Vereinigungen werden (§ 95 (3)).
24 Hier wird festgelegt, dass nicht wie bisher ein einrichtungsübergreifendes Qualitätsmanagement betrieben, sondern es zusätzlich *einrichtungsintern* eingeführt werden soll, also auch bei der einzelnen Arztpraxis (§ 135 a (2) Zi. 2). Zum Qualitätsmanagement als „intelligenter Institutionenpolitik" etwas zu optimistisch Lamping (2002).

nanzierung durchbrochen wird; dass (c) das Monopol der freipraktizierenden Ärzte im ambulanten Bereich in einem bisher nicht gekannten Maß unterminiert wird; und dass (d) Management sowohl bei ökonomischen als auch bei medizinischen Prozessen, v.a. bei Qualitätsstandards, den Professionalismus weitgehend ersetzt hat.

4.3 Die Schaffung von Wohlfahrtsmärkten im Bereich sozialer Dienstleistungen

Im gesamten Bereich der sozialen Dienstleitungen hat sich eine schleichende Revolution vollzogen, die durch die Einführung der Pflegeversicherung im Jahr 1995 in Gang gesetzt wurde und die bisherige Monopolstellung der staatlich subventionierten und privilegierten Wohlfahrtsverbände unterminiert hat[25]. Das Pflegeversicherungsgesetz war ein typisches „Marktschaffungsgesetz" (Nullmeier 2002: 273), weil im Bereich der Pflege nun ein staatlich installierter, konstanter Nachfrager nach Pflegeleistungen auftauchte. Die Pflegeversicherung war zwar nach dem Prinzip der einnahmeorientierten Ausgabenpolitik konstruiert und stellt nur die Leistungen bereit, die durch den politisch festgelegten Beitragssatz zur Verfügung stehen; bei der Leistungserbringung aber kann sie Verträge sowohl mit Wohlfahrtsverbänden als auch mit privaten Anbietern abschließen, wobei Wirtschaftlichkeit und Qualität der erbrachten Dienstleistungen durch die Pflegeversicherung vertraglich geregelt und kontrolliert werden können (§§ 79 und 80 PflegeVG).[26] Da mit den Dienstleistungserbringern *pauschale Pflegesätze* vereinbart werden, stehen alle Beteiligten unter der Logik der möglichst effizienten Leistungserbringung, weil nur so Gewinne erzielt werden können bzw. die Konkurrenzfähigkeit gewährleistet ist. Insbesondere für die mit privaten Anbietern in Konkurrenz stehenden freien Wohlfahrtsverbände ergibt sich die Notwendigkeit, sich nach manageriellen Kriterien umzugestalten und Budgetierung, Zeitvorgaben, Controlling, ProfitCenter u.Ä. einzuführen.

Auch im Bereich des Kinder- und Jugendhilfegesetzes und des Bundessozialhilfegesetzes wurde den freien Trägern ihre Monopolstellung genommen, und die zuständigen Stellen können Verträge mit privaten Anbietern abschließen, wobei auch hier die Wirtschaftlichkeits- und Qualitätskontrolle Aufgabe der kommunalen staatlichen Anbieter ist (Backhaus-Maul/Olk 1994: 123–128).

Ingesamt zeichnet sich ab, dass bisherige Eigenschaften der wohlfahrtsverbandlichen Leistungserbringung wie Ehrenamtlichkeit, tradierte Vereinsstrukturen, Freiwilligkeit, soziales Engagement etc., hinderlich sind und der „tyranny of transformation" (Clarke/ Newman 1997: 34) ausgesetzt werden und dass die Organisationsziele und -formen in der Semantik des Managerialismus neu gedacht und organisatorisch umgestaltet werden müssen.

---

25 Zur Geschichte und Struktur der sozialen Dienstleitungen vgl. Backhaus-Maul/Olk (1994); Olk, Rauschenbach et al. (1995).
26 Durch Wirtschaftlichkeits- und Qualitätskontrollen werden „... klare Zielvorgaben definiert, Kontrollmechanismen, an Hand derer die Erreichung von Zielen überprüft werden kann, werden transparenter gemacht. Schließlich werden finanzielle Grundlagen für die Alltagsorganisation der Dienstleistungserstellung durch NPO's geschaffen" (Badelt 2001: 36). Freie Träger und NPO's müssen sich in der Semantik des Managerialismus neu denken und organisatorisch umgestalten.

4.4 Der Managerialismus „at its best" – Das Hartz-Konzept und seine Umsetzung[27]

In der Arbeitsmarktpolitik, namentlich in der Verwaltung der Arbeitslosenversicherung, hat der Managerialismus – ausgelöst durch den Bericht der Hartz-Kommission – wie in keinem anderen Bereich des Wohlfahrtsstaates Einzug gehalten. Der Bericht selbst ist eine von managerieller Semantik vibrierende Textsülze und verdeutlicht beispiellos die Ideologien und Prämissen des manageriellen Staates.

Die Arbeitslosenversicherung nimmt eine Zwitterstellung zwischen Einkommensersatzleistungen und sozialen Dienstleistungen ein. Über Arbeitslosengeld und -hilfe gewährt sie eigentumsrechtlich geschützte Einkommensersatzleistungen, die an der zuletzt erzielten Einkommensposition orientiert sind. Als soziale Dienstleistungsorganisation ist sie für berufliche Ausbildung und Förderung, berufliche Umschulung, Rehabilitation und v.a. für die allgemeine Vermittlung zuständig; bei letzterem hat die Bundesanstalt für Arbeit (BA) eine gesetzlich zugesicherte Monopolposition (vgl. Heinelt/ Weck 1998: Kap. 5; Bäcker 2000: 356ff.; BMAS 1994: Kap. 12). Vor allem im Bereich der beruflichen Aus- und Weiterbildung und der Umschulung hat sich ein großer Dienstleistungsmarkt entwickelt, der ein stark regulierter Markt ist und zugleich durch das Arbeitsförderungsgesetz konstituiert und über die Beiträge der Arbeitslosenversicherung finanziert wird. Trotz verschiedenster Forderungen, das Vermittlungsmonopol der BA zu brechen und private Vermittler zuzulassen, ist dies bisher verhindert worden.

Nach Bekanntwerden fehlerhafter Vermittlungsstatistiken der Bundesanstalt für Arbeit setzte die Bundesregierung die Kommission „Moderne Dienstleistung am Arbeitsmarkt" ein. Während ihr ursprünglicher Auftrag die Entwicklung eines Reformkonzeptes für den strukturellen Umbau der BA war (Hartz-Kommission 2002: 14[28], Pressemitteilung des Bundesministeriums für Arbeit (BMA) vom 22.02.2002), legte sie im August 2002 den Entwurf für eine *„neue* Arbeitsmarktpolitik" (19, 45–63) vor. Die Ankündigung von Bundeskanzler Schröder, die Ergebnisse der Kommission eins zu eins umzusetzen, bevor die Ergebnisse überhaupt erarbeitet waren, stellte der Kommission nicht nur einen Blankoscheck aus, sondern ermutigte sie, ihren Auftrag weit auszulegen und von dem ursprünglichen Einsetzungsbeschluss abzuweichen[29].

---

27 Aufgrund der erst Ende Dezember 2003 abgeschlossenen Verhandlungen im Vermittlungsausschuss konnten manche Abweichungen bzw. Veränderungen vom Gesetzentwurf der Bundesregierung (vgl. BT-Drs. 15/25 und BT-Drs. 15/26 vom 01.11.2003) noch nicht vollständig rekonstruiert werden. D. Dechandt danke ich für wichtige Vor- und Ausarbeitungen zum Hartz-Konzept und dessen Umsetzung.
28 Soweit keine weitere Angabe gemacht wird, bezieht sich die Seitenzahl auf den Bericht der Hartz-Kommission (Hartz-Kommission 2002) in seiner zuerst veröffentlichten, nicht illustrierten Form.
29 Auf welcher Grundlage diese Ausweitung des Auftrages stattgefunden hat, bleibt unklar. Ein wenn auch nur vager Anhaltspunkt findet sich bei Raddatz/Schick: „Intern wurde dann auch der Auftrag der Kommission erweitert, ohne dass die Kommission jedoch die Zeit und die Ressourcen gehabt hätte, dieser Erweiterung des Auftrags entsprechend ihre Beratungen auszuweiten" (Raddatz/Schick 2003: 9).

4.4.1 Von der Anstalt zur Agentur: Ein neues Markenprofil und neue Kernaufgaben der Arbeitsvermittlung

Wie im Bericht der Hartz-Kommission vorgesehen und durch die im Februar 2002 von der Bundesregierung eingeleiteten „Sofortmaßnahmen" politisch umgesetzt, findet der Umbau der Bundes*anstalt* für Arbeit zu einer „modernen Dienstleistungseinrichtung" (14), der Bundes*agentur* für Arbeit, statt. Er findet mit dem am 1. Januar 2004 in Kraft getretenen Hartz III-Gesetz seinen vorläufigen Abschluss und ersetzt die bisherige hierarchisch-bürokratische Verwaltungsstruktur durch moderne managerielle Verwaltungskonzepte.

Die Umbenennung von Anstalt in Agentur ist bereits Bestandteil des manageriellen Konzepts, indem durch „Corporate Design" (223) die Neuausrichtung eingeleitet und im Innenverhältnis eine Aufbruchstimmung bei den Mitarbeitern erzeugt werden soll, die die neue Aufgabenbestimmung unterstützt. „Mission und Strategie" (ebd.) der Agentur sollen im Corporate Design zum Ausdruck kommen, wobei eine „durchgehende Markenpolitik (Branding) anzustreben (ist)" (224), die bei allen Kunden und der Gesellschaft neues Vertrauen in die Agentur schaffen soll. Die neue Marke als Träger verdichteter Informationen soll mit dem Image einer schwerfälligen, angestaubten Behörde brechen und an dessen Stelle Kundenorientierung, Flexibilität und Effizienz setzen.

Für das operative Geschäft der neuen Agentur weit wichtiger war der Umbau der Leitungsstrukturen durch das Gesetz zur Vereinfachung der Wahl von Arbeitnehmervertretern in den Aufsichtsrat. Leitlinie hiefür waren „privatwirtschaftliche Führungsstrukturen" (BMA-Pressemitteilung vom 28.02.2002) und der Grundsatz eines „moderne(n) kundenorientierte(n) Unternehmensmanagement(s)" (BMA-Pressemitteilung vom 22.02.2002). Zeitgleich mit dem Antritt des neuen *Vorstandsvorsitzenden,* Florian Gerster, fällt das Amt des *Präsidenten* und Vizepräsidenten der Bundesanstalt weg und ist damit sowohl Ausdruck der strukturellen Veränderung als auch der neuen Unternehmensphilosophie (vgl. Kannengießer/Gundel 2003: 210). Die laufenden Geschäfte werden durch einen hauptamtlichen Vorstand geführt, dessen Mitglieder sich nicht mehr in einem beamteten, sondern einem öffentlich-rechtlichen Amtsverhältnis befinden[30], das auf fünf Jahre befristet ist und mehrere Amtszeiten ermöglicht (§ 394a SGB III). Dem Vorstandsvorsitzenden obliegt die Bestimmung der Richtlinien bei der Geschäftsführung. Er soll die Agentur „(w)irkungsvoll führen und steuern, Produkte und Programme für den Arbeitsmarkt entwickeln – das sind seit dem 1. Januar (2004) die Aufgaben der neuen BA-Zentrale, die nun die Funktion einer strategischen und personell verschlankten Steuerungseinheit hat" (BA-Pressemitteilung vom 05.02.2004).

Mit der Erweiterung der Kompetenzen des Vorstandes geht die Verkleinerung der Zentrale in Nürnberg von insgesamt 1.100 auf 400 Stellen einher, wobei 500 Stellen in so genannte „besondere Dienststellen" ausgegliedert werden sollen (ebd.). Wie das

---

30 Generell spricht sich Gerster laut SZ für eine Flexibilisierung der Beschäftigungsverhältnisse in der Arbeitsverwaltung aus. Dem Beamtenprivileg setze er die Möglichkeit für Quereinsteiger, zum Beispiel aus der Wirtschaft, entgegen (Schmitt, Peter: Aufräumen in der Nürnberger Zentrale, in: Süddeutsche Zeitung vom 10.04.2002, 5).

Führungs- und Steuerungskonzept im Einzelnen aussehen wird, ist im Detail noch nicht ersichtlich. Projektarbeit statt starrer Regelungswerke, Vorgabe strategischer Ziele statt strikter Weisungen – dieser semantische Wechsel deutet jedoch auf einen Zuwachs operativer Handlungsspielräume hin, der in einer Abkehr vom traditionellen Schwerpunkt der BA, dem rein administrativen Vollzug von Sozialgesetzen, deutlich wird und an dessen Stelle nun weitreichende und rechtlich ungebundene Handlungsstrategien des Vorstandes treten sollen.

Im ersten Quartal 2004 sollen die Landesarbeitsämter in so genannte Regionaldirektionen umgebaut werden, deren Aufgabe dann darin bestehen wird, die ihrer Region zugehörigen Agenturen zu führen und mit diesen Leistungsvereinbarungen abzuschließen (BA-Pressemitteilung vom 09.02.2004); die Zielvereinbarungsgespräche laufen derzeit (BA-Management-Info 1/2004). In Anlehnung an den Vorstand der Zentrale in Nürnberg verfügen die Regionaldirektionen über eine dreiköpfige Geschäftsführung, deren Vorsitzender im Zweifel das Recht auf Letztentscheidung besitzt. In Modellversuchen werden derzeit die „neuen Freiheiten" der Kunden- und Job-Center erprobt. Bis Ende des Jahres 2004 sollen dann alle 181 Arbeitsagenturen inklusive ihrer Geschäftsstellen zu „Kundenzentren" umgebaut werden und 2005 der komplette Umbau der BA abgeschlossen sein (Pressemitteilung der Bundesregierung vom 19.12. 2003). Die bis dahin aufgebauten zusätzlichen Kompetenzen äußern sich in erster Linie darin, dass sowohl die Definition der zu erreichenden Ziele als auch die dafür notwendigen Mittel auf die Ebene delegiert werden, die diese „am besten beurteilen kann" (BA-Pressemitteilung vom 22.08.2002). Die dafür notwendige Flexibilität soll durch die Anpassungsfähigkeit der Strukturen gewährleistet werden: „Wir werden in Zukunft alle Strukturen immer wieder in Frage stellen (...) Unser Prinzip ist: Zelte statt Burgen, eine lernende, sich laufend anpassende schlagkräftige Organisation" (ebd.).

Die Bedeutung der Sozialpartner im operativen Geschäft der BA wird erheblich geschmälert, sie verbleiben allein in einem paritätisch besetzten Verwaltungsrat, dessen Mitgliederzahl von 51 auf 21 reduziert wird und der den Vorstand überwacht und kontrolliert (SGB 3 § 376). Hierfür steht dem Verwaltungsrat das Instrument der Innenrevision zur Verfügung, wobei die Bundesregierung insbesondere Wert auf die Beteiligung von Sachverständigen legt, zum Beispiel in Form von externen Beratungsfirmen (BMA-Pressemitteilung vom 15.03.2002)[31]. Weitgehend unbemerkt hat sich hier eine Abkehr von bisherigen Selbstverwaltungsstrukturen in der BA vollzogen, die mittel- und langfristig nicht ohne Auswirkungen auf die anderen Sozialversicherungen bleiben wird.

Die *Kernaufgabe* der BA wird neu definiert, indem eine Schwerpunktverlagerung von der Arbeitsförderung auf Arbeits*vermittlung* vorgenommen wird. Nach den Regelungen des Arbeitsförderungsgesetzes und im Selbstverständnis der zuständigen Ministerien bzw. der Selbstverwaltung stand Arbeitsförderung im Zentrum der Aufgabenbestimmung, die durch eine weite Palette verschiedenster Maßnahmen realisiert wurde;

---

31 Die Notwendigkeit von Expertenrat und externen Beratungsleistungen betonte Florian Gerster auch am 25. Januar 2004 bei „Sabine Christiansen" (ARD) und begründete dies u.a. mit dem nur geringen zur Verfügung stehenden Zeithorizont. Auch die BA-Pressemitteilung vom 16.01.2004 attestiert die Notwendigkeit von Beratung beim Umbau der BA.

Arbeitsvermittlung war nur eine der vielfältigen Maßnahmen zur Arbeitsförderung. Durch die Umsetzung der Vorschläge der Hartz-Kommission steht nun eindeutig die Vermittlung und vor allem deren Beschleunigung im Mittelpunkt.

Zur Erfüllung dieser neuen Kernaufgabe wird die nach hierarchisch-administrativen Kriterien der traditionellen Staatsverwaltung organisierte BA auf neue, flexiblere Konzepte umgestellt. Die gegenwärtige Krise wird als Chance betrachtet, die „starren Behördenstrukturen und institutionell bedingten Fehlsteuerungen" aufzulösen und zu einem Angebot von „kunden- und wettbewerbsorientierte(n) Dienstleistungen am Arbeitsmarkt" (12) umzubauen. Eine „Kultur der Verantwortungsfreude und Verantwortungsübernahme" (16) soll entstehen, und eine stärkere Leistungsorientierung schlägt sich in der „höheren Flexibilität der Personalbeschaffung" nieder, zu der auch „Coaching- und Mentoringprogramme im Bereich der Führungskräfteentwicklung" zählen (BA-Pressemitteilung vom 10.07.2003). Weitere Maßnahmen, wie „Benchmarking" zwischen den Arbeitsämtern auf Basis von Eingliederungsbilanzen, die Schaffung von Anreizsystemen für erfolgreiche Vermittlung sowie die Einführung eines unabhängigen „Arbeitsamts-TÜV" durch Dritte (BMA-Pressemitteilung vom 28.02.2002), vervollständigen die Tendenz einer nach privatwirtschaftlichen Merkmalen umgebauten staatlichen Dienstleistungsbehörde, die Techniken des Qualitätsmanagements und der Qualitätskontrolle in ihren Verwaltungsapparat einbaut.

Die operative Beschleunigung der Vermittlung wird zu einer der zentralen Zielgrößen des Umbauprozesses und durch ein Bündel vielfältiger Maßnahmen realisiert. Zunächst erhalten die regionalen Agenturen *„unternehmerische Globalbudgets"* (54), die Ausdruck einer konsequenten Dezentralisierung sind. Die dezentralen Einheiten schließen mit dem Vorstand der BA Zielvereinbarungen ab, deren zentrale Kenngröße die Zahl von Arbeitslosen ist und über die der Vorstand die Aktivitäten der Untereinheiten steuert. Der Umgang mit Globalbudgets „erfordert neue Managementfähigkeiten sowie die Entwicklung von Controlling- und Sicherheitssystemen" (54) auf dezentraler Ebene, wobei auch Personalpolitik und Ausgaben für die Infrastruktur erfasst werden.

Die Neustrukturierung der Arbeitsvermittlung setzt sich in der Transformation der Arbeitsämter in Arbeitsagenturen mit so genannten Job- bzw. Kundenzentren fort, die die Vermittlungsdienstleistung zwischen Arbeitssuchenden und Arbeitgebern, den „Kunden" des Dienstleistungsunternehmens, auf lokaler Ebene erbringen sollen. Dementsprechend sollen drei Kundenschnittstellen geschaffen werden: für Arbeitnehmer, für Arbeitgeber und für Leistungsgewährung (BA-Pressemitteilung vom 10.07.2003). Die „Clearingstellen" der Job-Center sollen für den arbeitslosen Kunden der erste Anlaufpunkt sein, von dem aus je nach Bedarf das weitere Informations-, Beratungs- oder Betreuungsangebot koordiniert und im Sinne eines größtmöglichen Services ein optimales „Kundenstrommanagement" (70) garantiert werden soll. Die zuständigen Vermittler werden von administrativen und Neben-Aufgaben befreit, mit dem Ziel, ihre Arbeit auf die Beratung von Arbeitssuchenden, die Pflege von Betriebskontakten und die Akquisition offener Stellen zu konzentrieren. So soll ein „ganzheitlicher" Service (68) für die Kunden gewährleistet werden, denen je nach individuellem Bedarf ein so genannter „Fallmanager" zur persönlichen Betreuung zur Seite gestellt werden kann und der mit dem Wirksamwerden von Hartz III und IV nur noch 75 statt bislang 350 Arbeitslose zu betreuen hat[32].

Die Verlagerung der Kernaufgabe der BA in Richtung Vermittlung schlägt sich in der Reduktion der Aus-, Weiter- und Fortbildungsmaßnahmen ebenso nieder wie im Bereich der Qualifizierung, die nun alle der Vermittlungstätigkeit nachgeordnet sind[33]. Dies bedeutet auch drastische Veränderungen im bestehenden Markt von Bildungs- und Fortbildungsinstitutionen, in dem sich auch ein erheblicher Anteil gewerkschaftseigener Unternehmen und Institutionen tummelt: Mit dem seit Anfang 2003 eingeführten Bildungsgutscheinen wird dieser von der BA regulierte Markt dem Wettbewerb durch neue und effektivere Bildungseinrichtungen ausgesetzt, weil nun der Arbeitssuchende selbst entscheiden kann, welche Weiterbildungsmaßnahmen bzw. -institutionen er nutzen will.

4.4.2 Die Aufwertung funktionaler Rationalität als Zumutbarkeit von Arbeit: Veränderungen in den Sozialleistungsansprüchen

Die *Zumutbarkeit von Arbeit* ist eine der zentralen sozialrechtlichen Kategorien, über die der Gesetzgeber den Zwang zur Arbeit regelt bzw. umgekehrt die Bedingungen formuliert, unter denen eine Arbeitsaufnahme suspendiert und eine Lohnersatzleitung gewährleistet wird. Vier zentrale Tatbestände sind hierbei relevant, nämlich (a) die Andersartigkeit bzw. Ungleichwertigkeit einer Beschäftigung, v.a. hinsichtlich ihrer qualifikatorischen Anforderungen bzw. ihrer Entlohnung; (b) die Entfernung zur Beschäftigungsstelle; (c) die Arbeitsbedingungen einer Beschäftigungsstelle und (d) die Arbeitszeit (vgl. Bley 1982: 238). In allen vier Dimensionen hat das Hartz-Konzept massive Änderungen vorgenommen, die unter dem Etikett der „Aktivierung" bzw. der „Eigeninitiative" gehandelt werden.

Die räumliche Distanz zur Arbeitsstelle wird beim Arbeitslosengeld I insofern ausgeweitet, als nun die bisher zumutbare Pendelzeit bei einer Vollzeitbeschäftigung von bis zu 2½ Stunden verschärft und ein Umzug erwartet wird, wenn eine Beschäftigungsmöglichkeit innerhalb des zumutbaren Pendelbereichs nicht zu erwarten ist (§ 121 (4) SGB III). Beim Arbeitslosengeld II (Grundsicherung für erwerbsfähige Hilfebedürftige ab Januar 2005) wird der bisherige Stand insofern verändert, als der Berufsschutz faktisch bedeutungslos wird. Zumutbar ist *jede Arbeit*, die der Arbeitssuchende geistig, körperlich und seelisch auszuführen in der Lage ist. Auch die Arbeitsbedingungen bzw. die bisherige Entlohnung werden beim Arbeitslosengeld II keine Rolle mehr spielen. Zukünftig werden sogar Arbeiten zumutbar, die unterhalb des Tariflohnes bzw. der ortsüblichen Entlohnung liegen. Werden zumutbare Arbeiten abgelehnt,

---

32 Vgl. Hoffmann, Andreas/Schäfer, Ulrich, 2003: Wolkiges auf 2000 Seiten, in: Süddeutsche Zeitung vom 13.08.2003, 2 sowie BA-Pressemitteilung vom 13.08.2003.
33 „Vermittlung ist das günstigste und am schnellsten wirksame Instrument der Arbeitsmarktpolitik; sie ist die Kernkompetenz der Bundesanstalt", W. Riester laut BA-Pressemitteilung vom 22.03.2002. „Berufliche Qualifizierung kann von den Arbeitsämtern nur finanziert werden, wenn dadurch Beschäftigungschancen eröffnet werden (...) Maßstab ist die Eingliederung in Arbeit, nicht die Auslastung der Bildungsinstitute", so ein Sprecher der BA gemäß BA-Pressemiteilung vom 11.03.2003.

ist dies beim Arbeitslosengeld I mit Sperrzeiten verbunden, beim Arbeitslosengeld II mit erheblichen Kürzungen. Zudem werden die Erwartungen an die Eigeninitiative weiter verschärft. Wer Eingliederungsmaßnahmen ablehnt oder die in der Eingliederungsvereinbarung vereinbarten Pflichten nicht erfüllt bzw. ausreichende Eigeninitiative vermissen lässt, muss beim Arbeitslosengeld II mit einer 30-prozentigen Kürzung rechnen. Bei Jugendlichen unter 25 Jahren wird es gar für drei Monate vollständig gestrichen. Seit Hartz I liegt die Beweislast für versicherungswidriges Verhalten bzw. schuldhaft herbeigeführte Arbeitslosigkeit nicht mehr beim Arbeitsamt, sondern beim Arbeitslosen.

Neben die Verschärfung der Zumutbarkeit tritt eine Zunahme der Ermessensspielräume der Verwaltung gegenüber den Arbeitslosen. Nicht nur die individuell mit einem Bearbeiter vereinbarten Eingliederungsverträge lösen einen klaren Rechtsstatus auf; auch die neu eingeführten Dienstleistungsangebote wie Assessment, Profiling, Case-Management etc., die die Arbeitslosen diagnostizieren, steuern, verwalten und hinsichtlich ihrer Eigenaktivitäten überwachen, führen zu einer verschärften sozialen Kontrolle durch die Behörden, die ihrerseits größere Ermessensspielräume und ein erweitertes Repertoire von Sanktionsmechanismen erhalten. Das subjektive öffentliche Recht auf eine sozialstaatliche Leistung, das den Anspruchberechtigten in eine Subjektposition gegenüber der Arbeitsverwaltung versetzt, löst sich auf und wandelt sich weit mehr als bisher in ein rechtlich weniger klar geregeltes Betreuungsverhältnis (Spindler 2003). Insgesamt markiert dies den Wandel von aktiver zu aktivierender Arbeitsmarktpolitik, der dem Arbeitsuchenden mehr Eigenverantwortung überträgt, die eigene Integrationsleistung durch Dienstleistungs- und Förderangebote unterstützt, aber auch den Leistungsanspruch stärker als bisher von Eigenleistung und -aktivität abhängig macht. „Im Zentrum steht die *eigene Integrationsleistung der Arbeitslosen,* die durch das Dienstleistungs- und Förderangebot gestützt und abgesichert wird" (19; Hervorhebung von mir).

Die mit den Hartz IV-Gesetzen beschlossene Zusammenlegung der Arbeitslosen- und Sozialhilfeleistungen zum so genannten Arbeitslosengeld II bedeutet zunächst einen grundlegenden Bedeutungswandel der bisherigen Arbeitslosenhilfe. Sie wurde als prozentualer Anteil vom letzten Nettoentgelt berechnet und hatte Lohnersatzcharakter, der aber nur bei Bedürftigkeit geleistet wurde. Das Arbeitslosengeld II, das alle Merkmale des Arbeitslosengelds systematisch negiert, wird nun als bedürftigkeitsabhängige Pauschale geleistet und verliert endgültig seinen Zwittercharakter zwischen der Versicherungsleistung der Arbeitslosenversicherung und der bedürftigkeitsorientierten Sozialhilfe. Sein organisatorisches Äquivalent findet dies in der Integration dieser Leistung in einer Stelle („one-stop-center", 16): Sowohl das beitragsfinanzierte Arbeitslosengeld I als auch das steuerfinanzierte, bedürftigkeitsabhängige Arbeitslosengeld II werden durch die Job-Center erbracht; nicht erwerbsfähige Sozialhilfeempfänger werden weiterhin durch die Sozialämter betreut.

4.4.3 Vom Arbeitslosen zum selbständigen „Unternehmer": Das Konzept der Ich-AG

Eine Sonderform der aktivierenden Arbeitsmarktpolitik ist die so genannte Ich-AG, die auf die Bekämpfung von Schwarzarbeit abzielt und für den Arbeitssuchenden eine Vorstufe zur vollwertigen Selbständigkeit darstellen soll. Der Weg für diese neue Beschäftigungsform wurde mit dem Zweiten Gesetz für moderne Dienstleistungen am Arbeitsmarkt vom 30.12.2002 (Hartz II) frei gemacht. Insbesondere denjenigen Arbeitslosen (eigentlich „Schwarzarbeiter"), die mit „alltagspraktischen" (165) Fähigkeiten kostengünstige Dienstleistungen zur Verfügung stellen können, soll die selbständige Aufnahme einer solchen Tätigkeit nahegelegt werden. „Arbeitslose sollen ihre Arbeitskraft als Unternehmer in eigener Sache verkaufen können" (Institut der Deutschen Wirtschaft Köln 2003: 23). Der Anreiz zur Gründung einer Ich-AG liegt in der finanziellen Förderung, die andererseits die Vorstellung von einer Aktiengesellschaft und des propagierten flexiblen Unternehmertums ad absurdum führt: Der Gewinn darf 25.000 Euro im Jahr nicht übersteigen, die Beschäftigung weiterer Arbeitnehmer, ausgenommen Familienangehörige, ist nicht möglich, der Arbeitssuchende muss vor Gründung einer Ich-AG Leistungen aus der Arbeitslosenversicherung bezogen bzw. an AB-Maßnahmen teilgenommen haben. Insofern ist die Förderung von vermeintlicher Selbständigkeit nicht nur semantisch fragwürdig, sondern auch durch ein Regelkorsett gebunden, das sämtlichen unternehmerischen Grundsätzen widerspricht. Im Übrigen dürfte es bedenklich sein, „im Rahmen der Förderung einer neuen Kultur der Selbständigkeit auch solche Arbeitslose zur Selbständigkeit bewegen zu wollen, die nicht die erforderliche Initiative und Zielstrebigkeit sowie das nötige organisatorische Geschick aufweisen" (Vierling 2002: 19).

4.4.4 Die Personal-Service-Agentur (PSA): Die Schaffung von Wohlfahrtsmärkten im Bereich der Arbeitsvermittlung

Mit dem Ziel der Reduktion von Arbeitslosigkeit ist mit Hartz I auch die Einrichtung so genannter Personal-Service-Agenturen vollzogen worden, welche als Leiharbeitsunternehmen Arbeitssuchende langfristig in feste Arbeitsverhältnisse des ersten Arbeitsmarktes vermitteln sollen. Für die Organisation der PSA gibt es drei Möglichkeiten: PSA können entweder von privaten Dienstleistern (Contracting Out), in gemeinsamer Trägerschaft von Job-Center und privaten Dienstleistungsunternehmen (Public-Private-Partnership/Public-Private-Mix) oder vom Arbeitsamt selbst betrieben werden. Auf diese Weise soll der Markt für Zeitarbeit erweitert werden, der auf der Basis der Interaktion von „öffentlich-rechtlichen, gemeinnützigen und privaten Vermittlungseinrichtungen" (21) beruht und einen freien Marktzugang für (private) Vermittler (13) voraussetzt. „Das Modul ‚Personal-Service-Agenturen' (PSA) führt zwangsläufig zu einem weiteren Deregulierungsschub auf den Arbeitsmärkten. Die von gewerblichen Zeitarbeitsfirmen oder von den Arbeitsämtern in Kooperation mit privaten Trägern oder in Eigenregie gegründeten PSA dienen der Vermittlung von Arbeitslosen als Zeitarbeiter" (Hickel 2003: 8). Die PSA schließt mit den Arbeitssuchenden Verträge und „entleiht" diese an Unternehmen. Die Betreuung des Arbeitslosen durch die PSA wird durch die

Job-Center geregelt und unterliegt ebenfalls den Regeln der Zumutbarkeit und Eigenleistung. Das Arbeitsamt bezuschusst die PSA für jeden eingestellten Arbeitslosen, wodurch sich eine Interaktion zwischen privatem und öffentlichem Sektor ergibt. Letztendlich sollen die PSA als private Vermittler „der Stachel im Fleisch der Arbeitsämter sein", der dem Gedanken der wettbewerbsorientierten Dienstleistung am Arbeitsmarkt Rechnung trägt (F. Gerster; zitiert nach: Schmitt, Peter: Aufräumen in der Nürnberger Zentrale, in: Süddeutsche Zeitung vom 10.04.2002).

4.5 Zusammenfassung

Insgesamt stellen die Veränderungen in der Renten-, Gesundheits- und Arbeitsmarktpolitik einen Paradigmenwechsel dar, der bisherige wohlfahrtsstaatliche Prämissen und Prinzipien durch neue ersetzt und dies in allen drei Kernbereichen des deutschen Sozialversicherungsstaates. Dies rechtfertigt es, von einer Transformation in den managerriellen (Wohlfahrts-)Staat zu sprechen. Drei Merkmale sind, nochmals zusammengefasst, zentral:

(i) Die verstärkte Inanspruchnahme der Individuen bzw. Leistungsempfänger für die „Funktionsfähigkeit" (BT-Drs. 15/25: 31) der Sozialversicherungs*systeme*. Dies hat auf Seiten der Leistungsempfänger zur Folge, dass die Realisation subjektiver öffentlicher Rechte auf sozialstaatliche Leistungen von „Eigeninitiative", Vorleistungen, regelkonformem Verhalten und auch von verschärften sozialen Kontrollen bzw. rechtlich geregelten Verpflichtungen abhängig gemacht wird, wodurch subjektive Rechte ihren eigentlichen Wesenskern verlieren. Vom (potenziellen) Leistungsempfänger wird eine neue Qualität der Selbstkontrolle, der Selbststeuerung und des Selbstmanagements erwartet, er wandelt sich vom leistungsberechtigten Arbeitnehmer zum Arbeits*unter*nehmer.

(ii) Die Auflösung hierarchisch-bürokratisch organisierter Verwaltungsstrukturen zu Gunsten von flexiblen Mustern, die neue Ermessens- und Handlungsspielräume eröffnen und intern durch verschiedenste Formen des New Public Management der Effizienzsteigerung unterworfen werden; die traditionellen Instrumente der verwaltungstechnischen Dienstleistungserbringung, Bürokratie und Professionalismus, werden durch managerielle Formen ergänzt bzw. vollständig ersetzt.

(iii) Der unübersehbare Einbau wettbewerblicher Elemente in den *internen* Bestand des Wohlfahrtsstaates, der in allen drei Kernbereichen zu beobachten ist, wird ergänzt bzw. komplementiert durch den politisch gewollten Auf- und Ausbau von *externen* Wohlfahrtsmärkten, was zu einer vollständig neuen Re-Kombination verschiedenster Techniken der Wohlfahrtsproduktion im managerriellen Wohlfahrtsstaat führt.

In ihrer Summe addieren sich diese Elemente zur Transformation des wohlfahrtsstaatlichen Produktionsregimes in eine neue Qualität, die jedoch durch eine parallele Transformation der wohlfahrtsstaatlichen Politikproduktion ergänzt wird und Gegenstand der folgenden Überlegungen ist.

5. Der Wandel sozialpolitischer Steuerungskonzeptionen: Von programmorientierter und zielgerichteter Steuerung zum Management von Politikprozessen

Der Einzug der manageriellen Semantik in die politische Begrifflichkeit und die politische Praxis ist unübersehbar, ohne dass die Politikwissenschaft die Konsequenzen ausreichend beobachtet und reflektiert hat[34]. Die Ursache für eine zunehmende Bedeutung des Managements von Politikprozessen sehe ich in gesteigerten Kontingenzen[35], mit denen sich Politik konfrontiert sieht und die ich in Hintergrund- und Handlungskontingenz unterteile. Manageriell orientierte Politik reagiert auf die Zunahme von Kontingenz mit einer Flexibilisierung der Organisations*ziele* und *-formen,* um je nach Ausgangslage situativ und flexibel reagieren zu können. Politik konzentriert sich dann darauf, Chancen zu nutzen bzw. Möglichkeiten selbst zu produzieren. Dies verweist darauf, dass es – so K. Palonen in einer interessanten Interpretation des Weberschen Werkes – in der Politik

„nur um Mögliches geht, nicht aber um die Verwirklichung eines Ziels, Plans oder Projekts. In diesem Sinne kann die formale Zielsetzung der Politik als Streben nach neuen Möglichkeiten für das eigene Handeln gedeutet werden. Der Formalismus Webers liegt darin, dass Politik – anstatt ‚Verwirklichung' gewisser substanzieller Ziele – als Streben nach neuen Chancen für das eigene Handeln bestimmt wird, wobei deren Inhalt im voraus nicht festgelegt werden kann. Man könnte von einer Politik als einer ‚Politik-als-Chancenschaffung' sprechen" (Palonen 2002; vgl. auch Palonen 1998).

Lässt sich dies auch empirisch beobachten?

5.1 Die Hintergrund- und Handlungskontingenz des politischen Entscheidens

Die *Hintergrundkontingenz* der Politik wird durch die unkontrollierbaren, undurchschaubaren und nicht steuerbaren Eigendynamiken der gesellschaftlichen Teilsysteme hervorgerufen, die sich zudem intern immer weiter ausdifferenzieren, was zur weiteren Pluralisierung von Normen und Interessen führt. Dies erschwert die Kopplung bzw. Kommunikation mit der Politik und verflüssigt die „Regelungsstrukturen" (Mayntz/

---

34 Prototypisch etwa „Politikmanagement" bei Korte (2003); „Koalitionsmanagement" bei Kropp (2003).
35 Der Begriff der Kontingenz wird durch Ausschließung von Notwendigkeit und Unmöglichkeit gewonnen, und kontingent ist dann das, „was also so, wie es ist (war, sein wird) sein kann, aber auch anders möglich ist. (...) Er bezeichnet Gegenstände im Horizont möglicher Abwandlungen. Er setzt die gegebene Welt voraus, bezeichnet also nicht das Mögliche überhaupt, sondern das, was von der Realität aus gesehen anders möglich ist. (...) Die Realität dieser Welt ist also im Kontingenzbegriff als erste und unauswechselbare Bedingung des Möglichseins vorausgesetzt" (Luhmann 1984: 152; vgl. auch Makropoulos 1997). Der Status quo ist nur eine von vielen Möglichkeiten, der zudem keinen notwendigen Existenzgrund hat, sondern eher grundlos entstanden ist, unbeabsichtigt, ohne klare Zielvorstellung, aber immer durch politische Entscheidungen. Nichts ist mehr *per se* gegeben bzw. durch normativ geteilte Prinzipien vorgegeben, sondern alles ist von zunehmend willkürlichen politischen Entscheidungen abhängig (vgl. dazu auch Greven 1999, 2000).

Scharpf 1995b: 16), mit denen die jeweiligen gesellschaftlichen Teilsysteme sich selbst und ihre Beziehungen zu anderen Teilsystemen regulieren. Es entstehen Dynamiken, mit denen Politik zwar rechnen muss, deren Auswirkungen auf ihren eigenen Problemhaushalt sie aber nicht kalkulieren und kontrollieren kann. Umlagefinanzierte Sozialversicherungssysteme, die unkontrollierbare Hintergrundkontingenz in finanzielle Ungleichgewichte übersetzen, sind ein untrüglicher Indikator, weil sie extrem schnell und sensibel auf Veränderungen reagieren und Handlungsbedarf signalisieren. Sie transformieren die Eigendynamiken der gesellschaftlichen Teilsysteme in finanzielle Parameter und produzieren so über Indikatoren sichtbar gemachte *Problemströme*[36], die laufend durch das Regierungssystem fließen und die nichts anderes sind als der ins prozesshaft-zeitliche übersetzte Ausdruck funktionaler Differenzierung. Treten solche Ungleichgewichte nicht nur ab und zu auf, sondern werden trotz permanenter politischer Steuerungsversuche chronisch, dann signalisiert dies, dass die bisherigen institutionellen Konstruktionen des Sozialstaates keine adäquate Antworten mehr auf diese Dynamiken sind. Es entsteht das Dilemma, dass die Institutionen, mit denen soziale Unsicherheit eingedämmt werden soll, nun selbst unsicher werden und dies produziert „Unsicherheit zweiter Ordnung" (Offe 2002: 42; Rüb 2003). Sofern die Politik keine schlüssigen programmatischen Antworten parat hat, muss sie situativ reagieren, Erfahrungen sammeln, Fehler machen und korrigieren, Interessengruppen, die massiv den Status quo verteidigen, überrumpeln u.Ä. Mit anderen Worten: Das Ausnutzen oder Produzieren von Chancen, Möglichkeiten und neuen Optionen wird zentral und damit das *Management von Regierungsprozessen*.

Dies steigert unvermeidlich die *Handlungskontingenz* der Politik. Der korporative, der kooperative oder der verhandelnde Staat, meso-korporatistische Strukturen und Policy-Netzwerke etc., mit einem Wort: die traditionellen Formen der Konsensbeschaffung und der Policyproduktion, beruhen auf zwei Prämissen. Zum einen sollen die wichtigsten gesellschaftlichen (Interessen-)Gruppen in die Politikformulierung einbezogen werden, was zugleich die Legitimität der entsprechenden Policies erhöht. Zum anderen stärkt dies die Vermittlungsfähigkeit, weil die beteiligten Gruppierungen ihre Mitglieder, die sie nicht nur repräsentieren, sondern auch ‚regieren', auf die verhandelten Ergebnisse verpflichten und damit dem Staat von der Legitimitätsbeschaffung entlasten (Czada 2000; Streeck 1994a, 1994b). Auch die während der Regierung Kohl prominent gewordene „Parteipolitisierung exekutiver Entscheidungsstrukturen" (Manow 1996; Schreckenberger 1994) war nicht nur eine langwierige Prozedur der politischen Entscheidungsfindung, sie hatte auch zuerst den Konsens durch Verhandlung zu produzieren, aus dem dann die jeweilige Policy formuliert wurde. Im verhandelnden Staat hatten sich in der Sozialpolitik sektoral organisierte Policy-Netzwerke ausgebildet, die bis Mitte der 90er Jahre relativ stabil waren, eine überschaubare Anzahl von Personen umfassten, exklusiv organisiert und auf spezifische Policy-Beliefs und -Prinzipien orientiert waren und in die neue Ideen nur langsam eindringen konnten[37]. Begin-

---
36 Ich greife hier und im Folgenden lose auf Ideen des „muliple stream"-Konzepts von Kingdon 1984 zurück; für eine erhellende Weiterentwicklung vgl. Zahariadis (2003).
37 Für die Rentenpolitik vgl. Nullmeier/Rüb (1993); für die Gesundheitspolitik vgl. Döhler/Manow (1997). Zum Zusammenhang von Struktur von Policy-Netzwerken und dem Auftauchen neuer Ideen vgl. grundlegend Zahariadis/Allen (1995).

nen sich homogene Netzwerke aufzulösen, so dringen neue Ideen leichter in sie ein und werden infolgedessen leichter mit bisherigen Prinzipien rekombiniert und in den politischen Prozess eingeschleust. Regierungen und Parteien sehen sich dann mit einer zunehmenden Anzahl relevanter Ideen konfrontiert und bisherige programmatische Positionen und Steuerungskonzepte verflüssigen sich, was eine Zunahme der Handlungskontingenz bedeutet. Der *Ideenstrom*, der ähnlich wie der Problemstrom durch das politische System fließt und Ausdruck der in der Politik und Gesellschaft gehandelten Optionen ist, wird kontingenter.[38]

Zudem hat sich das von der rot-grünen Regierung mit viel Hoffnung ins Leben gerufene „Bündnis für Arbeit" als zu starr und v.a. zu zeitraubend erwiesen, um umfassende Änderungen im Bereich der Arbeitsmarkt- und Sozialpolitik zu verhandeln. Eine dafür notwendige sektorübergreifende Politik ist in der Bundesrepublik – im Gegensatz etwa zu den Niederlanden – nicht gelungen, und daraus ergibt sich, dass „angesichts der institutionellen Segmentierung des deutschen Korporatismus eine erfolgreiche sektorübergreifende Konsensbildung über eine Neudefinition wohlfahrtsstaatlicher Ansprüche, mit dem die Sozialsysteme funktionsfähig erhalten (werden) können, mit dem tripartistischen Ansatz des Bündnisses für Arbeit nicht geleistet werden kann" (Lehmbruch 1999). Dies hat auch die Bundesregierung erkannt und sich zunehmend auf die Einrichtung sektorspezifischer Kommissionen konzentriert bzw. managerielle Formen der Politikproduktion eingeführt.

5.2 Vom kooperativen Regieren zur manageriellen Politik

Die oben skizzierten Entwicklungen führten zur Umstellung vom verhandelnden bzw. kooperativen zum manageriellen Staat. Zwei Selbstbeschreibungen, die ich etwas ausführlicher zitiere, sollen dies verdeutlichen. Die erste stammt vom ehemaligen Chef des Bundeskanzleramtes, Bodo Hombach:

„In Zukunft muss der Staat eher wie eine Konzernzentrale gedacht werden, die weniger lenkend eingreift, als vielmehr durch organisatorische Anpassungen ein Höchstmaß an individueller, wirtschaftlicher und sozialer Produktivität ermöglicht. (...) Weitgehend hierarchiefreie und dezentral organisierte Unternehmen bilden eine innovative Avantgarde. Was im Sozialstaat übergreifend verbindlich geregelt werden konnte, kann zukünftig nur in einem sehr viel flexibleren Netz von Regelsystemen gefasst werden. (...) Angesichts geänderter Präferenzen des Zusammenlebens, neuer Herausforderungen und wechselvoller Erwerbsbiographien muss auch die Sozialpolitik genormte Vorstellungen über den Haufen werfen und einen neuen Rahmen abstecken, innerhalb dessen Selbstbestimmung, Eigenverantwortung und Sicherheit miteinander vereinbar sind. (...) Überall muss das Element Eigenverantwortung gestärkt werden, wenn das Gesellschaftssystem in der sich immer weiter dezentralisierenden Informationsgesellschaft anpassungsfähig bleiben soll. Keine Regelungsmonopole mehr, sondern gerechte Regelsysteme für wechselnde Wettbewerbsbedingungen und Herausforderungen" (Hombach 1998: 66–68).

---

[38] Der Ideenstrom ist unverkennbar eine Umbenennung des von Kingdon eingeführten „policy streams"; vgl. Kingdon (1984).

Die zweite stammt vom jetzigen Chef des Bundeskanzleramtes, Frank-Walter Steinmeier, und formuliert weit umfassender das Konzept einer managerielle Politik:

„Entscheidend für das Versagen christdemokratischer Politik war das wachsende Unvermögen, das komplizierte deutsche Institutionengeflecht mit seinen vielfältigen checks und balances sowie seiner inhärenten Konsensorientierung in Deckung zu bringen mit einer *gesellschaftlichen Dynamik,* deren Taktgeber die immer kürzerer Produktzyklen der Informationstechnik sind. (...) Verlangt wird von der Politik Beschleunigung und Entschleunigung zugleich. Sie muss *rasch auf veränderte Umstände reagieren* – und gleichzeitig langfristig und nachhaltig angelegt sein. (...) Der ritualisierte Weg über Expertenrunden, Enquete- und Programmkommissionen, Parteitagsbeschlüsse und langwierige Gesetzgebungsverfahren kann sich schnell *als zu lang* erweisen, wenn es darum geht, *Chancen zu ergreifen* und sich im internationalen Wettbewerb zu positionieren. (...) Konsenssuche wird hier zu einem *dynamischen Prozess,* in dessen Verlauf man *traditionelle Blockaden überwindet* und dafür sorgt, dass sich in komplexen Entscheidungsprozessen die Waagschale im richtigen Moment zugunsten der Erneuerung senkt. (...) Es geht (bei Konsensrunden und Kommissionen, F.W.R.) nicht um die Schaffung von parallelen Entscheidungsstrukturen, sondern um *temporär wirksame Instrumente,* die die *politische Willensbildung beschleunigen* und auf eine möglichst breite gesellschaftliche Grundlage stellen" (Steinmeier 2001: 264–266; Hervorhebung von mir).

Bundeskanzler G. Schröder hat diese Handlungsoptionen in dem Grundsatz zusammengefasst, nach dem „*radikaler Pragmatismus* das Instrument (ist), politische Handlungsfähigkeit zurückzuerobern" (Schröder 1998: 222; Hervorhebung von mir). Welche Verlaufsformen lassen sich nun beim „radikalen Pragmatismus" in Aktion identifizieren?

5.3 Die managerielle Politik in Aktion und die Vorausetzungen für Strukturreformen

Die oben skizzierten Veränderungen stellen in jedem einzelnen Politikfeld und insgesamt einen *grundlegenden Strukturwandel* dar und sind „path-breaking reforms", die nach Ansicht vieler im deutschen Wohlfahrtsstaat wegen struktureller, institutioneller und politischer Faktoren zwar nicht unmöglich, gleichwohl höchst unwahrscheinlich sind. Die Kriterien für einen radikalen Wandel bzw. Strukturreformen sind umstritten, aber in der Regel wird ein „major transfer of responsibility to the private sector" (Pierson 1996: 157; vgl. auch Weaver 1998: 209–212) als zentrales Kriterium betrachtet. Problematisch an dieser Definition ist das Merkmal des „major transfer", weil dies *Weichenstellungsgesetze* ausschließt, die zunächst nur marginale Veränderungen vornehmen, gleichwohl neue Prinzipien in ein Policyfeld einführen, die nicht mehr rückgängig gemacht werden können und den Wohlfahrtsstaat auf einen irreversiblen Pfad bringen. Dieser grundlegende Strukturwandel war möglich, weil sich Politik in der managerielle Semantik neu definierte und erfolgreich umsetzte, wobei dies in jedem einzelnen Policybereich unterschiedliche Ausdrucksformen gefunden hat.

5.3.1 Managerialismus als „experimentelles Regieren": Das Beispiel der Rentenpolitik

Wenn es eine Lehre aus erfolgreichen Strukturreformen anderer Länder in der Rentenpolitik gibt, dann die, dass sie nur erfolgreich[39] sind, sofern sie „die Unterstützung über die notwendigen parlamentarischen Mehrheiten hinaus finden, also entweder von weiteren Parteien getragen werden oder von den Sozialpartnern mindestens die Gewerkschaften den Reformen zustimmen" (Hinrichs 2000: 297). Gleichwohl gelang die Durchsetzung der Reform gegen den Widerstand der Opposition und v.a. deren Mehrheit im Bundesrat und auch gegen den anfänglichen Widerstand der Gewerkschaften. Der Schlüssel zum Verständnis ist „experimentelles Regieren" im Kontext des manageriellen Politikverständnisses.

Nach dem Regierungsantritt machte die rot-grüne Koalition die von der Vorgängerregierung ergriffenen Maßnahmen zur Konsolidierung des Rentensystems rückgängig, vor allem Einschränkungen bei Erwerbsunfähigkeitsrenten sowie die verzögerte Anhebung der Altersgrenze bei Schwerbehinderten. Zentral aber war die Aufhebung des demografischen Faktors, der bei steigender Lebenserwartung (und damit verlängerten Rentenlaufzeiten) den Anpassungsfaktor veränderte und damit das Rentenniveau entsprechend senkt[40]. Diese Rücknahme lässt sich ausschließlich aus der *vote-seeking-*Stragie im Vorfeld der Bundestagswahl 1998 erklären, denn nach der Wahl wurden die Renten nach der Preissteigerungsrate der Jahre 2000 und 2001 angepasst, was zu einer deutlich höheren Absenkung des Rentenniveaus im Vergleich zum ausgesetzten Demografiefaktor führte. Die Beliebigkeit und Willkürlichkeit des rentenpolitischen Agierens lässt sich weiter daran erkennen, dass die Schröder-Regierung im Rahmen der Rentenreform 2001 erneut einen Anpassungsfaktor in die Rentenformel einführte, der mit dem alten Demografiefaktor – abgesehen von kleineren Variationen – identisch war.

Wie wurde nun der Paradigmenwechsel zur Einführung der privaten Zusatzversorgung bewerkstelligt? Zentral ist „experimentelles Regieren", das verschiedene Merkmale aufweist. (a) Zunächst ist es ein *Stop-and-Go-Prozess*, der eine grobe Idee formuliert, in die Öffentlichkeit bringt, die Reaktionen beobachtet und dann reagiert. Dies lässt sich daran verdeutlichen, dass die ursprünglich angestrebte obligatorische Zusatzversicherung[41] nach einer Kampagne der BILD gegen eine „Zwangsrente" schnell fallen gelassen wurde; weiter daran, dass durch einen Telefonanruf des IG-Metallvorsitzenden Zwickel im Bundeskanzleramt zwei Tage vor der Abstimmung im Bundestag die ursprünglich geplante Absenkung des Rentenniveaus auf 64 Prozent aufgegeben und auf 67 Prozent festgelegt wurde[42], weil die Gewerkschaften mit Protest gedroht hatten. (b) Konsensbildung als „dynamischer Prozess" (Steinmeier), bei dem grundlegende Reformideen von einer durchsetzungswilligen Regierung *zuerst* auf die Agenda gesetzt werden und

---
[39] Abweichend von K. Hinrichs (2000: 297) verstehe ich hier unter „erfolgreich" allein die erfolgreiche Verabschiedung bzw. Durchsetzung eines Paradigmenwechsels.
[40] Der demografische Faktor sollte über einen langen Zeitraum das Rentenniveau von bisher 70 Prozent des letzten Nettolohnes auf rund 64 Prozent im Jahr 2030 absenken.
[41] Diese war in den Eckpunkten des BMA vom 17. Juni 1999 vorgesehen; vgl. dazu Dünn/Faßhauser (2001: 267).
[42] „Anruf genügt", Der Spiegel 5/2001; nach:
www.spiegel.online.de/spiegel/0,1518,116127,00.html; Zugriff am 22.05.2001.

danach Konsens situativ, spontan und uninstitutionalisiert produziert wird. Dies ist nach W. Riker „politische Manipulation" und nimmt hier die Form von *„agenda control"* (Riker 1986: 147f.) an. Diese Politikform unterscheidet sich grundlegend von Konsensbildungsprozessen in sektoralen Policy-Netzwerken des kooperativen Staates, in denen zuerst der Konsens gesucht und danach die entsprechende Policy formuliert wird. *Agenda control* erfordert ein strategisches Management von Zeit, weil sowohl der Zeitpunkt der Präsentation der Policy als auch die zeitliche Dynamik der Konsensbildung zentral sind, um die Kern- oder Grundidee zu bewahren, aber in Randbereichen situativ Kompromissfähigkeit zu demonstrieren. (c) Das *Management strategisch wichtiger Unsicherheitszonen* in Form von „Vetopunkten" (Immergut 1990, 1992), wobei hier verschiedene Strategien und Techniken denkbar sind (Merkel 2003). Konkret war die Bundesregierung mit dem Widerstand der CDU/CSU-Mehrheit im Bundesrat konfrontiert, die im Februar 2001 das zustimmungspflichtige Altersvermögensgesetz ablehnte. Obwohl die Ablehnung im Bundesrat eindeutig war, waren 13 Stimmen insofern „unsicher", als die SPD dort in unterschiedlichen Koalitionen[43] vertreten war. Insgesamt waren nur 28 ablehnende Stimmen sicher, wobei die Regierung für eine erfolgreiche zweite Verabschiedung mindestens 35 Stimmen brauchte, aber nur über 23 sichere Stimmen verfügte. In teilweise separaten Verhandlungen machte die Regierung den „unsicheren" Ländern im Vermittlungsausschuss durch *„side payments"* Zugeständnisse. Nachdem so „unsichere" Stimmen gewonnen wurden, erklärte die Regierungsseite gegen die Stimmen der Unionsparteien und der FDP das Vermittlungsverfahren für beendet. Bei der anschließenden Abstimmung im Bundesrat erhielt das Gesetzespaket dann die nötigen Stimmen, die CDU-regierten Länder, eingeschlossen die große Koalition in Bremen, stimmten gegen das Gesetz.

5.3.2 Zeitfenster und das Ergreifen von unvorhersehbarer Chancen: Die Reform des Arbeitsmarktes durch die Hartz-Kommission

Der gesamte Bereich der Arbeitsmarktpolitik und der damit verbundenen Reformvorschläge kann hier nicht abgehandelt werden (vgl. dazu Trampusch 2003; Blancke/ Schmid 2003). Ich konzentriere mich hier auf die Veränderungen, die durch die Hartz-Kommission angestoßen wurden. Allgemein kann festgehalten werden, dass die politischen Parteien nur begrenzt systematische Überlegungen zur Bearbeitung der grundlegenden Probleme auf dem Arbeitsmarkt entwickelt hatten (Trampusch 2003: 19). Dies gilt insbesondere für die Regierungskoalition, wobei die Grünen diesen Bereich dem großen Koalitionspartner fast gänzlich überließen. Auch die Regierung selbst übernahm zunächst keine Vorreiterfunktion, obwohl die Beschäftigungs- und Arbeitsmarktpolitik gerade für eine sozialdemokratische Regierung große Bedeutung hat und zudem die Bekämpfung der Arbeitslosigkeit bei der Regierung und bei den Wählern einen hohen Stellenwert hatte, insbesondere aber für sozialdemokratische Wählerklientele, die von Arbeitslosigkeit besonders betroffen sind. Zentral für eine Erklärung der

---

43 Die 15 „unsicheren" Stimmen waren das SPD/PDS regierte Mecklenburg-Vorpommern mit drei Stimmen, das SPD/FDP regierte Rheinland-Pfalz mit vier Stimmen und die zwei großen Koalitionen in Berlin bzw. Brandenburg mit jeweils vier Stimmen.

programmatischen Abstinenz und der politischen Untätigkeit könnte eine „implizite Blockadekoalition" (Merkel 2003: 182) zwischen linken und rechten Traditionalisten in der SPD und den Gewerkschaften sein, die sich ihre in den 70er Jahren ausgebildeten Weltbilder wechselseitig bestätigten (ebd.). Hinzu kam die Fehlperzeption, dass eine schnelle Belebung der Welt- und Binnenkonjunktur grundlegende Reformen auf dem Arbeitsmarkt überflüssig machen würde (ebd.).

Eine solche ‚implizite Blockadesituation' kann am ehesten von außen erfolgreich aufgebrochen werden, indem „politische Unternehmer" öffentlich wirksam eine Policy formulieren, auf diese Weise Agendasetting kontrollieren und Parteien und Interessengruppen zu Reaktionen zwingen. So kann Kontingenz in eine festgefahrene programmatische Ausgangslage eingeführt werden. Gute politische Unternehmer können „windows of opportunity" (Kingdon 1984) als Chance nutzen, und die Einsetzung der Hartz-Kommission war genau ein solcher Versuch. Die eigentümliche Selbstbindung der Regierung, die *vor* der Erarbeitung eines abschließenden Konzeptes durch die Kommission das Versprechen gab, es eins zu eins umzusetzen, verweist auf zwei Sachverhalte. Zum einen bezieht sich diese Selbstbindung auf eine *unbekannte Programmatik*, die sich erst in der Zukunft zu erkennen gibt; dies unterstreicht den Willkürcharakter dieser Policy, bei der offensichtlich nicht entscheidend war, was entschieden wurde, sondern dass entschieden wurde. Zum zweiten wird durch diese eigentümliche Form der Selbstbindung ein programmatischer Kern geschützt, der nicht mehr verhandelbar ist, „dynamischer Konsensbildung" verschlossen bleibt und ein Zurückrudern durch fraktions- und parteiinterne Koalitionen verhindert.

Dieses manageriellen Politikkonzept verweist zusammenfassend auf Folgendes: (a) Kommissionen bzw. Räte sind in solchen Kontexten nicht länger Instrumente der Politikberatung im traditionellen Sinne, sondern werden zu „temporären Instrumenten" zur Beschleunigung der politischen Willens- und Konsensbildung. (b) Kommissionen werden managerielle „Instrumente der Agendabeherrschung, um dadurch politische und strukturelle Restriktionen bei Reformprozessen zu überwinden" (Murswieck 2003: 125). Dies schließt die Funktion ein, bisherige politische Optionen durch neue zu erweitern. Damit verbunden ist (c) ein Aufbrechen bzw. die Zurückdrängung der parteipolitisch organisierten Programmdiskussion, die ausgesprochen langwierig verläuft, immer einen Konsens unterschiedlicher Parteiflügel und -gruppierungen darstellt und deshalb mehrdeutig und wenig handlungsleitend ist[44]. Zugleich werden (d) die Oppositionsparteien unter Zeitdruck gesetzt, sofern diese Alternativen formulieren und in die Parteienkonkurrenz einführen wollen. Dies erklärt unter anderem, dass die CDU als Reaktion auf die von der Regierung ins Leben gerufene „Rürup-Kommission" eine eigene Kommission, die „Herzog-Kommission", einberief, deren Vorschläge unter immensem Zeitdruck erarbeitet und unter ebensolchem Zeitdruck wörtlich in die Beschlusslage des Parteivorstandes übernommen wurden. Auch hier wurde die langwierige parteiinterne Diskussion übersprungen und die Willensbildung qua Kom-

---

44 Zu den programmatischen Diskussionen in der SPD und bei den Grünen vgl. instruktiv Egle/Henkes (2003) bzw. Egle (2003). Im Übrigen halten beide Autoren fest, dass die parteiliche Programmatik der beiden Regierungsparteien bisher kaum relevante und v.a. keine konkreten programmatischen Fortschritte gemacht hat, die für je einzelne Policies handlungsleitend geworden sind.

mission beschleunigt. (e) Kommissionen sind in diesem Kontext keine „Gremien der Politikberatung zur Politikvorbereitung" (Murswieck 2003: 122), sondern sie machen selbst Politik, indem sich manche Vorsitzende (und manche Mitglieder) als Bestandteil des manageriellen Politikprozesses bzw. als Politikmanager verstehen und deshalb konkrete Policies formulieren, die danach von den zuständigen Ministerien in Gesetzesform gegossen und in die formalen Ablaufprozeduren eingebracht werden. Die Hartz-Kommission war prototypisch für eine solche managerielle Strategie. Vor allem das schnelle Ergreifen einer Chance, die sich durch den vom Bundesrechnungshof aufgedeckten Vermittlungsskandal ergab, zeugt von der Fähigkeit, sich überraschend öffnende „Zeitfenster"[45] zu Nutze zu machen[46].

6. Schlussbemerkung

R. Czada hat in einem anderen Kontext von einem „reformlosen Wandel" in der Bundesrepublik gesprochen, von „lautlosem, bruchlosem Entwicklungsfortschritt" und einem Gebilde, „das zahlreichen Reformversuchen trotzte, das aber gleichwohl bemerkenswerte Wandlungen" (Czada 1999: 399) deutlich werden lässt. Der Wandel vom Wohlfahrtstaat zum manageriellen Staat – so könnte man vermuten – vollzieht sich nach demselben Muster. Denn alle Veränderungen sind Rekombinationen mit bestehenden Strukturen, der große Wurf, die große Reform, ist nicht in Sicht. Die Summe kleiner und größerer Schritte ergibt jedoch einen *Strukturwandel* in jedem der drei untersuchten Sozialversicherungssysteme *und* im deutschen Wohlfahrtsstaat insgesamt, wobei dies Rückwirkungen auf den politischen Prozess hat und bisherige Entscheidungsmuster verändert. Der Wohlfahrtstaat als Wohlfahrt produzierender und über Wohlfahrt entscheidender Staat ist einem Zugriff in beiden Dimensionen ausgesetzt und verändert sich durch die managerielle Semantik, in der er sich neu denkt und selbst beschreibt. Die Umstellung von zielgerichteter und programmorientierter auf situative und prinzipienlose Politik hat zur Folge, dass die so produzierten Policies die Merkmale dieser Politikproduktion tragen. Sie sind in der Regel inkonsistent, müssen oft nachgebessert werden, erzielen keine nachhaltigen Wirkungen. Die Konstitution und Regulation von Wohlfahrtsmärkten löst die bisherigen Systeme der Interessenvermittlung und Politikproduktion im Bereich der Sozialpolitik auf; vor allem die verstärkte Inanspruchnahme von Wohlfahrtsmärkten führt neue Akteure ein, die den Entscheidungsprozess verkomplizieren und innerhalb des Staates zur Fragmentierung von Zuständigkeiten und Verantwortlichkeiten führen. Zeitgleich ist die Auflösung des in der Nachkriegszeit wirksamen Grundkonsenses der großen Parteien zu beobachten, der dazu geführt hatte, dass alle zentralen Reformvorhaben im Konsens der beiden großen Parteien verabschiedet worden waren. Diese politische Konstellation scheint endgültig vorbei zu sein. Die im Jahr 2003 im Konsens verabschiedete Gesundheitsreform wird zur Ausnahme und bestätigt nicht die Regel.

---

45 Erneut greife ich auf Kingdon (1984) und Zahariadis (2003) zurück.
46 Auf die Politikprozesse bei der Gesundheitsreform kann ich aus Platzgründen nicht eingehen; sie ist für den vorliegenden Kontext auch eher die Ausnahme von der Regel und kann mit dem Konzept von „blame avoidance" (Weaver 1986; Pierson/Weaver 1993) erklärt werden.

Dies hat zur Folge, dass in der Sozialpolitik nicht nur der Staat in Konflikt mit sich selbst geraten kann, also Konflikte zwischen den jeweils für die einzelnen Policies zuständigen Ministerien und dem Finanz- und Wirtschaftsministerium, wobei letztere anders gelagerte sozialpolitische Richtungsinteressen verfolgen. Erschwerend tritt der verstärkte Prozesscharakter allen politischen Entscheidens hinzu, der den Koordinations- und Abstimmungsbedarf erhöht. Dies stellt neue Herausforderungen an die Politik, auf die sie eher situativ und zeitorientiert reagiert. Politik – so könnte man vermuten – wird dann in der Tat zur „Politik-als-Chancenschaffung" (Palonen 2002: 39), die auf die Verwirklichung umfassender programmatischer Leitbilder und Zielsysteme verzichtet. Dies wäre der Inbegriff einer manageriellen Politik, die ihre eigenen wohlfahrtsstaatlichen Ziele und die Formen der Wohlfahrtsproduktion verflüssigt und ihren wesentlichen Kern darin erblickt, in Bewegung zu bleiben. Aber vielleicht ist die managerielle Semantik eine „Übergangssemantik, deren eigene Funktion dadurch bedingt ist, dass sie noch nicht alles weiß. Sie sucht und ermöglicht Traditionsanschlüsse, die eine Weile vorhalten, sich dann aber als entbehrlich erweisen. Das ermöglicht es, Neuerungen schrittweise zu prozessieren" (Luhmann 1980: 83). So könnte es sein – oder auch ganz anders.

Literatur

Achinger, Hans, 1958: Sozialpolitik als Gesellschaftspolitik. Hamburg: Rowohlt.
Bäcker, Gerhard u.a., 2000: Sozialpolitik und soziale Lage in Deutschland, Bd. 1 und Bd. 2. Opladen: Westdeutscher Verlag.
Backhaus-Maul, Holger/Olk, Thomas, 1994: Von Subsidiarität zu „outcontracting": Zum Wandel der Beziehungen von Staat und Wohlfahrtverbänden in der Sozialpolitik, in: *Streeck, Wolfgang* (Hrsg.), Staat und Verbände. PVS-Sonderheft 25. Wiesbaden: Westdeutscher Verlag, 100–135.
Badelt, Christoph, 2001: Die Rolle von NPO's im Rahmen der sozialen Sicherheit, in: *Sisma, Ruth* (Hrsg.), Management in Nonprofit Organisationen. Gesellschaftliche Anforderungen und organisationale Aufforderungen. Stuttgart: Schäffer-Pöschel.
Badura, Bernhard/Gross, Peter, 1976: Sozialpolitische Perspektiven: Eine Einführung in Grundlagen und Probleme sozialer Dienstleistungen. München: Piper.
Bandelow, Nils C., 1998: Gesundheitspolitik. Der Staat in der Hand einzelner Interessengruppen? Opladen: Leske + Budrich.
Bandemer, Stephan von u.a., 1995: Staatsaufgaben – Von der „schleichenden Privatisierung" zum „aktivierenden Staat", in: *Behrens, F. u.a.* (Hrsg.), Den Staat neu denken. Reformperspektiven für die Landesverwaltungen. Berlin: Edition Sigma, 41–60.
Beyme, Klaus von, 2000: Parteien im Wandel. Von den Volksparteien zu den professionalisierten Wählerparteien. Opladen: Westdeutscher Verlag.
Blancke, Susanne/Schmid, Joseph, 2003: Bilanz der Bundesregierung Schröder in der Arbeitsmarktpolitik 1998–2002: Ansätze zu einer doppelten Wende?, in: *Egle, Christoph/Ostheim, Tobias/Zohlnhöfer, Reimut* (Hrsg.), Das rot-grüne Projekt – Eine Bilanz der Regierung Schröder 1998–2002. Wiesbaden: Westdeutscher Verlag, 215–238.
Blanke, Bernhard u.a., 2001: Aktivierender Staat – aktive Bürgergesellschaft. Eine Analyse für das Bundeskanzleramt. Hannover.
Bley, Helmar, 1982: Sozialrecht. Frankfurt a.M.: Metzner.
BMAS, Bundesministerium für Arbeit und Sozialordnung, 1994: Übersicht über die Soziale Sicherung. 3. überarb. und erw. Aufl., Bonn.
BMG, 2003: Die Gesundheitsreform: Eine gesunde Entscheidung für Alle. Berlin.

Bombach, Gerhard (Hrsg.), 1981: Der Keynesianismus. Die geld- und beschäftigungstheoretische Diskussion in Deutschland zur Zeit von Keynes: Dokumente und Analysen. Berlin u.a.: Springer.

Braun, Dietmar, 2000: Politische Gesellschaftssteuerung zwischen System und Akteur, in: *Lange, Stephan/ders.:* Politische Steuerung zwischen System und Akteur. Eine Einführung. Opladen: Leske + Budrich, 99–176.

Budäus, Dietrich (Hrsg.), 1998a: New Public Management. Berlin u.a.: de Gruyter.

Budäus, Dietrich (Hrsg.), 1998b: Organisationswandel öffentlicher Aufgabenwahrnehmung. Baden-Baden: Nomos.

Clarke, John/Newman, Janet, 1997: The Managerial State: Power, Politics and Ideology in the Remaking of Social Welfare. London u.a.: Sage.

Czada, Roland, 1999: Reformloser Wandel. Stabilität und Anpassung im politischen Akteursystem der Bundesrepublik, in: *Ellwein, Thomas/Holtmann, Everhard* (Hrsg.), 50 Jahre Bundesrepublik Deutschland. Wiesbaden: Westdeutscher Verlag, 397–412.

Czada, Roland, 2000: Konkordanz, Korporatismus und Politikverflechtung: Dimensionen der Verhandlungsdemokratie, in: *Holtmann, Everhard/Voelzkow, Helmut* (Hrsg.), Zwischen Wettbewerbs- und Verhandlungsdemokratie. Analysen zum Regierungssystem der Bundesrepublik Deutschland. Wiesbaden: Westdeutscher Verlag, 23–49.

Czada, Roland/Lütz, Susanne (Hrsg.), 2000: Die politische Konstitution von Märkten. Wiesbaden: Westdeutscher Verlag.

Czada, Roland/Lütz, Susanne/Mette, Stefan, 2003: Regulative Politik. Zähmungen von Markt und Technik. Opladen: Leske + Budrich.

Czada, Roland/Wollmann, Hellmut (Hrsg.), 1999: Von der Bonner zur Berliner Republik. 10 Jahre Deutsche Einheit. Leviathan-Sonderheft 19. Opladen: Westdeutscher Verlag.

Döhler, Marian, 2002: Gesundheitspolitik in der Verhandlungsdemokratie, in: *Gellner, Winand/ Schön, Markus* (Hrsg.), Paradigmenwechsel in der Gesundheitspolitik? Baden-Baden: Nomos, 25–40.

Döhler, Marian/Manow, Philip, 1997: Strukturbildung von Politikfeldern. Opladen: Leske + Budrich.

Dünn, Sylvia/Faßhauser, Stephan, 2001: Die Rentenreform 2000/2001, in: Deutsche Rentenversicherung 5, 266–275.

Egle, Christoph, 2003: Lernen unter Stress: Politik und Programmatik von Bündnis 90/Die Grünen, in: *ders./Ostheim, Tobias/Zohlnhöfer, Reimut* (Hrsg.), Das rot-grüne Projekt – Eine Bilanz der Regierung Schröder 1998–2002. Wiesbaden: Westdeutscher Verlag, 93–118.

Egle, Christoph/Henkes, Christian, 2003: Später Sieg der Modernisierer über die Traditionalisten? Die Programmdabatte in der SPD, in: *ders./Ostheim, Tobias/Zohlnhöfer, Reimut* (Hrsg.), Das rot-grüne Projekt – Eine Bilanz der Regierung Schröder 1998–2002. Wiesbaden: Westdeutscher Verlag, 67–92.

Egle, Christoph/Ostheim, Tobias/Zohlnhöfer, Reimut (Hrsg.), 2003: Das rot-grüne Projekt – Eine Bilanz der Regierung Schröder 1998–2002. Wiesbaden: Westdeutscher Verlag.

Ewald, François, 1993: Der Vorsorgestaat. Frankfurt a.M.: Suhrkamp.

Ferber, Christian von, 1967: Sozialpolitik in der Wohlstandsgesellschaft: Was stimmt nicht mit der deutschen Sozialpolitik? Hamburg: Wegner.

Frerich, Johannes/Frey, Martin, 1993: Handbuch der Geschichte der Sozialpolitik in Deutschland. Müchen: Oldenbourg.

Gellner, Winand/Schön, Markus (Hrsg.), 2002: Paradigmenwechsel in der Gesundheitspolitik? Baden-Baden: Nomos.

Gerlinger, Thomas, 2002: Zwischen Korporatismus und Wettbewerb: Gesundheitspolitische Steuerung im Wandel. Berlin: WZB-Discussion Paper P02-204.

Gerlinger, Thomas, 2003: Rot-grüne Gesundheitspolitik 1998–2003, in: Aus Politik und Zeitgeschichte B 33–34, 6–13.

Glennerster, Howard/Le Grand, Julian, 1994: The Development of Quasi-Markets in Welfare Provisions, in: *MIRE* (Hrsg.), Comparing Social Welfare Systems. Paris, Vol. 1, 277–294.

Grande, Edgar/Eberlein, Burkard, 1999: Der Aufstieg des Regulierungsstaates im Infrastrukturbereich. Zur Transformation der politischen Ökonomie der Bundesrepublik Deutschland, in: *Czada, Roland/Wollmann, Hellmut* (Hrsg.), Von der Bonner zur Berliner Republik. 10 Jahre Deutsche Einheit. Leviathan-Sonderheft 19. Opladen: Westdeutscher Verlag, 632–650.
Greven, Michael Th., 1999: Die politische Gesellschaft. Kontingenz und Dezision als Probleme des Regierens und der Demokratie. Opladen: Leske + Budrich.
Greven, Michael Th., 2000: Kontingenz und Dezision. Beiträge zur Analyse der politischen Gesellschaft. Opladen: Leske + Budrich.
Hartmann, Anja K., 2003: Patientennah, leistungsstark, finanzbewusst? Die Gesundheitspolitik der rot-grünen Bundesregierung, in: *Egle, Christoph/Ostheim, Tobias/Zohlnhöfer, Reimut* (Hrsg.), Das rot-grüne Projekt – Eine Bilanz der Regierung Schröder 1998–2002. Wiesbaden: Westdeutscher Verlag, 259–282.
Hartz-Kommission, 2002: Moderne Dienstleistungen am Arbeitsmarkt. Vorschläge der Kommission zum Abbau der Arbeitslosigkeit und der Umstrukturierung der Bundesanstalt für Arbeit. Berlin.
Heinelt, Hubert/Weck, Michael, 1998: Arbeitsmarktpolitik. Vom Vereinigungskonsens zur Standortdebatte. Opladen: Leske + Budrich.
Hentschel, Volker, 1991: Geschichte der deutschen Sozialpolitik 1880 –1980. Soziale Sicherung und kollektives Arbeitsrecht. Frankfurt a.M.: Suhrkamp.
Herzog-Kommission, 2003: Bericht der Kommission „Soziale Sicherheit" zur Reform der sozialen Sicherungssysteme. Berlin.
Hickel, Rudolf, 2003: Hartz-Konzept: Arbeitslose effektiver in billige Jobs – Deregulierungsschub auf den Arbeitsmärkten, in: Aus Politik und Zeitgeschichte 6-7, 7–9.
Hinrichs, Karl, 2000: Auf dem Weg zur Alterssicherungspolitik – Reformperspektiven in der gesetzlichen Rentenversicherung, in: *Leibfried, Stephan/Wagschal, Uwe* (Hrsg.), Der deutsche Sozialstaat – Bilanzen – Reformen – Perspektiven. Frankfurt a.M./New York: Campus, 276–305.
Holtmann, Everhard/Voelzkow, Helmut (Hrsg.), 2000: Zwischen Wettbewerbs- und Verhandlungsdemokratie. Analysen zum Regierungssystem der Bundesrepublik Deutschland. Wiesbaden: Westdeutscher Verlag.
Hombach, Bodo, 1998: Aufbruch. Die Politik der neuen Mitte. Düsseldorf: Econ.
Hood, Christopher, 1991: A Public Management for all Seasons?, in: Public Administration 69(1), 3–19.
Immergut, Ellen, 1990: Institutions, Veto Points and Policy Results: A Comparative Analysis of Health Care, in: Journal of Public Policy 10(4), 391–416.
Immergut, Ellen, 1992: The Rules of the Game: The Logic of Health Policy-making in France, Switzerland and Sweden, in: *Steinmo, Sven et al.* (Hrsg.), Structuring Politics. Historical Institutionalism in Comparative Analysis. Cambridge: Cambridge UP, 57–89.
Institut der Deutschen Wirtschaft (Hrsg.), 2003: Das Hartz-Konzept: Arbeitsmarktreform ohne Biss. Köln.
Kania, Helga/Blanke, Bernhard, 1999: Von der „Koporatisierung" zum „Wettbewerb". Gesundheitspolitische Kurswechsel in den Neunzigerjahren, in: *Czada, Roland/Wollmann, Hellmut* (Hrsg.), Von der Bonner zur Berliner Republik. 10 Jahre Deutsche Einheit. Leviathan-Sonderheft 19. Opladen: Westdeutscher Verlag, 567–591.
Kannengießer, Christoph/Gundel, Elke, 2003: Der Reformprozess der Bundesanstalt für Arbeit – vom bürokratischen Monolith zum Dienstleister am Markt, in: Sozialer Fortschritt 8, 207–213.
Katz, Richard/Mair, Peter, 1995: Changing Models of Party Organization and Party Democracy: The Emergence of the Cartel Party, in: Party Politics 1, 5–28.
Katzenstein, D., 1987: Aspekte einer zukünftigen Rechtsprechung des Bundesverfassungsgerichts zum Eigentumsschutz sozialrechtlicher Positionen, in: *Fürst, Walter/Herzog, Roman/Umbach, Dieter.* (Hrsg.), FS für W. Zeidler. Berlin/New York: de Gruyter, 645–671.
Kaufmann, Franz-Xaver, 1998: Der Sozialstaat als Prozeß – für eine Sozialpolitik zweiter Ordnung, in: *Ruland, Franz u.a.* (Hrsg.), Verfassung, Theorie und Praxis des Sozialstaates. FS für Hans F. Zacher. Heidelberg: Müller, 307–322.

Kaufmann, Franz-Xaver, 1999: Die Entwicklung der korporatistischen Steuerungsstrukturen in der ambulanten Krankenversorgung in Deutschland und ihre verteilungspolitischen Implikationen, in: *Igl, Gerhard/Naegele, Gerhard* (Hrsg.), Perspektiven einer sozialstaatlichen Umverteilung im Gesundheitswesen. München: Oldenbourg, 27–50.
Kaufmann, Franz-Xaver, 2003: Varianten des Wohlfahrtsstaates. Der deutsche Sozialstaat im internationalen Vergleich. Frankfurt a.M.: Suhrkamp.
Kingdon, John W., 1984: Agendas, Alternatives and Public Policies. Boston/Toronto: Little & Brown.
Kölzer, Leo, 2001: Kriterien der Zertifizierung, in: Soziale Sicherheit 6, 6–10.
Kooiman, Jan/Eliassen, Kjell, A. (Hrsg.), 1987: Managing Public Organizations. Lessons from Contemporary European Experience. London u.a.: Sage Publications.
Krause, Peter, 1989: Eigentum an subjektiven öffentlichen Rechten. Die Tragweite des Eigentumsschutzes von öffentlich-rechtlichen Leistungsansprüchen am Beispiel der Rentenversicherung. Berlin.
Kropp, Sabine, 2003: Regieren als informaler Prozess. Das Koalitionsmanagement der rot-grünen Bundesregierung, in: Aus Politik und Zeitgeschichte B 43, 23–31.
Kühn, Hagen, 2000: Globalbudget und Beitragssatzstabilität. Kommentar zum „Kernpunkt" einer intendierten Gesundheitsrefom 2000, in: Jahrbuch Kritische Medizin 32, 17–57.
Kuntz, Ludwig/Vera, Antonio, 2003: Krankenhauscontrolling und Medizincontrolling – Eine systematische Schnittstellenanalyse. Köln: Arbeitsberichte zum Management im Gesundheitswesen Nr. 1.
Lamping, Wolfram, 2002: Aktivierung des Institutionensystems – Qualitätssicherung als Versuch intelligenter Institutionenpolitik, in: *Gellner, Winand/Schön, Markus* (Hrsg.), Paradigmenwechsel in der Gesundheitspolitik? Baden-Baden: Nomos, 41–64.
LeGrand, Julian, 1993: Ein Wandel in der Verwendung von Policy-Instrumenten: Quasi-Märkte und Gesundheitspolitik, in: *Héritier, Adrienne* (Hrsg.), Policy-Analyse. Opladen: Westdeutscher Verlag, 225–244.
Lehmbruch, Gerhard, 1999: Institutionelle Schranken einer ausgehandelten Reform des Wohlfahrtsstaates. Das Bündnis für Arbeit, in: *Czada, Roland/Wollmann, Hellmut* (Hrsg.), Von der Bonner zur Berliner Republik. 10 Jahre Deutsche Einheit. Leviathan-Sonderheft 19. Opladen: Westdeutscher Verlag, 41–61.
Leisering, Lutz, 1992: Selbststeuerung im Sozialstaat – Zur Verortung der Rentenreform 1992 in der Sozialpolitik der 80er Jahre, in: Zeitschrift für Sozialreform 38(1), 3–38.
Luhmann, Niklas, 1980: Gesellschaftsstruktur und Semantik. Studien zur Wissenssoziologie modernen Geselslchaften, Bd. 1. Frankfurt a.M.: Suhrkamp.
Luhmann, Niklas, 1984: Soziale Systeme. Grundriß einer allgemeinen Theorie. Frankfurt a.M.: Suhrkamp.
Luhmann, Niklas, 2000: Die Politik der Gesellschaft. Frankfurt a.M.: Suhrkamp.
Luttwak, Edward N., 2001: Strategy. The Logic of War and Peace. Cambridge/London: Belknap Press of Harvard UP.
Lutz, Burkart, 1989: Der kurze Traum immerwährender Prosperität: Eine Neuinterpretation der industriell-kapitalistischen Entwicklung im Europa des 20. Jahrhunderts. Frankfurt a.M./New York: Campus.
Majone, Giandomenico, 1997: From the Positive to the Regulatory State: Causes and Consequences of Changes in the Mode of Governance, in: Journal of Public Policy 17(2), 139–167.
Majone, Giandomenico, 1999: The Regulatory State and its Legitimacy Problems, in: West European Politics 22(1), 1–24.
Makropoulos, Michael, 1997: Modernität und Kontingenz. München: Wilhelm Fink.
Manow, Philip, 1996: Informalisierung und Parteipolitisierung – Zum Wandel exekutiver Entscheidungsprozesse in der Bundesrepublik, in: Zeitschrift für Parlamentsfragen 27(1), 96–107.
Mayntz, Renate/Scharpf, Fritz W. (Hrsg.), 1995a: Gesellschaftliche Selbstregulierung und politische Steuerung. Frankfurt a.M./New York: Campus.

Mayntz, Renate/Scharpf, Fritz W., 1995b: Der Ansatz des akteurszentrierten Institutionalismus, in: *dies.* (Hrsg.), Gesellschaftliche Selbstregulierung und politische Steuerung. Frankfurt a.M./New York: Campus, 39–72.

Merkel, Wolfgang, 2003: Institutionen und Reformpolitik: Drei Fallstudien zur Vetospieler-Theorie, in: *Egle, Christoph/Ostheim, Tobias/Zohlnhöfer, Reimut* (Hrsg.), Das rot-grüne Projekt – Eine Bilanz der Regierung Schröder 1998–2002. Wiesbaden: Westdeutscher Verlag, 163–190.

Müller, Markus M./Sturm, Roland, 1993: Ein neuer regulativer Staat in Deutschland? Die neuere Theory of the Regulatory State und ihre Anwendbarkeit in der deutschen Staatswissenschaft, in: Staatswissenschaften und Staatspraxis 4, 507–534.

Murswieck, Axel, 2003: Des Kanzlers Macht: Zum Regierungsstil Gerhard Schröders, in: *Egle, Christoph/Ostheim, Tobias/Zohlnhöfer, Reimut* (Hrsg.), Das rot-grüne Projekt – Eine Bilanz der Regierung Schröder 1998–2002. Wiesbaden: Westdeutscher Verlag, 117–135.

Naschold, Frieder/Bogumil, Jörg, 2000: Modernisierung des Staates: New Public Management in deutscher und internationaler Perspektive. Opladen: Leske + Budrich.

Nullmeier, Frank, 2001: Sozialpolitik als marktregulative Politik, in: *Olk, Thomas u.a.* (Hrsg.), Baustelle Sozialstaat. Umbauten und veränderte Grundrisse. Wiesbaden, 77–100.

Nullmeier, Frank, 2002: Auf dem Weg zu Wohlfahrtsmärkten?, in: *Süß, Werner* (Hrsg.), Deutschland in den 90er Jahren. Politik und Gesellschaft zwischen Wiedervereinigung und Globalisierung. Opladen: Leske + Budrich, 267–281.

Nullmeier, Frank/Rüb, Friedbert W., 1993: Die Transformation der Sozialpolitik. Vom Sozialstaat zum Sicherungsstaat. Frankfurt a.M./New York: Campus.

Nullmeier, Frank/Saretzki, Thomas (Hrsg.), 2002: Jenseits des Regierungsalltags. Strategiefähigkeit politischer Parteien. Frankfurt a.M.: Campus.

Offe, Claus, 2001: Institutional Design, in: *Clarke, Paul B./Foweraker Joe*, Encyclopaedia of Democratic Thought. London: Routledge, 362–369.

Offe, Claus, 2002: Unsicherheiten und Rückversicherungen, in: Die Mitbestimmung 48(1), 40–45.

Olk, Thomas/Rauschenbach, Thomas/Sachße, Christoph (Hrsg.), 1995: Von der Wertgemeinschaft zum Dienstleistungsunternehmen. Wohlfahrts- und Jugendverbände im Umbruch. Frankfurt a.M.

Ossenbühl, Fritz, 1987: Der Eigentumsschutz sozialrechtlicher Positionen in der Rechtsprechung des Bundesverfassungsgerichts, in: *Fürst, Walter/Herzog, Roman/Umbach, Dieter C.* (Hrsg.), FS für W. Zeidler. Berlin/New York: de Gruyter, 625–664.

Palonen, Kari, 1998: Das ‚Webersche Moment'. Zur Kontingenz des Politischen. Opladen: Westdeutscher Verlag.

Palonen, Kari, 2002: Eine Lobrede für Politiker. Ein Kommentar zu Max Webers ‚Politik als Beruf'. Opladen: Leske + Budrich.

Perschke-Hartmann, Christiane, 1994: Die doppelte Reform. Gesundheitspolitik von Blüm zu Seehofer. Opladen: Leske + Budrich.

Peters, Horst, 1978: Die Geschichte der sozialen Versicherung. St. Augustin: Asgard-Verlag.

Pierson, Paul, 1996: The New Politics of the Welfare State, in: World Politics 48(2), 143–179.

Pierson, Paul/Weaver, Kent R., 1993: Imposing Losses in Pension Policy, in: *Weaver, Kent R./Rockman, Bert* (Hrsg.), Do Institutions Matter? Government Capabilities in the United States and Abroad. Washington: Brookings, 110–150.

Pollitt, Christopher, 1993: Managerialism the Public Services. Cuts or Cultural Change in the 1990s? 2nd ed., Oxford: Blackwell Publishers.

Raddatz, Guido/Schick, Gerhard, 2003: Damit Hartz wirkt: Von der Effizienzverbesserung in der Arbeitsmarktpolitik zur beschäftigungspolitischen Strategie, in: *dies.* (Hrsg.), Damit Hartz wirkt! Berlin: Stiftung Marktwirtschaft, 7–15.

Reiners, Hartmut, 1993: Das Gesundheitsstrukturgesetz – Ein „Hauch von Sozialgeschichte"? Werkstattbericht über eine gesundheitspolitische Weichenstellung. Berlin: WZB-Discussionpaper P 93–210.

Ridder, Hans-Gerd/Hoon, Christina, 2000: Strategisches Personalmanagement in öffentlichen Verwaltungen: eine inhalts- und prozessanalytische Untersuchung. Diskussionspapier 231, Universität Hannover, Fachbereich Wirtschaftswissenschaften.
Riker, William H., 1986: The Art of Political Manipulation. New Haven/London: Yale University Press.
Rothgang, Heinz, 1994: Die Einführung der Pflegeversicherung – Ist das Sozialversicherungsprinzip am Ende?, in: *Riedmüller, Barbara/Olk, Thomas* (Hrsg.), Grenzen des Sozialversicherungsstaates. Leviathan-Sonderheft 14. Opladen: Westdeutscher Verlag, 164–187.
Rüb, Friedbert W., 1988: Entwicklungstendenzen des Rentenrechts in der ökonomischen Krise, in: Kritische Justiz (21)4, 377–402.
Rüb, Friedbert W., 2003: Risiko – Versicherung als riskantes Geschäft, in: *Lessenich, Stephan* (Hrsg.), Wohlfahrtsstaatliche Grundbegriffe – Historische und aktuelle Diskurse. Frankfurt a.M./New York: Campus, 303–330.
Rürup-Kommission, 2003: Nachhaltigkeit in der Finanzierung der Sozialen Sicherungssysteme. Bericht der Kommission. Berlin.
Sanmann, Horst (Hrsg.), 1973: Leitbilder und Zielsysteme der Sozialpolitik, Berlin: Duncker & Humblot.
Scharpf, Fritz W., 1985: Die Politikverflechtungsfalle: Europäische Integration und deutscher Föderalismus im Vergleich, in: Politische Vierteljahreschrift 26, 323–356.
Schewe, Dieter, 1989: Gesetzesziele und -tendenzen des Gesundheits-Reformgesetzes, in: Sozialer Fortschritt 38(7), 153–159.
Schmidt, Manfred G., 2002: Politiksteuerung in der Bundesrepublik, in: *Nullmeier, Frank/Saretzki, Thomas* (Hrsg.), Jenseits des Regierungsalltags. Strategiefähigkeit politischer Parteien. Frankfurt a.M.: Campus, 23–38.
Schreckenberger, Waldemar, 1994: Informelle Verfahren der Entscheidungsvorbereitung zwischen der Bundesregierung und den Mehrheitsfraktionen: Koalitionsgespräche und Koalitionsrunden, in: Zeitschrift für Parlamentsfragen 25(3), 329–346.
Schröder, Gerhard, 1998: Nachwort, in: *Hombach, Bodo*, Aufbruch. Die Politik der neuen Mitte. Düsseldorf: Econ, 221–225.
Schröter, Eckhard/Wollmann, Hellmut, 2001: New Public Management, in: *Blanke, B. u.a.* (Hrsg.), Handbuch zur Verwaltungsreform. 2. Aufl., Opladen: Leske + Budrich, 81–81.
Schuppert, Gunnar Folke, 2000: Verwaltungswissenschaft: Verwaltung, Verwaltungsrecht, Verwaltungslehre. Baden-Baden: Nomos.
Sieder, Reinhard, 1987: Sozialgeschichte der Familie. Frankfurt a.M.: Suhrkamp.
Simon, Michael, 2002: Kein Ende des Experimentierens. Zur geplanten Einführung eines DRG-basierten Fallpauschalensystems, in: Jahrbuch für Kritische Medizin: Kostendruck im Krankenhaus 33: 10.36.
Simon, Michael, 2003: Die Ökonomisierung des Krankenhauses. Der wachsende Einfluss ökonomischer Ziele auf patientenbezogene Entscheidungen. Berlin: WZB-Discussionpaper P01–205.
Spahn, Hans-Peter, 1981: Keynes in der heutigen Wirtschaftspolitik, in: *Bombach, Gerhard u.a.* (Hrsg.), Der Keynesianismus, Bd. 1. Berlin u.a., 213–292.
Spindler, Helga, 2003: Fördern und Fordern – Auswirkungen einer sozialpolitischen Strategie auf Bürgerrechte, Autonomie und Menschenwürde, in: Sozialer Fortschritt 52(11–12), 296–301.
Standfest, Erich, 2001: Neues Vertrauen in die Rente geweckt, in: Soziale Sicherheit 6, 182–185.
Steinmeier, Frank W., 2001: Konsens und Führung, in: *Müntefering, Franz/Machnig, Matthias* (Hrsg.), Sicherheit im Wandel. Neue Solidarität im 21. Jahrhundert. Berlin: Berliner Vorwärts-Verlagsgesellschaft, 263–272.
Streeck, Wolfgang (Hrsg.), 1994a: Staat und Verbände. PVS-Sonderheft 25. Wiesbaden: Westdeutscher Verlag.
Streeck, Wolfgang, 1994b: Einleitung: Staat und Verbände: Neue Fragen. Neue Antworten?, in: ders. (Hrsg.), Staat und Verbände. PVS-Sonderheft 25. Wiesbaden: Westdeutscher Verlag, 7–34.

SVR, 1996: Sachverständigen Rat für die Konzertierte Aktion im Gesundheitswesen: Gesundheitswesen in Deutschland – Kostenfaktor und Zukunftsbranche, Bd. 1. Baden-Baden: Nomos.
Taylor-Gooby, Peter, 1999: Markets and Motives. Trust and Egoism in Welfare Markets, in: Journal of Social Policy 28(1), 97–114.
Tennstedt, Florian, 1976: Zur Ökonomisierung und Verrechtlichung in der Sozialpolitik, in: *Murswieck, Axel* (Hrsg.), Staatliche Politik im Sozialsektor. München: Piper, 139–165.
Trampusch, Christine, 2003: Dauerproblem Arbeitsmarkt: Reformblockaden und Lösungskonzepte, in: Aus Politik und Zeitgeschichte B 18–19, 16–23.
Tsebelis, George, 1995: Decision Making in Political Systems: Veto Players in Presidentialism, Parliamentarism, Multicameralism/Multipartyism, in: British Journal of Political Science 25, 289–325.
Tsebelis, George, 2002: Veto Players: How Political Institutions Work. New York: Sage.
Vierling, Michael, 2002: Stärkung der Arbeitsanreize durch veränderte Leistungen und Abgaben, in: ifo Schnelldienst 55(18), 16–20.
Vobruba, Georg, 1987: Sozialpolitik mit dem Wohlfahrtsstaat. Frankfurt a.M.: Suhrkamp.
Weaver, Kent R., 1998: The Politics of Pensions: Lessons from Abroad, in: *Arnold, R.D./Munnell, A.H.* (Hrsg.), Framing the Social Security Debate: Values, Politics, Economics. Washington D.C.: National Academy of Social Insurance, 183–229.
Weaver, Kent, 1986: The Politics of Blame Avoidance, in: Journal of Public Policy 6(4), 371–398.
Wiesendahl, Elmar, 2002: Die Stragie(un)fähigkeit politischer Parteien, in: *Nullmeier, Frank/Saretzki, Thomas* (Hrsg.), Jenseits des Regierungsalltags. Strategiefähigkeit politischer Parteien. Frankfurt a.M.: Campus, 187–206.
Zacher, Hans F., 1982: Zur Anatomie des Sozialrechts, in: Die Sozialgerichtsbarkeit 29, 329–337.
Zacher, Hans F., 1985: Verrechtlichung im Bereich des Sozialrechts, in: *Kübler, Friedrich* (Hrsg.), Verrechtlichung von Wirtschaft, Arbeit und sozialer Solidarität. Frankfurt a.M.: Suhrkamp: 11–72.
Zacher, Hans, 1993: Der Sozialstaat als Prozeß, in: *ders.* (Hrsg.), Abhandlungen zum Sozialrecht, 73–93.
Zahariadis, Nikolaos, 2003: Ambiguity and Choice in Public Policy. Political Decision Making in Modern Democracies. Washington D.C.: Georgetown UP.
Zahariadis, Nikolaos/Allen, Christopher S., 1995: Ideas, Networks, and Policy Streams: Privatization in Britain and Germany, in: Policy Studies Review 14(1/2), 71–98.

Der organisierte Kapitalismus in Deutschland und sein Niedergang. Unternehmenskontrolle und Arbeitsbeziehungen im Wandel

Martin Höpner

Ausgehend von Theorien des organisierten Kapitalismus der zwanziger Jahre werden in diesem Beitrag Veränderungen der politischen Ökonomie Deutschlands seit 1990 diskutiert. Im Zentrum steht dabei das Spannungsfeld zwischen einzelwirtschaftlich-betriebswirtschaftlichen und unternehmensübergreifenden Perspektiven in den Unternehmen. Der organisierte Kapitalismus war durch die Einbettung der Einzelwirtschaft in gesellschaftliche Bindungen und damit durch die Ergänzung betriebswirtschaftlicher Rationalität durch gesamtwirtschaftliche Perspektiven gekennzeichnet. Sowohl auf Seiten des Kapitals als auch arbeitnehmerseitig fanden in den neunziger Jahren parallele Gegenbewegungen statt, die unternehmensübergreifende Bindungen gegenüber einzelwirtschaftlichen Kalkülen schwächten. Auf der Seite der Kapitalbeziehungen handelt es sich dabei um die Auflösung des Netzwerks aus Kapital- und Personalverflechtungen, die Loslösung der Banken aus den ehemals engen Beziehungen zu Industrieunternehmen, die Übernahme aktienkursorientierter Unternehmensstrategien und die Entstehung eines Markts für Unternehmenskontrolle. Die Entwicklung der Arbeitsbeziehungen war durch Machtverschiebungen zwischen Betriebsräten und Gewerkschaften, Dezentralisierung der Tarifpolitik und die Herausbildung konkurrierender Richtungsgewerkschaften geprägt. Die Diskussion mündet in einem Plädoyer für die Wiederentdeckung der Literatur zum organisierten Kapitalismus (Hilferding, Naphtali) und für die Ergänzung des internationalen Vergleichs durch diachrone Perspektiven.

1. Einleitung: Koordinierte Ökonomie oder organisierter Kapitalismus?

Kapitalistische Systeme können, synchron oder diachron, hinsichtlich verschiedener Dimensionen unterschieden werden.[1] Um ein komplexes Gebilde wie ein Produktionsregime dem analytischen Zugriff zugänglich zu machen, bleibt dem Sozialwissenschaftler nur, durch eine kluge Wahl seines Begriffswerkzeugs einen analytischen Schnitt so anzusetzen, dass die Beschreibung der Strukturen auf der zutage geförderten Oberfläche das Wesen des Systems so gut wie möglich zu erfassen vermag. Unterschiedliche Begriffsapparate werden unterschiedliche Ergebnisse zutage fördern. Je nach Wahl der Zugriffsmöglichkeit werden Sozialwissenschaftler bei der Betrachtung gleicher Vorgänge unterschiedliche Dinge sehen und den Grad an Wandel in gegebenen Zeiträumen unterschiedlich einschätzen.

In der aktuellen Debatte über Spielarten des Kapitalismus schlagen Hall und Soskice (2001) einen Begriffsapparat vor, der die Unterscheidung von Kapitalismen hinsichtlich ihrer durch Institutionen geprägten Fähigkeit erlaubt, Wettbewerbsvorteile auf

---

1 Für hilfreiche Hinweise möchte ich Britta Rehder, Wolfgang Streeck und Christine Trampusch danken.

den internationalen Produktmärkten zu erzielen. Institutionelle Merkmale in den Sphären der Arbeitsbeziehungen, der Unternehmenskontrolle, der Qualifizierung und der Unternehmenskooperation in Bereichen wie der Produktstandardisierung werden mit Erfolgen bei der Eroberung von Marktanteilen für Qualitätsgüter (im Fall der *koordinierten Ökonomien*) oder bei der raschen Entwicklung von Massenprodukten (im Fall der *liberalen Ökonomien*) in Verbindung gebracht. Inspiriert von der Literatur zu den institutionellen Voraussetzungen diversifizierter Qualitätsproduktion (Streeck 1991) werden zwei Typen der Marktwirtschaft identifiziert, die unterschiedlichen Funktionslogiken folgen. Eine zeit- und raumunabhängige politische Ökonomie des Kapitalismus gibt es demnach nicht. Vorgänge wie zum Beispiel das Entstehen eines Markts für Unternehmenskontrolle oder die Dezentralisierung der Arbeitsbeziehungen haben unterschiedliche Implikation für unterschiedliche institutionelle Konfigurationen; was gut ist für eine liberale Marktökonomie amerikanischen Musters, muss nicht zugleich vorteilhaft sein für die Fähigkeit, deutsche Wettbewerbsvorteile auf den Märkten für hochwertige Autos zu verteidigen.

In diesem Beitrag wird für einen Begriffsapparat plädiert, der nicht die institutionellen Voraussetzungen für die Bedienung spezifischer Absatzmärkte in den Vordergrund stellt, sondern die gesellschaftliche Einbettung der Unternehmen und damit das Spannungsfeld zwischen Einzelwirtschaft und Gesellschaft. Auf der Suche nach einem solchen Zugriff auf das Wesen politischer Ökonomien wird man in den Arbeiten zum organisierten Kapitalismus aus den zwanziger Jahren fündig. Obwohl sich diese Ansätze für eine politisch inspirierte Unterscheidung von Spielarten des Kapitalismus als besonders fruchtbar erweisen, sind sie als analytische Werkzeuge in der Folgezeit – abgesehen von einigen Ausnahmen, über die noch zu sprechen sein wird – weitgehend in Vergessenheit geraten. Das ist kein Zufall. Der „organisierte Kapitalismus" war nicht nur ein analytisches Werkzeug zur Erfassung und Erklärung des Zusammenspiels von Großunternehmen und Kartellen, repräsentativen Wirtschafsverbänden und Staatsintervention im deutschen Kaiserreich. Das Konzept beinhaltete auch handfeste normative politische Implikationen für die Arbeiterbewegung der zwanziger und frühen dreißiger Jahre. Hilferding und Naphtali als bedeutendste Vertreter dieser theoretischen Innovation waren überzeugt von der Überlegenheit des organisierten Kapitalismus gegenüber dem Konkurrenzkapitalismus, weil er „in viel höherem Maße der Möglichkeit der bewussten Einwirkung der Gesellschaft" (Hilferding 1927/1982: 218) unterlag. Die von ihnen beschriebene Finanzoligarchie, die Verflechtungen zwischen Banken und Industrie, Kartelle und Trusts erschienen ihnen in besonderem Maße der politischen Steuerung zugänglich und galten deshalb als institutionelle Voraussetzungen einer bereits im Werden begriffenen Wirtschaftsdemokratie. „Wir glauben", schrieb die von der Grundsatzkommission des Allgemeinen Deutschen Gewerkschaftsbunds (ADGB) eingesetzte Kommission um Naphtali (1928/1966: 35–36), „dass von dieser Entwicklung zum organisierten Kapitalismus in letzter Linie ein großer Antrieb in Richtung der Entwicklung zur Demokratisierung der Wirtschaft ausgehen wird *und bereits auszugehen beginnt*" (Hervorhebung von mir, MH). Forderungen nach Wiederherstellung des blockierten Konkurrenzmechanismus wiesen Theoretiker des organisierten Kapitalismus deshalb als absurd und rückwärtsgewandt zurück. Sombart (1932/1987: 401) wertete den Ruf nach Entflechtung seinerzeit als „reaktionäres Programm", dem gesamtgesellschaftliche Interessen entgegenstünden. Kurz: Der organisierte Kapitalismus war dem Sozialismus nicht nur zeitlich näher, sondern auch wesensverwandter als der Konkurrenzkapitalismus alten Typs des 19. Jahrhunderts.

Es war vor allem diese normative Stoßrichtung, die für den Bedeutungsverlust des Begriffswerkzeugs nach 1945 verantwortlich war. In Deutschland hatte der organisierte Kapitalismus nicht die Wirtschaftsdemokratie, sondern den Faschismus hervorgebracht. Während Gewerkschaften und Sozialdemokratie verfolgt wurden, wehrte das deutsche Finanzkapital alle nationalsozialistischen Initiativen zur Verstaatlichung des Bankensektors erfolgreich ab und kollaborierte mit dem NS-Regime. Die Idee von der politischen Überlegenheit des organisierten Kapitalismus schien nicht mehr haltbar. Wirtschaftsdemokratie bedeutete nun, neben Verstaatlichung, Mitbestimmung und gemeinwirtschaftlichen Experimenten für die Zerschlagung der Kartelle, Entflechtung und eine starke Wettbewerbsaufsicht einzutreten. Ob in der „siebenjährigen Kartellschlacht" der fünfziger Jahre, die in das Kartellgesetz von 1957 mündete, ob in der Auseinandersetzung um die Aktienrechtsreform von 1965, der Kartellreform von 1973, der Debatte über die Macht der Banken in den siebziger Jahren oder in der Auseinandersetzung um Reformen der Unternehmenskontrolle in den Neunzigern: Stets entstanden implizite Koalitionen zwischen Liberalen und Gewerkschaften sowie Sozialdemokratie, die sich – ähnlich wie etwa die Monopolkommission oder die FDP unter dem Einfluss Graf Lambsdorffs – gegen Wirtschaft und Christdemokraten für staatliche Maßnahmen zur Entflechtung und zur Stärkung des Wettbewerbs einsetzten (Höpner 2003a). Mit seinen politischen Implikationen geriet der organisierte Kapitalismus auch als analytisches Werkzeug in Vergessenheit. Heute allerdings, vor dem Hintergrund einer breiten politökonomischen Debatte über Spielarten des Kapitalismus, erscheint Hilferdings und Naphtalis Ansatz als eine brauchbare Alternative zur „koordinierten Ökonomie", weil er die gesellschaftliche Einbettung der Einzelwirtschaft in den Vordergrund rückt und die jüngsten Veränderungen von politischen Ökonomien wie der deutschen präziser einfängt.

Ausgangspunkt des Konzepts ist die Unterscheidung zwischen einzelwirtschaftlich-betriebswirtschaftlichen und gesamtwirtschaftlichen Interessen. Beide Klassen, Kapital und Arbeit, stehen im Spannungsfeld von Einzelwirtschaft und Gesellschaft. Verflechtung und Monopolisierung, Arbeitgeberverbände, die Macht der Banken, Staatseingriffe, die Zentralisierung der Gewerkschaften und ihre Einbindung in die Wirtschaftsabläufe – also: der Übergang zum organisierten Kapitalismus – bedeuteten für Hilferding und Naphtali die Zurückdrängung einzelwirtschaftlicher zugunsten gesamtwirtschaftlicher Interessen auf beiden Seiten. „Wir haben heute alle das Gefühl", legte Hilferding (1927/1982: 217) in seinem Grundsatzreferat vor dem SPD-Parteitag im Jahr 1927 dar, dass „der Privatbetrieb, die Wirtschaftsführung des einzelnen Unternehmers, aufgehört hat, Privatsache dieses Unternehmers zu sein ... (Die) Führung des Unternehmens ist nicht mehr Privatsache des Unternehmers, sondern gesellschaftliche Angelegenheit."

Vier Indikatoren dieses Wandels lassen sich, zusammenfassend, unterscheiden. Erstens – hier handelt es sich um eine Vorform der Managerialismus-These – wurden die Unternehmen nicht mehr von Eigentümern geleitet, sondern von angestellten Managern, deren Interessen nicht mit den Finanzinteressen der Aktionäre kongruent waren (siehe dazu auch Berle/Means 1932; Pollock 1941/1975: 83; Sombart 1932/1987: 396). Zweitens schränkte die Verflechtung der Unternehmen und deren Vereinigung mit dem Finanzsektor zum „Finanzkapital", eindrucksvoll beschrieben in Hilferdings Frühwerk (Hilferding 1909/1923: 220–296), die Handlungsfreiheit des einzelnen Unternehmers zugunsten der gesamtwirtschaftlichen Rationalität des in Entstehung begriffenen „Generalkartells" ein. In dieselbe Richtung wirkte, drittens, die Selbstorganisation der Unternehmen vor allem in Arbeitgeberverbänden und die mit ihnen verbundene „Eingliederung in neue über der Unternehmung stehende gesellschaftliche Bindungen" (Naphtali 1928/1966: 26–27). Des Weiteren, viertens, mündeten Arbeitsgesetzgebung, Sozialversicherung, staatliche Schlichtung und insbesondere die Mitbestimmung, in Analogie zur Einschränkung absolutistischer Staatsmacht durch bürgerliche Verfassungen, in die öffentlich-rechtlich regulierte „konstitutionelle Fabrik" (Naphtali 1928/1966: 23) und entzogen sie der alleinigen Verfügungsgewalt der Eigentümer. Wohlgemerkt: In Naphtalis Schrift zur Wirtschaftsdemokratie handeln gerade einmal zwei Seiten von der betrieblichen Mitbestimmung im engeren Sinne (ebd.: 162–164). Worum es aus Sicht des organisierten Kapitalismus vor allem ging, war der Einfluss der Gewerkschaften, der „gesamtwirtschaftlich orientierten Kräfte" (ebd.: 58) der Arbeiterbewegung, auf die Unternehmen. Hilferding und Naphtali erschien die Organisiertheit der Unternehmen durch Verflechtungen, Kartelle und Verbände gewissermaßen als Voraussetzung für die arbeitnehmerorientierte Politisierung der Unternehmen und der Produktion als solcher. Wesensmerkmal des organisierten Kapitalismus ist demnach „die Loslösung des Unternehmens von dem Privateigentum des Einzelkapitalisten" (Hilferding 1931/1982: 240).

Historiker wie Kocka, Wehler und Winkler (siehe die Beiträge in Winkler 1974) griffen das Konzept des organisierten Kapitalismus in den siebziger Jahren wieder auf, um es gegen die Theorie vom staatsmonopolistischen Kapitalismus (Autorenkollektiv 1965; Boccara u.a. 1973) zu stellen, in der – in Leninscher Tradition (Lenin 1917/ 1985) – das Zusammenwirken von Staat und Monopolen als Einbahnstraße und den Staatsapparat als Herrschaftsinstrument des Monopolkapitals etablierend angesehen wurde (Kocka 1974: 26–29). Auch Gegenentwürfe wie Mandels Spätkapitalismus (Mandel 1972: 223) und Dobbs irreführend so bezeichneter organisierter Kapitalismus (Dobb 1966) unterschieden sich in dieser Hinsicht nicht grundlegend vom klassischen *Stamokap* (Staatsmonopolistischer Kapitalismus). Mit der Zeit schienen aber auch die Historiker das Interesse am organisierten Kapitalismus zu verlieren. In der aktuellen Literatur zu Spielarten des Kapitalismus sucht man Verweise auf Hilferding und Naphtali vergeblich. Allerdings: Die Beschreibung kapitalistischer Systeme im Spannungsfeld zwischen einzelwirtschaftlicher und gesellschaftlicher Orientierung liegt auch Shonfields Arbeit aus den sechziger Jahren zu Grunde (Shonfield 1968), womit sein „moderner Kapitalismus" dem Konzept des organisierten Kapitalismus näher ist als dem der koordinierten Ökonomien:

„In der zweiten Hälfte des 20. Jahrhunderts sind die Merkmale eines Geschäftsunternehmens in der westlichen Gesellschaft: dass es ein viel stetigerer Arbeitgeber ist; dass es *zugänglicher ist für Druckausübung* durch die Staatsmacht; dass es empfindlicher darauf reagiert, wie die öffentliche Meinung sein Verhalten beurteilt; dass es, besonders wenn es groß ist, stark beinflusst wird von Überlegungen auf lange Sicht; und vor allem, dass es, wenn es ein maßgebliches Unternehmen ist, dazu neigt, sich als eine permanente Institution zu betrachten mit *Funktionen, die sich nicht darin erschöpfen, den größtmöglichen Gewinn zu erzielen*, sondern sich manchmal gar nicht damit vereinbaren lassen. Die *Zähmung des Marktes* – in dem Sinne, dass plötzliche Bewegungen der Marktkräfte nicht länger in das Leben einer zivilisierten Gesellschaft einbrechen dürfen – setzt einen *Stil der Privatwirtschaft* voraus, *der sich eher dem Verhalten gewisser öffentlicher Institutionen angleicht*" (Shonflield 1968: 448; Hervorhebungen von mir, MH).

2. Der organisierte Kapitalismus deutscher Spielart

Bevor nachfolgend die Hinweise auf die Schwächung und, hinsichtlich einiger Aspekte, Auflösung des organisierten Kapitalismus diskutiert werden, seien an dieser Stelle seine wesentlichen Merkmale in Erinnerung gerufen. Bis in die achtziger Jahre hinein war Deutschland der paradigmatische Fall einer organisierten Ökonomie, in der einzelwirtschaftliche von gesamtwirtschaftliche Orientierungen überwölbt werden. Die Großunternehmen etablierten ein dichtes Netzwerk aus Kapital- und Personalverflechtungen, dessen Wachstum vor allem in den 1880er, 1920er und 1950er Jahren stattfand und bis in die achtziger Jahre des vergangenen Jahrhunderts hinein stabil blieb (Windolf/ Beyer 1995; Beyer 1998; Höpner/Krempel 2003). Im Zentrum des Netzwerks befanden sich Unternehmen aus dem horizontal verflochtenen Finanzsektor, allem voran die Deutsche Bank, die Dresdner Bank und die Allianz, die ihrerseits Aktienpakete einer großen Zahl von Industrie- und Handelsunternehmen hielten. Die enge Verbindung zwischen Industrie und Banken hatte sich seit Hilferdings „Finanzkapital" nicht grundlegend verändert. Da die miteinander kooperierenden Geschäftsbanken Kredite an eine großen Anzahl industrieller Unternehmen vergeben hatten, wurden sie zu „Gegner(n) eines gegenseitigen Niederkonkurrierens, das ihre Kunden unter Umständen in Gefahr bringt, ihre Kredite gefährdet und ihre Geschäftsmöglichkeiten unterbindet" (Hilferding 1931/1982: 242). Vor diesem Hintergrund regulierten und begrenzten sie die Konkurrenz und förderten die Bildung von Kartellen und Unternehmensverflechtungen. Die langfristige Entwicklung von Sektoren und der Volkswirtschaft als Ganzer war aus Sicht der Banken wichtiger als die Profitabilität der Einzelunternehmungen. Sie entwickelten eine gesamtwirtschaftliche Orientierung. Von den 1880er Jahren an bestand auch staatlicherseits ein positives Verhältnis zur Organisiertheit der deutschen Ökonomie (Lehmbruch 2001; Wehler 1974: 39–44), was im Ausbleiben einer wirksamen Antikartellpolitik mündete. Das erste ernstzunehmende deutsche Kartellgesetz datiert von 1973.

Die kartellartige Struktur der deutschen Wirtschaft wurde durch das Aktien- und Unternehmensrecht gestützt. Das Aktiengesetz von 1884 etablierte den Aufsichtsrat als Kontrollorgan. Die Stärke des zur Netzwerkbildung besonders geeigneten Aufsichtsrats und die damit einhergehende Schwäche der Aktionärsversammlung sicherten langfristige Bindungen zwischen den Unternehmen (Jackson 2001: 132). Durch die Vergabe von Aufsichtsratsposten wurden Outsider zu Insidern, was die Ausrichtung der Organe auf gemeinsam verfolgte Ziele stützte. Auf diese Weise kann die deutsche Unternehmenslandschaft auf eine lange Tradition der regulierten Konkurrenz zurückblicken, in der man die Idee, unterschiedliche Firmen sollten mit dem selben Produkt konkurrieren, als unökonomisch empfand (so der Bayer-Vorstandsvorsitzende Kurt Hansen im

April 1965, zitiert nach Abromeit 1990: 63). Das Unternehmensnetzwerk erwies sich als praktisch umfassend und verfügte mit den Finanzunternehmen über eine handlungsfähige Exekutive, die einerseits die Internalisierung von Risiken durch das Netzwerk sicherstellte, andererseits an Stelle des Staats Industriepolitik betrieb und die Umstrukturierung von Branchen, oft auch gegen den Willen betroffener Unternehmen, organisierte. Ihre multifunktionale Stellung als Kreditgeber, Aktienhalter, Aufseher und Verwalter der Depotstimmen – und vor allem die Gleichzeitigkeit und Vermischung all dieser Tätigkeiten – sicherten die starke Stellung der Hausbanken gegenüber „ihren" Industrieunternehmen.

Dieses hohe Maß an Selbstorganisation der Wirtschaft wurde ergänzt durch enge Verbindungen zwischen staatlichen Stellen und den Großbanken, denen Shonfield „fast eine parastaatliche Stellung als der natürliche und vertrauenswürdige Verbündete der Staatsmacht, wenn es gilt, im privaten Sektor der Wirtschaft zu intervenieren" zuschrieb (Shonfield 1968: 311). Die Politik nutzte die Organisiertheit der deutschen Wirtschaft als Vehikel, um ihrerseits die gesamtwirtschaftliche Orientierung der Unternehmen zu stützen und die Verträglichkeit der Unternehmensentscheidungen mit gesamtgesellschaftlichen Belangen – allem voran: Beschäftigungsinteressen – sicherzustellen. Als besonders eng erwiesen sich die Verbindungen zwischen staatlichen Stellen und Banken in den Institutionen der Außenwirtschaft (Dyson 1986: 125). Wo die Organisiertheit der deutschen Wirtschaft auf Selbstorganisation beruhte, geschah dies im „Schatten der Hierarchie" und vor dem Hintergrund eines interventionsfähigen Staates. Man denke an die Zwangsinvestitionen der deutschen Versicherungswirtschaft in den Industriesektor in den Jahren 1950/51; die Intervention des Staats in die Preisgestaltung bei Volkswagen im Jahr 1962; den staatlichen Druck zur Erhaltung des Gerling-Konzerns, gegen den Willen von dessen Haupteigentümer, im Jahr 1974; die Intervention zur Verhinderung der Veräußerung von Filetstücken des angeschlagenen AEG-Konzerns an ausländische Interessenten in den Jahren ab 1982; die „Bankenmilliarde", die die Regierung Kohl 1993 den deutschen Banken als Beitrag zur Sanierung der ostdeutschen Wirtschaft abtrotzen wollte; Gerhard Schröders 1999 auf die Deutsche Bank ausgeübter Druck, den krisengeschüttelten Holzmann-Konzern mit weiteren Krediten zu versorgen (Beispiele in Abelshauser 1983: 75–83; Beyer 2003: 133; Czada 1995: 306–311; Deeg 1999: 191–195; Höpner/Streeck 2003: 20–22; Ipsen/Pfitzinger 2003: 88; Shonfield 1968: 346–347): Die Wirtschaftsgeschichte der Bundesrepublik ist voll solch großer und kleiner Beispiele der staatlichen Intervention in die Investitions- und Preissetzungsentscheidungen der Privatwirtschaft. Die Schwierigkeiten der Regierungen Kohl und Schröder bei den beiden letztgenannten Beispielen der politischen Inanspruchnahme finanzieller Ressourcen von Banken weisen bereits auf den Wandel ehemaliger gesellschaftlicher Infrastrukturen zu Gegenständen privater Verfügungsgewalt hin.

Die Fehler des Stamokap-Konzeptes würden allerdings mit umgekehrten Vorzeichen wiederholt, würden die engen Verbindungen zwischen der öffentlichen Hand und dem „finanzkapitalistischen" Verflechtungszentrum als hierarchisch und einseitig vom Staat zur organisierten Wirtschaft verlaufend interpretiert. Die Beeinflussung verlief in beide Richtungen. Die Geschichte der Bundesrepublik ist ebenso geprägt von staatlichen Maßnahmen im Sinne der Banken, die – würde nur diese Seite des Zusammenwirkens betrachtet – den Eindruck einer rein klientelistischen Wirtschaftspolitik wecken würden. Beispiele hierfür sind das Ausmaß, in dem staatliche Stellen die Kolonisierung der Kreditanstalt für Wiederaufbau durch die Großbanken tolerierten; die steuerliche Behandlung von Dividendeneinkünften in Verflechtungsfällen durch das Schachtelprivileg; die heute unvorstellbare Intransparenz der Verflechtungsverhältnisse, aufgrund derer bis zur Aktienrechtsreform von 1965 Banken nicht einmal ihren Beteiligungsbesitz mit Anteilen über 25 Prozent offen legten; das hohe Maß an Selbstregulierung von Kreditrisiken selbst nach den Erfahrungen mit der Pleite der Herstatt-Bank von 1974; oder die Gewährung von staatlichen Darlehensgarantien in Interventionsfällen. Merkmal des organisierten Kapitalismus war also die Interpenetration von Finanzkapital und Politik, die einen Sektor entstehen ließ, der weder rein öffentlich noch wirklich privat und damit nationale Infrastruktur und Ansammlung von Einzelwirtschaften gleichzeitig war. Auch die Vorstellung eines harmonischen Zusammenwirkens zwischen Staat und Banken wäre verfehlt. Zwischen den Parteien blieb die Ausgestaltung des Zusammenwirkens umstritten (Cox 1986: 15). In den siebziger Jahren stand die Sozialdemokratie, im Vergleich zur CDU-Opposition, für eine aktivere Rolle des Staats gegenüber dem Bankensektor (Höpner 2003a). Entscheidend ist an dieser Stelle weniger die Richtung der Beeinflussung als vielmehr die Organisierung und Zentralisierung des Unternehmensnetzwerks und dessen Verbindungen mit dem Staat.

Auf Unternehmensebene bedeuteten die Ergänzung einzelwirtschaftlicher Ziele durch gesamtwirtschaftliche Perspektiven und die Bedienung des langfristigen Kreditsicherungsinteresses der Banken eine auf Größenwachstum setzende Orientierung im Zielkonflikt zwischen Unternehmenswachstum und Profitabilitätssteigerung. Dies geschah durch die Quersubventionierung unterdurchschnittlich rentabler Unternehmenssegmente, und damit durch eine dauerhafte Verletzung der Grundregel des „Shareholder Value": „Investiere nur in Chancen mit einem glaubhaften Wertsteigerungspotential und zahle Investoren dann Cash zurück, wenn wertsteigernde Investitionschancen nicht verfügbar sind" (Rappaport 1986/1999: 112). Im Lauf ihrer Geschichte avancierten deutsche Großkonzerne zu den umsatzstärksten Unternehmen der Welt, blieben hinsichtlich ihrer Profitabilität aber vergleichsweise unrentabel. Ein durchschnittliches deutsches Industrieunternehmen beschäftigte doppelt so viel Arbeitnehmer wie ein britisches, war aber nur halb so rentabel und hinsichtlich seiner Marktkapitalisierung an der Börse nur halb so viel wert (Höpner/Jackson 2001: 12–14). Die Wahrnehmung von Funktionen, die der Profitmaximierung zuwiderliefen (Shonfield 1968: 448), hatte somit ihre Licht- und Schattenseiten.

Diese für den deutschen Kapitalismus eigentümliche strategische Orientierung im Zielkonflikt zwischen Rentabilität und Unternehmenswachstum war freilich nur durchzuhalten, so lange nicht mit feindlichen Übernahmen gerechnet werden musste. Bleibt ein Unternehmen ohne Not hinter der potenziell erreichbaren Profitabilität zurück, besteht für einen feindlichen Übernehmer ein Anreiz, das Unternehmen aufzukaufen, die notwendigen Umstrukturierungen durch Abspaltung und Veräußerung der unprofitablen Unternehmenssegmente durchzuführen, die Durchschnittsrentabilität damit zu erhöhen und das Unternehmen mit entsprechend gestiegenem Börsenwert weiter zu verkaufen (Manne 1965). Anleger neigen dazu, jede Einheit des Cashflows eines Unternehmens mit demselben Börsenwert zu bewerten. Die ökonomische Funktion des Kapitalmarkts liegt deshalb in der Angleichung von Kurs-Gewinn-Verhältnissen (bzw. Kurs-Cashflow-Verhältnissen), was auf die Stabilität organisierter Formen des Kapitalismus keinen Einfluss hat. Märkte für Unternehmenskontrolle gleichen hingegen Profitabilitätsniveaus an und sind mit den Institutionen des organisierten Kapitalismus nicht vereinbar. Es ist deshalb kein Zufall, dass aktive Märkte für feindliche Übernahmen in den angelsächsischen, nicht in den kontinentaleuropäischen Systemen der Unternehmenskontrolle beheimatet waren.

Innerhalb des durchorganisierten deutschen Unternehmensnetzwerks waren feindliche Übernahmen bis einschließlich der achtziger Jahre kein Thema. Nach außen allerdings musste eine finanz- und realwirtschaftlich offene Volkswirtschaft wie die deutsche vor feindlichen Übernahmen geschützt werden. Dies geschah, in der Logik des organisierten Kapitalismus nicht überraschend, in Zusammenarbeit von Staat und Banken. Staatlicherseits waren Abwehrmaßnahmen der Managements im Fall feindlicher Übernahmeversuche bis zur Verabschiedung des Übernahmegesetztes von 2002 nicht geregelt, so dass Abwehrstrategien der Unternehmensleitungen prinzipiell keine Schranken gesetzt waren. Das deutsche Aktienrecht erlaubte bis 1998 Höchst- und Mehrfachstimmrechte, die vor unfreundlichen Übernahmen schützen. Banken und kooperierende Industrieunternehmen waren – wie sich im Fall des gescheiterten Übernahmeangriffs des italienischen Reifenkonzerns Pirelli auf Continental in den Jahren 1990–93 zeigte – bereit, betriebswirtschaftliche Überlegungen hintanzustellen und die Aktien gefährdeter Unternehmen aufzukaufen, um damit Einflussnahme von außen zu verhindern. Organisiertheit nach innen und Abschottung nach außen standen also in einem engen sachlichen Zusammenhang: Sollten deutsche Industrieunternehmen fähig sein, den inländischen Ansprüchen des Unternehmensnetzwerks und des Staats nachzukommen, mussten sie sich auf den Schutz nach außen verlassen können.

Kernstück der „konstitutionellen Fabrik" ist die Mitbestimmung. Aus der Perspektive des organisierten Kapitalismus interessiert allerdings weniger die Existenz der Unternehmensmitbestimmung als vielmehr deren Durchdringung mit Perspektiven, die über den Tellerrand der Einzelwirtschaft hinausweisen. Betriebsräte und Gewerkschaften arbeiteten eng zusammen. Durch die Vergabe von Aufsichtsratssitzen an betriebsfremde Gewerkschaftsfunktionäre, geregelt in den Mitbestimmungsgesetzten von 1951 und 1976, wurde auch die gesamtwirtschaftliche Orientierung der Arbeitnehmerbeteiligung politisch gestützt. Aus Gewerkschaftsperspektive war die Mitbestimmung nicht nur ein betriebswirtschaftliches Element der Unternehmenskontrolle, sondern ein gesellschaftspolitisches Programm (Deppe u.a. 1970: 149; Naphtali 1928/1966: 128–164).

Auch in der gewerkschaftlichen Lohn- und Gesellschaftspolitik dominierte, bis einschließlich der achtziger Jahre, der Gedanke der Zentralisierung. Der DGB, konzipert als politisch integrierende Einheitsgewerkschaft, trat mit dem Anspruch auf, als umfassende Organisation die Interessen aller Beschäftigten zu vertreten. Die Mitglieder des DGB waren keine politischen Richtungsverbände, sondern hinsichtlich ihrer sektoralen Zuständigkeit voneinander abgegrenzte Industriegewerkschaften. Lohnfindung fand oberhalb der Betriebsebene statt. Die de jure sektoralisierte, durch die Lohnführerschaft der IG Metall aber unitarisierte und damit faktisch zentralisierte Lohnfindung erlaubte die Ausrichtung der Tarifpolitik an makroökonomischen Größen. Eine „solidarische Lohnpolitik", explizit orientiert an gesamtwirtschaftlichen Kennziffern, sollte die Arbeitseinkommen vor dem Marktmechanismus schützen und das Ziel „gleicher Lohn für gleiche Arbeit", unabhängig von der Rentabilitätssituation der Einzelwirtschaft, verfolgen. Ebenso wie die Merkmale des organisierten Kapitalismus auf Kapitalseite erwies sich die arbeitnehmerseitige Organisiertheit bis in die achtziger Jahre hinein als stabil, erodierte aber in den Neunzigern. Diese Erosionstendenzen werden nachfolgend beschrieben.

3. Kapital: Entflechtung, Shareholder Value, Beseitigung von Übernahmehürden

Das Unternehmensnetzwerk, gewissermaßen das Organisationsgerüst des deutschen Kapitalismus, ist in Auflösung begriffen. Erste Brüche in der gemeinsam geteilten, gesamtwirtschaftlichen Perspektive der Finanzunternehmen lassen sich bis in die siebziger Jahre zurückverfolgen (Höpner/Krempel 2003: 12–17). Damals war es vor allem die Dresdner Bank, die aus der Logik des organisierten Kapitalismus ausbrach, sich zunehmend einzelwirtschaftlich orientierte und dafür von Vertretern des deutschen Finanzsektors, Politik und Öffentlichkeit kritisiert wurde. 1974 half Dresdner-Bank-Chef Ponto der Quandt-Gruppe, ihr Mercedes-Benz-Aktienpaket an eine Investorengruppe in Kuwait zu veräußern. Anzeichen zunehmenden Wettbewerbs im deutschen Finanzsektor, auch zwischen Banken und Versicherungen, zeigten sich in den achtziger Jahren. Spätestens seit Mitte der achtziger Jahre erwies sich der Grad an Personalverflechtung zwischen den größten deutschen Unternehmen als rückläufig. Wahrscheinlich wurde die Existenz des Netzwerks aus Kapitalbeteiligungen politisch länger gestützt, als dies von Repräsentanten des Verflechtungskerns gewünscht wurde. Auf die Krise der Herstatt-Bank im Jahr 1974 reagierte die SPD/FDP-Koalition mit der Einsetzung einer Kommission, die Vorschläge zur Reform der Bankenregulierung erarbeiten sollte. Ihr Bericht, 1979 vorgelegt, empfahl ein gesetzliches Verbot industrieller Beteiligungen von Banken ab einer Höhe von 25 Prozent (Studienkommission 1979: 267). Kurz darauf überraschte der FDP-Wirtschaftspolitiker Graf Lambsdorff Banken und Öffentlichkeit, indem er das Jahrestreffen des Bankenverbands für den Vorstoß nutzte, dem zufolge ein Bundesgesetz das Beteiligungsverbot nicht bei 25, sondern bereits bei 15 Prozent ansetzen sollte. Nach den Wahlen im Jahr 1980 kündigte Finanzminister Matthöfer an, die Verabschiedung einer entsprechenden Reform werde in der laufenden Legislaturperiode erfolgen. Die Proteste aus Bankenkreisen waren deutlich. Die Banken mit dem entscheidenden Beteiligungsbesitz befanden sich allerdings nicht an der Speerspitze des Widerstands. Offenbar hoffte vor allem die Deutsche Bank, sich durch eine steuerliche Sonderbehandlung der bei den Beteiligungsveräußerungen aufkommenden Gewinne unliebsam gewordener industrieller Beteiligungen entledigen zu können. Eine politisch initiierte Entflechtung war zum Greifen nahe und wurde nur durch den Kanzlersturz im Jahr 1982 verhindert. Die Regierung Kohl zeigte kein Interesse an Entflechtung und weitete stattdessen 1983 die Steuerfreiheit von Beteiligungsdividenden auf die Schachtelhöhe von 10 Prozent aus.

Der Prozess der Kapitalentflechtung kam in der zweiten Hälfte der neunziger Jahre in Gang. Die Zahl der Kapitalbeteiligungen zwischen den 100 größten deutschen Unternehmen sank allein zwischen 1996 und 2000 von 168 auf 80 (Daten: Monopolkommission). Mit den Banken waren es gerade die ehemaligen Garanten der gesamtwirtschaftlichen Perspektive, die sich aus dem Netzwerk zurückzogen, Kapitalbeteiligungen an Industrieunternehmen veräußerten und entsprechende Aufsichtsratssitze – allem voran: Aufsichtsratsvorsitze – niederlegten. Warum erfolgte diese Umorientierung in den späten neunziger Jahren und nicht bereits in den Achtzigern? Anstoß waren Veränderungen auf den internationalen Finanzmärkten: Das Wachstum des Investmentbankings, eines Betätigungsfelds, das zu den engen Verbindungen deutscher Banken zu inländischen Industrieunternehmen im Widerspruch stand (Beyer 2003: 126–132; Dziobek/Garrett 1998).

Mit der Ausdünnung des Unternehmensnetzwerks und der damit einhergehenden zunehmenden Konkurrenz löst sich die von Hilferding beschriebene kartellartige Struktur der deutschen Wirtschaft auf. Der Rückzug der ehemaligen Exekutive der „Deutschland AG" hat allerdings weitere Implikationen: Mit den Finanzunternehmen fallen nicht nur die aktivsten Aufseher über Industrieunternehmen und Verfechter der industriellen Wachstumsstrategien weg, sondern auch die entscheidenden Beschützer vor feindlichen Übernahmen (Höpner/Jackson 2001: 30–32, 44). Während des Übernahmekampfs zwischen Continental und Pirelli in den Jahren 1990–1993 übernahm die Deutsche Bank noch die Organisation einer Abwehrfront aus Finanz- und kooperierenden Industrieunternehmen, die eine Sperrminorität an Continental-Aktien aufkauften. Im März 1997, während des Übernahmekampfs zwischen Krupp und Thyssen, gewannen die Investmentbanker im Vorstand der Deutschen Bank erstmals Oberhand über die Traditionalisten. Die Deutsche Bank unterstützte Krupps Übernahmeversuch, obwohl sie im Aufsichtsrat von Thyssen vertreten war. Dies zog öffentliche Proteste nach sich, die den Rückzug der Deutschen Bank aus ihren industriellen Engagements beschleunigten. Während des Übernahmekamps zwischen Mannesmann und Vodafone 1999/2000 verzichteten deutsche Finanzunternehmen auf alle Aktivitäten zum Schutz des Übernahmeziels. Die erfolgreiche Übernahme Mannesmanns zeigt, wie wenig vom ehemals nach innen organisierten, von außen undurchdringlichen Unternehmensnetzwerk in Deutschland übrig geblieben war. Die Schutzmauern um die „Deutschland AG" erodierten und veränderten damit das institutionelle Umfeld, in dem auf Unternehmensebene Entscheidungen getroffen wurden.

Weitere Veränderungen in der Umwelt deutscher Großunternehmen kamen hinzu. Die Verwirklichung des Europäischen Binnenmarktes bewirkte eine Wettbewerbsverschärfung auf den Produktmärkten; durch die Deregulierungspolitik der Europäischen Kommission wurden Unternehmen aus den ehemals geschützten Versorgungssektoren erstmals in den Wettbewerb entlassen; das Wachstum inländischer institutioneller Anleger und die internationale Diversifizierung der Anlagestrategien angloamerikanischer Pensionsfonds ließ einen neuen Anlegertyp entstehen, der – anders als der passive Privatanleger alten Typs – eine aktive, nach Renditegesichtspunkten organisierte Portfoliopolitik betrieb (Scharpf 1999; Schmidt 1998; Deutsche Bundesbank 2001). Naphtali glaubte, ein Gesetz der abnehmenden Bedeutung des Privateigentums im Kapitalismus erkannt zu haben (siehe auch Schumpeter 1942/1950: 213–219), das die Wirtschaft ohne Brüche in die Wirtschaftsdemokratie überführen müsse. Dieses Voraussage hat sich nicht erfüllt: Mit der Auflösung der nationalen Organisiertheit kehrten die Privatinteressen der Eigentümer und die einzelwirtschaftliche Perspektive in die Unternehmen zurück.

Auf Unternehmensebene zeigte sich die Rückkehr des Wirtschaftens als Privatsache der Eigentümer an der Orientierung am „Shareholder Value" (Rappaport 1986/1999), also an der Öffnung der Unternehmen für den Zugriff der Kapitalmärkte und der offensiven Verfolgung der Finanzinteressen der Eigentümer: Stopp von Quersubventionierung, Stilllegung oder Verkauf unrentabler Segmente, Konzentration auf Kerngeschäfte, Initiierung unternehmensinternen Investitionswettbewerbs, Vorgabe von Renditezielen für alle Unternehmensbereiche, Bilanzierung nach internationalen Standards, Ratings durch internationale Agenturen, Aktienrückkäufe, intensive Kommunikation mit Analysten und Anlegern im Rahmen der „Investor Relations", Abschaffung von Höchst- und Mehrfachstimmrechten, Kopplung der Managergehälter an Profitabilität und Aktienkurse. Bei exportorientierten, dem Markt für Unternehmenskontrolle ausgesetzten Unternehmen mit gestreuter Eigentümerstruktur wie Bayer, Veba, Hoechst, BASF, Mannesmann und Daimler-Benz war die Shareholder-Value-Orientierung in den späten Neunzigern besonders ausgeprägt (Höpner 2003b: 36–120). Die ehemals „parastaatlichen" Großbanken begannen mit der Durchrationalisierung des Kreditgeschäfts und konkurrierten international um Aufträge im Investmentbanking. In ihren 2001 veröffentlichten Corporate-Governance-Grundsätzen kündigte die Deutsche Bank sogar an, künftig überhaupt keine Aufsichtsratsvorsitze im Nichtfinanzbereich mehr übernehmen zu wollen.

Im Licht der neuen Instrumente aktionärsorientierter Unternehmensführung scheint die Verlagerung der Verfügungsgewalt über die Produktionsmittel von den Eigentümern auf angestellte Führungskräfte, anders als von Galbraith und anderen Vertretern der Managerialismus-These vorhergesehen (Berle/Means 1932: 112–116; Burnham 1941: 82–88; Galbraith 1967: 188–201), mit den Finanzinteressen der Eigentümer wieder zunehmend vereinbar. Durch die Auflösung des Industrienetzwerks und die Umorientierung der Großbanken ging dem Staat der Ansprechpartner für industriepolitische Interventionen verloren. Gleichzeitig entlastete er sich von der von Pollock als „garantierter Kapitalismus" (Pollock 1932/1975: 25) charakterisierten Pflicht, den Bestand der größten Unternehmen auch entgegen betriebswirtschaftlicher Logiken sichern zu müssen. Sozialdemokratie und Gewerkschaften hatten, anders als die CDU, die Entflechtung der deutschen Industrielandschaft – getragen von ihrer Kritik an der „Macht der Banken" – ohnehin im Programm. Gegen den Widerstand der Opposition entschloss sich die Regierung Schröder 2000/2001, durch die Abschaffung der Steuer auf Gewinne aus Beteiligungsveräußerungen bei Aktiengesellschaften zusätzliche Anreize zur Kapitalentflechtung zu schaffen. Im Einklang mit den politischen Zielen dieser Maßnahme erfuhr die Auflösung der „Deutschland AG" eine zusätzliche Beschleunigung. Festzuhalten bleibt, dass die Existenz eines nationalen, nach innen organisierten, nach außen abgeschotteten und einzelwirtschaftliche Kalküle durch gesamtwirtschaftliche Orientierungen ersetzenden Unternehmensnetzwerks der Vergangenheit angehört. Seine Wiederherstellung auf nationaler Ebene erscheint ebenso ausgeschlossen, wie seine Rekonstruktion auf europäischer Ebene in unrealistischer Ferne liegt und von niemandem betrieben oder gewünscht wird.

4. Arbeit: Bereichsegoismen, Dezentralisierung, Richtungsgewerkschaften

Der Niedergang des organisierten Kapitalismus auf der Kapitalseite findet seine spiegelbildliche Entsprechung auf der Seite der Arbeitnehmervertretungen. War es in der Geschichte der Bundesrepublik gerade die über die Grenzen der Einzelwirtschaft hinausweisende Perspektive der Interessenvertretung, die sich in die Logik des organisierten Kapitalismus im Sinne Hilferdings und Naphtalis einfügte, zeigten sich seit den neunziger Jahren Trends zur Stärkung der Betriebsräte gegenüber den Gewerkschaften, zur Dezentralisierung der Tarifpolitik und zur Schwächung der Dachorganisation DGB gegenüber auseinanderstrebenden, zunehmend den Charakter von konkurrierenden Richtungs- statt Branchengewerkschaften annehmenden Mitgliedsverbänden.

Betrachten wir zunächst die Stärkung der Betriebsräte gegenüber den Gewerkschaften. Auf Seiten von Kapital sowie Arbeit lassen sich produktionsbezogene Interessen auf Unternehmens- und sektoraler Ebene von klassenbezogenen, auf gesamtwirtschaftlicher Ebene organisierbaren Interessen unterscheiden. Den Gewerkschaften gelang es bis in die achtziger Jahre hinein, heterogene Produzenteninteressen durch die Fokussierung auf gemeinsame Klasseninteressen zu integrieren (Streeck 1992: 92–94). Mit der zunehmenden Orientierung auf einander widersprechende, produktionsbezogene Interessen fand in den Neunzigern eine Gegenbewegung statt. Im Ergebnis bildeten sich klassenübergreifende Koalitionen zur Verteidigung der Unternehmensinteressen, die die Fähigkeit der Gewerkschaften schwinden ließ, ihre Repräsentanten in den Unternehmen für gewerkschaftspolitische Ziele zu gewinnen. Das sei anhand zweier Beispiele skizziert: der arbeitnehmerseitigen Reaktionen auf den Übernahmekampf zwischen Krupp und Thyssen im Jahr 1997 und des gescheiterten Streiks der IG Metall zur Durchsetzung der 35-Stunden-Woche in Ostdeutschland im Juni 2003.

Als Krupp im März 1997 mit Hilfe der Deutschen Bank daran arbeitete, den größeren und finanziell gesünderen Thyssen-Konzern feindlich zu übernehmen, versuchte die IG Metall, feindliche Übernahmen als illegitimes Mittel im Kampf zwischen Konkurrenten zu bekämpfen. Die Entscheidung der IG Metall, ihre Großdemonstration am 25. März vor den Frankfurter Zwillingstürmen der Deutschen Bank und nicht etwa vor der Hauptverwaltung von Krupp in Essen durchzuführen, war der Versuch, den Protest der Belegschaften von Krupp und Thyssen auf die von der Deutschen Bank unterstützte Managementpraktik zu kanalisieren, klassen- statt produktionsbezogene Interessen zu betonen und auf die Solidarisierung beider Belegschaften hinzuwirken. Eine solche Solidarisierung hat nicht stattgefunden. In der Krupp-Belegschaft ist das Vorgehen des Vorstandsvorsitzenden Cromme durchaus positiv begleitet worden. An der Großdemonstration haben nicht einmal die Krupp-Betriebsräte teilgenommen. Die Beschäftigten beider Unternehmen definierten ihre Interessen als Unternehmens- statt Klasseninteressen, die durch Kanalisierung auf kollektive Ziele nicht zu bündeln waren. Diese Niederlage der IG Metall hatte weitreichende Folgen: Während des Übernahmekampfs zwischen Vodafone und Mannesmann 1999/2000 verzichtete die IG Metall auf jegliche Versuche, feindliche Übernahmen als Methode zu bekämpfen, und konzentrierte sich auf industriepolitische Forderungen wie die Durchführung der bereits vorher verhandelten Konzernspaltung. Damit signalisierte die IG Metall ihrerseits, dass sie feindlichen Übernahmen in Zukunft grundsätzlich als legitim akzeptieren würde – womit, nach der strategischen Umorientierung der Großbanken, eine weitere Barriere gegen die Entstehung eines Markts für feindliche Übernahmen gefallen war (Höpner/Jackson 2001: 32–35, 44–45).

Auch der historischen Niederlage der IG Metall beim Streik zur Durchsetzung der 35-Stunden-Woche in den ostdeutschen Tarifgebieten lag die gestiegene Macht der Betriebsräte aus westdeutschen Großunternehmen gegenüber der Gewerkschaft als Repräsentantin der gesellschaftlichen Dimension der Arbeitnehmerinteressen zugrunde. Der gewachsene Stellenwert produktionsbezogener, einzelwirtschaftlicher Interessen war für die Ereignisse im Juni 2003 erklärungskräftiger als der innergewerkschaftliche Konflikt zwischen Modernisierern und Traditionalisten. Fernwirkungen von Streiks waren nichts grundsätzlich Neues, verringert hatte sich allerdings die Bereitschaft, mit Ressourcen der eigenen Unternehmen für Ziele der gesamten Gewerkschaftsbewegung außerhalb der Einzelwirtschaft einzustehen. Die Reprivatisierung wirtschaftlicher Ressourcen fand somit auch hier ihren Niederschlag. Für den am 1. Juni im Chemnitzer VW-Werk begonnenen Streik zeigten westdeutsche Betriebsräte anfangs wenig Interesse. Das änderte sich, als Fernwirkungen des Arbeitskampfs einsetzen: In der dritten und vierten Streikwoche resultierte der Arbeitskampf in Kurzarbeit für insgesamt etwa 10.000 westdeutsche BMW-Beschäftigte in den Werken Dingolfing, Landshut, München und Regensburg sowie für weitere Arbeitnehmer aus der Zulieferindustrie von BMW. Zwei Tage Kurzarbeit gab es außerdem für etwa 8.000 VW-Beschäftigte in Wolfsburg. Das resultierte in den Protesten westdeutscher Betriebsräte gegen den Streik im Osten – insbesondere auf einer Betriebsrätekonferenz am 24. Juni in Frankfurt –, in deren Folge die IG Metall beispielsweise dem BMW-Getriebezulieferer ZF in Brandenburg eine Sondergenehmigung zum Ausscheren aus dem flächendeckenden Streik erteilte, um die Fernwirkungen zu begrenzen. Gleichzeitig rückte die Gewerkschaft von ihrem ursprünglichen Ziel der sofortigen Durchsetzung der 35-Stunden-Woche zugunsten flexiblerer, zeitlich gestreckter Lösungen ab.

Am 28. Juni erklärte die IG Metall den Arbeitskampf für gescheitert, was in einer langen Auseinandersetzung zwischen den Lagern um den damaligen Vorsitzenden Zwickel und den zweiten Vorsitzenden Peters mündete. Die Fokussierung auf diesen Konflikt verkennt allerdings die eigentlich zugrunde liegende Konfliktdimension. In ihren Problemanalysen waren sich beide Lager einig, dass nicht etwa mangelnde Kampfbereitschaft und das wirtschaftliche oder gesellschaftliche Klima in den neuen Ländern die Ursache für die Streikniederlage waren, sondern die fehlende Solidarität der Westbetriebsräte. „Ich hätte es nie für möglich gehalten, dass einzelne Betriebsräte mitten im Arbeitskampf ihren streikenden Kollegen derart in den Rücken fallen würden", sagte der ostdeutsche IGM-Bezirksleiter Düvel (Spiegel online vom 7.7.2003). Besonders Betriebsräte von Daimler-Chrysler, Porsche, BMW und – etwas verhaltener – Volkswagen und Opel hatten die Fernwirkungen des Streiks als für westdeutsche Unternehmen inakzeptabel kritisiert. „Das Vertrauen auf Disziplin und formale Solidarität war zu hoch", sagte der Leiter der IG Metall-Grundsatzabteilung Lang (Einblick 13/03 vom 21.7.2003). Uneinigkeit zwischen den Lagern bestand in der IG Metall lediglich über die Frage, ob der für Tarifpolitik zuständige zweite Vorsitzende Peters es vor dem Arbeitskampf versäumt hatte, sich der Zustimmung des Vorstands und der Solidarität aller indirekt Betroffenen zu vergewissern.

Die Streikniederlage beruhte auf einem veränderten Kräfteverhältnis zwischen Betriebsräten und Gewerkschaft und hat Implikationen über den Einzelfall hinaus. Im guten wie im schlechten, gestalterische Tarifpolitik ist gegen die Interessen der mächtigen Betriebsräte aus Großkonzernen nicht mehr zu führen. Das Ergebnis des Streiks scheint auch eine allgemeine Schwächung der gewerkschaftsseitigen Arbeitskampffähigkeit gegenüber der Arbeitgeberseite zu implizieren. Allerdings hat die IG Metall im Juni 2003 eine Erfahrung repliziert, die der Arbeitgeberverband Gesamtmetall bereits im Herbst 1996 gemacht hatte (Thelen 2000: 163). Damals hatte die Bundesregierung das Entgeltfortzahlungsgesetz dahingehend geändert, dass die Lohnfortzahlung im Krankheitsfall vorbehaltlich günstigerer tariflicher Regelungen auf 80 Prozent gesenkt wurde. In der Folge versuchte die IG Metall, die Fortgeltung der vollen Lohnfortzahlung tariflich zu sichern. Vertreter aus Großunternehmen – wohl, um ihre Solidarität mit den Interessen kleiner und mittlerer Unternehmen kundzutun – ermunterten Gesamtmetall zunächst zu einer harten Linie, setzten der IG Metall bei ersten Warnstreiks aber keinerlei Widerstand entgegen. Gesamtmetall unter Führung seines damaligen Präsidenten Stumpfe war es nicht gelungen, die Großunternehmen zu einer Auseinandersetzung im gemeinsamen Klasseninteresse zu bewegen. Der Kern der Veränderungen liegt deshalb weniger in einer Verschiebung der Kampfparität zwischen Kapital und Arbeit, als vielmehr in der Unfähigkeit der Verbände beider Seiten, klassenübergreifende Koalitionen in den Einzelwirtschaften aufzubrechen und zu Solidarität in klassenbezogenen Auseinandersetzungen zu bewegen.

Auch die Veränderungen der Tarifpolitik stärkten in den neunziger Jahren die Unternehmensebene gegenüber übergreifenden Bindungen (Hassel 2003; Kurdelbusch 2002; Mitbestimmungskommission 1998; Rehder 2003; Streeck/Rehder 2003) und entfernten die Realität der industriellen Beziehungen damit vom organisierten Kapitalismus. Die besonders für kapitalmarktorientierte Unternehmen typische Aufgliederung in teilautonome und um Investitionen konkurrierende Profit-Center ohne dauerhafte Quersubventionierung schwächte zudem konzernübergreifende Betriebsratsgremien zugunsten der Interessenvertretungen der Teilbereiche, die – ebenso wie die Managements der Segmente – in Konkurrenz zueinander traten (Kotthoff 1998: 89–90). Durch den zusätzlich bei exportorientierten Großunternehmen mit starker Shareholder-Value-Orientierung ausgeprägten Trend zu variabler, am finanziellen Unternehmenserfolg orientierter Vergütung tariflicher Beschäftigter verlor das Prinzip der „solidarischen Lohnpolitik", das die Arbeitseinkommen vor Schwankungen der Märkte schützen sollte, weiter an Bedeutung (Kurdelbusch 2002). In den neunziger Jahren fanden zudem Härtefallklauseln, Mittelstandsklauseln, Einstiegstarife, Entgeltkorridore und tariflich abgesicherte beschäftigungssichernde Maßnahmen wie die gleichzeitige Absenkung von Arbeitszeit und Entgelt ebenso Einzug in Tarifverträge wie durch Standortsicherungsvereinbarungen genutzte zusätzliche Freiräume zur Beschäftigungssicherung durch Lohnkürzung, Mehrarbeit und gesteigerte Flexibilität. Gleichzeitig nahm die Zahl der Haustarifverträge wie auch, wenn auch mit vergleichsweise geringem Anteil, die Zahl tarifwidriger Standortvereinbarungen zu. Dieser „Pfadwechsel ohne Systembruch" (Rehder 2003: 18) in der deutschen Tarifpolitik kann mit „kontrollierter" Dezentralisierung umschrieben werden, weil – wie Rehder herausgearbeitet hat – bei diesen Vereinbarungen neuen Typs die Gewerkschaftsseite in aller Regel beteiligt ist. Gleichwohl handelte es sich bei dieser kontrollierten Dezentralisierung um „echte" Dezentralisierung, deren Alternative aus Gewerkschaftssicht nicht die Rezentralisierung, sondern die unkontrollierte Dezentralisierung war.

Risse zeigen sich darüber hinaus im Prinzip der Einheitsgewerkschaft, das Voraussetzung für die gesamtwirtschaftliche, unterschiedliche Sektoren und politische Strömungen integrierende Gewerkschaftspolitik war. In den späten Neunzigern stellte sich die deutsche Gewerkschaftslandschaft als Mischform zwischen Einheitsgewerkschaft und miteinander konkurrierenden Richtungsgewerkschaften dar. Der nicht im DGB organisierte Deutsche Beamtenbund verbuchte entgegen dem Trend aller DGB-Gewerkschaften in den Neunzigern steigende Mitgliederzahlen (1999: 1.200.000 Mitglieder) und öffnete vor dem Hintergrund der Privatisierung öffentlicher Leistungen seine Organisationsstruktur für Nichtbeamte. 1999 betrug der Anteil Verbeamteter in der Organisation nur noch 72 Prozent (iw-Gewerkschaftsreport 1/2000: 13–15). In Ostdeutschland versuchten Unternehmen aus dem Organisationsbereich Gesamtmetalls wie Jenoptik durch Abschlüsse mit der Christlichen Gewerkschaft Metall (CGM), Tarifkonkurrenz zu initiieren. Die Arbeitsgemeinschaft unabhängiger Betriebsräte (AUB), ursprünglich entstanden aus einer Vereinigung von Siemens-Betriebsräten, stellt mittlerweile um die 10.000 Mandatsträger. Der Anteil der in der IG Metall organisierten Betriebsräte sank in ihrem Organisationsbereich bis 2002 auf 74 Prozent (Wassermann 2003: 49). Die eigentliche Schwächung des einheitsgewerkschaftlichen Prinzips resultiert allerdings nicht aus zunehmender Konkurrenz durch Organisationen außerhalb des DGB, sondern aus der schleichenden Schwächung des DGB gegenüber seinen Mitgliedsgewerkschaften und der Transformation der ehemaligen Branchenverbände in miteinander konkurrierende Richtungsgewerkschaften.

Die Gewerkschaftsfusionen der vergangenen Jahre folgten keinem erkennbaren Branchenprinzip, sondern politischer Nähe. In der Folge schärften die drei entstandenen Blöcke – IG Metall links, ver.di in der Mitte und Gewerkschaften rund um die IG BCE rechts von der Mitte – ihre unterschiedlichen politischen Profile. Dies wurde im Jahr 2003 augenscheinlich, als es den Gewerkschaften nicht gelang, sich in der Diskussion um die „Agenda 2010" auf ein einheitliches Vorgehen zu verständigen. IG BCE, Transnet und die NGG legten ein gemeinsames, im Vergleich zu den Positionen der anderen Gewerkschaften moderates Reformpapier vor. „Wir wollen nur deutlich machen, dass es im DGB unterschiedliche Positionen gibt", begründete IG BCE-Chef Schmoldt diesen Schritt (Wirtschaftswoche vom 22.5.2003, 35).

Wichtiger ist allerdings, dass das Prinzip „ein Unternehmen, eine Gewerkschaft" mittlerweile ebenso durchbrochen ist wie das Branchenprinzip. Um die Organisation von Unternehmen in den Wachstumsbranchen der neunziger Jahre – industrienahe Dienstleistungen, EDV, Telekommunikation – bemühten sich, in Konkurrenz zueinander, alle Gewerkschaftsblöcke. Von klaren Branchenzuständigkeiten konnte keine Rede mehr sein. Im Telekommunikationssektor handelten im Jahr 1999 folgende Gewerkschaften Tarifverträge aus: Die Deutsche Postgewerkschaft (DPG) bei der Deutschen Telekom; die Eisenbahner-Gewerkschaft (GdED) bei Mannesmann-Arcor; die IG Metall bei Mannesmann Mobilfunk; IG BCE und ÖTV bei o.tel.o; die ÖTV bei VEW-Telnet; die IG BCE bei Viag Intercom; die Gewerkschaft Handel, Banken und

Versicherungen (HBV) bei Talkline und anderen kleineren Unternehmen (Wagner/ Schild 1999: 93).

Im Bereich der industrienahen Dienstleistungen führte der im März 2003 durchgeführte Zusammenschluss von vier DGB-Gewerkschaften und der Deutschen Angestellten-Gewerkschaft (DAG) zur Dienstleistungsgewerkschaft ver.di zu erbitterten Reaktionen anderer DGB-Gewerkschaften, in deren Verlauf der neuen Gewerkschaft gedroht wurde, ihr die Aufnahme in den DGB zu verweigern. In einer gemeinsamen Erklärung gaben IG Bauen-Agrar-Umwelt (IG BAU), IG BCE, IG Metall und die Gewerkschaft Nahrung-Genuss-Gaststätten (NGG) zu verstehen, dass sie nicht bereit waren, sich aus dem Dienstleistungssektor hinausdrängen zu lassen oder etwa die von ihnen organisierten Dienstleister an die neue Organisation abzutreten (iw-Gewerkschaftsreport 2/1999: 30) und starteten ihrerseits ein gemeinsames Projekt zur organisatorischen Erfassung des Dienstleistungsbereichs (Keller 1999: 621). Ein ähnlicher Konflikt zeigte sich im IT-Sektor, den sowohl ver.di als auch IG Metall für sich zu gewinnen suchten. Dort kam es darüber hinaus, wie die Beispiele IBM und debis zeigen, zum „Häuserkampf" um ein- und dieselben Unternehmen. Die Situation gewann zusätzliche Brisanz durch die Tatsache, dass die ehemalige Konkurrenzgewerkschaft DAG ebenfalls in ver.di aufgegangen ist und deren Mitglieder – auch im Organisationsbereich der anderen Blöcke – weiterhin durch ver.di betreut werden.

Die faktische Zentralisierung der deutschen Tarifpolitik beruhte auf der unumstrittenen Lohnführerschaft der IG Metall. Auch diese Tarifführerschaft wurde mittlerweile durchbrochen; in den Jahren 2001 und 2002 nahm die IG BCE der IG Metall – anders als in allen 30 Jahren zuvor – die Lohnführerschaft ab und gab mit ihren Abschlüssen moderate Tarifrunden vor. Im Jahr 2001 wurde dies ergänzt durch regionale Konkurrenz um die Tarifführerschaft innerhalb der IG Metall. Während süddeutsche Betriebe bereits Warnstreiks vorbereiteten, handelte der Bezirk Nordrhein-Westfalen unter Führung seines Bezirksleiters Schartau, für alle Seiten überraschend, einen Tarifvertrag aus.

Die Entstehung konkurrierender Richtungsgewerkschaften korrespondiert mit der Schwächung des Dachverbands DGB. Durch die Fusionen der kleinen Gewerkschaften mit den Großen verlor der DGB seine wichtigsten Verbündeten, während die nun entstandenen Großblöcke den DGB nicht mehr brauchen, selbst Dachverbands-Funktionen nach innen ausüben und ohnehin unterschiedliche Vorstellungen von der politischen Dimension gewerkschaftlicher Politik vertreten. Die zunehmende Bedeutungslosigkeit der Dachorganisation zeigte sich auch in ihrer Unfähigkeit, in den zwischengewerkschaftlichen Auseinandersetzungen um die umkämpften Sektoren oder um politische Reformen wie die „Agenda 2010" zu vermitteln. Durch die betriebsorganisatorische Verselbständigung des Rechtsschutzes für die Mitglieder verlor der DGB zudem sein wichtigstes Betätigungsfeld. Unter den DGB-Mitgliedsgewerkschaften wurde vereinbart, die Zukunft des Rechtsschutzes um das Jahr 2010 herum erneut zu verhandeln. Resultiert das – was nicht unwahrscheinlich ist – in der Rückführung des Rechtsschutzes in die Einzelgewerkschaften, kann der DGB als faktisch aufgelöst angesehen werden.

5. Implikationen

1. In diesem Beitrag wurde gezeigt, dass in den vergangenen anderthalb Dekaden Veränderungen der politischen Ökonomie Deutschlands stattgefunden haben, deren Kern die systematische Stärkung der Einzelwirtschaft gegenüber an Einfluss verlierenden übergeordneten Bindungen war. Dieser Entwicklung waren sowohl die Sphäre der kapitalseitigen Unternehmenskontrolle als auch die Arbeitsbeziehungen unterworfen. Indikatoren für die „Desorganisation" des deutschen Kapitalismus sind die Auflösung des Unternehmensnetzwerks aus Kapital- und Personalverflechtungen, die Loslösung der Banken aus den ehemals engen Beziehungen zwischen Hausbanken und Industrieunternehmen, die Entstehung eines Markts für Unternehmenskontrolle, die Aktienkursorientierung großer Unternehmen durch „Shareholder Value"-Strategien, die Stärkung der Betriebsräte gegenüber den Gewerkschaften, die Dezentralisierung der Tarifpolitik und die Transformation der Einheitsgewerkschaft in eine Gruppe miteinander konkurrierender Richtungsgewerkschaften. Diese Veränderungen resultieren in einer Schwächung gesamtwirtschaftlicher Perspektiven und deren Ersetzung durch einzelwirtschaftliche Orientierungen in den Unternehmen.

2. Komplexe Gebilde wie nationale politische Ökonomien können mit unterschiedlichen Erkenntnisinteressen und unterschiedlichem theoretischem Rüstzeug betrachtet werden. Zur Erfassung des Wesens der politischen Ökonomie der Bundesrepublik und des Wandels in den neunziger Jahren erweisen sich Theorien des „organisierten Kapitalismus" in der Tradition Hilferdings und Naphtalis, die das Spannungsverhältnis zwischen Einzelwirtschaft und gesamtwirtschaftlichen Bindungen in das Zentrum ihrer Analysen stellten, als besonders geeignet. In der politökonomischen Debatte über Spielarten des Kapitalismus werden vor allem Modelle diskutiert, in denen die institutionelle Fähigkeit zur Reproduktion unternehmensspezifischer Fertigkeiten und die damit einhergehenden Innovationsmuster im Vordergrund stehen. Für die analytische Erfassung der Erosion des organisierten Kapitalismus erweisen sich diese Theorien als schlecht geeignet. Es besteht die Gefahr, manche der Veränderungen der politischen Ökonomie Deutschlands – wie die Schwächung des Gewerkschaftseinflusses gegenüber der zunehmenden Macht klassenübergreifender Koalitionen in den Unternehmen – als Stabilität, wenn nicht gar als Radikalisierung der Wesensmerkmale des „deutschen Modells" fehlzudeuten, weil sie die strategische Koordination mit den Kernbelegschaften und die Reproduktion unternehmensbasierter Qualifikationen nicht behindern. Die institutionellen Voraussetzungen zur Produktion hochwertiger Autos mögen in Deutschland bestehen bleiben. Unter der Oberfläche dieser Stabilität erodiert allerdings die Fähigkeit der Gesellschaft, private Ressourcen in den Unternehmen für gesamtgesellschaftliche Ziele zu vereinnahmen. Das zeigt sich am Rückzug der Banken aus ihrer ehemals gesamtwirtschaftlichen Verantwortung ebenso wie an dem Ende der Quersubventionierung zwischen leistungsschwachen und starken Unternehmensteilen, mit der Unternehmen auch unter Vernachlässigung einzelwirtschaftlicher Profitabilitätserwägungen dank dem fehlenden Druck durch drohende feindliche Übernahmen Wachstums- und Beschäftigungsziele verfolgen konnten. Die Blindheit des „Varieties of Capita-

lism" gegenüber diesen Entwicklungen spricht für eine Rückbesinnung auf die Kapitalismustheorien der zwanziger Jahre.
3. Sozialwissenschaftler neigen dazu, momentan zu beobachtende Tendenzen gedanklich linear in die Zukunft zu verlängern. Das Zusammenspiel von konkurrierenden Einzelwirtschaften und deren Einbettung durch nichtmarktliche Institutionen gleicht in der Geschichte des Kapitalismus, wie von Polanyi in seinem Hauptwerk „The Great Transformation" (Polanyi 1944/1997) beschrieben, aber eher einer Pendelbewegung. Die Ausbreitung des Kapitalismus führte dazu, „dass das ökonomische System nicht mehr in die gesellschaftlichen Verhältnisse eingebettet war, sondern diese Verhältnisse nunmehr im ökonomischen System eingebettet waren" (Polanyi 1979: 141). Dieser „inneren Landnahme des Marktes" (Lutz 1984) folgte seit dem Ende der Gründerkrise von 1873-79, spätestens seit den Kartellierungswellen der Weimarer Republik, die Transformation zum „organisierten Kapitalismus", der die Unternehmen in feste gesellschaftliche Bindungen einbettete und der Macht der Märkte erneut Grenzen setze (Hilferding 1931/1982: 240-242; Lehmbruch 2001; Wehler 1974: 37-44). Seit den neunziger Jahren ist wiederum eine Umkehrung der Pendelrichtung zu beobachten, in der sich Märkte räumlich und sachlich ausbreiten und sich die Unternehmen aus übergeordneten Verbindungen lösen, so dass es erneut als offene Frage erscheint, wer im gegenwärtigen Kapitalismus wen einbettet und ob, wie bereits in der Phase der Ausbreitung des Kapitalismus, „die Wirtschaft, die bisher stets untergeordneter, eingebetteter Bestandteil des sozialen Lebens gewesen war, jetzt einen Primat zu beanspruchen und gegenüber dem Sozial-, Werte- und Politiksystem durchzusetzen" beginnt (Wehler 1974: 37).
4. Die gegenwärtige Politökonomie hat ein geschärftes Auge für den internationalen Vergleich entwickelt. Gerade dieser Vergleich zeigt aber, dass viele der hier für Deutschland diskutierten Veränderungen zeitnah in unterschiedlichen, Systemtypen übergreifenden Ländern stattfinden. Mit dem Wachstum institutioneller Anleger und dem Entstehen eines Markts für Unternehmenskontrolle reproduzieren kontinentaleuropäische Länder Entwicklungen, denen Unternehmen aus angelsächsischen Ländern bereits in den achtziger Jahren ausgesetzt waren. Auch der „Shareholder Value" als Gegenbewegung zum Managerialismus im Sinne von Berle und Means (1932) sowie Galbraith (1967) hat in den USA bereits in den achtziger und frühen neunziger Jahren stattgefunden. Der internationale Vergleich darf deshalb den Blick nicht darauf verstellen, dass neben regionalen Besonderheiten Phasen des Kapitalismus existieren. „Das industriell entwickelte Land zeigt dem minderentwickelten nur das Bild der eigenen Zukunft", schrieb Marx im Vorwort zum ersten Band des „Kapital" im Hinblick auf den ungleichzeitig verlaufenden Übergang vom Früh- zum Hochkapitalismus in Deutschland und England (Marx 1867/1986: 12). Er sollte damit ebenso Recht behalten wie die Theoretiker des organisierten Kapitalismus mit ihrer Einsicht, dass Gegenbewegungen und die Errichtung von Marktbarrieren nachfolgend in unterschiedlichen Ländern vergleichbar, wenn auch unterschiedliche Varianten organisierter Kapitalismen hervorbringend, stattfanden (Hilferding 1931/1982: 241; Kocka 1974: 19; Pollock 1933/1975: 65; Sombart 1932/1987: 407; Wehler 1974: 52). Empirische Politische Ökonomie muss in der Lage sein, synchrone und diachrone Unterschiede des Kapitalismus gleichzeitig zu erfas-

sen und der analytischen Beschreibung zugänglich zu machen. Die gegenwärtigen Veränderungen kapitalistischer Systeme werden mitunter mit „Finanzialisierung" oder der Entwicklung zum „Finanzkapitalismus" höchst unglücklich bezeichnet, war bei Hilferding der „Finanzkapitalismus" doch gerade der Begriff zur Kennzeichnung der Verschmelzung von Finanz- und Industriekapital im organisierten Kapitalismus.

5. Die kapitalseitige institutionelle Verfasstheit und ihre Veränderungen sind auch aus der Perspektive des Parteienwettbewerbs bemerkenswert (Höpner 2003a). Hinsichtlich des Unternehmensnetzwerks und der koordinierenden, „parastaatlichen" (Shonfield 1968: 311) Stellung der Banken war die deutsche Sozialdemokratie nicht die Partei für „Politics against Markets" (Esping-Andersen 1985), sondern – im Vergleich zur CDU – die Marktpartei. Das war nicht immer so. In der Weimarer Republik hielten Gewerkschaften und Sozialdemokratie den organisierten Kapitalismus für die fortschrittlichere, entwickeltere, dem Sozialismus deshalb nähere Variante des Kapitalismus. Forderungen nach Entflechtung hielten Theoretiker wie Naphtali, Hilferding und Sombart deshalb für rückwärtsgewandt. Der Faschismus resultierte in einem ideologischen Bruch und einer Redefinition linken Denkens. Von der „siebenjährigen Kartellschlacht" der fünfziger Jahre bis zu den Reformen der Unternehmenskontrolle der Neunziger erwies sich die CDU, nicht die SPD, als Partei des „rheinischen", „organisierten" Kapitalismus. Dies illustriert eindrücklich den kontingenten Charakter politischer Präferenzen, der unabhängig von Raum und Zeit nicht aus Modellen abgeleitet werden kann.

Literatur

Abelshauser, Werner, 1983: Wirtschaftsgeschichte der Bundesrepublik Deutschland (1945–1980). Frankfurt a.M.: Suhrkamp.
Abromeit, Heidrun, 1990: Government-Industry Relations in West Germany, in: *Chick, Martin* (Hrsg.), Governments, Industries and Markets. Aspects of Government-Industry Relations in the UK, Japan, West Germany and the USA since 1945. Aldershot: Edward Elgar, 61–83.
Autorenkollektiv, 1965: Imperialismus heute. Der staatsmonopolistische Kapitalismus in Westdeutschland. Berlin: Dietz.
Berle, Adolph A./Means, Gardiner C., 1932: The Modern Corporation and Private Property. New York: Macmillan.
Beyer, Jürgen, 1998: Managerherrschaft in Deutschland? „Corporate Governance" unter Verflechtungsbedingungen. Opladen: Westdeutscher Verlag.
Beyer, Jürgen, 2003: Deutschland AG a.D.: Deutsche Bank, Allianz und das Verflechtungszentrum des deutschen Kapitalismus, in: *Streeck, Wolfgang/Höpner, Martin* (Hrsg.), Alle Macht dem Markt? Fallstudien zur Abwicklung der Deutschland AG. Frankfurt a.M./New York: Campus, 118–146.
Boccara, Paul u.a., 1973: Der staatsmonopolistische Kapitalismus. Frankfurt a.M.: Verlag Marxistische Blätter.
Burnham, James, 1941: The Managerial Revolution. What is Happening in the World. Westport, Connecticut: Greenwood Press.
Cox, Andrew, 1986: State, Finance and Industry in Comparative Perspective, in: *ders.* (Hrsg.), State, Finance and Industry. A Comparative Analysis of Post-War Trends in Six Advanced Industrial Economies. Brighton: Wheatsheaf, 1–59.

Czada, Roland, 1995: Kooperation und institutionelles Lernen in Netzwerken der Vereinigungspolitik, in: *Mayntz, Renate/Scharpf, Fritz W.* (Hrsg.), Gesellschaftliche Selbstregulierung und politische Steuerung. Frankfurt a.M.: Campus, 299–327.
Deeg, Richard, 1999: Finance Capitalism Unveiled. Banks and the German Political Economy. Ann Arbor: University of Michigan Press.
Deppe, Frank/von Freyberg, Jutta/Kievenheim, Christof/Meyer, Regine/Werkmeister, Frank, 1970: Kritik der Mitbestimmung. Partnerschaft oder Klassenkampf? Zweite Auflage, Frankfurt a.M.: Suhrkamp.
Deutsche Bundesbank, 2001: Rolle und Verhalten deutscher Fondsmanager auf dem Aktienmarkt, in: Monatsbericht April, 45–60.
Dobb, Maurice, 1966: Organisierter Kapitalismus. Fünf Beiträge zur politischen Ökonomie. Frankfurt a.M.: Suhrkamp.
Dyson, Kenneth, 1986: The State, Banks and Industry: The West German Case, in: *Cox, Andrew* (Hrsg.), State, Finance and Industry. A Comparative Analysis of Post-War Trends in Six Advanced Industrial Economies. Brighton: Wheatsheaf, 118–141.
Dziobek, Claudia/Garrett, John R., 1998: Convergence of Financial Systems and Regulatory Policy Challenges in Europe and in the United States, in: *Black, Stanley W./Moersch, Mathias* (Hrsg.), Competition and Convergence in Financial Markets. Amsterdam: Elsevier, 195–215.
Esping-Andersen, Gøsta, 1985: Politics against Markets. The Social Democratic Road to Power. Princeton: Princeton University Press.
Galbraith, John Kenneth, 1967: Die moderne Industriegesellschaft. München: Droemersche Verlagsanstalt.
Hall, Peter A./Soskice, David, 2001: An Introduction to Varieties of Capitalism, in: *Hall, Peter/Soskice, David* (Hrsg.), Varieties of Capitalism. The Institutional Foundations of Comparative Advantage. Oxford: Oxford University Press, 1–71.
Hassel, Anke, 2003: Die Lage der deutschen Gewerkschaften, in: Gewerkschaftliche Monatshefte 53(5), 294–298.
Hilferding, Rudolf, 1909/1923: Das Finanzkapital. Wien: Verlag der Wiener Volksbuchhandlung.
Hilferding, Rudolf, 1982: Zwischen den Stühlen oder über die Unvereinbarkeit von Theorie und Praxis. Schriften Rudolf Hilferdings 1904 bis 1940. Herausgegeben von *Cora Stephan.* Berlin/Bonn: Dietz. Darin: Arbeitsgemeinschaft der Klassen? (1915), 63–76; Probleme der Zeit (1924), 166–181; Die Aufgaben der Sozialdemokratie in der Republik (1927), 212–236; Gesellschaftsmacht oder Privatmacht über die Wirtschaft (1931), 237–267.
Höpner, Martin, 2003a: European Corporate Governance Reform and the German Party Paradox. MPIfG Discussion Paper 2003-4. Köln: Max-Planck-Institut für Gesellschaftsforschung.
Höpner, Martin, 2003b: Wer beherrscht die Unternehmen? Shareholder Value, Managerherrschaft und Mitbestimmung in Deutschland. Frankfurt a.M.: Campus.
Höpner, Martin/Jackson, Gregory, 2001: An Emerging Market for Corporate Control? The Mannesmann Takeover and German Corporate Governance. MPIfG Discussion Paper 2001-4. Köln: Max-Planck-Institut für Gesellschaftsforschung.
Höpner, Martin/Krempel, Lothar, 2003: The Politics of the German Company Network. MPIfG Working Paper 2003-9. Köln: Max-Planck-Institut für Gesellschaftsforschung.
Ipsen, Dirk/Pfitzinger, Jens, 2003: Krise der Deutschland AG: Der Fall AEG, in: *Streeck, Wolfgang/Höpner, Martin* (Hrsg.), Alle Macht dem Markt? Fallstudien zur Abwicklung der Deutschland AG. Frankfurt a.M./New York: Campus, 60–92.
Jackson, Gregory, 2001: The Origins of Nonliberal Corporate Governance in Germany and Japan, in: *Streeck, Wolfgang/Yamamura, Kozo* (Hrsg.), The Origins of Nonliberal Capitalism. Germany and Japan in Comparison. Ithaca/London: Cornell University Press, 121–170.
Keller, Bernd, 1999: Neustrukturierung der Interessenvertretung im Dienstleistungsbereich. Eine Gedankenskizze zu ver.di, in: Gewerkschaftliche Monatshefte 49(10), 609–624.
Kocka, Jürgen, 1974: Organisierter Kapitalismus oder Staatsmonopolistischer Kapitalismus? Begriffliche Vorbemerkungen, in: *Winkler, Heinrich August* (Hrsg.), Organisierter Kapitalismus. Voraussetzungen und Anfänge. Göttingen: Vandenhoeck & Ruprecht, 19–35.

Kotthoff, Hermann, 1998: Mitbestimmung in Zeiten interessenpolitischer Rückschritte: Betriebsräte zwischen Beteiligungsofferten und „gnadenlosem Kostensenkungsdiktat", in: Industrielle Beziehungen 5(1), 76–100.
Kurdelbusch, Antje, 2002: The Rise of Variable Pay in Germany. Evidence and Explanations, in: *Ferner, Anthony* (Hrsg.), Special Issueof „European Journal of Industrial Relations" on Multinational Companies and Globalisation, 325–349.
Lehmbruch, Gerhard, 2001: The Institutional Embedding of Market Economies: The German „Model" and its Impact on Japan, in: *Streeck, Wolfgang/Yamamura, Kozo* (Hrsg.), The Origins of Nonliberal Capitalism. Germany and Japan in Comparison. Ithaca/London: Cornell University Press, 39–93.
Lenin, Wladimir I., 1917/1985: Der Imperialismus als höchstes Stadium des Kapitalismus. Berlin: Dietz.
Lutz, Burkart, 1984: Der kurze Traum immerwährender Prosperität. Eine Neuinterpretation der industriell-kapitalistischen Entwicklung im Europa des 20. Jahrhunderts. Frankfurt a.M./New York: Campus.
Mandel, Ernst, 1972: Der Spätkapitalismus. Versuch einer marxistischen Erklärung. Frankfurt a.M.: Suhrkamp.
Manne, Henry, 1965: Mergers and the Market for Corporate Control, in: Journal of Political Economy 73(2), 110–120.
Marx, Karl, 1867/1986: Das Kapital. Zur Kritik der Politischen Ökonomie. 30. Auflage, erster Band, Dietz: Berlin.
Mitbestimmungskommission, 1998: Mitbestimmung und neue Unternehmenskulturen – Bilanz und Perspektiven. Bericht der Kommission Mitbestimmung der Bertelsmann Stiftung und der Hans-Böckler-Stiftung. Gütersloh: Verlag Bertelsmann Stiftung.
Naphtali, Fritz, 1928/1966: Wirtschaftsdemokratie. Ihr Wesen, Weg und Ziel. Mit einem Vorwort von *Ludwig Rosenberg* und einer Einführung von *Otto Brenner*. Frankfurt a.M.: Europäische Verlagsanstalt.
Polanyi, Karl, 1944/1997: The Great Transformation. Politische und ökonomische Ursprünge von Gesellschaften und Wirtschaftssystemen. 4. Auflage, Frankfurt a.M.: Suhrkamp.
Polanyi, Karl, 1979: Ökonomie und Gesellschaft. Mit einer Einleitung von *S.C. Humphreys*. Übersetzt von Heinrich Jelinek. Frankfurt a.M.: Suhrkamp.
Pollock, Friedrich, 1975: Stadien des Kapitalismus. Herausgegeben und eingeleitet von *Helmut Dubiel.* München: Beck. Darin: Die gegenwärtige Lage des Kapitalismus und die Aussichten einer planwirtschaftlichen Neuordnung (1932), 20–39; Bemerkungen zur Wirtschaftskrise (1933), 40–71; Staatskapitalismus (1941), 72–72–100.
Rappaport, Alfred, 1986/1999: Shareholder Value. Ein Handbuch für Manager und Investoren. Übersetzt von Wolfgang Klien. 2., vollständig überarbeitete und aktualisierte Auflage, Stuttgart: Schäffer-Poeschel.
Rehder, Britta, 2003: Betriebliche Bündnisse für Arbeit in Deutschland. Mitbestimmung und Flächentrarif im Wandel. Frankfurt a.M./New York: Campus.
Scharpf, Fritz W., 1999: Regieren in Europa: Effektiv und demokratisch? Frankfurt a.M./New York: Campus.
Schmidt, Susanne K., 1998: Liberalisierung in Europa. Die Rolle der Europäischen Kommission. Frankfurt a.M./New York: Campus.
Schumpeter, Joseph A., 1942/1950: Kapitalismus, Sozialismus und Demokratie. Einleitung von *Edgar Salin*. Zweite, erweiterte Auflage, Bern: A. Francke AG Verlag.
Shonfield, Andrew, 1968: Geplanter Kapitalismus. Wirtschaftspolitik in Westeuropa und USA. Mit einem Vorwort von *Karl Schiller*. Köln/Berlin: Kiepenheuer und Witsch.
Sombart, Werner, 1987: Sombarts „Moderner Kapitalismus". Materialien zur Kritik und Rezeption. Herausgegeben von Bernhard von Brocke. München: DTV. Darin: Die Zukunft des Kapitalismus (1932), 394–418.
Streeck, Wolfgang, 1991: On the institutional Conditions of Diversified Quality Production, in: *Matzner, Egon/Streeck, Wolfgang* (Hrsg.), Beyond Keynesianism. The Socio-Economics of Production and Full Employment. Aldershot: Edward Elgar, 21–61.

Streeck, Wolfgang, 1992: Social Institutions and Economic Performance. Studies of Industrial Relations and Economic Performance. London: Sage. Darin: Interest Heterogeneity and Organizing Capacity: Two Class Logics of Collective Action?, 76–194.

Streeck, Wolfgang/Höpner, Martin, 2003: Einleitung: Alle Macht dem Markt?, in: *dies.* (Hrsg.), Alle Macht dem Markt? Fallstudien zur Abwicklung der Deutschland AG. Frankfurt a.M./New York: Campus, 11–59.

Streeck, Wolfgang/Rehder, Britta, 2003: Der Flächentarifvertrag: Krise, Stabilität und Wandel. MPIfG Working Paper 2003-6. Köln: Max-Planck-Institut für Gesellschaftsforschung.

Studienkommission „Grundsatzfragen der Kreditwirtschaft", 1979: Bericht der Studienkommission „Grundsatzfragen der Kreditwirtschaft". Schriftenreihe des Bundesministeriums der Finanzen. Bonn: Wilhelm Stollfuss Verlag.

Thelen, Kathleen, 2000: Why German Employers cannot bring themselves to dismantle the German Model, in: *Iversen, Torben/Pontusson, Jonas/Soskice, David* (Hrsg.), Unions, Employers, and Central Banks. Macroeconomic Coordination and Institutional Change in Social Market Economies. Cambridge: Cambridge University Press, 138–169.

Wagner, Hilde/Schild, Armin, 1999: Auf dem Weg zur Tarifbindung im Informations- und Kommunikationssektor. Ein Beispiel der Tarifpolitik der IG Metall im Bereich industrieller Dienstleistungen, in: WSI-Mitteilungen 52(2), 87–98.

Wassermann, Wolfram, 2003: Betriebsräte stabilisiert – Gewerkschaften geschwächt?, in: Die Mitbestimmung 49(7), 48–51.

Weber, Adolf, 1929: Ende des Kapitalismus? Die Notwendigkeit freier Erwerbswirtschaft. Zweite, wesentlich erweiterte Auflage, München: Max Huber Verlag.

Wehler, Hans-Ulrich, 1974: Der Aufstieg des Organisierten Kapitalismus und Interventionsstaates in Deutschland, in: *Winkler, Heinrich August* (Hrsg.), Organisierter Kapitalismus. Voraussetzungen und Anfänge. Göttingen: Vandenhoeck & Ruprecht, 36–57.

Windolf, Paul/Beyer, Jürgen, 1995: Kooperativer Kapitalismus. Unternehmensverflechtungen im internationalen Vergleich, in: Kölner Zeitschrift für Soziologie und Sozialpsychologie 47(1), 1–36.

Winkler, Heinrich August, 1974: Einleitende Bemerkungen zu Hilferdings Theorie des Organisierten Kapitalismus, in: *ders.* (Hrsg.), Organisierter Kapitalismus. Voraussetzungen und Anfänge. Göttingen: Vandenhoeck & Ruprecht, 9–18.

Winkler, Heinrich August (Hrsg.), 1974: Organisierter Kapitalismus. Voraussetzungen und Anfänge. Göttingen: Vandenhoeck & Ruprecht.

IV.

Markt und Politik im OECD-Ländervergleich

Sieg des Marktparadigmas in der Steuerpolitik?
Konzepte und Determinanten der Steuererhebung im internationalen Vergleich

Uwe Wagschal

1. Einleitung

Der vorliegende Beitrag analysiert die Entwicklungen der Steuerpolitik und insbesondere der Steuerreformpolitik im internationalen OECD-Ländervergleich, wobei der Fokus auf den demokratisch etablierten – und damit vergleichbaren – Industrienationen liegt. Dabei soll der Frage nachgegangen werden, inwieweit sich marktwirtschaftliche Ordnungs- und Gestaltungsprinzipien in der Steuerpolitik durchgesetzt haben. Diese Fragestellung suggeriert, dass bisher das Marktparadigma in der Steuerpolitik wohl nicht sonderlich „siegreich" war, trotz der eindeutigen Evidenz funktionierender Marktwirtschaften im OECD-Raum. In der Tat gibt es verschiedene Begründungen für die Steuerpolitik und zunächst scheint „Marktkompatibilität" nicht dazuzugehören: Steuern, so die traditionelle – und weithin akzeptierte – Auffassung der Kameralistik, dienen der Einnahmebeschaffung des Staates. Der SPD-Fraktionsvorsitzende Müntefering drückte dies im Dezember 2002 in einem Tagesspiegel-Interview besonders plastisch aus, als er von den Bürgern forderte: „Weniger für den privaten Konsum – und dem Staat Geld geben, damit Bund, Länder und Gemeinden ihre Aufgaben erfüllen können."[1]

Die Untersuchung geht wie folgt vor: Im zweiten Kapitel werden theoretische Besteuerungskonzepte sowie die handlungsleitenden Konzepte einzelner Akteure diskutiert. Im darauf folgenden Abschnitt wird eine Bestandsaufnahme langfristiger Besteuerungstrends gegeben. Einzelne Reformprojekte sowie ein Ausblick auf die zukünftigen Entwicklungen der Steuerpolitik werden im vierten Abschnitt vorgestellt und bewertet. Schließlich wird der Frage nachgegangen, warum einige Staaten umfassendere Steuerreformen durchgeführt haben als andere. Im Fazit wird die Frage beantwortet, ob sich tatsächlich mehr Markt und weniger Staat beobachten lässt.

2. Besteuerungs- und Reformkonzepte

2.1 Grundsätze und Positionen der Besteuerung

Die finanzwissenschaftliche Literatur (z.B. Musgrave 1990, Rose 1981) nennt zahlreiche Anforderungen an Steuerreformen bzw. an die Ausgestaltung von Steuersystemen. Dabei werden unter anderem folgende Postulate aufgestellt: Neutralität bezüglich In-

---

[1] Der Tagesspiegel, 01.12.2002.

vestitionen und Wettbewerb; Rechtsformneutralität, d.h. keine Diskriminierung von Kapitalgesellschaften gegenüber Personengesellschaften; Sicherung der öffentlichen Einnahmen; vertikale Gerechtigkeit, d.h. es soll zu keiner Verschiebung in der Leistungsfähigkeit von Personen/Unternehmen nach Steuern kommen; horizontale Gerechtigkeit, d.h. Personen mit gleichen Besteuerungstatbeständen sollen auch gleich behandelt werden; Verteilungsgerechtigkeit; Berücksichtigung ökologischer Kriterien; Förderungen der Eigenkapitalbildung von Unternehmen; vereinfachte Besteuerung. Ferner wird gefordert, dass Steuerreformen zur Senkung der Steuererhebungskosten beitragen. Schließlich kann die Besteuerung nach dem Äquivalenzprinzip oder dem Leistungsfähigkeitsprinzip erfolgen.

Manche dieser Kriterien widersprechen sich und sind nicht gleichzeitig zu erfüllen. Dies gilt besonders für die Kriterien der Effizienz einerseits und der Gerechtigkeit andererseits. Auf diese lassen sich letztlich sämtliche Postulate zurückführen. Dabei folgen marktorientierte Steuerreformen eindeutig Effizienzkriterien, im Terminus der Finanzwissenschaften den „Optimalsteuerregeln" (Rose 1981). Insofern ist es unerlässlich, jeweils die Begründungen und Rationalitäten für die einzelnen Reformen zu verorten.

Der größte Marktdruck auf die Steuersysteme entstand durch die Globalisierung und den damit verbundenen Steuerwettbewerb.[2] Bis Mitte der 1970er Jahre mussten Nationalstaaten kaum Rücksicht auf die Steuerpolitik im Ausland nehmen, wegen geringerer Integration der nationalen Volkswirtschaften, fester Wechselkurse sowie hoher Wachstumsraten. Mit der Globalisierung, der demographischen Herausforderung, der zunehmenden europäischen Integration und der intensivierten Liberalisierung des Welthandels sowie des Kapitalverkehrs veränderten sich die Rahmenbedingungen für eine nationale Wirtschafts- und Steuerpolitik. Den Ländern mit zu hohen Steuern drohte die Abwanderung von Kapital und Steuersubstrat. Die These war geboren, dass der Steuerwettbewerb zu einem *race to the bottom* führen (Peterson 1995, Sinn 1997) und das Ende des Wohlfahrtsstaates einläuten würde. Der Steuerwettbewerb wurde in den 1950er und 1960er Jahren erstmals thematisiert, vor allem in Arbeiten zum Fiskalföderalismus (Tiebout 1956, Oates 1972). Politisch werden die Wirkungen des Steuerwettbewerbs oft negativ bewertet, zumindest in den meisten europäischen Ländern. Selbst die OECD spricht von einem schädlichen Steuerwettbewerb und stellt einzelne Länder, wie etwa die Schweiz oder Liechtenstein, an den Pranger (OECD 1998).

Ähnlich wie bei den Abwertungswettläufen Anfang der 1930er und 1970er Jahre streben die einzelnen Länder im Steuerwettbewerb nach einem komparativen Vorteil gegenüber ihren Mitkonkurrenten – vorzugsweise durch die Senkung der Steuern auf mobiles Steuersubstrat (Kapital, hohe Einkommen). Die konkurrenzierte Gebietskörperschaft wird dadurch gezwungen nachzuziehen. Durch das geringere Steueraufkommen kommt es – so die These – zu einem Rückgang der Staatstätigkeit. Die Rationalität eines solchen Verhaltens ist für ein Land, das diesen Wettlauf in Gang setzt, dann gegeben, wenn andere Länder sich diesem Standort- und Anpassungswettbewerb nicht stellen oder stellen können, etwa wegen zu starker Vetospieler oder zu hoher politischer Kosten. Allerdings – so zum Beispiel die Auffassung von Hans-Werner Sinn – ist

---

2 Der amerikanische Ökonom Paul Krugman weist jedoch darauf hin, dass es – strikt genommen – keinen Systemwettbewerb zwischen Ländern geben kann, da es sich nur um einen Wettbewerb von Unternehmen oder Personen handelt (Krugman 1996: 5ff.).

ein solcher Steuerwettlauf suboptimal, wenn sich alle Länder daran beteiligen und die relativen Positionen sich nicht ändern: „Alle Länder zusammen können sich schwerlich besser stellen, wenn sich eine Steuersenkungsspirale ergibt, die zur Erosion des Sozialstaates führt und dem Staat die Erfüllung seiner unabweislichen Aufgaben erschwert" (Sinn 1997: 26).

Allerdings kann weder im internationalen noch im nationalen Vergleich – für föderale Länder, die den Steuerwettbewerb zulassen – ein solcher Abwärtswettlauf nachgewiesen werden, wenn man die Steuer- (vgl. Tabelle 3) und Abgabenquoten als Grundlage nimmt. Zwar wurden die Sätze der Körperschaft- und Einkommensteuern (vgl. Abbildungen 1 und 2) gesenkt, doch die Steuereinnahmen sind nicht erodiert, was der Strategie der Beseitigung von Steuerschlupflöchern und Steuerausnahmen zu verdanken war. Es bedarf einer Erklärung für diese fehlende Evidenz eines ruinösen Steuerwettbewerbs. Ein theoretischer Einwand (Schiltknecht 2002) gegen die *race-to-the-bottom*-These liegt in der Verwendung eines unzureichenden politisch-ökonomischen Modells. Die Popularitätsfunktion von Regierungen bestimmt sich nicht nur durch eine niedrige Steuerbelastung der Wähler. Auf dem Wählerstimmenmarkt werden nämlich auch die öffentlichen Leistungen und Ausgaben bewertet: Funktioniert das Schulsystem? Ist die Infrastruktur in Ordnung? Ist die Kriminalität niedrig? Verschiedene Studien haben gerade für Standortentscheidungen von Unternehmen auch auf die Relevanz solcher *soft factors* hingewiesen, was die Bedeutung der Steuerlast etwas relativiert. Um diese Standortqualität zu gewährleisten, benötigt der Staat Finanzmittel; dabei zeigt sich durchaus eine gewisse Zahlungsbereitschaft des Elektorats, am sichtbarsten in Ländern mit direkter Demokratie auf der Einnahmeseite (Wagschal 1997).

Die oft zu beobachtende, (normativ gefärbte) negative Bewertung des Steuerwettbewerbs, so etwa bei Scharpf (1998: 62), ist aus einem ökonomischen Blickwinkel kaum begründbar. Aus dieser Perspektive führt ein Steuerwettbewerb zu Effizienzgewinnen, besserem Mitteleinsatz und bei einer entsprechenden Rückkopplung über demokratische Entscheidungsverfahren auch zu einer besseren Deckung des Angebots öffentlicher Leistungen mit den Präferenzen der Bürger (Kirchgässner/Feld/Savioz 1999). Überdies begrüßen Liberale den Gewinn an Freiheit durch den Steuer- und Systemwettbewerb, denn dadurch gewinnen sie eine „Exit-Option" (Hirschman 1974). Durch sie verringert sich die Regulierungsmacht des Staates, wobei keineswegs ausgemacht ist, ob es das vielbeschworene *race to the bottom* geben muss.[3] Gerade die Unterschiede bei der Besteuerung können auf der Basis des politisch-ökonomischen Modells von Hirschman, der Länder als „deutlich differenzierte Produkte" (Hirschman 1974: 69) betrachtet, als Vorteil gesehen werden. Bei ähnlichen ökonomischen Strukturen wird die Exit-Option immer günstiger, etwa durch Harmonisierung, aber auch durch Konvergenz. Es erstaunt überdies nicht, dass Länder mit einer moderaten Besteuerung die geringsten Schwarzarbeitsquoten und damit den geringsten „exit" aufweisen (USA, Großbritannien, Schweiz und Japan; Ausnahme: Österreich), d.h. die Loyalität der Steuerbürger ist hier am höchsten (neueste Daten bei Schneider 2003).

---

3 Dies wird auch als „Delaware-Effekt" bezeichnet, ein regulatorisches Beispiel aus dem US-Wirtschaftsrecht, das mittlerweile eher positiv bewertet wird. Der umgekehrte Fall eines regulatorischen Wettbewerbs, der zu einem *race to the top* führt – ein Beispiel sind Umweltstandards im Automobilbau – wird als „California-Effekt" bezeichnet.

Dem internationalen Steuerwettbewerb lassen sich zwei weitere Effekte zuschreiben. Erstens wird er langfristig zu einer Stärkung des Äquivalenzprinzips führen, wonach Steuern den Charakter von Preisen für öffentliche Güter annehmen. Die Abwanderungsoption kann nämlich auch als ein Reflex auf die Verletzung des Äquivalenzprinzips interpretiert werden. Unternehmen wollen im Standortwettbewerb einen Gegenwert für ihre Abgaben. Dieses auch in der Sozialversicherung dominante Prinzip führt zu einer Schwächung der Einkommensbesteuerung für natürliche und juristische Personen sowie paradoxerweise eher zu einer Schwächung respektive Abkehr von traditionell liberalen Positionen. Nach Josef Schumpeter ist nämlich die Einkommensteuer die Steuer des bürgerlichen Liberalismus (Schumpeter 1929). Zudem ist das Leistungsfähigkeitsprinzip einerseits Ausdruck des individualistischen Gedankengutes und kommt andererseits „sozialistischen Nivellierungstendenzen" (Mann 1937: 360) entgegen. Gerade Adam Smith sprach sich in seinem Hauptwerk für die Besteuerung nach der Leistungsfähigkeit aus (Smith 1993).

Zweitens wird in den traditionellen ökonomischen Außenhandelstheorien davon ausgegangen, dass sich die Länder entweder spezialisieren (Ricardo-Fall) oder sich die Faktorentlohnungen von Kapital und Arbeit sowie die Güterpreise durch internationalen Handel angleichen (Heckscher-Ohlin-Modell). Es kommt also zu einheitlichen Weltmarktpreisen. Für ein Hochlohnland bedeutet dies zusätzlichen Druck und führt faktisch zu einer Lohnsenkung und damit gleichzeitig zu Steuerausfällen. Allerdings sind in dem Modell die Wohlfahrtsgewinne des internationalen Handels zu berücksichtigen.

So weit die Globalperspektive. Die durchgeführten Steuerreformen folgen im Detail jedoch unterschiedlichen Rationalitäten. Keine Rolle spielt dies für manche Kritiker von Links, die wahlweise eine solche Politik mit „Neoliberalismus" oder „Neokonservatismus" (Hickel 1998, Borchert 1995) oder auch als „Manchester-Liberalismus" stigmatisieren.[4] Oder es wird gleich die Analogie zwischen Neoliberalismus und kriegerischer Aggression aufgestellt (Altvater 2001) oder der Neoliberalismus als Nährboden für Rechtsextremismus verortet (Butterwegge 1998). Dabei wird verkannt, dass sich Konservatismus und Liberalismus historisch und politisch eher feindlich gegenüberstanden (Beyme 1984). Eine derart undifferenzierte Polemik ist natürlich nicht an Inhalten oder Details interessiert. Selbst dort, wo am stärksten „pro Markt" reformiert wurde, lassen sich Differenzen identifizieren. Zwischen *Reagonomics, Thatcherismus, Rogernomics* (Neuseeland) sowie den Steuerreformen der schwedischen Sozialdemokratie oder von *New Labour* bestehen sowohl in der Begründung als auch in der Durchführung Unterschiede.[5] In Tabelle 1 werden die unterschiedlichen Policy-Präferenzen

---

4 Hier zeigt sich historische Unkenntnis, denn die „Manchester-Liberalen" (Cobden, Bright) setzten sich v.a. für die Verbesserung der sozialen Lage der Arbeiter ein. Neben der Abschaffung der *Corn Laws* spendeten sie gewaltige Summen für die Verbesserung der Lebenslagen von Arbeitern und engagierten sich für die Verbesserung staatlicher Schulbildung, besseren Zugang zu den Universitäten sowie das allgemeine Wahlrecht.

5 Selbst US-Präsident Kennedy, der schwerlich als neokonservativ bezeichnet werden kann, senkte 1963 massiv die Steuern, gerade unter dem Verweis auf das Wirtschaftswachstum: „A rising tide raises all ships" – so seine Begründung des *Revenue Act* von 1964, bei dem der Spitzensteuersatz stärker gesenkt wurde (von 91 auf 70 Prozent) als der Eingangssteuersatz (von 20 auf 14 Prozent).

Tabelle 1: Policy-Positionen von Reformströmungen im Vergleich

	Reagonomics (Neokonservatismus)	Thatcherismus	Rogernomics	New Labour	Keynesianismus
Steuern	Drastisch senken, BMG verbreitern	Senken, BMG verbreitern	BMG verbreitern, Einkommensteuer senken, indirekte Steuern erhöhen	Niveaufixierung, moderate Anpassungen	Instrumentvariable
Staatsausgaben	Tendenziell sinkend, keine Privatisierung	Drastisch senken, Privatisierungen sorgen für Entlastung	Drastisch senken, Privatisierungen, Subventionen und Sozialausgaben reduzieren	Senkung nicht prioritär, kaum Privatisierung	Eher hoch
Defizite	In Kauf nehmen; Hoffen auf Selbstfinanzierung (Laffer-Kurve)	Wenn möglich vermeiden; niedrig	Senken, Haushaltsausgleich als Ziel	Nicht ausufern lassen	Zulassen, (theoretischer) Ausgleich über den Konjunkturzyklus
Schuldenstand	Hohe Schulden können kurz toleriert werden	Verringern	Deutlich reduzieren	Status quo fixierend	Kein großes Problem (extrem: A.P. Lerner)
Gebühren/Äquivalenz	Nicht auf der Agenda	Verstärken für Public Services	Wichtig, Privatisieren staatlicher Aufgaben	Nicht auf der Agenda	Ohne große Bedeutung
Rationalität	Angebotssteuerung, aber auch Nachfrageimpulse	Angebotssteuerung	Angebotssteuerung	Mix aus Angebots- und Nachfragesteuerung	Nachfragesteuerung, Globalsteuerung
Ziele	Wirtschaftswachstum, politische Stärke, starke Wertorientierung	Wirtschaftswachstum, Deregulierung, schlanker, aber „starker" Staat	Beseitigung von Arbeitslosigkeit durch Anreizverbesserungen, Deregulierung	Versöhnung von Kapital und Arbeit, aktiver Staat	Vollbeschäftigung

Anmerkung: BMG = Bemessungsgrundlage.

wichtiger politischer Strömungen klassifiziert. Besonders *in puncto* Staatsausgaben, Haushaltsdefizit und Staatsverschuldung gibt es signifikante Differenzen zwischen Reagonomics und Thatcherismus, wobei der britische Kurs fiskalisch deutlich restriktiver ausfiel. Der amerikanische Reformweg orientierte sich an der Laffer-Kurve und war Defiziten gegenüber weitaus weniger skeptisch eingestellt. Thatcher war dagegen die Abneigung gegen die Verschuldung quasi in die Wiege gelegt (Thatcher 1995: 16). Ihre eigene Lebensumwelt charakterisiert sie so: „Vergeudung gab es bei uns nicht, nie lebten wir über unsere Verhältnisse. Das Schlimmste, was man jemandem nachsagen konnte, war, er stehe ‚in der Kreide'" (Thatcher 1995: 25). Fundamentale Unterschiede zwischen (Neo-)Konservatismus und Liberalismus bestehen überdies bei der Wertorientierung: Nobelpreisträger Milton Friedman – Monetarist, Liberaler und Ideengeber der Reformen (Friedman 1971) – sprach sich für die Freigabe von Drogen, für Stammzellenforschung und gegen die Wehrpflicht aus – Positionen, die dem „neokonservativen" Programm diametral entgegenstehen (Kristol 1995). So verbinden Reagonomics und Thatcherismus jeweils Elemente des Liberalismus und des (Neo-)Konservatismus, mit einer stärkeren Fokussierung auf konservative Elemente bei Reagan (und neuerdings bei G.W. Bush) und liberale Aspekte bei Thatcher.

Selbst sozialdemokratische Regierungen konnten sich diesem Paradigmenwechsel nicht entziehen, als sie mit dem Konzept des „dritten Weges" eine Balance und ideologische Antwort suchten (Glyn 2001). Neuseeland ging von dieser Ländergruppe am weitesten (Fellmeth und Rohde 1999). Ursache hierfür waren sozioökonomische Probleme: Zu Beginn der 1980er befand man sich in einer fundamentalen Krise mit einer der höchsten OECD-Verschuldungsquoten. Manövriert hatte sich Neuseeland in diese Lage vorwiegend wegen eines jahrzehntelangen Protektionismus und einer Strategie des bewussten Abkoppelns von der Weltwirtschaft. Die marktöffnenden Reformen hatten große Parallelen zu den Reformen in Großbritannien und Australien (Castles/Pierson 1996). Die wichtigsten Reformen wurden unter der Labour-Alleinregierung (1984 bis 1990) durchgeführt – vor allem angetrieben durch den Finanzminister Roger Douglas – und begünstigt durch eine äußerst permissive Verfassungsstruktur, die großen Politikumschwüngen zuträglich war (Kaiser 2002). Expertenbefragungen haben gezeigt, dass just zum Reformzeitpunkt Labour in Fragen der Steuerpolitik stärker zu Senkungen bereit war als die Konservativen (Laver/Hunt 1992).

Wie reagierten die Parteien in den OECD-Demokratien auf die Herausforderung von mehr Markt und Steuerwettbewerb? Mehr etatistisch oder mehr in Richtung Marktwirtschaft? Die „Party-Manifesto-Group" (Budge u.a. 2001) hat, basierend auf Inhaltsanalysen von Wahlprogrammen, die Häufigkeit von Nennungen bestimmter Policy-Positionen ausgezählt (z.B. „Ausbau des Wohlfahrtsstaates" oder „Freies Unternehmertum"). Die Aggregation von jeweils acht eindeutigen „pro Marktwirtschaft"- und acht „pro Planung"-Antwortkategorien (aus insgesamt 56 Kategorien) ermöglicht einen Vergleich über die Zeit, bei gleichzeitiger Kontrastierung mit den einzelnen Parteienfamilien (vgl. Tabelle 2). Basierend auf den Daten für die Parteien in 23 OECD-Demokratien lassen sich bei der Differenzierung über zwei Subperioden (1945–1979 sowie 1980–1998) verschiedene Befunde identifizieren:

1. Es lässt sich in den Wahlprogrammen kein Trend in Richtung mehr Markt verorten, eher findet eine leichte Abschwächung statt.

2. Sämtliche Parteienfamilien (bis auf die kleine Gruppe der „Sonstigen") sind nach 1980 weniger interventionistisch. Die stärksten Rückgänge sind bei den Rechtsparteien sowie bei den Sozialdemokraten zu verzeichnen.
3. Wie zu erwarten sind Konservative, rechte Parteien sowie die liberale Parteienfamilien am „marktfreundlichsten", während die Kommunisten, Sozialdemokraten, Regionalparteien sowie die „Sonstigen" am „etatistischten" sind.

Tabelle 2: Policy-Positionen von Parteienfamilien im internationalen Vergleich (1945–1998)

Parteienfamilie	„Pro Marktwirtschaft"		„Pro Planung/Intervention"	
	1945–1979	1980–1998	1945–1979	1980–1998
Kommunisten/Linkssozialisten	5,53	4,15	27,63	25,50
Grüne	n.a.	2,71	n.a.	15,99
Sozialdemokraten	7,71	8,02	27,89	23,37
Nichtchristliche Mitte (z.B. Agrarparteien)	12,20	11,48	17,85	16,85
Christdemokraten	13,06	12,07	16,74	15,28
Liberale	15,87	14,95	15,67	13,04
Konservative	19,79	18,21	12,94	10,88
Regionale Parteien	8,58	10,04	19,96	17,17
Rechte Parteien	18,20	18,84	12,37	7,66
Sonstige	7,26	6,66	17,28	20,37

Anmerkungen: Datenquelle sind die Party Manifesto Daten 1945–1998 (Budge u.a. 2001). Folgende Kategorien (Abkürzungen nach Budge u.a. 2001) bestimmen die Position „pro Markwirtschaft" = per401 + per402 + per407 + per410 + per414 + per505 + per702 + per704. „Pro Planung / Intervention" = per403 + per404 + per409 + per412 + per413 + per503 + per504 + per701. Es müssen pro Parteienfamilie mindestens 5 Datenpunkte vorhanden sein. Insgesamt wurden die Parteiprogramme für 23 OECD-Länder ausgewertet (n = 1814 Parteiprogramme). Es erfolgte eine eigene Einstufung der einzelnen Parteien in die Parteienfamilien, basierend auf der relevanten Fachliteratur und der Selbstzuschreibung der Parteien.

Ein legitimer Einwand gegen diese erstaunlichen Daten wäre das Argument, dass es sich nicht um eine Auswertung von Regierungspolitik handle, sondern nur um vergleichsweise unverbindliche Wahlprogramme der Parteien. Faktisch zeigen aber Policy-Analysen, dass Parteien überwiegend das umsetzen, was sie auch in ihren Programmen versprochen haben (Budge/Hofferbert 1990).

2.2 Die Reformdiskussion in Deutschland

Die wichtigsten Steuerreformvorschläge, die in jüngerer Zeit in Deutschland diskutiert wurden, lassen sich ebenfalls im Spannungsfeld zwischen Effizienz und Gerechtigkeit verorten.

Im Frühjahr 2001 legte der ehemalige Verfassungsrichter Kirchhof den „Karlsruher Entwurf zur Reform des Einkommensteuergesetzes" vor, in dem ein radikal vereinfachtes Steuergesetz vorgeschlagen wurde, das nur aus 21 Paragraphen besteht (Kirchhof u.a. 2001). In „einfacher und klarer Sprache" solle mit nur 21 Paragraphen das bisherige „Verwirrsystem" in ein „Gerechtigkeitssystem" umgebaut werden – mit nur einer Einkunftsart anstelle von sieben. Die Stoßrichtung dieses Konzeptes ist nicht neu: Die

Vereinfachung der Steuererhebung und des Steuersystems steht seit Jahrzehnten auf der Agenda in Deutschland und findet inzwischen Anerkennung bei allen Parteien. So stellt dieser Vorschlag, dessen Realisierung durch eine positive parteiübergreifende Absichtserklärung der Ministerpräsidenten näher gerückt ist, einen wichtigen, aber dennoch nicht radikalen Schritt in Richtung mehr Markt dar.

Der Heidelberger Finanzwissenschaftler Manfred Rose hat dagegen wohl einen der bedeutendsten *marktorientierten* Vorschläge zur Steuervereinfachung vorgelegt: das Konzept der „Einfachsteuer" (Rose 2003). Die Einfachsteuer belastet das Lebenseinkommen nur einmalig und gleichmäßig und vermeidet damit die gängige Doppelbesteuerung. Dies wird erreicht, indem das Jahreseinkommen zins- oder sparbereinigt besteuert wird. Gewinne von Unternehmen gehören dabei grundsätzlich zum Lebenseinkommen ihrer Eigentümer. Gewinne von großen Unternehmen werden jedoch nur an ihrer Quelle besteuert, d.h. beim Unternehmen. Ziel ist letztlich der Übergang auf eine Konsumbesteuerung – ein Vorschlag, der bereits in den 1950er Jahren von Kaldor (Kaldor 1965) gemacht wurde. Grundgedanke ist, dass das Markteinkommen grundsätzlich nur konsumiert oder gespart (und damit investiert) werden kann.

Die Doppelbesteuerung einmal erwirtschafteten Einkommens kann auf zweierlei Art vermieden werden: Die erste Variante ist die so genannte Sparbereinigung. Hierbei bleiben die gesparten Einkünfte zunächst steuerfrei. Das angesparte Kapital wird aber bei seiner Auszahlung zusammen mit den noch unbelasteten Zinsen besteuert. Diese nachgelagerte Besteuerung von Spareinkommen führt dazu, dass die Erträge nicht jährlich durch die Steuer belastet und damit gekürzt werden, sondern nur bei der Konsumierung. Der zweite Weg, das Lebenseinkommen nur einmal zu belasten, ist die so genannte Zinsbereinigung. Hierbei wird die marktübliche Verzinsung jeden Sparkapitals jährlich steuerfrei gestellt. Dies gilt auch für die marktübliche Verzinsung des Eigenkapitals von Unternehmen.

Als Steuersatz schlägt Manfred Rose eine *flat rate* von 25 Prozent vor. Als Alternativvariante wäre aber auch ein progressiver Stufentarif mit drei Steuersatzstufen von 15, 25 und 35 Prozent denkbar (Rose 2003). Die große Attraktivität dieses Ansatzes besteht in der Integration der Einkommens- und Gewinnbesteuerung. Verschiedene Reformschritte in jüngerer Zeit, wie etwa der Vorsorgeabzug bei der „Riester-Rente", gehen in die Richtung einer konsumorientierten Besteuerung.

In Anlehnung an die amerikanischen Steuerreformen der 1980er Jahre hat der CDU-Finanzpolitiker Uldall ebenfalls eine radikale Vereinfachung der Einkommensbesteuerung vorgeschlagen (Uldall 1996). Er empfahl eine Abschaffung aller Ausnahmetatbestände sowie eine einfache Steuerdeklaration. Ferner sollte der Formaltarif der Einkommensteuer hin zu einem dreistufigen Formaltarif geändert werden, mit drei Steuersätzen von 8, 18 und 28 Prozent. Ähnliche Gedanken – wenn auch nicht ganz so drastisch – wurden bereits von der „Bareis-Kommission" 1994 in einem Gutachten für das Finanzministerium formuliert. Diese Empfehlungen griff der damalige Finanzminister Waigel auf, allerdings ohne Erfolg in der politischen Durchsetzung.

Seit langem treten zwei Institutionen besonders stark für mehr marktorientierte Reformen ein: Der inzwischen 40 Jahre alte Sachverständigenrat zur Begutachtung der gesamtwirtschaftlichen Entwicklung (SVR) sowie die Deutsche Bundesbank. Zumindest letztere Institution besaß bis zur Vollendung der Wirtschafts- und Währungsunion ein gewisses Machtinstrumentarium, das sie in zahlreichen Konflikten mit der Bundesregierung einsetzte. Oftmals ging es um den „richtigen" fiskalpolitischen Kurs, am deutlichsten wohl nach der Deutschen Einheit, als die Verschuldungspolitik mit einem Rekordniveau der Leitzinsen konterkariert wurde, und diese erst bei den anschließenden Konsolidierungsbemühungen durch sinkende Zinsen prämiert wurden. Wie der SVR hat sich die Bundesbank in ihren Publikationen als Mahner für gesunde Staatsfinanzen und anreizorientierte Steuerreformen profiliert. Es war die Bundesbank, die als erste Notenbank überhaupt konsequent den Wandel hin zum Monetarismus vollzog und schon 1974 ein Geldmengenziel verkündete (Issing 2003: 5), im Übrigen unter Rückgriff auf die Vorarbeiten und Überlegungen im SVR-Jahresgutachten 1972 bis 1974 (JG 1972, JG 1973, JG 1974).[6]

War der SVR ursprünglich ein Kind des Keynesianismus und der Globalsteuerung, so setzte spätestens seit Anfang der 1970er Jahre eine Kehrtwende ein. Hickel datiert diese auf das Jahr 1975 (Hickel 1998: 101), während Tietmeyer (2003) und Issing (2003) sie schon in den Jahresgutachten ab 1972 (Titel „Gleicher Rang dem Geldwert") ausmachen. Dabei werden die Unterschiede gerade an den Inhalten der Minderheitsvoten in den Jahresgutachten deutlich. Obwohl der gesetzliche Auftrag des SVRs restringiert ist – es ist ihm untersagt, Empfehlungen für bestimmte wirtschafts- und sozialpolitische Maßnahmen auszusprechen – kommen den Jahresgutachten und dem SVR durchaus wichtige Funktionen zu: als Ideengeber, Datenlieferant, Mahner, Politikberater und Initiator, gerade im Bereich der Fiskal- und der Steuerpolitik. Ex-Wirtschaftsminister Lambsdorff schreibt ihm beim Wechsel zur Angebotspolitik – und als Blaupause für das Lambsdorff-Papier von 1982 – eine eminent wichtige Bedeutung zu (Lambsdorff 2003).

Somit kann man den SVR einer „Advocacy-Coalition" (Sabatier/Jenkins-Smith 1993) für mehr Angebotspolitik zuordnen – trotz einer gewissen Heterogenität der Zusammensetzung. Nach dieser These sind Veränderungen und Reformen vor allem nach ökonomischen Schocks wahrscheinlich und finden auf der Grundlage von Lernprozessen (Policy Learning) statt. Alles in allem – so die Würdigungen zum 40-jährigen Bestehen des SVR – ist sein konkreter politischer Einfluss gering und seine Durchsetzungskraft bei bestimmten Steuerreformzielen schwach (Tietmeyer 2003; Issing 2003; Lambsdorff 2003), denn eine kohärente angebotsorientierte Steuerpolitik konnte man in Deutschland bisher unter keiner Bundesregierung beobachten.[7]

---

6 Ein Vergleich der Mitglieder des SVR sowie des Zentralbankrates der Bundesbank ergab zudem, dass immerhin sechs ehemalige SVR-Mitglieder später zur Bundesbank oder zu Landeszentralbanken wechselten. Zwischen 1963 und 2003 gab es insgesamt 33 Mitglieder des SVR. Diese werden auf Vorschlag der Bundesregierung vom Bundespräsidenten für die Dauer von fünf Jahren ernannt. Dabei ist dem SVR – wie den meisten bundesdeutschen Kommissionen – ein starkes korporatistisches Element zueigen, da jeweils ein Mitglied den Gewerkschaften sowie den Arbeitgebern nahesteht.
7 Wesentlich bedeutender ist der Einfluss des SVR bei der Geldpolitik.

3. Quantitative Entwicklungen in der Besteuerung

3.1 Internationaler Vergleich

Der internationale Steuerwettbewerb führt – so die *race-to-the-bottom*-These – zu sinkenden Steuersätzen. Obwohl der Indikator „Steuersatz" Schwächen hat, da etwa bei einer Verbreiterung der Bemessungsgrundlage oder eines Absenkens der Einkommensgrenze der Steuerertrag steigen kann, kommt ihm doch aufgrund seiner Signalfunktion zentrale Bedeutung zu. Da der Faktor Kapital mobiler als der Faktor Arbeit ist, wird sich – so die Hypothese (s.o.) – der Standortwettbewerb bei der Unternehmensbesteuerung verstärken und werden damit auch die Sätze stärker sinken als bei der Einkommensteuer. Zudem ist eine Konvergenz der Steuersätze zu erwarten. Abbildung 1 stützt – *prima vista* – diese These für die Unternehmensteuersätze im Zeitraum von 1980 bis 2002, denn der Abwärtstrend ist eindeutig erkennbar. Allerdings sind im Durchschnitt die Körperschaftsteuersätze im Untersuchungszeitraum nicht stärker gesunken (von 42 auf 30,4 Prozent) als die Spitzensteuersätze der Einkommensteuer (von 57,3 auf 41,7 Prozent). Jedoch ist, gemessen an den Spannweiten[8] und den Variationskoeffizienten, eine deutlich größere Konvergenz über die Zeit bei den Unternehmens- gegenüber den Einkommensteuern zu beobachten.

Abbildung 1: Entwicklung der Körperschaftsteuersätze 1980–2002
(Höchstsätze in Prozent)

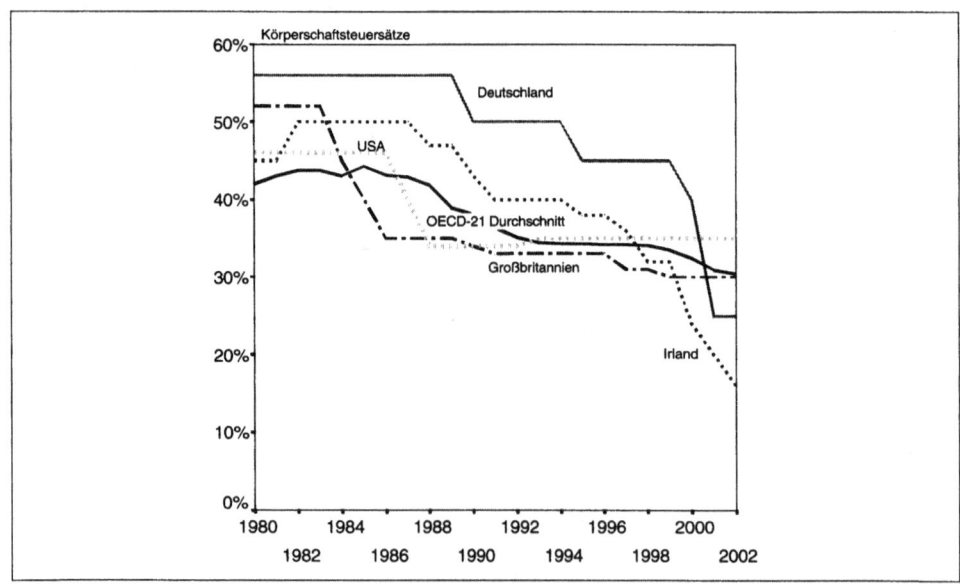

Datenquellen: Coopers und Lybrand, International Bureau of Fiscal Studies, Nationale Steuerquellen, World Tax Database. Anmerkungen: Dargestellt sind die höchsten marginalen Grenzsteuersätze eines Landes. Der Durchschnittswert bezieht sich auf 21 entwickelte OECD-Demokratien.

---

8 Diese haben sich für beide Spitzensteuersätze zwischen 1980 und 2002 mehr als halbiert.

Die Verringerung der Spitzensteuersätze ging einher mit einer allgemeinen Vereinfachung der Steuererhebung. Steuerbemessungsgrundlagen wurden verbreitert, d.h. Steuerschlupflöcher geschlossen, wenngleich Deutschland bei kritischer Lektüre des Subventionsberichtes hier noch weiteren Spielraum hätte. Ferner wurden die Steuersysteme vereinfacht: Die Zahl der Steuerklassen wurde – besonders bei der Einkommensteuer – drastisch verringert.[9] Bemerkenswert ist, dass bei den Einkommensschwachen die Eingangssteuersätze zunächst gesenkt, ab Mitte der 1990er Jahre aber wieder erhöht wurden.

Abbildung 2: Entwicklung der Spitzensteuersätze der Einkommensteuer 1980–2002

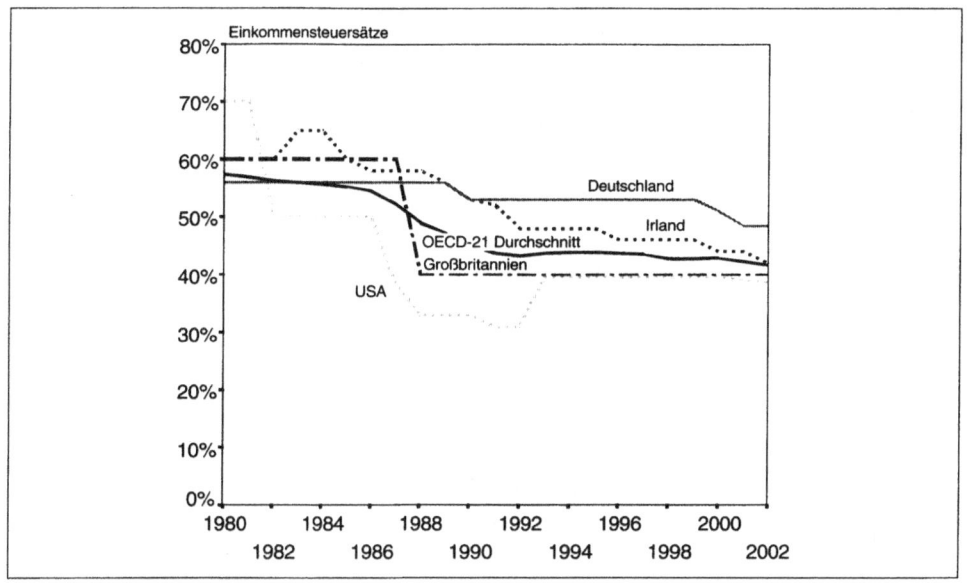

Datenquellen: Coopers und Lybrand, International Bureau of Fiscal Studies, Nationale Steuerquellen, World Tax Database. Anmerkungen: Dargestellt sind die höchsten marginalen Grenzsteuersätze eines Landes. Der Durchschnittswert bezieht sich auf 21 entwickelte OECD-Demokratien.

Die Steuersatzsenkungen, die Vereinfachung der Tarifstruktur und die Verbreiterung der Bemessungsgrundlagen bilden jedoch nur einen Teil der Finanzierungsseite des Staates. Im Gegenzug wurden vor allem indirekte Steuern erhöht. So stieg der durchschnittliche Mehrwertsteuersatz allein in der Europäischen Union zwischen 1980 und 2002 um mehr als vier Prozentpunkte. Hinzu kommen massive Erhöhungen bei den Verbrauchsteuern, besonders den *sin taxes,* wie etwa auf Alkohol und Tabak, sowie ein starker Anstieg der Gebühren (OECD 2002). So sind in Deutschland die direkt staatlich administrierten Preise, z.B. die Gebühren für Müllabfuhr, Parkuhren oder Rundfunk, zwischen 1995 und 2002 fast viermal stärker gestiegen als die Verbraucherpreise ohne staatliche Beeinflussung.

---

9 Deutschland stellt insofern eine Ausnahme dar, als die Einkommensteuer über einen Formeltarif berechnet wird.

Tabelle 3: Entwicklung der Steuerquote in Prozent des BIP zwischen 1965 und 2001

	Steuerquote in % des BIP 1965 (Spalte 2)	Steuerquote in % des BIP 2001 (Spalte 3)	Differenz Steuerquote 2001–1965 (Spalte 3 – 2)
Deutschland	23,1	21,7	–1,4
Irland	23,4	24,9	1,5
USA	21,1	22,7[a]	1,6
Japan	14,3	17,2[a]	2,9
Niederlande	22,7	25,6	2,9
UK	25,7	31,0	5,3
Österreich	25,4	30,7	5,3
Kanada	24,4	30,0	5,6
Finnland	28,3	33,9	5,6
Frankreich	22,7	28,9	6,2
Schweden	30,8	37,3	6,5
Schweiz	15,2	22,6	7,4
Australien	23,3	31,5[a]	8,2
Norwegen	26,1	35,7	9,6
Belgien	21,4	31,1	9,7
Neuseeland	24,4	34,8[a]	10,4
Spanien	10,6	22,6	12,0
Italien	16,8	29,6	12,8
Portugal	12,6	25,6[a]	13,0
Griechenland	15,0	29,4	14,4
Dänemark	28,3	46,8	18,5
Mittelwert	21,7	29,2	7,5

Quelle: OECD Revenue Statistics (2002). *Anmerkung:* [a] = Daten für das Jahr 2000.

Für Deutschland besonders relevant ist der Marsch in die staatlichen Parafisci mit dem Ausbau der Sozialversicherungen. Klammert man die Sozialabgaben aus der Abgabenbelastung aus und analysiert nur die reine Steuerquote, so erkennt man, dass diese in Deutschland zwischen 1965 und 2001 um 1,4 Prozentpunkte gesunken ist (Tabelle 3). Deutschland ist das einzige Land, in dem dies geschehen ist. Lediglich in den USA und Irland liegt die Steuerquote knapp auf dem Niveau von 1965. Der Zuwachs der Abgabenlast hierzulande ist daher im Wesentlichen auf die gestiegenen Sozialabgaben und somit auf die Erhöhung der Beitragssätze für die Kranken-, Renten- und Arbeitslosenversicherung bzw. auf die Einführung der Pflegeversicherung (1995) zurückzuführen. Insgesamt sind die Beitragssätze für Arbeitnehmer im Zeitraum von 1970 bis 2003 um über 58,5 Prozent gestiegen. Die steigende Sozialabgabenbelastung ist das Kernproblem für eine effiziente Ausgestaltung des Steuer- und Abgabensystems. Dies wird auch an der Entwicklung der Abgabenstruktur in Deutschland deutlich: Die Sozialversicherungsabgaben überholten die Einnahmen aus der Besteuerung von Einkommen und Gewinnen sowie aus den Verbrauchssteuern. Beim Abgabenniveau liegt Deutschland im Jahre 2001 mit einer Quote von 36,4 Prozent nahe dem OECD-Durchschnitt. Generell ist sowohl bei den Steuer- als auch bei den Abgabenquoten eine Konvergenz, jedoch keine vollständige Angleichung, zu beobachten.

Der Vergleich der Unternehmens- und Einkommensbelastung anhand der Steuersätze und der *tax-to-GDP ratios* kann um alternative Belastungsindikatoren ergänzt werden, die z.B. bei Unternehmen die Abschreibungs- und Finanzierungsbedingungen berücksichtigen: (1) die effektiven Durchschnittssteuersätze (AETR = *average effective tax rates*) sowie (2) die effektiven Grenzsteuersätze (METR = *marginal effective tax rates*). Im internationalen Vergleich liegt Deutschland bei diesen beiden Indikatoren (Bond/ Chennells 2000) mit an der Spitze. Allerdings zeigen andere Studien eine eher niedrige Unternehmensbelastung (Wagschal 2001), so dass einheitliche Aussagen über die tatsächliche durchschnittliche Steuerbelastung der Unternehmen in Deutschland nicht möglich sind (BMF 1999: 18).

Ein ähnlich heterogenes Bild bietet sich bei den Einkommen. Der deutsche Durchschnittssteuersatz für Verheiratete ist im OECD-Vergleich am günstigsten. Nimmt man jedoch die Sozialabgaben hinzu und betrachtet die Grenzsteuersätze, dann liegt Deutschland mit an der Belastungsspitze. Beim so genannten „Steuerkeil" für Singles (2002) belegt man ebenfalls den vorletzten Platz vor Belgien (OECD 2003). Entscheidend für die Arbeitsaufnahme sind aber gerade die Grenzsteuersätze, die in Deutschland für manche Niedriglohnberufe faktisch bei über 100 Prozent liegen. Marktorientierte Steuerreformen müssten darauf abzielen, diese Grenzsteuersätze zu reduzieren. Dies wurde in anderen OECD-Ländern wesentlich umfangreicher durchgeführt als in Deutschland (vgl. OECD 2003).

3.2 Steuerreformen in Deutschland

Der internationale Vergleich ist unerlässlich, um die Position Deutschlands in einem Benchmarking angemessen zu verorten. Doch wie sieht das Bild aus, wenn man die Be- und Entlastungen aller Steuergesetzänderungen Deutschlands über die Zeit analysiert? Für eine solche Analyse benötigt man die „exakten" Daten aller steuerrelevanten Gesetzesänderungen, wie sie das Bundesfinanzministerium alljährlich in seinen Bundesfinanzberichten veröffentlicht. Zwischen 1964/65 und 2001 wurden in Deutschland insgesamt 190 solcher Steuerrechtsänderungen verabschiedet, die mit allen Teilpositionen eine Datenliste von über 120 Seiten umfasst (Bundesfinanzministerium 2000 und 2001). Mithilfe dieser umfangreichen Informationen, die die Be- und Entlastungen aller öffentlichen Gebietskörperschaften sowie des Bundes im Entstehungsjahr (d.h. in den ersten 12 Monaten der vollen Wirksamkeit der finanziellen Auswirkungen) erfassen, kann man die Steuerreformaktivität erstmals vergleichsweise exakt quantifizieren,[10] indem man für Bund und alle Gebietskörperschaften jeweils auf die entsprechenden Gesamtausgaben oder auf das Bruttoinlandsprodukt standardisiert (alle Daten wurden in Euro umgerechnet). Diese Fieberkurven der deutschen Steuerpolitik (in Abbildung 3 nur für die Variationen beim Bund) zeigen eine bemerkenswerte Responsivität

---

10 Diese Operationalisierung ist nicht frei von Problemen: Erstens wurden die dynamischen Effekte, d.h. Kumulationswirkungen, nicht berücksichtigt. Zweitens wurden – innerhalb einer Maßnahme und innerhalb eines Jahres – Steuersenkungen mit Steuererhöhungen saldiert, d.h. nur der Nettojahreseffekt wurde betrachtet. Drittens ist eine Addition der einzelnen Positionen nur begrenzt aussagefähig, da in den Entstehungsjahren unterschiedliche wirtschaftliche Verhältnisse zugrunde lagen (Bundesfinanzministerium 2000: 109). Viertens handelt es sich um Schätzungen (des Finanzministeriums).

Abbildung 3: Steuerpolitische Ent- und Belastungen des Bundeshaushaltes (1965 bis 2001)

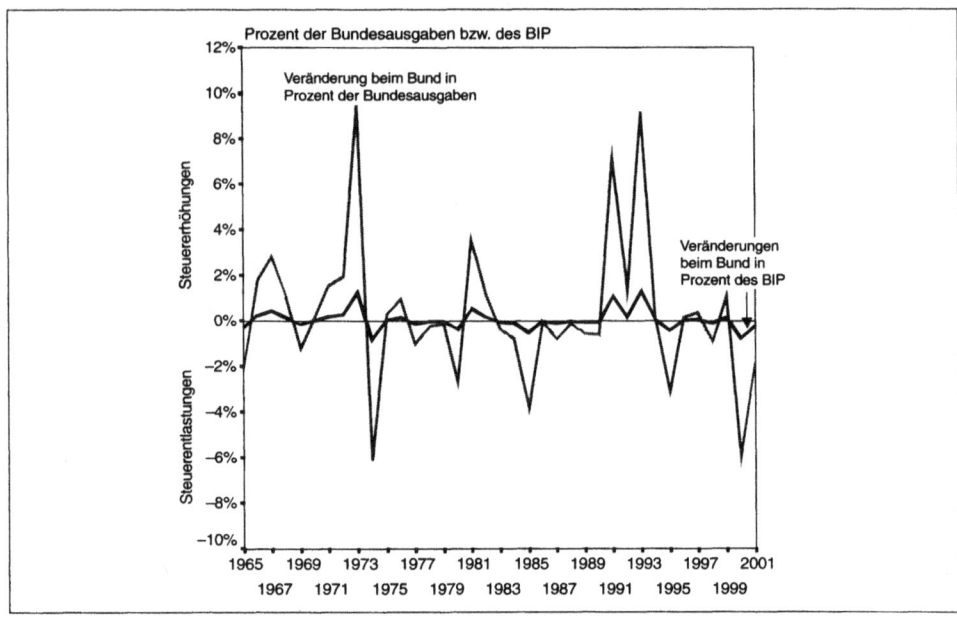

gegenüber einschneidenden ökonomischen Ereignissen, wie etwa bei der Hochkonjunktur vor der ersten Ölkrise, der anschließenden expansiven Fiskalpolitik, den Steuererhöhungen nach der deutschen Einheit sowie der aktuellen Rezession.

Von besonderer Relevanz ist die Frage, welche Faktoren diese Steueränderungen beeinflussen. Für ausgewählte sozioökonomische und parteipolitische Indikatoren werden bivariate Rangkorrelationen in Tabelle 4 präsentiert. Dabei sollte man sich zunächst den Wirkungsmechanismus sozioökonomischer Variablen vergegenwärtigen. Die Politik wird nicht sofort auf Schocks reagieren, vielmehr führen verschiedene Faktoren zu einer Zeitverzögerung vom Eintritt bis zur Kenntnis eines Ereignisses („Informations-Lag"), über den eigentlichen Entscheidungsprozess bis hin zur finalen Entscheidung. Bis die Instrumente schließlich wirken („Wirkungs-Lag") vergeht wiederum Zeit. Mitunter führt auch ein (bewusstes) Schönfärben der Realität zu einer weiteren Verzögerung. Als Beispiel zu nennen wären die zu positiven Prognosen und Annahmen zum Wirtschaftswachstum in jüngerer Zeit. Geht man von einer Reaktion gegenüber sozioökonomischen Problemlagen aus, dann ist eine Gesamtverzögerung vom Eintritt eines exogenen Schocks bis zur Entscheidung von zwei Jahren plausibel. Allein die Verabschiedung eines Gesetzes dauerte in Deutschland während der ersten 12 Wahlperioden durchschnittlich 225 Tage (Daten bei Schindler 2000: 2414–2415). Die Hypothesen für die Zusammenhänge zwischen Wirtschaftswachstum, Arbeitslosigkeit, Inflation, Misery-Index sowie der parteipolitischen Zusammensetzung sind wie folgt: (1) Je größer das Wirtschaftswachstum, desto eher werden die Steuern erhöht, während in Phasen schwachen Wachstums die Steuern eher gesenkt werden (erwartet: positive Korrelation). (2) Je höher die Arbeitslosigkeit und der ökonomische Problemdruck, desto eher wird der Gesetzgeber die Steuern senken (erwartet: negatives Vorzeichen). (3) Für die Inflation lassen sich zwei gegenläufige Hypothesen formulieren: (3a) Je höher die Inflation, desto eher werden die Steuereinnahmen steigen („Inflationssteuer"), weshalb eher Raum für Steuersenkungen entsteht (erwartet: negative Korrelation); (3b) Eine hohe Inflationsrate deutet auf eine *ceteris paribus* lockere Geldpolitik hin. Diese gibt der Regierung Spielraum für Steuererhöhungen. (4) Bürgerliche Parteien führen eher Steuerreformen durch, weshalb aufgrund der Kodierung dieser Variablen (1 = CDU/CSU geführte Regierungen, 2 = Große Koalition, 3 = SPD geführte Regierungen) eine positive Korrelation erwartet wird.

Tabelle 4: Spearman-Korrelationen für Steuerreformindikatoren auf Bundesebene sowie für sozioökonomische und politische Variablen (Jahresdaten 1965–2001)

	Steueraufkommensänderung beim Bund in Relation zu den Gesamtausgaben (t)	Steueraufkommensänderung beim Bund in Relation zum BIP (t)	Nominale Steueränderungen bei Bund (in Euro) (t)
Wirtschaftswachstum (t-2 Jahre)	0,566**	0,563**	0,517**
Arbeitslosenquote (t-2 Jahre)	–0,390*	–0,378*	–0,353*
Misery-Index (t-2 Jahre)	–0,463**	–0,456**	–0,419**
Inflationsrate (t-2 Jahre)	0,151	0,147	0,192
Inflationsrate (t-1 Jahre)	0,314	0,308	0,326*
Parteipolitische Färbung der Bundesregierung	0,083	0,073	0,094

Datenquellen sind für die Steuerreformdaten das Bundesfinanzministerium, während die finanzwirtschaftlichen sowie die ökonomischen Daten vom Statistischen Bundesamt bzw. der OECD stammen. Anmerkungen: Die parteipolitische Färbung wurde selbst erhoben. Misery-Index (t) = Arbeitslosenquote (t) + Inflationsrate (t) – Wirtschaftswachstum (t). ** = signifikant auf dem 0,01-Niveau; * = signifikant auf dem 0,05-Niveau.

Die Befunde aus Tabelle 4 zeigen, dass sozioökonomischer Problemdruck die Steuerreformen in Deutschland antreibt. Die Hypothesen 1 und 2 werden gestützt, d.h. Wirtschaftswachstum, Arbeitslosigkeit und der kombinierte Misery-Index weisen mittelstarke Korrelationen auf. Noch stärkere Korrelationen mit gleichen Vorzeichen erhält man, wenn man die Be- und Entlastungswirkungen *aller* öffentlichen Haushalte untersucht. Lediglich bei der Inflation müssen beide kontradiktorischen Hypothesen zurückgewiesen werden. Es stellt sich nur eine signifikante Korrelation ein, wobei die Vorzeichen eher für einen positiven Zusammenhang sprechen, während der „Lag-Effekt" kürzer zu sein scheint. Ohne reformpolitische Relevanz ist die parteipolitische Färbung der Regierung.

Haben auch Institutionen einen Einfluss, insbesondere der Vetospieler Bundesrat, der immer wieder als zentrale Blockadeinstitution in Deutschland benannt wird? Gegenläufige Mehrheitsverhältnisse im deutschen Bundesrat und Bundestag, die einer solchen Blockade zuträglich sind, stellen quasi die Regel dar. Zwischen 09/1949 und 12/2001 lagen in nur 32,1 Prozent der gesamten Untersuchungsdauer gleichförmige Mehrheiten in beiden Gesetzgebungskörperschaften vor, wobei der Löwenanteil auf die CDU/CSU-Regierungen entfiel (24,8 Prozent; Große Koalition: 5,6 Prozent; SPD-Regierungen: 1,7 Prozent). Dies weist auf einen überwiegenden Einigungszwang zwischen Bund und Ländern über Parteigrenzen hin. Die Vetospielertheorie von Tsebelis (1995, 2002) lässt vermuten, dass ein solches „divided government" weniger Reformen zulässt. Um dies zu überprüfen, wurden alle 190 Steuerrechtsänderungen dahingehend untersucht, ob gegenläufige Mehrheiten bei den einzelnen Gesetzen vorlagen und inwiefern dies einen Einfluss hatte. Die Befunde sind durchwachsen: Bei gegenläufigen Mehrheiten fallen die durchschnittlichen Steuersenkungen nur halb so groß aus wie bei übereinstimmenden Mehrheitsverhältnissen. Allerdings sind die Absolutwerte bei gegenläufigen Mehrheiten größer, weshalb die Vetospielerhypothese im Längsschnittvergleich – im Gegensatz zum internationalen Vergleich – für diese abhängige Variable nicht sonderlich gestützt wird. Dies deckt sich mit quantitativen Befunden zum Bundesrat und Vermittlungsausschuss, die eine echte Blockadequote von weniger als einem Prozent aller Gesetze ausmachen (Bauer 1998). Somit sprechen diese Daten für die These eines „Staates der Großen Koalition" (Schmidt 1996). Damit ist nicht nur die kurze Phase der gemeinsamen Regierung der beiden Volksparteien Ende der 1960er Jahre gemeint, sondern die strukturelle Erfordernis der informellen Zusammenarbeit zwischen beiden politischen Lagern, wie bei vielen zentralen Reformprojekten zu beobachten.

Geht man ins Detail der einzelnen Gesetze, so lassen sich in Deutschland in jüngerer Zeit verstärkte Reformaktivitäten feststellen. Hierzu zählt die so genannte Ökosteuerreform, die quasi marktwirtschaftliche Elemente in den Umweltschutz einbauen will, etwa in Anlehnung an die Pigou-Steuer. Nüchtern betrachtet handelt es sich jedoch weitgehend um Verbrauchssteuererhöhungen mit teilweise systemwidrigen Ausnahmetatbeständen.

Qualitativ wurde mit dem „Steuersenkungsgesetz 2000" im Jahr 2001 ein bedeutender Systemwechsel vollzogen: die Einführung des Halbeinkünfteverfahrens bei der Dividenden- und Unternehmensbesteuerung. Vorher existierten zwei gespaltene Körperschaftsteuersätze: 40 Prozent auf einbehaltene und 30 Prozent auf ausgeschüttete Gewinne. Mit dem Halbeinkünfteverfahren, das auch von anderen Staaten praktiziert wird, gilt nur noch ein einheitlicher Körperschaftsteuersatz von 25 Prozent. Ebenfalls wurde die Kapitalertragsteuer von 25 auf 20 Prozent gesenkt. Generell war diese Reform ein Schritt in Richtung mehr Effizienz, da das System transparenter gestaltet und der gespaltene Steuersatz abgeschafft wurde. Allerdings differierten die Belastungswirkungen, da Kleinanleger mit einem niedrigen Steuersatz schlechter gestellt wurden, während Steuerpflichtige mit einem hohen Steuersatz geringfügig profitierten.

Daneben wurden im Steuersenkungsgesetz 2000 auch deutliche Reduktionen im Bereich der Einkommensteuer vorgenommen. Spannend war die Verabschiedung dieses größten deutschen Steuerreformpaketes im Bundesrat: Unter Lafontaine wollte die SPD 1997 nicht unter einen Einkommenspitzensteuersatz von 50 Prozent gehen und blockierte im Bundesrat die Steuerreform der CDU/CSU-FDP-Regierung. Im Bundestagswahlkampf 1998 waren es nur noch 48 Prozent, im ersten Gesetzesentwurf 45 Prozent; nach den Vermittlungsverfahren wurde er auf 43 Prozent runtergehandelt, und in der Nacht vor der entscheidenden Bundesratssitzung am 14. Juli 2000 war die weitere Senkung auf 42 Prozent (ab 2005) der Preis für die Bundesratsstimmen von Rheinland-Pfalz. Die Ausgangslage für die SPD-Bundesregierung war ungünstig: Vor der Abstimmung konnte die Regierung auf 23 sichere Bundesratsstimmen bauen, d.h. 12 Stimmen fehlten ihr für eine Zustimmung des Bundesrates. Auf dem Markt standen 18 Stimmen zur Verfügung: Mecklenburg-Vorpommern (SPD-PDS: 3), Rheinland-Pfalz (SPD-FDP: 4), Bremen und Brandenburg (SPD-CDU: 3 und 4) sowie Berlin (CDU-SPD: 4), die alle mittels finanzieller Zugeständnisse gewonnen wurden. Damit kann diese Reform als paradigmatisches Beispiel zur „Umspielung" des Vetospielers Bundesrat dienen.

4. Internationale Steuerreformaktivitäten und Reformperspektiven[11]

4.1 Die Vereinigten Staaten

Insbesondere die US-amerikanischen Steuerreformen von 1981 und 1986 markieren die Initialzündung, die den internationalen Steuerwettbewerbsprozess in Gang setzten. Hervorstechende Charakteristika waren die Beseitigung von Abschreibe- und Abzugsmöglichkeiten und die Senkung der Steuersätze für Unternehmen von 46 auf 34 Prozent sowie der Einkommensteuer von 50 auf 28 Prozent. Dadurch ergaben sich überaus positive Auswirkungen auf die US-Ökonomie (Selmrod 1990). Dieser *first move* der Vereinigten Staaten führte zu einem außergewöhnlichen Anstieg ausländischer Direktinvestitionen (FDI) in den USA, bei gleichzeitigem Rückgang der US-Investitionen im Ausland.

Eine neue Dynamik im internationalen Steuerwettbewerb geht von den jüngsten US-amerikanischen Steuerreformen der Jahre 2001 und 2003 aus. Der Kongress beschloss im Mai 2001 Steuererleichterungen („Tax Relief Act 2001"), die die amerikanische Wirtschaft in den nächsten zehn Jahren um insgesamt 1,35 Billionen Dollar entlasten sollen. Kernstück ist die Senkung der Einkommensteuer von 39,6 auf 35 Prozent. Ein weiterer Bestandteil der Reform ist die substanzielle Reduktion der Erbschaftsteuer. Im Jahr 2010 soll diese Steuer ganz abgeschafft werden.

Die von G. W. Bush Anfang 2003 initiierte zweite große Steuerreform sah zunächst die vollständige Abschaffung der Dividendenbesteuerung vor. Damit hätten sich die USA aus der Ländergruppe mit der klassischen Doppelbesteuerung verabschiedet, in der sich dann nur noch die Schweiz und Irland befunden hätten. Diese Reform – als Herzstück des gegenwärtigen Konjunkturprogramms – wurde inzwischen abgespeckt und überdies zeitlich auf fünfeinhalb Jahre limitiert. Um das Projekt im Kongress durchbringen zu können, wurden jedoch weitere Zugeständnisse im Bereich der Einkommensteuer (schnellere Senkungen der Steuersätze) und der Transfers (z.B. Erhöhung der Freibeträge für Kinder, Verbesserungen beim Arbeitslosengeld sowie bei der Ehegattenbesteuerung) gemacht.

---

11 Für weitergehende Übersichten siehe Messere (1993) sowie Bach u.a. (2001).

Insgesamt stehen beide neueren Steuerreformen in der Tradition der Laffer-Kurve. Während Ausgabenprogramme ungekürzt bleiben und teilweise sogar erhöht werden (z.B. Militär), führen die Steuersenkungen zunächst einmal zu einem Rekorddefizit. Die Reformen dürften zudem einen expansiven Effekt für den Kapitalmarkt haben, was Auswirkungen auf die Vermögenspositionen der Bürger und damit auch auf die Konsumneigung haben wird. Langfristig soll so das entstandene Defizit durch höhere Steuereinnahmen infolge des induzierten Wirtschaftswachstums geschlossen werden. Alles in allem sind dies weitere Schritte in Richtung mehr marktwirtschaftlicher Elemente im US-Steuersystem.

4.2 Europäische Union

Die steuerpolitischen Kompetenzen der Europäischen Union differieren stark, je nachdem, ob es sich um indirekte oder direkte Steuern handelt. Im Vertrag von Amsterdam (Art. 93 EGV) ist geregelt, dass nur einstimmige Entscheidungen des Rates der Europäischen Union zur Harmonisierung von Umsatzsteuern, zu Verbrauchsabgaben sowie zu sonstigen indirekten Steuern möglich sind. Direkte Steuern werden an keiner Stelle im EGV erwähnt. Aus ihrer Konstruktionslogik geht hervor, in welchen Bereichen die Europäische Union besonderen Einfluss auf die Besteuerung ausübt. Zuallererst beeinflusste sie die Zölle. Im Zuge der Integration der Europäischen Union war ein wichtiger Schritt die Schaffung einer Zollunion, die zwei Elemente beinhaltete: zum einen den Wegfall der Binnenzölle und zum andern die Schaffung einheitlicher Außenhandelszollregime gegenüber Drittstaaten. Dies war wegen der Vergemeinschaftung verschiedener Politiken (v.a. Agrarpolitik, Montanunion) notwendig. Außerdem gibt es ein Verbot neuer Zölle und Abgaben mit ähnlicher Wirkung im Binnenmarkt. Am deutlichsten sichtbar ist die Harmonisierung der indirekten Steuern: Mitte der 1960er Jahre hatte, bis auf Frankreich und Finnland, kein Land eine Konsumbesteuerung (*value added tax*, VAT). Mittlerweile (2002) haben alle EU-Staaten (wie auch alle OECD-Länder bis auf die USA) eine Konsumbesteuerung nach dem VAT-System, obwohl zum Zeitpunkt des Reformbeginns mit – im OECD-Raum – insgesamt fünf verschiedenen Konsumbesteuerungssystemen eine große Heterogenität zwischen den einzelnen Ländern herrschte. Die Reformen zur Einführung dieses Systems der Umsatzbesteuerung sind ohne die aktive Rolle der Europäischen Union nicht zu verstehen, denn das nationale Umsatzsteuerrecht wird wesentlich durch das Gemeinschaftsrecht beeinflusst (Bovenberg/Horne 1992). Dies zeigt sich auch anhand der engen statistischen Beziehung zwischen dem Zeitpunkt der Einführung der VAT-Besteuerung und der EU-Mitgliedschaft.

Insgesamt wird der EU jedoch „fiskalpolitische Impotenz" (Genschel 2002: 5) zugeschrieben. Dies wird auch ähnlich von der EU-Kommission (European Union 1997: 3) gesehen: „In comparison with many other areas of European integration, tax policy is clearly lagging behind. In tax policy terms Europe is a patchwork. As a result of erosion of fiscal bases, especially the more mobile ones, professed attempts to defend tax sovereignty have in fact had the opposite effect, a gradual real loss of tax sovereignty for all the Member States. More and more Member States are poaching other Member

States' taxpayers, particularly in the field of business." Die Ursache für diese Integrationsresistenz – zumindest bei direkten Steuern – sieht Genschel in dem Fehlen eigener Steuerkompetenzen der EU begründet (Genschel 2002).

Trotzdem gibt es zur Vermeidung eines Steuerwettbewerbs Bemühungen zur Harmonisierung des Unternehmenssteuerrechts. 1990 wurde eine erste Kommission eingesetzt („Ruding I"), die „Leitlinien zur Unternehmensbesteuerung" ausarbeitete. Hintergrund ist eine Vorschrift im EGV (Art. 94 EGV), die Richtlinien für die Angleichung derjenigen Rechts- und Verwaltungsvorschriften der Mitgliedstaaten zulässt, die sich unmittelbar auf die Errichtung oder das Funktionieren des Gemeinsamen Marktes auswirken. Nach Interpretation der Harmonisierungsbefürworter umfasst diese Vorschrift auch das Steuerrecht. Ein vergleichbares Vorgehen der Aneignung von Steuerkompetenzen lässt sich vor allem in föderal verfassten Staaten beobachten, wie etwa in den USA und in der Schweiz, aber auch im Deutschen Reich. Diese Zentralisierungstendenzen öffentlicher Haushalte („Popitsches Gesetz") werden zu einer Abnahme des Steuerwettbewerbs führen.

In der EU gibt es seit Jahrzehnten Überlegungen zu einer Harmonisierung der Unternehmensbesteuerung und damit zur Ausschaltung des Wettbewerbsgedankens. Weiterhin besteht aber eine Divergenz der Steuersysteme, weil es noch keine Harmonisierungsnorm gibt. Trotzdem bestehen Tendenzen einer so genannten negativen Integration, die hauptsächlich über die Europäischen Richtlinien erreicht wird (z.B. Fusionsrichtlinie, Richtlinie für Mutter- und Tochtergesellschaften, „Transfer Pricing"). Hierzu zählt auch die Entwicklung eines Verhaltenskodexes gegen unfaire Steuerpraktiken.

Der „Ruding I"-Bericht (1992) stellte fest, dass die nationalen Steuersysteme zwischen in- und ausländischen Investitionen diskriminierend wirken und damit ein Hindernis für den freien Kapitalverkehr darstellen. Durch eine Gemeinschaftslösung, sprich Harmonisierung, sollte und könnte dieser Mangel beseitigt werden. Der erste Ruding-Bericht empfahl mehrere Maßnahmen, u.a. zur Beseitigung der Doppelbesteuerung, zur Harmonisierung der Körperschaftssteuersätze innerhalb einer Bandbreite von 30 bis 40 Prozent sowie für mehr Transparenz bei den verschiedenen Steuererleichterungen.

Im Oktober 2001 legte die Europäische Kommission einen umfangreichen Bericht zur Unternehmensbesteuerung in der EU vor („Ruding II"-Bericht 2002), in dem sie weiterhin massive Unterschiede feststellte. In diesem Bericht wurden auch verschiedene Harmonisierungsvarianten diskutiert, insbesondere bei der Steuerbemessungsgrundlage sowie den Steuersätzen. Folgende vier Vorschläge werden darin näher diskutiert (in aufsteigender Ordnung der Integrationswirkung):

- *Home State Taxation:* Dieser Ansatz basiert auf der gegenseitigen Anerkennung des Prinzips der Besteuerung im Sitzland der Gesellschaft. Dabei würde die Steuerbemessungsgrundlage nach den Vorschriften des Sitzlandes der Gesellschaft ermittelt. Die bestehenden nationalen Steuersysteme bleiben weitgehend bestehen.
- *Common Consolidated Base Taxation:* Dieser Vorschlag würde die Erarbeitung einer völlig neuen, harmonisierten EU-Regelung zur Bestimmung einer einzigen europäischen Bemessungsgrundlage bedingen.

- *European Corporate Income Tax:* Bei diesem Modell würde die Steuer auf europäischer Ebene erhoben werden und direkt dem EU-Haushalt zufließen. Es würde wahrscheinlich parallel zu den einzelstaatlichen Vorschriften angewandt werden.
- *Compulsory Harmonisation of Existing Tax Bases:* Ziel dieses Ansatzes ist die Harmonisierung der einzelstaatlichen Vorschriften, um eine einzige Bemessungsgrundlage und ein einziges Steuersystem auf EU-Ebene zu schaffen, welches die einzelstaatlichen Systeme ersetzen würde. Im Gegensatz zu den drei vorher genannten Vorschlägen gäbe es keine nationale Unternehmensbesteuerung mehr.

Der Ruding II-Bericht spricht sich – mehr oder weniger – für die zweite Variante der *Common Consolidated Base Taxation* aus, was *de facto* keine marktorientierte Steuerreformlösung wäre. Fraglich ist auch, wie sich die zehn neuen Beitrittskandidaten hier einfügen würden: Sie stehen längst in einem harten Steuerwettbewerb und haben mittlerweile niedrigere Gewinnsteuersätze als die meisten anderen EU-Mitgliedsländer. Ob sie diesen komparativen Vorteil aufgeben werden, ist mehr als fraglich.

Der starke EU-Einfluss zeigt sich auch bei der Zinsbesteuerung, wo eine Harmonisierung schon seit Mitte der 1960er Jahre angestrebt wurde. Mit der im Jahr 2003 verabschiedeten, vor allem von Deutschland und England forcierten Zinsrichtlinie wird erstmals eine substanzielle Harmonisierung direkter Steuern auch über das Geltungsgebiet von EU und EWR hinaus erzielt. In einer Übergangszeit bis 2010 wird in einigen Ländern eine Quellensteuer (2010: 35 Prozent) auf Zinserträge erhoben; hauptsächlich in jenen Ländern mit ausgebautem Bankgeheimnis (Österreich, Belgien, Luxemburg aber auch die Schweiz), während das Gros der EU-Länder ab 2004 zum Informationsaustausch übergeht, d.h. Kontrollmitteilungen an die Finanzbehörden des Wohnsitzlandes weitergibt. Bemerkenswert ist: Hier findet eine bewusste Abkehr vom Wettbewerb und einer effizienteren Gestaltung des Steuersystems (vgl. Konsumbesteuerung) hin zu einer reinen Erschließung neuer Einkommensquellen statt. Der sonst so forcierte Vorsorgegedanke wird damit ebenfalls konterkariert.

5. Warum reformieren einige Länder stärker?

Wie wird Steuerreformpolitik am besten erklärt? Die bisherige Forschung konzentrierte sich überwiegend auf die Faktoren Globalisierung, Steuerwettbewerb, den parteipolitischen Einfluss, auf institutionelle Größen sowie auf sozioökonomische Randbedingungen.

Kann die Globalisierung die Steuerpolitik und die Steuerreformtätigkeit hinreichend erklären? In einem großen Teil des Schrifttums wird hierin eine der wichtigsten erklärenden Größen gesehen (Tanzi 1995; Sinn 1997). Droht den Nationalstaaten ein Verlust an staatlicher Steuerungskapazität (Scharpf 1998), oder – was sich nicht ausschließt – ist Globalisierung als Motor für Veränderungen zu begreifen? Die erste Annahme, dass Globalisierung die Staatstätigkeit und damit den Steuerstaat einschränkt, können verschiedene Studien nicht bestätigen (Garrett 1998: 90; Garrett 2000; Swank 1998; Bernauer 2000). Eine prominente Gegenthese besagt: je offener ein Staat gegenüber der Weltwirtschaft, desto größer sein öffentlicher Sektor. Diese Gegenthese basiert auf dem Kompensationsargument von Rodrik (1997, Cameron 1978), nach der ein vergleichsweise großer öffentlicher Sektor als Kompensation (Preis) für die Einbindung in die Weltwirtschaft dient. Die Daten sprechen für eine Gültigkeit dieser Hypothese.

In der Schweiz besitzen die 26 Kantone weitgehende Steuerautonomie, weshalb hier der Steuerwettbewerb besonders stark ist und damit auch empirisch überprüft werden kann. Lars P. Feld (2000) hat in einer breit angelegten Studie verschiedene Hypothesen anhand des Schweizer Falls überprüft: Erstens, die „Mobilitätsthese", nach der niedrige Steuern und/oder ein hohes Niveau öffentlicher Leistungen mobile Produktionsfaktoren anziehen. Zweitens, die „Strategiethese", derzufolge Gebietskörperschaften ihre Steuersätze so einsetzen, dass sie mobile Faktoren aus anderen Gebietskörperschaften anziehen. Drittens, die „Effizienzthese", laut welcher bei mobilen Produktionsfaktoren fiskalischer Wettbewerb dazu führt, dass die öffentlichen Leistungen eher den Wünschen der Bürger entsprechen. Viertens, die „Umverteilungsthese", der zufolge fiskalischer Wettbewerb Umverteilung unmöglich macht. Schließlich fünftens, die „Divergenzthese", wonach fiskalischer Wettbewerb zu einer unterschiedlichen wirtschaftlichen Entwicklung von Gebietskörperschaften führt. Die empirische Überprüfung der Hypothesen zeigt, dass die Mobilitäts-, die Strategie-, die Effizienz- und die Divergenzthese nicht verworfen werden können. Eindeutig wird die Umverteilungsthese falsifiziert, d.h. Umverteilung findet trotz Steuerwettbewerbs statt. Alles in allem, so Feld, ist der Steuerwettbewerb in der Schweiz eher vorteilhaft als schädlich.

Diese unterschiedlichen Steuerpräferenzen der Parteien werden durch Fallstudien (Cameron 1978; Webber/Wildavsky 1986; Steinmo 1993) sowie durch vergleichende Studien (Castles 1999) bestätigt. Sven Steinmo liefert in seiner historischen Untersuchung der Steuerpolitik in den USA zahlreiche Beispiele für diese unterschiedlichen Interessenlagen. Evelyn Huber u.a. stellen beispielsweise fest: „social democracy was the most important explanatory variable for government revenue" (Huber u.a. 1993: 740). Aber auch konservative Regierungen wirken senkend auf das Abgabenniveau (Castles 1999: 124). Ebenso zeigen die Analysen von Boix (1998) zur Wirtschaftspolitik sozialdemokratischer und konservativer Regierungen für die Steuerpolitik eindeutige Ergebnisse: Die Progressivität der Steuersysteme ist unter Linksregierungen deutlich höher. In Zeiten der Globalisierung bleibt dieser Effekt erhalten. So hält Boix (1998: 95) fest: „The ideological sign of the government has a striking impact on the evolution of tax rates." Auch Garrett (1998) stellt für seine (kombinierte) unabhängige Variable „Stärke der Linken" signifikante Befunde fest, sowohl für die Abgabenhöhe als auch für die Progressivität des Steuersystems: Von starken Gewerkschaften unterstützte Linksparteien an der Regierung sorgen für eine höhere und progressivere Besteuerung. Jedoch lassen sich keine Unterschiede für die Reformtätigkeit feststellen (Wagschal 2001).

Vergleichende quantitative Studien haben verschiedentlich einen Einfluss korporatistischer Arrangements auf die Steuerpolitik nachgewiesen und gezeigt, dass diese Arrangements sowohl eine höhere Steuerbelastung generieren als auch die Steuerstruktur beeinflussen (Steinmo/Tolbert 1998; Garrett 1998). Besonders in den korporatistischen Ländern Skandinaviens existieren jedoch Befunde, die der vermuteten Wirkungsrichtung widersprechen. So sind die sozialdemokratisch-skandinavischen Steuersysteme aufgrund ihrer Betonung der Einkommensteuer und der Konsumbesteuerung besonders regressiv, was niedrige Einkommensschichten überproportional belastet. Gerade diese Schichten profitieren aber im Gegenzug von einem starken Steuerstaat, und so hat diese Politik beispielsweise in Schweden die Zustimmung der Gewerkschaften gefunden (Steinmo 1993: 125ff). Eine solche Politik unter linken Regierungen war nur mit eher umfassenden *(encompassing)* Gewerkschaften durchzusetzen, die eher am „Gemeinwohl" orientiert sind, und nicht mit kleinen, partikularistischen Gewerkschaften.

Im Hinblick auf den Effekt von Vetospielern auf die Besteuerung gibt es zwei unterschiedliche Positionen: Während Hallerberg/Basinger (1999) sowie Wagschal (1999) Vetospieler als bedeutenden Faktor identifizieren, verneint Ganghof (1999) einen solchen Effekt. Die empirischen Studien stützen im Querschnittsvergleich den Vetospielereffekt. Die Ergebnisse anderer Studien, wie etwa von Castles (1999: 103) sprechen ebenfalls für einen solchen Einfluss: Vetospieler sind zwischen 1960 und Anfang der 1990er Jahre die erklärungskräftigste Größe für die Veränderung der Steuerquote.

Steinmo/Tolbert (1998) weisen außerdem nach, dass in Ländern mit einer großen Mehrheit einer Partei die Besteuerung niedriger ist als in fraktionalisierten politischen Systemen. Allerdings sind dort die Besteuerungsniveaus besonders hoch, wo dominante Parteien, die knapp unter 50 Prozent Stimmenanteil haben. Auch neuere Analysen von Gould (2000) stützen diesen Befund, nach dem es vor allem vergleichsweise große Parteien in Ländern mit Verhältniswahlrecht sind, die die Besteuerung nach oben treiben.

Fragt man nach den Ursachen für die unterschiedlichen Steuerreformaktivitäten, sind es hauptsächlich die Zahl der Vetospieler sowie der makroökonomische Problemdruck, der unter sonst gleichen Umständen zu mehr Reformaktivitäten führt. Globalisierungsindikatoren erweisen sich bei dieser abhängigen Variablen, ebenso wie parteipolitische und andere institutionelle Variablen, als insignifikant.

6. Fazit

Auf den ersten Blick scheinen der internationale Steuerwettbewerb und die Globalisierung für mehr Wettbewerb bei der Steuerpolitik gesorgt zu haben. Die Steuersätze für die Unternehmen und die Privaten sind in den vergangenen 20 Jahren deutlich gesenkt worden, und der Wettbewerbsgedanke diente als legitimatorische Begründung für Steuerreformen. Steuerwettbewerb existiert also, die zunehmende Verlagerung hin zu den indirekten Steuern (also immobilen Faktoren) ist ein Indiz. Jedoch sind die Steuereinnahmen, auch im Falle der Kapitalbesteuerung, nicht zusammengebrochen. Gegen diesen Wettbewerbsdruck auf die direkten Steuern versuchen sich die wichtigsten europäischen Regierungen zu wehren, insbesondere auch die deutschen Regierungen: Die Sozialversicherungsabgaben steigen auf Rekordhöhen, die Steuerbemessungsgrundlagen werden verbreitert, Gebühren werden eingeführt und überproportional erhöht, die Defizitquoten werden – nach anfänglichen Erfolgen des europäischen Stabilitätspaktes – wieder dauerhaft über das Maastricht-Defizitkriterium von 3 Prozent des BIP erhöht. Hinzu kommen Privatisierungserlöse sowie Neben- und Schattenhaushalte, die die Haushaltskontrolle erschweren. Länder, die den Steuerwettbewerb bejahen – wie etwa die Schweiz –, werden an den Pranger gestellt, weil sie angeblich „schädlichen" Steuerwettbewerb betreiben. Schließlich wird mithilfe der EU versucht, neben den indirekten Steuern auch die direkten zu harmonisieren.

Es zeigt sich, dass einzelne Länder, wie Großbritannien, die Schweiz oder Irland, ihre Steuersysteme deutlich stärker am Wettbewerb ausrichten und versuchen effizienter zu gestalten als andere. Hierzu gehören in diesen Ländern niedrige Grenzsteuersätze für den Faktor Arbeit, die in Deutschland gerade im Niedriglohnbereich die Arbeitsaufnahme. Dabei ist insgesamt die Steuerbelastung für Arbeit niedrig bis moderat. Der negative Arbeitsmarkteffekt und damit die hohen Grenzsteuern werden durch die hohen Sozialabgaben hervorgerufen. Der Sachverständigenrat und die Bundesbank gehören in Deutschland zu denjenigen Akteuren, die marktorientierte Steuerreformen befürworten, wenn auch nur mit mäßigem Erfolg.

Die EU ist, was den Marktgedanken angeht – bei der Deregulierung öffentlicher Dienstleistungen sowie bei Privatisierungen führend –, bei der Steuerpolitik jedoch eher ein Kartell gegen den Steuersenkungswettbewerb. Die Kanäle sind vielfältig, da einerseits Konvergenzprozesse wirken, andererseits Harmonisierungsregeln aufgestellt werden, und drittens Einflüsse über die EU-Institutionen, wie Gerichtshof und Kommission (z.B. via Beihilferegelungen), ausgeübt werden. Konvergenzprozesse, die über Benchmarking bewirkt werden, und Harmonisierungen über „positive Integration", d.h. über rechtliche Regelungen seitens der EU-Institutionen (z.B. bei der Zinsbesteuerung, der Umsatzbesteuerung oder bei Vorschriften über technische Ausführungsbestimmungen [transfer pricing] führen zu einer immer ähnlicheren Steuerstruktur in Europa, obwohl weiterhin Unterschiede bestehen. Die Steuerpolitik ist jedoch generell ein Feld langsamer Integration, was nicht überrascht, denn es gab immer Policy-Felder mit unterschiedlichen Integrationsdynamiken (Stone Sweet/Sandholtz 1997). Parallelen zu anderen Staatsgebilden mit föderativem Staatsaufbau und Resistenz bei der Steuerharmonisierung, wie etwa die USA und die Schweiz, sind evident. Während bei den *Service Public*-Bereichen, die stärker dem Markt geöffnet wurden, der Nutzen offensichtlich war, sind die Vorteile von Steuersenkungen weniger augenscheinlich und die Anpassungskosten höher.

Insgesamt erscheint das Steuerreformbild ambivalent. Es gibt deutliche Unterschiede über den Zeitablauf und über die Länder hinweg: Es ist zwar ein Trend zu mehr wettbewerbsorientierten Steuersystemen auszumachen, doch von einem „Sieg des Marktparadigmas" lässt sich keinesfalls sprechen. Die Bereitstellung ausreichender Finanzmittel ist weiterhin der Primärzweck von Steuern.

Dies wird auch von Analysen der Steuerreformtätigkeit gestützt. Es zeigt sich, dass vor allem sozioökonomische Problemlagen sowie politische Institutionen (Vetospieler) den Reformumfang und die Reformgeschwindigkeit beeinflussen. Ein systematischer Parteieneinfluss gleich welcher Parteienfamilie besteht dabei nicht. Die immer noch bestehenden Niveauunterschiede in der Besteuerung sind allerdings mit auf parteipolitische Unterschiede zurückzuführen.

Literatur

Altvater, Elmar/Galtung, Johan/Madörin, Mascha/Mahnkopf, Birgit/Sachs, Wolfgang/von Werlhof, Claudia, 2001: Neoliberalismus – Militarismus – Rechtsextremismus. Die Gewalt des Zusammenhangs. Wien.

Bach, Stefan/Scheremet, Wolfgang/Seidel, Bernhard/Teichmann, Dieter, 2001: Internationale Entwicklungstendenzen nationaler Steuersysteme. Von der direkten zur indirekten Besteuerung. Berlin.
Bauer, Thomas, 1998: Der Vermittlungsausschuss. Politik zwischen Konkurrenz und Konsens, Inauguraldissertation. Bremen.
Bernauer, Thomas, 2000: Staaten im Weltmarkt. Zur Handlungsfähigkeit von Staaten trotz wirtschaftlicher Globalisierung. Opladen.
Beyme, Klaus von, 1984: Parteien in Westlichen Demokratien. München/Zürich.
Boix, Carles, 1998: Political Parties, Growth and Equality. Conservative and Social Democratic Strategies in the World Economy. Cambridge.
Bond, Stephen/Chennells, Lucy, 2000: Unternehmensbesteuerung und Investitionen. Deutschland im internationalen Vergleich. Gütersloh.
Borchert, Jens, 1995: Die konservative Transformation des Wohlfahrtsstaates. Großbritannien, Kanada, die USA und Deutschland im Vergleich. Frankfurt a.M.
Bovenberg, Lans A./Horne, Jocelyn P., 1992: Taxes on Commodities. A Survey, in: *Koptis, George* (Hrsg.), Tax Harmonization in the European Community. Policy Issues and Analysis. Washington D.C.
Budge, Ian/Hofferbert, Richard, 1990: Mandates and Policy Outcomes. US Party Platforms and Federal Expenditure, in: American Political Science Review 84(1), 111–131.
Budge, Ian/Klingemann, Hans-Dieter/Volkens, Andrea/Bara, Judith/Tanebaum, Eric, 2001: Mapping Policy Preferences. Estimates for Parties, Electors and Governments 1945-1998. Oxford.
Bundesministerium der Finanzen, 1999: Steuerbelastung deutscher Unternehmen. Nationaler und internationaler Vergleich. Volkswirtschaftliche Analysen 4. Bonn.
Bundesministerium der Finanzen, 2000: Übersicht über die Steuerrechtsänderungen seit 1964/1964, in: http://www.bundesfinanzministerium.de/Anlage5909/Steuerrechts-aenderungen-seit-1964-/-1965.pdf; 06.10.2003.
Bundesministerium der Finanzen, 2001: Finanzbericht 2002. Berlin.
Cameron, David R., 1978: The Expansion of the Public Economy. A Comparative Analysis, in: American Political Science Review 72(4), 1243–1261.
Castles, Francis G., 1999: Comparative Public Policy: Patterns of Post-war Transformation. Cheltenham.
Castles, Francis G./Pierson, Christopher, 1996: A New Convergence? Recent Policy Developments in the United Kingdom, Australia and New Zealand, in: Policy and Politics 24(3), 233–245.
Dilnot, Andrew/Stears, Gary, 1998: The United Kingdom, in: *Messere, Ken* (Hrsg.), The Tax System in Industrialized Countries. New York, 354–376.
European Union, 1997: The European Union Report on the Development of Tax Systems. Brüssel.
Feld, Lars P., 2000: Steuerwettbewerb und seine Auswirkungen auf Allokation und Distribution. Ein Überblick und eine empirische Analyse für die Schweiz. Tübingen.
Fellmeth, Sebastian/Rhode, Christian, 1999: Der Abbau eines Wohlfahrtsstaates. Neuseeland als Modell für das nächste Jahrhundert. Marburg.
Friedman, Milton, 1971: Kapitalismus und Freiheit. Stuttgart.
Ganghof, Steffen, 1999: Steuerwettbewerb und Vetospieler. Stimmt die These der blockierten Anpassung?, in: Politische Vierteljahresschrift 40(3), 458–472.
Garrett, Geoffrey, 1998: Partisan Politics in the Global Economy. Cambridge.
Garrett, Geoffrey, 2000: Capital Mobility, Exchange Rates and Fiscal Policy in the Global Economy, in: Review of International Political Economy 7(1), 153–170.
Genschel, Philipp, 2002: Steuerharmonisierung und Steuerwettbewerb in der Europäischen Union. Frankfurt a.M./New York.
Glyn, Andrew (Hrsg.), 2001: Social Democracy in Neoliberal Times. The Left and Economic Policy since 1980. Oxford.
Gould, Andrew G., 2000: Taxation under Democracy. An Empirical Analysis of Institutional Effects. Manuskript, Notre Dame.

Hallerberg, Mark/Basinger, Scott, 1999: Globalization and Tax Reform: An Updated Case for the Importance of Veto Players, in: Politische Vierteljahresschrift 40(4), 618–627.
Hickel, Rudolf, 1998: Gewinner und Verlierer der neoliberalen Angebotspolitik. Umverteilung für die Profitwirtschaft gelungen – Massenarbeitslosigkeit und sozialer Abstieg programmiert, in: Butterwege, Christoph/Hickel, Rudolf/Ptak, Ralf (Hrsg.), Sozialstaat und neoliberale Hegemonie. Berlin, 98–120.
Hirschman, Albert O., 1970: Exit, Voice, and Loyalty. Responses to Decline in Firms, Organizations, and States. Cambridge, MA.
Huber, Evelyn/Ragin, Charles/Stephens, John D., 1993: Social Democracy, Christian Democracy, Constitutional Structure, and the Welfare State, in: American Journal of Sociology 99(3), 711–749.
Issing, Otmar, 2003: Die Jahresgutachten des Sachverständigenrates im Spiegel der Politik, in: http://www.ecb.int/key/03/sp030506.pdf; 23.09.2003.
Kaiser, André, 2002: Mehrheitsdemokratie und Institutionenreform. Frankfurt a.M./New York.
Kaldor, Nicolas, 1965: An Expenditure Tax. London.
Kirchgässner, Gebhard/Feld, Lars P./Savioz, Marzel R., 1999: Die direkte Demokratie. Modern, erfolgreich, entwicklungs- und exportfähig. Basel/München.
Kirchhof, Paul/Altehoefer, Klaus/Arndt, Hans-Wolfgang/Bareis, Peter/Eckmann, Gottfried/Freudenberg, Reinhart/Hahnemann, Meinert/Kopei,Dieter/Lang, Friedbert/Lückhardt, Josef/Schutter, Ernst, 2001: Karlsruher Entwurf zur Reform des Einkommensteuergesetzes. Heidelberg.
Kristol, Irving, 1995: Neoconservatism. The Autobiography of an Idea. New York.
Krugman, Paul, 1996: Pop Internationalism. Cambridge, MA/London.
Lambsdorff, Otto Graf, 2003: Politikberatung im Spannungsverhältnis zwischen Wissenschaftlichkeit und Durchsetzbarkeit, in:
http://www.sachverstaendigenrat-wirtschaft.de/aktuell/Rede_Lambsdorff.pdf; 23.09.2003.
Laver, Michael/Hunt, Ben, 1992: Policy and Party Competition. New York/London.
Mann, Fritz Karl, 1937: Steuerpolitische Ideale. Vergleichende Studien zur Geschichte der ökonomischen und politischen Ideen und ihres Wirkens in der öffentlichen Meinung 1600–1935. Jena.
Mann, Hugo, 1987: Theorie und Politik der Steuerreform in der Demokratie. Frankfurt a.M./Bern/New York.
Messere, Ken C., 1993: Tax Policy in OECD Countries. Choices and Conflicts. Amsterdam.
Musgrave, Richard A./Musgrave, Peggy B./Kullmer, Lore, 1990: Die öffentlichen Finanzen in Theorie und Praxis. Tübingen.
Oates, Wallace E., 1972: Fiscal Federalism. New York u.a.
OECD, 1998: Harmful Tax Competition. An Emerging Global Issue. Paris.
OECD, 2002: Revenue Statistics 1965–2001. Paris.
OECD, 2003: Taxing Wages 1979–2002. Paris.
Peterson, Paul E., 1995: The Price of Federalism. Washington, D.C.
Radaelli, Claudio M., 1999: The Power of Policy Narratives in the European Union. The Case of Tax Policy, in: Braun, Dietmar/Busch, Andreas (Hrsg.), Public Policy and Political Ideas. Cheltenham.
Rodrik, Dani, 1997: Has Globalization Gone Too Far? Washington, D.C.
Rose, Manfred, 2003: Die Einfachsteuer. Das Konzept. Programm einer grundlegenden Reform der Einkommens- und Gewinnbesteuerung in Deutschland. Heidelberg.
Rose, Manfred/Wenzel, H.-Dieter/Wiegard, Wolfgang, 1981: Optimale Finanzpolitik. Stuttgart/New York.
Sabatier, Paul A./Jenkins-Smith Hank C., 1993: Policy Change and Learning. An Advocacy Coalition Approach. Boulder, CO.
Sachverständigenrat zur Begutachtung der gesamtwirtschaftlichen Entwicklung, 1972: Jahresgutachten 1972/73. Gleicher Rang für den Geldwert. Stuttgart/Mainz.
Sachverständigenrat zur Begutachtung der gesamtwirtschaftlichen Entwicklung, 1973: Jahresgutachten 1973/74. Mut zur Stabilisierung. Stuttgart/Mainz.

Sachverständigenrat zur Begutachtung der gesamtwirtschaftlichen Entwicklung, 1974: Jahresgutachten 1974/75. Vollbeschäftigung für morgen. Stuttgart/Mainz.
Scharpf, Fritz W., 1998: Globalisierung als Beschränkung der Handlungsmöglichkeiten nationalstaatlicher Politik, in: *Schenk, Karl-Ernst/Schmidtchen, Dieter/Streit, Manfred E./Vanberg, Viktor* (Hrsg.), Jahrbuch für Neue Politische Ökonomie. Tübingen, 41–66.
Schiltknecht, Kurt, 2002: Steuerwettbewerb: Kein Auslaufmodell, in: *Wagschal, Uwe/Rentsch, Hans* (Hrsg.), Der Preis des Föderalismus. Zürich.
Schindler, Peter (Hrsg.), 2000: Datenhandbuch zur Geschichte des Deutschen Bundestages 1949 bis 1999. Baden-Baden.
Schmidt, Manfred G., 1996: Germany. The Grand Coalition State, in: *Colomer, Joseph M.* (Hrsg.), Political Institutions in Europe. London/New York, 62–98.
Schneider, Friedrich, 2003: The Development of the Shadow Economies and Shadow Labor Force of 22 Transition and 21 OECD Countries. Working Paper, in: http://www.economics.uni-linz.ac.at/Schneider/ShadEcTrans itionOECD2003.pdf; 23.09.2003.
Schumpeter, Josef, 1929: Ökonomie und Soziologie der Einkommensteuer, in: Der Deutsche Volkswirt, Band 4, 380–385.
Selmrod, Joel (Hrsg.), 1990: Do Taxes Matter? The Impact of the Tax Reform Act of 1986. Cambridge, MA/London.
Sinn, Hans-Werner, 1997: Deutschland im Steuerwettbewerb. CES Working Paper No. 132. München.
Smith, Adam, 1993: Der Wohlstand der Nationen. Eine Untersuchung seiner Natur und seiner Ursachen. München.
Steinmo, Sven, 1993: Taxation and Democracy. Swedish, British and American Approaches to Financing the Modern State. New Haven/London.
Steinmo, Sven/Tolbert, Caroline J., 1998: Do Institutions Really Matter? Taxation in Industrialized Democracies, in: Comparative Political Studies 31(2), 165–187.
Stone Sweet, Alec/Sandholtz, Wayne, 1997: European Integration and Supranational Governance, in: Journal of European Public Policy 4(3), 297–317.
Swank, Duane, 1998: Funding the Welfare State. Globalization and the Taxation of Business in Advanced Capitalist Economies, in: Political Studies 46(4), 671–692.
Tanzi, Vito, 1995: Taxation in an Integrating World. Washington, D.C.
Thatcher, Margaret, 1995: Die Erinnerungen: 1925–1979. Düsseldorf.
Tiebout, Charles M., 1956: A Pure Theory of Local Expenditures, in: Journal of Political Economy 64(5), 416–424.
Tietmeyer, Hans, 2003: Die Gründung des Sachverständigenrates aus der Sicht der Wirtschaftspolitik, in: http://www.sachverstaendigenrat-wirtschaft.de/aktuell/tietmeyer_rede.pdf; 23.09.2003.
Tsebelis, George, 1995: Decision Making in Political Systems. Veto Players in Presidentialism, Parliamentarism, Multicameralism and Multipartism, in: British Journal of Political Science 25(3), 289–325.
Tsebelis, George, 2002: Veto Players. How Political Institutions Work. Princeton.
Uldall, Gunnar, 1996: Die Steuerwende. Eine neue Einkommensteuer, einfach und gerecht. München.
Wagschal, Uwe, 1997: Direct Democracy and Public Policymaking, in: Journal of Public Policy 17(2), 223–245.
Wagschal, Uwe, 1999: Schranken staatlicher Steuerungspolitik. Warum Steuerreformen scheitern können, in: *Busch, Andreas/Plümper, Thomas* (Hrsg.), Nationaler Staat und internationale Wirtschaft. Baden-Baden, 223–247.
Wagschal, Uwe, 2001: Deutschlands Steuerstaat und die vier Welten der Besteuerung, in: *Schmidt, Manfred G.* (Hrsg.), Wohlfahrtsstaatliche Politik. Institutionen – Prozesse – Leistungsprofil. Opladen, 126–162.
Webber, Carolyn/Wildavsky, Aaron, 1986: A History of Taxation and Expenditure in the Western World. New York.

Staat und Markt im internationalen Vergleich – Empirische Mosaiksteine einer facettenreichen Arbeitsverschränkung

Nico A. Siegel / Sven Jochem

1. Staat und Markt: Eine facettenreiche Beziehung[1]

Die Diskussion um den „Rückzug des Staates" hat den Übergang ins dritte Jahrtausend nicht nur unbeschadet überstanden, sondern sich in den vergangenen Jahren, scheinbar jeglichen Sättigungsgrenzen trotzend, als weiterhin populärer Wachstumsmarkt entpuppt. Seit Mitte der 1970er Jahre hält in den westlichen Demokratien die Debatte über die Grenzen des Staates, dessen Überlastung durch einen vermeintlich zu hohe Ansprüche artikulierenden *demos*, an (Crozier et al. 1975). Beiträge zur Krise des Staates, zur „alten" und „neuen" Unregierbarkeit (Grande 2003) und zum „Staatsversagen" bereicherten den politischen und politikwissenschaftlichen Diskurs auf der rechten wie auf der linken Flanke des politischen Spektrums. Die Diskussion über die Auswirkungen von Globalisierungs- und Europäisierungsprozessen auf die Staat-Markt-Beziehungen hat der Diskussion über Kontinuität und Wandel der politischen Regulierung von Märkten während der vergangenen Jahre noch einmal besonders kräftigen Rückenwind gespendet (vgl. hierzu Genschel 2003).

Die Literatur, die zu normativen und empirisch-analytischen Fragen über die „Arbeitsteilung zwischen Staat und Markt" (Schmidt 1996; vgl. Benz 2001) mittlerweile vorliegt, ist kaum mehr überschaubar. Sie sprengt zudem die Grenzen zwischen verschiedenen wirtschafts- und sozialwissenschaftlichen Disziplinen. Es erstaunt daher kaum, dass die Befunde, die aus verschiedenen Forschungsblickwinkeln vorgetragen werden, kein einheitliches Bild ergeben, sondern eher einem schwer zu entziffernden farbenreichen Mosaik gleichen.

Während beispielsweise ein Blick auf die Staatsausgaben, einem der klassischen Indikatoren der vergleichenden Staatstätigkeitsforschung, nach wie vor länderspezifische Ausgabenprofile und wachsende Staatsausgaben zutage fördert (vgl. Abschnitt 4.1), konstatierten eine Reihe von qualitativen Studien über De- und Reregulierungsreformen in den OECD-Demokratien und auf der EU-Ebene partiell konvergente Entwicklungen und für eine Reihe von wirtschaftlich entwickelten Demokratien einen bemerkenswerten Wandel im Verhältnis zwischen Staat und Markt seit den 1980er Jahren. Eine Transition vom überwiegend redistributiven oder „positiven" hin zum primär regulativ aktiven Staat wurde nicht nur für die EU aufgrund der ihr mangelnden Ressourcen und Legitimität für redistributive Politik konstatiert (Majone 1996, 1997; Moran 2002). In vergleichenden Analysen zu den De- und Re-Regulierungsreformen an den Schnittstellen von Staat und Markt werden aber nach wie vor durch national-

---

[1] Sven Jochem bedankt sich beim Hanse-Wissenschaftskolleg in Delmenhorst für die vorzüglichen Forschungsbedingungen. Teile dieses Beitrages sind dort während eines Gastaufenthaltes entstanden.

staatliche Macht- und Institutionenkonstellationen bedingte divergente Reformpfade diagnostiziert (V. Schmidt 2002). Andere Ergebnisse weisen wiederum auf die abnehmende Relevanz nationalstaatlicher Institutionen hin. Verantwortlich hierfür seien Konvergenzschübe, die Privatisierung, Liberalisierung, Delegation und Dezentralisierung als wichtigste Bestandteile umfassten (Bartle 2002). Ob und inwieweit sich das Verhältnis von Staat und Markt in westlichen Demokratien im letzten Viertel des 20. Jahrhunderts grundlegend und nachhaltig verschoben hat, ob konvergente oder divergente Prozesse dominieren, ist eine in der Politikwissenschaft (nach wie vor) besonders kontrovers diskutierte Frage.

Auch ist keineswegs klar, ob der so häufig zitierte und geforderte Rückzug des Staates überhaupt stattgefunden hat, und wenn ja, in welchem Ausmaß und welcher Form dies geschehen ist. Die Herausgeber eines 1994 veröffentlichten Sonderbandes von *West European Politics* über „The State in Western Europe" wählten den eher risikoaversen Rückgriff auf ein Fragezeichen im Titel: „Retreat or Redefinition?" (Wright/ Müller 1994). Die Antwort fiel in den inkludierten Analysen unterschiedlich aus. Ein genereller Rückzug, Rückbau oder gar ein uniformes Zurückdrängen des Staates zeichnete sich jedenfalls nicht als gemeinsamer Nenner ab. Just für Großbritannien, wo sich die *Conservative Party* für eine radikale Abmagerungskur des Staates ausgesprochen hatte, wies Richardson auf eine nur scheinbar paradoxe Entwicklung hin: Privatisierung und Deregulierung hatten ein außerordentlich hohes Maß an staatlichem Re-Regulierungsengagement nach sich gezogen. *Doing Less by Doing More* lautete das Fazit (Richardson 1994). Eine von Deregulierungs- und Privatisierungsbefürwortern meist nicht intendierte Konsequenz des vermeintlichen Rückzuges des Staates war ein immenser Re-Regulierungsaufwand. Manche kritische Beobachter des in Großbritannien seit mehr als zwei Dekaden dominanten regulativen Paradigmas haben sogar die Frage aufgeworfen, ob infolge einer fast unübersichtlichen Vielfalt von *regulatory agencies* innerhalb des öffentlichen Sektors, womöglich ein nur schwer kontrollierbarer „regulativer Staat im Staate" entstanden sei – bestehend aus Abfallkontrolleuren, Qualitätspolizei und „Filzknackern"[2].

International vergleichbare Indikatoren der OECD, die weniger die Varianten der Binnenregulierung im öffentlichen Sektor fokussieren sondern das Ausmaß staatlicher Regulierungen zur Einhegung des Marktes in verschiedenen „staatsnahen" Sektoren, zeigen indes eine seit Beginn der 1980er Jahre in der Mehrzahl der OECD deutlich rückläufige Reichweite und Intensität staatlicher Eingrenzungen des Marktgeschehens an. Zumindest gilt dies für wesentliche Facetten der Produktmarktregulierung, vor allem für die zunehmende Durchlässigkeit von Außenhandelsschranken, den Abbau von Restriktionen gegen internationale Kapitaltransaktionen und partiell auch für den Abbau markteindämmender Vorschriften im Bereich des Arbeitsrechtes. Auch wenn man aus den Regulierungsdaten nicht einfach einen eindimensionalen Rückzug des Staates und ein ungehindertes Vordringen der Marktkräfte ableiten sollte, so indizieren sie für die Mehrzahl der OECD-Demokratien seit den 80er Jahren doch markante Privatisierungs- und Liberalisierungsdynamiken in Bereichen wie Post, Telekommunikation, Luftverkehr sowie Gas- und Stromversorgung (vgl. Abschnitt 4.2).

---

2 So die zugegeben etwas holprige Übersetzung von „waste-watchers, quality police, sleaze busters" (Baldwin et al. 1999: 4).

Die unterschiedlichen Diagnosen und Bewertungen der Staat-Markt-Beziehungen machen deutlich, dass die politikwissenschaftliche Forschung zum Verhältnis zwischen Staat und Markt weit davon entfernt ist, konsistente empirische Befunde hervorzubringen. Es würde ein nicht realisierbares Unterfangen darstellen, sämtliche Verzweigungen und Diskussionsstränge der Staat-Markt-Analyse in diesem Beitrag angemessen nachzeichnen und auch noch kritisch würdigen zu wollen. Wir beschränken uns daher auf einen engen Ausschnitt eines sehr weiten und ohnehin nur schwer abgrenzbaren Feldes.

Erstens konzentrieren wir uns überwiegend auf Studien, die der empirisch-analytischen Policy- oder Staatstätigkeitsforschung zuzurechnen sind. Zweitens ist der Beitrag auf die internationale und historisch vergleichende Policyforschung in westlichen Demokratien zugeschnitten[3]. Er führt damit eine durchaus bedauerliche Verzerrung der komparativen Staatstätigkeitsforschung fort, nämlich die häufig vorzufindende Fokussierung auf etablierte und wirtschaftlich entwickelte Demokratien, die üblicherweise in die Gruppe der lang etablierten OECD-Demokratien eingeordnet werden. Wir beanspruchen ferner weder, einen umfassenden Überblick über den gewählten Ausschnitt zu präsentieren, noch beabsichtigen wir, durch elaborierte empirische Analysen einen wirklich innovativen Beitrag zum „Abtesten" gängiger Hypothesen der Staatstätigkeitsforschung beizusteuern. Dass wir in diesem Beitrag beispielsweise nicht auf Mehrvariablenanalysen zurückgreifen, um dem ehrgeizigen Ziel eines Theorientests möglichst nahe zu kommen, ist nicht der Scheu vor quantitativen Forschungsmethoden im Rahmen des internationalen Vergleichs geschuldet. Der Verzicht erklärt sich vielmehr aus dem von uns diagnostizierten Bedarf an kritischer Bestandsaufnahme vorliegender Ansätze und Ergebnisse in der vergleichenden Policyforschung und einer in der quantitativen Policyforschung häufig nicht ausreichend berücksichtigten Mehrdimensionalität der abhängigen Variable.

Unser Kapitel beschränkt sich im Folgenden erstens auf die Vorstellung klassischer Fragestellungen und Konzepte zum Verhältnis von Staat und Markt in der vergleichenden Policyforschung (Abschnitt 2) und zweitens auf ein Portrait einflussreicher komparativer Typologien (Abschnitt 3). In Abschnitt 4 diskutieren wir die Ergebnisse angesichts empirischer Daten über die Staatsquote, das Staatsausgabenprofil und das Ausmaß von Produktmarkt- und Arbeitsmarktregulierung in OECD-Demokratien. Darauf aufbauend, skizzieren wir wichtige Entwicklungen in ausgewählten Ländern, die exemplarisch den Wandel des Verhältnisses von Staat und Markt beleuchten (Abschnitt 5). Es folgen in Abschnitt 6 die unseres Erachtens zu ziehenden Schlussfolgerungen, und zwar sowohl für die Theoriebildung in der vergleichenden Policyforschung als auch für die Wahl von Forschungsperspektiven und -strategien.

---

3 Die „Zerfaserung von Staatlichkeit" mag zwar im Zuge von Denationalisierungsprozessen schon ein Stück weit vorangeschritten sein, ob daraus freilich pauschal eine „postnationale Konstellation" abzuleiten ist und die daraus zu ziehende Schlussfolgerung lauten sollte, der Politikwissenschaft den „methodologischen Nationalismus" (Zürn 1999) auszutreiben, möchten wir angesichts der nach wie vor auffällig variierenden nationalstaatlichen Policyprofile bei partiell ähnlich gelagerten Problemkonstellationen und Kontextsituationen bezweifeln (vgl. Scharpf/ Schmidt 2000).

2. Staat und Markt: Typische Fragen und Begriffsrelationen

Welche Unterschiede und Gemeinsamkeiten kennzeichnen das Verhältnis von Staat und Markt im internationalen und historischen Vergleich? Lassen sich musterähnliche Typen oder Cluster von Staatstätigkeitsprofilen identifizieren, etwa Länderfamilien oder Welten des Wohlfahrtskapitalismus? Wie können Unterschiede und Gemeinsamkeiten in der Arbeitsteilung zwischen Staat und Markt (Schmidt 1996) im historischen Längsschnitt und im internationalen Querschnitt erklärt werden? Sind die beobachteten Gemeinsamkeiten und Unterschiede vornehmlich sozialökonomischen Faktoren geschuldet oder drücken politische Institutionen und Prozesse der Arbeitsteilung zwischen staatlichen und marktlichen Steuerungsmechanismen ihren Stempel auf? Wie verhält es sich mit den politischen, sozialen und wirtschaftlichen Folgen der Arbeitsteilung zwischen Staat und Markt? Gibt es empirische Hinweise darauf, welches die optimale Balance zwischen Staat und Markt darstellt? Wo können die wichtigsten Ursachen für sich wandelnde Mischungsverhältnisse zwischen Staat und Markt lokalisiert werden?

Diese Fragen skizzieren nur einige der wichtigsten Problemstellungen, welche die politikwissenschaftliche oder zumindest politikwissenschaftlich beeinflusste empirisch-analytische Forschung zum Verhältnis von Staat und Markt maßgeblich beeinflusst haben. Ihre Beantwortung fällt keineswegs einheitlich aus. Die empirisch fundierten Diagnosen und normativen Leitvorstellungen zeichnen sich bisweilen durch widersprüchliche Ergebnisse beziehungsweise diametral entgegengesetzte Soll-Entwürfe aus. Dies überrascht insofern nicht, als in der sozialwissenschaftlichen Analyse von Staat und Markt höchst unterschiedliche Theorien, Methoden, Forschungsansätze und Indikatoren zum Einsatz gelangen. Die Themenbreite, der Methodenpluralismus und die kaum unter eine gemeinsame Überschrift zu subsumierende Problemvielfalt zeigen, dass das Verhältnis von Staat und Markt zu den zentralen Gegenstandsbereichen verschiedenster politikwissenschaftlicher Strömungen zu zählen war – und immer noch ist.

Ein unseres Erachtens zentrales Problem stellt die oft unterbeleuchtete begriffliche Unterscheidung von Staat und Markt dar. Die Achse Staat-Markt dient in der Politikwissenschaft nach wie vor als zentrale Orientierungshilfe etwa bei der Auswertung von Parteiprogrammen, Wahlkampfplattformen und Regierungsprogrammen sowie der Analyse von *outputs* und *outcomes* politischer Prozesse in der empirischen Policyforschung. Die beiden Begriffe werden im politischen (und auch politikwissenschaftlichen) Alltag häufig wie selbstverständlich zur Abgrenzung klar voneinander trennbarer Sphären gebraucht. Nicht selten werden dabei die Begriffe Staat und Markt als klassisches Gegensatzpaar gehandelt, wobei der Konsens über die semantische Konnotation „öffentlich" beziehungsweise „privat(-wirtschaftlich)" meist implizit vorausgesetzt, seltener jedoch explizit begründet wird.

Dabei ist zu bedenken, dass die Trennlinien zwischen Staat und Markt in vielen Fällen nur zu analytischen Zwecken präzise und trennscharf gezogen werden können. Die Gegensätzlichkeit ist streng genommen eine taxonomisch-analytische. Die Konturen haben sich zudem in den wirtschaftlich entwickelten Demokratien während der zweiten Hälfte des 20. Jahrhunderts im Zuge einer wechselseitigen „Sphärendurchdringung" weiter abgeschwächt. Begriffe wie „mixed economies" (Catles/Lehner/Schmidt 1988) oder „dritter Sektor" (Anheier/Seibel 1990) seien als nur zwei Beispiele für viele genannt, die verdeutlichen, dass die Kategorien Markt und Staat nicht als sich durchweg ausschließende Sphären spezifiziert werden können. Der „public-private" Mix in der Gesundheits- oder Alterssicherungspolitik basiert nicht nur in Deutschland auf einem komplexen Mischungsverhältnis, was erhebliche Abgrenzungs- und Vergleichsprobleme impliziert[4].

Die unter dem Sammelbegriff „varieties of capitalism" subsumierten Beiträge von Autoren wie David Soskice, Peter Hall oder Wolfgang Streeck (Soskice 1999; Hall/Soskice 2001; Streeck 1997) haben zum Beispiel die im internationalen Vergleich auffälligen Variationen und systematischen Zusammenhänge bei der politischen Regulierung von Märkten beschrieben und analysiert. Wie eine Analyse liberaler Marktökonomien oder generell von Privatisierungs- oder Liberalisierungsprozessen deutlich macht, sind politisch unregulierte Märkte zwar als idealtypische Konstrukte denkbar (und modellierbar), als Realtypen aber schwerlich auffindbar. Auch „deregulierte" oder schwach regulierte Märkte in den so genannten liberalen Marktökonomien beruhen auf spezifischen und oft weitreichenden politischen Regulierungsformen, auch dann, wenn Regierungshandeln sich – gemäß den Verlautbarungen von Regierungsakteuren – darauf beschränken soll, primär die Rahmenbedingungen und Regeln eines möglichst ungehinderten Wettbewerbs vorzugeben (Czada/Lütz 2000). Die Tendenz zu einem „regulativen Staat" hat damit nicht einen Rückzug des Staates per se eingeleitet oder gar besiegelt, sondern eher neue Mischungsverhältnisse, dominante Interaktionskontexte und Aufgabenverteilungen begründet.

Anhand eines Beispiels aus der politischen Ökonomie, genauer aus der Analyse der Staat-Verbände-Beziehungen können die Schwierigkeiten einer Sphärentrennung zwischen Staat und Markt verdeutlicht werden: In den verschiedenen Subtypen koordinierter Marktökonomien kommt verschiedenen Varianten korporatistischer Institutionen eine Schlüsselstellung im politischen Prozess zu (vgl. Jochem/Siegel 2003). Die auf Kooperation und Koordination abzielende institutionalisierte Einbeziehung von Interessengruppen in politische Willenbildungs-, Entscheidungs- und Implementationsprozesse kann als ein herausragendes Beispiel für die gegenseitige Durchdringung der politisch-staatlichen und der gesellschaftlich-marktlichen Sphäre angeführt werden (vgl. Streeck/Schmitter 1985), die spätestens mit der Hegelschen Staatsphilosophie des frühen 19. Jahrhunderts Eingang in den Kanon klassischer Demokratietheorien fand.

Freilich finden wir in der politischen Ökonomie westlicher Demokratien noch eine Vielzahl anderer Beispiele für die nur analytisch stringent durchzuhaltende Sphärentrennung zwischen Staat und Markt. Vom Staat geschaffene und mit Ressourcen wie Rechtsetzungsbefugnis und Geld ausgestattete Regulierungsagenturen, die insbesondere in den USA auf eine lange Tradition zurückblicken und mittlerweile in der Mehrheit westeuropäischer Länder zum Zwecke der Regulierung des Wettbewerbs geschaffen wurden, sind im Hinblick auf ihre Zusammensetzung und Kompetenzen zumindest staatsnahe Organisationen. Die orthodoxe Gegenüberstellung zwischen Staat und

---

4 Ein Beispiel sind gesetzlich vorgeschriebene Sozialleistungen, die von privaten Personen oder von Arbeitgebern aufgebracht werden müssen, etwa im Rahmen der Altersvorsorge (obligatorische Betriebsrenten) oder der Lohnfortzahlung im Krankheitsfall.

Markt wirkt nicht nur angesichts der angeführten Beispiele für viele gesellschaftliche Bereiche als zu holzschnittartig. Zudem ist sie nicht erschöpfend. Neben dem Marktmechanismus und der staatlichen Steuerung ist beispielsweise für die Verortung der Wohlfahrtsproduktion die Familie hinzuzufügen (Esping-Andersen 1999).

Dass die analytischen Kategorien Staat und Markt weder strikt disjunkt noch erschöpfend sind, impliziert jedoch nicht, dass sie zu empirisch-analytischen Vergleichszwecken untauglich sind und daher fallen gelassen werden sollten. Trotz der vielfältigen, wechselseitigen Sphärendurchdringung erweist sich die analytische Unterscheidung sowohl für normative Fragen nach der angemessenen Arbeitsverschränkung zwischen Staat und Markt als auch für empirische Vergleichszwecke in der Policyforschung als hilfreich und, angesichts des Mangels an besseren Alternativen, in vielen Fällen auch als beste aller suboptimalen Herangehensweisen. Freilich sollten die Grenzen von Staat-Markt-zentrierten politikwissenschaftlichen Theorien und empirischen Analysen beachtet werden, um so deren *relativierte Relevanz* im Blick behalten zu können.

3. Reduktionsversuche realweltlicher Komplexität: Staat-Markt Typologien

Bei der Analyse des Verhältnisses von Staat und Markt hat die Etablierung so genannter Länderfamilien entlang von unterschiedlichem kulturellem Erbe, sprachlichen Gemeinsamkeiten, aber auch politischen Kräfteverhältnissen und Staat-Markt-Beziehungen eine wichtige Rolle gespielt (*families of nations*, Castles 1993). Starke Einflüsse des Länderfamilienkonzepts finden sich beispielsweise in den Arbeiten von Manfred Schmidt. Die Ergebnisse zeigen bezüglich der resultierenden Länderklassifikation trotz auffälliger Abweichungen erhebliche Übereinstimmungen mit der Typologie von Wohlfahrtsregimen gemäß Esping-Andersen (1990). Bemerkenswert sind auch die Überschneidungen mit den Befunden der *varieties of capitalism*-Forschung (Soskice 1999). Obwohl die drei erwähnten Forschungsperspektiven unterschiedliche Ausschnitte des Verhältnisses von Staat und Markt analysieren, sie zudem in unterschiedlichen Disziplinen verwurzelt sind, ferner durch den Rekurs auf verschiedene Theorien und die Anwendung unterschiedlicher Methoden geprägt sind, ist die Schnittmenge übereinstimmender Ergebnisse, bei allen Differenzen, bemerkenswert.

Simplifiziert man die Ergebnisse der drei Makrotypologien im Bezug auf die Staat-Markt-Relationen grob, so schälen sich im internationalen Demokratienvergleich im Wesentlichen drei Welten, Familien oder Länder-Cluster heraus: eine liberale (englischsprachige), eine zentristische (kontinentaleuropäische) und eine sozialdemokratische (nordische) (vgl. auch Jochem/Siegel 2000). Besonders deutlich verläuft gemäß der *varieties of capitalism*-Forschung die Trennlinie zwischen den liberalen, nicht koordinierten Marktökonomien, die vor allem in den englischsprachigen Demokratien Nordamerikas und in den Antipoden-Demokratien vorzufinden sind, und den koordinierten Marktökonomien West- und Nordeuropas. Der Typ der koordinierten Marktökonomien umfasste über weite Strecken der zweiten Hälfte des 20. Jahrhunderts zwei (Sub-)Varianten: die „flexibel-koordinierten" Marktökonomien (vorzufinden vor allem in kontinentaleuropäischen Demokratien wie z.B. Deutschland, Niederlande) und die egalitären, zentral koordinierten Marktökonomien (vorzufinden v.a. in den nordischen Demokratien Schweden, Norwegen).

Zu einer in weiten Teilen ähnlichen Ländereinteilung gelangten die stärker auf Sozial- und Arbeitsmarkt gerichteten Analysen von Esping-Andersen und Schmidt. Der Bundesrepublik Deutschland wurde beispielsweise von Schmidt (1987) eine Politik des mittleren Weges attestiert. Der mittlere Weg spiegelte sich über weite historische Strecken der Bundesrepublik in einer Staatsquote von mittlerer Höhe, aber auch in alternativen Indikatoren wie etwa den Dekommodizifierungsindizes von Esping-Andersen. Ein zentristischer Parteienwettbewerb zwischen zwei großen Volksparteien, die Politikverflechtung im kooperativen Föderalismus und der sektorale Korporatismus hätten die Weichen in der Bundesrepublik überwiegend in Richtung eines mittleren Pfades gestellt. Die Kosten der deutschen Einheit, die nachlassende Steuerungsfähigkeit der Sozialpartner und der zunehmend kompetitive Parteienwettbewerb stellten dagegen nicht zu unterschätzende Herausforderungen für die Politik des mittleren Weg dar (M. Schmidt 2000).

Sucht man in den Ergebnissen der Analysen von Schmidt, Esping-Andersen und einer Reihe anderer vergleichender Typologien nach den Gemeinsamkeiten, so kristallisieren sich, vereinfacht gefasst, drei Typen oder Welten des Staat-Markt-Verhältnisses heraus. Diese können wie folgt skizziert werden. Hohe Staatsausgaben, ein stark redistributiv ausgerichtetes Steuersystem, ein dicht geknüpftes soziales Sicherungsnetz, v.a. ein ausgebautes staatliches Dienstleistungssegment im sozialen Sektor, generöse Sozialleistungen im Sinne von Quasi-Bürgerrechten, ein Primat der Vollbeschäftigungspolitik und die hierzu beitragende zentral koordinierte, tripartistische Konzertierung wurden als wichtigste Pfeiler des nordischen oder sozialdemokratischen Wohlfahrtskapitalismus ausgemacht.

Für die kontinentaleuropäische, „korporatistisch-zentristische" (Siegel 2002b: 346) von Esping-Andersen als „konservativ-korporatistische" apostrophierte Ländergruppe, die insbesondere die flexibel koordinierten Ökonomien umfasst, wurden dagegen die folgenden Merkmale als charakteristisch angeführt: eine Staatsquote von meist mittlerer Höhe, ein durchschnittliches bis überdurchschnittliches Niveau sozialstaatlich bedingter De-Kommodifizierung, das überwiegend durch statuskonservierende Sozialversicherungssysteme und die durch sie erbrachten Transferleistungen erreicht wird, und ein im Vergleich zur nordischen Länderfamilie schmalerer sozialer Dienstleistungssektor, der zudem maßgeblich von intermediären Organisationen dominiert wird. Dieses Politikprofil resultierte nicht zuletzt aus den Präferenzen von Mitteparteien und den Verhandlungsergebnissen verschiedener Koalitionsregierungen in den parlamentarischen Demokratien dieser Ländergruppe. Das wirtschaftspolitische Profil variierte zwischen den Familienmitgliedern der korporatistisch-zentristischen Ländergruppe in der zweiten Hälfte des 20. Jahrhunderts allerdings erheblich. Während in den deutschsprachigen Ländern mit starker Zentralbankautonomie der „Preisstabilitätspolitik" Vorrang eingeräumt wurde (Busch 1995), zeichnete sich das wirtschaftspolitische Profil von Ländern wie den Niederlanden (bis Ende der 70er Jahre), Frankreich (bis Mitte der 80er Jahre) oder Belgien (bis Mitte der 90er Jahre) durch ein höheres Maß an Volatilität aus. Zudem variiert der nach 1945 dominante Modus der Staat-Markt-Interaktion: Während in Frankreich ein stark etatistisches System der *planification* stellvertretend für eine staatszentriert-hierarchische Steuerungskonzertierung war, überwog in Deutschland die „permanente Staatsentlastung" durch Politikdelegation in Form des sektoralen Korporatismus.

Den Mitgliedern der liberalen Länderfamilie, in denen über weite Strecken des 20. Jahrhunderts konservative Parteien die Regierungsgeschäfte führten, können vor allem die folgenden Hauptmerkmale zugeschrieben werden: ein vergleichsweise niedriges Staatsausgabenniveau, eine vornehmlich auf Armutsvermeidung abzielende staatliche Sozialpolitik sowie pluralistische, nicht-koordinierte Arbeitsbeziehungen. Der Primat des Marktes resultiert in der liberalen Ländergruppe in vergleichsweise hoher sozialer Ungleichheit, insbesondere einer im Vergleich zu den beiden anderen Länderfamilien signifikant höheren Einkommensungleichheit.

Sämtliche der vergleichenden Typologien weisen auf erhebliche länder(gruppen)spezifische Besonderheiten im Verhältnis von Staat und Markt hin. In den Werken ihrer prominentesten Vertreter spiegelt sich an vielen Stellen die Skepsis gegen funktionalistische Konvergenztheoreme, insbesondere auch gegen konvergenztheoretische Implikationen, die sich aus Globalisierungs- oder Internationalisierungsthesen ableiten lassen. Stattdessen werden länder(gruppen)spezifische Variationen, Anpassungsstrategien und Reformpotenziale attestiert. Politische Machtkonstellationen, wie die über längere Zeiträume dominante Färbung der parteipolitischen Zusammensetzung von Regierungen (besonders prägnant bei M. Schmidt) oder die Machtressourcen von und die Koalitionsbildung zwischen sozialen Klassen (so in der Tradition der „Korpi-Schule" die Wohlfahrtsregimeanalyse bei Esping-Andersen) wurden dabei als besonders einflussreiche Bestimmungsfaktoren für das Profil wohlfahrtsstaatlicher Strukturen und Inhalte identifiziert.

Insbesondere in der politikwissenschaftlich verwurzelten Staatstätigkeitsforschung wurden divergente Staat-Markt-Konfigurationen zudem auf die abweichende Fragmentierung konstitutioneller Strukturen (Huber/Ragin/Stephens 1993) oder auf die *potenzielle* Vetodichte im politischen Prozess (Siegel 2002a) zurückgeführt. Die Nähe des institutionellen Ansatzes zur Theorie der Pfadabhängigkeit hat dabei sowohl die Staatstätigkeitsforschung als auch die *varieties of capitalism*-Forschung zu der Schlussfolgerung geführt, dass ohne einen Rekurs auf das Politikerbe etwa die institutionalisierten Regulierungsmuster von Märkten, die Anpassungsstrategien von Unternehmen und der Regierungspolitik im Zuge von inter- und intranationalstaatlichen Wandlungsprozessen nicht angemessen erklärt werden können. Das Politikerbe prägt dergestalt die dominanten Problemkonfigurationen, ferner die sich über kurze, situative Schwankungen hinweg verfestigenden Akteurskonstellationen – und folgerichtig auch die Reformpfade[5].

Die vorgestellten Typologien haben ihre Vorteile nicht nur darin, systematisch Ursache-Wirkungs-Relationen bezüglich des Verhältnisses von Staat und Markt zu beschreiben und offen zu legen. Ihr Verdienst liegt vor allem auch darin, auf im internationalen Vergleich nach wie vor auffällige Länderprofile aufmerksam zu machen. Trotz

---

5 So gelangt Andreas Busch in seiner vergleichende Analyse der Bankenregulierung in vier Ländern (Deutschland, Großbritannien, Schweiz und USA) zu dem Ergebnis, dass trotz einer Konvergenz auf der Policyebene, nationale Institutionen und Prozesse als wichtige „Filter" wirken (Busch 2003).

der Betonung von Verschiedenheit wird die Komplexitätsreduzierung durch das Herausarbeiten gruppenspezifischer Gemeinsamkeiten aber nicht aus den Augen verloren. Der Vorteil der vergleichenden Typologien liegt dabei vor allem darin, einen mittleren Weg zwischen eindimensional deterministischen Konvergenzannahmen und der Hypersensibilität von „Einzelfalltheoremen" – frei nach dem Motto: „Jeder Fall ist einzigartig!" – einzuschlagen.

Freilich laborieren die Typologisierungsbemühungen auch an unübersehbaren Schwächen. Sie können hier nicht sämtlich ausführlich diskutiert und gewürdigt werden. Vor allem die folgenden stechen heraus: Sowohl die Wohlfahrtsregimetypologie Esping-Andersens als auch die *varietes of capitalism*-Typologie teilen den Nachteil vieler Typologisierungsversuche: Sie sind überwiegend statisch angelegt und eignen sich besonders gut für Momentaufnahmen ähnelnde Querschnittsanalysen oder als heuristische Orientierungshilfen für die Erklärung pfadabhängigen, inkrementellen Wandels. Sie erweisen sich dagegen nur als bedingt anschlussfähig an Fragen, welche die Suche nach Ursachen und Auslösern für größere Pfadabweichungen als Problem in den Mittelpunkt rücken.

Insbesondere Esping-Andersens Typologie unterschätzt zudem die faktische gruppeninterne Variation und überbetont die Differenzen zwischen den zu Wohlfahrtsregimen gruppierten Ländern (vgl. auch Abschnitt 5)[6]. Die Gemeinsamkeiten hinsichtlich der Alterssicherungspolitik sind zwischen Deutschland und Schweden mittlerweile stärker ausgeprägt als zwischen der schwedischen und dänischen Rentenpolitik. Die (nicht nur bei Esping-Andersen auffällige) Verwischung von Real- und Idealtypen und das nachvollziehbare Ziel, möglichst kohärente Länderfamilien zu „porträtieren", um den Weg für möglichst „elegante", schlanke Erklärungen zu ebnen, scheint bisweilen zur Überzeichnung von gruppeninternen Gemeinsamkeiten und von Unterschieden zwischen den Länderfamilien zu verführen.

Zwar wird die Vorstellung von drei (oder vier) Welten des „public-private"-Mix in zahlreichen empirischen Analysen durchaus erhärtet (Jochem/Siegel 2000). Unsere bisherigen Ausführungen führen uns jedoch zu dem Schluss, dass hinter diesen typologischen Klassifizierungen mitunter temporale Entwicklungen aus dem Blick geraten bzw. gruppeninterne Differenzen zu stark verwischt werden. Wir treten daher im Folgenden gedanklich wieder einen Schritt hinter die Typologisierungsbemühungen zurück und fokussieren stärker einzelne Länder und die historische Entwicklung der politischen Betriebsweise bzw. die politische Regulierung des Staat- Markt-Verhältnisses.

4. Verschiedene Gesichter der Staat-Markt Beziehungen: Staatsausgaben und Regulierungsprofile im Vergleich

4.1 Staatsausgaben

Der Analyse der Staatsausgaben kommt in der vergleichenden Analyse von Staat und Markt – nicht nur in der Politikwissenschaft – ein zentraler Stellenwert zu. In den

---

6 Vgl. die in höchstem Maße lesenswerte Analyse von Rentenregimen bei Hinrichs (2001).

Medien und im Rahmen von Untersuchungen nationaler und internationaler Wirtschaftsforschungsinstitute dienen die Einnahmen und die Ausgaben des Staates als ein zentraler Indikator für den Umfang und die Intensität staatlicher Interventionen in das Marktgeschehen. Dabei werden ausgabenbasierte Vergleiche häufig scharf kritisiert. Als wichtige Kritikpunkte an einer ausgabenbasierten Policyanalyse werden genannt, dass die Staatsausgaben erstens einen engen und nicht notwendigerweise repräsentativen Ausschnitt der Staatstätigkeit abbilden. Dies gelte vor allem für solche Policybereiche, in denen die regulative Politik dominiere, so etwa in der Umweltpolitik oder in der Gleichstellungspolitik. Als Kritikpunkt wird zweitens häufig angeführt, dass die vergleichende Analyse der Staatsausgaben sich zwar leicht zugänglicher, aber nur bedingt vergleichbarer Indikatoren bediene. Die Erfahrung mit der Validität und Reliabilität von Messungen der für internationale Vergleichszwecke verfügbaren Datenbestände etwa der OECD, der UNO, der Weltbank, des internationalen Währungsfonds, aber auch der EU, lehrt in der Tat, dass insbesondere aufgrund von Definitionssprüngen im Rahmen von Zeitreihenanalysen mitunter Vorsicht geboten ist. Allerdings ist Vorsicht nicht mit pauschaler Ablehnung zu verwechseln.

Drittens wird gegen die ausgabenbasierte Policyforschung häufig vorgebracht, dass sie nur die Oberfläche staatlichen Handelns erfasse, nicht aber die (qualitativen) Inhalte. Die gleiche Menge an Geld können in ein und dem selben Politikfeld schließlich für höchst unterschiedliche Aufgaben, Instrumente und Ziele verwendet werden, so etwa in der Familienpolitik für Kindergeldzahlungen, Erziehungsgeld oder aber die Förderung der öffentlichen Infrastruktur in Gestalt von Kinderbetreuungsstätten und Vorschuleinrichtungen. Kurz gefasst, lässt sich die Kritik an ausgabenbasierten Analysen auf einen Nenner bringen: In der international vergleichenden Analyse der Staatsausgaben dominiere nicht selten der ergebniszentrierte Pragmatismus und die Quantität beziehungsweise Quantifizierbarkeit von Informationen, und zwar auf Kosten einer ambitionierten qualitativen Tiefenanalyse.

Die Analyse der Staatsausgaben, so möchten wir für unsere Zwecke festhalten, ist ein in vielen Forschungskontexten notwendiger, wenngleich im Kontext nur weniger Fragestellungen hinreichender Analyseschritt. Für die Frage nach dem Verhältnis von Staat und Markt bieten die Staatsausgaben jedenfalls eine ungefähre Abbildung des Volumens an monetären Ressourcen, die entweder durch staatliche oder staatsnahe Institutionen transferiert oder konsumiert oder von diesen investiert werden. Für die Einbeziehung der Staatsausgaben sprechen neben pragmatischen Gründen der Verfügbarkeit aber auch wichtige substanzielle. Geld ist zwar nicht das einzige Steuerungsmedium der Politik, aber ein sehr gewichtiges. „Money is not all there is to policy, but there is precious little policy without it" (Klingemann/Hofferbert/Budge 1994: 41). In Zeiten enger werdender haushaltspolitischer Spielräume wird Geld zudem zu einem (sehr) knappen Gut. Den staatlichen Ausgabenvolumina kommt dann eine besonders gewichtige Rolle im politischen Prozess zu: Sie dienen im Zuge von sparpolitischen Programmen oft als wichtige Kennziffern, die nicht selten – oft vorschnell und vor dem Hintergrund einer ökonomischen Kostentheorie irrtümlich – mit den Kosten staatlichen Handelns gleichgesetzt werden[7].

---

7 Vgl. Siegel (2002a: Kap. 5) zur zunehmenden Relevanz von Ausgabendaten im Kontext re-

Vergleicht man die Staatsquoten von lange etablierten OECD-Demokratien im Längsschnitt, so spricht wenig dafür, dass der eingangs erwähnte, oft beschworene und beklagte Rückzug des Staates seit den achtziger Jahren stattgefunden hat. Tabelle 1 enthält die Staatsquoten zu drei Erhebungszeiträumen über jeweils fünf Jahre in denjenigen 18 OECD-Demokratien, die mindestens seit 1960 ohne Unterbrechung demokratisch verfasst sind. Die Fünfjahresdurchschnitte wurden gewählt, um den Einfluss zyklisch bedingter Schwankungen zu minimieren. Die Daten beziehen sich somit auf die Zeiträume 1960–1964, 1978–1982 und 1998–2002, wenngleich wir der Einfachheit halber im Text im Folgenden jeweils mit den Jahren 1960, 1980 und 2000 auf sie verweisen.

Tabelle 1: Staatsquoten in 18 OECD-Ländern, 1960–2000

	Staatsquote 1960 (1960–1964)	*Staatsquote 1980 (1978–1982)*	*Staatsquote 2000 (1998–2002)*
Australien	23,3	32,1	36,5
Belgien	30,6	52,8	50,0
Dänemark	27,4	56,2	55,9
Deutschland	23,3	48,0	48,0
Finnland	28,0	36,4	50,6
Frankreich	36,6	46,9	53,1
Irland	31,0	48,1	33,8
Italien	31,7	43,9	48,4
Japan	18,6	31,8	38,0
Kanada	29,5	39,9	42,0
Neuseeland	24,7	33,2	37,3
Niederlande	36,0	54,9	46,7
Norwegen	32,3	48,5	46,8
Österreich	34,2	49,0	52,8
Schweden	32,6	61,2	58,8
Schweiz	21,0	35,0	38,0
USA	26,7	31,5	34,3
Vereinigtes Königreich	33,9	42,8	39,4
OECD Mittel	29,0	44,0	45,0
Var.koeff	0,18	0,21	0,17

Anmerkungen: Bei den Zahlen handelt es sich um nicht gewichtete Fünfjahresdurchschnitte der in den Spaltenüberschriften ausgewiesenen Zeitspannen. Aufgrund fehlender Daten in den OECD-Statistiken wurden die Staatsquote für Neuseeland und die Schweiz teilweise auf Basis der Summe von Steuer- und Sozialbeitragseinnahmen geschätzt.

Quellen: OECD: Economic Historical Statistics und Economic Outlook verschiedene Ausgaben; Cusack/ Fuchs (2002).

Ein Vergleich der Durchschnittswerte und Streuung zeigt dabei vor allem Folgendes: Während die Staatsquote zwischen 1960 bis 1980 im Mittel um knapp 50 Prozent anwuchs, lag ihr Niveau im Jahr 2000 nur geringfügig über demjenigen des Jahres 1980. Referiert man folglich auf die OECD-Mittelwerte, so ist das Wachstum der Staatsaus-

---

striktiver Reformprozesse und der wenig sinnvollen Gleichsetzung von Ausgaben mit „Leistungen" oder „Kosten".

gaben nach 1980 beinahe zum Stillstand gekommen, eine Rückführung der Staatsquote in der OECD ist jedoch nicht erkennbar.

Allerdings verstellt der Blick auf die Mittelwerte das Ausmaß an länderspezifischer Streuung. Das Wachstum der Staatsquote fiel von Land zu Land sehr unterschiedlich aus. Während sich die Staatsquote in Dänemark zwischen 1960 und 1980 mehr als verdoppelte und in Schweden ebenfalls um fast 100 Prozent wuchs, nahm sie in den USA lediglich von 26,7 auf 31,5 zu, also um knapp fünf Prozentpunkte oder weniger als 20 Prozent. Just diese länderspezifischen Variationen waren es, die dem sich am Ende der siebziger und zu Beginn der achtziger Jahre in der vergleichenden Policyforschung seinen Weg bahnenden *politics-do-matter*-Paradigma die empirische Munition lieferten (Hibbs 1977; Cameron 1978; Stephens 1979; Schmidt 1982; Castles 1982).

Während der Anstieg der Staatsquoten in allen OECD-Demokratien von Anfang der sechziger Jahre bis Anfang der achtziger Jahre hervorsticht, vermittelt der Vergleich der Fünfjahresmittelwerte für die beiden darauf folgenden Dekaden am ehesten den Eindruck einer allgemeinen Stagnation. Während sich indes zwischen 1960 und 1980 noch *sämtliche* OECD-Demokratien auf dem Expansionspfad befanden, verzeichneten in den beiden darauf folgenden Dekaden sieben Länder einen Rückgang der Staatsquote, acht dagegen einen weiteren Anstieg. Vor allem Irland (–14,3 Prozentpunkte) und die Niederlande (–8,4) verbuchten einen starken Rückgang, Finnland mit +14,2 Punkten den stärksten Anstieg. Daher ist auch der allgemeine Befund, der öffentliche Sektor habe in der zweiten Hälfte des 20. Jahrhunderts seinen Siegeszug quasi kontinuierlich fortgesetzt, zu relativieren: schließlich schrumpfte die Staatsquote in einigen Ländern nach 1980 erheblich. Zudem stechen die im Zeitverlauf diskontinuierlichen Dynamiken hervor, vor allem solche, die im Zuge wirtschaftlicher Aufwärts- und Abwärtstrends zu beobachten sind.

Wie ein Blick auf die Variationskoeffizienten in Tabelle 1 zeigt, nahm die relative Streuung der Staatsquote zwischen den ersten beiden Zeiträumen geringfügig zu, was bei konvergenter Richtung des Trends (Expansion) auf eine Divergenz bei der Wachstumsdynamik hinweist. In den beiden darauf folgenden Dekaden geht dagegen eine Divergenz der Trendrichtung (zehn Länder mit Expansion, acht mit Kontraktion) mit einer statistisch geringfügig nachlassenden, um den Mittelwert bereinigten relativen Streuung einher. Vom leicht rückläufigen Variationskoeffizienten kann indes nicht automatisch auf eine starke Abschleifung nationalstaatlicher Ausgabenprofile geschlossen werden. Ein Vergleich der Mittelwerte und Variationskoeffizienten zwischen den EU-Mitgliedsländern und den anderen OECD-Demokratien macht des weiteren deutlich, dass die Konvergenz außerhalb der Europäischen Union in den vergangenen zwei Dekaden stärker ausgeprägt war als innerhalb der (heutigen) EU: während der EU-Variationskoeffizient sowohl für 1980 als auch das Jahr 2000 0,14 beträgt, schrumpfte er für die sonstigen OECD-Länder von 0,18 auf 0,11, also um fast 40 Prozent. Von einem EU-Konvergenzprozess bei den Staatsquoten kann also nicht gesprochen werden, auch dann nicht, wenn ausschließlich die Variation der jährlichen Veränderungsraten in den elf Ländern der Euro-Zone während der zweiten Hälfte der neunziger Jahre untersucht wird.

Allerdings zeigen Korrelationsanalysen ein detailliert abweichendes Bild für die Entwicklung der Staatsquote zwischen 1980 und dem Jahr 2000. Ihnen zufolge stieg die

Staatsquote über die beiden Dekaden vor allem in denjenigen Ländern, die zu Beginn des Untersuchungszeitraumes eine unterdurchschnittliche Staatsquote vorzuweisen hatten (r = –,56, N = 18). Dies zeigt zumindest eine Konvergenzdynamik an, die bei näherer Betrachtung auf einen „catch-up" Prozess hinweist (vgl. Castles 2002). Ein Vergleich der Maximal- und Minimalwerte macht darüber hinaus deutlich, dass trotz einer vergleichsweise konstanten Streuung um den Mittelwert die (absolute und die relative) Spannweite sich nach 1980 deutlich reduziert hat. Im Jahr 2000 lag sowohl der Maximalwert der Staatsquote (Schweden 58,8) unter demjenigen des Jahres 1980 (ebenfalls Schweden mit 61,2) als auch der Minimalwert oberhalb desjenigen von 1980 (1980 Japan 31,8; 2000 Irland 33,8).

Für Deutschland stellt sich das Kuriosum einer für beide Fünfjahresdurchschnitte identischen Staatsquote (bis auf die erste Nachkommastelle!) ein: Die Staatsquote scheint auf den ersten Blick den viel zitierten Stillstand hierzulande abzubilden. Wie nicht nur der Blick auf die Konsequenzen der deutsche Vereinigung, sondern auch auf die gesetzgeberischen Reformen seit Mitte der siebziger Jahre zeigt, ist eine Stillstands-These auf Basis einer konstanten Staatsquote allerdings nicht haltbar und beruht außerdem auf einem ökologischen Fehlschluss. Nicht nur in der Sozialpolitik vermittelt der Vergleich der gesetzgeberischen Reformen und Reformbemühungen ein mitunter gänzlich anderes Bild als der Vergleich hoch aggregierter Ausgabenstatistiken über längere Zeiträume (vgl. Jochem 2001; Lessenich 2003). Ein Blick auf subperiodenspezifische Veränderungen zeigt zudem, dass die Staatsquote in Deutschland in den achtziger Jahren zwischenzeitlich bemerkenswert sank, gemäß OECD-Defintion von 48,9 im Jahr 1982 auf 44,8 Prozent im Jahr 1989. Die Konsolidierung der Staatsfinanzen in den achtziger Jahren beruhte auf einnahmen- und ausgabenseitigen Maßnahmen und befand sich auf einem im internationalen Vergleich sehr erfolgreichen Weg – die deutsche Einheit bereitete diesem Konsolidierungstrend ein jähes Ende.

Die Staatsausgaben im Allgemeinen und die Staatsquote im Besonderen reflektieren nicht nur Auswirkungen politischer Entscheidungen. Als komplex zusammengesetzter, aggregierter Outcome-Indikator können von den Staatsquoten keine robusten Rückschlüsse auf konvergente oder divergente Regierungsinhalte, geschweige denn programmatische Zielsetzungen und Präferenzen kollektiver Akteure wie Regierungsparteien oder -koalitionen gezogen werden. Als Verhältniszahl wird die Staatsquote nämlich sowohl durch den Zähler, das (absolute) Niveau der Staatsausgaben als auch durch den Nenner, das (nominale) Bruttoinlandsprodukt beeinflusst. Nicht nur aus diesem Grund werden Niveau und Veränderung der Staatsquote in erheblichem Maße durch politisch mitunter nur schwer steuerbare wirtschaftliche und soziale Bestimmungsgrößen beeinflusst.

Dass Höhe und Veränderung der Staatsquote durch verschiedene soziale und wirtschaftliche Größen stark beeinflusst werden, ist nicht nur theoretisch plausibel, sondern empirisch auch ausreichend belegt worden. In der Geschichte der Staat-Markt-Analysen haben sich der wirtschaftliche Entwicklungsstand, der Industrialisierungsgrad, die altersstrukturelle Zusammensetzung der Bevölkerung, die Höhe der Arbeitslosigkeit und vielfältige nachfrageseitige Faktoren (wie beispielsweise Kriegsfolgelasten) als wichtige Prägegrößen erwiesen. Freilich folgt die Staatsquote keinem gesetzesmäßigen Trend. Weder Wagners oft zitiertes Gesetz von den wachsenden Staatsaufgaben hat empirischen Analysen standgehalten noch solche Thesen, welche die Höhe oder die Veränderung der Staatsausgaben einseitig durch soziale und wirtschaftliche Mechanismen determiniert sehen.

Ein besonderer Nachteil der Staatsquote bei der Analyse von Regierungshandeln ist, dass ihr Niveau und ihre Veränderung in sehr beschränktem Maße über Veränderungen der Generosität staatlicher Ausgabenpolitik sowie der inhaltlichen Schwerpunktsetzung von Regierungspolitik informieren. Ansteigende Arbeitslosigkeit, vor allem im Zuge niedrigen Wirtschaftswachstums, entfaltet einen Hebe(l)effekt auf die staatlichen Ausgaben, vor allem auf die Sozialausgaben. Ein schrumpfendes Bruttoinlandsprodukt wirkt sich, unter sonst gleichen Bedingungen, ebenfalls expansiv auf die Quote aus. Selbst wenn alles andere gleich bleibt, zum Beispiel die sozialrechtlichen Leistungsstandards, speisen die Sozialausgaben im Zuge des demografischen Wandels in den nächsten Jahrzehnten in allen OECD-Demokratien die Expansion der Staatsausgaben. Politische Nichtentscheidungen, das gilt es auch im Hinblick auf die oft vorzufindende, verkürzte Darstellung von Tsebelis' Vetospielertheorem festzuhalten (Tsebelis 1995, 2002), generieren in Zeiten wachsender Nachfrage nach Sozialleistungen einen *Schubeffekt* auf die öffentlichen Ausgaben. Der ausgabenspezifische Effekt politischer Nichtentscheidungen variiert also je nach sozialökonomischem Kontext (vgl. Siegel 2002a). Daher sollten weder die Konstanz noch die Veränderungen von Ausgaben vorschnell zu Rückschlüssen auf die Wirkungen von Regierungshandeln (oder Nichthandeln) führen. Ein Blick auf die finnischen Staatsausgaben zu Beginn der 1990er Jahre kann als lehrreiches Beispiel für kriseninduziertes Wachstum der Staatsquote herangezogen werden.

Ein entscheidender Nachteil einer Analyse der aggregierten Staatsausgaben ist darüber hinaus darin zu sehen, dass länderspezifische Ausgabenstrukturen nicht erfasst werden können. Die Struktur der Staatsausgaben weist innerhalb der OECD-Ländergruppe aber beträchtliche Unterschiede auf. So wandte Belgien nach Berechnungen der OECD im Jahr 2000 netto 6,5 Prozent des Bruttoinlandsprodukts für den Schuldendienst auf, während es in Schweden nur 0,8 und in Finnland 0,7 Prozent waren und im Staate Norwegen die Einkünfte aus Zinszahlungen von Schuldnern die Zinszahlungen des Staates an Schuldner sogar übertrafen. Eine weiter gehende funktionale oder politikfeldspezifische Untergliederung des Staatsausgabenvolumens würde noch weitere politikfeldspezifische Strukturprofile zutage fördern, beispielsweise im Hinblick auf die Ausgaben für Verteidigungs- oder Entwicklungspolitik.

Ein hervorstechender Trend der Ausgabenstruktur war in der zweiten Hälfte des vorigen Jahrhunderts in allen OECD-Demokratien das zunehmende Gewicht der Sozialausgaben. Insbesondere die Sozialtransferleistungen, weniger ausgeprägt diejenigen für soziale Dienstleistungen, haben in den vergangenen Jahrzehnten in vielen Ländern eine relative Gewichtszunahme der Sozialausgaben befördert. So nahm der Anteil der Sozialausgaben an den gesamten Staatsausgaben im OECD-Durchschnitt von rund 36 Prozent im Jahr 1960 über 45 Prozent 1980 auf 50 Prozent im Jahr 1998 zu. Auch bezüglich dieses Wachstumstrends gilt es indes länderspezifische Besonderheiten im Blick zu behalten. Analysen der Ausgabendynamiken in einzelnen sozialpolitischen Handlungsbereichen haben auf die zentrale Bedeutung programmspezifischer Regimekontexte hingewiesen: Öffentliche Rentensysteme, die überwiegend auf korporatistisch organisierten Sozialversicherungssystemen beruhen, sehen sich demgemäß angesichts des demografischen Wandels dem größten Konsolidierungsdruck gegenüber, während gleichzeitig der Konsolidierungserfolg besonders schwer zu erreichen ist (Siegel 2002a; Korpi/Palme 2003).

Tabelle 2 macht darüber hinaus deutlich, dass die OECD-Länder auch am Ende des 20. Jahrhunderts deutlich voneinander abweichende Ausgabenstrukturprofile aufwiesen. Diese Tabelle enthält lediglich Angaben zu zwei Politikfeldern, die aber in der gegenwärtigen Diskussion über die Staatsausgaben, Reformnotwendigkeiten und bei der Identifizierung möglicher Wachstums- und Schrumpfungsfelder zukünftiger staatlicher Haushalte besonders häufig genannt werden: die Bildungs- und die Sozialausgaben.

Wie ein Blick auf Tabelle 2 zeigt, folgen die Bildungs- und Sozialausgaben in den 21 einbezogenen OECD-Demokratien keinem einheitlichen Trend. Die positive Korrelation zwischen der Bildungs- und Sozialausgabenquote (r = 0,52, N = 21) weist darauf

Tabelle 2: Öffentliche Bildungs- und Sozialausgaben in Prozent des BIP und der gesamten Staatsausgaben in 21 OECD-Demokratien, Ende der 1990er Jahre

	Bildungsausgaben		*Sozialausgaben*	
	in % BIP	*in % Staatsausgaben*	*in % BIP*	*in % Staatsausgaben*
Australien	4,3	11,5	18,9	51,3
Belgien	4,8	9,3	26,3	56,0
Kanada	5,4	12,2	18,0	38,3
Dänemark	6,5	11,2	30,1	53,2
Deutschland	4,5	9,1	28,5	56,3
Finnland	6,3	11,2	26,7	52,3
Frankreich	5,8	10,6	28,8	54,0
Griechenland	3,5	7,3	22,7	46,4
Irland	4,5	12,1	15,8	48,3
Italien	4,6	9,0	26,4	52,5
Japan	3,6	10,2	15,1	41,7
Niederlande	4,3	8,9	23,9	53,7
Neuseeland	6,1	16,1	21,0	54,5
Norwegen	6,6	14,0	28,2	55,9
Österreich	6,0	11,1	27,6	48,5
Portugal	5,8	13,0	18,6	42,5
Schweden	6,8	10,8	31,5	53,4
Schweiz	5,4	–	28,3	–
Spanien	4,7	11,2	19,7	50,0
USA	5,2	14,9	15,0	47,5
Vereinigtes Königreich	4,6	11,2	25,1	53,5
OECD Mittel	5,2	11,2	24,0	50,5
Var.koeff	0,19	0,19	0,22	0,10
EU Mittel	5,2	10,4	26,1	51,3
Var.koeff	0,19	0,15	0,18	0,08
Rest OECD Mittel	5,2	12,9	20,5	49,0
Var.koeff	0,19	0,17	0,22	0,14

Anmerkung: Eigene Zusammenstellung auf Basis von OECD: Education at a Glance und OECD: Social Expenditure Statistics, Paris 2001.

hin, dass wenig für die These von einem generellen *trade-off* zwischen den beiden Ausgabenbereichen spricht[8]. Insbesondere in Frankreich, Dänemark, Norwegen, Schweden und Österreich gehen überdurchschnittliche öffentliche Sozialausgaben mit überdurchschnittlichen öffentlichen Bildungsausgaben einher.

Allerdings kann die Haushaltspolitik in einigen Ländern durchaus Zielkonflikte schüren und Nullsummenspielen ähneln. In Deutschland geht eine deutlich überdurchschnittliche Sozialausgabenquote mit einer unterdurchschnittlichen Bildungsausgabenquote einher. Während die öffentlichen Bildungsausgaben (in Prozent des BIP 1997) in Deutschland 15 Prozent niedriger als im OECD-Mittel waren, lagen die Sozialausgaben mehr als 20 Prozent über dem Referenzwert. Deutschlands oft konstatierter Mittelweg hat also bezüglich der Ausgabenstruktur in eine auffällige Schieflage geführt, die durch Unterinvestitionen in den öffentlichen[9] Bildungssektor und einen überdurchschnittlichen Ressourcenzufluss in die Sozialleistungssysteme[10], vor allem die Sozialtransfers, gekennzeichnet ist.

4.2 Produktmarkt- und Arbeitsmarktregulierung im internationalen Vergleich

Staatliche Regulierung kann eine Vielzahl von Formen annehmen, umfasst eine breit gefächerte Palette von Instrumenten und kann höchst unterschiedlichen Zielsetzungen geschuldet sein (vgl. Majone 1997). In wirtschafts- und rechtswissenschaftlichen Theorien wird beispielsweise zwischen „Kommando und Kontrolle"-Regulierung und der indirekten Steuerung durch ökonomische Anreizmechanismen, zum Beispiel in der Steuerpolitik, unterschieden. Eine weitere Differenzierung grenzt die allgemeine gesetzliche Rahmenregulierung (*legal-framework regulation*), von der industriespezifischen Marktregulierung (*market regulations on specific industries*) und von allgemeinen wirtschaftlichen Regulierungen (*general-economic regulations*) ab (Pryor 2002: 694). Eine darüber hinaus gehende Unterscheidung betrifft diejenige zwischen ökonomischer und sozialer Regulierung. Schließlich können die verschiedenen Formen, Instrumente und Ausmaße staatlicher Regulierung zu verschiedenen „Regimetypen" gebündelt werden[11].

In der Politikwissenschaft haben sich in den vergangenen beiden Jahrzehnten zahlreiche Arbeiten mit regulativer Reformpolitik auseinandergesetzt, vor allem im Hin-

---

8 Der Zusammenhang zwischen Bildungs- und Sozialausgabenquote wird zwar schwächer, wenn zusätzlich zu den öffentlichen Bildungsausgaben die privaten zu einer Gesamtbildungsausgabenquote addiert werden: Aber auch dann weist der Produktmomentkorrelationskoeffizient noch ein positives Vorzeichen für die Korrelation mit der Sozialausgabenquote auf (r = 0,28, n = 21).

9 Berücksichtigt man die aufgrund der dualen beruflichen Ausbildung hierzulande gewichtigen privaten Bildungsausgaben, ist die Asymmetrie zwar weniger hervorstechend, im OECD-Ländervergleich aber immer noch auffällig.

10 Freilich handelt es sich auch bei der Sozialausgabenquote um einen aggregierten Outcome-Indikator, der die Ausgabenasymmetrien zwischen den einzelnen sozialpolitischen Handlungsbereichen nicht reflektiert. Daher kann und sollte aus den genannten Befunden auch keine *pauschale* Sozialstaatskritik abgeleitet werden.

11 Thatcher schlägt etwa die folgende Regimeklassifikation vor: „public owenership" regimes, „semi-liberalized public service" regimes, „mixed economy competition" regimes, „protected competition" regimes und „private competition" regimes (Thatcher 2002: 869–870).

blick auf Fragen der Steuerbarkeit, Reformierbarkeit, Implementation und Evaluation. In der Regel handelte es sich hierbei um qualitative Fallstudien oder vergleichende Analysen mit geringer Fallzahl, welche die regulativen Reformen in verschiedenen Wirtschaftssektoren oder Politikfeldern untersucht haben. Eine Reihe von Arbeiten, die aus der (ehemaligen) Konstanzer Schule (um Gerhard Lehmbruch) und der Kölner Schule (am Max-Planck-Institut für Gesellschaftsforschung Köln) hervorgegangen sind, haben die Diskussion um die Reformpolitik an den Schnittstellen von Staat und Markt in Deutschland stark beeinflusst (vgl. u.a. Lehmbruch 1989; Grande 1997; Czada/Lütz 2000; Czada/Lütz/Mette 2003). Der auch formal-anaytischen Methoden Raum bietende akteurzentrierte Institutionalismus (Mayntz/Scharpf 1995) teilt mit den im historischen Institutionalismus verwurzelten Analysen den institutionalistischen Kern. Der Reformpolitik in „staatsnahen Sektoren" sowie der zunehmenden Bedeutung von EU-Vorgaben für regulative Reformen auf nationalstaatlicher Ebene wurde dabei besondere Aufmerksamkeit zuteil.

Wie bereits in der Einleitung erwähnt, hat eine Vielzahl der vergleichend angelegten policyanalytischen Studien über regulative Reformen in wirtschaftlich entwickelten Demokratien zwei Befunde herausgearbeitet: Erstens können trotz konvergenter Entwicklungen hin zur Privatisierung, Liberalisierung und der Etablierung wettbewerbsähnlicher Rahmenbedingungen auf ehemaligen Monopolmärkten nach wie vor wichtige länderspezifische Unterschiede hinsichtlich der Prozesse und Inhalte regulativer Reformen, vor allem der „Re-Regulierung" beobachtet werden. Sowohl Reformzeitpunkt, -tempo und -ausmaß als auch die Re-Regulierungsmuster folgten in den OECD-Ländern demnach keinem einheitlichen Trend. Zweitens werden die auffälligen und daher erklärungsbedürftigen länderspezifischen Reformpfade und -ergebnisse auf nationale Akteurskonstellationen und Institutionenkontexte zurückgeführt, zudem wird dem Politikerbe und Pfadabhängigkeitstendenzen ein prägender Einfluss auf die Reformdynamiken zugeschrieben.

So gelangt Vivien Schmidt auf Grundlage ihres Vergleichs von Großbritannien, Frankreich und Deutschland beispielsweise zu dem Ergebnis, dass Globalisierung, und stärker noch Europäisierung, einer nicht zu übersehenden Konvergenzdynamik in Richtung zu mehr Marktliberalismus den Weg geebnet hätten. Andererseits aber hebt sie hervor: „great divergence remains" (V. Schmidt 2002: 303). Neben den von ihr konstatierten, durch Globalisierung und Europäisierung ausgelösten Konvergenztendenzen finde sich nämlich „a highly complicated and differentiated set of national experiences of adjustment" (ebd.: 304). Dies führt sie zu der Schlussfolgerung: „European countries continue to be differentiable along the lines of the three post-war models, even if the degree of differentiation has diminished as they have all moved in a more market-oriented direction" (ebd.: 306). Begrenzte Konvergenz, die vor allem durch Internationalisierung und sozioökonomischen Problemdruck jenseits des goldenen Zeitalters wohlfahrtsstaatlicher Politik ausgelöst wird, lasse durchaus (begrenzten) Handlungsspielraum für Regierungen auf nationalstaatlicher Ebene zu – so auch das Ergebnis des *Welfare and Work in the Open Economy*-Projekts (Scharpf/Schmidt 2000: 335).

Politische Handlungsräume werden dabei – in Anlehnung an den mittlerweile „kategorialen Neoinstitutionalismus" in der Politikwissenschaft – in einer Reihe von Analysen zu regulativen Reformen durch Institutionen auf, unterhalb und oberhalb der nationalstaatlichen Ebene abgesteckt, sodass im Grunde ein institutionalistischer Nukleus als gemeinsamer Erklärungskern verbleibt. Freilich zeigen die Bemühungen um eine zusammenfassende Schlussbetrachtung zu einem 2002 erschienenen Sonderband des *Journal of European Public Policy* über *Regulatory Reform in Europe*, dessen Einzelstudien zu höchst unterschiedlichen und bisweilen widersprüchlichen Befunden gelangten, dass es bisweilen einer immens weiten Auslegung institutionalistischer Erklärungsansätze bedarf, um diese noch als gemeinsamen Nenner für ein mehr oder weniger kohärentes Resumée zu präsentieren (Héritier 2002).

Der Befund der begrenzten Konvergenz bei robuster Divergenz nationalstaatlicher Politikprofile bietet zwar keinen wirklichen Mittelweg zwischen der These, die Globalisierung respektive Europäisierung führe zum nachhaltigen Abschleifen nationalstaatlicher Politikprofile und ihrer Gegenthese vom nach wie vor zu konstatierenden Primat nationalstaatlicher Politikgestaltung, weil der die Divergenz unterstreichende relative Steuerungsoptimismus tendenziell schwerer wiegt als der die Konvergenz aktzentuierende Steuerungspessimismus. Just aus diesem Grund mag der Befund einer begrenzten Konvergenzdynamik bei verbleibender Divergenz nationalstaatlicher Politik viele Politikwissenschaftler versöhnlich stimmen, vor allem diejenigen, die den Nationalstaat als Analyseeinheit präferieren. Dieser Befund neigt weder einseitig funktionalistischen noch voluntaristischen Theoremen zu, sondern steht eindeutig in der Tradition realistischer Steuerungstheorien, die sowohl die Ressourcen als auch die Restriktionen staatlicher Steuerung betonen und dabei vor allem auf institutionalistische Erklärungsansätze rekurrieren. Dadurch wird die Relevanz politischer Variablen betont. Ein solcher *polity*- oder *politics-do-matter*-Befund trägt einerseits zur politikwissenschaftlichen Selbstlegitimation bei und zieht gleichzeitig den „methodologischen Nationalismus" aus dem für ihn gefährlichen Gewässer eines zu forciert formulierten Konvergenzbefundes. Welche Schlussfolgerungen legen aber international vergleichbare Indikatoren nahe, die weniger qualitative Aspekte der Veränderung in den Staat-Markt-Beziehungen abbilden, sondern darauf geeicht sind, das Ausmaß an staatlicher Regulierung von Produkt- und Arbeitsmärkten abzubilden?

Während es sich bei den verschiedenen Indikatoren zu den Staatsausgaben um Outcome-Indikatoren handelt, die politische Entscheidungen ebenso reflektieren wie sozioökonomische Faktoren, zielen Indikatoren zur staatlichen Regulierung von Produkt- und Arbeitsmärkten darauf, die staatliche Interventionsdichte abzubilden, insofern diese eine Einhegung von Marktprozessen impliziert. In den vergangenen Jahren ist vor allem von der OECD eine Vielzahl von Indikatorenkonzepten vorgeschlagen worden, die in der Regel auf einer sehr umfangreichen Sammlung von Informationen über einzelne Sektoren und Regulierungsdimensionen beruhen[12]. Wir können die Vielzahl der Indikatoren hier nicht angemessen wiedergeben, sondern nur einen kleinen

---

12 Vgl. hierzu die ausführlichen Darstellungen und Anhänge in Nicoletti/Scarpetta (2003), Nicoletti/Pryor (2001), Nicoletti et al. (1999). Eine vergleichsweise hohe Übereinstimmung mit den OECD-Daten ergeben Analysen der Daten des Fraser Instituts, Economic Freedom in the World (2003). Auch die von Pryor (2002) zur Indikatorenbildung herangezogenen Daten des World Economic Forum (1999) und des International Institute for Management Development (IMD 1999) resultieren in einer vergleichsweise starken Übereinstimmung mit den OECD-Daten. Gleiches gilt für die Daten der Weltbank, vgl. zum Beispiel Kaufmann et al. (1999).

und möglichst repräsentativen Ausschnitt aus den verfügbaren Datenbeständen vorlegen. Wie Nicoletti und Scarpetta pointiert ausgeführt haben, zielen die Regulierungsindikatoren der OECD darauf ab, „the ‚market unfriendliness' of regulations" quantitativ abzubilden (Nicoletti/Scarpetta 2003: 18). In die mehrstufige Indikatorenbildung für verschiedene Sektoren des produzierenden Gewerbes und der Dienstleistungen flossen eine Vielzahl von Informationen ein, etwa über das Ausmaß staatlichen Besitzes, staatlicher Kontrolle von Marktzugang (u.a. über Lizenzierungsverfahren, quantitative Regelungen etc.) und der allgemeinen administrativen Regelungsdichte, etwa bei Unternehmensneugründungen.

In Tabelle 3 ist zunächst der ungewichtete Durchschnitt der Regulierung für insgesamt sieben Wirtschaftssektoren abgebildet. Hohe Werte zeigen ein hohes Maß der staatlichen Produktmarktregulierung (Maximalwert: 6), niedrige Werte (Minimalwert 0) ein zurückhaltende staatliche Intervention.

Die Daten spiegeln im Zeitraum zwischen 1980 und 1998 einen deutlichen Rückgang des Ausmaßes wettbewerbseinschränkender staatlicher Regulierung in *allen* OECD-Demokratien wider. Am stärksten fiel der Rückgang staatlicher Regulierung in Australien, Neuseeland und Großbritannien aus, drei englischsprachigen Demokratien, die (mittlerweile) als Beispiele liberaler Marktökonomien fungieren.

Insgesamt zeigt der OECD-Vergleich Anzeichen von Konvergenzdynamik und Niveau-Divergenz. Vergleicht man die Streuung der Produktmarktregulierung zwischen 1980 und 1998, dann fällt auf, dass die „Niveau-Divergenz" erheblich zugenommen hat. Dies ist darauf zurückzuführen, dass gemäß den OECD-Kriterien in der überwiegenden Mehrheit der OECD-Demokratien zu Beginn der achtziger Jahre entweder die Märkte in den Bereichen Telekommunikation, Post, Güter-/Frachtverkehr-Straße, Luftverkehr, Bahn/Schienenverkehr sowie Gas- und Stromversorgung in hohem Maße reguliert waren oder (quasi-)staatliche Anbieter über eine Monopolstellung verfügten. Obwohl zwischen 1980 und 1998 ein Konvergenzprozess in Richtung schlankerer Regulierung konstatiert werden kann, hat sich aufgrund der unterschiedlichen Reichweite regulativer Reformen bis Ende der neunziger Jahre eine erhöhte relative Divergenz auf insgesamt niedrigerem Niveau eingestellt. Dies fügt sich in den Befund einer Vielzahl qualitativer Analysen, die eine begrenzte Konvergenzdynamik konstatieren, aber gleichzeitig divergente Reformtempi, -modi und -reichweiten betonen. Freilich informieren die Daten in Tabelle 3 nur über einen Zwischenstand in einem möglicherweise noch nicht abgeschlossenen Prozess und sie können die vielfältigen Reregulierungsformen nicht angemessen erfassen.

Vergleicht man die Veränderung des Regulierungsindexes in EU- und Nicht-EU-Ländern, so zeigt sich, dass die Produktmärkte in den (heutigen) EU-Ländern 1980 stärker reguliert waren als diejenigen der sonstigen OECD-Länder und es Ende der neunziger Jahre immer noch waren. Nicoletti und Scarpetta haben in ihrer Analyse der Deregulierungsdynamiken jüngst hervorgehoben, dass die Uneinheitlichkeit in der EU offensichtlich weder im Zuge des Binnenmarktprojekts noch durch die Währungsintegration entscheidend abgebaut wurde. Allerdings ist festzuhalten, dass die EU-Länder seit Anfang der achtziger Jahre einen deutlichen Rückgang der staatlichen Regulierung zu verzeichnen haben. Im Gegensatz zu den Staatsquoten kann den EU-Mitgliedsländern im Hinblick auf die ökonomische Regulierung damit eine Konvergenzdynamik

Tabelle 3: Produktmarktregulierung: ungewichteter Durchschnitt in sieben verschiedenen Dienstleistungssektoren in 21 OECD-Demokratien, 1980 und 1998

	1980	1998
Australien	4,5	1,6
Belgien	5,2	3,4
Dänemark	5,5	3,0
Deutschland	5,2	2,6
Finnland	5,5	2,6
Frankreich	6,0	3,9
Griechenland	5,7	5,1
Irland	5,7	4,3
Italien	5,8	4,3
Japan	5,2	2,9
Kanada	4,2	2,4
Neuseeland	5,1	1,4
Niederlande	5,5	3,0
Norwegen	5,0	2,5
Österreich	5,2	3,2
Portugal	4,7	4,1
Schweden	4,6	2,2
Schweiz	4,5	3,9
Spanien	4,6	3,2
USA	3,4	1,4
Vereinigtes Königreich	4,4	1,0
Mittel OECD	5,1	2,9
Var.Koeff	0,13	0,37
Mittel EU	5,4	3,4
Var.Koef	0,08	0,24
Mittel Rest OECD	4,5	2,1
Var.Koeff	0,13	0,46

Anmerkung: OECD International Regulation Database, Paris (2000), Nicoletti/Scarpetta (2003: 22). Bei den in der Tabelle genannten Werten handelt es sich um den ungewichteten Durchschnitt der Regulierungsindikatoren für sieben Wirtschaftssektoren (Gasversorgung, Stromversorgung, Eisenbahnen und Schienenetz, Güter/Schwerlastverkehr Straße, Luftverkehr, Post, Telekommunikation). Ein Wert von 6 zeigt maximale staatliche Regulierung an, 0 ein Minimum auf der OECD-Skala.

nicht abgesprochen werden, wenn man die *Veränderungsrichtung* (und nicht die zuletzt gemessene Niveaustreuung) als maßgebliche Konvergenzdimension heranzieht. Zudem, und dies bleibt bei Nicolettis und Scarpettas (2003) Analyse verdeckt, zeichnet sich die Gruppe der 15 EU-Länder 1998 durch ein geringeres Maß an relativer Streuung als die Gruppe der restlichen OECD-Länder aus. Dies wird anhand eines Vergleichs der beiden Variationskoeffizienten für das Jahr 1998 ersichtlich.

In Tabelle 4 sind Indikatoren abgebildet, welche die ökonomische Regulierungsdichte anhand von *thematischen Gesichtspunkten* abbilden. Dabei handelt es sich um umfassende Kategorien, für die eine Reihe von Subindikatoren für verschiedene Sektoren erhoben wurden und anschließend mit unterschiedlichem Gewicht in die Gesamtindikatorenbildung einflossen. Ein *absoluter* Vergleich mit den Werten für die ungewichteten Indikatoren aus Tabelle 3 macht daher keinen Sinn. Zudem liegen die Indikatoren in der in Tabelle 4 aufgearbeiteten Form nur für Ende der neunziger Jahre

Tabelle 4: Produktmarktregulierung: Subdimensionen erster Ordnung

	Gesamt	Staatliche Kontrolle	Barrieren gegen Unternehmertum	Barrieren gegen Handel und Investitionen Ausland
Australien	0,9	1,3	1,1	0,4
Belgien	1,9	2,8	2,6	0,6
Dänemark	1,4	2,5	1,3	0,5
Deutschland	1,4	1,8	2,1	0,5
Finnland	1,7	2,7	1,9	0,6
Frankreich	2,1	2,6	2,7	1,0
Griechenland	2,2	3,9	1,7	1,3
Irland	0,8	0,9	1,2	0,4
Italien	2,3	3,9	2,7	0,5
Japan	1,5	1,3	2,3	1,0
Kanada	1,5	1,3	0,8	2,2
Neuseeland	1,3	1,7	1,2	0,9
Niederlande	1,4	2,3	1,4	0,5
Norwegen	2,2	3,2	1,3	2,2
Österreich	1,4	2,1	1,6	0,5
Portugal	1,7	2,8	1,5	1,1
Schweden	1,4	1,5	1,8	0,8
Schweiz	1,8	2,1	2,2	1,3
Spanien	1,6	2,6	1,8	0,7
USA	1,0	0,9	1,3	0,9
Vereinigtes Königreich	0,5	0,6	0,5	0,4
Mittel OECD	1,5	2,2	1,7	0,9
Var.koeff.	0,31	0,44	0,36	0,62
Mittel EU	1,6	2,4	1,8	0,7
Var.koeff.	0,32	0,40	0,35	0,42
Mittel Rest OECD	1,5	1,7	1,5	1,3
Var.koeff.	0,33	0,50	0,41	0,55

Anmerkung: Hohe Werte zeigen ein hohes Maß an staatlicher Einhegung von Marktprozessen durch regulative Politik an.

Quelle: Nicoletti/Scarpetta/Boyaud (1999: table A3.7, S. 80). Für eine ausführliche Darstellung der Indikatorenbildung vgl. Anhang zu Nicoletta et al. (1999).

(ca. 1998) vor, Rückschlüsse über Konvergenz- oder Divergenzdynamiken über die Zeit sind daher nicht möglich.

Trotz der genannten Einschränkungen können aus Tabelle 4 einige erwähnenswerte Befunde entnommen werden. Ein wichtiges Ergebnis ist, dass der Unterschied der Produktmarktregulierung zwischen den EU-Ländern und dem Rest der OECD-Ländergruppe geringer ausfällt als es die häufig harsche Kritik an der vermeintlich überbordenden ökonomischen Regulierung in der EU suggeriert. Der Mittelwert für die gesamtwirtschaftliche Produktmarktregulierung weicht zwischen EU- und Nicht-EU-Ländern nur minimal voneinander ab. Ähnliches lässt sich für das Ausmaß an Streuung festhalten.

Ein Blick auf wichtige Subdimensionen, welche bei der Berechnung der Gesamtindikatoren berücksichtigt wurden, legt zudem interessante Abweichungen bezüglich der Schwerpunkte staatlicher Regulierung offen. Während sich die EU-Mitgliedsländer durch ein höheres Maß der Produktmarktregulierung nach innen auszeichnen, ist ihre

Außenhandelspolitik gemäß den OECD-Kriterien durch vergleichsweise liberale Züge charakterisiert. Die kann insofern nicht überraschen, als infolge des EU-Binnenmarktes die Barrieren für grenzüberschreitenden Handel und Kapitalmarkttransaktionen bis Ende der neunziger Jahre ja vollständig abgebaut oder zumindest deutlich zurückgebaut worden sind. Dies deckt sich mit den Befunden vergleichender Analysen, die den weit reichenden Abbau von Schranken gegen ausländische Direktinvestitionen seit 1980 untersucht haben und ebenfalls die Offenheit der EU-Länder unterstrichen haben (Golub 2003).

Während es sich bei den Indikatoren zur Messung der staatlichen Einschränkung von Wettbewerb in Produktmärkten um ökonomische Regulierung handelt, ist die Regulierung von Arbeitsmärkten überwiegend dem Bereich sozialregulativen staatlichen Handelns zuzurechnen. Tabelle 5 erhält die von der OECD für zwei Zeitpunkte erhobenen Indikatoren, welche die regulative Dichte der Arbeitsmarktverfassung abbilden sollen. Unterschieden wird dabei nach temporären und regulären Beschäftigungsverhältnissen. Im Vergleich zur Produktmarktregulierung fallen die Unterschiede zwischen den EU-Mitgliedsländern und dem Rest der OECD-Welt wesentlich größer aus. Dies gilt sowohl für das Niveau der Regulierungsdichte als auch für die Veränderungsdynamik zwischen 1990 und 1998, für den Gesamtindex der Arbeitsmarktregulierungsdichte sowie für die jeweiligen Teilindizes.

Insgesamt fiel und fällt das Niveau der Arbeitsmarktregulierung in der EU wesentlich höher aus als im Durchschnitt der sonstigen OECD-Länder. Auffällig ist darüber hinaus, dass innerhalb der Ländergruppe, welche die koordinierten Marktökonomien umfasst, ein sehr unterschiedliches Ausmaß der Arbeitsmarktregulierung vorliegt. Dagegen fiel in den liberalen Marktökonomien die Arbeitsmarktregulierung in den neunziger Jahren durchweg minimal aus. Bedauerlicherweise hat die OECD bislang (Dezember 2003) keine weiter zurück reichenden Zeitserien für die Arbeitsmarktregulierung veröffentlicht. Dadurch werden, im Gegensatz zu den sektorspezifischen Indikatoren der Produktmarktregulierung, weder die Dynamiken vor 1990 ersichtlich noch das Ausgangsniveau der Regulierung Mitte der siebziger respektive Anfang der achtziger Jahre. Die in Australien, Neuseeland und Großbritannien während der achtziger Jahre implementierten Reformen im Bereich der Arbeitsmarktpolitik spiegeln sich folglich bereits in einem niedrigen „Ausgangsniveau 1990".

Für den Zeitraum nach 1990 fällt insbesondere auf, dass der Rückbau der Arbeitsmarktprotektion vor allem den Bereich der temporären Beschäftigung erfasste. Die Arbeitsmarktreformen in der Bundesrepublik, vor allem seit Mitte der neunziger Jahre, fügen sich dabei in den allgemeinen OECD-Trend: Vor allem im Bereich der Teilzeitarbeit und anderer nicht regulärer Beschäftigungsverhältnisse haben sowohl die christlich-liberale als auch die rot-grüne Bundesregierung das Arbeitsrecht flexibler gestaltet[13].

Bezüglich der Veränderungsdynamik in den neunziger Jahren stechen vor allem die Unterschiede zwischen den Trends der Regulierung von „regulären" und „temporären"

---

13 Ein bemerkenswerter Unterschied zwischen der christlich-liberalen und der rot-grünen Bundesregierung bestand darin, dass letztere gleichzeitig die Inklusion der nicht regulären Beschäftigungsverhältnisse in die gesetzliche Sozialversicherung vorantrieb, sowohl was die Sozialversicherungspflicht von Geringverdienenden als auch was die von „Scheinselbständigen" angeht.

Tabelle 5: Arbeitsmarktregulierungsdichte in 21 OECD-Demokratien, 1990 und 1998

	Gesamt		Reguläre		Temporäre	
	1990	1998	1990	1998	1990	1998
Australien	1,1	1,1	0,9	0,9	1,2	1,2
Belgien	3,0	2,1	1,6	1,6	4,4	2,6
Dänemark	2,4	1,5	1,8	1,7	3,1	1,2
Deutschland	3,6	2,8	2,9	3,0	4,2	2,5
Finnland	2,2	2,1	2,5	2,3	1,9	1,9
Frankreich	2,7	3,1	2,4	2,5	3,0	3,7
Griechenland	3,6	3,5	2,8	2,6	4,5	4,5
Irland	1,0	1,0	1,7	1,7	0,3	0,3
Italien	4,2	3,3	3,0	3,0	5,3	3,6
Japan	2,6	2,6	2,5	3,0	2,7	2,3
Kanada	0,6	0,6	0,9	0,9	0,3	0,3
Neuseeland	1,0	1,0	1,5	1,6	0,5	0,5
Niederlande	3,1	2,4	3,1	3,2	3,0	1,5
Norwegen	3,1	2,9	2,9	2,9	3,2	2,8
Österreich	2,4	2,4	2,8	2,8	2,0	2,0
Portugal	4,2	3,7	5,0	4,3	3,5	3,2
Schweden	3,4	2,4	3,1	3,0	3,8	1,8
Schweiz	1,3	1,3	1,3	1,3	1,2	1,2
Spanien	3,7	3,2	3,8	2,8	3,5	3,7
USA	0,2	0,2	0,1	0,1	0,3	0,3
Vereinigtes Königreich	0,5	0,5	0,7	0,7	0,3	0,3
Mittel OECD	2,4	2,1	2,3	2,2	2,5	1,9
Var.koeff	0,53	0,51	0,51	0,47	0,64	0,65
Mittel EU	3,0	2,6	2,8	2,7	3,3	2,4
Var.koeff	0,37	0,31	0,32	0,28	0,40	0,48
Mittel Rest OECD	1,3	1,3	1,4	1,4	1,2	1,1
Var.koeff	0,79	0,77	0,70	0,73	0,94	0,87

Anmerkung: Hohe Werte zeigen ein hohes Maß an staatlicher Regulierung von Arbeitsmärkten. Den Werten liegen Einstufungen des Arbeitsrechts zu den genannten Zeitpunkten entlang verschiedener Indikatoren zugrunde, zum Beispiel die Regelung von Kündigungen, Kompensationszahlungen, die Gestaltung temporärer Beschäftigungsverhältnisse etc.
Quelle: Nicoletti/Scarpetta/Boyaud (1999: table A3.11, S. 84). Für eine ausführliche Darstellung der Indikatorenbildung vgl. ebenda, S. 40–42.

Beschäftigungsverhältnissen hervor: die Deregulierungsdynamik traf den Mittelwerten zufolge vor allem die Erwerbstätigen, die keinen Zugang zu regulären Beschäftigungsverhältnissen hatten. Deutschlands „segmentierte" Regulierungsdynamik passt vergleichsweise gut ins Gesamtbild und liefert weitere Hinweise auf Insider-Outsider-Konflikte am Arbeitsmarkt. Ein deutliche Deregulierung im Bereich temporärer Beschäftigung ging einher mit dem Erhalt (beziehungsweise dem geringfügigen Ausbau) der sozialregulativen Sicherung für diejenigen, die in regulären, permanenten Beschäftigungsverhältnissen erwerbstätig sind[14].

---

14 Freilich impliziert dies nicht, dass eine numerisch gleichbleibende Minderheit von der Deregulierung im Bereich prekärer Beschäftigungsverhältnisse betroffen ist oder eine gleichbleibende große Mehrheit der Erwerbstätigen sich in vergleichsweise gut gesicherter dauerhafter Beschäf-

4.3 Die verschiedenen Gesichter der Staat-Markt-Arbeitsverschränkung

In den beiden vorherigen Abschnitten haben wir zwei Indikatoren zu zwei unterschiedlichen Dimensionen der Arbeitsteilungsverschränkung von Staat und Markt herangezogen: die Staatsausgaben einerseits sowie das Ausmaß der staatlichen Begrenzung von Marktprozessen vermittels Produktmarkt- und Arbeitsmarktregulierungen andererseits. In der politikwissenschaftlichen Literatur steht eine systematische Verknüpfung beider Dimensionen unseres Wissens bislang noch aus. Zwar bestehen in der vergleichenden Policyforschung allgemeine Theorien über die Arbeitsteilung von Staat und Markt, die beispielsweise die Bedeutung der parteipolitischen Zusammensetzung von Regierungen, der Staat-Verbände-Beziehungen und konstitutioneller Strukturen betonen. Allerdings haben empirische Analysen sich bislang meist entweder für die Analyse der Staatsausgaben *oder* aber für die Analyse der staatlichen Regulierung entschieden. Wie verhält es sich mit dem Zusammenhang zwischen dem Niveau der Staatsausgaben und der Liberalisierung von Märkten im internationalen Vergleich im Lichte der zur Verfügung stehenden quantitativen Daten? Besteht zwischen den unterschiedlichen Gesichtern der Staatstätigkeit ein systematischer Zusammenhang, oder folgen die Entwicklung der Staatsausgaben und die regulativen Reformen unterschiedlichen Dynamiken und Einflussfaktoren?

Insgesamt bestehen zwischen dem Ausmaß der Produkt-/Arbeitsmarktregulierung und der Höhe der Staats-/Sozialausgabenquote nur schwache oder moderate Zusammenhänge[15]. Etwas stärkere statistische Zusammenhänge werden zwischen verschiedenen Subindikatoren der Produktmarktregulierung, nämlich der staatlichen Kontrolle, und der Staatsquote ersichtlich[16]. Freilich fließen in den OECD-Indikator, der das Ausmaß staatlicher Kontrolle in verschiedenen Wirtschaftssektoren erfassen soll, auch Angaben über den Anteil von staatlichen Unternehmen respektive den Anteil der öffentlichen Hand an (teil-)privatisierten ehemaligen staatlichen Unternehmen ein.

Als auffällig schwach erweist sich Ende der neunziger Jahre auch der Zusammenhang zwischen der Arbeitsmarktregulierung und den Sozialausgaben[17]. Wie wir bereits in früheren Analysen festgehalten haben (Jochem/Siegel 2000; Siegel 2002a: Kap. 7), geht ein hohes Maß an Arbeitsmarktregulierung keineswegs notwendigerweise mit einem ausgaben-, d.h. in erster Linie transferintensiven Sozialstaat einher. Dieser Befund verdeutlicht einmal mehr, dass der wohlfahrtsstaatliche Policy-Mix sich real als weit vielschichtiger darstellt als es eine Drei-Welten-Typologie nahe legt. Erwähnenswert ist zudem, dass sich der Zusammenhang zwischen Arbeitsmarktprotektion und Sozialausgabenquote von Beginn der neunziger Jahre bis zu ihrem Ende abgeschwächt hat. Die

---

tigung befindet: bei den OECD-Daten handelt es sich um ungewichtete Subindikatoren, welche die, gemessen an der Zahl der Beschäftigten, zunehmende Bedeutung von als Nicht-Normalarbeitsverhältnisse klassifizierten Erwerbstätigen unberücksichtigt lässt.

15 Die Staatsquote 2000 korrelierte schwach mit dem ungewichteten Durchschnitt der Produktmarktregulierung 1998 ($r_s = 0,17$) und moderat mit dem gewichteten Durchschnitt der Produktmarktregulierung nach thematischen Gesichtspunkten ($r_s = 0,39$).

16 So betrug Spearmans rho für den Zusammenhang zwischen der Regulierungsdimension staatlicher Kontrolle und der Staatsquote (2000) $r_s = 0,55$ (N = 21).

17 Spearmans rho für den Zusammenhang zwischen der Regulierung des Arbeitsmarktes 1998 und der Sozialausgabenquote im selben Jahr betrug $r_s = 0,23$ (N = 21).

unterschiedlichen Reformpfade in der Arbeitsmarktpolitik und bei der Konsolidierung der Sozialausgaben zeigen, wie wenig empirische Evidenz wir dafür haben, dass eine sozial-protektionistische Ausrichtung bei der Regulierung von Beschäftigungsverhältnissen mit einer ausgeprägt sozial-protektionistischen Ausgabenpolitik im Bereich der Sozialpolitik im engeren Sinne einhergehen muss.

Ein vergleichsweise konsistentes Bild ergibt sich freilich im Hinblick auf die in Abschnitt 2 vorgestellten Typologisierungsversuche für die Familie der liberalen Marktökonomien. Insbesondere der Kern der englischsprachigen liberalen Marktökonomien wies am Ende der neunziger Jahre eine Kongruenz zwischen niedrigen Staatsausgaben und niedriger Produkt- und Arbeitsmarktregulierung auf. Lediglich im Falle der Sozialausgabenquote im Vereinigten Königreich sind – bislang unterbeleuchtete – Abstriche vom einheitlichen Profil der liberalen Marktökonomien zu machen[18].

Ohne Zweifel lassen sich gängige Standardindikatoren der vergleichenden Staatstätigkeitsforschung, die bislang vor allem bei der Analyse der Staatsausgaben zum Einsatz gelangten, auch für statistische Korrelations- und Regressionsanalysen verwenden, die das Ausmaß an staatlicher Regulierung analysieren. Allerdings stehen systematische Analysen unseres Wissens noch aus. Unseren eigenen Analysen zufolge ergeben sich erhebliche Abweichungen zu den Befunden, die für das Niveau und die Veränderung der Staatsquoten vorliegen. Lediglich zwischen der langfristigen Regierungsbeteiligung konservativer Parteien[19] beziehungsweise dem Ausmaß an korporatistischer Politikdelegation[20] ergaben sich sowohl für die Staatsquote als auch die Produkt- und Arbeitsmarktregulierung moderate bis starke Assoziationen. Die langfristige Regierungsbeteiligung konservativer Parteien beförderte demzufolge sowohl eine niedrige Staatsquote als auch ein unterdurchschnittliches Maß an staatlicher Regulierung. In Ländern mit starken Zügen korporatistischer Politikdelegation geht der Tendenz nach eine deutlich überdurchschnittliche Staatsquote mit tendenziell über dem Mittel liegender staatlicher Regulierungsdichte einher. Die Ergebnisse fügen sich gut in das Bild, das der Blick auf die Profile unterschiedlicher Länderfamilien vermittelt: Die Dominanz konservativer Parteien bei der Regierungsbildung und pluralistische Staat-Verbände-Beziehungen sind hervorstechende Merkmale der liberalen Ländergruppe, während das Profil der so genannten koordinierten, „nicht-liberalen" Marktökonomien sich durch eine größere Uneinheitlichkeit auszeichnet.

---

18 Es entbehrt nicht einer gewissen Ironie, wenn die Thatcher-Revolution in Großbritannien ausgerechnet bezüglich der Sozialausgaben die geringsten Spuren hinterlassen hat. Während sich die Privatisierungs- und Liberalisierungspolitik in Großbritannien in sehr niedrigen Werten für die Produktmarkt- und Arbeitsmarktregulierung spiegelt, lag die Sozialausgabenquote des Vereinigten Königreichs mit 25,1 Prozent im Jahr 1998 nur einen Prozentpunkt unter dem EU-Durchschnitt.
19 Folgende Korrelationen ergaben sich für die langfristigen Kabinettssitzanteile konservativer Parteien (Durchschnitt 1950–1998) und a) der Staatsquote 2000: r = –0,63, b) der Sozialausgabenquote 1998: r = –0,62, c) dem gewichteten Produktmarktregulierungsindex r_s = –0,51 und d) dem Gesamtindex der Arbeitsmarktregulierung r_s = –0,53.
20 Für den Index korporatistischer Politikdelegation ergaben sich im Einzelnen folgende Korrelationen mit a) der Staatsquote 2000: r_s = 0,71; b) der Sozialausgabenquote 1998: r_s = 0,76; c) dem gewichteten Produktmarktregulierungsindex r_s = 0,39; d) Arbeitsmarktregulierungsindex r_s = 0,42.

5. Politische Marktöffnungen: Illustrationen auf Grundlage einzelner Länderentwicklungen

Auch in diesem Abschnitt streben wir keineswegs an, für jedes der im Folgenden behandelten Länder den politischen Konflikten und Entscheidungen im vielschichtigen Geflecht zwischen Staat und Markt in aller Tiefe der verästelten Diskussionen und Fragestellungen nachgehen zu können. Vielmehr soll es uns darum gehen, blitzlichtartig und über die bisher analysierten Daten hinausgehend, die politischen Entwicklungen und Grenzverschiebungen zwischen Staat und Markt in einigen Ländern zu beleuchten. Wie im bisherigen Teil des Beitrages fokussieren wir vorwiegend den Bereich der Wohlfahrtsproduktion und -distribution.

Wenn es eine *„family of nations"* (Castles 1993) gibt, der in der Literatur nahezu ohne Einschränkung eine umfassende Dominanz des Staates, ein „Big Government", in der Wohlfahrtsproduktion und -distribution zugeschrieben wird, dann ist es die skandinavische Länderfamilie mit Schweden als klarstem Beispiel und bevorzugtem Referenzland (vgl. Micheletti 2000). Dass die Literatur zum „skandinavischen Modell" einen ausgeprägten und äußerst resistenten Schweden-Bias aufweist, ist in der vergleichenden Wohlfahrtsstaats- und Politikforschung hinlänglich diskutiert und kritisiert worden. Dessen ungeachtet gilt es hier erneut darauf hinzuweisen, dass innerhalb der nordischen Länder die Arbeitsverschränkung zwischen Staat und Markt im Verlaufe der Nachkriegszeit unterschiedlich ausgeprägt war und immer noch ist. Dies ließe sich ausführlich an der Staatsquote (vgl. Tabelle 1) oder der Arbeitsmarktregulierung (vgl. Tabelle 5) illustrieren. Die finnische Entwicklung sozialpolitischer Ausgaben war bis in die achtziger Jahre weniger ambitioniert als im westlichen Nachbarland, und in Dänemark erfolgte die politische Regulierung der regulären Arbeitsverhältnisse traditionell weniger weitreichend als dies in Schweden der Fall war (und noch ist).

Grundsätzlich verschiedene Weichenstellungen im Staat-Markt Verhältnis können bis in die frühe Nachkriegszeit festgestellt werden. Die „Jahrhundertreform" der schwedischen Sozialdemokratie in den fünfziger Jahren, die Einführung einer einkommensbezogenen Zusatzrente (ATP, vgl. Svensson 1994), beinhaltete die staatlich regulierte und obligatorische Einbeziehung einer Sozialversicherungssäule, die das bereits vorhandene System der universellen Alterssicherung arrondierte. Eine politische Lösung, die zwar von der Parteiführung der dänischen Sozialdemokraten ebenfalls angestrebt wurde, aufgrund fehlender parlamentarischer Mehrheiten und parteiinterner Differenzen allerdings nicht auf parlamentarischem Wege realisierbar war (vgl. Esping-Andersen 1985). Die dänische (Ersatz-)Lösung tarifgebundener einkommensabhängiger Rentensysteme weicht zwar im Hinblick auf die *Reichweite* dieser Sicherungssysteme in der dänischen Bevölkerung nur unwesentlich von der schwedischen Regulierung ab – der hohe tarifpolitische Deckungsgrad in Dänemark ermöglicht eine solche funktionale rentenpolitische Äquivalenz. Es bleibt jedoch der gewichtige Unterschied in der Staat-Markt-Perspektive bestehen: Während das schwedische ATP-System als *staatliches* Sicherungsinstrument in den frühen neunziger Jahren in eine finanzielle Krise geriet und staatliche Handlungsimperative induzierte – denen mit der pfadabweichenden Rentenreform der Jahre 1994–1998 begegnet wurde (vgl. Anderson 1998; Jochem 2003) –, erforderte die dänische Lösung einer freiwilligen tarifpolitischen Absicherung aus der Perspektive des Staates nur geringeren Handlungsbedarf. Zumindest für die dänische

Regierungspolitik bescherte dieses eher marktkonforme soziale Sicherungssystem eine Staatsentlastung.

Diese intra-familiären Unterschiede werden gemeinhin auf die unterschiedliche Stärke der sozialdemokratischen Parteien bzw. die unterschiedlich starken Gewerkschaften oder verschiedene, institutionell angelegte, Verhandlungszwänge zurückgeführt. Im dänischen System des Minderheitsparlamentarismus konnte die Sozialdemokratie die politische Zusammenarbeit mit den Parteien der agrarischen und liberalen Mitte nicht in dem Ausmaß dominieren, wie ihre schwedische Schwesterpartei – hier zeigt sich unter anderem auch die bis 1971 gültige Funktionsweise des bikameralen Systems in Schweden, das der SAP einen „negativen Vetopunkt" bescherte und das Gestaltungspotenzial der bürgerlichen Parteien eingrenzte (vgl. Immergut/Jochem 2004).

Spätestens mit den ökonomischen Krisen der frühen neunziger Jahre und dem damit einhergehenden starken Anstieg der Arbeitslosigkeit in Skandinavien (Stephens 1996) eröffneten sich kriseninduzierte Reformfenster zur Neujustierung des Staat-Markt-Verhältnisses. Privatisierungen und Deregulierungen des Fernmeldewesens oder des öffentlichen Verkehrswesens hielten verstärkt Einzug in die Länder des sozialdemokratischen Modells. Bedeutsame Neujustierungen der Arbeitsverschränkung zwischen Staat und Markt erfolgten im Bereich der Kapitalmarktregulierung, der sozialen Dienstleistungen sowie in den Kernbereichen der sozialen Sicherungssysteme.

Bereits in den achtziger Jahren strebten alle nordischen Länder eine Deregulierung ihrer nationalen Kapitalmärkte an – unabhängig von der parteipolitischen Färbung der jeweiligen Regierungen. Dänemark, bereits aktiv am Prozess der europäischen Integration beteiligt, öffnete früh die nationalen Kapitalmarktgrenzen. Aktiv angestoßen von der bürgerlichen Schlüter-Regierung kam es zu einer weiteren Aufweichung der staatlichen Kapitalmarktvorgaben und zur Etablierung einer Vielzahl neuer privater Akteure auf dem Kapitalmarkt. Die anderen Länder folgten diesem Politikmuster mit einer gewissen Verzögerung (vgl. Mjøset 1996). Die schwedische Deregulierung des Kapitalmarktes seit Mitte der achtziger Jahre kann als bedeutsamer Schwenk hin zu mehr Markt und weniger direkten staatlichen Einwirkungskompetenzen interpretiert werden (Svensson 2002). Da die staatliche Kreditpolitik in Schweden eine wichtige Säule der traditionellen Wirtschaftssteuerung seit dem Ende des Zweiten Weltkrieges darstellte (Pontusson 1992), können dieser Wandel und seine Folgen für das schwedische Modell kaum stark genug betont werden (vgl. Jonung 1999).

Die Deregulierung der Kapitalmärkte ging einher mit einer gestärkten Rolle zunehmend autonomer Zentralbanken im skandinavischen Modell. Auch wenn mit Dänemark und Schweden zwei der drei skandinavischen EU-Länder nicht der Wirtschafts- und Währungsunion und der damit einhergehenden Entnationalisierung der Geldpolitik beitraten, sind die faktischen Folgen der Union für eine nunmehr stabilitätsorientierte Geld- und Währungspolitik dort ebenso zu spüren wie in Norwegen, das bislang den Sprung in die EU nicht vollzogen hat.

Umfangreiche staatliche soziale Dienstleistungen mit landesweit einheitlicher und – zumindest dem Anspruch nach – hoher Qualität stellen einen Kern des skandinavischen Wohlfahrtsmodells dar (Sipilä 1997). Vor allem im schwedischen Fall wurden diese staatlichen Aufgabenbereiche im Verlauf der achtziger und insbesondere in den neunziger Jahren nicht nur regionalisiert, sondern in zentralen Bereichen (Krankenhauswesen, Kinderbetreuung, Schulwesen, Altenbetreuung) auch privatisiert. Gegenwärtig ist zwar immer noch die Mehrzahl dieser Dienstleistungen in staatlicher Hand. Mit den von der bürgerlichen Koalition (1991–94) forciert durchgeführten rechtlichen Lockerungen im Bereich der privaten Trägerschaften betrat jedoch eine Vielzahl neuer privater Träger und Akteure den sozialen Dienstleistungsmarkt, mit kontinuierlich steigender Tendenz (SOU 2001: 79). Und so existieren zwar noch immer nationale Qualitätsstandards und ein nationales Finanzierungssystem für diese Dienstleistungen. Durch die Privatisierungsbemühungen in diesem Bereich sind jedoch die „Wahlfreiheiten" für die Klienten gestiegen – dies war erklärtes Ziel der bürgerlichen Parteien –, und gleichzeitig hat sich die Dienstleistungslandschaft in Schweden regional unterschiedlich entwickelt. Die schwedische Entwicklung steht aber nicht stellvertretend für alle nordischen Länder. So zeigt zum Beispiel Green-Pedersen (2002), dass die Privatisierungen und der Einsatz so genannter „new public management"-Methoden im klassischen Modellland Schweden intensiver durchgeführt wurden als zum Beispiel im benachbarten Dänemark.

Auch in den Kernbereichen der sozialen Sicherungssysteme können Veränderungen im „public-private"-Mix festgestellt werden. Vor allem im sozialdemokratischen Referenzland Schweden wurde mit der Rentenreform (1994–1998) eine deutliche Grenzverschiebung zwischen Staat und Markt erreicht. Während das alte ATP-System ein ausschließlich staatliches Sicherungssystem darstellte, wurde mit der von den bürgerlichen Parteien angestoßenen und von der sozialdemokratischen Opposition mitgetragenen Rentenreform die privatwirtschaftlich getragene kapitalgebundene Altersvorsorge für alle Erwerbspersonen verpflichtend eingeführt. Auch hier kann argumentiert werden, dass dies keine völlige Privatisierung der Rentensicherung bedeute, da ja die staatlichen Vorgaben für die Träger der kapitalgedeckten Teilrenten durchaus stringent sind. Ähnlich wie im Bereich der sozialen Dienstleistungen fassten dennoch privatwirtschaftliche Akteure in der Rentenpolitik Fuß. Betrachtet man diese Entwicklung vor dem Hintergrund der anderen Reformbestandteile (vgl. Anderson 1998), dann zeigt sich, dass die staatliche Umverteilung im Rentensystem neu justiert wurde. Zudem eröffnete die staatliche Marktpflege den neuen privatwirtschaftlichen Akteuren die Möglichkeit, ihre spezifischen Interessen in diesem Politikfeld zur Geltung zu bringen. Diese Rentenreformpolitik veranlasste die schwedischen Sozialwissenschaftler Pierre und Rothstein gar jüngst zu der – etwas überspitzt anmutenden – These, dass in Schweden jetzt der Markt und nicht (mehr) die Politik über die Güte der sozialen Alterssicherung entscheide (Pierre/Rothstein 2003: 7).

Als Kontrast und Gegenpol zu den staatszentrierten nordischen Wohlfahrtsstaaten werden die liberalen Wohlfahrtsstaaten, also die englischsprachige Länderfamilie sowie Japan und die Schweiz, angesehen. In diesen Ländern spiele traditionell der Staat eine nur geringe Rolle, marktwirtschaftliche Spielregeln würden das wohlfahrtsstaatliche Geschehen maßgeblich prägen. Wer allerdings der Hypothese anhängt, dass der traditionelle liberale „public-private" Mix in diesen Ländern Anlass dafür sei, dass dort seit den achtziger Jahren nur geringe Verschiebungen in der Arbeitsteilung zwischen Staat und Markt zu beobachten wären, geht fehl. Just in dieser Länderfamilie – mit der partiellen Ausnahme der Schweiz – sind seit 1980 Entwicklungen zu konstatieren, die auf eine weitere Rückführung des Staates schließen lassen. So wurde zum Beispiel in Neuseeland die Generosität der sozialstaatlichen Programme in den achtziger und neunziger Jahren deutlich zurückgeführt. Und auch in Australien (Schwartz 1994) oder im Vereinigten Königreich verfolgten in diesem Zeitraum unterschiedlich gefärbte Regierungen eine Politik, die es sich zum Ziel gesetzt hatte, staatliche Regulierungen im staatsnahen Bereich zu lockern und den öffentlichen Sektor zu „verschlanken" (vgl. aber Richardson 1994).

Auch in dieser Ländergruppe gilt es zu spezifizieren. Während Japan und die Schweiz zu den „Nachzüglern" der wohlfahrtsstaatlichen Entwicklung gerechnet werden (vgl. Obinger 2000; Seeleib-Kaiser/Thränhardt 2000), ist diesen beiden Ländern gemein, dass die gebremste wohlfahrts*staatliche* Entwicklung vervollständigt wird von einer durchaus aktiven Regulierung des Wirtschaftsgeschehens, sowie einer, insbesondere für den japanischen Fall charakteristischen, selektiven außenwirtschaftlichen Regulierung („insulation", vgl. Pempel 1998). So forcierte in den fünfziger und sechziger Jahren die liberaldemokratische Partei Japans (LDP) in enger Zusammenarbeit mit den Arbeitgebern die rasante Modernisierung der Ökonomie. Und gegenwärtig, auch nach den vielfältigen politischen Turbulenzen der neunziger Jahre, ist der Staat weiterhin Garant für eine mitunter deutlich ausgeprägte Regulierung der Außen- wie Binnenwirtschaft (vgl. Thelen/Kume 2002), wenngleich die in Abschnitt 4.2 präsentierten Daten durchaus Deregulierungsbemühungen in bestimmten Produktmarktsegmenten vermuten lassen.

Anders gelagert, aber funktional durchaus ähnlich, ist die konkordanz- und direktdemokratisch geprägte Politik in der Schweiz. Auch dort ist die staatliche Hand durchaus steuerungsaktiv, wenn es zum Beispiel um die Gestaltung der marktwirtschaftlichen Spielregeln in den Bereichen der Telekommunikation oder des Bankenwesens geht. Dass im Bereich des Schienenverkehrs die staatlichen Schweizerischen Bundesbahnen durch eine qualitäts- und kundenorientierte Politik die schweizerische Bevölkerung gar jüngst zum „Weltmeister" in der Benutzung des öffentlichen Schienenverkehrs machen konnten, kann auch als Beleg dafür angesehen werden, dass ein akzentuiertes staatliches Engagement durchaus effektiv sein kann. Mit anderen Worten: Sowohl in der Schweiz als auch in Japan ergänzte und ergänzt immer noch eine äußerst aktive staatliche Regulierung essenzieller Wirtschaftszweige das eher zurückhaltende staatliche Engagement in der Sozialpolitik, soweit es die Sozialausgaben betrifft. Dass die Schweiz allerdings in dieser Perspektive während der vergangenen Dekaden einen Nachholprozess durchlaufen hat und in der gegenwärtigen bundesdeutschen Reformdebatte mitunter gar als Vorbild gehandelt wird, darauf verweist Obinger (2000) in seiner detaillierten Studie.

Die Deregulierungs- und Privatisierungsbemühungen in der Gruppe der englischsprachigen Demokratien liefern vielfältiges Anschauungsmaterial für einen etwaigen „Rückzug des Staates". Allerdings ist auch für diese Ländergruppe festzuhalten, dass politische Marktöffnungen ehemals staatsnaher (Dienstleistungs-)Sektoren einhergingen mit vielfältigen Re-Regulierungsbemühungen. So argumentiert Schwartz (2003), dass Instrumente der Marktöffnung des öffentlichen Sektors in Australien und Kanada mit unterschiedlichen marktpflegenden Regulierungen verbunden wurden; nach Schwartz gibt es eine „choice between restructuring with a human face and with a hard face" (2003: 59). Ersteres sieht er eher in Kanada gegeben, letzteres in Australien.

In Europa wird das Projekt der vermeintlichen „Entstaatlichung" und wohlfahrtsstaatlichen „Rosskur" in Großbritannien, angestoßen von der britischen Premierministerin Margaret Thatcher und seither in Nuancen weiter verfolgt, verschiedentlich als Vorbild dargestellt (Geppert 2003). Wie wir bereits in der Einleitung festgehalten haben, sind zwar im Vereinigten Königreich bei der Produkt- und Arbeitsmarktderegulierung die staatlichen Regeln weitgehend zurück geführt worden (vgl. z.B. Tabellen 3 und 5), während zugleich die Sozialausgaben dort eher im europäischen Mittelfeld zu verorten sind.

Auch die britische Deregulierungsstrategie war von vielfältigen Re-Regulierungsbemühungen begleitet. Dies betrifft einzelne sozialpolitische Programmspezifika sowie die Governance-Modi in staatsnahen Sektoren (vgl. Flinders 2004). Eine Evaluation der so genannten „Private Finance Initiative" (Ball/Heafey/King 2001), in deren Rahmen seit 1992 verstärkt private Akteure Finanzierungsaufgaben im staatsnahen Sektor übernommen haben, produzierte durchaus ambivalente Ergebnisse. Zwar konnte auf diesem Wege zusätzliches Kapital in politisch präferierte Projekte gelenkt werden. Allerdings wird der Nutzen dieser „Public Private Partnerships" durch die nur unzureichend gelöste Frage einer Effizienzevaluation bzw. der Übernahme des wirtschaftlichen Risikos geschmälert. Da vor allem bei unrentablen Projekten private Finanziers als unsichere Kooperationspartner angesehen werden können, die ihr finanzielles Engagement nicht unter politischen sondern unter betriebswirtschaftlichen Prämissen bewerten, ist die öffentliche Hand letztlich doch alleiniger „risk holder".

Die dritte Länderfamilie, schließlich, kann als „zentristisch" in dem Sinne aufgefasst werden, insofern diesen Ländern in vergleichenden Typologien häufig eine Mitteposition zwischen den beiden anderen bereits erörterten Polen zugesprochen wird. Dies wird insbesondere auf die dominierende Position der Christdemokratischen Parteien in Kontinentaleuropa zurückgeführt, die als klassische Parteien der konfessionellen Mitte über weite Strecken der Nachkriegszeit die wohlfahrtsstaatliche Politik maßgeblich gestalten konnten (vgl. van Kersbergen 1995). Die Niederlande, Belgien, Italien, Frankreich, Österreich und Deutschland seien als die charakteristischsten Fälle genannt, wenngleich auch hier die nationalen Differenzen innerhalb dieser Länderfamilie beträchtlich sind. Insbesondere die Niederlande entpuppen sich als ausgeprägt heterogen organisierter Wohlfahrtsstaat. Goodin et al. (1999) stufen das niederländische Beispiel gar als Paradebeispiel eines sozialdemokratischen wohlfahrtsstaatlichen Musters ein (zur Diskussion der Typologisierungsversuche vgl. Abschnitt 3).

Eine staatliche Zurückhaltung in der Wirtschaftspolitik sowie eine Delegation zentraler politischer Steuerungsaufgaben auf die Sozialpartner oder gesellschaftliche Akteure sind hervorstechende Merkmale bei den Staat-Markt Relationen. Eine Besonderheit, die im deutschen Kontext Wolfgang Streeck als „enabling state" (Streeck 1997) charakterisiert. Gleichzeitig wird diese zurückhaltende staatliche Interventionsneigung arrondiert durch eine durchaus transferintensive Sozialpolitik.

Ebenso wie in den anderen beiden Länderfamilien sind auch in dieser kontinentaleuropäischen Ländergruppe Veränderungen in der Arbeitsverschränkung zwischen Markt und Staat zu konstatieren. Auch wenn zum Beispiel für Deutschland die Staatsquote in der Fünfjahresperiode um das Jahr 2000 scheinbar auf dem exakt gleichen Niveau wie in der 1980er Periode verharrte und im internationalen Vergleich der deutsche Sozialstaat immer noch auf einem Mittelweg zu sein scheint (Alber 2000), so sind doch in der Staat-Markt-Perspektive die – in Deutschland sehr beliebten – Stillstands- und Reformsthesen in mehrfacher Hinsicht zu relativieren. Hinlänglich bekannt sind die Privatisierungs- und Deregulierungsbemühungen ehemals staatlicher Dienstleistungsunternehmen in den Bereichen des Verkehrswesens, der Telekommunikation sowie im Bankenwesen (vgl. auch Lütz in diesem Band). Wenig beachtet, aber dennoch bedeutsam, sind die Veränderungen staatlicher Steuerungsambitionen im Bereich der Sozialpolitik.

So wird die Einführung der bundesdeutschen Pflegeversicherung (1994/95) als eine programmatische Weiterentwicklung der traditionellen Sozialversicherungen im bundesdeutschen Wohlfahrtsstaat interpretiert, insofern bedeutsame sozialrechtliche Innovationen (Hinrichs 1995) vorgenommen wurden. Mit dieser Reform wurden „Tore für kommerzielle Dienstleister geöffnet" (Leisering 2000: 107), sie kann als ein „Marktschaffungsgesetz" eingestuft werden (Nullmeier 2002: 273). Die sechs großen Wohlfahrtsverbände in Deutschland (Caritas, Diakonisches Werk, Paritätischer Wohlfahrtsverband, die Arbeiterwohlfahrt, das Rote Kreuz sowie die Zentralwohlfahrtsstelle der Juden in Deutschland) bekamen auf diesem Wege privatwirtschaftliche Konkurrenz, die das mehrfarbige Bild der subsidiären sozialen Dienstleistungen um einige neue Farbtöne bereicherte. Mit dieser Marktöffnung einher gehen jedoch staatliche Re-Regulierungsbemühungen, die eine Versorgungs- und Qualitätssicherung zum Ziel haben, wenngleich hier deutlich wird, dass die marktwirtschaftliche Grauzone unterschiedlicher Pflegedienstleistungen groß ist und immense Anforderungen an eine staatlich intendierte Auditfunktion stellt (vgl. den Beitrag von Rüb in diesem Band).

Ebenso kam es zu Neujustierungen im Bereich der Rentenpolitik, die eine Sphärenverschiebung zwischen Staat und Markt zur Folge hatten. Mit der Einführung der so genannten Riester-Rente (2001) wird gemeinhin ein Paradigmenwandel in der bundesdeutschen Rentenpolitik assoziiert (Schmähl 2002). Insbesondere die Einführung einer kapitalfundierten freiwilligen Altersvorsorge und deren staatliche Subventionierung dient als Indiz für diese Einschätzung. Tatsächlich wird mit dieser Reform Neuland in der bundesdeutschen Rentenpolitik betreten. Fern von der Diskussion über zukünftige, nach Alterskohorten spezifizierte, Belastungen ist allein die Einführung dieses zusätzlichen privatwirtschaftlichen Pfeilers eine deutliche Hinwendung zu mehr Markt in der deutschen Rentenpolitik. Da diese Reform aufgrund der Kritik seitens einzelner Gewerkschaften und der CDU/CSU – anders als in Schweden – allerdings keine obligatorische private Absicherung implizierte, wurde auf Drängen der CDU/CSU von der rot-grünen Bundesregierung die staatliche Bezuschussung dieser privaten Altersvorsorge sukzessive im politischen Entscheidungsprozess angehoben. Damit ist eine Reform in der deutschen Rentenpolitik auf den Weg gebracht worden, die wie keine andere den ambivalenten Charakter bundesdeutscher Sozialpolitik widerspiegelt: „An Stelle der alten paritätischen Finanzierung treten vielmehr die private Vorsorge *und* die staatliche Subvention, also Privatisierung *und* Etatisierung" (Schmidt 2003: 249, Hervorhebung im Original).

Für diesen Abschnitt gilt es abschließend festzuhalten, dass eine qualitativ orientierte Analyse der Staat-Markt-Arbeitsverschränkung ein facettenreiches Bild zu Tage fördert, bei dem bezüglich Generalisierungen aufgrund der vielschichtigen, zum Teil konvergent, zum Teil divergent verlaufenden Adaptionsprozesse Zurückhaltung geboten ist. In den fokussierten wohlfahrtsstaatlichen Politikbereichen können zumindest für die hier behandelten Länder unterschiedlichste Neujustierungen im Mix zwischen Staat und Markt festgestellt werden. Nur angedeutet werden konnte an dieser Stelle, dass die spezifischen Regulierungen dieser Sphärenverschiebungen durchaus darüber entscheiden können, ob die politischen Marktöffnungsprozesse mit einem „hard" oder „human face" wahrgenommen werden (Schwartz 2003). Insofern kann auch argumentiert werden, dass die Erfassung der „politischen Betriebsweise" (Czada 2003) mehr beinhalten sollte als das Rekurrieren auf hoch-abstrakte Typologien oder aggregierte Outcome-Indikatoren.

6. Schluss

Die Arbeitsteilung zwischen Staat und Markt ist in den vergangenen Jahren in den Mittelpunkt einer Vielzahl politikwissenschaftlicher Analysen gerückt. Majones Diktum, ein regulativer Staat habe den positiven, keynesianischen Wohlfahrtsstaat abgelöst, hat weit über die Politikwissenschaft hinaus breite Zustimmung erfahren, als vielfach gebrauchte Referenz gedient sowie zahlreiche Forschungsvorhaben stimuliert. Ein „Formenwandel" des Staates (Mayntz 1997) oder gar eine „Metarmorphose des Staates" (Beck 1993: 214) wurde auch in der Politikwissenschaft häufig konstatiert. Wie insbesondere die Analyse der Produktmarkt- und Arbeitsmarktregulierung in diesem Beitrag gezeigt hat, haben Deregulierungs- und Re-Regulierungsdynamiken in den meisten OECD-Ländern während der vergangenen beiden Jahrzehnte deutliche Spuren im Staat-Markt-Gefüge hinterlassen. Die regulative Reformpolitik hat in den OECD-Ländern zu verschiedenen Zeitpunkten und in verschiedener Reichweite das Staat-Markt-Verhältnis neu justiert. Privatisierung und Liberalisierung, De- und Re-Regulierung markierten wichtige Stichworte der Regierungsagenda in den wirtschaftlich entwickelten Demokratien am Ende des 20. (und zu Beginn des 21.) Jahrhunderts.

Der Abschied vom „keynesianischen Wohlfahrtsstaat", dem Inbegriff des positiven Staates gemäß Majone, wurde häufig diagnostiziert, meist beklagt und gelegentlich begrüßt. Das „Ende des goldenen Zeitalters wohlfahrtsstaatlicher Politik" und die „Krise des Wohlfahrtsstaates" gehören seit mehr als zwei Dekaden zu den Gemeinplätzen der vergleichenden Policy-Forschung. Freilich impliziert dies nicht, dass sich der positive Staat samt und sonders und ohne Einschränkungen auf dem Rückzug befindet.

Auffälligen Diskontinuitäten stehen nämlichen auch Anzeichen von Kontinuität beziehungsweise eines allenfalls schleichenden Wandels gegenüber. Die Analyse der Staatsausgaben, deren Dynamik in der Mehrzahl der OECD-Länder in erheblichem Maße durch die Sozialausgaben gespeist wird, macht deutlich, dass die Veränderungen im Zuge regulativer Reformen keineswegs von einer radikalen Schrumpfung des Besteuerungs- und Ausgabenstaates (des positiven Staates im Majoneschen Sinn) flankiert wurden (vgl. auch Wagschal in diesem Band). Die Diskussion um regulative Reformen hat zwar längst auch in die Sozialpolitik Einzug gehalten, zum Beispiel im Kontext von institutionellen Reorganisationen im Bereich der Arbeitsmarktpolitik, der sozialen Dienstleistungen und vor allem auf EU-Ebene. Trotzdem bleibt festzuhalten, dass die „klassische Sozialpolitik" nach wie vor einen Kernbereich nationalstaatlicher Politik darstellt. Weniger die sukzessive und unumkehrbare Ablösung des positiven Staates als vielmehr die parallele Expansion des regulativen Staates und eine damit einhergehende Akzentverschiebung staatlichen Handelns kennzeichnete in den letzten beiden Dekaden des 20. Jahrhunderts die Entwicklung in den westlichen Demokratien. Die rechtlichen Steuerungsressourcen haben im Zuge regulativer Reformen und „indirekten Regierens" an Bedeutung gewonnen, ohne dass freilich das Steuerungsmedium Geld im Gegenzug an Gewicht verloren hätte.

Zwar haben „Effizienzdebatten" jene über soziale Gerechtigkeit an den politischen Diskursrand gedrängt. Wie aber nicht nur die Analyse der Staatsausgaben, sondern auch die Ergebnisse international vergleichbarer Umfragen zeigen, kommt distributiven und redistributiven Politiken nach wie vor größte Bedeutung im Rahmen nationaler Politikprozesse zu – und sie können nach wie vor maßgeblich den Ausgang von Wahlen beeinflussen. Ein „globaler" und ungebremster Rückzug des positiven Staates zeichnet sich in unseren Ergebnissen trotz der markanten Verschiebungen in der Arbeitsverschränkung zwischen Staat und Markt nicht ab. Zwar hat der Standortwettbewerb selbst in den sozialdemokratischen Hochburgen Skandinaviens Konsolidierungsdruck ausgeübt und regulative Reformen den Markt ein Stück weit entfesselt. Freilich hat die „Sicherung der sozialen Sicherung", beispielsweise in Schweden nach der kriseninduzierten Adjustierung und Reform des Wohlfahrtsmix' in der zweiten Hälfte der neunziger Jahre, wieder einen prominenteren Platz auf der Regierungsagenda eingenommen.

Die Befunde, die wir auf Grundlage unserer deskriptiven empirischen Abschnitte erhalten haben, deuten darauf hin, dass einfache Diagnosen und schlanke Erklärungen zwar attraktive Deutungsparadigmen anbieten können, aber häufig zu wenig robusten Generalisierungen verführen. Die unterschiedlichen Dynamiken, die bei einer Analyse der Staatsausgaben auf der einen Seite und der regulativen Reformen auf der anderen Seite sichtbar werden, dürften die Anhänger von sparsamen Beschreibungen und Erklärungsmodellen kaum zufrieden stellen. Dies ist unseres Erachtens freilich der Preis einer problemadäquaten Analyse des Staat-Markt-Verhältnisses, die die Mehrdimensionalität der Staat-Markt-Beziehungen berücksichtigt und nicht als lästiges Problem bei der Entwicklung schlanker Hypothesen zu beseitigen sucht. Die Vielschichtigkeit der abhängigen Variable sollte unseres Erachtens eher als faszinierendes *puzzle* und nicht als zu beseitigender Störfaktor behandelt werden. Vielmehr kann ihr angemessen dadurch begegnet werden, dass die theoretischen Schlussfolgerungen eher dezent gehalten werden. Die in diesem Beitrag präsentierten Daten führen uns zu der Schlussfolgerung, dass die Analyse der Staat-Markt-Beziehungen dann in Sackgassen einzubiegen droht, wenn sie sich auf der Suche nach *bestselling stories* an einer einzigen Königsvariable orientiert.

Viele substanzielle Fragen mussten in diesem Beitrag ausgeklammert bleiben. Unter anderem solche, welche die politischen, sozialen und wirtschaftlichen Folgen unterschiedlicher Staat-Markt-Beziehungen betreffen. Allerdings hätte die Beantwortung solcher Fragen den Rahmen dieses Beitrages gesprengt. Ein einfacher Test, welche Staat-

Markt-Konfigurationen sich beispielsweise begünstigend oder bremsend auf das Wirtschafts- und Beschäftigungswachstum oder gar auf die soziale Kohäsion auswirken, hätte sich aber wohl kaum als angemessen erweisen können. Wie Obingers Analyse des Wirtschaftswachstums gezeigt hat, erweisen sich etliche Makrotheoreme, die in der Politikwissenschaft häufig verwendet werden, weder als theoretisch plausible noch empirisch robuste Bestimmungsfaktoren des Wirtschaftswachstums in OECD-Demokratien (Obinger 2002). Dazu gehören unter anderem die Parteiendifferenzhypothese und das Vetospielertheorem.

Seine Schlussfolgerungen deuten ähnlich wie diejenigen von Siegel (2002a: Kap. 12) und Kittel (2002) darauf hin, dass sich einfache makrokorrelative Untersuchungen nur sehr bedingt eignen, komplexe kausale Relationen über den Weg des klassischen Theorientests zu untersuchen. Kittel plädiert daher etwa für eine explorative Wende bei der quantitativen Analyse und fordert den Abschied vom *Glauben* an strikte Hypothesentests als Entscheidungskriterium im Theorienwettbewerb. Wenn, wie in diesem Kapitel gezeigt, verschiedene Dimensionen des Staat-Markt-Verhältnisses abweichenden Dynamiken unterliegen, erscheint die Suche nach der allgemeinen Erklärungskraft einzelner Theoreme der vergleichenden Staatstätigkeitsforschung als zu krude Herangehensweise an komplexe Policyentwicklungen. Die neue Bescheidenheit, die etwa unumgänglicher Bestandteil der von Kittel geforderten explorativen Wende ist, verlangt häufig nach Theoremen vergleichsweise „kurzer" Reichweite, die die notwendige Präzision bei der kausalen Prozessanalyse erst ermöglichen.

Literatur

Alber, Jens, 2000: Der deutsche Sozialstaat in der Ära Kohl: Diagnosen und Daten, in: *Leibfried, Stephan/Wagschal, Uwe* (Hrsg.), Der deutsche Sozialstaat. Bilanzen-Reformen-Perspektiven. Frankfurt a.M./New York: Campus, 235–275.
Anderson, Karen M., 1998: The Welfare State in the Global Economy: The Politics of Social Insurance Retrenchment in Sweden 1990–1998. PhD, University of Washington.
Anheier, Helmut K./Seibel, Wolfgang (Hrsg.), 1990: The Third Sector: Comparative Studies of Non-profit Organizations. Berlin/New York: de Gruyter.
Baldwin, Peter/Scott, Colin/Hood, Christoph, 1998: A Reader on Regulation. Oxford: Oxford University Press.
Ball, Rob/Heafy, Maryanne/King, David, 2001: The Private Finance Initiative: A Good Deal for the Public Purse or a Drain on Future Generations, in: Policy & Politics 29(1), 95–108.
Bartle, Ian, 2002: When Institutions No Longer Matter: Reform of Telecommunications and Electricity in Germany, France and Britain, in: Journal of Public Policy 22(1), 1–27.
Beck, Ulrich, 1993: Die Erfindung des Politischen: Zu einer Theorie reflexiver Modernisierung. Frankfurt a.M.: Suhrkamp.
Benz, Arthur, 2001: Der moderne Staat. Grundlagen der politologischen Analyse, München/Wien: Oldenbourg.
Busch, Andreas, 1995: Preisstabilitätspolitik. Politik und Inflationsraten im internationalen Vergleich. Opladen: Leske + Budrich.
Busch, Andreas, 2003: Staat und Globalisierung. Das Politikfeld Bankenregulierung im internationalen Vergleich. Opladen: Westdeutscher Verlag.
Cameron, David, 1978: The Expansion of the Public Economy: A Comparative Analysis, in: American Political Science Review 72, 1243–1261.

Castles, Francis G., 1982: The Impact of Parties on Public Expenditure, in: *Castles, Francis G.* (Hrsg.), The Impact of Parties. Politics and Policies in Democratic Capitalist States. London u.a.: Sage, 21–96.
Castles, Francis G. (Hrsg.), 1993: Families of Nations: Patterns of Public Policy in Western Democracies. Aldershot u.a.: Dartmouth.
Castles, Francis G., 2002: Developing New Measures of Welfare State Change and Reform, in: European Journal of Political Research 41, 613–641.
Castles, Francis G./Lehner, Franz/Schmidt, Manfred G. (Hrsg.), 1988: Managing Mixed Economies. Berlin: de Gruyter.
Crozier, Michel/Huntington, Samuel P./Watanuki, Joji, 1975: The Crisis of Democracy: Report on the Governability of Democracies to the Trilateral Commission. New York: New York University Press.
Cusack, Thomas R./Fuchs, Susanne, 2002: Parteien, Institutionen und Staatsausgaben, in: *Obinger, Herbert/Wagschal, Uwe/Kittel, Bernhard* (Hrsg.), Politische Ökonomie. Opladen: Leske + Budrich, 395–428.
Czada, Roland, 2003: Konzertierung in verhandlungsdemokratischen Politikstrukturen, in: *Jochem, Sven/Siegel, Nico A.* (Hrsg.), Konzertierung, Verhandlungsdemokratie und Reformpolitik im Wohlfahrtsstaat. Das Modell Deutschland im Vergleich. Opladen: Leske + Budrich, 35–69.
Czada, Roland/Lütz, Susanne (Hrsg.), 2000: Die politische Konstitution von Märkten. Wiesbaden: Westdeutscher Verlag.
Czada, Roland/Lütz, Susanne/Mette, Stefan, 2003: Regulative Politik: Zähmungen von Markt und Technik. Opladen: Leske + Budrich.
EFW (Economic Freedom of the World), 2003: 2003 Annual Report, edited by *James Gwartney* and *Robert Lawson*. Vancouver B.C.: Fraser Institute.
Esping-Andersen, Gøsta, 1985: Politics against Markets: The Social Democratic Road to Power. Princeton: Princeton University Press.
Esping-Andersen, Gøsta, 1990: The Three Worlds of Welfare Capitalism. Cambridge/Oxford: Polity Press.
Esping-Andersen, Gøsta, 1999: Social Foundations of Postindustrial Societies. Oxford: Oxford University Press.
Flinders, Mathew, 2004: Distributed Public Governance in Britain, in: Public Administration (im Erscheinen).
Genschel, Philipp, 2003: Die Globalisierung und der Wohlfahrtsstaat. Ein Literaturrückblick. MPIfG Working Paper 03/5. Köln
<http://www.mpi-fg-koeln.mpg.de/pu/workpap/wp03-5/wp03-5.ht ml>.
Geppert, Dominik, 2003: Maggie Thatchers Rosskur – Ein Rezept für Deutschland? Berlin: Siedler Verlag.
Golub, Stephen S., 2003: Measures of Restrictions on Inward Foreign Direct Investment for OECD Countries. OECD Economics Department Working Papers No. 357. Paris: OECD.
Goodin, Robert E., 1999: The Real Worlds of Welfare Capitalism. Cambridge: Cambridge University Press.
Grande, Edgar/Prätorius, Rainer (Hrsg.), 1997: Modernisierung des Staates? Baden-Baden: Nomos.
Grande, Edgar/Prätorius, Rainer (Hrsg.), 2003: Politische Steuerung und neue Staatlichkeit. Baden-Baden: Nomos.
Green-Pedersen, Christoffer, 2002: New Public Management Reforms of the Danish and Swedish Welfare States: The Role of Different Social Democratic Responses, in: Governance 15(2), 271–294.
Hall, Peter A./Soskice, David (Hrsg.), 2001: Varieties of Capitalism, the Institutional Foundations of Comparative Advantage. Oxford: Oxford University Press.
Héritier, Adrienne, 1999: Policy-Making and Diversity in Europe: Escape from Deadlock. Cambridge: Cambridge University Press.
Héritier, Adrienne, 2002: Conclusion, in: Journal of European Public Policy 9(6), 1020–1025.

Hibbs, Douglas A., 1977: Political Parties and Macroeconomic Policy, in: American Political Science Review 71, 1467–1487.

Hinrichs, Karl, 1995: Die Soziale Pflegeversicherung – eine institutionelle Innovation in der deutschen Sozialpolitik, in: Staatswissenschaften und Staatspraxis 6, 227–259.

Hinrichs, Karl, 2001: Elephants on the Move. Patterns of Public Pension Reform in OECD countries, in: *Leibfried, Stephan* (Hrsg.), Welfare State Futures. Cambridge: Cambridge University Press, 77–102.

Huber, Evelyne/Ragin, Charles/Stephens, John, 1993: Social Democracy, Christian Democracy, Constitutional Structure, and the Welfare State, in: American Journal of Sociology 99, 711–749.

Immergut, Ellen M./Jochem, Sven, 2004: Institutions and Governance. Electoral Reform and Reaction to Crisis in Japan and Sweden (unveröffentlichtes Manuskript).

International Institute for Management Development (IMD), 1999: The World Competitive Yearbook. Lausanne: IMD.

Jessop, Bob, 2001: Regulation Theory and the Crisis of Capitalism. Cheltenham: Edward Elgar.

Jochem, Sven, 2001: Reformpolitik im deutschen Sozialversicherungsstaat, in: *Schmidt, Manfred G.* (Hrsg.), Wohlfahrtsstaatliche Politik. Institutionen, politischer Prozess und Leistungsprofil. Opladen: Leske + Budrich, 193–226.

Jochem, Sven, 2003: Konzertierung und Parteienwettbewerb: Das schwedische Modell im Wandel, in: *Jochem, Sven/Siegel, Nico A.* (Hrsg.), Konzertierung, Verhandlungsdemokratie und Reformpolitik im Wohlfahrtsstaat. Das Modell Deutschland im Vergleich. Opladen: Leske + Budrich, 271–310.

Jochem, Sven/Siegel, Nico A., 2000: Wohlfahrtskapitalismen und Beschäftigungsperformanz – Das ‚Modell Deutschland' im Vergleich, in: Zeitschrift für Sozialreform 46(1), 38–64.

Jochem, Sven/Siegel, Nico A. (Hrsg.), 2003: Konzertierung, Verhandlungsdemokratie und Reformpolitik im Wohlfahrtsstaat. Das Modell Deutschland im Vergleich. Opladen: Leske + Budrich.

Jonung, Lars, 1999: Med backspegeln som kompass – om stabiliseringspolitiken som läroprocess, Ds 1999:9, <http://finans.regeringen.se/propositionermm/ds/pdf/ds99_9.pdf.>.

Kaufmann, D./Kraay, A./Zoldo-Lobaton, 1999: Aggregating Governance Indicators, <http://www.worldbank.org/wbi/governance>.

Kersbergen, Kees van, 1995: Social Capitalism: A Study of Christian Democracy and the Welfare State. London: Routledge.

Kittel, Bernhard, 2002: Perspektiven und Potenziale der vergleichenden Politischen Ökonomie, in: *Obinger, Herbert/Wagschal, Uwe/Kittel, Bernhard* (Hrsg.), Politische Ökonomie. Opladen: Leske + Budrich.

Klingemann, Hans-Dieter/Hofferbert, Richard I./Budge, Ian, 1994: Parties, Policies, and Democracy. Boulder u.a.: Westview Press.

Korpi, Walter/Palme, Joakim, 2003: New Politics and Class Politics in the Context of Austerity and Globalization: Welfare State Regress in 18 Countries, 1975–95, in: American Political Science Review 97(3), 425–446.

Lehmbruch, Gerhard, 1989: Marktreformstrategien bei alternierender Parteiregierung. Eine institutionelle Analyse, in: Jahrbuch zur Staats- und Verwaltungswissenschaft 3, hrsg. von *Thomas Ellwein* u.a. Baden-Baden: Nomos, 15–45.

Leisering, Lutz, 2000: Kontinuitätssemantiken: Die evolutionäre Transformation des Sozialstaates im Nachkriegsdeutschland, in: *Leibfried, Stephan/Wagschal, Uwe* (Hrsg.), Der deutsche Sozialstaat. Bilanzen – Reformen – Perspektiven. Frankfurt/New York: Campus, 91–114.

Lessenich, Stephan, 2003: Dynamischer Immobilismus. Kontinuität und Wandel im deutschen Sozialmodell. Frankfurt a.M./New York: Campus.

Majone, Giandomenico (Hrsg.), 1996: Regulating Europe. London/New York: Routledge.

Majone, Giandomenico, 1997: From the Positive to the Regulatory State: Causes and Consequences in the Change of Governance, in: Journal of Public Policy 17(2), 139–167.

Mayntz, Renate, 1997: Soziale Dynamik und politische Steuerung: theoretische und methodologische Überlegungen. Frankfurt a.M./New York: Campus.

Mayntz, Renate/Scharpf, Fritz W., 1995: Der Ansatz des akteurzentrierten Institutionalismus, in: *Mayntz, Renate/Scharpf, Fritz W.* (Hrsg.), Gesellschaftliche Selbstregelung und politische Steuerung. Frankfurt a.M, 39–72.
Micheletti, Michele, 2000: End of Big Government. Is It Happening in the Nordic Countries?, in: Governance 13(2), 265–278.
Mjøset, Lars, 1996: Nordic Economic Policies in the 1980s and 1990s. Paper presented to the 10th International Conference of Europeanists. Chicago, March 14–16.
Moran, Michael, 2002: Review Article: Understanding the Regulatory State, in: British Journal of Political Science 32, 391–413.
Nicoletti, Giuseppe/Scarpetta, Stefano/Boylaud, Olivier, 1999: Summary Indicators of Product Market Regulation with an Extension to Employment Protection Legislation. Paris: OECD Economic Department Working Papers No. 226.
Nicoletti, Giuseppe/Pryor, Frederic L., 2001: Subjective and Objective Measures of the Extent of Governmental Regulation. Paris/Swarthmore, PA.
Nicoletti, Giuseppe/Scarpetta, Stefano, 2003: Regulation, Productivity and Growth. OECD evidence, in: Economic Policy, April, 9–72.
Nullmeier, Frank, 2002: Auf dem Weg zu Wohlfahrtsmärkten?, in: *Süß, Werner* (Hrsg.), Deutschland in den 90er Jahren. Politik und Gesellschaft zwischen Wiedervereinigung und Globalisierung. Opladen: Leske + Budrich, 267–281.
Obinger, Herbert, 2000: Wohlfahrtsstaat Schweiz. Vom Nachzügler zum Vorbild?, in: *Obinger, Herbert/Wagschal, Uwe* (Hrsg.), Der gezügelte Wohlfahrtsstaat. Sozialpolitik in reichen Industrieländern. Frankfurt a.M./New York: Campus, 245–282.
Obinger, Herbert, 2002: Die politische Ökonomie des Wirtschaftswachstums, in: *Obinger, Herbert/Wagschal, Uwe/Kittel, Bernhard* (Hrsg.), Politische Ökonomie. Opladen: Leske + Budrich, 113–149.
Ogus, Anthony, 1994: Regulation: Legal Form and Economic Theory. Oxford: Clarendon Press.
Ogus, Anthony, 1999: Evaluating Alternative Regulatory Regimes: The Contribution of ‚Law and Economics', in: Geoforum 30, 223–229.
Pempel, T. J., 1998: Regime Shift: Comparative Dynamics of the Japanese Political Economy. Ithaca: Cornell University Press.
Pierre, Jon/Rothstein, Bo, 2003: Välfärdsstaat I otakt. Om politikens oväntade, oavsiktliga och oönskade effekter, in: *dies.* (Hrsg.), Välfärdsstaat i otakt. Malmö: Liber, 5–22.
Pontusson, Jonas, 1992: The Limits of Social Democracy. Investment Politics in Sweden. Ithaca/London: Cornell University Press.
Pryor, Frederic L., 2002: Quantitative Notes on the Extent of Government Regulations in OECD Nations, in: International Journal of Industrial Organization 20, 693–714.
Richardson, Jeremy, 1994: Doing Less by Doing More: British Government 1979–1993, in: West European Politics 17(3), 176–197.
Scharpf, Fritz W., 1999: Governing Europe: Effective and Democratic? Oxford: Oxford University Press.
Scharpf, Fritz W./Schmidt, Vivien (Hrsg.), 2000: Welfare and Work in the Open Economy, Vol. I + II. Oxford: Oxford University Press.
Schmähl, Winfried, 2002: The ‚2001 Pension Reform' in Germany – A Paradigm Shift and its Effects. ZeS Arbeitspapier 11/02. Bremen: Zentrum für Sozialpolitik.
Schmidt, Manfred G., 1982: Wohlfahrtsstaatliche Politik unter bürgerlichen und sozialdemokratischen Regierungen. Ein internationaler Vergleich. Frankfurt a.M. u.a.: Campus.
Schmidt, Manfred G., 1987: West Germany. The Policy of the Middle Way, in: Journal of Public Policy 7, 139–177.
Schmidt, Manfred G., 1996: Staat und Markt in den demokratischen Industrieländern, in: Spektrum der Wissenschaft, Nov., 36–44.
Schmidt, Manfred G., 2000: Immer noch auf dem „mittleren Weg"? Deutschlands Politische Ökonomie am Ende des 20. Jahrhunderts, in: *Czada, Roland/Wollmann, Hellmut* (Hrsg.), Von der Bonner zur Berliner Republik. Leviathan Sonderheft 19. Opladen/Wiesbaden, 491–513.

Schmidt, Manfred G., 2003: Rot-grüne Sozialpolitik (1998–2002), in: *Egle, Christoph/Ostheim, Tobias/Zohlnhöfer, Reimut* (Hrsg.), Das rot-grüne Projekt. Eine Bilanz der Regierung Schröder 1998–2002. Wiesbaden: Westdeutscher Verlag, 239–258.

Schmidt, Vivien A., 2002: The Futures of European Capitalism. Oxford: Oxford University Press.

Schwartz, Herman, 1994: Small States in Big Trouble: The Politics of State Reorganization in Australia, Denmark, New Zealand and Sweden in the 1980s, in: World Politics 46(4), 527–555.

Schwartz, Herman, 2003: „Economic Rationalism" in Canberra and Canada: Public Sector Reorganisation, Politics, and Power, in: Australian Economic History Review 43(1), 45–65.

Seeleib-Kaiser, Martin/Thränhardt, Anna Maria, 2000: Wohlfahrtsgesellschaft statt Wohlfahrtsstaat in Japan: Zwischen westlichen Vorbildern und eigenständigem Modell, in: *Obinger, Herbert/Wagschal, Uwe* (Hrsg.), Der gezügelte Wohlfahrtsstaat – Sozialpolitik in reichen Industrienationen. Frankfurt a.M./New York: Campus, 283–328.

Siegel, Nico A., 2002a: Baustelle Sozialpolitik. Konsolidierung und Rückbau im internationalen Vergleich. Frankfurt a.M.: Campus.

Siegel, Nico A., 2002b: Sozialpolitik, in: *Lauth, Hans-Joachim* (Hrsg.), Vergleichende Regierungslehre. Wiesbaden: Westdeutscher Verlag, 345–365.

Sipilä, Jorma (Hrsg.), 1997: Social Care Services: The Key to the Scandinavian Welfare Model. Aldershot u.a.: Avebury.

Soskice, David, 1999: Divergent Production Regimes: Coordinated and Uncoordinated Market Economies in the 1980s and 1990s, in: *Kitschelt, Herbert/Lange, Peter/Marks, Gary/Stephens, John D.* (Hrsg.), Continuity and Change in Contemporary Capitalism. Cambridge, 101–134.

SOU, 2001: 79: Välfärdsbokslut för 1990-talet. Slutbetänkande från Kommittén Välfärdsbokslut. Stockholm <http://www.regeringen.se/propositioner/sou/sou2001.htm>.

Stephens, John, 1979: The Transition from Capitalism to Socialism. London: Macmillan.

Stephens, John D., 1996: The Scandinavian Welfare States: Achievements, Crisis and Prospects, in: *Esping-Andersen, Gøsta* (Hrsg.), Welfare States in Transition. National Adaptions in Global Economies. London u.a.: Sage, 32–65.

Stigler George J., 1971: The Theory of Economic Regulation, in: Bell Journal of Economics and Management Science 2, 3–21.

Streeck, Wolfgang, 1997: German Capitalism: Does it Exist? Can it Survive?, in: *Crouch, Colin/Streeck, Wolfgang* (Hrsg.), Political Economy of Modern Capitalism: Mapping Convergence and Diversity. London, 33–54.

Streeck, Wolfgang/Schmitter, Philippe (Hrsg.), 1985: Private Interest Government. Beyond Market and State. London: Sage.

Svensson, Torsten, 1994: Socialdemokratins dominans. En studie av den svenska socialdemokratins partistrategi. Uppsala: Acta Universitatis Upsaliensis 120.

Svensson, Torsten, 2002: Globalisation, Marketisation and Power – The Swedish Case of Institutional Change, in: Scandinavian Political Studies 25(3), 197–229.

Thatcher, Mark, 2002: Analysing Regulatory Reform in Europe, in: Journal of European Public Policy 9(6), 859–872.

Thelen, Kathleen/Kumo, Ikue, 2002: Coordination as a Political Problem in Coordinated Market Economies. Paper präsentiert am 5. November 2002 am Wissenschaftskolleg zu Berlin.

Tsebelis, George, 1995: Decision Making in Political Systems: Veto Players in Presidentialism, Multicameralism and Multipartyism, in: British Journal of Political Science 25, 289–325.

Tsebelis, George, 2002: Veto Players. How Political Institutions Work. Princeton, N.J.: Princeton University Press.

World Economic Forum, 1999: The Global Competitiveness Report. Geneva.

Wright, Vincent/Müller, Wolfgang (Hrsg.), 1994: The State in Western Europe: Retreat or Redefinition? Special Issue of West European Politics 17(3).

Zürn, Michael, 2002: Zu den Merkmalen postnationaler Politik, in: *Jachtenfuchs, Markus/Knodt, Michèle* (Hrsg.), Regieren in internationalen Institutionen. Opladen, 215–223.

Zusammenfassungen

Roland Czada, **Grenzprobleme zwischen Politik und Markt, S. 11–28.**

Die seit Beginn der Industrialisierung fortschreitende Ausdehnung von Märkten setzt sich mit dem Einzug des Marktparadigmas in Bereiche fort, die, wie Politik und öffentliche Verwaltung, lange Zeit als marktfern galten. Zugleich verändern sich die institutionellen Schnittstellen zwischen Politik und Markt in einer pfadabhängigen, evolutionären Weise. Neue marktförmige Steuerungskonzepte schwächen die herkömmliche politische Regelsteuerung, ohne dass die ökonomische Anreizsteuerung bereits funktionieren würde. Daher bedeutet mehr Markt oft nicht weniger, sondern zunächst nur eine unter Legitimations- und Effizienzgesichtspunkten schlechtere Politik. Letztlich braucht der Markt zu seinem Funktionieren weit mehr als nur den Rechtsstaat und niedrige Steuern. Namentlich in Demokratien stellt die Balancierung von Effizienz- und Verteilungszielen besondere Anforderungen an Institutionen, Instrumente und Interventionsformen, die das Verhältnis der Politik zur Wirtschaft bestimmen und legitimatorisch absichern.

Reinhard Zintl, **Markt und Politik: Implizite und explizite Kollektiventscheidung, S. 31–47.**

Markt und Politik sind unterschiedliche Arenen kollektiver Entscheidung, in denen komplementäre Güter und Dienstleistungen produziert werden. Hinter der Komplementarität der Produkte steckt zugleich eine tiefere Unterschiedlichkeit der Verfahrenseigenschaften: Selbstbestimmung und Unsicherheit einerseits gegenüber Unterwerfung und (günstigenfalls) Protektion andererseits, Evolution einerseits gegenüber bewusster Wahl andererseits. In dem Artikel wird diskutiert, ob zugleich mit den Produkten auch die Verfahrenseigenschaften der Arenen als zueinander komplementär angesehen werden sollten, oder ob es Argumente gibt, das eine oder das andere Verfahren hinsichtlich seiner Eigenschaften zum Ideal zu erklären (und das andere lediglich als Notbehelf anzusehen) und entsprechend nach Wegen zu suchen, die Politik möglichst marktanalog zu verfassen oder umgekehrt den Markt möglichst weitgehend zu ‚politisieren'.

Viktor J. Vanberg, **Konsumentensouveränität und Bürgersouveränität: Steuerungsideale für Markt und Politik, S. 48–65.**

Die Frage, an welchen Leistungskriterien wirtschaftliche und politische Prozesse zu messen sind, wird in diesem Beitrag aus der Sicht eines normativen Individualismus angegangen, also ausgehend von der Annahme, dass die Wertungen der jeweils betroffenen Individuen selbst den letztendlichen Maßstab dafür abgeben, was in sozialen Angelegenheiten als „wünschenswert" gelten kann. Es wird gezeigt, dass – und in welchem Sinne – aus einer solchen Sicht die Konzepte der Konsumentensouveränität und der Bürgersouveränität als miteinander kompatible und einander ergänzende Steuerungsideale für Markt und Politik betrachtet werden können.

Michael Baurmann, **Rationierung ohne Politisierung. Plädoyer für einen Rechtebasierten Ansatz bei der Rationierung medizinischer Güter, S. 66–79.**

Nach welchen Kriterien sollen die knappen medizinischen Ressourcen des öffentlichen Gesundheitssystems auf diejenigen verteilt werden, die eine medizinische Behandlung nachfragen? Es gibt vor allem zwei Prinzipien, mit denen sich diese Frage beantworten lässt: *Gleichheit* (ein Recht jedes Patienten auf die gleiche Qualität medizinischer Behandlung) oder *Maximierung* (Maximierung der Überlebenserwartung). Im vorliegenden Papier wird argumentiert, dass Maximierung nicht, wie oft kritisiert, konzeptionell problematischer ist als Gleichbehandlung, sondern dass ihr Problem vielmehr in der Anwendung liegt: Es sind Ermessensentscheidungen zu treffen, die hier unweigerlich politische Entscheidungen sein müssen. Es gibt gute Gründe dafür, in diesem Feld die Politik zu zähmen – aber nicht durch Privatisierung der Entscheidung, sondern durch die Fixierung des öffentlichen Handelns mittels individueller Rechte, die nicht Abwehrrechte, sondern positive Anspruchsrechte sind.

Susanne K. Schmidt, **Das Projekt der Europäischen Marktschaffung. Die gegenseitige Anerkennung und der Binnenmarkt für Dienstleistungen, S. 83–106.**

In diesem Aufsatz wird argumentiert, dass der aus der gegenseitigen Anerkennung logisch folgende Regulierungswettbewerb die politikwissenschaftliche Diskussion dazu verleitet hat, andere negative Folgen des Binnenmarktes zu übersehen. Dieses Argument bezieht sich auf den Dienstleistungsbereich, der einen Schwerpunkt des Binnenmarktprogramms bildete. Die juristische Konstruktion der Dienstleistungsfreiheit und die praktische Umsetzung der gegenseitigen Anerkennung für viele Dienstleistungen machen einen Regulierungswettbewerb sehr unwahrscheinlich. Nicht so sehr ökonomische Zwänge schränken die national noch existierenden Handlungsmöglichkeiten ein, sondern die rechtliche Unsicherheit darüber, welche Kompetenzen überhaupt auf nationaler Ebene verbleiben. Die Mitgliedstaaten reagieren auf Unsicherheit unterschiedlich, wie am Beispiel Deutschlands und Frankreichs gezeigt wird.

Susanne Lütz, **Politik und Finanzmarkt im Wandel. Einbettung, Entbettung und was kommt danach?, S. 107–126.**

Das Verhältnis zwischen Politik und Finanzmarkt hat sich im Zuge von Globalisierung, zunehmender Kapitalmarktorientierung des Finanzgeschäftes und dessen internationaler Regulierung fundamental verändert. Umbrüche zeigen sich insbesondere in kreditbasierten Finanzsystemen Kontinentaleuropas, in denen der Finanzmarkt traditionell für industriepolitische Zwecke instrumentalisiert und als Infrastruktur für Politik und Wirtschaft genutzt wurde. In dem Maße, wie der Kapitalmarkt zur Drehscheibe für die Neudefinition von Finanzbeziehungen wird, kommt es zur Vermarktlichung der Beziehungen zwischen Kreditsektor und der Industrie sowie zu neuen Regulierungsaufgaben für den Nationalstaat. Letztlich beobachten wir eine zunehmende Entpolitisierung des Verhältnisses zwischen Politik und Finanzmarkt, die von beiden Seiten vorangetrieben wird. Der Beitrag zeichnet die einzelnen Etappen dieses Prozesses nach und illustriert den marktorientierten Umbau kreditbasierter Finanzsysteme am Beispiel von Japan, Schweden und schwerpunktmäßig Deutschland.

Andreas Busch, **Institutionen, Diskurse und „policy change". Bankenregulierung in Großbritannien und der Bundesrepublik, S. 127–150.**

Das Verhältnis von Politik und Markt unterlag in den letzten Jahrzehnten fundamentalen Wandlungen, und staatliches Handeln – etwa im regulativen Bereich – fand daher oft unter Bedingungen von Unsicherheit statt. Der Beitrag untersucht anhand einer doppelten Fallstudie (Großbritannien und die Bundesrepublik Deutschland, 1974 bis 1999) die staatliche Regulierung und Beaufsichtigung des Geschäftsbankenwesens sowie den Umgang mit Bankenkrisen. Dabei steht der Einfluss diskursiver und institutioneller Faktoren auf den Wandel bzw. die Stabilität der sektoralen Regulierungsmuster im Mittelpunkt der Analyse.

Frank Janning, **Der Staat der Konsumenten. Plädoyer für eine politische Theorie des Verbraucherschutzes, S. 151–185.**

Der Verbraucherschutz erlebt aufgrund einer Welle von Lebensmittelskandalen und der Zunahme von Betrugsfällen im E-Commerce eine besondere Konjunktur. Die Debatte über Verbraucherbegriffe und Verbraucherschutzkonzepte fand jedoch bislang kaum Eingang in die Politikwissenschaft. Insbesondere mangelt es an einer dezidiert politischen Begründung des Verbraucherschutzes und einer expliziten Herleitung seiner spezifischen Ziele. Ausgehend von einem politischen Verständnis des Verbrauchers als freiem Bürger mit grundlegenden individuellen Freiheitsrechten und Identitätsmerkmalen, werden in dem Beitrag die Möglichkeiten staatlicher Regulierung und Intervention zum Wohle des Verbrauchers aufgezeigt. Darauf folgt die Skizzierung regulativer Regime, insbesondere von Institutionen der Interessenartikulation und Steuerung, die sich in der Verbraucherschutzpolitik aufgrund der Interventionen des Staates herausbilden.

Johanna Brinkmann / Ingo Pies, **Der Global Compact als Beitrag zu Global Governance: Bestandsaufnahme und Entwicklungsperspektiven, S. 186–206.**

Global Governance meint weltgesellschaftliche Selbstorganisation. Der Global Compact der Vereinten Nationen ist hierfür eine wichtige Initiative. Sie zielt auf ein Netzwerk von UN-Organisationen, Unternehmen und zivilgesellschaftlichen Organisationen, um auf freiwilliger Basis Lernprozesse in Gang zu setzen, die zur Lösung globaler Probleme beitragen. Hierfür ist ein neues, differenziertes Selbstverständnis der beteiligten Akteure nötig. Aufbauend auf einem Überblick über die dem Global Compact zugrunde liegende Konzeption und über den bisher erreichten Entwicklungsstand, zeigt dieser Beitrag, dass diese innovative Initiative vielfach auf grundlegende Missverständnisse stößt, so dass sie Gefahr läuft, ihr Potenzial nicht voll auszuschöpfen. Dieses Potenzial liegt vor allem darin, problemorientierte Dialoge zu organisieren und so kollektives Handeln auf weltgesellschaftlicher Ebene vorzubereiten.

Jörg Bogumil, **Ökonomisierung der Verwaltung. Konzepte, Praxis, Auswirkungen und Probleme einer effizienzorientierten Verwaltungsmodernisierung,** S. 209–231.

In dem Beitrag werden Tendenzen der Ökonomisierung der öffentlichen Verwaltung in Deutschland untersucht. Am Beispiel der Kommunalverwaltungen wird gefragt, welche Wirkungen die Managerialisierung der Kommunalverwaltung, die Privatisierung kommunaler Dienstleistungen, das verstärkte Aufkommen von Public Private Partnerships (PPP) und die Schaffung von Wettbewerbsstrukturen mit sich bringen. Im Ergebnis zeigt sich durch das Vordringen marktlicher Elemente zwar eine Pluralisierung der Institutionen und Steuerungsmodi, aber dieser neue „governance mix" führt in der Summe eher zu politischen Steuerungsverlusten. Hier deutet sich eine Fragmentierung kommunaler Selbstverwaltung an, die negative Folgen für die demokratische Legitimation öffentlichen Handelns nach sich ziehen kann. Von daher scheint die in der internationalen Debatte formulierte These, dass sich zunehmend eine „neoweberianische" Verwaltung herausbilde, in der sich dezentrale Verantwortung, Kontraktmanagement, Leistungsmessungen, Wettbewerbsmechanismen und Bürgerorientierung produktiv mit den Elementen des hierarchischen Typs verbinden, selbst für die fortgeschrittenste Modernisierungsebene in Deutschland etwas voreilig zu sein.

Katharina Holzinger / Christoph Knill, **Marktorientierte Umweltpolitik – ökonomischer Anspruch und politische Wirklichkeit,** S. 232–255.

In der Umweltökonomie wird seit langer Zeit für den Einsatz marktorientierter Instrumente plädiert, die gegenüber klassischen Konzepten ordnungsrechtlicher Intervention in verschiedener Hinsicht als überlegen angesehen werden. Der Artikel untersucht nicht nur den theoretischen Hintergrund des ökonomischen Steuerungsparadigmas, sondern betrachtet auch die Frage seiner politischen Rezeption und empirischen Relevanz. Wenngleich aufgrund der unzureichenden Datenlage allenfalls vorsichtige Tendenzaussagen möglich sind, verweisen die Befunde auf einen beachtlichen Anstieg ökonomischer Instrumente in der umweltpolitischen Steuerung. Die Tatsache, dass diese Entwicklung erst seit Ende der achtziger Jahre verstärkt beobachtet werden kann, verweist allerdings auf eine große zeitliche Verzögerung zwischen theoretischer Innovation und politischer Umsetzung. Auch zeigen die empirischen Befunde, dass die Anwendung ökonomischer Instrumente nicht nur solche Konzepte umfasst, welche mit den strengen Vorstellungen der Ökonomie im Einklang sind, sondern auch neue, im politischen Verarbeitungsprozess entstandene Varianten, deren Attribut „ökonomisch" auf völlig anderen Kriterien als den ursprünglich seitens der Ökonomie entwickelten basiert.

Friedrich W. Rüb, **Vom Wohlfahrtsstaat zum „manageriellen Staat"? Zum Wandel des Verhältnisses von Markt und Staat in der deutschen Sozialpolitik,** S. 256–299.

Der Begriff des Wohlfahrtsstaates umfasst zwei Dimensionen, die der sozialstaatlichen Leistungsproduktion und die der sozialpolitischen Entscheidungsproduktion. Beide stehen unter massivem Veränderungsdruck und werden durch managerielle Semantiken neu interpretiert sowie durch managerielle Techniken umgestaltet. Der Wohlfahrtstaat wandelt sich zum „manageriellen Staat", der an der Marktlogik ausgerichtete Steuerungskonzepte wie staatlich regulierte Wohlfahrtsmärkte, Quasi-Märkte und neue Instrumente ökonomischer Anreizsteuerung in den staatlichen Sektor einbaut. Dies verändert zunehmend die politischen Prozesse, die von einer zielorientierten und programmatisch angeleiteten auf eine zeitorientierte und prinzipienlose Entscheidungsproduktion umstellen. Der Wandel der Beziehungen von Markt und Staat und die Muster der neuen manageriellen Politik werden am Beispiel der Renten-, Gesundheits- und Arbeitsmarktpolitik untersucht.

Martin Höpner, **Der organisierte Kapitalismus in Deutschland und sein Niedergang. Unternehmenskontrolle und Arbeitsbeziehungen im Wandel, S. 300–321.**

Ausgehend von Theorien des organisierten Kapitalismus der zwanziger Jahre werden in diesem Beitrag Veränderungen der politischen Ökonomie Deutschlands seit 1990 diskutiert. Im Zentrum steht dabei das Spannungsfeld zwischen einzelwirtschaftlich-betriebswirtschaftlichen und unternehmensübergreifenden Perspektiven in den Unternehmen. Der organisierte Kapitalismus war durch die Einbettung der Einzelwirtschaft in gesellschaftliche Bindungen und damit durch die Ergänzung betriebswirtschaftlicher Rationalität durch gesamtwirtschaftliche Perspektiven gekennzeichnet. Sowohl auf Seiten des Kapitals als auch arbeitnehmerseitig fanden in den neunziger Jahren Gegenbewegungen statt, die unternehmensübergreifende Bindungen gegenüber einzelwirtschaftlichen Kalkülen schwächten. Auf der Seite der Kapitalbeziehungen handelt es sich dabei um die Auflösung des Netzwerks aus Kapital- und Personalverflechtungen, die Loslösung der Banken aus den ehemals engen Beziehungen zu Industrieunternehmen, die Übernahme aktienkursorientierter Unternehmensstrategien und die Entstehung eines Markts für Unternehmenskontrolle. Die Entwicklung der Arbeitsbeziehungen war durch Machtverschiebungen zwischen Betriebsräten und Gewerkschaften, Dezentralisierung der Tarifpolitik und die Herausbildung konkurrierender Richtungsgewerkschaften geprägt. Die Diskussion mündet in ein Plädoyer für die Wiederentdeckung der Literatur zum organisierten Kapitalismus (Hilferding, Naphtali) und für die Ergänzung des internationalen Vergleichs durch diachrone Perspektiven.

Uwe Wagschal, **Sieg des Marktparadigmas in der Steuerpolitik? Konzepte und Determinanten der Steuererhebung im internationalen Vergleich, S. 325–350.**

Der Beitrag fragt nach dem Stellenwert marktliberaler Ordnungs- und Gestaltungsprinzipien in der Steuerpolitik. Jenseits der Grundziele „Effizienz" und „Gerechtigkeit" folgen Steuerreformen unterschiedlichen Policy-Konzepten, die im Einzelnen referiert werden. Obwohl die Unternehmens- und Einkommensteuersätze im internationalen Vergleich sinken, lässt sich ein oft behauptetes *race to the bottom* nicht feststellen. Dies liegt vor allem an der Verbreiterung der Bemessungsgrundlagen der Besteuerung. Die jüngsten deutschen Steuerreformen können vor allem mit besonderen sozioökonomischen Problemlagen erklärt werden. Im internationalen Vergleich bestimmen sozioökonomische Problemlagen und politische Institutionen (Vetospieler) den Reformumfang und die Reformgeschwindigkeit. Ein systematischer Parteieneinfluss besteht nicht. Jedoch sind die bestehenden Niveauunterschiede in der Besteuerung mit auf parteipolitische Unterschiede zurückzuführen. Insgesamt ist ein Trend zu mehr Markt in der

Steuerpolitik auszumachen, doch lässt sich von einem Sieg des Marktparadigmas keinesfalls sprechen. Europäische Harmonisierungstendenzen wirken sogar gegen mehr Markt und Wettbewerb in der Steuerpolitik.

Nico A. Siegel / Sven Jochem, **Staat und Markt im internationalen Vergleich – Empirische Mosaiksteine einer facettenreichen Arbeitsverschränkung,** S. 351–388.

Die Arbeitsteilung zwischen Staat und Markt ist in den vergangenen Jahren in den Mittelpunkt einer Vielzahl vergleichender politikwissenschaftlicher Analysen gerückt. Die Befunde ergeben indes kein einheitliches Bild, sondern gleichen eher einem schwer zu entziffernden, farbenreichen Mosaik. Zunächst konzentriert sich der Beitrag auf klassische Konzepte zum Verhältnis von Staat und Markt sowie auf entsprechende komparative Typologien. Im empirischen Teil werden Daten zur Staatsquote, zum staatlichen Ausgabenprofil sowie zur Produkt- und Arbeitsmarktregulierung präsentiert und analysiert. Kurze Länderskizzen zum Wandel des Verhältnisses von Staat und Markt ergänzen diese variablenorientierte Perspektive. Die Analysen zeigen einerseits deutliche Spuren, die Deregulierungs- und Reregulierungsdynamiken in den OECD Staaten hinterlassen haben. Andererseits deuten die Befunde aber auch auf das Beharrungsvermögen des „positiven Staates" hin. Dies wird insbesondere an der Entwicklung der Staatsquote und den Sozialausgaben deutlich. Die Schlussfolgerung der Autoren lautet, dass die Gleichzeitigkeit verschiedener, bisweilen widersprüchlicher Prozesse in den Staat-Markt-Beziehungen nicht auf dem Altar eindimensionaler und schlanker Erklärungsansätze geopfert werden sollte.

Abstracts

Roland Czada, **Border Problems between Politics and the Market,** pp. 11–28.

The continuous expansion of markets since the beginning of the industrial age paved the way for market principles to enter fields like politics and public administration, which have long been considered as non-market areas. Simultaneously the institutional linkages between politics and markets change in a path-dependent, evolutionary manner. Often new market concepts weaken traditional rule-based policies as newly emerging incentive-based instruments do not yet function effectively. In such cases the rise of the market does not mean less but worse politics in terms of legitimation and efficiency. The functioning of markets requires more than the rule of law and low taxes. In a democracy, to balance efficiency goals and social justice poses particular challenges to institutions, policy-instruments and state interventions, which account for and legitimize the intersection of politics and markets.

Reinhard Zintl, **Markets and Politics: Implicit and Explicit Modes of Collective Choice,** pp. 31–47.

The market and the political arena are distinct institutional contexts where complementary goods and services are provided. The ability to provide different and complementary types of goods rests on fundamental differences of the respective procedural properties: Autonomy plus insecurity in the market versus subjugation plus (hopefully) protection in the political realm; unplanned evolution in the market versus deliberate choice of a societal trajectory in politics. In the paper competing arguments on the combination of politics and markets are considered – should markets and politics be seen as complementary to each other not only with respect to their results but also with respect to their procedural properties? Or should the properties of one or the other arena be seen as the ideal – which would mean that we should aim at either making politics as market like as possible or at 'politicizing' markets as far as possible?

Viktor J. Vanberg, **Consumer Sovereignty and Citizen Sovereignty: Performance Criteria for Markets and Politics,** pp. 48–65.

What are the criteria against which the performance of economic and political processes ought to be judged? The present paper seeks to answer this question from the perspective of a normative individualism, i.e. starting from the presumption that the preferences of the individuals concerned constitute the ultimate standard of evaluation in social matters. It is argued that, from such perspective, the concepts of consumer sovereignty and of citizen sovereignty qualify as suitable standards for measuring the performance of markets and of politics.

Michael Baurmann, **Rationing without Politicization. Pleading for a Rights-based Approach in Rationing Medical,** Goodspp. 66–79.

The public provision and distribution of medical services can be accomplished following a principle of equality (everyone has a *right* to the same quality of care) or a principle of maximization (individual survival *expectations* are maximised). In this paper it is argued that maximisation has not the grave conceptional defects which are often attributed to it, but that its weakness lies in the implementation problems associated with it: Discretionary decisions are inevitable here, which means that individual prospect becomes a matter of *political* decision. There are strong reasons to not politicise the decisions in the field of health care – but not by transferring the matter to the arena of private decision, but rather by keeping it public and at the same time nonpolitical. That means that public action has to be determined by individual rights, which in this case cannot be rights restricting public action but rather rights making public action mandatory.

Susanne K. Schmidt, **The European Single Market Programme. Mutual Recognition and the Market for Services,** pp. 83–106.

In this chapter it is argued that the logical link between mutual recognition and regulatory competition has blinded political scientists as to other negative consequences of the single market. This can be shown with regard to services, which were of particular importance for the single market programme. For services, the nature of services trade, the legal construction of the freedom of services and the specific (limited) realization of mutual recognition result in a situation that makes regulatory competition quite unlikely. Not so much economic constraints of national competences but the highly uncertain and diffuse division of competences prove problematic for the remaining political autonomy of Member states. Member states react differently to uncertainty which is shown for France and Germany.

Susanne Lütz, **Politics and Financial Markets in Transition. Embeddedness, Disembeddedness and what comes after that?,** pp. 107–126.

Globalization, the shift towards capital market-based business, and the international regulation of finance have substantially transformed the relationship between politics and financial markets. Credit-based financial systems in continental Europe in particular are undergoing processes of restructuring. Here, financial markets used to be instruments of industrial policy and served as an infrastructure for politics and the economy. As the international financial market is developing into an important forum for redefining financial relationships, we are observing a growing marketization of industry-finance relations as well as new regulatory tasks for the nation state. In general then, a growing depoliticization of politics-finance relations takes place which is being pushed from both sides. This article sketches out the different steps of this process, by taking Japan, Sweden and in particular Germany as cases to illustrate the marketization of credit-based financial systems.

Andreas Busch, **Institutions, Discourses and Policy Change. Banking Regulation in Great Britain and Germany,** pp. 127–150.

The relationship between state and market has seen fundamental changes over the last decades, and policy making – for example in the regulatory sphere – often had to take place under conditions of uncertainty. This chapter uses a double case study (the United Kingdom and the Federal Republic of Germany, 1974 to 1999) to look at state regulation and supervision of the banking sector as well as the handling of bank failures. Analytically, a special focus is being put on the influence of discursive and institutional factors on the stability or change of sectoral patterns of regulation.

Frank Janning, **The State of Consumers. Pleading for a Political Theory of Consumer Protection,** pp. 151–185.

Due to an increasing number of food safety scandals and cases of corruption in e-commerce, consumer protection has become more important than ever. However, the debate on various concepts of consumers and consumer protection has yet to make a mark on political science. What is particularly lacking is a specific political understanding as well as an explicit definition of the goals and orientations of consumer protection policies. The chapter conceives of consumers as citizens endowed with individual rights and identity traits and maps out various possibilities of regulation and intervention based on that concept. This is followed by an outline of regulatory regimes, namely political institutions of interest articulation and governance in the field of consumer protection, which have emerged due to state intervention.

Johanna Brinkmann / Ingo Pies, **Global Compact and Global Governance,** pp. 186–206.

Global Governance aims at the self-organization of our world society. The UN Global Compact is an important initiative in this respect. It is constructed as a network of UN-Agencies, business, and NGOs, which voluntarily enter a learning process that contributes to the solution of global problems. The viability of this process hinges on a new, more sophisticated self-concept of the participants involved. After resuming the underlying concept of the Global Compact and its current state, the paper argues that this innovative initiative still faces fundamental misconceptions and is consequently running the risk of underachievement. The Compact's potential lies in the opportunity to organize problem-oriented dialogues in order to prepare collective action on a global scale.

Jörg Bogumil, **The Market Approach to the Modernization of Public Administration: Concepts, Experience, Problems,** pp. 209–231.

The article deals with tendencies towards an increasingly economic approach in public administration. Regarding local government as an example, consequences of managerialism, privatisation of public services, rising public-private partnerships (PPP) and the introduction of competition rules are analysed. As a result, an increasing plurality in both institutional framework and political steering instruments may be recognized, but altogether the new governance mix rather leads to a loss of political steering facilities. Within this context, local government is bound to fragment, and a lack of democratic legitimacy in public decision-making may be regarded as one possible outcome. Thus, the internationally widely discussed thesis that a "neo-weberian" public administration is coming up and will combine elements of a hierarchical type with those of decentralised responsibility, contract management, measurements of performance, competition-alike mechanisms and an orientation towards citizens as clients should be reconsidered. Dealing even with the most progressively modernised level of public administration, the assessment mentioned above seems to be rather rash.

Katharina Holzinger / Christoph Knill, **Market-based Instruments in Environmental Governance – Economic Ideal and Political Realities, pp. 232–255.**

In environmental economics, there is a long-standing argument for the introduction of market-based instruments which, in many respects, are seen as superior to classical patterns of command-and-control. The article investigates not only the theoretical background of the economic governance paradigm, but also analyses its political reception and empirical relevance. Notwithstanding the somewhat problematic data base, empirical evidence indicates a significant rise of market-based instruments in environmental governance. However, the fact that this development only gained momentum from the late eighties onwards points to the existence of a long time lag between theoretical innovation and practical application. Moreover, empirical findings show that in the application of economic instruments there emerge not only concepts that are fully in line with the strict ideas developed in economic theory, but also new, politically defined variants whose attribute "economic" is based on completely different criteria as those initially specified in economic theory.

Friedrich W. Rüb, **From the Welfare State to the "Managerial State"? On the Changing Relations between State and Market in German Social Policy, pp. 256–299.**

The modern welfare state comprises two dimensions: the political production *of* welfare and political decisions *over* welfare. Both face adaptive pressures which have been met by new semantics and techniques of "managerialism". As an overall result, the self-perception and operations of the welfare state underwent dramatic changes. The balance of the public-private-mix shifted to the private sector. The new welfare state is characterized by "welfare-markets", quasi-markets, and other incentive-based policies. New interests and actors have entered the policy-making process, which is no longer determined by programmatic goals but rather by ad *hoc* politics with lacking normative principles. The paper analyses the new welfare mix and the new "managerial" politics of the welfare state in the area of pension, health care, and labour market policies.

Martin Höpner, **German Organized Capitalism and its Decline. Corporate Governance and Industrialization in Flux, pp. 300–321.**

By starting from theories on organized capitalism that date from the 1920s, this article discusses changes in the German political economy since 1990. The discussion focuses on tensions between company-based and collective perspectives. In German organized capitalism, strong societal embeddedness complemented microeconomic perspectives. The 1990s witnessed countermovements both on the capital and on the labour side. On the capital side, the networks of interlocking directorates and of capital ties between companies thinned out, banks cut their ties with industrial companies, companies adopted capital market oriented strategies, and a market for corporate control emerged. On the labour side, power relations between trade unions and works councils changed, collective bargaining became decentralized, and relations between unions got increasingly competitive. The article ends by making a case for the rediscovery of historical theories on organized capitalism (Hilferding, Naphtali) and for adding diachronic perspectives to international comparisons.

Uwe Wagschal, **A Victory of the Market Paradigm in Tax Policies? An International Comparison of Concepts and Determinants of Tax Collection,** pp. 325–350.

The chapter focuses on the impact of market principles on tax policies and tax reforms. Besides the basic goals of efficiency and equality specific tax reform policies follow different policy concepts and not one particular blueprint. Tax rates on capital and income declined substantially during the past decades. Nevertheless a *race to the bottom* cannot be observed, since the tax bases have also been broadened. The overall levels of taxation are still high, even close to the all-time-high figures. A detailed analysis of tax reforms in Germany reveals socioeconomic factors are their main driving force. Widening the scope of analysis to the OECD countries, one can identify socioeconomic motivations and institutions (such as veto players) as among the most prominent determinants of tax reforms. The partisan complexion of government is only of minor importance, while the level of taxation is still being influenced by party politics. In general a move towards more "market" can be observed. However, this should not be described as a victory of market principles, since there are still many non-market factors built into the tax systems. The European Union as well – being a prominent actor – is struggling rather for more harmonization than competition in the field of taxation.

Nico A. Siegel / Sven Jochem, **State and Market in International Comparison. Empirical Mosaic of a Multi-faceted Operational Entanglement,** pp. 351–388.

During recent years, the changing relations and division of labour between states and markets have been at the centre of numerous comparative studies in political science. However, the results are often inconsistent and partly even contradictory. Thus, they resemble a multi-coloured mosaic, which is sometimes most difficult to disentangle. In this contribution, classical concepts of state-market relations and influential comparative typologies are presented and discussed. In the empirical section, comparative data on government spending and on state regulation of product and labour markets is used to illustrate continuity and change in state-markets relations. Short case studies complement this variable-oriented perspective. The analyses illustrate two simultaneous processes: on the one hand, the deep imprints of deregulation and re-regulation efforts in the OECD countries and on the other the viability of key aspects of the 'positive state' – particular high public and high social expenditure in many OECD countries.

The major conclusion is that the simultaneity of different, sometimes even contradictory developments in state-market relations should not be sacrificed on the altar of one-dimensional and lean explanations.

Verzeichnis der Autorinnen und Autoren

Herausgeber:
Czada, Roland, Prof. Dr., Lehrstuhl für Staat und Innenpolitik, Universität Osnabrück, Fachbereich Sozialwissenschaften, Seminarstraße 33, 49069 Osnabrück. E-Mail: roland.czada@uni-osnabrueck.de.
Zintl, Reinhard, Prof. Dr., Lehrstuhl für Politikwissenschaft I, Universität Bamberg, Fakultät Sozial- und Wirtschaftswissenschaften, Feldkirchenstraße 21, 96045 Bamberg. E-Mail: reinhard.zintl@sowi.uni-bamberg.de

Autorinnen und Autoren:
Baurmann, Michael, Prof. Dr., Lehrstuhl für Soziologie I, Universität Düsseldorf, Sozialwissenschaftliches Institut, Universitätsstraße 1, 40225 Düsseldorf. E-Mail: baurmann@phil-fak.uni-duesseldorf.de
Bogumil, Jörg, Prof. Dr., Universität Konstanz, Lehrstuhl für Verwaltungswissenschaft und Public Sector Reform, Universitätsstraße 10, 78457 Konstanz.
E-Mail: joerg.bogumil@uni-konstanz.de
Brinkmann, Johanna, Wittenberg-Zentrum für Globale Ethik, Collegienstraße 62, 06886 Lutherstadt Wittenberg. E-Mail: johanna.brinkmann@wcge.org
Busch, Andreas, Dr., University Lecturer in Comparative European Politics, Hertford College, Oxford OX1 3BW, England, UK.
E-Mail: andreas.busch@hertford.ox.ac.uk.
Höpner, Martin, Dr., Max-Planck-Institut für Gesellschaftsforschung, Paulstr. 3, 50676 Köln. E-Mail: hoepner@mpi-fg-koeln.mpg.de.
Holzinger, Katharina, Prof. Dr., Universität Hamburg, Institut für Politische Wissenschaft, Allende-Platz 1, 20146 Hamburg.
E-Mail: holzinger@sozialwiss.uni-hamburg.de
Janning, Frank, Dr., Wissenschaftlicher Assistent, Universität Konstanz, Fachbereich für Politik- und Verwaltungswissenschaft, 78457 Konstanz.
E-Mail: Frank.Janning@uni-konstanz.de
Jochem, Sven, Dr., Wissenschaftlicher Mitarbeiter, Institut für Politikwissenschaft, Unitobler, Lerchenweg 36, CH-3000 Bern 9, Schweiz.
E-Mail: sven.jochem@ipw.unibe.ch
Knill, Christoph, Prof. Dr., Universität Konstanz, Lehrstuhl für Vergleichende Policy-Forschung und Verwaltungswissenschaft, Universitätsstraße 10, 78457 Konstanz.
E-Mail: christoph.knill@uni-konstanz.de.
Lütz, Susanne, Prof. Dr., FernUniversität in Hagen, Lehrgebiet Politische Regulierung und Steuerung, Universitätsstrasse 41, 58084 Hagen.
E-Mail: susanne.luetz@fernuni-hagen.de.

Pies, Ingo, Prof. Dr.. Martin-Luther-Universität Halle-Wittenberg. Lehrstuhl für Wirtschaftsethik. Große Steinstraße 73. D-06108 Halle und Wissenschaftlicher Direktor des Wittenberg-Zentrums für Globale Ethik, Collegienstraße 62, 06886 Lutherstadt Wittenberg. E-Mail: pies@wiwi.uni-halle.de.

Rüb, Friedbert, Prof. Dr., Universität Hamburg, Institut für Politische Wissenschaft, Allende-Platz 1, 20146 Hamburg. E-Mail: rueb@sozialwiss.uni-hamburg.de.

Schmidt, Susanne, Dr., Max-Planck-Institut für Gesellschaftsforschung, Paulstr. 3, 50676 Köln. E-Mail: schmidt@mpi-fg-koeln.mpg.de.

Siegel, Nico A., School of Social Policy, Sociology and Social Research, University of Kent at Canterbury Cornwallis NE 211 Canterbury, Kent CT2 7NF, England, UK. E-Mail: n.siegel@kent.ac.uk.

Vanberg, Viktor J., Prof. Dr., Universität Freiburg, Abteilung für Wirtschaftspolitik am Institut für allgemeine Wirtschaftsforschung, Platz der Alten Synagoge, 79085 Freiburg i.Br. und Walter Eucken Institut, Goethestr. 10, 79100 Freiburg.
E-Mail: vvanberg@vwl.uni-freiburg.de.

Wagschal, Uwe, Prof. Dr., Ludwig-Maximilians-Universität, Geschwister-Scholl-Institut für Politische Wissenschaft, Oettingenstraße 67, 80538 München.
E-Mail: wagschal@lrz.uni-muenchen.de.

Neu im Programm
Politikwissenschaft

Wolfgang Schroeder,
Bernhard Weßels (Hrsg.)
**Die Gewerkschaften
in Politik und Gesellschaft der
Bundesrepublik Deutschland**
Ein Handbuch
2003. 725 S. Br. EUR 42,90
ISBN 3-531-13587-2

In diesem Handbuch wird von führenden Gewerkschaftsforschern ein vollständiger Überblick zu den Gewerkschaften geboten: Zu Geschichte und Funktion, zu Organisation und Mitgliedschaft, zu den Politikfeldern und ihrer Gesamtrolle in der Gesellschaft usw. Auch die Neubildung der Gewerkschaftslandschaft, das Handeln im internationalen Umfeld und die Herausforderung durch die Europäische Union kommen in diesem Buch zur Sprache.

Hans-Joachim Lauth (Hrsg.)
Vergleichende Regierungslehre
Eine Einführung
2002. 468 S. Br. EUR 24,90
ISBN 3-531-13533-3

Der Band „Vergleichende Regierungslehre" gibt einen umfassenden Überblick über die methodischen und theoretischen Grundlagen der Subdisziplin und erläutert die zentralen Begriffe und Konzepte. In 16 Beiträgen werden hierbei nicht nur die klassischen Ansätze behandelt, sondern gleichfalls neuere innovative Konzeptionen vorgestellt, die den aktuellen Forschungsstand repräsentieren. Darüber hinaus informiert der Band über gegenwärtige Diskussionen, Probleme und Kontroversen und skizziert Perspektiven der politikwissenschaftlichen Komparatistik.

Sebastian Heilmann
**Das politische System
der Volksrepublik China**
2., akt. Aufl. 2004. 316 S.
Br. EUR 21,90
ISBN 3-531-33572-3

In diesem Buch finden sich kompakt und übersichtlich präsentierte Informationen, systematische Analysen und abgewogene Beurteilungen zur jüngsten Entwicklung in China. Innenpolitische Kräfteverschiebungen werden im Zusammenhang mit tief greifenden wirtschaftlichen, gesellschaftlichen und außenpolitischen Veränderungen dargelegt. Die Hauptkapitel behandeln Fragen der politischen Führung, der politischen Institutionen, des Verhältnisses von Staat und Wirtschaft sowie von Staat und Gesellschaft.

Erhältlich im Buchhandel oder beim Verlag.
Änderungen vorbehalten. Stand: Januar 2004.

www.vs-verlag.de

VS VERLAG FÜR SOZIALWISSENSCHAFTEN

Abraham-Lincoln-Straße 46
65189 Wiesbaden
Tel. 0611.7878-285
Fax 0611.7878-400

Neu im Programm Politikwissenschaft

Andreas Kost,
Hans-Georg Wehling (Hrsg.)
Kommunalpolitik in den deutschen Ländern
Eine Einführung
2003. 356 S. Br. EUR 29,90
ISBN 3-531-13651-8
Dieser Band behandelt systematisch die Kommunalpolitik und -verfassung in allen deutschen Bundesländern. Neben den Einzeldarstellungen zu den Ländern werden auch allgemeine Aspekte wie kommunale Finanzen in Deutschland, Formen direkter Demokratie und die Kommunalpolitik im politischen System der Bundesrepublik Deutschland behandelt. Damit ist der Band ein unentbehrliches Hilfsmittel für Studium, Beruf und politische Bildung.

Gerhard Hirscher,
Karl-Rudolf Korte (Hrsg.)
Information und Entscheidung
Kommunikationsmanagement der politischen Führung
2003. 299 S. Br. EUR 34,90
ISBN 3-531-14025-6
Bevor Informationen der politischen Führung öffentlich werden, bahnen sie sich ihren langen Weg. Doch wie funktioniert das? Was ist die Entscheidungsgrundlage dabei? Welchen Einfluss haben persönliche oder administrative Faktoren? In diesem Buch werden die kommunikativen Organisationsabläufe beim politischen Spitzenpersonal und in den Parteien untersucht. Es werden die formellen und informellen Strukturen der Informationsabläufe bei Spitzenpolitikern, in den Parteizentralen und in den Fraktionen dargestellt. Damit kann erstmals der Versuch einer systematischen Analyse des politischen Kommunikationsmanagements in Bund, Land und im internationalen Vergleich vorgelegt werden.

Antonia Gohr,
Martin Seeleib-Kaiser (Hrsg.)
Sozial- und Wirtschaftspolitik unter Rot-Grün
2003. 361 S. Br. EUR 34,90
ISBN 3-531-14064-7
Dieser Sammelband legt eine empirische Bestandsaufnahme der Wirtschafts- und Sozialpolitik nach fünfjähriger rot-grüner Regierungszeit vor. Gefragt wird nach Kontinuität und Wandel in Programmatik und umgesetzten Maßnahmen in der Sozial- und Wirtschaftspolitik von Rot-Grün im Vergleich zur Regierung Kohl.

Erhältlich im Buchhandel oder beim Verlag.
Änderungen vorbehalten. Stand: Januar 2004.

www.vs-verlag.de

VS VERLAG FÜR SOZIALWISSENSCHAFTEN

Abraham-Lincoln-Straße 46
65189 Wiesbaden
Tel. 0611.7878-285
Fax 0611.7878-400

GPSR Compliance

The European Union's (EU) General Product Safety Regulation (GPSR) is a set of rules that requires consumer products to be safe and our obligations to ensure this.

If you have any concerns about our products, you can contact us on

ProductSafety@springernature.com

In case Publisher is established outside the EU, the EU authorized representative is:

Springer Nature Customer Service Center GmbH
Europaplatz 3
69115 Heidelberg, Germany